国家出版基金项目
NATIONAL PUBLICATION FOUNDATION

中 国 近 代
思 想 家 文 库

◎

李欣荣 编

沈家本卷

中国人民大学出版社
·北 京·

《中国近代思想家文库》编纂委员会名单

总　序

　　对于近代的理解，虽不见得所有人都是一致的，但总的说来，对于近代这个词所涵的基本意义，人们还是有共识的。一个国家、一个民族走入近代，就意味着以工业化为主导的经济取代了以地主经济、领主经济或自然经济为主导的中世纪的经济形态，也还意味着，它不再是孤立的或是封闭与半封闭的，而是以某种形式加入到世界总的发展进程。尤其重要的是，它以某种形式的民主制度取代君主专制或其他不同形式的专制制度。中国是个幅员广大、人口众多、历史悠久的多民族国家，由于长期历史发展是自成一体的，与外界的交往比较有限，其生产方式的代谢迟缓了一些。如果说，世界的近代是从 17 世纪开始的，那么中国的近代则是从 19 世纪中期才开始的。现在国内学界比较一致的认识，是把 1840 年到 1949 年视为中国的近代。

　　中国的近代起始的标志是 1840 年的鸦片战争。原来相对封闭的国门被拥有近代种种优势的英帝国以军舰、大炮再加上种种卑鄙的欺诈打开了。从此，中国不情愿地加入到世界秩序中，沦为半殖民地。原来独立的大一统的中央集权的君主专制国家，如今独立已经极大地被限制，大一统也逐渐残缺不全，中央集权因列强的侵夺也不完全名实相符了。后来因太平天国运动，地方军政势力崛起，形成内轻外重的形势，也使中央集权被弱化。经历第二次鸦片战争、中法战争、甲午战争、八国联军入侵的战争以及辛亥革命后的多次内外战争，直至日本全面侵略中国的战争，致使中国的经济、政治、教育、文化，都无法顺利走上近代发展的轨道。古今之间，新旧之间，中外之间，混杂、矛盾、冲突。总之，鸦片战争后的中国，既未能成为近代国家，更不能维持原有的统治秩序。而外患内忧咄咄逼人，人们都有某种程度"国将不国"的忧虑。

　　"天下兴亡，匹夫有责"，读书明理的士大夫，或今所谓知识分子，尤为敏感，在空前的危机与挑战面前，皆思有所献替。于是发生种种救亡图存的思想与主张。有的从所能见及的西方国家发展的经验中借鉴某些东西，形成自己的改革方案；有的从历史回忆中拾取某些智慧，形成某种民族复兴的设想；有的则力图把西方的和中国所固有的一些东西加以调和或结合，形成某种救亡图强的主张。这些方案、设想、主张，从世界上"最先进的"，到"最落后的"，几乎样样都有。就提出这些方案、设想、主张者的初衷而言，绝大多数都含着几分救国的意愿。其先进与落后，是否可行，能否成功，尽可充分讨论，但可不必过为诛心之论。显而易见，既然救国的问题最为紧迫，人们所心营目注者自然是种种与救国的方案直接相关的思想学说，而作为产生这些学说的更基础性的理论，及其他各种知识、思想，则关注者少。

围绕着救国、强国的大议题，知识精英们参考世界上种种思想学说，加以研究、选择，认为其中比较适用的思想学说，拿来向国人宣传，并赢得一部分人的认可。于是互相推引，互相激励，更加发挥，演而成潮。在近代中国，曾经得到比较广泛的传播的思想学说，或者够得上思潮的，主要有以下几种：

（一）进化论。近代西方思想较早被引介到中国，而又发生绝大影响的，要属进化论。中国人逐渐相信，进化是宇宙之铁则，不进化就必遭淘汰。以此思想警醒国人，颇曾有助于振作民族精神。但随后不久，社会达尔文主义伴随而来，不免发生一些负面的影响。人们对进化的了解，也存在某些片面性，有时把进化理解为一条简单的直线。辩证法思想帮助人们形成内容更丰富和更加符合实际的发展观念，减少或避免片面性的进化观念的某些负面影响。

（二）民族主义。中国古代的民族主义思想，其核心是"非我族类，其心必异"，所以最重"华夷之辨"。鸦片战争前后一段时期，中国人的民族思想，大体仍是如此。后来渐渐认识到"今之夷狄，非古之夷狄"，"西人治国有法度，不得以古旧之夷狄视之"。但当时中国正遭受西方列强的侵略和掠夺，追求民族独立是民族主义之第一义。20世纪初，中国知识精英开始有了"中华民族"的概念。于是，渐渐形成以建立近代民族国家为核心的近代民族主义。结束清朝君主专制，创立中华民国，是这一思想的初步实现。第一次世界大战爆发，中国加入"协约国"，第一次以主动的姿态参与世界事务，接着俄国十月革命爆发，这两件事对近代中国的发展历程造成绝大影响。同时也将中国人的民族主义提升到一个新的层次，即与国际主义（或世界主义）发生紧密联系。也可以说，中国人更加自觉地用世界的眼光来观察中国的问题。新生的中国共产党和改组后的国民党都是如此。民族主义成为中国的知识精英用来应对近代中国所面临的种种危机和种种挑战的一个重要的思想武器。

（三）社会主义。社会主义作为一种模糊的理想是早在古代就有的，而且不论东方和西方都曾有过。但作为近代思潮，它是于19世纪在批判近代资本主义的基础上产生的。起初仍带有空想的性质，直到马克思和恩格斯才创立起科学社会主义。20世纪初期，社会主义开始传入中国。当时的传播者不太了解科学社会主义与以往的社会主义学说的本质区别。有一部分人，明显地受到无政府主义的强烈影响，更远离科学社会主义。直到五四新文化运动兴起之后，中国人始较严格地引介、宣传科学社会主义。但有一段时间，无政府主义仍是一股很大的思想潮流。中国共产党的成立，从思想上说，是战胜无政府主义的结果。中国共产党把在中国实现社会主义乃至共产主义作为自己的奋斗目标。此后，社会主义者，多次同各种非科学社会主义思想的信仰者进行论争并不断克服种种非科学社会主义思想的影响。

（四）自由主义。自由主义也是从清末就被介绍到中国来，只是信从者一直寥寥。直到五四新文化运动兴起，具有欧美教育背景的知识精英的数量渐渐多起来，自由主义始渐渐形成一股思想潮流。自由主义强调个性解放、意志自由和自己承担责任，在政治上反对一切专制主义。在中国的社会条件下，自由主义缺乏社会基础。在政治激烈动荡的时候，自由主义者很难凝聚成一股有组织的力量；在稍稍平和的时候，他们往往更多沉浸在自己的专业中。所以，在中国近代史上，自由主义不曾有，也不可能有大的作为。

（五）激进主义与保守主义。处于转型期的社会，旧的东西尚未完全退出舞台，新的东西也还未能巩固地树立起来，新旧冲突往往要持续很长的时间，有时甚至达到很激烈的程度。凡助推新东西成长的，人们便视为进步的；凡帮助旧东西排斥新东西的，人们便视为保守的。其实，与保守主义对应的，应是进步主义；与顽固主义相对的则应是激进主义。不过在通常话语环境中人们不太严格加以区分。中国历史悠久，特别是君主专制制度持续两千余年，旧东西积累异常丰富，社会转型极其不易。而世界的发展却进步甚速。中国的一部分精英分子往往特别急切地想改造中国社会，总想找出最厉害的手段，选一条最捷近的路，以最快的速度实现全盘改造。这类思想、主张及其采取的行动，皆属激进主义。在中共党史上，它表现为"左"倾或极左的机会主义。从极端的激进主义到极端的顽固主义，中间有着各种程度的进步与保守的流派。社会的稳定，或社会和平改革的成功，都依赖有一个实力雄厚的中间力量。但因种种原因，中国社会的中间力量一直未能成长到足够的程度。进步主义与保守主义，以及激进主义与顽固主义，不断进行斗争，而实际所获进步不大。

（六）革命与和平改革。中国近代史上，革命运动与和平改革运动交替进行，有时又是平行发展。两者的宗旨都是为改变原有的君主专制制度而代之以某种形式的近代民主制度。有很长一个时期，有两种错误的观念，一是把革命理解为仅仅是指以暴力取得政权的行动，二是与此相关联，把暴力革命与和平改革对立起来，认为革命是推动历史进步的，而改革是维护旧有统治秩序的。这两种论调既无理论根据，也不合历史实际。凡是有助于改变君主专制制度的探索，无论暴力的或和平的改革都是应予肯定的。

中国近代揭幕之时，西方列强正在疯狂地侵略与掠夺殖民地和半殖民地，中国是它们互相争夺的最后一块、也是最大的资源地。而这时的中国，沿袭了两千年的君主专制制度已到了奄奄一息的末日，统治当局腐朽无能，对外不足以御侮，对内不足以言治，其统治的合法性和统治的能力均招致怀疑。革命运动与改革的呼声，以及自发的民变接连不断。国家、民族的命运真的到了千钧一发之际，危机极端紧迫。先觉分子救国之心切，每遇稍具新意义的思想学说便急不可待地学习引介。于是西方思想学说纷纷涌进中国，各阶层、各领域，凡能读书读报者，受其影响，各依其家庭、职业、教育之不同背景而选择自以为不错的一种，接受之，信仰之，传播之。于是西方几百年里相继风行的思想学说，在短时期内纷纷涌进中国。在清末最后的十几年里是这样，五四时期在较高的水准上重复出现这种情况。

这种情况直接造成两个重要的历史现象：一个是中国社会的实际代谢过程（亦即社会转型过程）相对迟缓，而思想的代谢过程却来得格外神速。另一个是在西方原是差不多三百年的历史中渐次出现的各种思想学说，集中在几年或十几年的时间里狂泻而来，人们不及深入研究、审慎抉择，便匆忙引介、传播，引介者、传播者、听闻者，都难免有些消化不良。其实，这种情况在清末，在五四时期，都已有人觉察。我们现在指出这些问题并非苛求前人，而是要引为教训。

同时我们也看到，中国近代思想无比的多样性与复杂性呈现出绚丽多彩的姿态，各种思想持续不断地展开论争，这又构成中国近代思想史的一个突出特点。有些论争为我们留下了非常丰富的思想资料。如兴洋务与反洋务之争，变法与反变法之争，革命与改良之争，共和与立宪之争，东西文化之争，文言与白话之争，新旧伦理之争，科学与人生观之争，中国社会性质的论争，社会史的论争，人权与约法之争，全盘西化与本位文化之争，民主与独裁之争，等等。这些争论都不同程度地关联着一直影响甚至困扰着中国人的几个核心问题，即所谓中西问题、古今问题与心物关系问题。

中国近代思想的光谱虽比较齐全，但各种思想的存在状态及其影响力是很不平衡的。有些思想信从者多，言论著作亦多，且略成系统；有些可能只有很少的人做过介绍或略加研究；有的还可能因种种原因，只存在私人载记中，当时未及面世。然这些思想，其中有很多并不因时间久远而失去其价值。因为就总的情况说，我们还没有完成社会的近代转型，所以先贤们对某些问题的思考，在今天对我们仍有参考借鉴的价值。我们编辑这套《中国近代思想家文库》，希望尽可能全面地、系统地整理出近代中国思想家的思想成果，一则借以保存这份珍贵遗产，再则为研究思想史提供方便，三则为有心于中国思想文化建设者提供参考借鉴的便利。

考虑到中国近代思想的上述诸特点，我们编辑本《文库》时，对于思想家不取太严格的界定，凡在某一学科、某一领域，有其独立思考、提出特别见解和主张者，都尽量收入。虽然其中有些主张与表述有时代和个人的局限，但为反映近代思想发展的轨迹，以供今人参考，我们亦保留其原貌。所以本《文库》实为"中国近代思想集成"。

本《文库》入选的思想家，主要是活跃在 1840 年至 1949 年之间的思想人物。但中共领袖人物，因有较为丰富的研究著述，本《文库》则未收入。

编辑如此规模的《文库》，对象范围的确定，材料的搜集，版本的比勘，体例的斟酌，在在皆非易事。限于我们的水平，容有瑕隙，敬请方家指正。

《中国近代思想家文库》编纂委员会

目　录

导言 ·· 1

专著：历代刑法考（节选） ······························· 1
刑制总考 ·· 3
刑法分考（节选） ·· 39
行刑之制考 ··· 204
死刑之数 ··· 212
充军考 ·· 214
赦考（节选） ·· 219
狱考 ··· 252
刑具考 ·· 275
律目考 ·· 281
律令 ··· 292
明律目笺（节选） ·· 325

文存 ··· 333
《刺字集》自序 ·· 335
变通军、流、徒犯办法说帖 ·· 336
重刻《唐律疏议》序 ··· 338
论杀死奸夫 ··· 339
历代治盗刑制考 ··· 342
论威逼人致死 ·· 347
书明《大诰》后 ·· 351

军台议 ································· 352

与受同科议 ··························· 356

《秋审比较条款附案》序 ················· 357

《读例存疑》序 ······················· 358

《薛大司寇遗稿》序 ··················· 360

禁革买卖人口变通旧例议 ··············· 361

设律博士议 ··························· 365

《新译法规大全》序 ··················· 367

论附加刑 ····························· 368

论没收 ······························· 369

《裁判访问录》序 ····················· 370

《监狱访问录》序 ····················· 372

死刑惟一说 ··························· 373

变通行刑旧制议 ······················· 383

重刻《明律》序 ······················· 384

《政法类典》序 ······················· 386

法学盛衰说 ··························· 387

论断罪无正条 ························· 389

书《四库全书提要·政书类》后 ············ 401

与戴尚书论监狱书 ····················· 402

答戴尚书书 ··························· 403

《刑案汇览三编》序 ··················· 404

《法学通论讲义》序 ··················· 406

《〈大清律例〉讲义》序 ················· 407

删除奴婢律例议 ······················· 408

王穆伯佑新注《无冤录》序 ··············· 411

删除同姓为婚律议 ····················· 413

书劳提学《新刑律草案说帖》后 ··········· 416

《法学名著》序 ······················· 419

变通异姓为嗣说 ······················· 420

再醮妇主婚人说 ······················· 422

误与过失分别说 ······················· 425

《法学会杂志》序 ····················· 426

《汉律撅遗》自序 ·· 427

奏折 ··· 431

保荐经济特科人员折 ··· 433

官吏不谙交涉贻害地方请旨饬查究办以消隐患而儆效尤折 ········· 434

奏请专设法律学堂折 ··· 436

删除律例内重法折 ·· 437

议复江督等会奏恤刑狱折 ···································· 441

变通窃盗条款折 ·· 445

奏复御史刘彭年停止刑讯请加详慎折 ······················ 446

上陈时务折（节选） ··· 449

妇女犯罪收赎银太微不足以资警戒拟请酌量变通折 ········· 450

轻罪禁用刑讯笞杖改为罚金请申明新章折 ·················· 451

派员赴日本考察折 ·· 452

进呈诉讼法拟请先行试办折 ································· 453

虚拟死罪改为流徒折 ··· 455

伪造外国银币设立专条折 ···································· 457

大理院奏审判权限厘定办法折 ······························ 458

大理院奏拟审判章程折 ······································ 460

大理院创办伊始诸物艰难谨就司法权限酌加厘定折 ········· 461

实行改良监狱以资模范而宏教育折 ·························· 464

沥陈修订法律情形拟请归并法部大理院会同办理折 ········· 466

酌拟《法院编制法》谨缮清单折 ···························· 468

旗人遣军流徒各罪照民人实行发配折 ······················ 470

《刑律草案》告成分期缮具清单恭呈御览并敬陈修订大旨折 ······· 471

修订法律大臣奏拟修订法律大概办法折 ···················· 475

《刑律分则草案》告成缮具清单折 ·························· 476

变通旗民交产旧制折 ··· 478

修订法律大臣奏遵议满汉通行刑律折（附片二） ··········· 481

江浙缉匪不宜操切折 ··· 483

拟请编定《现行刑律》以立推行新律基础折 ················ 484

遵旨议复朱福铣奏慎重私法编别选聘起草客员折 ··········· 486

编订《现行刑律》告竣谨缮具黄册恭候钦定折 ············· 488

《修正刑律草案》告成敬缮具清单折 …………………………………… 489

变通秋审复核旧制折 ……………………………………………………… 491

编辑《秋审条款》告成缮具清单敬呈御览折 …………………………… 494

沈家本年谱简编 …………………………………………………………… 496

导　言

　　沈家本（1840—1913），浙江湖州人，中国近代著名律学家。有法律史家誉之为："深了解中国法系且明白欧美、日本法律的一个近代大法家，中国法系全在他手里承先启后，并且又是媒介东方、西方几大法系成为眷属的一个冰人。"① 这主要是基于他在晚清最后十年领导的修律事业的评价。期间编订西式法典，创建司法体系，营造新式监狱，邀请日本法学家来华修律，培育法学人才等一系列措施，为其带来了永不磨灭的历史地位。在其去世后，司法部在门前为其建立碑碣，《清史稿》有其人物传，重要性亦可见一斑。因此，沈氏其人一直是中国近代法史中的重点研究人物，文稿几近全部出版，相关研究也颇为繁多。②

一、人生经历与修律成就

　　沈氏同治三年（1864年）二十四岁时，开始在刑部任职，这是因为其父的关系，"援例以郎中分刑部，公之学律自是始"③。实际上可能是纳资为郎，若不通过科举考试，仕途不容乐观。然其科场之路并不顺遂，直到光绪九年（1883年）才中进士，此前"数十年中，为八比所苦，不遑他学，间或从事经史考证之书。若古文词，未之学也"；其后

---

① 杨鸿烈：《中国法律发达史》，872页，上海，商务印书馆，1930。
② 较重要的著作有，李贵连：《沈家本评传》（南京大学出版社，2005）和《沈家本年谱长编》（山东人民出版社，2010），黄源盛：《沈家本法律思想与晚清刑律变迁》（台湾大学法学研究所博士论文，1991）。另可参阅陈柳裕：《法制冰人——沈家本传》，杭州，浙江人民出版社，2006；沈小兰、蔡小雪：《修律大臣沈家本》，北京，人民法院出版社，2012，以及若干散篇论文。
③ 《吴兴沈公子惇墓志铭》，《沈家本年谱长编》，26页。

"负困于簿书，所讲求者案牍之文，多作狱讼驳诘之语，昕夕从公，幸勿损越而已"①。当然，这只能作谦辞看，事实上沈氏几经历练，渐成刑部能手，历任刑部秋审处和律例馆司员，"以律鸣于时"，并为堂官潘祖荫等人所赏识。

其仕途并未因考中进士而即有改观，而是等到十年之后，得到薛允升的保荐得以外放升迁。从光绪十九年（1893 年）起，沈氏先后任天津知府和保定知府，已显示出渐被朝廷重用的态势。庚子年间义和团事变起，沈氏在保定被八国联军囚禁近四个月，性命几乎不保，脱险后赴西安行在效力。②

此时国势飘摇，朝廷朝不保夕，随着端王等排外派的下台，效仿西方变法渐成朝野上下的共识，修改现行法律即将提上议事日程。而律学在传统本是专门之学，不为读书人所重视，而主管刑狱事务的刑部实为法学专家之渊薮。在刑部之中，比沈氏年资深的官员原不乏其人。如薛允升和赵舒翘，前者于光绪二十七年（1901 年）病逝于开封，后者则因被认作义和团之乱的元凶而被赐死。沈氏意外地在刑部官员中崭露头角，成为负责修律的当然人选。

光绪二十七年十月，沈氏获任刑部右侍郎，张百熙继薛允升之后任刑部尚书。刑部体制较为特别，"因刑部为刑名总汇之地，非专家不能整饬，部中满汉尚侍虽有六人，咸推是人为当家堂官，一切奏咨文稿，非经其书诺后，概不答署，沿为故事，不知始于何时。刑部事务之整齐甲于他部者，职是故也"③。正因如此，沈家本实际掌握了刑部的决策权。直至 1906 年刑部改法部为止，刑部的满尚书历经贵恒、荣庆、奎俊、溥兴数任，汉尚书先后有张百熙、葛宝华，都因沈家本的存在，而维持较为稳定的政策。此点对于推动修律的工作亦大有帮助。

光绪二十八年（1902 年）二月初二日，政务处奏上《请改律例折》。朝廷随即下旨要求袁世凯、刘坤一和张之洞三督抚"慎选熟悉中西律例者，保送数员来京"④，委以修律之命。袁、刘、张三人经过电文往返商议，最后一致推荐"秋曹老手"沈家本和"西律专家"伍廷芳

---

① 沈家本：《寄簃文存·小引》，《沈家本年谱长编》，40、42 页。
② 参见李贵连：《保定教案与沈家本被拘考》，《近代中国法制与法学》，北京，北京大学出版社，2002。
③ 董康：《中国修订法律之经过》，见何勤华、魏琼编：《董康法学文集》，463～464 页，北京，中国政法大学出版社，2005。
④ 《光绪宣统两朝上谕档》，第 28 册，36～37 页，桂林，广西师范大学出版社，1996。

担负修律重任。① 到四月初六日，朝廷正式任命沈家本和伍廷芳负责修律事宜。上谕说：

> 现在通商交涉，事益繁多，著派沈家本、伍廷芳将一切现行律例按照交涉情形，参酌各国法律，悉心考订，妥为拟议，务期中外通行，有裨治理。俟修完呈览，候旨颁行。②

表面看来，两人是中西、新旧搭配的折衷组合，章宗祥就认为，以沈、伍为修律大臣，"盖有采用新制加入旧例之意，未主完全更张也"③。实际上，未来修律以效仿西法为主，伍廷芳应是主角，沈家本则行辅助之责。

伍廷芳（1842—1922）系广东新会人，以通晓西法著名，教育背景和仕途轨迹与沈氏大不相同。伍氏在伦敦的林肯法律学院（Lincoln's Inn）获得英国律师从业资格，使其在欧风东渐的语境下占得了先机。在光绪三年（1877 年）五月，驻英公使郭嵩焘与驻美国、西班牙、秘鲁三国公使陈兰彬争聘伍廷芳，引起了李鸿章的注意。④ 光绪八年（1882 年）李氏向总理衙门破格举荐伍廷芳，留为北洋大臣的法律顾问。在戊戌时期，已任驻美公使的伍氏也甚有表现，上奏请求修改律例。⑤ 庚子之后，张之洞保举伍氏回国负责关于交涉的立法事宜⑥，而袁世凯在修律谕旨下达之后，尚有专片密保伍氏，请朝廷"破格擢用"⑦。

不过，修律谕旨下达之时，伍廷芳尚在美国，因此在光绪二十九年（1903 年）七、八月间伍氏抵京以前，都是由沈家本单独负责修律事宜，主要做些删改旧例的工作。清廷自乾隆年间开始，已定有例文五年

①　李细珠对三人的商议过程有详论，参其《张之洞与清末新政研究》，261～264 页，上海，上海书店出版社，2003。

②　《光绪宣统两朝上谕档》，第 28 册，95 页。

③　章宗祥：《新刑律颁布之经过》，见全国政协文史委员会编：《文史资料存稿选编》（晚清·北洋上），34 页，北京，中国文史出版社，2002。

④　李鸿章谓："前出使英、美之郭侍郎、陈太常争欲罗致之，盖有由矣。"语见《李鸿章请用伍廷芳（函）》，《伍廷芳集》上册，1 页，北京，中华书局，1993。

⑤　参见伍廷芳：《奏请变通成法折》，《伍廷芳集》上册，50 页。

⑥　参见张之洞：《胪举人才折（并清单）》，《张之洞全集》，第 2 册，1465 页，石家庄，河北人民出版社，1998。

⑦　袁世凯：《密保使臣伍廷芳请破格擢用片》，《养寿园奏议辑要》，见沈云龙主编：《袁世凯史料汇刊》第六辑，台北，文海出版社影印版。

一小修、又五年一大修的规定[①]，而自同治九年（1870 年）修例之后，《大清律例》便再也没有修订过。沈家本受命之初也意识到朝廷以伍氏为主的深意，先按照修律故事，以“则例良久未修，拟先删定完善，再与各国法律互相参酌”，上谕“依议行”[②]。

沈氏于光绪二十八年六月初二日正式上任[③]，暂时以刑部原有的律例馆为修律之所，任用的人员以刑部司员为主，如齐普松武、饶昌麟、张西园等人，旧派占了绝大多数，正如传媒指出：“大概皆系久在刑部，本有乌布之人”[④]。稍后又增加了章宗祥和陆宗舆两位日本留学生。[⑤] 直到光绪三十年（1904 年）四月，法律馆才正式成立。[⑥]

此时确定“西律由伍秩庸侍郎编译，中律由沈子敦侍郎修改”，但是沈氏“欲将西律选择搀入中律”，而其所派司员“皆刑部老手，平时于斩、绞、徒、流、笞、杖等字烂熟，不过未免误会宗旨。是以两边议论不合”[⑦]。议论不合的结果只能系各行其是。《申报》报道，“闻法律大臣前此所上之虚拟死罪一折，系沈侍郎家本一人主稿；此次所上之诉讼法一折，系伍侍郎廷芳一人主稿”[⑧]。另据《时报》消息，新修之律“大致分为内外两编。内编多系《大清律例》删去虐刑改订而已，外编则系将各国之律汇译成裘，而外编之宗旨则专以收回治外法权为主，于本年十月内即可全行奏明”[⑨]。则大致可见修改旧律的“内编”应由沈家本负责，引进西法的“外编”任务大概就归诸伍廷芳。

由于沈氏的本职在刑部，人脉深厚，故其推行删除凌迟、枭首、戮尸、刺字和缘坐等酷法进展顺利，废刑讯一事因其一言而决。[⑩] 伍氏则

---

① 参见《修订法律大臣沈家本等奏请编定现行刑律以立推行新律基础折》，《清末筹备立宪档案史料》下册，852 页，北京，中华书局，1979。

② 《德宗景皇帝实录》，第 7 册，586 页，北京，中华书局，1987。

③ 参见《时事要闻》，载《大公报》光绪二十八年六月初五日，第 2 版。

④ 《时事要闻》，载《中外日报》光绪二十八年五月初八日，第 1 版。所谓“乌布”，即满语“差事”之意。清制：各部郎中以下官员，凡实际负责办事者，如掌印、主稿等，皆称为“乌布”。见《中国历代职官词典》，79 页，上海，上海辞书出版社，1992。

⑤ 参见《律例馆各员名单》，载《大公报》光绪三十年四月十六日，第 3 版。

⑥ 到光绪三十年三月十二日，法律馆才奏请“刊刻木质关防，以资钤用”。见沈家本附片，一档馆军机处录副奏折，档案号 03-5746-124。可知此前并未正式成立修律机构，只是就刑部现有的设施和人员进行修律工作。

⑦ 《记修订律例事》，载《中外日报》光绪三十年四月十四日，第 3 版。

⑧ 《诉讼法通饬各省》，载《申报》光绪三十二年四月十四日，第 2 版。

⑨ 《新律之内容》，载《时报》光绪三十一年四月十五日，第 6 版。

⑩ 参见李欣荣：《清末修律中的废刑讯》，载《学术研究》，2009（5）。

不适于京师官场，逐渐失去朝廷的信任，其提出法意超前的《民事刑事诉讼法草案》未获朝廷首肯，便以请假回籍修墓为名离任。沈氏至此得以畅行己意，推行他的修律事业。

沈氏修律以效法日本为主。先派董康和麦秩严等人赴日考察诉讼、裁判和监狱之法，而后聘请冈田朝太郎、松冈义正、志田钾太郎和小河滋次郎等日本法学家来华起草各项西式法典，并任教京师法律学堂作育人才。其中最著名、影响亦最深远的，便是冈田起草的《大清新刑律（草案）》。作为律学专家，沈家本并不类于其他只知划稿的署名大臣，而是直接参与新刑律草案的内容修订。其在当年五月的奏折中提到："每与馆员讨论过久，及削稿稍多，即觉心思涣散，不能凝聚，深惧审定未当，贻误匪轻。"[1] 后来秦瑞玠也指出："其调查考订之事，虽出于日本冈田朝太郎者为多，而归安沈侍郎家本实始终主持其事。"[2] 因此，这部草案的基本内容应该得到了沈氏的认可。

沈氏在呈进奏折中提出新刑律的编订旨趣，"折衷各国大同之良规，兼采近世最新之学说，而仍不戾于我国历世相沿之礼教民情"，并最终达到收回治外法权的目标。[3] 然而该草案却被大多数部院督抚认为背离礼教，其中以张之洞主持的学部意见最为激烈。后来受到劳乃宣等人在"无夫奸"和"子孙违犯教令"等问题上的质疑，引发宪政编查馆和资政院内外的大辩论，是为晚清著名的"礼法之争"。最终在汪荣宝等留日学生的支持下，新刑律草案得以在宣统二年年底顺利颁布，民初修订为《暂行新刑律》施行。与此同时，作为过渡之用的《大清现行刑律》也在沈氏的推动下获准颁行。其民事部分在民初仍被作为法源而被使用。

光绪二十九年（1903 年），护理山西巡抚赵尔巽提出各省通设罪犯习艺所，以变通原有的军、流、徒旧制。沈氏作为刑部的"当家堂官"，复奏赞同推广习艺所制度。后来又受到西方监狱思想的影响，力主仿西法改良监狱，特别在京师、省城和通商大埠设立模范监狱。其聘请的日本监狱局局长小河滋次郎编有《监狱法草案》和《大理院看守所章程》，并设计法部模范监狱和顺天府习艺所的图式，成为一时之榜样。

---

① 《修订法律大臣沈家本奏修订法律情形并请归并法部大理院会同办理折》，《清末筹备立宪档案史料》下册，839 页。

② 秦瑞玠：《大清新刑律释义绪论》，载《法政浅说报》第 30 期，宣统三年十二月廿一日，33～34 页。

③ 参见沈家本：《〈刑律分则草案〉告成缮具清单折》，《沈家本全集》，第 2 卷，457 页，北京，中国政法大学出版社，2010。

在制订新民律方面，阻力更甚于新刑律，进展颇为迟缓。沈氏先是派朱汝珍等人赴全国各地考察民商习惯，令各省提供参考书籍和汇报当地风俗民情。后又陆续提出修改禁止异姓为嗣、同姓通婚之律，废除奴婢制度。宣统三年（1911年）九月奏进松冈义正起草的《大清民律（草案）》前三编（总则、债权和物权），其余两编（婚姻和继承）则因"关涉礼教"而须会商礼学馆，未及在清廷覆亡之前呈进。

在诉讼法方面，沈氏基本完成了相关的立法工作。宣统二年（1910年）十二月，先后与俞廉三联名奏进《大清刑事诉讼律（草案）》和《大清民事诉讼律（草案）》。均奉旨交宪政编查馆核议。直到清帝逊位，仍未正式颁布。

沈氏在司法独立事务也有特殊的建树。1906年清廷中央官制改革，刑部改为法部，大理寺改大理院，沈家本出任大理院正卿。虽然为期短暂，不仅为中国最早的最高法院立下基础，而且规划京师各级审判厅。更为重要的是，奏进冈田起草的《法院编制法》，四级三审制度获准施行，打下司法独立的基础。

引进外国的法学思想资源，翻译必不可少。沈氏于翻译事务颇为重视，在立法之初，便设立中外法制调查局，亟亟于翻译外国各项法典和法学研究书籍。因应修订刑律的需要，先是翻译法、德、日、俄等国的刑法书籍。后将翻译范围扩大至西方的民法、商法、刑事诉讼法和民事诉讼法等相关书籍，数量几达百种。在礼法之争中，劳乃宣详举法国、德国、荷兰、瑞士、俄国和日本各国法例，证明沈氏修律改至与西方一致为不可能的任务[1]，可见法律馆的翻译甚至引起反对者的重视，为晚清政界和法界提供了重要的思想资源。

光绪三十一年（1905年）三月，伍廷芳提议设立京师法律学堂，然不久去位，沈氏实际主持其事。其要求来华的日本博士均至法律学堂授课。除了印发课程讲义外，还造成活跃的学术讨论风气。宣统二年（1910年），学员熊煜、王克忠筹设法学会，由汪有龄主持，设立短期法政研究所，发行《法学会杂志》。沈氏捐资表示支持。对于留学生的使用，沈氏尤有偏爱。江庸认为沈氏"实清季达官中最为爱士之人，凡当时东西洋学生之习政治法律，归国稍有声誉者，几无不入其壳中"[2]。

---

[1] 参见劳乃宣：《修正刑律草案说帖》，《桐乡劳先生（乃宣）遗稿》，885~927页，台北，文海出版社影印版。

[2] 江庸：《趋庭随笔》，61~62页，台北，文海出版社影印版，1967。

不过，沈氏折衷新旧的修律立场却往往被旧派视作过于趋新，相关的弹劾不断。最后在礼部不满新刑律，并要求参与民律的修订获准，以及胡思敬奏参新刑律的背景下，宣统三年（1911 年）二月沈氏突然被免去修律大臣之职，回任法部左侍郎。此后沈氏行踪颇为低调，除了短暂出任袁世凯内阁的法部大臣外，多是在家养病、观察时局、著书立说，直至 1913 年六月去世。

二、温故知新的思想趋向

沈家本的变法态度从一开始便不激烈。戊戌年（1898 年）的中秋节，沈家本听闻戊戌六君子被杀的消息，在日记中虽然也表示同情（"党祸至此，惨矣"），但认为变法不可过激，"行新政者，辟诸祛病，欲速则不达也"①。其人大致属于陈寅恪所谓"历验世务，欲借镜西国，以变神州旧法者"②。当其受命修律之初，亦未想到大变中律。1904 年为薛允升的《读例存疑》作序，表示"修改律例，一笔一削将奉此编为准绳"，似乎还是想在旧律的框架内进行修补工作。另从《寄簃文存》的序言中，我们亦可以看到沈氏搜集和刊刻各种旧律版本（如《元典章》、《唐律》、《明律》等）不遗余力，作为修律备考之意甚明。

然而，沈家本对于中律的现状并不满意，认为从元、明以后一直处于衰落之势。其在名篇《法学盛衰说》中指出："明设讲读律令之律，研究法学之书，世所知者约数十家，或传或不传，盖无人重视之故也。本朝讲究此学，而为世所推重者不过数人。国无专科，群相鄙弃。"③ 其修律的得力助手江庸也观察到："沈氏于新旧律能融会贯通，深知大清律之不善，思有所改革。（著有《寄簃文存》，其中诋诋清律者颇多。）"④ 特别是旧律难懂，沈氏觉得在普及方面显有不足。他指出："必使人人皆能通晓，无待于讲焉而后可，必深辞古义非讲不明者，概加芟剃焉而

① 《沈家本日记》，见韩延龙等整理：《沈家本未刻书集纂补编》下册，1333 页，北京，中国社会科学出版社，2006。
② 陈寅恪：《读吴其昌撰〈梁启超传〉书后》，《寒柳堂集》，167 页，北京，三联书店，2001。
③ 沈家本：《法学盛衰说》，《历代刑法考（四）·寄簃文存》，2143 页，北京，中华书局，1985。
④ 江庸：《五十年来之中国法制》，见申报馆编：《最近之五十年》，8 页，上海，上海申报馆，1923。

后可。不然，官吏尚未能尽谙，又安望颛愚之共喻哉？"①

于是有引进西方法学的思想资源，以改造中律之举。与其前辈薛允升、赵舒翘不同，沈氏面对的是门户洞开、中外法律竞争的新局。他提出了修订刑律，乃至全盘法律的宗旨，即"折衷各国大同之良规，兼采近世最新之学说，而仍不戾于我国历世相沿之礼教民情"。此点很大程度上反映了当时朝野上下的修律共识，即便是质疑新刑律的张之洞也表示赞同。但如何做到这一点，却是困难重重，难免仁者见仁，智者见智。

沈家本提出，折衷之道在于"情理"二字，力主摒弃中西古今之成见。

> 新学往往从旧学推演而出，事变愈多，法理愈密，然大要总不外情理二字。无论旧学、新学，不能舍情理而别为法也，所贵融会而贯通之。保守经常，革除弊俗，旧不俱废，新亦当参，但期推行尽利，正未可持门户之见也。②

在其看来，古法与西法大多数时候在情理上是相通的。例如其赞同西方精神病不为罪之说，认为与东汉古法相合："人至病狂而改易其本性，则凡病中之所为皆非出于其本性，故虽有杀人之事，亦得恕之。近日东西国学说并持此论，其刑律中有精神病不为罪之文。陈忠之减重论，实为今法之权舆。"③"精神病不为罪"一条后来即见诸新刑律草案。

其所稔熟的儒家经典《周礼》亦成为了引进西法的有力证据。沈氏以《周礼·秋官》有"大司寇有悬刑象于象魏之法，又小司寇之宪刑禁，士师之掌五禁，俱徇以木铎，又布宪执旌节，以宣布刑禁"之说，指出此"实律无正条不处罚之明证"④，作为引进西方罪刑法定原则的历史根据。又如其在《历代刑法考》中指出，"近日欧洲制度，政刑分立，颇与《周官》相合"⑤，为即将实行的司法独立提供学说支持。⑥ 既然西法的大原则与古法相合，采用西法自然无害礼教。

---

① 沈家本：《〈大清律例〉讲义·序》，《历代刑法考（四）·寄簃文存》，2231 页。
② 沈家本：《〈法学名著〉序》，《沈家本全集》，第 4 卷，755 页，北京，中国政法大学出版社，2010。
③ 沈家本：《历代刑法考（三）·汉律摭遗》，1470 页。
④ 《修律大臣沈家本奏刑律草案告成分期缮单呈览并陈修订大旨折》，《清末筹备立宪档案史料》下册，848 页。
⑤ 沈家本：《历代刑法考（四）·历代刑官考上》，1962 页。
⑥ 《清史稿·沈家本传》谓其"少读书，好深湛之思，于《周官》多所创获"。这条史料的引用者甚多，却往往作为沈氏的青年经历一带而过。其实，少年时阅读兴趣的影响相当深远，颇能提示出沈氏的儒家思想渊薮。

　　西方的法理有时并不能获得沈家本的绝对认同，但迫于时势，惟有作些变通。以死刑执行方式为例。冈田抨击中国死刑分斩、绞为无理之迷信，力主死刑惟一。沈氏专门撰文表明自己的商榷之意。他表示，"论势"而言，"今日世界之情形固然"，但是"斩、绞既有身首殊、不殊之分，其死状之感情，实非毫无区别，略分轻重，与他事之迷信不同，遽斥谓非正当之理由，未可为定论也"。沈氏并反问说，既然外国军律用枪毙、德国兼用斧和断头台，"则独责中国死分斩、绞之非，中国岂首肯哉"！最后为了兼顾形势和法理，沈氏确定了"定绞为死刑之主刑，斩为特别之刑，凡刑事内之情节重大者，酌立特别单行之法"的方案，并正式见诸《大清新刑律（草案）》。

　　值得注意的是，沈氏特别看重外人对于中国修律的反映，藉此收回治外法权之意甚明。故而每当中西法理无法调和时，沈氏往往选择改同西法，这也是旧派指责其过于尊西趋新的重要原因。就如争议最为激烈的"无夫奸"（孀妇或在室女与人和奸）条文，原订于唐以后的历代法典之中，虽不具实践性，但颇能体现中国传统重视男女大防的礼教精神。然而"无夫奸"在西方并无立法例，沈氏注意到"近日学说家多主张不编入律内，此最为外人着眼之处，如必欲增入此层，恐此律必多指摘也"，因此主张"不必编入刑律之中"，另于教养方面设法。① 从中亦可见沈氏的自我定位不止于埋首书斋的法匠，更多的作为治世之官吏，以法律救中国。

三、论著之全貌与遴选

　　作为晚清司法系统的高级大臣，沈家本在世时已经刊印了一些法学论著，以表白自己的法律观点和立场。最早出版的专著为光绪十二年（1886 年）的《刺字集》二卷，宣统元年（1909 年）又出版了《历代刑官考》。在光绪三十三年（1907 年），汇编本人的学术论著和文稿而成《寄簃文存》，由修订法律馆印行，共收文章 45 篇。书前的"小引"谓：

　　　　迨癸卯岁，奉命修订律例，不得不研究法学之编，乃年龄日

---

① 参见沈家本：《书劳提学〈新刑律草案说帖〉后》，《沈家本全集》，第 4 卷，784 页。相关的争议参见黄源盛：《西法东渐中无夫奸存废之争》，《法律继受与近代中国法》，台北，黄若荞，2007；李欣荣：《清末关于"无夫奸"的思想论争》，载《中华文史论丛》，2011（3）。

　　颓，不能深求学理，偶有论说，不过一隅之见。出示同人，尚不相
　　菲薄，群来索观。儿子辈怂恿排印，以代钞胥。因取近日论说，及
　　向日参考之所及者，益以自治奏牍数篇，都为八卷，付诸印工。①

沈氏对文中所论，似未敢自信，书名"文存"，"存之云者，尚待论定
也"。

　　光绪三十四年（1908 年）以后，"又得文若干篇，益以旧稿"，汇
为《寄簃文存二编》，于宣统三年（1911 年）冬印行，共收文章 38 篇。
沈氏去世后的第二年，《法学会杂志》第 2 卷第 7、8 号合刊，发表一组
六篇文章，名曰《寄簃文存三编》。②

　　约在 1928 年或 1929 年，后人整理沈氏遗著，编成《沈寄簃先生遗
书》。全书分甲、乙两编。甲编即《历代刑法考》，另附《寄簃文存》，
汇编文章 90 篇。乙编收有《诸史琐言》、《古书目四种》、《日南随笔》、
《枕碧楼偶存稿》等四种著作。

　　此外，沈氏尚有众多的稿本未能及时整理出版。直到 1996 年，刘
海年、韩延龙等人整理而成的《沈家本未刻书集纂》由中国社会科学出
版社出版，收录沈氏未刻书 21 种 68 卷，包括：《律例校勘记》、《律例
偶笺》、《律例杂说》、《刑法杂考》、《刑部奏删新律例》、《最新法部通行
章程》、《秋谳须知》、《旧抄内定律例稿本》、《刑案删存》、《驳稿汇存》、
《奏谳汇存》、《压线编》、《雪堂公牍》、《〈晋书·五行〉〈刑法〉二志校
语》、《明史琐言》、《古今官名异同考》、《〈周官〉书名考古偶纂》、《日
南读书记》、《奇姓汇抄》、《吴兴琐语》、《借书记》。

　　接续前编，2006 年中国社会科学出版社出版《沈家本未刻书集纂
补编》，收书 13 种 42 卷，包括：《叙雪堂故事》、《叙雪堂故事删賸》、
《秋审比较条款附案》、《读律赘言》、《续修会典事例（残卷）》、《妇女实
发律例汇说》、《律例精言歌括》、《沈观杂抄》、《〈说文〉引经异同考》、
《〈三国志〉校勘记》、《药言》、《冰言》、《沈家本日记》。其中的日记部
分约 70 万字，惜修律时期的日记已散失。

　　2010 年，徐世虹主编的《沈家本全集》，由中国政法大学出版社出
版。所收著作，较前述诸编又有增加：《比部招议》、《〈天津府志〉稿舆
地物产签注》、《〈天津府志〉物产校语》、《联庄事宜》、《吴兴长桥沈氏

---

① 李贵连：《沈家本年谱长编》，207 页。
② 参见李贵连：《〈寄簃文存〉版本漫谈》，《近代中国法制与法学》。

家集》、《枕碧楼丛书》以及部分奏折。目前除了沈氏编辑的《刑案汇览三编》未及出版外，其著作几近全部问世。

要在近千万言之中，精选反映沈家本思想的文字，实非易事。几经踌躇，本书分为专著、文存、奏折三部分。专著部分节选沈氏的长篇巨著《历代刑法考》，足可反映其在律学上的主要成就。文存部分的编选原则有三：一是西法冲击以前，可见沈氏律学思想原生态的文字；二是集中反映其律学主要观点的篇目；三是沈氏比较中西法学的具体论述。部分篇目写作时间难以考订，因此无法完全以时间为序。

奏折部分收入沈氏单独或联合署名的奏折。需要说明的是，其中大部分为沈氏在修订法律大臣任内所奏，与其他的修订法律大臣伍廷芳或俞廉三联名。少量奏折如《删除律例内重法折》、《虚拟死罪改为流徒折》、《伪造外国银币设立专条折》、《旗人遣军流徒各罪照民人实行发配折》、《变通旗民交产旧制折》等，收入沈氏文集《寄簃文存》之内，自属个人心血所系。另有《奏请专设法律学堂折》、《奏复御史刘彭年停止刑讯请加详慎折》和《进呈诉讼法拟请先行试办折》，综合各方证据，可断为出自伍廷芳之意，但沈氏既署名，即表示赞同之意，便可反映其思想观念，故亦收入。若修订法律馆与其他衙门联名所上之奏，必有折尾写明法律馆主稿者，方行收入。

本卷采录版本多据徐世虹主编《沈家本全集》，中国政法大学出版社 2010 年版。因其较能体现目前沈家本著作整理的最新成果，可免原版录入过程中断识繁难之弊。然《全集》偶有遗珠之文，或其他版本较佳者，则另选他本录入。

编者囿于识见和篇幅，所收之文或未足以反映沈氏思想的精彩之处，且校雠之学未精，实有不尽完善之处。尚祈海内外高明不吝指教，是为编者之幸。

李欣荣
谨识于广州中山大学康乐园
2014 年 9 月 10 日

专著：历代刑法考（节选）

刑制总考

唐虞

按：唐虞以前，刑制无闻。《舜典》所纪刑制，乃舜摄位时事，其时尧犹在位。《尚书大传》象刑属之唐虞，而其文则在唐传，以其时尚在唐也。《慎子》及汉人称引专言有虞者，以其事出诸舜也。今总标曰"唐虞"，庶时与事胥统之矣。

象刑《书·舜典》："象以典刑。"《益稷》："方施象刑惟明。"《尚书大传》："唐虞象刑而民不敢犯，苗民用刑而民兴相渐。唐虞之象刑，上刑赭衣不纯，中刑杂屦，下刑墨幪，以居州里，而民耻之。"注："纯，缘也。时人尚德义，犯刑但易之衣服，自为大耻。屦，履也。幪，巾也，使不得冠饰。《周礼》罢民亦然，上刑易三，中刑易二，下刑易一，轻重之差。"《御览》六百四十五引，无后二十二字。《公羊传》襄二十九年疏引无前十八字。《孝经纬》："上罪墨幪赭衣杂屦，中罪赭衣杂屦，下罪杂屦而已。"《周礼·司圜》疏。按：此所谓易三、易二、易一之差也。《慎子》："有虞《荀子》注引，下有'氏'字。之诛，以幪巾《荀子》注作'画跪'。当墨，《荀子》注作'黥'。以草缨《荀子》作'慅婴'，杨倞注：'当为澡婴。'当劓，以菲屦《荀子》作'菲对屦'，杨倞注：'菲，草履也。'对当为绌，傅写误耳。绌，枲也。《慎子》作绌。言罪人或菲或枲为屦，故曰菲绌屦。绌，方孔反。"《初学记》引作'屦扉'。当刖，以艾毕当宫，艾，苍白色。毕，韠也，所以蔽前。布衣无领以当大辟，此有虞《荀子》注下有'氏'字。之诛也。斩人《初学记》下有'之'字。肢体，凿其肌《初学记》作'形'。肤，谓之刑；画衣冠，异章服，谓之戮。上世用戮而民不犯也，当世用刑而民不从。"《御览》六百四十五。《白虎通》："五帝画象者，其衣服象五刑也，犯墨者蒙巾，《北堂书钞》引'巾'上有'皂'字。犯劓者赭其衣，犯髌者以墨幪其髌处而画之，犯宫者履杂扉，犯大辟者布衣无领。"《初学记》二十。孙星衍《尚书今古文注疏》："《周礼·司圜》疏引《孝经纬》云，三皇无文，五帝画象，三王肉刑。"《汉书·刑法志》："禹承尧舜之后，自以德衰而制肉刑，汤武顺而行之，以俗薄于唐虞故也。"是明唐虞无肉刑。郑注《周礼·司圜》云："弗使冠饰者，着墨幪，若古之象刑与。"郑氏亦信象刑之说也。

按：象刑之义，汉人旧说皆同。文帝诏"有虞时，画衣冠异章服

（以为戮），而民不犯"。《刑法志》。武帝诏"昔在唐虞，画象而民不犯"，《武纪》元光元年。俱以象刑为画象。慎子，周人，其说同于《尚书大传》。《荀子·正论篇》亦云"世俗之为说者曰，治古无肉刑，而有象刑"，其言与《慎子》大略相同，是自周至汉相承之师说也。《荀子》独谓"象刑非生于治古，起于乱今"，盖其立言之意以轻刑为非，故訾象刑为俗说。班固采其说入《刑法志》，并云"所谓象刑惟明者，言象天道而作刑，安有菲屦赭衣者哉？"其后马融、伪孔传以及宋儒诸家皆不取象刑之说。朱子自为一说，而又云或谓画为五刑之状，亦可。似又不废旧说矣。窃谓古义相传，究不可废，荀子盖习见七国民伪浇漓，谓非重刑不可，而未思上古敦庞之世，固不可同年而语也。《司圜》"弗使冠饰"，及后来罪囚赭衣，皆古者象刑之遗制，正未可谓起于乱今也，故备录之。

五刑《书·舜典》：流宥五刑。马融曰："五刑，墨、劓、剕、宫、大辟。"《史记·集解》。

按：有虞氏五刑，他无明文，伪孔传亦同马融之说，故疏谓准《吕刑》文。《鲁语》刑五而已，大刑甲兵，次刑斧钺，中刑刀锯，其次钻笮，薄刑鞭扑。所称五刑与《吕刑》异。此文鞭扑分列于下，自不在五刑之内。至五刑始于何代，经传无文。《吕刑》言苗民习蚩尤之恶，淫为劓、刵、椓、黥，知五刑由来久矣。

《通典》云："据《左氏》载叔向所言，夏乱政而作九刑，三辟之刑兴，皆叔世也。言九刑，以墨一、劓二、剕三、宫四、大辟五，又流六、赎七、鞭八、扑九，故曰九刑也。三辟者，言三王始用五刑之法，故谓之三辟也。"班固又云"五帝画象而人知禁，禹承尧舜之后，自以德衰，始制肉刑，汤武顺而行之，以俗薄于唐虞故也。"而《孝经纬》亦云"五帝画象，三王肉刑。画象者，上罪黑蒙赭衣，中罪赭衣杂屦，下罪杂屦而已"。若如三家之言，则前五帝皆同画象，不用肉刑，其后以为不然何也？按《舜典》云"流宥五刑"，五刑者，以伤刻肌肉，亦谓之肉，盖《书》美大舜以流放之宽代刀锯之毒。若如三家之言，五帝不用五刑矣，则舜何得言以流放代之？足明帝舜以前行五刑明矣。其后，舜又赞美皋陶曰"汝作士，五刑有服"，知帝舜初立之时暂废五刑，后又用耳。且《尚书》经正圣哲所传，左氏、班书何忽而不据？其谶纬之言，固不足征也。荀卿曰"肉刑盖百王之所同，未有知其所由来者矣"。诚哉是言。

按：杜氏谓五刑在舜前，诚是。至谓舜初暂废五刑，后又用，此则未确。《舜典》之"象以典刑"在舜摄位时，《益稷》之"方施象刑"在尧崩后，如取象刑之说，不得分为二事也。窃意舜时五刑、象刑盖并行。其命皋陶也，曰"蛮夷猾夏，寇贼奸宄。汝作士，五刑有服"，是五刑者所以待蛮夷者也。《史记·五帝纪》"怙终贼刑"，《集解》："郑玄曰，怙其奸邪，终身以为残贼，则用刑之。"则五刑者，又所以待怙恶者也。若象刑，所以待平民者也。观于"有苗弗率"，"敷文德而苗格"，是治苗亦以德不以刑。禹言"苗顽弗即工"，而帝曰"皋陶方祗厥叙，方施象刑惟明"。仍是以德化之。若象刑为常刑，则与德化之旨不合矣。

五流　《舜典》："流宥五刑。""五流有宅，五宅三居。""流共工于幽州，放驩兜于崇山，窜三苗于三危，殛鲧于羽山。"《传》："殛、窜、放、流，皆诛也。异其文，述作之体。"《疏》："《释言》云，殛，诛也。《传》称流四凶族者，皆是流，而谓之殛、窜、放、流，皆诛者。流者，移其居处，若水流然，罪之正名，故先言也。放者，使之自活。窜者，投弃之名。殛者，诛责之称。俱是流徙，异其文，述作之体也。"

鞭　《舜典》："鞭作官刑。"

扑　《舜典》："扑作教刑。"《益稷》："庶顽谗说若不在时，侯以明之，挞以记之。书用识哉。欲并生哉。"

赎刑　《舜典》："金作赎刑。"

赦　《舜典》："眚灾肆赦。"

按：《舜典》所记刑制，颇称完备。《国语》："展禽曰：尧能单均刑法以仪民。"疑舜之刑制当日亦曾承尧命者也。后来刑法，其宗旨悉出于舜。罚弗及嗣，即文王罪人不孥之法也。宥过无大，刑故无小，即《康诰》"非眚惟终，非终惟眚"之意也。罪疑惟轻，即《吕刑》"刑疑有赦，罚疑有赦"之制也。"与其杀不辜，宁失不经"二语，尤为用刑者之所当寻绎。推求太密，每涉于苛。会得此旨，庶归平恕。近来，泰西之法颇与此旨暗合，知圣人之言其包蕴宏矣。舜之称皋陶曰"明于五刑，以弼五教"，《吕刑》曰"士制百姓于刑之中，以教祗德"，是刑者非威民之具，而以辅教之不足者也。以钦恤为心，以明允为用，虞廷垂训，其万世所当取法者欤？

夏

五刑　隋《艺文志》："（刑法）夏后氏五刑有五，科条三千。"《周礼·司刑》郑注："夏刑大辟、膑辟、宫辟、劓、墨。"

肉刑　扬子《法言·先知篇》："夏后肉辟三千。"汉《刑法志》："禹承尧舜之后，自以德衰，始制肉刑。"

赎刑　《书》序："吕命穆王训夏赎刑，作吕刑。"《传》："吕侯以穆王命作书，训畅夏禹赎刑之法，更从轻。"《疏》："夏法行于前代，废已久矣，今复训畅夏禹赎刑之法，以周法伤重，更从轻，以布告天下。"

孥戮　《书·甘誓》："左不攻于左，汝不用命；右不攻于右，汝不用命；御非其马之正，汝不用命。用命赏于祖，不用命戮于社，予则孥戮汝。"《传》："孥，子也。非但止汝身，辱及汝子，言耻累也。"《疏》："我则并杀汝子，以戮辱汝。《汤誓》传'古之用刑，父子兄弟罪不相及'，今云'孥戮汝'，权以胁之。"

按：夏后氏刑制，《书》传不详。《隋志》言刑五，《书》序言赎刑，至扬子言肉辟则在五刑之内，此其大较也。窃意禹佐舜治，受舜禅，其政教奚事改革？《汉志》谓禹自以德衰，尚制肉刑，盖拘于"五帝画象，三王肉刑"之纬说，而未观其通也。"五帝画象，三王肉刑"，恐亦就当日治化之精神大概言之，究之帝王之法制，其详既不可得而闻，其科条之若何同异，正未易质言之也。《尚书大传》："夏后氏不杀不刑，死罪罚二千馔。"《史记·平准书·索隐》。"禹之君民也，罚弗及强而天下治。"《路史·后纪》十三《夏后氏纪》。是夏代刑轻，尚有唐虞之化，不杀不刑，其殆用象刑之法欤？

商

官刑　《书·伊训》：制官刑，儆于有位。曰敢有恒舞于宫，酣歌于室，时谓巫风。敢有殉于货色，恒于游畋，时谓淫风。敢有侮圣言，逆忠直，远耆德，比顽童，时谓乱风。惟兹三风十愆，卿士有一于身，家必丧。邦君有一于身，国必亡。臣下不匡其刑墨，具训于蒙士。

按：官刑是何刑，《书》不具，盖非死刑也。臣下刑墨，此商有肉刑之证。

肉刑　见上。《泰誓》：斫朝涉之胫。《传》："冬月见朝涉水者，谓其胫耐寒，斩而视之。"

按：斫胫盖即膑，亦肉刑之一也。

劓殄《书·盘庚》：乃有不吉不迪，颠越不恭，暂遇奸宄，我乃劓殄灭之，无遗育，无俾易种于兹新邑。《传》："不恭，不奉上命，暂遇人而劫夺之。劓，割。育，长也，言不吉之人当割绝灭之，无遗长其类，无使易种于此新邑。"《疏》："无遗长其类，谓早杀其人，不使得子孙，有此恶类也。"《左氏哀十一年传》："《盘庚》之诰曰，其有颠越不共，则劓殄无遗育，无俾易种于兹邑。"杜注："颠越不共，纵横不承命者也。劓，割也。殄，绝也。"

按：杜解"颠越不共如纵横不承命者"，盖叛逆之徒也。劓殄无遗育，则缘坐之法也。在外为奸，在内为宄，所包者广，本不专指劫夺言。如只劫夺而已，法不应若是重也。

孥戮　《汤誓》：予则孥戮汝。

按：说详《甘誓》。

胥靡　《史记·殷本纪》：是时说为胥靡。晋灼《汉书音义》云："胥，相也。靡，随也。古者相随坐，轻刑之名。"

炮烙　《史记·殷本纪》：于是纣乃重刑辟，有炮烙之法。

醢脯　《殷本纪》：九侯有好女，入之纣。九侯女不意淫，纣怒，杀之，而醢九侯。鄂侯争之疆；辨之疾，并脯鄂侯。

按：殷世刑制，大抵五刑皆备，《书》传亦不详也。而炮烙、醢脯，独详于《史》。淫刑以逞，而国亦随之亡矣。然则重刑何为哉？荀卿谓治则刑重，乱则刑轻，非笃论也。

周

五刑　墨、劓、宫、刖、杀。《周礼·秋官·司刑》。

圜土　以圜土聚教罢民。凡害人者，置之圜土而施职事焉，以明刑耻之。其能改过，反于中国，不齿三年。其不能改而出圜者，杀。《大司寇》。凡害人者，弗使冠饰而加明刑焉，任之以事而收教之。能改者，上罪三年而舍，中罪二年而舍，下罪一年而舍。其不能改而出圜土者，杀。虽出，三年不齿。凡圜土之刑人也不亏体，其罚人也不亏财。

嘉石　以嘉石平罢民。凡万民之有罪而未丽于法而害于州里者，桎梏而坐诸嘉石，役诸司空。重罪旬有三日坐，期役；其次九日坐，九月役；其次七日坐，七月役；其次五日坐，五月役；其下罪三日坐，三月役。使州里伍之，则宥而舍之。《大司寇》。

奴　其奴男子入于罪隶，女子入于春槁。凡有爵者与七十者与未龀者，皆不为奴。

斩　斩以铁钺，若今要斩。《掌戮》注。

杀　杀以刀刃，若今弃市。同上。

膊、辜　膊谓去衣磔之。辜之言枯也，谓磔之。同上。

焚　凡杀其亲者焚之。《掌戮》。

髡　郑司农云："髡当为完，谓但居作三年，不亏体者也。"玄谓此出五刑之中，而髡者必王之同族不宫者，宫之为剪其类，髡头而已。同上。

屋诛　郑司农云："屋诛谓夷三族。"玄谓"屋"读为"其刑劓"之"劓"，劓诛谓所杀不于市而以适甸师氏者也。《司烜氏》注。

车辕　誓驭曰车辕。《条狼氏》。

鞭　誓大夫曰敢不关鞭五百，誓师曰三百。同上。

刵　劓刵人。注："刵，截耳，刑之轻者。"《康诰》。

疑赦　五刑之疑有赦，五罚之疑有赦。墨辟疑赦，其罚百锾，阅实其罪；劓辟疑赦，其罪惟倍，阅实其罪；剕辟疑赦，其罚倍差，阅实其罪；宫辟疑赦，其罚六百锾，阅实其罪；大辟疑赦，其罚千锾，阅实其罪。《吕刑》。

无余刑　无有余之刑，刑者非一也。《费誓》。

磬　公族其有死刑，则磬于甸人。《礼记·文王世子》。

按：三代刑制，周室为详。《书》序言"训夏赎刑"，《康诰》言"师兹殷罚"，其所因所损益必非一端。《书》缺有间，今不可考矣。夫刑者，古人不得已而用之，诵《立政》一篇，兢兢以庶狱勿误为戒，而终以苏公之由狱归之以敬。《吕刑》一篇，惓惓于率乂民彝，而尤以庶威夺货，以乱无辜为戒。其哀矜恻怛之意，马氏《通考》谓千载之下犹使人为之感动，此可见周家之于刑狱，其钦恤明允固无异于唐虞也。典狱非讫于威，后之用刑者，其当知此意也夫。

又按：焚、辕二刑，或议其酷，非盛世之事也。窃意此二刑不在五刑之内。辕当是军中之法，春秋时屡见，必非常刑。焚如之刑，古今罕睹，惟王莽行之，或疑《周礼》一书，刘歆等诪附王莽有所附益于其间，此类皆非原本，不为无见。

秦

夷三族　《史记·秦本纪》：文公二十年，法初有三族之罪。武公三年，诛三父等而夷三族。

士伍　《秦本纪》：武安君白起有罪，为士伍，迁阴密。《集解》：如淳曰："尝有爵而以罪夺爵，皆称士伍。"

斩　《始皇本纪》：八年，王弟长安君成蟜将军击赵，反，死屯留，军吏皆斩，迁其民于临洮。将军壁死，卒屯留、蒲鹬反，戮其尸。

迁　见上。

戮尸　见上。

枭首　《始皇本纪》：长信侯毐作乱而觉，矫王御玺及太后玺以发县卒及卫卒、官骑、戎翟君公、舍人，将欲攻蕲年宫为乱。王知之，令相国昌平君、昌文君发卒攻毐。战咸阳，斩首数百，尽得毐等，卫尉竭、内史肆、佐弋竭、中大夫令齐等二十人，皆枭首，车裂以徇，灭其宗。及其舍人，轻者为鬼薪，及夺爵迁蜀四千余家，家房陵。

车裂　见上。又《商君传》：秦惠王车裂商君以徇。

鬼薪　见上。

夺爵迁　《始皇本纪》：文信侯不韦死，窃葬。其舍人临者，晋人也，逐出之；秦人六百石以上夺爵，迁；五百石以下不临，迁；勿夺爵。自今以来，操国事不道如嫪毐、不韦者，籍其门，视此。《索隐》："谓籍没其一门皆为徒隶。"《正义》："籍录其子孙，禁不得仕宦。"

籍其门　见上。

弃市　《始皇本纪》：有敢偶语《诗》、《书》者，弃市。以古非今者，族。吏见知不举者，与同罪。令下三十日不烧，黥为城旦。

族　见上。

与同罪　见上。

城旦　见上。

具五刑　《史记·李斯传》：二世二年七月，具斯五刑，论腰斩咸阳市。

腰斩　见上。又见下。

相收司连坐　《史记·商君传》：卒定变法之令。令民为什伍，而相收司连坐。不告奸者腰斩，告奸者与斩敌首同赏，匿奸者与降敌同罚。民有二男以上不分异者，倍其赋。有军功者，各以率受上爵；为私斗者，各以轻重被刑大小。戮力本业，耕织致粟帛多者，复其身。事末利及怠而贫者，举以为收孥。于是太子犯法，刑其傅公子虔，黥其师公孙贾。四年，公子虔又犯约，劓之。商君亡至关下，欲舍客舍。客人不知其是商君也，曰："商君之法，舍人无验者坐之。"

同罚、收孥　见上。

黥、劓　见上。

舍人无验者坐之　见上。

凿颠、抽胁、镬亨　《汉书·刑法志》：秦用商鞅，增加肉刑、大辟，有凿颠、抽胁、镬亨之刑。

体解 《通典》：后又体解荆轲。

磔 《通考》：十公主磔死于社。

蒺藜 《说苑》：秦始皇取太后，迁之咸阳宫，下令曰："以太后事谏者，戮而杀之，蒺藜其脊。"

按：秦自商鞅变法修刑，唐虞钦恤之风久已歇绝，迨始皇兼并列国，刚戾自用，以为自古莫［及］己若。《本纪》载侯生、卢生之言曰："上乐以刑杀为威，天下畏罪持禄，莫敢尽忠。上不闻过而日骄，下慑伏谩欺以取容。"班固《刑法志》之言曰："秦始皇兼吞战国，遂毁先王之法，灭礼谊之官，专任刑罚，躬操文墨，昼断狱，夜理书，自程决事，日县石之一。而奸邪并生，赭衣塞路，囹圄成市，天下愁怨，溃而叛之。"观于斯言，则重刑之往事大可鉴矣，世之用刑者，慎勿若秦之以刑杀为威，而深体唐虞钦恤之意也。

汉

杀人者死，伤人及盗抵罪 《史记·高祖本纪》：与父老约，法三章耳：杀人者死，伤人及盗抵罪。《集解》应劭曰："抵，至也，又当也。除秦酷政，但至于罪也。"李斐曰："伤人有曲直，盗臧有多少，罪名不可豫定，故凡言抵罪，未知抵何罪也。"《索隐》韦昭云："抵，当也。谓使各当其罪。"

夷三族 《汉书·刑法志》：汉兴之初，虽有约法三章，网漏吞舟之鱼，然其大辟，尚有夷三族之令。令曰："当三族者，皆先黥、劓，斩左右止，笞杀之，枭其首，菹其骨肉于市。其诽谤詈诅者，又先断舌。"故谓之具五刑。彭越、韩信之属皆受此诛。至高后元年，乃除三族罪。

要斩 《周礼·掌戮》郑注："斩以铁钺，若今要斩也。杀以刀刃，若今弃市也。"

弃市 见上。

枭首 《汉书·高纪》：枭故塞王欣头栎阳市。又《薛宣传》：况宣子枭首于市。

磔 《汉书·景纪》：中二年，改磔曰弃市，勿复磔。注：师古曰："磔谓张其尸也。"

肉刑 文帝十三年，除肉刑。

宫刑 《景纪》：死罪欲腐者，许之。注：如淳曰："腐，宫刑也。丈夫割势，不复能生子，如腐［木］不生实。"文帝除宫刑见《景纪》

元年诏。

城旦舂 《惠纪》：上造以上及内外公孙、耳孙，有罪当刑及当为城旦舂者，皆耐为鬼薪、白粲。民年七十以上若不满十岁有罪当刑者，皆完之。

耐 见上。

鬼薪、白粲 见上。

完 见上。

髡钳 《高纪》注：师古曰："钳，以铁束颈也。"

罚作 见上。

笞 《刑法志》：文帝十三年，除肉刑。定律曰：诸当完者，完为城旦舂；当黥者，髡钳为城旦舂；当劓者，笞三百；当斩左止者，笞五百；当斩右止，及杀人先自告，及吏坐受赇枉法，守县官财物而即盗之，已论命复有笞罪者，皆弃市。李奇曰："命，逃亡也。复于论命中有罪也。"罪人狱已决，完为城旦舂，满三岁为鬼薪、白粲。鬼薪、白粲一岁，为隶臣、妾。隶臣、妾一岁，免为庶人。隶臣、妾满二岁，为司寇。司寇一岁，及作如司寇二岁，皆免为庶人。其亡逃及有罪耐以上，不用此令。前令之刑城旦舂岁而非禁锢者，如完为城旦舂岁数以免。景帝元年定律：笞五百曰三百，笞三百曰二百。中六年，减笞三百曰二百，笞二百曰一百。

女徒复作《宣纪》注：李奇曰："复作者，女徒也。谓轻罪，男子守边一岁，女子软弱不任守，复令作于官，亦一岁，故谓之复作徒也。"孟康曰："复音服，谓弛刑徒也，有赦令诏书去其钳釱赭衣。更犯事，不从徒加，与民为例，故当复为官作，满其本罪年月日，律名为复作也。"

顾山《平纪》：元始元年，天下女徒已论，归家，顾山钱月三百。注：如淳曰："已论者，罪已定也。令甲，女子犯罪，作如徒六月，顾山遣归。说以为当于山伐木，听使入钱顾功直，故谓之顾山。"应劭曰："旧刑鬼薪，取薪于山以给宗庙，今使女徒出钱顾薪，故曰顾山也。"师古曰："如说近之。谓女徒论罪已定，并放归家，不亲役之，但令一月出钱三百，以顾人也。为此恩者，所以行太皇太后之德，施惠［政］于妇人。"

司寇 见上。

输作 《后汉书·和纪》：永元元年冬十月，令郡国弛刑输作军营。

《韦彪传》：坐论输左校。注："左校，署名，属将作也。"《庞参传》：坐法输作若卢。注："若卢，狱名。"

按：输作，盖罚作之别，其但曰输者，省文也。

流徙 《后书·桓纪》。详迁。

徙 详徙。迁 详迁。

按：汉之迁徙，本不称流，其以流徙连称者，乃文法偶然用之耳。

鞭 详鞭。

蜀

夷三族 《蜀志·魏延传》：延独与其了数人逃亡，奔汉中。仪遣马岱追斩之，遂夷延三族。

弃市 《刘琰传》：琰妻胡氏入贺太后，太后令特留胡氏，经月乃出。胡氏有美色，琰疑其与后主有私，呼（卒）五百挝胡，至于以履搏面，而后弃遣。胡具以告言琰，琰坐下狱。有司议曰：卒非挝妻之人，面非受履之地。琰竟弃市。

徙 《廖立传》：徙汶山郡。《李严传》：徙梓潼郡。《杨仪传》：徙汉嘉郡。

按：蜀继汉后，当用汉法。陈寿志传所见甚希，无以考之。《马谡传》云"下狱物故"，而《诸葛亮传》云"戮谡以谢众"。则谡非良死，盖即考竟之法也。

魏

死刑三《晋志》，下并同。

髡刑四

完刑作刑各三

赎刑十一

罚金六

杂抵罪七

《晋书·刑法志》：依古义制为五刑。其死刑有三，髡刑有四，完刑、作刑各三，赎刑十一，罚金六，杂抵罪七，凡三十七名。至于谋反大逆，临时捕之，或污潴，或枭菹，夷其三族，不在律令，所以严绝恶迹也。

五岁刑 《魏志·文纪》：黄初五年八月，幸寿春。扬州界将吏士民，犯五岁刑已下，皆原除之。《晋志》：魏法：殴兄姊加至五岁刑。

按：汉无五岁刑，据此文是魏有五岁刑也。《王凌传》："为发干长，太祖辟为丞相掾属。"注：《魏略》曰："凌为长，遇事，髡刑五岁，当道扫除。时太祖车过，问此何徒，左右以状对。太祖曰：'此子师兄子也，所坐亦公耳。'于是主者选为骁骑主簿。"计其时，在建安中，是汉末已有五岁刑矣。何年所定，无可考。晋以后并承用之。

钛左右趾易以木械　《晋志》：定甲子科，犯钛左右趾者易以木械。是时乏铁，故易以木焉。又嫌汉律太重，故令依律论者听得科半，使从半减也。

依律论者听得科半　见上。

怨毒杀人减死　《晋志》：魏文帝受禅，时有大女刘朱，挝子妇酷暴，前后三妇自杀，论朱（朱）减死输作尚方，因是下怨毒杀人减死之令。《通考》：按所谓怨毒杀人者，盖行凶之人遭被杀之人苦毒，故不胜其怨愤起而杀之。今刘朱之事，史不言子妇有悖逆其姑之迹，则非怨毒杀人也。要之姑挝其妇，妇因挝而自杀，非姑手杀之，则可以免死，但以为怨毒，则史文不明，未见其可坐以此律耳。

按：此段史文不详，马氏之说，仍是未明。窃疑刘朱施苦毒而子妇自杀，得以减死，故受苦毒而怨愤杀人者亦得减死论，事实相因，故著于此，非谓刘朱之事为怨毒杀人也。

以罚代金　《晋志》：魏明帝改士庶罚金之令，男听以罚代"代"字依《通典》、《通考》补。金，妇人如"如"字《通典》、《通考》作"加"。笞还从鞭督之例，以其形体裸露故也。

按：今本《晋志》脱一"代"字，遂不可解，故据《通典》、《通考》补正。鞭督之例，未详，观"形体裸露"语，是笞者必露形体，而鞭则不尔也。

鞭督　见上。

污潴、枭菹、夷三族　并见上。

剖棺暴尸　详戮尸。

受赇轻重法　《晋志》：律文烦广，事比众多，离本依末，决狱之吏如廷尉狱吏范洪受囚绢二丈，附轻法论之，狱吏刘象受属偏考囚张茂物，附重法论之。洪、象虽皆弃市，而轻枉者相继。

按：洪、象二事，情有轻重，当时分别附轻重法，未为失也。惟情分轻重而罪同弃市，魏法若何，不可详矣。

妄相告《魏书·文纪》：黄初五年正月，初令谋反大逆乃得相告，其余皆勿听治；敢妄相告，以其罪罪之。

复仇　又黄初四年，诏曰："丧乱以来，兵革未戢，天下之人，互相残杀。今海内初定，敢有私复仇者，皆族之。"

减等　黄初元年，是岁长水校尉戴陵谏不宜数行弋猎，帝大怒；陵减死一等。

乞恩　又四年，诏曰："有虞氏画象而民弗犯，周人刑错而不用。朕从百王之末，追望上世之风，邈乎！何相去之远？法令滋章，犯者弥多，刑罚愈众，而奸不可止。往者按大辟之条，多所蠲除，思济生民之命，此朕之至意也。而郡国（蔽）［弊］狱，一岁之中尚过数百，岂朕训导不醇，俾民轻罪，将苛法犹存，为之陷阱乎？有司其议狱缓死，务从宽简。及乞恩者，或辞未出而狱以报断，非所以究理尽情也。其令廷尉及天下狱官，诸有死罪具狱以定，非谋反及手杀人，亟语其亲治，有乞恩者，使与奏当文书俱上，朕将思所以全之。其布告天下，使明朕意。"

没财产　《高柔传》：是时，杀禁地鹿者身死，财产没官。

官奴婢　又：护军营士窦礼近出不还，营以为亡，表言逐捕，没其妻盈及男女为官奴婢。

按：曹魏刑制，史举其纲而未详其目。其死刑三，以晋制考之，枭首也，斩也，弃市也。晋承魏《志》也。髡刑有钛左右趾，完刑，作刑，自五岁刑以下凡五，余不详也。观于序略之文，亦云详慎矣。明帝时有减鞭杖之令、乞恩之诏，其于用刑非无矜恤之意，特尔时宫室盛兴，而期会迫急，帝亲召问，言犹在口，身首已分。又有杀禁地鹿抵死之法，岂议刑则明而用刑则昧欤？

吴

夷三族　《吴志·孙权传》：赤乌八年秋七月，将军马茂等图逆，夷三族。

按：吴时三族之夷屡见，步阐及同计数十人，《孙晧传》。奚熙，同上。吕据，《吕范传》。张震、朱恩等，《诸葛恪传》。滕胤，《孙綝传》。孙綝，《綝传》。濮阳兴、张布，《兴传》。张俊。《孙奋传》。

族诛　《孙和传》：权欲废和立亮，无难督陈正、五营督陈象上书，称引晋献公杀申生，立奚齐，晋国扰乱，又据、晃固谏不止。权大怒，族诛正、象，据、晃牵入殿，杖一百。

按：据，朱据；晃，屈晃。

廷杖　见上。

按：此即后来之廷杖。

车裂 《孙奋传》：豫章太守张俊车裂，夷三族。《孙晧传》注：孙俶父子俱见车裂。

罚金 《齐语》：小罪谪以金分。韦昭注："今之罚金是也。"

按：韦昭，吴人，所云今者，当指吴时。

徙 《虞翻传》：权积怒非一，遂徙翻交州。

禁固 《孙匡传》注：《江表传》曰："曹休出洞口，吕范率军御之。时匡为定武中郎将遣范，令放火，烧损茅芒，以乏军用，范即启送匡还吴。权别其族为丁［氏］，禁固终身。"

减等 《孙权传》：嘉禾六年，孟宗丧母奔赴，已而自拘于武昌以听刑。陆逊陈其素行，因为之请，权乃减宗一等。

髡、鞭 《孙亮传》注：《江表传》曰："亮使黄门以银碗并盖就中藏吏取交州所献甘蔗饧。黄门先恨藏吏，以鼠矢投饧中，启言藏吏不谨。亮呼吏持饧器入，问曰：'此器既盖之，且有掩覆，无缘有此，黄门将有恨于汝耶?'吏叩头曰：'尝从某求宫中莞席，宫席有数，不敢与。'亮曰：'必是此也。'覆问黄门，具首伏。即于目前加髡、鞭，斥付外署。"

锯头 《孙晧传》：凤皇二年，晧爱妾或使人至市劫夺百姓财物，司市中郎将陈声，素晧幸臣也，恃晧宠遇，绳之以法。妾以诉晧，晧大怒，假他事烧锯断声头，投其身于四望之下。

剥面、凿眼、刖足 《孙晧传》：又激水入宫，宫人有不合意者，辄杀流之。或剥人之面，或凿人之眼。注："吴平后，晋侍中庾峻等问晧侍中李仁曰：'闻吴主扰人面，刖人足，有诸乎?'仁曰：'以告者过也。'"

官奴

按：吴之刑制见于诸《传》者如此，大约承汉之旧法，未之有改。孙权果于杀戮，虽陆逊劝以施德缓刑，张昭讽其刑罚微重，终未悛改。迨至峻、綝窃政，屠戮忠良，晧尤昏暴，至于剥面凿眼，闻于邻国，不亡何待？

晋

死刑三

耐罪四

赎罪五

《唐六典》：晋刑名之制：大辟之刑有三，一曰枭，二曰斩，三曰弃市。髡刑有四，一曰髡钳，五岁刑，笞二百；二曰四岁刑；三曰三岁刑；四曰二岁刑。赎死，金二斤，赎五岁刑，金一斤十二两，四岁、三岁、二岁各以四两为差。又有杂抵罪，罚金十二两、八两、四两、二两、一两之差。弃市以上为死罪，二岁刑以上为耐罪，罚金一两以上为赎罪。

按：枭、斩、弃市，《晋志》所谓死刑不过三也。髡四、赎五、杂抵五，《晋志》所谓生刑不过十四等也。《六典》称一两以上为赎罪，是并赎、罚为一。然赎是赎，罚是罚，实二事也。《晋志》言"金等不过四两"，谓赎死以下并以四两为一等之差，杂抵罪轻则有不及四两者。

杂抵罪　见上。

按：此即罚金也。

加作　诸重犯亡者，发过三寸辄重髡之，加作一岁。《晋志》刘颂疏。

鞭　详鞭。

按：晋律督罪五十以下鞭如令，若今之笞以五十为限。

绞　《晋志》：周颤等复肉刑议：截头绞颈，尚不能禁。

按：汉之斩，要斩也；弃市，斩首也。惟《史记·索隐》以弃市为绞罪，与郑氏《周礼》不合。据周颤等语，是晋时弃市已为绞罪，其斩曰截头，亦非要斩矣。此制何时所改，史未详。

族　《晋志》：裴颜表称：虽陵兆尊严，唯毁废然后族之，此古典也。若登践犯损，失尽敬之道，事止刑罪可也。去八年，奴听教加诬周龙烧草，廷尉遂奏族龙，一门八口并命。会龙狱翻，然后得免。考之情理，准之前训，所处实重。《怀纪》：永嘉元年，除三族刑。《明纪》：太宁三年，复三族刑，惟不及妇人。

《通考》：庚翼言："大较江东之政，以妪煦豪强，常为民蠹，时有刑法，辄施之寒劣。"按史称元帝好刑名，郭璞复有繁刑之谏，《璞传》载全疏数百言，然指陈实事，不过言建兴四年，督运令史淳于伯刑于市，而血逆上流，以为冤酷之异。盖自江左中兴以来，姑息立国，北征大事，以乏兴杀一督运，未为过也。而当时冤之，史氏书之，以为淫刑。嗣时之后，习为宽弛，刘隗、刁协、庾亮稍欲济以综核，而召变稔祸矣。

按：晋之刑制，成于泰始，观张斐《律注》所言，是修律诸人讨论颇为详审，故当日众以为便，而马氏以宽弛讥之，此非法之过而用法者之过也。即如淳于伯之狱，司直刘隗奏曰："谨按行督运令史淳于伯刑，血著柱，遂逆上终极柱末二丈三尺，旋复下流四尺五寸。百姓喧哗，士女纵观，咸曰其冤。伯息忠诉辞称枉，云伯督运讫去二月，事毕代还，无有稽乏。受赇使〔役〕，罪不及死。军是戍军，非为征军，以乏军兴论，于理为枉。四年之中，供给运漕，凡诸征发租调百役，皆有稽停，而不以军兴论，至于伯也，何独明之？"《刘隗传》。据此奏语，伯事毕代还，无有稽乏，而以稽乏诛，是不明也。百役稽停，不以军兴论，而独诛伯，是不平也。不明不平，讵曰不冤。当时隗奏之，王导等上疏引咎，元帝复引以为己过，非无故也。又如周龙之狱，烧草不过失火罪耳，乃遽拟族诛，且不知其被诬也。使非狱翻，则一门八口不皆冤死乎？就此二事观之，晋之法岂宽弛之弊哉？亦用法者非其人耳，苟非其人，徒法而已。

宋、齐

《唐六典》：宋及南齐律之篇目及刑名之制略同晋氏，惟赎罪绢兼用之。

黥刖 《通考》：明帝太始四年，诏定黥刖之制。详刖。

梁

死罪 枭首、弃市。

耐罪 五岁刑、四岁刑、三岁刑、二岁刑。

赎罪 赎死以下凡五等，罚金五等。

又制九等 一岁刑，半岁刑，百日刑，鞭杖六等。

又八等 一免官，加杖督；二免官；三夺劳百日，杖督；余杖督五等。

《隋书·刑法志》：梁律，其制刑为十五等之差：弃市已上为死罪，大罪枭其首，其次弃市。刑二岁已上为耐罪，言各随伎能而任使之也。有髡钳五岁刑，笞二百，收赎绢，男子六十匹。又有四岁刑，男子四十八匹。又有三岁刑，男子三十六匹。又有二岁刑，男子二十四匹。罚金一两已上为赎罪。赎死者金二斤，男子十六匹。赎髡钳五岁刑笞二百者，金一斤十二两，男子十四匹。赎四岁刑者，金一斤八两，男子十二匹。赎三岁刑者，金一斤四两，男子十匹。赎二岁刑者，金一斤，男子八匹。罚金十二两者，男子六匹。罚金八两者，男子四匹。罚金四两者，男子二匹。罚金二两者，男子一匹。罚金一两者，男子二丈。女子各半之。又制九等之差：有一岁刑，半岁刑，百日刑，鞭杖二百，鞭杖一百，鞭杖五十，鞭杖三十，鞭杖二十，鞭杖一十。有八等之差：一曰免官，加杖督一百；二曰免官；三曰夺劳百日，杖督一百；四曰杖督一百；五曰杖督五十；六曰杖督三十；七曰杖督二十；八曰杖督一十。论加者上就次，当减者下就次。老小于律令当得鞭杖罚者，皆半之。其应得法鞭杖者，以熟靻鞭、小杖。过五十者，稍行之。将吏已上及女人应有罚者，以罚金代之。其以职员应罚，及律令指名制罚者，不用此令。女子怀孕者，勿得决罚。其谋反、降叛、大逆已上皆斩。父、子、同产男，无少长，皆弃市。母、妻、姊妹及应从坐弃市者妻、子女、妾，同补奚官为奴婢。赀财没官。劫，身皆斩，妻、子补兵。遇赦降死者，黥面为劫字，髡钳，补冶锁士终身。其下又谪运，配材官冶士、尚方锁士，皆以轻重差其年数。其重者或终身。士人有禁锢之科，亦有轻重为差。其犯清议，则终身不齿。耐罪囚八十已上，十岁已下，及孕者、盲者、侏儒当械系者，及郡国太守、相、都尉、关中侯已上，亭侯已上之父母妻子，及所生坐非死罪除名之罪，二千石已上非槛征者，并颂系之。三年八月，建（安）〔康〕女子任提女，坐诱口当死。其子景慈对鞫辞云，母实行此。是时法官虞僧虬启称："案子之事亲，有隐无犯，直躬证父，仲尼为非。景慈素无防闲之道，死有明目之据，陷亲极刑，伤和损俗。凡乞鞫不审，降罪一等，岂得避五岁之刑，忽死母之命！景慈宜加罪辟。"诏流于交州。至是复有徒流之罪。

徒流　见上。

《隋志》：武帝敦睦九族，优借朝士，有犯罪者，皆讽群下，屈法申之。百姓有罪，皆按之以法。其缘坐则老幼不免，一人亡逃，则举家质作。人既穷急，奸宄益深。后帝亲谒南郊，秫陆老人遮帝曰："陛下为法，急于黎庶，缓于权贵，非长久之术。诚能反是，天下幸甚。"帝于是思有以宽之。旧狱法，夫有罪，逮妻子，子有罪，逮父母。十一年正月壬辰，乃下诏曰："自今捕谪之家，及罪应质作，若年有老小者，可停将送。"十四年，又除黥面之刑。帝锐意儒雅，疏简刑法，自公卿大臣，咸不以鞫狱留意。奸吏招权，巧文弄法，货贿成市，多致枉滥。大率二岁刑已上，岁至五千人。是时王侯子弟皆长，而骄蹇不法。武帝年老，厌于万机，又专精佛戒，每断重罪，则终日弗怿。尝游南苑，临川王宏，伏人于桥下，将欲为逆。事觉，有司请诛之。帝但泣而让曰："我人才十倍于尔，处此恒怀战惧。尔何为者？我岂不能行周公之事，念汝愚故也。"免所居官。顷之，还复本职。由是王侯骄横转甚，或白日杀人于都街，劫贼亡命，咸于王家自匿，薄暮尘起，则剥掠行路，谓之打稽。武帝深知其弊，而难于诛讨。十一年十月，复开赎罪之科。中大同元年七月甲子，诏自今犯罪，非大逆，父母［、祖父母］勿坐。自是禁网渐疏，百姓安之，而贵戚之家，不法尤甚矣。寻而侯景逆乱。及元帝即位，惩前政之宽，且帝素苛刻，及周师至，狱中死囚且数千人，有司请皆释之，以充战士。帝不许，并令棒杀之。事未行而城陷。敬帝即位，刑政适陈矣。

按：梁武用法，急黎庶而缓权贵，虽因秣陵老人之谏，思有以宽黎庶，而终不能改也。乃杜佑《通典》之议曰：按法用刑，诚难差异，然酌于人情，通于物理，衣冠之与黎蒸，如草木之有秀茂。若戮一士族，虽或无冤，如摧茂林，薙翘秀，或睹其疹瘵，则多伤恸之怀，使人离心，皆如崩角。若戮一匹庶，纵或小屈，如斩丛拨，蹂荒芜，未觉其雕残，乃鲜嗟叹之议，免俗惶骇，不犹愈乎？倪谓不然，立睹其患。武帝深旨，未可为尤。前志著八议之科，近法有收赎之制，岂比下俚便令同侪。往事足征，未可多咎。此说非也。凡人皆同类，其人而善也者，茂林翘秀也；其人而恶也者，丛拨荒芜也。法之及不及，但分善恶而已，乌得有士族匹庶之分？士族之恶者，戮之苟当其罪，何至使人离心？匹庶之善者，戮之苟不当其罪，其嗟叹岂少也哉？若谓士族之恶者亦茂林翘秀，匹庶之善者亦丛拨荒芜，是使人但知士族匹庶之分，而不复知善恶之分矣，此大乱之道也。至八议收赎之法，皆必其情之可原者，亦非尽人而宥之。临川王谋弑逆而梁武纵之，遂至王侯骄横，罔知义理。侯景之乱，临贺王正德实引之渡江，湘东诸王互哄于外而不急君父之难。推原祸始，是孰贻之戚哉？杜氏盖未究治乱之根，因而徇其一偏之见也。世或惩梁氏疏简之失而谓法不可轻，此又非探本之论。梁之弊在法废，不在刑轻。法立而不行，与无法等，世未有无法之国而能长安久治者也。

《武纪》：中大（通）［同］（四）［三］年，前乐山县侯萧正则有罪流徙，至是招诱亡命，欲寇广州，在所讨平之。此亦梁代流徙之事。

陈

官当 《隋志》：陈氏制《律》三十卷。其制惟重清议禁锢之科。若缙绅之族，犯亏名教，不孝及内乱者，发诏弃之，终身不齿。先与士人为婚者，许妻家夺之。其获贼帅及士人恶逆，免死付冶，听将妻入役，不为年数。又存赎罪之律，复父母缘坐之刑。自余篇目条纲，轻重简繁，一用梁法。五岁四岁刑，若有官，准当二年，余并居作。其三岁刑，若有官，准当二年，余一年赎。若公坐过误，罚金。其二岁刑，有官者，赎论。一岁刑，无官亦赎论。寒庶人，准决鞭杖。

北魏

斩、绞、腰斩、轘、沉渊　《魏书·刑罚志》：世祖即位，定律令。除五岁、四岁刑，增一年刑。分大辟为二科：死、斩。死入绞。大逆不道腰斩，诛其同籍，年十四已下腐刑，女子没县官。害其亲者轘之。为蛊毒者，男女皆斩，而焚其家。巫蛊者，负羖羊抱犬沉诸渊。当刑者赎，贫则加鞭二百。畿内民富者烧炭于山，贫者役于圊溷，女子入舂槁；其固疾不逮于人，守苑囿。王官阶九品，得以官爵除刑。《唐六典》：崔浩定大辟，有轘、腰斩、殊死、弃市四等。

腐刑　见上。

流徒　《魏书·孝文纪》：太和十六年五月，诏群臣于皇信堂更定律条，流徒限制，帝亲临决之。

按：流徒限制，史无明文，徒罪即年刑也。《唐六典》：崔浩定刑名，于汉魏以来，除髡钳五岁四岁，增一岁刑，是必有二年、三年之年刑。太和十一年诏，有"刑限三年"之文，见《志》。《志》所引《法例律》有"当刑二岁"之文，此其证也。惟《志》载永平三年费羊皮事所引《贼律》"谋杀人，从者五岁刑"；神龟中刘辉事所引《斗律》"杀子孙者五岁刑，殴杀者四岁刑"，是五岁四岁刑，神麚中虽曾删除，其后仍复旧制，但不知在何年。

赎　见上。又《志》言：昭成建国二年，当死者，听其家献金马以赎。

役　见上。

鞭　见上。

以官爵除刑　见上。

按：此即《唐律》官当之法。

留养　《魏志》：《法例律》："诸犯死罪，若祖父母、父母年七十已上，无成人子孙，旁无期亲者，具状上请。流者鞭笞，留养其亲，终则从流。不在原赦之例。"

按：此太和十二年诏，著之令格，又见《孝文本纪》。

门房之诛　《魏志》：真君六年，改定律制，加门诛四。太安四年，增律门房之诛十有三。延兴四年，罢门房之诛。太和三年，修改律令，五年冬讫，门房之诛十有六。

按：门房之诛乃后魏旧制，延兴既罢，而太和新律仍有之，是既罢而旋复也。太和十一年又诏议门房之诛，删除繁酷，如何议决，史未载。

枭首 《魏志》：太和五年，大辟之罪，重者止枭首。

谪守边戍 《魏志》：和平末，冀州刺史源贺上言："自非大逆，手杀人者，请原其命，谪守边戍。"诏从之。

流徙 《魏志》：《狱官令》："诸犯年刑已上枷锁，流徙已上，增以杻械。迭用不俱。"

按：流徙似即流罪，与戍边为二事。流乃常刑，故详于《狱官令》，戍边则一时之制也。

备 《魏志》：昭成建国二年，盗官物，一备五，私则备十。

按：备即《唐律》"有赃应备"之备。《疏议》有"备偿"之语，即今之赔偿也。古无"赔"字。《正字通》、《字汇》二书始载之。《字汇》："赔，古无此字，俗音裴，作赔补之字。"

又按：后魏刑制大抵因于魏晋，观《刑罚志》所引有《法例律》、《盗律》、《贼律》、《斗律》，其文殆皆魏晋旧文。至所引有《赦律》，为魏晋所无，或是后魏所别出也。《隋志》有《后魏律》二十卷，始修于神麚中。死刑，视魏晋增镮一等。太和五年，复修死刑，止于枭首。似已删除腰斩及镮刑矣。后魏门房之诛最严，为历代所无，延兴中罢之而旋复。太和十一年又议之，史无删除明文，殆此制未能尽废欤？《志》言世祖以刑禁重，神麚中，诏崔浩定律令。正平元年，又命游雅等增损之。显祖勤于治功，末年尤重刑罚。高祖哀矜庶狱，太和中命高闾等修律，五年告成，十五年更定之，十六年颁行，为一朝之大法。世宗亦意在宽政，是其并吞北方，政令统一，与南朝并峙，非偶然也。

北周

杖刑五 自十至五十。

鞭刑五 自六十至于百。

徒刑五 一年、二年、三年、四年、五年。

流刑五 卫服、要服、荒服、镇服、蕃服。

死刑五 一磬，二绞，三斩，四枭，五裂。

赎罪 自杖至流各五等，死刑为一等。

《隋志》：保定三年《大律》，其制罪：一曰杖刑五，自十五至五十。

二曰鞭刑五，自六十至于百。三曰徒刑五。徒一年者，鞭六十，笞十。徒二年者，鞭七十，笞二十。徒三年者，鞭八十，笞三十。徒四年者，鞭九十，笞四十。徒五年者，鞭一百，笞五十。四曰流刑五。流卫服，去皇畿二千五百里者，鞭一百，笞六十。流要服，去皇畿三千里者，鞭一百，笞七十。流荒服，去皇畿三千五百里者，鞭一百，笞八十。流镇服，去皇畿四千里者，鞭一百，笞九十。流蕃服，去皇畿四千五百里者，鞭一百，笞一百。五曰死刑五，一曰磬，二曰绞，三曰斩，四曰枭，五曰裂。五刑之属各有五，合二十五等。不立十恶之目，而重恶逆、不道、大不敬、不孝、不义、内乱之罪。凡恶逆，肆之三日。盗贼群攻乡邑及入人家者，杀之无罪。若报仇者，告于法而自杀之，不坐。经为盗者，注其籍。唯皇宗则否。其赎杖刑五，金一两至五两。赎鞭刑五，金六两至十两。赎徒刑五，一年金十二两，二年十五两，三年一斤二两，四年一斤五两，五年一斤八两。赎流刑，一斤十二两，俱役六年，不以远近为差等。赎死刑，金二斤。鞭者以一百为限。加笞者，合二百止。应加鞭笞者，皆先笞后鞭。妇人当笞者，听以赎论。徒输作者，皆任其所能而役使之。杖十已上，当加者上就次，数满乃坐。当减者，死罪流蕃服，蕃服已下俱至徒五年。五年已下，各以一等为差。盗贼及谋反、大逆、降、叛、恶逆罪当流者，皆甄一房配为杂户。其为盗贼事发逃亡者，悬名注配。若再犯徒、三犯鞭者，一身永配下役。应赎金者：鞭杖十，收中绢一疋。流徒者，依限岁收绢十二疋。死罪者一百疋。其赎刑，死罪五旬，流刑四旬，徒刑三旬，鞭刑二旬，杖刑一旬。限外不输者，归于法。贫者请而免之。又初除复仇之法，犯者以杀论。

时晋公护将有异志，欲宽政以取人心，然暗于知人，所委多不称职。既用法宽弛，不足制奸，子弟僚属，皆窃弄其权，百姓愁怨，控告无所。武帝性甚明察，自诛护后，躬览万机，虽骨肉无所纵舍，用法严正，中外肃然。宣帝性残忍暴戾，自在储贰，恶其叔父齐王宪及王轨、宇文孝伯等。及即位，并先诛戮，由是内外不安，俱怀危惧。帝又恐失众望，乃行宽法，以取众心。宣政元年八月，诏制九条，宣下州郡。大象元年，又下诏曰："高祖所立《刑书要制》，用法深重，其一切除之。"然帝荒淫日甚，恶闻其过，诛杀无度，疏斥大臣。又数行肆赦，为奸者皆轻犯刑法。政令不一，下无适从。于是又广《刑书要制》，而更峻其法，谓之《刑经圣制》。宿卫之官，一日不直，罪至削除。逃亡者皆死，而家口籍没。上书字误者，科其罪。鞭杖百二十为度，名曰天杖。其后又加至二百四十。又作霹雳车，以威妇人。其决人罪，云与杖者，即一百二十，多打者，即二百四十。帝既酣饮过度，尝中饮，有下士杨文佑白宫伯长孙览求歌曰："朝亦醉，暮亦醉。日日恒常醉，政事日无次。"郑译奏之，帝怒，命赐杖二百四十而致死。后更令中士皇甫猛歌，猛歌又讽谏。郑译又以奏之，又赐猛杖一百二十。是时下自公卿，内及妃后，咸加棰楚，上下愁怨。及帝不豫，而内外离心，各求苟免。

北齐

死刑　轘、枭、斩、绞，凡四等。

流刑　投于边裔，以为兵卒。

刑罪　五岁、四岁、三岁、二岁、一岁，凡五等。各加鞭一百。

鞭　一百、八十、六十、五十、四十，凡五等。

杖　三十、二十、十，凡三等。

《隋志》：齐河清三年《齐律》，其制，刑名五：一曰死。重者轘之，其次枭首，并陈尸三日；无市者，列于乡亭显处。其次斩刑，殊身首。其次绞刑，死而不殊。凡四等。二曰流刑，谓论犯可死，原情可降，鞭笞各一百，髡之，投于边裔，以为兵卒。未有道里之差。其不合远配者，男子长徒，女子配舂，并六年。三曰刑罪，即耐罪也。有五岁、四岁、三岁、二岁、一岁之差。凡五等。各加鞭一百。其五岁者，又加笞八十，四岁者六十，三岁者四十，二岁者二十，一岁者无笞。并锁输左校而不髡。无保者钳之。妇人配舂及掖庭织。四曰鞭，有一百、八十、六十、五十、四十之差，凡五等。五曰杖，有三十、二十、十之差，凡三等。大凡为十五等。按：死四等，流一等，刑五等，鞭五等，杖三等，凡十八等。而云十五等者，盖四死为一等也。当加者上就次，当减者下就次。赎罪旧以金，皆代以中绢。死一百匹，流九十二匹，刑五岁七十八匹，四岁六十四匹，三岁五十匹，二岁三十六匹。各通鞭笞论。一岁无笞，则通鞭二十四匹。鞭杖每十，赎绢一匹。至鞭百，则绢十匹。无绢之乡，皆准收钱。自赎笞十已上至死，又为十五等之差。当加减次，如正决法。合赎者，谓流内官及爵秩比视、老小阉痴并过失之属。在官犯罪，鞭杖十为一负。闲局六负为一殿，平局八负为一殿，繁局十负为一殿。加于殿者，复计为负焉。又列重罪十条：一曰反逆，二曰大逆，三曰叛，四曰降，五曰恶逆，六曰不道，七曰不敬，八曰不孝，九曰不义，十曰内乱。其犯此十者，不在八议论赎之限。

赎罪　见上。

在官犯罪　见上。

重罪十条　见上。

棒杀　《隋志》：（从事）清河房超为黎阳郡守，有赵道德者，使以书属超。超不发书，棒杀其使。文宣于是令守宰各设棒，以诛属请之使。后都官郎中宋轨奏曰："昔曹操悬棒，威于乱时，今施之太平，未见其可。若受使请赇，犹致大戮，身为枉法，何以加罪？"于是罢之。

《隋志》：齐天保元年，始命群官刊定魏朝《麟趾格》。是时军国多事，政刑不一，决狱定罪，罕依律文，相承谓之变法［从事］。既而议造《齐律》，积年不成。其决狱犹依魏旧。是时刑政尚新，吏皆奉法。自六年之后，帝遂以功业自矜，恣行酷暴，昏枉酗蓄，任情喜怒。为大镬、长锯、锉碓之属，并陈于庭，意有不快，则手自屠裂，或命左右脔啖，以逞其意。时仆射杨遵彦，乃令宪司先定死罪囚，置于仗卫之中，帝欲杀人，则执以应命，谓之供御囚。经三月不杀者，则免其死。帝尝幸金凤台，受佛戒，多召死囚，编籧篨为翅，命之飞下，谓之放生。坠皆致死，帝视以为欢笑。时有司折狱，又皆酷法。讯囚则用车辐𢷬杖，字典无"𢷬"字，《通典》作"䋄（绉）"，疑是"搊"字之讹。搊，《博雅》："拘也。"《广韵》："手搊也。"夹指压踝，又立之烧犁耳上，或使以臂贯烧车釭。既不胜其苦，皆致诬伏。七年，豫州检使白摽，为左丞卢斐所劾，乃于狱中诬告斐受金。文宣知其奸罔，诏令按之，果无其事。乃敕八座议立案劾格，负罪不得告人事。于是挟奸者畏纠，乃先加诬讼，以拟当格，吏不能断。又妄相引，大狱动至千人，多移岁月。然帝犹委政辅臣杨遵彦，弥缝其阙，故时议者窃云，主昏于上，政清于下。孝昭在藩，已知其失，即位之后，将加惩革。未几而崩。武成即位，思存轻典，大宁元年，乃下诏曰："王者所用，唯在赏罚，赏贵适理，罚在得情。然理容进退，事涉疑似，盟府司勋，或有开塞之路，三尺律令，未穷画一之道。想文王之官人，念宣尼之止讼，刑赏之宜，思获其所。自今诸应赏罚，皆赏疑从重，罚疑从轻。"又以律令不成，频加催督。河清三年，尚书令赵郡王睿等，奏上《齐律》十二篇。是后法令明审，科条简要，又敕仕门之子弟，常讲习之。齐人多晓法律，盖由此也。其不可为定法者，别制《权令》二卷，与之并行。后平秦王高归彦谋反，须有约罪，律无正条，于是遂有《别条权格》，与律并行。大理明法，上下比附，欲出则附依轻议，欲入则附从重法，奸吏因之，舞文出没。至于后主，权幸用事，有不附之者，阴中以法。纲纪紊乱，卒至于亡。

隋

死刑二　绞、斩。

流刑三　一千里、居作二年。一千五百里、居作二年半。二千里、居作三年。应住居作者，三流俱役三年。近流加杖一百，一等加三十。

徒刑五　一年、一年半、二年、二年半、三年。

杖刑五　自六十至于百。

笞刑五　自十至于五十。

赎

《隋志》开皇元年：更定新律，其刑名有五：一曰死刑二，有绞，有斩。二曰流刑三，有一千里、一千五百里、二千里。应配者，一千里居作二年，一千五百里居作二年半，二千里居作三年。应住居作者，三流俱役三年。近流加杖一百，一等加三十。三曰徒刑五，有一年、一年半、二年、二年半、三年。四曰杖刑五，自六十至于百。五曰笞刑五，自十至于五十。而蠲除前代鞭刑及枭首、轘裂之法，其（法）[流]、徒之罪皆减从轻。唯大逆、谋反叛者，父子兄弟皆斩，家口没官。又置十恶之条，多采后齐之制，而颇有损益。一曰谋反，二曰谋大逆，三曰谋叛，四曰恶逆，五曰不道，六曰大不敬，七曰不孝，八曰不睦，九曰不义，十曰内乱。犯十恶及故杀人狱成者，虽会赦，犹除名。其在八议之科，及官品第七以上犯罪，皆例减一等。其品第九已上犯者，听赎。应赎者，皆以铜代绢。赎铜一斤为一负，负十为殿。笞十者铜一斤，加至杖百则十斤。徒一年，赎铜二十斤，每等则加铜十斤，三年则六十斤矣。流一千里，赎铜八十斤，每等则加铜十斤，二千里则百斤矣。二死皆赎铜百二十斤。犯私罪以官当徒者，五品已上，一官当徒二年。九品已上，一官当徒一年。当流者，三流同皆二字今本作[周]，此从《通典》、《通考》。比徒三年。若犯公罪者，徒各加一年，当流者各加一等。其累徒过九年者，流二千里。三年，更定新律。除死罪八十一条，流罪一百五十四条，徒、杖等千余条，定留唯五百条。自是刑纲简要，疏而不失。

论曰：甚矣，有国家者，非立法之难，而用法之难也。隋文帝除枭轘之惨刑，减流徒之年限，以轻代重，化死为生。后来《唐律》多本于隋，《唐律》固世所称为得古今之平者也，隋之立法，可谓善矣。乃观于隋之用刑，何其异哉？史言高祖性猜忌，素不悦学，既任智而获大位，因以文法自矜，明察临下。恒令左右觇视内外，有小过失，则加以重罪。又患令史赃污，因私使人以钱帛遗之，得犯立斩。每于殿庭打人，一日之中，或至数四。尝怒问事挥楚不甚，即命斩之。十年，尚书左仆射高颎、治书侍史柳彧等谏，以为朝堂非杀人之所，殿庭非决罚之地。帝不纳。颎等乃尽诣朝堂请罪，曰："陛下子育群生，务在去弊，而百姓无知，犯者不息，致陛下决罚过严。皆臣等不能有所裨益，请自退屏，以避贤路。"帝于是顾谓领左右都督田元曰："吾杖重乎？"元曰："重。"帝问其状，元举手曰："陛下杖大如指，捶楚人三十者，比常杖数百，故多致死。"帝不怿，乃令殿内去杖，欲有决罚，各付所由。后楚州行参军李君才上言，帝宠高颎过甚，上大怒，命杖之，而殿内无杖，遂以马鞭笞杀之。自是殿内复置杖。未几怒甚，又于殿庭杀人。十六年，有司奏合州仓粟少七千石，命斛律孝卿鞫问其事，以为主典所窃。复令孝卿驰驿斩之，没其家为奴婢，鬻粟以填之。是后盗边粮者，一升已上皆死，家口没官。上又以典吏久居其职，肆情为奸。诸州县佐史，三年一代，经任者不得重居之。十七年，诏又以所在官人，不相敬惮，多自宽纵，事难克举。诸有殿失，虽备科条，或据律乃轻，论情则重，不即决罪，无以惩肃。其诸司属官，若有愆犯，听于律外斟酌决杖。于是上下相驱，迭行捶楚，以残暴为干能，以守法为懦弱。是时帝意每尚惨急，而奸回不止，京市白日，公行攫盗，人间强盗，亦往往而有。帝患之，问群臣断禁之法。杨素等未及言，帝曰："朕知之矣。"诏有能纠告者，没贼家产业，以赏纠人。时月之间，内外宁息。其后无赖之徒，候富人子弟出路者，而故遗物于其间，偶拾取则擒以送官，而取其赏。大抵被陷者甚众。帝知之，乃命盗一钱已上皆弃市。行旅皆晏起（晚）〔早〕宿，天下懔懔焉。此后又定制，行署取一钱已上，闻见不告言者，坐至死。自此四人共盗一椽桷，三人同窃一瓜，事发即时行决。有数人劫执事而谓之曰："吾岂求财者耶？但为枉人来耳。而为我奏至尊，自古以来，体国立法，未有盗一钱而死也。而不为我以闻，吾更来，而属无类矣。"帝闻之，为停盗取一钱弃市之法。帝尝发怒，六月棒杀人。大理少卿赵绰固争曰："季夏之月，天地成长庶类，不可以此诛杀。"帝报曰："六月虽曰生长，此时必有雷霆。天道既于炎阳之时震其威怒，我则天而行，有何不可？"遂杀之。帝以年龄晚暮，尤崇尚佛道，又素信鬼神。二十年诏，沙门道士坏佛像天尊，百姓坏岳渎神像，皆以恶逆论。帝猜忌，二朝臣僚，用法尤峻。御史监师，于元正日不劾武官衣剑之不齐者，或以白帝，帝谓之曰：'尔为御史，何纵舍自由？'

命杀之。谏议大夫毛思祖谏，又杀之。左领军府长史考校不平，将作寺丞以谏麦䅮迟晚，武库令以署庭荒芜，独孤师以受蕃客鹦鹉，帝察知，并亲临斩决。仁寿中，用法益峻。帝既喜怒不恒，不复依准科律。时杨素正被委任，素又禀性高下，公卿股栗，不敢措言。素于鸿胪少卿陈延不平，经蕃客馆，庭中有马屎，又庶仆毡上樗蒲，旋以白帝。帝大怒曰：'主客令不洒扫庭内，掌（国）〔固〕以私戏污败官毡，罪状何以加此！'皆于西市棒杀，而榜捶陈延，殆至于毙。大理寺丞杨远、刘子通等，性爱深文，每随牙奏狱，能承顺帝旨。帝大悦，并遣于殿庭三品行中供奉，每有诏狱，专使主之。候帝所不快，则案以重抵，无殊罪而死者，不可胜原。远又能附杨素，每于途中接候，而以囚名白之。皆随素所为轻重。其临终赴市者，莫不途中呼枉，仰天而哭。越公素侮弄朝权，帝亦不之能悉。"

史于文帝之淫刑以逞，详述之也如此，何其与修律之旨大相径庭也？然则有法而不循法，法虽善，与无法等。《志》又言："炀帝即位，以高祖禁网深刻，又敕修律令，降从轻典者，二百余条。后帝乃外征四夷，内穷嗜欲，兵革岁动，赋敛滋繁。有司皆临时迫胁，苟求济事，宪章遐弃，贿赂公行，穷人无告，聚为盗贼。帝乃更立严刑，敕天下窃盗已上，罪无轻重，不待奏闻，皆斩。百姓转相群聚，攻剽城邑，诛罚不能禁。帝以盗贼不息，乃益肆淫刑。九年，又诏为盗者籍没其家。自是群盗大起，郡县官人，又各专威福，生杀任情矣。及杨玄感反，帝诛之，罪及九族。其尤重者，行辒裂枭首之刑。或磔而射之，命公卿已下，脔啖其肉。百姓怨嗟，天下大溃。"观于炀帝之先轻刑而后淫刑，与文帝如出一辙。文淫刑而身被弑，炀淫刑而国遂亡。盖法善而不循法，法亦虚器而已。世无无法之国而能长久者。世多以隋与秦并称，秦乎隋乎？其淫刑者之龟鉴乎？

唐

笞刑五　笞十至五十。

杖刑五　杖六十至于百。

徒刑五　自徒一年，以半年为差，至于三年。

流刑三　自流二千里、二千五百里、三千里，三流皆役一年，然后编所在为户。而常流之外更有加役流者，本死刑，武德中改为断趾，贞观六年改为加役流，谓常流唯役一年，此流役三年，故以加役名焉。

死刑二　绞、斩。

赎罪 凡赎罪以铜：自笞十铜一斤至杖一百则铜十斤，徒一年二十斤至徒三年则六十斤，流二千里铜八十斤至流三千里则百斤，绞与斩铜止一百二十斤。

《旧唐书·刑法志》："高祖初起义师于太原，即布宽大之令。百姓苦隋苛政，竞来归附。旬月之间，遂成帝业。既平京城，约法为（二）十〔二〕条。惟制杀人、劫盗、背军、叛逆者死，余并蠲除之。及受禅，诏纳言刘文静与当朝通识之士，因开皇律令而损益之，尽削大业所用烦峻之法。又制五十三条格，务在宽简，取便于时。寻又敕尚书左仆射裴寂等撰定律令，大略以丌皇为准。及太宗即位，又命长孙无忌、房玄龄与学士法官，更加厘改。戴胄、魏征又言旧律令重，于是议绞刑之属五十条，免死罪，断其右趾。应死者多蒙全活。太宗寻又愍其受刑之苦，谓侍臣曰：'前代不行肉刑久矣，今忽断人右趾，意甚不忍。'其后蜀王法曹参军裴弘献又驳律令不便于时者四十余事，太宗令参掌删改〔之〕。弘献于是与玄龄等建议，以为古者五刑，刖居其一。及肉刑废，制为死、流、徒、杖、笞凡五等，以备五刑。今复设刖足，是为六刑。减死在于宽弘，加刑又加烦峻，乃与入坐定议奏闻。于是又除断趾法，改为加役流三千里，居作二年。自是比古死刑，殆除其半。玄龄等遂与法司定律五百条，比隋代旧律，减大辟者九十二条，减流入徒者七十一条。其当徒之法，唯夺一官，除名之人，仍同士伍。凡削烦去蠹，变重为轻者，不可胜纪。"

《新唐书·刑法志》云："高宗既昏懦，而继以武氏之乱，毒流天下，几至于亡。自永徽以后，武氏已得志，而刑滥矣。当时大狱，以尚书刑部、御史台、大理寺杂按，谓之'三司'，而法吏以惨酷为能，至不释枷而笞捶以死者，皆不禁。律有杖百，凡五十九条，犯者或至死而杖未毕，乃诏除其四十九条，然无益也。武后已称制，惧天下不服，欲制以威，乃修后周告密之法，诏官司受讯，有言密事者，驰驿奏之。自徐敬业、越王贞、琅邪王冲等起兵讨乱，武氏益恐。乃引酷吏周兴、来俊臣辈典大狱，与侯思止、王弘义、郭弘霸、李敬仁、康昞、卫遂忠等集告事数百人，共为罗织，构陷无辜。自唐之宗室与朝廷之士，日被告捕，不可胜数，天下之人为之仄足，如狄仁杰、魏元忠等，皆几不免。左台御史周矩上疏曰：'比奸憸告讦，习以为常。推劾之吏，以深刻为功，凿空争能，相矜以虐。泥耳囊头，折胁签爪，悬发熏耳，卧邻秽溺，刻害支体，糜烂狱中，号曰'狱持'；闭绝食饮，昼夜使不得眠，号曰'宿囚'。残贼威暴，取快目前。被诬者苟求得死，何所不至？为国者以仁为宗，以刑为助，周用仁而昌，秦用刑而亡。愿陛下缓刑用仁，天下幸甚。'武后不纳。麟台正字陈子昂亦上书切谏，不省。及周兴、来俊臣等诛死，后亦老，其意少衰，而狄仁杰、姚崇、宋璟、王及善相与论垂拱以来酷滥之冤，太后感寤，由是不复杀戮。然其毒虐所被，自古未之有也。"

按：古今刑法，隋以前书多散失，惟《唐律》独存，完全无阙。论者咸以唐法为得其中，宋以后皆遵用，虽间有轻重，其大段固本于唐也。夫法之善者，仍在有用法之人，苟非其人，徒法而已。观于唐室开创之初，布宽大，削烦峻。贞观四年，天下断死罪三十九人，刑轻而犯者少，何其盛也！迨武氏肆虐，毒流宇内，初未改唐之律令，而用法者为周兴、来俊臣之徒，遂使朝士宗亲咸罹冤酷。玄宗开元年间，号称治平，人罕犯法。二十五年，刑部所断天下死罪五十八人。迨李林甫用事，信任罗希奭、吉温之徒，复起大狱，以诬陷所杀数十百人，如韦坚、李邕等皆一时名臣，天下冤之。益可知有其法者，尤贵有其人矣。大抵用法者得其人，法即严厉，亦能施其仁于法之中。用法者失其人，法即宽平，亦能逞其暴于法之外。此其得失之故，实管乎宰治者之一心，为仁为暴，朕兆甚微，若空言立法，则方策具在，徒虚器耳。

要斩　安史之乱，定伪官罪为六等，达奚珣、韦恒要斩。见《新志》。

按：唐无要斩之法，此盖加重于律之外者。

徒杖配诸军　《新志》："诏曰：'徒非重刑，而役者寒暑不释械系。杖，古以代肉刑也，或犯非巨蠹而捶以至死，其皆免，以配诸军自效。'"

按：此即六代补兵、明代充军之意，其事在天宝改元后。《志》不详何年。

死罪流天德五城　《新志》："宪宗元和八年诏：'两京、关内、河东、河北、淮南、山南东西道死罪十恶、杀人、铸钱、造印，若强盗持仗劫京兆界中及它盗赃逾三匹者，论如故。其余死罪皆流天德五城，父祖子孙欲随者，勿禁。'盖刑者，政之辅也。政得其道，仁义兴行，而礼让成俗，然犹不敢废刑，所以为民防也，宽之而已。今不隆其本，顾风俗谓何而废常刑，是弛民之禁，启其奸，由积水而决其防。故自玄宗废徒杖刑，至是又废死刑，民未知德，而徒以为幸也。"

《通鉴》天宝六载除斩、绞条："上慕好生之名，令应绞斩者皆重杖流岭南，其实有司率杖杀之。"

按：《新志》谓废死刑事在元和中，而《通鉴》有天宝六载除斩绞之事，新、旧《志》皆不载，未知本于何书。德宗时又有重杖处死之法，见下条。然处死究较改流为重也。近日泰西人有创除去死罪之议者，究未能实见诸施行，殆亦斯民之教育尚难臻此境界乎？

重杖处死 《新志》："故时，别敕决人捶无数。宝应元年，诏曰：'凡制敕与一顿杖者，其数止四十。至到与一顿及重杖一顿、痛杖一顿者，皆止六十。'德宗性猜忌少恩，然用刑无大滥。刑部侍郎班宏言：'谋反、大逆、（及）[反]叛、恶逆四者，十恶之大也，犯者宜如律。其余当斩、绞刑者，决重杖一顿处死，以代极法。'故时，死罪皆先决杖，其数或百成六十，于是悉罢之。"

赐死 《新志》："五品已上论死，或赐死于家。"太宗时。《旧志》："会昌元年九月，库部郎中、知制诰纥干泉等奏：'准刑部奏，犯赃官五品已上，合抵死刑，请准《狱官令》赐死于家者，伏请永为定格。'从之。"

按：德宗之世，斩绞改为重杖处死，则天宝之除斩、绞条，殆行之未久即复旧制欤？以法制而言，杖轻于斩、绞，以人身之痛苦言，杖不能速死，反不如斩绞之痛苦为时较暂。且杖则血肉淋漓，其形状亦甚惨。以斩与绞相较，则斩殊身首又不如绞之身首尚全。故近来东西各国有单用绞刑者，亦仁术之一端也。

又按：综论有唐一代，除武后之时、李林甫之时以及甘露之变、清流之祸，并由于阉宦之肆孽，其余诸帝，无有淫刑以逞者。贞观、开元之治，代宗之仁恕，无论矣。德宗之猜忌少恩，然用刑无大滥。宪宗之英果明断，然于用刑喜宽仁。穆宗之童骏，然颇知慎刑法。此皆其开创贻谋之善，故后嗣尚守其法。肃宗之治伪官，当时以为少过，然诸人中如陈希烈、张均、张垍辈，或任受钧衡，或亲联肺腑，心怀怨望，甘心从贼，此而不诛，政何以肃？温公以六等议刑为可，实正论也。史称："自高祖、太宗除隋虐乱，治以宽平，民乐其安，重于犯法，致治之美，几乎三代之盛时。考其推心恻物，其可谓仁矣！"斯言非溢美也。后代治律之士莫不以唐为法，世轻世重，皆不能越其范围，然则今之议刑者，其亦可定厥宗旨乎？

宋

笞刑五 一十、赎铜一斤，决臀杖七下放。二十、赎铜二斤，决臀杖七下放。三十、赎铜三斤，决臀杖八下放。四十、赎铜四斤，决臀杖八下放。五十。赎铜五斤，决臀杖十下放。

杖刑五　六十、赎铜六斤，决臀杖十三下放。七十、赎铜七斤，决臀杖十五下放。八十、赎铜八斤，决臀杖十七下放。九十、赎铜九斤，决臀杖十八下放。一百。赎铜十斤，决臀杖二十。其杖长三尺五寸，大头阔二寸，厚九分，小头径九分以下。

徒刑五　一年、赎铜二十斤，决脊杖十三下放。一年半、赎铜三十斤，决脊杖十五下放。二年、赎铜四十斤，决脊杖十七放。二年半、赎铜五十斤，决脊杖十八放。三年。赎铜六十斤，决脊杖二十。以上不刺面，役满自放。

流刑三　二千里、赎铜八十斤，决脊杖十七，配役一年。二千五百里、赎铜九十斤，决脊杖十八，配役一年。三千里、赎铜一百斤，决脊杖二十，配役一年。加役流。决脊杖二十，配役三年。

死刑二　绞、斩。赎铜一百二十斤，并决重杖一顿，以代极刑。

按：此《宋刑统》之文也。《刑统》久无传本，《天一阁书目》政书类有《刑统》三十卷，乌丝阑钞本，不著撰人名氏。《书目》刊于嘉庆十三年，当时尚有此书，而无好事者为之刊刻。今从天一阁传钞一通，惜卷首数页残缺不全。此文见元王元亮《唐律表五刑图说》，今备录之，并可以补《刑统》之缺。

凌迟　《通考》仁宗天圣六年："诏如闻荆湖杀人祭鬼，自今首谋若加功者，凌迟斩。"

按：杀人祭鬼，非常之事，故以非常之法施之。《通考》云："凌迟之法，昭陵以前虽凶强杀人之盗亦未尝轻用，自诏狱既兴，而以口语狂悖者，皆丽此刑矣。"可见宋之凌迟不在常刑之列。《渭南文集》有请除凌迟之刑状，是南宋时此刑常用之。

配隶　《宋史·刑法志》："凡应配役者傅军籍，用重典者黥其面。会赦，则有司上其罪状，情轻者纵之，重者终身不释。"

圜土　又："崇宁中，始从蔡京之请，令诸州筑圜土以居强盗贷死者。昼则役作，夜则拘之，视罪之轻重，以为久近之限。许出圜土〔日〕充军，无过者纵释。行之二年，其法不便，乃罢。大观元年复行，四年复罢。"

赎法　又："至和初，又诏：'前代帝王后，尝仕本朝，官不及七品者，祖父母、父母、妻子罪流以下，听赎。虽不仕而尝被赐予者，有罪，非巨蠹，亦如之。'随州司理参军李抃父殴人死，抃上所授官以赎父罪，帝哀而许之。君子谓之失刑，然自是未尝为比。而终宋之世，赎法惟及轻刑而已。"

按：宋代刑法本于唐，其凌迟之法虽沿于五代，然不常用也。史称其"士初试官，皆习律令。其君一以宽仁为治，故立法之制严，而用法之情恕。国既南迁，累世犹知以爱民为心，虽其失慈弱，而祖宗之遗意犹未泯焉"，则一朝之得失可以见矣。

辽

死　绞、斩、凌迟。

流　边城部族之地、境外、绝域。

徒　终身、五年、一年半。

杖　五十至三百。

籍没

黥刺

木剑　大棒　铁骨朵

鞭烙　粗细杖

赎铜

重法　投高崖、五车辖、枭磔、生瘗、射鬼箭、炮掷、支解、炮烙铁梳。

《辽史·刑法志》："制刑之凡有四：曰死，曰流，曰徒，曰杖。死刑有绞、斩、凌迟之属，又有籍没之法。流〔刑〕量罪轻重，置之边城部族之地，远则投诸境外，又远则罚使绝域。徒刑一曰终身，二曰五年，三曰一年半；终身者决五百，其次递减百；又有黥刺之法。杖刑自五十至三百，凡杖五十以上者，以沙袋决之；又有木剑、大棒、铁骨朵之法。木剑、大棒之数三，自十五至三十；铁骨朵之数，或五、或七。有重罪者，将决以沙袋，先于（雎）〔脽〕骨之上及四周击之。拷讯之具，有粗、细杖及鞭、烙法。粗杖之数二十；细杖之数三，自三十至于六十。鞭、烙之数，凡烙三十者鞭三百，烙五十者鞭五百。被告诸事应伏而不服者，以此讯之。品官公事误犯，民年七十以上、十五以下犯罪者，听以赎论。赎铜之数，杖一百者，输钱千。""……木剑、大棒者，太宗时制。木剑面平背隆，大臣犯（罪）重〔罪〕，欲宽宥则击之。沙袋者，穆宗时制，其制用熟皮合缝之，长六寸，广二寸，柄一尺许。"

"太祖初年，庶事草创，犯罪者量轻重决之。其后治诸弟逆党，权宜立法。亲王从逆，不罄诸匄人，或投高崖杀之。淫乱不轨者，五车辖杀之。逆父母者视此。讪詈犯上者，以熟铁（推）［锥］捲其口杀之。又为枭磔、生瘗、射鬼箭、炮掷、支解之刑。归于重法，闲民使不为变耳。"

宫刑　详宫。

《志》又云："穆宗嗜酒及猎，不恤政事，五坊、掌兽、近侍、奉膳、掌酒人等，以獐鹿、野豕、鹘雉之属亡失伤毙，及私归逃亡，在告逾期，召不时至，或以奏对少不如意，或以饮食细故，或因犯者迁怒无辜，辄加炮烙铁梳之刑。甚者至于无算。或以手刃刺之，斩击射燎，断手足，烂肩股，折腰胫，划口碎齿，弃尸于野。且命筑封于其地，死者至百余人。京师置百尺牢以处系囚。盖其即位未久，惑女巫肖古之言，取人胆合延年药，故杀人颇众。后悟其诈，以鸣镝丛射，骑践杀之。"

腰斩　《志》又云："近侍刘哥、乌古斯尝从齐王妻而逃，以赦，后会千龄节出首，乃诏诸近侍、护卫集视而腰斩之。"圣宗时。

戮尸　《志》又云："天祚乾统元年，凡大康三年预乙辛所害者悉复官爵，籍没者出之，流放者还乡里。至二年，始发乙辛等墓，剖棺戮尸，诛其子孙，余党子孙减死，徙边。"《志》又云："赏罚无章，怨讟日起，剧盗相挺，叛亡接踵。天祚大恐，益务绳以严酷，由是投崖、炮掷、钉割、脔杀之刑复兴焉。或有分尸五京，甚者至取其心以献祖庙。虽由天祚救患无策，流为残忍，亦由祖宗有以启之也。辽之先代，用法尚严。使其子孙皆有君人之量，知所自择，犹非祖宗贻谋之道。不幸一有昏暴者，少引以借口，何所不至。然辽之季世，与其先代用刑同，而兴亡异者，何歟？盖创业之君施之于法未定之前，民犹未敢测也。亡国之主，施之于法既定之后，民复何所赖焉？此其所为异也。《传》曰'新国轻典'，岂独权事宜而已乎？"

按：辽起朔方，以用武立国。太祖之世刑多酷惨，穆宗性尤好杀，天祚荒暴，遂至于亡。论者咎其贻谋之不善，与唐代相考镜，其仁与暴何适相反也？史称其"季世与先代用刑同而兴亡异者"，由于法之未定与既定，是固然矣，实则昏明之判耳。太祖时，下特诏以疏滞狱，置钟院以达民冤，朝政明而法度立，此其所以兴也。穆宗虐止亵御，不及大臣百姓，其知女巫妖妄见诛，论臣下滥刑切谏，亦非不明也。天祚则昏暴兼之，此其所以亡也。岂尽由于法之定不定哉？后之鉴古者，当如唐之仁，毋若辽之暴，斯可矣。

金

笞刑五　一十，赎铜二斤。二十，赎铜四斤。三十，赎铜六斤。四十，赎铜八斤。五十，赎铜十斤。

杖刑五　六十，赎铜十二斤。七十，赎铜十四斤。八十，赎铜十六斤。九十，赎铜十八斤。一百，赎铜二十斤。

徒刑七　一年，赎铜四十斤，决杖六十，加杖一百二十。一年半，赎铜六十斤，决杖六十，加杖一百四十。二年，赎铜八十斤，决杖七十，加杖一百八十。二年半，赎铜一百斤，决杖七十，加杖一百八十。三年，赎铜一百二十斤，决杖八十，加杖二百。四年，赎铜一百六十斤，决杖九十，加杖二百。五年，赎铜一百八十斤，决杖一百，加杖二百。

流刑三　二千里，赎铜一百六十斤，配役一年。二千五百里，赎铜一百八十斤，配役一年。三千里，赎铜二百斤，配役一年。

死刑二　绞、斩，赎铜二百四十斤。

按：此金泰和律文也。《泰和律义》原书久亡，元郑汝翼《永徽法经》以《唐律》、《金律》分类相附，尚存其略，而《永徽法经》仅有四库所辑《永乐大典》本，其书仅列于存目中，未经发刻，故世无传本。此五刑之制，见于元王元亮《唐律表五刑图说》，故备录之。

击脑　《金史·刑志》："金国旧俗，轻罪笞以柳葼，杀人及盗劫者，击其脑杀之，没其家资，以十之四入官，其六赏主，并以家人为奴婢。其亲属欲以马牛杂物赎者，从之。或重罪亦听自赎，然恐无辨于齐民，则劓、刵以为别。"

没赀　见上。

劓刵　见上。

刺字、充军、终身徒《金志》："天会七年，诏凡窃盗，但得物，徒三年。十贯以上，徒五年，刺字充下军。三十贯以上，徒终身。"

《金史·刑志》序："金初，法制简易，无轻重贵贱之别。刑、赎并行，此可施诸新国，非经世久远之规也。天会以来，渐从吏议，皇统颁制，兼用古律。厥后，正隆又有《续降制书》。大定有《权宜条理》，有《重修制条》。明昌之世，《律义》、《敕条》并修，品式寖备。既而《泰和律义》成书，宜无遗憾。然国脉纾蹙，风俗醇醨，世道升降，君子观一代之刑法，每有以先知焉。金法以杖折徒，累及二百，州县立威，甚者置刃于杖，虐于肉刑。季年，君臣好用筐箧故习，由是以深文傅致为能吏，以惨酷办事长才。有司奸赃真犯，此可决也，而微过亦然。风纪之臣，失纠皆决。考满，校其受决多寡以为殿最。原其立法初意，欲以同疏戚、一小大，使之咸就绳约于律令之中，莫不齐手并足以听公上之所为，盖秦人强主威之意也。是以待宗室少恩，待大夫士少礼。终金之代，忍耻以就功名，虽一时名士有所不免。至于避辱远引，罕闻其人。殊不知君子无耻而犯义，则小人无畏而犯刑矣。是故论者于教爱立廉之道，往往致太息之意焉。"

按：金代刑制之失，史详之矣。《泰和律目》一准于唐，岂其律并不昉《唐律》耶？今其全书不可得见，无以定之。

元

笞刑　七下、十七、二十七、三十七、四十七、五十七。

杖刑　六十七、七十七、八十七、九十七、一百七。

徒刑　一年、杖六十七。一年半、杖七十七。二年、杖八十七。二年半、杖九十七。三年、杖一百七。

流刑　辽阳、湖广。（迤北）《元志》序云："南人迁于辽阳迤北之地，北人迁于南方湖广之乡。"

死刑　斩、凌迟处死。

按：此元之五刑，见《元史·刑法志》，即元之律文也。《元典章》言流二千里、比徒四年。二千五百里、比徒四年半。三千里、比徒五年。当是旧法，故《志》不及也。元制死罪，有斩无绞，而《元典章》所载旧案往往称引旧例，应绞而改其名曰处死，此又其用法之独异者。

出军　《元典章·新集》刑制门奴儿干出军条："强盗持仗不曾伤人，但得财，一百七，出军。至二十贯，为从的一百七，出军。不持仗，不曾伤人，至四十贯，除首贼外，余人断一百七，出军。窃盗豁车子、剜房子的贼每，伤事主，为从的断一百七，出军；不曾伤事主，但得财，皆断一百七，出军。不曾得财，于内有旧贼，出军。怯烈司里偷盗驼马牛，初犯为从者，断一百七，出军。又延祐七年，中书省议得各处合流辽阳行省罪囚，无分轻重，一概发付奴儿干地面。缘彼中别无种养生业，岁用衣粮，站赤重加劳费，即目肇州见有屯田。今后若有流囚，照依所犯分拣，重者发付奴儿干，轻者于肇州，从宜安置，屯种自赡，似为便益。"

按：元代出军之制，未详始于何年。《元典章》肇州屯种条所列有出军、流远之分，是发往肇州之人不皆为出军者也。私盐三犯者，蒙古、色目人发两广、海南，汉人、南人发付辽阳屯田，《元典章》二十二。当亦在出军之列。《元典章》五十。出征军人抢夺比同强盗杖断条，有发付云南应充军役之文，此其证也。明代充军之制，盖即原于元之出军。明初充军者，皆发边省卫所，与元之辽阳屯田情形相似，第明以补边卫之什伍，其用意则不同耳。

迁徙 《元史·文宗纪》："天历二年，更定迁徙法。"详迁徙。

按：元代迁徙之法与流不同，盖即唐之移乡也。《元典章》所载迁徙之案，有迁徙广东者，有迁徙辽阳者，又有称再犯移徙，三犯移徙边远者。是迁徙有南北之殊，又有远近之异，皆在天历以前。然延祐三年省札云：今之迁徙，即古移乡之法，比之流囚，事例不同。是天历前本有此法，文宗更定之。明代亦有迁徙之法，人约亦因于天历之制。

赎 详赎。

罚俸

明

笞刑五 一十、赎铜钱六百文。二十、赎铜钱一贯二百文。三十、赎铜钱一贯八百文。四十、赎铜钱二贯四百文。五十。赎铜钱三贯。

杖刑五 六十、赎铜钱三贯六百文。七十、赎铜钱四贯二百文。八十、赎铜钱四贯八百文。九十、赎铜钱五贯四百文。一百。赎铜钱六贯。

徒刑五 一年，杖六十。赎铜钱一十二贯。一年半，杖七十。赎铜钱一十五贯。二年，杖八十。赎铜钱一十八贯。二年半，杖九十。赎铜钱二十一贯。三年，杖一百。赎铜钱二十四贯。

流刑三 二千里，杖一百。赎铜钱三十贯。二千五百里，杖一百。赎铜钱三十三贯。三千里，杖一百。赎铜钱三十六贯。

死刑二 绞、斩。赎铜钱四十二贯。

凌迟 《明律》凌迟凡十三条。

按：凌迟之法，不列五刑，《明律》中为大逆、恶逆、不道等项，所犯非常，故以非常之法处之。杂犯斩绞准徒五年。《明律》杂犯斩凡四条，杂犯绞凡九条。

诸家旧说云，但有死罪之名而无死罪之实，以其罪难免而情可矜，故准徒五年以贷之，虽贷其死而不易其名，所以示戒也。又云，窃盗满数是真绞，监守常人满数是杂犯，推立法之意，不欲因盗钱粮官物而即杀之也。

按：此明制之宽于《唐律》者。

杂犯流总徒四年。

按：此盖从杂犯斩绞递减之。

族诛、枭令、墨面文身、挑筋去指、或去膝盖。剁指、断手、刖足、阉割为奴、斩趾枷令、常枷号令、枷项游历、免死发广西拿象、人口迁化外、全家抄没、镯脚本部书写。

按：以上各项皆洪武时峻法也，见《大诰》。迨洪武三十年以后，太祖亦悟严刑之不足以化民，此等峻法不复用矣。枭令者，斩首示众，《明律》无此名，《问刑条例》乃有之，是当日亦因事用之，初不以此为死罪之等差。入国朝后，乃以此为死罪之一级，殆失其本意。断手刖足等项，乃古之肉刑，洪武中偶一用之。常枷号令即今法永远枷号之权舆。此等在明代本非常法，兹录于此，见重刑之无效，治世之道当探其源也。

刺字 《明律》监守常人盗抢夺窃盗并刺字。洪武三十年《御制大明律序》："合黥刺者，除党逆家属并律该载外，其余有犯俱不黥刺。"

按：观此序文，可见太祖于刺字一事亦不轻用。

夷三族 《明史·卓敬传》："燕王即位，被执，帝犹不忍杀。姚广孝故与敬有隙，进曰：'敬言诚见用，上宁有今日？'乃斩之，诛其三族。"《方孝孺传》："孝孺之死，宗族亲友前后坐诛者数百人。"《通鉴辑览》注："《逊国名臣传》云，孝孺大书数字，投笔于地曰：'死即死，诏不可草。'帝大怒，曰：'汝焉能遽死，朕当灭汝十族。'〈纪事本末〉采其说，改作'文皇大声曰：汝独不顾九族乎？孝孺曰：便十族奈我何！乃收其门生廖镛、林嘉猷等为一族，并坐，然后诏磔孝孺于市'。旧史例议以镛、嘉猷逮论，在孝孺死后，十族之说非实，今亦不采。"《成祖纪》："杀齐泰、黄子澄、方孝孺等，皆夷其族。"《明史·刑法志》："洪武元年谕省臣：'鞫狱当平恕，古者非大逆不道，罪止及身。民有犯者，毋得连坐。'尚书夏恕尝引汉法请著律，反者夷三族。太祖曰：'古者父子兄弟罪不相及，汉仍秦旧，法太重。'却其奏不行。"

按：靖难时，族诛之臣齐、黄诸人外有练子宁、巨敬、景清、高翔、王度、葛诚、卢振、叶惠仲，皆见本传。《孝儒传》但言"宗族亲友坐诛者数百人"，而不采九族十族之说，以旧说未足尽信也。洪武时，族诛者胡、蓝之狱为多。《明史·蓝玉传》："二十六年二月，锦衣卫指挥蒋瓛告玉谋反，下吏鞫讯。狱辞云：'玉同景川侯曹震、鹤庆侯张翼、舳舻侯朱寿、东莞伯何荣及吏部尚书詹徽、户部侍郎傅友文等谋为变，将伺帝出耤田举事。'狱具，族诛之。列侯以下坐党夷灭者不可胜数。至九月，乃下诏曰：'蓝贼为乱，谋泄，族诛万五千人。自今胡党、蓝党概赦不问。'"胡谓丞相惟庸也。其中岂无夷及三族者？史无明文，不能详也。族诛既非常刑，夷三族尤为罕见，成祖之屠戮忠良，淫刑以威，罪无可逭矣。太祖虽尝却夏恕之奏，而胡、蓝二狱，作法于凉，岂非厉之阶哉？

安置、迁徙、口外为民、充军《明史·刑法志》："流有安置，有迁徙，去乡一千里，杖一百，徙二年。有口外为民，其重者充军。充军在明初唯边方屯种，后定制，分极边、烟瘴、边远、边卫、沿海、附近。军有终身，有永远。"

按：迁徙即《唐律》之杀人移乡千里外也，不在三流之列。充军别有说，兹不具。

赎法《明志》："凡赎法有二，有律得收赎者，有例得纳赎者。洪武三十年定赎罪事例，凡内外官吏，犯笞杖者记过，徒流迁徙者俸赎之。永乐十一年令，除公罪依例纪录收赎，及死罪情重者依律处治，其情轻者，斩罪八千贯，绞罪及榜例死罪六千贯，流徒笞杖纳钞有差。无力者发天寿山种树。"

《明志》："始，太祖惩元纵弛之后，刑用重典，然特取决一时，非以为则。后屡诏厘正，至三十年始申画一之制，所以斟酌损益之者，至纤至悉，令子孙守之，群臣有稍议更改，即坐以变乱祖制之罪。而后乃滋弊者，由于人不知律，妄意律举大纲，不足以尽情伪之变。于是因律起例，因例生例，例愈纷而弊愈无穷。英、宪以后，钦恤之意微，侦伺之风炽。巨恶大憝，案如山积，而旨从中下，纵之不问。或本无死理，而片纸付诏狱，为祸尤烈。故综明法大略，而以厂卫终之。刑法有创之自明，不衷古制者，廷杖、东西厂、锦衣卫、镇抚司狱是已。是数者，杀人至惨而不丽于法。踵而行之，至末造而极。举朝野命，一听之武夫、宦竖之手，良可叹也。"

按：综论有明一代刑政，太祖用重典以惩一时，而酌中制以垂后世，猛烈之治，宽仁之诏，相辅而行，未尝偏废也。惠帝专欲以仁义化民，元年刑部报因，减太祖时十三。其后仁宗、宣宗、孝宗，政治清明，刑法最称平恕。穆宗优恤死亡，世亦称之。用刑之惨毒，莫甚于成祖。其后英宗时，王振乱政，刑章大紊，然帝心颇宽平。霜降审录重囚，实自天顺始。情可矜疑者，得沾法外之恩，实仁政也。宪宗多秕政，而于刑狱犹慎之。武宗时，刘瑾专权，冤滥满狱。世宗意主苛刻，中年益肆诛戮。神宗性仁（果）［柔］，而独恶言者，内外官杖成为民者至一百四十人。后不复视朝，刑辟罕用，则又失之废弛。熹宗昏乱，阉竖用事，酷虐极矣。庄烈帝锐意综理，时国事日棘，重法以绳臣下，救过不暇，而卒无救于乱亡。此有明一代刑政之大较也。

刑法分考（节选）

夷三族　七族　九族　十族　族

《书·泰誓》：罪人以族。孔传："一人有罪，刑及父母、兄弟、妻子，言淫滥。"疏："秦政酷虐，有三族之刑，谓非止犯者之身，乃更上及其父，下及其子。经言'罪人以族'，故以三族解之。父母前世也，兄弟及妻当世也，子孙后世也。一人有罪，刑及三族，言淫滥也。"蔡传："族，亲族也。一人有罪，刑及亲族也。"

按：此"族"字未必便是三族，三族乃秦法，恐古未有此制。蔡传浑言亲族较妥。今《书·泰誓》，说者咸以为东晋人伪作，几成定论，然其语亦必有所本，非尽臆造。或据《荀子·君子篇》有"乱世夷三族"之文，遂谓今《泰誓》取诸《荀子》，第荀子乃周末人，所称乱世未必专指商纣，大约古有是说，东晋人采入今《书》耳。

《史记·秦本纪》：文公二十年，法初有三族之罪。《集解》张晏曰："父母、兄弟、妻子也。"如淳曰："父族、母族、妻族也。"武公三年，诛三父等而夷三族，以其杀出子也。《汉书·高纪》："罪三族。"注师古曰："如说是也。"《刑法志》："秦用商鞅，造参夷之诛。"注师古曰："参夷，夷三族。"

按：文公二十年为周平王二十五年，武公三年为周庄王二年，皆在东周之初。三族之罪，史言始于文公，而班《志》以为商鞅所造者，疑文公、武公之后，秦亦不常用此法，至鞅而始著为常法欤？杜贵墀《汉律辑证》云："《李陵传》'于是族陵家，母弟妻子皆伏诛'。按：据此，是三族者即文帝所谓父母、妻子、同产也。如淳注非。'仲尼燕居三族。'注：'父、子、孙也。'《仪礼·士昏礼》注：'三族，谓父昆弟、己昆弟、子昆弟。'郑康成所谓三族如此。《周礼·秋官·司烜氏》郑司农注：'屋诛，谓夷三族，无亲属收葬者。'无亲属收葬则是并母族妻族尽诛矣，三代时乌得有此？故后郑不从。《后书·肃宗纪》：'元和元年，诏曰往者妖言大狱，所及广远，一人犯罪，禁至三属。'贤注：'即三族也。谓父族、母族、妻族。'盖承如淳之谬。"本按三族之说，诸家不同，汉儒说《尚书》九族者有今古文之异说，三族者就九族中推衍而出，故亦两说并行也。《书·尧典》"以亲九族"，郑玄云："九族，上自高祖，下至玄孙，凡九族。"马融同，见《释文》。此古文《尚书》说也，皆同姓有服者，孔传亦承用之。观于《诗·葛藟序》，毛传云据己上至高祖，下及玄孙；《汉书·高纪》"七年，置宗正以序九族"。可见汉初以九族为同姓，皆古文家说也。夏侯欧阳等以为九族者，父族四、母族三、妻族二，皆据异姓有服。许慎《五经异义》、应劭《风俗通》皆主之，此今文《尚书》说也。杜预《左传》注桓六年说虽小异，然亦是父族四、母族三、妻族二，仍即今义之说而稍变之。《周礼·小宗伯》"三族"，郑玄注谓父、子、孙。张晏之说本之，《泰誓》孔传亦同，盖衍自古文之说。如淳分父、母、妻三族，盖衍自今文之说。郑众注"司烜氏屋诛"，其义为说者所不取，然可见其说亦主今文家也。右古文者谓《尧典》经文下云百姓可该异姓，右今文者谓人生九十始有曾孙，高祖玄孙，无相及之理，各持一是。国朝说经家亦人人殊，未有定论。颜师古注"夷三族"，以如说为是，而杜贵墀以为谬。然据《文纪》、《李陵传》为证，则尚未确吕后时已除三族刑，文帝所言乃收坐法，虽其后新垣平尚有夷三族之诛，然与收坐法无涉。夷三族者，必具五刑，而《晁错传》丞相等劾奏错曰："大逆无道，错当要斩，父母、妻子、同产无少长皆弃市。臣请论如法。"制曰："可。"此所引者必当时之律文，其仅止腰斩，即所言"父母、妻子、同产无少长皆弃市"者，未必即为夷三族之法。《主父偃传》"遂族偃"；《郭解传》"大逆无道，遂族解"；《公孙贺传》"遂父子死狱中，家族"；此三《传》之言族者，似皆止于一家。《灌夫传》"及系，灌夫罪至族，悉论灌夫支属"，其时灌氏支属自得弃市，罪不缘夫也。《王温舒传》："人有变告温舒受员骑钱，它奸利事，罪至族，自杀。其时两弟家及两婚家亦各自坐它罪而族。光禄勋徐自为曰：'悲夫！夫古有三族，而王温舒罪至五族乎！'"注师古曰："温舒与弟同三族，而两妻家各一，故为五也。"温舒两弟之罪不缘温舒，可见汉时族法实与夷三族者不同，《李陵传》未足为三族之证。徐自为以两婚家为五族，则妻族似不在三族之内，然兄弟与己身，本但为一族，而自为以温舒及两弟为三族，与郑、张之言三族者亦不合，似所谓五族，犹言五家耳，不足以证三族之义也。《晋志》言魏改汉律，大逆从坐，不及祖父母、孙。至于谋反大逆，临时捕之，夷其三族，不在律令。是三族本有祖父母、孙在内，不止父、子、孙三世。郑、张之说，亦未能合。《后汉书·桓纪》："延熹二年，大将军梁冀谋为乱。诏司隶校尉张彪将兵围冀第，收大将军印绶，冀与妻皆自杀。卫尉梁淑、河南尹梁胤、屯骑校尉梁骧、越骑校尉梁忠、长水校尉梁戟等，及中外宗亲数十人，皆伏诛。"《梁冀传》："诸梁及孙氏中外宗亲送诏狱，无少长皆弃市。"《传》所言孙氏，乃冀妻孙寿之族，是妻族也，虽《纪》、《传》皆不言三族，亦三族兼及妻族之一证。

《汉书·刑法志》：汉兴之初，虽有约法三章，网漏吞舟之鱼，然其大辟，尚有夷三族之令。令曰："当三族者，皆先黥，劓，斩左右止，笞杀之，枭其首，菹其骨肉于市。注师古曰：'菹谓醢也。'其诽谤詈诅者，又先断舌。"故谓之具五刑。彭越、韩信之属，皆受此诛。至高后元年，乃除三族罪。其后，新垣平谋为逆，复行三族之诛。《高后纪》：元年春正月，诏曰："前日孝惠皇帝言欲除三族罪、妖言令，议未决而崩，今除之。"

按：已除而复用者，盖即《晋志》所谓不在律令而临时捕之者也。

《晋书·刑法志》：及魏国建，傍采汉律，定为魏法。又改《贼律》，但以言语及犯宗庙园陵，谓之大逆无道，要斩，家属从坐，不及祖父母、孙。至于谋反大逆，临时捕之，或污潴，或枭菹，夷其三族，不在律令，所以严绝恶迹也。

文帝为晋王，令贾充定法律。减枭斩族诛从坐之条，除谋反、适养母出女嫁皆不复还坐、父母弃市。

按：魏代夷三族不在律令，似因于汉。汉惠除三族罪，虽其后有行之者，殆亦非常之事。若主父偃、郭解等，本《传》言族而不言三族，当非三族者也。迨魏又减族诛之条，自是，此法稍宽。

《隋志》载历代刑法，皆无此名目矣。

《晋书·刑法志》：及景帝辅政，是时魏法，犯大逆者诛及已出之女。毋丘俭之诛，其子甸、妻荀氏应坐死，其族兄颙与景帝姻，通表魏帝，以丐其命。诏听离婚。荀氏所生女芝，为颍川太守刘子元妻，亦坐死，以怀妊系狱。荀氏辞诣司隶校尉何曾乞恩，求没为官婢，以赎芝命。曾哀之，使主簿程咸上议曰："夫司寇作典，建三等之制；甫侯修刑，通轻重之法。叔世多变，秦立重辟，汉又修之。大魏承秦、汉之弊，未及革制，所以追戮已出之女，诚欲珍丑类之族也。然则法贵得中，刑慎过制。臣以为女人有三从之义，无自专之道，出适他族，还丧父母，降其服纪，所以明外成之节，异在室之恩。而父母有罪，追刑已出之女；夫党见诛，又有随姓之戮。一人之身，内外受辟。今女既嫁，则为异姓之妻；如或产育，则为他族之母，此为元恶之所忽。戮无辜之所重，于防则不足惩奸乱之源，于情则伤孝子之心。男不得罪于他族，而女独婴戮于二门，非所以哀矜女弱，蠲明法制之本分也。臣以为在室之女，从父母之诛；既醮之妇，从夫家之罚。宜改旧科，以为永制。"于是有诏改定律令。

按：此事魏《志》、《纪》、《传》皆不载，《晋志》无年月可考，《通鉴纲目》列于高贵乡公正元二年，并云魏朝从之，遂著为令。《图书集成·祥刑典》载高贵乡公正元二年诏改定三族律令，即据《通鉴纲目》及《晋志》也。

《晋书·怀纪》：永嘉元年，除三族刑。《东海王越传》：及怀帝即位，委政于越。吏部郎周穆，清河王覃舅，越之姑子也，与其妹夫诸葛玫共说越曰："主上之为太弟，张方意也。清河王本太子，为群凶所废。先帝暴崩，多疑东宫。公盍思伊霍之举，以宁社稷乎？"言未卒，越曰："此岂宜言耶！"遂叱左右斩之。以玫、穆世家，罪止及身，因此表除三族之法。

《明纪》：太宁三年，复三族刑，惟不及妇人。

按：明帝太宁二年，王敦反逆，事平后，诏王敦群从一无所问，盖为王导，故不坐。其时尚未复三族刑，至三年之复三族刑，是否为王敦之党，史亦不详。又《愍纪》建兴三年六月丁卯，地震。辛巳，敕雍州掩骼埋胔，修复陵墓，有犯者诛及三族。此事在大宁之前，是怀帝时虽曾除之，亦偶一设此厉禁也。

《魏书·刑罚志》：昭成建国二年，犯大逆者，亲族男女无少长皆斩。世祖神麚中，诏司徒崔浩定律令。大逆不道腰斩，诛其门籍，年十四已下腐刑，女子没县官。正平元年，改定律制门诛。高宗太安四年，增律门房之诛十有三。高祖延兴四年，诏自非大逆干犯者，皆止其身，罢门房之诛。

《高祖纪》：延兴四年六月乙卯，诏曰："朕应历数开一之期，属千载光熙之运，虽仰严海，犹惧德化不宽，至有门房之诛。然下民凶戾，不顾亲戚，一人为恶，殃及合门。朕为民父母，深所愍悼。自今以后，非谋反、大逆、干犯、外奔，罪止其身而已。今德被殊方，文轨将一，宥刑宽禁，不亦善乎？"太和三年，诏中书令高闾集中秘官等修改旧文，随例增减。五年冬讫，凡八百三十二章，门房之诛十有六。十一年，诏曰："前命公卿论定刑典，而门房之诛犹在律策，违失《周书》父子异罪。推古求情，意甚无所取。可更议之，删除繁酷。"

按：门房之诛，乃后魏旧典，而其制未详。观于《志》言"亲族男女无少长皆斩"，又言"诛其同籍"，盖即夷三族之法也。惟魏世此法甚为繁苛，如世祖太延元年，诏"自今以后，亡匿避难，羁〔旅〕他乡，皆当归还旧居，不问前罪。民相杀害，牧司依法平决，不听私辄报〔复，敢有报〕者，诛及宗族；邻伍相助，与同罪。"太平真君五年，诏"自王公已下至于庶人，有私养沙门、师巫及金银工巧之人在其家者，皆遣诣官曹，不得容匿。限今年二月十五日，过期不出，师巫、沙门身死，主人门诛"。又诏"自王公已下至于卿士，其子息皆诣太学。其百工伎巧、驺卒子息，当习其父兄所业，不听私立学校。违者师身死，主人门诛"。《世祖纪》。群行剽劫，首谋门诛。《刑罚志》：太和五年除。不仅反逆者用此法，延兴诏云"非大逆、干纪者，皆止其身"，可见当时此法之滥。高祖虽曾诏罢门房之诛，而太和修律尚有十六章，后又诏删除，而史未详其所议。盖终魏之世，此法未能除也。

《唐书·王世充传》：裴仁基与其子行俨及宇文儒童、崔德本等谋劫世充，复立侗，不克，夷三族。

按：《隋书·裴仁基传》不言夷三族事，《世充传》亦无此文。

《明史·卓敬传》：燕王即位，被执，帝犹不忍杀。姚广孝故与敬有隙，进言曰："敬言诚见用，上宁有今日？"乃斩之，诛其三族。

按：成祖时诛夷甚众，而史称夷三族者惟敬一人。

《荀子·君子篇》：古者刑不过罪，爵不逾德。故杀其父而臣其子，杀其兄而臣其弟。刑罚不怒罪，爵赏不逾德，分然各以其诚通。是以为善者劝，为不善者沮；刑罚綦省而威行如流，政令致明而化易如神。传曰"一人有庆，兆民赖之"。此之谓也。乱世则不然，刑罚怒罪，爵赏逾德，以族论罪，以世举贤。故一人有罪而三族皆夷，德虽如舜，不免刑均，是以族论罪也。先祖当贤，后子孙必显，行虽如桀、纣，列从必尊，此以世举贤也。以族论罪，以世举贤，虽欲无乱，得乎哉！杨倞注："三族，父、母、妻族也。夷，灭也。均，同也，谓同被其刑也。"

按：观《荀子》此言，是战国三族之法各国亦行之。

《文献通考》：文所行，独新垣平一事，为盛德之玷。然此事所关甚重，盖其宠新垣平也。惑于求仙希福之说，而淫诣之祀迄汉世而未能正者以此，其诛新垣平也。复行收孥相坐之律，而滥酷之刑迄汉世而未能除者亦以此。帝恭俭，仁贤之主，而此二事，失礼失刑，遂令后嗣遵而守之，以为汉家制度，不敢革正，惜哉！

按：新垣平后，如主父偃、郭解等本《传》但言族，未必即是三族。上官桀等之变，并父母、同产当坐者，亦免为庶人而不杀。昭、宣以后，用刑为轻矣。洪迈《容斋随笔》：汉族诛之法，每轻用之。"袁盎陷晁错，但云：'方今计，独有斩错耳。'而景帝使丞相以下劾奏，遂至父母、妻子、同产无少长皆弃市。主父偃陷齐王于死，武帝欲勿诛，公孙丞相争之，遂族偃。郭解客杀人，吏奏解无罪，公孙大夫议，遂族解。且偃、解二人本不死，因议者之言，杀之足矣，何遽至族乎？用刑之滥如此！"本按：此论甚当，偃、解之狱，主于公孙，律不应死而遽族之，酷吏当以弘为首。汉代三族之诛，韩、彭外，惟新垣平。东汉之末，董卓贼臣也，李傕，卓党也，它不多见。至若董承、王服、种辑、耿纪、韦晃、金祎皆谋诛曹操，则汉室之忠臣马腾亦异于操者，司马氏踵其智，曹爽、王凌、毋丘俭、诸葛诞之徒并蒙此祸。诛锄异己，以遂其篡逆之图，岂尚可以常法言哉？

缘坐

《书·甘誓》：予则孥戮汝。孔传："孥，子也。非但止其身，辱及汝子，言耻累也。"《正义》："《诗》云'乐尔妻孥'，对妻别文，是孥为子也。"《汤誓》："予则孥戮汝，罔有攸赦。"孔传："古之用刑，父子兄弟罪不相及。今云孥戮汝，无有所赦，权以胁之，使勿犯。"《正义》不于《甘誓》解之者，以夏启承舜禹之后，刑罚尚宽，殷周以后，其罪或相缘坐，恐其实有孥戮，故于此解之。郑玄云"大罪不止其身，又孥戮其子孙"。《周礼》云"其奴男子入于罪隶，女子入于舂槁"。郑意以为实戮其子，故《周礼》注云"奴谓从坐而没入县官者"也。孔以孥戮为权胁之辞，则《周礼》所云非从坐也。郑众云，谓坐为盗贼而为奴者，输于罪隶、舂人、槁人之官，引此"奴戮女"，又引《论语》云"箕子为之奴"。或如众言，别有没入，非缘坐者也。《说命·正义》："《史记·殷本纪》云'是时说为胥靡，筑于傅险'。"晋灼《汉书音义》云："胥，相也。靡，随也。古者相随坐，轻刑之名。"

按：孥戮，先郑引作"奴戮"，说与孔传异；后郑则以为孥戮其子孙，注《周礼》则以为从坐，故论缘坐不得不先列此文。《魏志·毛玠传》大理钟繇诘玠曰："自古圣帝明王，罪及妻子。《书》云'左不共左，右不共右，予则孥戮女'。"与后郑同。是汉时二说并行，其今古文之异欤？孔传谓"权以胁之"，殆以其说为未安而作此游移之语，第法有一定，无权胁之理，是其说尤不可通。胥靡为随坐，晋灼既有此说，故附见于此。《荀子·儒孝篇》"乡也，胥靡之人"。杨倞注："胥靡，刑徒人也。胥，相靡系也。谓锁相联相系，《汉书》所谓银铛者也。"《汉书·楚元王传》："二人谏，不听，胥靡之。"注应劭曰："《诗》云'若此无罪，沦胥以铺'。胥靡，刑名也。"师古曰："联系使相随而服役之，故谓之胥靡，犹今之役囚徒以锁联缀耳。晋说近之，而云随坐轻刑，非也。"观此《传》下文云"衣之赭衣，使杵臼雅春于市"，则胥靡之解自当以颜、杨为是，晋灼之注不可从也。

《周礼·司厉》注：玄谓奴从坐而没入县官者，男女同名。

按：郑说未是，已详奴下，今姑两出之。

《史记·商君传》：匿奸者与降敌同罚。《索隐》："案律，降敌者诛其身，没其家，今匿奸者，言当与之同罚也。"事末利及怠而贫者，举以为收孥。《索隐》："怠者，懈也。《周礼》谓之'疲民'。以言懈怠不事事之人而贫者，则纠举而收录其妻子，没为官奴婢，盖其法特重于古也。"

按：同罚即连坐之事，一家有罪，九家连坐，不论其为亲族与否，与并坐家室之律不同，盖即《文纪》之相坐法。《索隐》所称"诛其身，没其家"，乃降敌之律，亦应收孥也。《周礼》"收教罢民，置之圜土"，初不及其妻子，秦并妻子亦没为官奴婢，用法之苛，无过于此。汉之收律，承秦之旧，其应收者，不仅罢民，而罢民其一端也。文帝除之，可谓盛德，惜后来奉行未能画一耳。今律"知情不举"，即秦律"匿奸同罚"之意。

《史记·赵奢传》：秦之间言曰："秦之所（畏）［恶］，独畏马服君赵奢之子赵括为将耳。"赵王因以括为将，代廉颇。其母上书，愿王勿遣。王终遣之，即有如不称，妾得无随坐乎？

按：商君收孥之法在孝公时，赵事在孝成王六年，后商君九十余年，岂赵亦参用秦法，故有随坐之事欤？

《史记·孝文纪》：元年十二月，上曰："法者，治之正也，所以禁暴而率善人也。今犯法已论，而使毋罪之父母、妻子、同产坐之，及为收孥，朕甚不取。其议之。"有司皆曰："民不能自治，故为法以禁之。相坐坐收，所以累其心，使重犯法，所从来远矣。如故便。"上曰："朕闻法正则民悫，罪当则民从。且夫牧民而导之善者，吏也。其既不能导，又以不正之法罪之，是反害于民为暴者也。何以禁之？朕未见其便，其孰计之。"有司皆曰："陛下加大惠，德甚盛，非臣等所及也。请奉诏书，除收孥诸相坐律令。"《集解》应劭曰："孥，子也。秦法一人有罪，并坐其家室，今除此律。"《汉书·文纪》：尽除收孥相坐律令。注师古曰："孥，读与奴同，假借字也。"《刑法志》：平、勃乃曰："陛下幸加大惠于天下，使有罪不收，无罪不相坐，甚盛德，臣等所不及也。臣等谨奉诏，尽除收律、相坐法。"

按：收与坐系二事。《说文》："收，捕也。"《汉志》"逮系"，注："辞之所及，则追捕之。"《诗·瞻卬》："此宜无罪，汝反收之。"毛《传》："收，拘收也。"有罪者收，无罪者坐。《汉志》言"使有罪不收，无罪不相坐"，曰收律，曰相坐法，画然分明。收者，收其孥坐，不独罪及什五，即监临部主亦连坐矣。

《晋书·刑法志》：律之初制，无免坐之文，张汤、赵禹始作监临部主、见知故纵之例。其见知而故不举劾，各与同罪，失不举劾，各以赎论，其不见、不知，不坐也，是以文约而例通。科之为制，每条有违科，不觉不知，从坐之免，不复分别，而免坐繁多，宜总为免例，以省科文，故更制定其由例，以为《免坐律》。诸律令中有其教制，本条无从坐之文者，皆从此取法也。

按：从坐多而始有免坐之事，晋之为《免坐律》，以宽大剂繁苛也。

《隋书·刑法志》：梁武帝《梁律》：其谋反、降叛、大逆已上皆斩。父子同产男，无少长，皆弃市。母妻姊妹及应从坐弃市者，妻子女妾同补奚官为奴婢。资财没官。旧狱法：夫有罪，逮妻子，子有罪，逮父母。天监十一年正月壬辰，乃下诏曰："自今捕谪之家，及罪应质作，若年有老小者，可停将送。"中大同元年七月甲子，诏曰"自今犯罪，非大逆，父母、祖父母勿坐"。陈氏制律，复父母缘坐之刑。《北齐律》：盗及杀人而亡者，即悬名注籍，甄其一房配驿户。《周大律》：盗贼及谋反、大逆、降、叛、恶逆罪当流者，皆甄一户配为杂户。隋开皇六年，诏除孥戮相坐之法。

按：晋怀帝除夷三族刑，明帝又复之，唯不及妇人。自是之后，凡从坐之母妻姊妹等，皆得不死而没为官奴婢。故《隋志》自梁以降，遂无夷三族之刑。梁曰"从坐"，陈曰"缘坐"，实即夷三族之遗意。今律犹沿用之，兹别出缘坐一门，以存其实。当时犯罪重者，皆坐父母妻子，梁除父母、祖父母之坐，而陈又复之，盖亦魏、晋以后相承之法，隋始除之。

《唐律》：诸谋反及大逆者，皆斩。父子年十六以上，皆绞。十五以下及母女、妻妾、子妻妾亦同。祖孙、兄弟、姊妹，若部曲、资财、田宅，并没官。男夫年八十及笃疾，妇人年六十及废疾者，并免。余条妇人应缘坐者，准此。伯叔、兄弟之子，并流三千里，不限籍之同异。即虽谋反，词理不能动众，威力不足率人者，亦皆斩。父子、母女、妻妾，并流三千里。缘坐非同居者，资财、田宅不在没限。虽同居，非缘坐及缘坐子孙应免流者，各准分法应还。若女许嫁已定，归其夫。出养、入道及聘妻未成者，不追坐。出养者，从所养坐。道士及妇人，若部曲、奴婢，犯反逆者，止坐其身。诸谋叛者，绞。已上道者，皆斩。谓协同谋计乃坐，被驱率者非。妻、子流二千里。若率部众百人以上，父母、妻、子，流三千里。

《唐书·刑法志》：故时律，兄弟分居，荫不相及，而连坐则俱死。同州人房疆以弟谋反当从坐，帝因录囚为之动容，曰："反逆有二：兴师动众一也，恶言犯法二也。轻重固异，而均谓之反，连坐皆死，岂定法耶？"玄龄等议曰："《礼》，孙为父尸，故祖有荫孙令，是祖孙重而兄弟轻。"于是令反逆者，祖孙与兄弟缘坐，皆配没；恶言犯法者，兄弟配流而已。

按：《唐律》祖孙兄弟之不坐死，盖起于此。惟"恶言犯法"，《唐律》无此文，不知所指何条。

《通考》：贞观十七年，刑部以反逆连坐律兄弟没官为轻，请改从死。敕八座议之。议者以为秦、汉、魏、晋之法反者夷三族，今宜如刑部所请。给事中崔仁师驳曰："古者父子兄弟罪不相及，奈何以亡秦酷法变隆周中兴？且诛其父子，足累其心，此而不顾，何爱兄弟？"上从之。

炮格

"格"一作"烙"，说见下。附烙法。

《御览》六百四十七：《符子》曰："桀观炮烙于瑶台，谓龙逢曰：'乐乎？'龙逢曰：'乐。'桀曰：'观刑何无恻怛之心？'龙逢曰：'天下苦之而君以为乐，臣君之股肱，何不悦乎？'桀曰：'听子谏，谏得我改之，谏不得我刑之。'龙逢曰：'臣观君冠危石也，臣观君履春冰也，未有冠石而不压，蹈［履］春冰而不陷。'桀笑曰：'是日亡则与俱亡，子知我之亡而不自知亡乎？子就炮烙之刑，吾观子。'龙逢趋而歌曰：'造物劳我以生息，我〔以〕炮烙故涉薪，我乐而人不知。'赴火而死。"

按：炮格之法，纣所作也，此言桀有炮烙之刑。《韩非》、《淮南》又兼桀、纣言之，说见下。

《史记·殷本纪》：百姓怨望而诸侯有畔者，于是纣乃重刑辟，有炮格之法。《集解》："《列女传》曰，膏铜柱，下加之炭，令有罪者行焉，辄堕炭中，妲己笑，名曰炮格之刑。"《索隐》："邹诞生云，格，一音阁。"又云"见蚁布铜斗，足废而死，于是为铜格，炊炭其下，使罪人步其上。与《列女传》少异。"

按：炮格，宋本如是，今本讹作"炮烙"。段氏玉裁云："'炮烙'本作'炮格'，《江邻几杂志》引陈和叔云《汉书》作'炮格'。今案《索隐》云云，又杨倞注《荀子·议兵篇》'音古责反'，观邹、杨所音，皆是'格'字无疑。郑康成注《周礼·牛人》云，互若今屠家县肉格意。纣所为亦相似。炰格、炰阁，两音皆可通。《吕氏春秋·过理篇》云'肉圃为格'，高氏注：'以铜为之，布火其下，以人置上，人烂堕火而死。'《列女传》所说亦相类，是其为'格'显然。而但以燔灼为义，今诸书皆为后人改作'炮烙'矣。"王氏念孙云："《汉书》谓《谷永传》'榜箠瘭于炮格'也。师古曰'膏涂铜柱，加之火上'。此正释'炮格'二字，而今本亦改为'炮烙'矣。"

《韩非子·难势篇》：桀、纣为高台深池以尽民力，为炮烙以伤民性。《淮南子·俶真训》：逮至夏桀、殷纣，燔生人，辜谏者，为炮烙，铸金柱。铸金柱，然火其下，以人置其上，堕胘火中，而对之笑也。剖贤人之心，析才士之胫，醢鬼侯之女，菹梅伯之骸。

按：此二书述炮烙事，并兼桀、纣二人言之，第纣作炮烙见《殷本纪》，而《夏本纪》不载桀事。《竹书纪年》亦言纣作炮烙之刑，而桀无之。邹诞生言"纣见蚁布铜斗而为炮烙"，《淮南子·齐俗训》云"炮烙生乎热斗"，高诱注"庖人进羹于纣，热以为恶，以热斗杀之。赵国斗可以杀〔人〕，故起炮烙"。可见前无此刑，纣始作之也。罗泌《路史》发挥云："炮烙之事，考之书则纣之行，不闻其为桀也。大抵书传所记桀、纣之事多出模仿。如《世纪》等倒拽九牛，抚梁易柱，引钩申索，握铁流汤，倾宫瑶室，与夫璇台三里，金柱三千。车行酒，骑行炙，酒池糟丘，脯林肉圃，宫中九市，牛饮三千。丘鸣鬼哭，山走石泣，两日并出，以人食兽。六月猎西山，以百二十日为夜等事。纣为如是，而谓桀亦如是，是岂其俱然哉？"观于罗氏此说，则炮烙之事，可以类推矣。

《周本纪》：西伯乃献洛西之地，以请纣去炮格之刑，纣许之。

按：纣因天下怨畔而重刑辟，肆其暴虐，而终于灭亡。文王献地，请去炮烙之刑，而周室以兴。一兴一亡，肇于仁暴，后之议刑者，当知此意。

《辽史·刑法志》：穆宗嗜酒好猎，不恤政事，五坊、掌兽、近侍、奉膳、掌酒人等，辄加炮烙、铁梳之刑。甚者至于无算。《穆宗纪》：应历十五年三月，虞人沙剌迭侦鹅失期，加炮烙、铁梳之刑而死。

按：穆宗凶暴，故用此等刑法，第辽代本有烙法，此所谓炮烙者，亦即为常用之烙法，故至于无算而人不必遽死，与殷纣之炮格迥不同也。

又云：拷讯之具有鞭烙法，凡烙三十者鞭三百，烙五十者鞭五百。

《左传》：昭二十七年，将师退，遂令攻郤氏，且燕之。子恶闻之，遂自杀也。国人弗燕。令曰："不燕郤氏，与之同罪。"或取一编菅焉，或取一秉秆焉，国人投之，遂弗燕也。令尹炮之。杜注："烧燔郤宛。"《正义》曰："令尹炮之一句，是鄢将师令众之辞。"服虔云："民不肯燕也，鄢将师称令尹使女燔炮之。燔、炮、燕，皆是烧也。"

按：郤宛自杀，杜注云"烧燔郤宛"，似为烧其尸在。然依《传》文，乃是烧郤宛之家，非烧郤宛。杜语微欠分晓。

轘

《周礼·秋官·条狼氏》：凡誓，执鞭以趋于前，且命之，誓仆右曰杀，誓驭曰车轘。注："誓者，谓出军及将祭祀时也。出军之誓，誓左右及驭，则《书》之《甘誓》备矣。车轘，谓车裂也。"

《左传》：桓十八年而轘高渠弥。杜注："车裂曰轘。"《正义》曰："《周礼·条狼氏》'誓驭曰东轘'，然则周法有此刑。"宣十一年，杀夏征舒，轘诸栗门。襄二十二年，轘观起于四竟。杜注："轘，车裂以徇。"

《淮南子·泛论训》：昔者苌弘，周室之执数者也，天地之气，日月之行，风雨之变，律历之数，无所不通，然而不能自知车裂而死。

按：《左传》第云周人杀苌弘，不言车裂。《庄子·胠箧篇》"苌弘胣"，徐："敕纸反。"崔云："胣，裂也。"《淮南子》曰"苌弘铍裂而死"。司马云："胣，剔也。"一曰刳肠曰胣。《韩子·难言篇》"苌弘分胣"。注："磔，裂也。敕氏反。"据司马所引，则《淮南》本作"铍裂"，今本"车"字讹也。

《淮南子·缪称训》：吴起刻削而车裂。高诱注："吴起相楚，设贵臣相坐之法，卒车裂也。"

按：《史记·吴起传》："及悼王死，宗室大臣作乱而攻吴起，吴起走之王尸而伏之。击起之徒因射吴起，并中悼王。悼王既葬，太子立，乃使令尹尽诛射吴起而并中王尸者。坐射起而夷宗死者七十余家。"据《传》文，起被射而死，死后肃王臧尽诛射起者，不应有车裂之事。高诱《吕氏春秋·执一篇》注亦有吴起车裂之语。考《战国策·秦策》、《韩非子·和氏》、《问田》诸篇，并有吴起支解之文，或起死后复被支解，全言车裂则非也。

《史记·商君传》：秦发兵攻商君，杀之于郑黾池。秦惠王车裂商君以徇，曰："莫如商鞅反者！"遂灭商君之家。

《苏秦传》：其后齐大夫多与苏秦争宠者，而使人刺苏秦，不〔死〕，殊而走。齐王使人求贼，不得。苏秦且死，乃谓齐王曰："臣即死，车裂臣以徇于市，曰'苏秦为燕作乱于齐'，如此则臣之贼必得矣。"于是如其言，而杀苏秦者果自出，齐王因而诛之。

《始皇纪》：长信侯毒作乱，败走。即令国中：有生得毒，赐钱百万；杀之，五十万。尽得毒等。卫尉竭、内史肆、佐弋竭、中大夫令齐等二十人皆枭首。车裂以徇，灭其宗。《正义》："《说苑》云，始皇取毒四支车裂之。"

《陈涉世家》：宋留以军降秦。秦传留至咸阳，车裂留以徇。

《始皇纪》赞：吾读《秦纪》，至于子婴车裂赵高，未尝不健其决，怜其志。

按：《纪》言子婴遂刺杀高于斋宫，三族高家，以徇咸阳。据赞语则是先刺而后车裂以徇也。

《孔丛子》四：齐王行车裂之刑，群臣诤之，弗听。子高见齐王曰："闻君行车裂之刑，无道之刑也，而君行之，臣切以为下吏之过也。"王曰："寡人尔民多犯法，为法之轻也。"子高曰："然，此诚君之盛意也。夫人含五常之性，有喜怒哀乐，喜怒哀乐，无过其节，过则毁于义。民多犯法，以法重，无所措手足也。今天下悠悠，士无定处，有德则住，无德则去。欲规霸王之业与众大国为难，而行酷刑以惧远近，国内之民将叛，四方之士不至，此乃亡国之道。君之下吏，不具以闻，徒恐逆主意以为忧，不虑不谏之危亡。其所矜者小，所丧者大，故曰下吏之过也。臣观之，又非徒不诤而已也，必知此事之为不可，将有非议在后，则因曰君忿意实然。我谏净，必有龙逢、比干之祸，是为虚自居于忠正之地，而暗推君主使同于桀、纣也。且夫〔为〕人臣见主然而不净，以陷主于危亡，罪之大者也。人主疾，臣之弼，已而恶之，资臣以箕子、比干之忠，惑之大者也。"齐王曰："谨闻命。"遂除车裂之法焉。

《说文》：轘，车裂人也。

《释名》：车裂曰轘。轘也者，散也，支体分散。

按：轘，见《周礼》，当为周制。郑注谓军中之誓用之，是为军中特设徇示于众之刑，非常刑也。高渠弥、夏征舒并关军事，夏征舒、商鞅、赵高并先杀而后轘，嫪毐先枭首而后车裂，苏秦亦死后车裂，可以见此刑之制，实为既杀之后分裂其尸，以徇于众。《说苑》谓始皇取毐四支，分裂之。观起之事，亦谓分裂其尸以徇于四竟也。秦后，此事不多见。《吴书·孙奋传》："民间或谓晧死，讹言奋与上虞侯奉当有立者。奋母仲姬墓在豫章，豫章太守张俊疑其或然，扫除坟茔。晧闻之，车裂俊，夷三族。"《续汉书》："张角别党马元义为山阳所捕得，锁送京师，车裂于市。又姑臧民白兴以女为妻，复以妻为婢，轘杀于姑臧市。"崔鸿《前凉录》。池阳民妇唆其夫杀母，轘杀之。《前秦录》。左仆射封嵩言"慕容超非太后所生"，超五车裂之。《南燕录》。人有盗其母之钱而逃者，太后轘而杀之。《前秦录》。并见《御览》六百四十五。又乞伏乾归为兄子公府所弑，炽磐讨之，公府走，追擒，并其四子轘之于谭郊。魏范阳卢溥聚众攻掠，生获溥及其子焕，轘之。见《魏书·道武纪》。至桓宽《盐铁论》云"李斯车裂于云阳之市"，然《史记》斯本《传》二世二年七月，"具斯五刑论，腰斩咸阳市"。非车裂也。

北齐死刑四等，重者轘之。隋《刑法志》。

周死刑五，五曰裂。同上。

隋高祖开皇元年，更定新律。蠲除前代鞭刑及枭首轘裂之法。诏颁之曰："帝王作法，沿革不同，（所）〔取〕适于时，故有损益。夫绞以致毙，斩则殊（形）〔刑〕，除恶之体，于斯已极。枭首轘身，义无所取，不益惩肃之理，徒表安忍之怀。鞭之为用，残剥肤体，彻骨侵肌，酷均脔切。虽云远古之式，事乖仁者之刑，枭轘及鞭，并令去也。"炀帝更立严刑。及杨玄感反，帝诛之，罪及九族。其尤重者，轘裂枭首之刑。或磔而射之，命公卿已下，脔啖其肉。同上。

按：六代时，北朝尚有轘裂之名，而南朝已无此法。隋文帝除之，而炀帝又用之。迨唐室受命，不用此刑，此后遂罕见矣。

《通鉴》：唐昭宣帝天祐二年十二月癸丑，守司空兼门下侍郎、同平章事柳璨贬登州刺史，太常卿张廷范贬莱州司户。甲寅，斩璨于上车门外，车裂张廷范于都市。

按：张廷范党附朱全忠而为全忠所杀，车裂之惨，自取之也。

《五代史·李存孝传》：存孝泥首请罪，缚载后车，至太原，车裂之以徇。

按：唐后车裂之刑仅见此事。

《辽史·刑法志》：淫乱不轨者，五车辖杀之。

按：辽代刑法严酷，多为历代所不经见，车辖尚是古法，特已废而复行，遂为辽代酷刑之一。

陵迟

《辽史·刑法志》：死刑有绞、斩、陵迟之属。

按：陵迟之刑，始见于此，古无有也。放翁谓起于五季，然不详为何时。

《宋史·刑法志》：御史台尝鞫杀人贼，狱具，知杂王随请脔剐之，帝曰："五刑自有常制，何为惨毒也。"入内供奉官杨守珍使陕西，督捕盗贼，因请"擒获强盗至死者，望以付臣陵迟，用戒凶恶。"诏："捕贼送所属，依法论决，毋用陵迟。"陵迟者，先断其支体，乃抉其吭，当时之极法也。盖真宗仁恕，而惨酷之刑，祖宗亦未尝用。

《通考》：仁宗天圣六年，诏如闻荆湖杀人祭鬼，自今首谋若加功者陵迟斩。熙宁八年，沂州民朱唐告越州余姚县主簿李逢有逆谋，提点刑狱王廷筠等言其无迹，但谤讟朝政，语涉指斥及妄说休咎，请法外编配。仍治告人之妄。帝疑之，遣权御史推直言官䆮周辅劾治，中书以延筠等所治不当，并劾之。廷筠惧，缢死。逢辞连右羽林大将军、秀州团练使世居、医官刘育等，诏捕系。御史台狱令范百禄、徐禧杂治差官，即世居及育家索图谶简牍。狱具，世居赐死，逢、育及河中府观察推官徐革并陵迟处死。将作监簿张靖、武举进士郝士宣皆腰斩。司天监学生秦彪、百姓李士宁杖脊，湖南编管。马端临曰："陵迟之法，昭陵以前虽凶强杀人之盗亦未尝轻用，自诏狱既兴，而以口语狂悖者皆丽此刑矣。诏狱盛于熙丰之间，盖柄国之权臣藉此以威缙绅。祖无择之狱，王安石私怨所诬也；郑侠、苏轼之狱，杜绝忠言也；世居之狱，则吕惠卿欲文致李士宁以倾王安石；陈世儒之狱，则贾种民欲文致世儒妻母吕以倾吕公著。至王安石欲报吕惠卿，而特勘张若济之狱，蔡确欲勘吴充，而特勘潘开之狱。其事皆起于纤微，而根连株逮，坐累者甚众，盖其置狱之本意，自有所谓非深竟党与不能以逞其私憾，而非中以危法则不能以深竟党与。此所以滥酷之刑至于轻施也。"

陆游《渭南文集·条对状》：一、伏睹律文，罪虽甚重，不过处斩。盖以身首异处，自是极刑。惩恶之方，何以加此？五季多故，以常法为不足，于是始于法外特置陵迟一条。肌肉已尽，而气息未绝，肝心联络，而视听犹存。感伤至和，亏损仁政，实非圣世所宜遵也。议者习熟见闻，以为当然，乃谓如支解人者，非陵迟无以报之。臣谓不然。若支解人者必报以陵迟，则盗贼盖有灭人之族者矣，盖有发人之丘墓者矣，则亦将灭其族、发其丘墓以报之乎？国家之法，奈何必欲称盗贼之残忍哉？若谓斩首不足禁奸，则臣亦有以折之。昔三代以来用肉刑，而隋、唐之法杖脊，当时必亦谓非肉刑、杖脊不足禁奸矣。乃汉文帝、唐太宗一旦除之，而犯法者乃益稀少，几致刑措。仁之为效，如此其昭昭也。欲望圣慈特命有司除陵迟之刑，以明陛下至仁之心，以增国家太平之福，臣不胜至愿。

按：放翁此状，仁人之言，亦可见尔时亦常用此刑。《读律佩觿》云："陵迟者，其法乃寸而磔之，必至体无余脔，然后为之割其势。女则幽其闭，出其脏腑，以毕其命，支分节解，菹其骨而后已。"

《荀子·宥坐篇》：百仞之山任负车登焉，何则？陵迟故。杨倞注："迟，慢也。陵迟，言丘陵之势渐慢也。"王肃云："陵迟，陂池。谢校案，《淮南子》'山以陵迟，故能高'。陵迟，犹迤逦陂陀之谓。此注与《匡谬正俗》俱训陵迟为丘陵，似泥。"

按：陵迟之义，本言山之由渐而高，杀人者欲其死之徐而不速也，故亦取渐次之义。至其行刑之法，《读律佩觿》所言同于菹醢，至为惨毒，岂明制如此欤？律无明文，不能详也。今律亦不言此法。相传有八刀之说，先头面，次手足，次胸腹，次枭首，皆侩子手师徒口授，他人不知也。京师与保定亦微有不同，似此重法，而国家未明定制度，未详其故。今幸际清时，此法已奉特诏删除，洵一朝之仁政也。

《元史·刑法志》：死刑则有斩而无绞，恶逆之极者，又有陵迟处死之法焉。

《明史·刑法志》：二死之外有陵迟，以处大逆不道诸罪者，非五刑之正，故图不列。

支解

《辽史·刑法志》：又为枭磔、生瘗、射鬼箭、（箭）炮掷、支解之刑，归于重法。

按：支解似与陵迟无别，观《志》云"帝怒，斩寿哥等，支解之"。然则支解在死后，陵迟在生前也。

《韩诗外传》曰：齐景公之时，民有得罪于景公者，景公大怒，缚置之殿下，召左右支解之。晏子左手持头，右手磨刀，仰面而问曰："古者明王，每支解人，不审从何支解也?"景公离席曰："纵之! 罪在寡人。"

[按：]据此则古无支解之刑也。陵迟之刑与支解无异，固明王所不用也。

《淮南子·缪称训》：故商鞅立法而支解。

按：车裂，支体分散，与支解无异，故此言支解。

《史记·秦始皇纪》：燕太子丹患秦兵至国，恐，使荆轲刺秦王。秦王觉之，不中，体解轲以徇。

按：支解之事，古无此名而有此事。荆卿之外，石季龙太子宣杀石韬，季龙诛宣及其妻子九人，又诛其四率已下三百人，宦者五十人，皆车裂节解，弃之漳河。《晋书·石季龙载记》。刘裕攻慕容超于广固，张纲为攻具，超大怒，悬其母而支解之。《慕容超载记》。崔悛为东兖州刺史，其妻冯氏受纳狼籍，为御史劾，悛俱[召]，诏付廷尉，诸囚多奸焉，狱中致竟。寻别诏斩冯氏于都市，支解为九段。《北史·崔悛传》。此数事皆在辽以前。至辽以后，如元中统三年李璮伏诛，体解以徇。至元二十二年，西川赵和尚自称宋福王子广王以诳民，民有信之者；真定刘驴儿有三乳，自以为异，谋不轨；皆磔裂以徇。《元史·世祖纪》。大德十年三月，河间民王天下奴弑父，磔裂于市。十二月，磁州民田云童弑母，磔裂于市。亦皆支解之事，磔裂连文，必非汉之磔也。

磔

《周礼·秋官·掌戮》：掌斩杀贼谍而搏之。郑注："'搏'当为'膊诸城上'之'膊'字之误也。膊，谓去衣磔之。"《释文》："膊，普博反，磔也。"

杀王之亲者辜之。郑注："辜之，言枯也，谓磔之。"

《左传》：成二年，齐侯伐我北鄙，围龙。顷公之嬖人卢蒲就魁门焉，龙人囚之。杀而膊诸城上。杜注："膊，磔也。"僖二十八年，曹人尸诸城上。杜注："磔晋死人于城上。"

《汉书·景纪》：中二年，改磔曰弃市，勿复磔。注应劭曰："先此诸死刑皆磔于市，今改曰弃市，自非妖逆不得磔也。"师古曰："磔谓张其尸也。"

按：《广雅·释诂》："罳，磔也。"是凡磔必张其尸并罳首，至是改为弃市，既不张尸，亦不罳首矣。然此后言磔尸者亦屡见，是法虽除而习惯未尽除也。

《说文》：磔，辜也。段《注》："《掌戮》'辜之'言枯也，谓磔之，郑与许合。凡言磔者，开也，张也。剔其胸腰而张之，令其干枯不收。"桀，磔也。从舛，在木上也。王注："玄应引《说文》'磔'字说，曰张也，开也。虽与今本不同，而与'桀'从舛意相合。舛字向背，象人骨肉分解离之状，在木上者，磔枭于木上。"

《荀子·正论篇》：斩断枯磔。杨倞注："断如字。枯，弃市，暴尸也。磔，车裂也。《周礼》'以疈辜祭四方百物'，注'谓披磔牲体也'，或者枯与疈辜义同欤？《韩子》曰：'楚南之地、丽水之中生金，民多窃采之。采金之禁，得而辄辜磔。所辜磔甚众，而民窃金不止。'疑辜即枯也。"

按：磔有张、开二义。《玉篇》"磔，张也"；《通俗文》"张申曰磔"；《广雅》"张也，开也"；《广韵》同。《周礼》、《左传》、《景纪》皆是张义。《汉书·云敞传》"磔尸东市门"，《后汉书·阳球传》"僵磔王甫尸于夏城门"，《王吉传》"凡杀人皆磔尸车上"。《释天》"祭风曰磔"。郭云："今俗当大道中磔狗，云以止风，此其象。"李巡云："祭风以牲头蹄及皮，破之以祭，故曰磔。"孙炎云："既祭，披磔其牲，以风散之。"《王尊传》："取不孝子，县磔著树，使骑吏五人，张弓射杀之。"亦皆张义也。《荀子·宥作篇》："吴子胥不磔姑苏东门外乎？"杨倞注："磔，车裂也。"《史记·李斯传》："十公主矺死于杜。"《索隐》云："矺，音宅，与磔同，古今字异耳。磔谓裂支体而杀之。"此开义也。《周礼·大宗伯》"以疈辜"，注：玄谓"疈，疈牲胸也"。亦开义。开义与陵迟为近，然谓磔即陵迟，恐未必然。成二年之文，先杀而后膊，僖二十八年《传》本言"尸诸城上"，杜以磔解之，师古之所谓张其尸也。《释天》孙炎之注亦谓"既祭而披磔其牲"。惟《李斯传·索隐》谓"裂支体而杀之"，大似后世之陵迟，然恐非古义。杨倞以磔为车裂，不知有所本否。车裂自有辕名，似不得以磔当之，两《汉书》之磔亦只为榜示之意。观《阳球传》言"曹节见磔，甫尸道次"，《王吉传》言"随其罪目，宣示属县。夏月腐烂，则以绳连其骨，周遍一郡"，可以见支体之未尝分裂也。后来以磔为陵迟，似即本《索隐》诸说矣。自汉景除磔刑，班、范二书惟云敵诸《传》偶一见之，非常法也。宋、辽、元三史《本纪》颇载磔事。宋太（祖）[宗]淳化五年五月，磔李顺党八人于凤翔市。八月，贝州言骁捷卒劫库兵为乱，推都虞候赵咸雍为帅，转运使玉嗣宗率屯兵击败之，擒咸雍，磔于市。仁宗庆历八年闰月，贝州平，磔王则于都市。辽太祖七年，以辖赖县人扫古非法残民，磔之。元文宗至顺二年三月，豫王阿喇忒纳失里等禽云南诸贼，悉斩之，磔尸以徇。此诸《纪》所言之磔，似为陵迟之别名，非汉之磔也，然无明文以证之。

要斩

《公羊·昭二十六年传》：君不忍加之以铁锧。何休注："铁锧，要斩之罪。"

《周礼·秋官·掌戮》：掌斩杀贼谍而搏之。注："斩以铁钺，若今要斩也。杀以刀刃，若今弃市也。"

《秦策·范子因王稽入秦篇》：今臣之胸不足以当椹质，要不足以待斧钺。

按：古者斩人大多是要斩，故往往以要领并言。《管子·小匡》："管仲曰：斧钺之人，幸以获生，以属其要领，属，缀连也。臣之禄也。"《檀弓》："是全要领以从先大夫于九京也。"注："全要领者，免于刑诛也。"《后汉书·李云传》："成帝赦朱云腰领之诛。"不但云保首领，而必云全要领，可知要斩为多，至汉世犹然也。范雎谓胸当椹质，要待斧钺。言胸伏于椹质之上，而以斧钺斩其要也，其状甚明。《汉书·张苍传》："苍当斩，解衣伏质，身长大，肥白如瓠，时王陵见而怪其美士，乃言赦勿斩。"又《王䜣传》："绣衣御史暴胜之使持斧逐捕盗贼，过被阳，欲斩䜣，䜣已解衣伏质，仰言曰云云。胜之壮其言，贳不诛。"并言解衣伏质，即范雎所谓胸当椹质也。《项籍传》："孰与身伏斧质。"注师古曰："质谓锧也。古者斩人，加于锧上而斫之也。"《公羊传》之"锧"即质也。锧有二解，《仓颉篇》："锧，椹也，质也，铁斧也。"《文选·策魏公九锡文》注引。《后汉书·李固传》："河内赵承等数十人亦要铁锧诣阙通诉。"注："《字林》曰：铁锧，椹也。"《固传》又言："固弟子汝南郭亮，乃左提章钺，右秉铁锧，诣阙上书，乞收固尸。"是亦以铁锧为椹。段若膺云："古多训铁为椹质。说《仓颉》者，谓椹质为铁，以古诗'斩刍之质'谓之稿砧隐语。夫字言之说，《仓颉》者是也。"

《后汉·献帝纪》"加铁钺"，注引《仓颉篇》"铁，斧也"，此夺去"椹质也钺"四字，为俗误所本，此一解也。《说文》："铁，莝斫刀也。"《一切经音义》引《说文》有谓"莝刀也"一句，《后汉书·献帝纪》注引《说文》作"莝刀也"。《列子·说符》注"铁，钺也"，《泥犁经音义》引《仓颉》曰："铁亦横斧也。"玉函山房辑本。《汉书·戾太子传》"不顾铁钺之诛"，注师古曰"铁所以斫人，如今莝刃也"。王菉友云："刀之用在切，铁之用在斫。铁，今谓之铡。铡床，古谓之椹质，又谓之稿砧。"此一解也。愚谓二解实一义也，今之铡刀，刀与床相连，疑古亦如是。合言之曰铁质，或亦谓之椹，分言之则刀为铁，床为椹为质，铁亦谓之横斧，言其形也。

《说文》："斩，截也。从车斤。斩，法车裂也。"段《注》："此说从车之意，盖古用车裂，后人乃法车裂之意而用铁钺，故字亦从车。斤者，铁钺之类也。"桂氏《义证》："斩，法车裂者。"《广雅》："斩，裂也。"

按：斩之义，曰截、曰裂，是本指要斩而言，引伸之亦为断首之义。古书多言杀而不言斩。

《释名》：斫头曰斩，斫腰曰腰斩。斩，暂也，暂加兵即断也。

按：《释名》为汉刘熙所著，其分斩与要斩为二，当据汉法也。暂从斩得声，以暂释斩，未必为制字之本意。

《庄子·胠箧篇》：昔者龙逢斩。《韩子·说疑篇》：若夫关龙逢、王子比干、随季梁、陈泄冶、楚申胥、吴子胥，此六人者，皆疾争强谏以胜其君。言听事行，则如师徒之势；一言而不听，一事而不行，则陵其主以语，待之以其身，虽死家破，要领不属，手足异处，不难为也。

按：龙逢之死，《韩诗外传》诸书但言杀，不详何刑。《庄子》则言斩，《韩子》有"要领不属，手足异处"之文，则又似要斩矣。《符子》言"炮烙"，说详彼门。惟季梁、申胥无被杀事，比干剖心，子胥自杀，浮江泄冶。《左传》但言"杀"，与《韩子》所言皆异，大抵诸子之书多庞杂，不尽可信，记异而已。

《史记·孔子世家》：定公十年春，及齐平。会于夹谷。优倡侏儒为戏而前。孔子趋而进，历阶而登，不尽一等，曰："匹夫而荧惑，诸侯者罪当诛！请命有司！"有司加法焉，手足异处。

按：手足异处，当是要斩。

《商君传》：不告奸者要斩。

《史记·淮阴侯传》：信亡楚归汉，未得知名，为连敖。坐法当斩，其辈十三人皆已斩，次至信，信乃仰视，适见滕公，曰："上不欲就天下乎？何为斩壮士！"滕公奇其言，壮其貌，释而不斩。

按：此"斩"字亦当为要斩，信仰视见滕公，与王欣之仰言正同。至斩字从车之意，许说当有所受，诸家并无异说，今既别无考证，不必遽议其纡回也。

《汉书·尹翁归传》：有论罪，输掌畜官，使斫莝，责以员程，不得取代。不中程，辄笞督，极者至以铁自刭而死。颜注："铁，斫莝刀也。使其斫莝，故因以莝刀自刭。"

按：此亦以铁为刀。

又按：汉法：大逆无道要斩。如栾大、坐诬罔。田仁、坐失纵。屈牦，坐大逆无道。均见《武纪》。张延年自称卫太子诬妄。见《隽不疑传》。

《唐六典》崔浩定大辟有轘、腰斩、殊死、弃市四等。

按：魏、晋以后，南朝已无腰斩，而元魏尚用之。齐、周二代则并无此名，又不用矣。唐太和九年，王涯等要斩；详枭首。宋太平兴国三年，殿直霍琼坐募兵劫民财腰斩；《宋史·太宗纪》。熙宁八年，张靖武等腰斩；详凌迟。宋齐愈谋立异姓以危宗社，腰斩都市；《宋志》。辽圣宗时，刘哥等要斩。详总考。皆间或行之，非常法也。

《辽史·穆宗纪》：应历十五年二月，以获鸭，除鹰坊刺面、腰斩之刑。

枭首

《说文》："県，到首。贾侍中说，此断首到县県字。"段《注》："到者，今之倒字。《广韵》引《汉书》曰'三族，令先黥、劓，斩左右趾，県首，菹其骨'，今《汉书·刑法志》作'枭'，盖非孙愐所见之旧矣。県首，字当用此。古尧切。"《玉篇》："県，野王谓县首于木上竿头，以肆大罪。秦刑也。"王氏筠云："借用枭字者，枭当磔。《广雅》曰'県，磔也'，故借之。"

按：《说文》："枭，不孝鸟也。日至捕枭磔之。从鸟，头在木上。"钮树玉《校录》云："磔而县之于木也，因即谓之为枭者，凡磔而县之，皆象此枭也。"

《史记·殷本纪》："甲子日，纣兵败，走，入登鹿台，衣其宝玉衣，赴火而死。周武王遂斩纣头，县之白旗。杀妲己。"《逸周书·克殷解》：

"商辛奔内，登于鹿台之上，屏遮而自燔于火。武王乃手大白以麾诸侯，先入适王所，乃克，射之三发，而后下车而击之，以轻吕斩之，以黄钺折，县诸大白，乃适二女之所。既缢，王又射之三发，乃右击之，以轻吕斩之，以玄钺，县诸小白。"孔晁注："轻吕，剑名。折，绝其首。二女，妲己及嬖妾。"朱氏右曾云："此事世多疑之，然《墨子》云'武王折纣而系之赤镮，载之白旗'；《荀子》云'纣县于赤旆'；《尸子》云'武王亲斫殷纣之颈'；《汲郡古文》云'武王亲禽纣于南单之台'；正与此同。《孟子》所谓'闻诛一夫纣，未闻弑君也'。"又《世俘解》："武王在祀，大师负商王纣，县首白旆，妻二首赤旆，乃以先馘入燎于周庙。"《列女传》："纣乃登廪台，衣宝玉衣而自杀，于是武王遂致天之罚，斩妲己头，悬于小白旗，以为亡纣者是女也。"

按：此疑战国策士造设之言，非真实也。《逸书》为孔子所删，其言不尽雅驯，此则并非删定时原文，恐是后人羼入。齐宣王以汤放桀、武王伐纣问孟子，盖当未称东帝之时，策士早有劝进之辞假以为说，故宣王有此问。《赵策·希写见建信君篇》有"武王羁于玉门，卒斩纣之头而县于大白者"云云，亦其一证。杨用修云，武王伐纣，为天下除暴也。纣已死矣，又斩以黄钺而县之白旗，何悖耶？贾子言，纣死，弃玉门之外，观者皆进蹴之，武王使人帷而守之，犹不止也。此近于事理。《容斋随笔》云，武王之伐纣，应天顺人，不过杀之而已。纣既死，至枭戮俘馘，且用之以祭乎？其不然者也。顾亭林云，上古以来，无杀君之事，汤之于桀也放之而已。使纣不自焚，武王未必不以汤之所以待桀者待纣，纣而自焚，此武王之不幸也。此言得圣人之心矣。夫友贞受刭尚许全义之葬，从珂自焚亦入徽陵之封，岂武之圣转不如乱世之主乎？《列女传》但言斩妲己头悬之，以为亡纣者是女，而不言斩纣头，较为近理。顾野王以□首为秦法，而言县首者莫先于此事，故录之。

《左传》：昭五年，竖牛惧，奔齐。孟仲之子杀之塞关之外，投其首于宁风之棘上。

按：此非枭首而近于枭首者。

《史记·秦始皇纪》：尽得毒等，皆枭首，车裂以徇。《集解》："县首于木上曰枭。"

按：此车裂刑之枭首。

《汉书·高纪》：枭故塞王欣头栎阳市。

按：欣为塞王，都栎阳，枭其头于市，殆以泄秦人之忿乎？

《刑法志》：令曰：当三族者，皆先黥、劓、斩左右止，笞杀之，枭其首，菹骨肉于市。

按：此三族刑之枭首。

《公羊·文十六年传》何休《注》："无尊上、非圣人、不孝者，斩首枭之。"

按：何休所言，当是汉法。

《御览》六百四十：董仲舒《决狱》曰："甲、乙与丙争言相斗，丙以佩刀刺乙，甲即以杖击丙，误伤乙，甲当何论？或曰，殴父当枭首。论曰：臣愚以父子至亲也，闻其斗，莫不有怵怅之心，扶杖而救之，非所以欲诟父也，《春秋》之义许止。父病，进药于其父而卒。君子原心赦而不诛甲，非律所谓殴父，不当坐。"

按：殴父枭首，汉律也，即上条之不孝。此不孝刑之枭首。

《汉书·武纪》：元光五年七月，皇后陈氏废。捕鸟巫蛊者，皆枭首。《外戚孝武陈皇后传》：后又挟妇人媚道，颇觉。元光五年，上遂穷治之，女子楚服等坐为皇后巫蛊祠祭祝诅，大逆无道，相连及诛者三百余人。楚服枭首于市。又《武纪》：征和三年六月，丞相屈牦下狱要斩，妻子枭首。《刘屈牦传》：是时治巫蛊狱急，内者令郭穰告丞相夫人以丞相数有谴，使巫祠社，祝诅主上，有恶言，及与贰师将军共祷祠，欲令昌邑王为帝。有司奏请按验，罪至大逆不道。有诏载屈牦厨车以徇，要斩东市，妻子枭首华阳街。

按：此大逆不道之枭首，即何休之所谓无尊上者也。屈牦但要斩而不言枭首，或因非正犯欤？

《梁平王襄传》：李太后，亲平王之大母也。而平王之后曰任后，任后甚有宠于襄。初，孝王有罍尊，直千金，戒后世善宝之，毋得以与人。任后闻而欲得之。李太后曰："先王有命，毋得以尊与人。他物虽百巨万，犹自恣。"任后绝欲得之。王襄直使人开府取尊赐任后，又王及母陈太后事李太后多不顺。有汉使者来，李太后欲自言，王使谒者中郎胡等遮止，闭门。李太后与争门，措指，太后啼呼，不得见汉使者。后病薨。病时，任后未尝请疾；薨，又不侍丧。元朔中，狂反乃上变告，书闻，天子下吏验问，有之。公卿治，奏以为不孝，请诛王及太后。天子曰："首恶失道，任后也。朕置相吏不逮，无以辅王，故陷不谊，不忍致法。"削梁王五县，夺王太后汤沐成阳邑，枭任后首于市，中郎胡等皆伏诛。

《薛宣传》：妻死，而敬武长公主寡居，上令宣尚焉。后宣卒，况
（宣子）与主私乱。哀帝外家丁、傅贵，主附事之，而疏王氏。元始中，
莽自尊为安汉公，主又出言非莽。而况与吕宽相善，及宽事觉时，莽并
治况。使者迫守主，遂饮药死。况枭首于市。

按：王莽杀议己者，故重刑以肆虐，非汉法也。

《原涉传》：故茂陵令尹公坏涉冢舍者为建主簿，涉本不怨也。涉从
建所出，尹公故遮拜涉，谓曰："易世矣，宜勿复相怨！"涉曰："尹君，
何壹鱼肉涉也！"涉用是怒，使客刺杀主簿。涉欲亡去，申屠建内恨耻
之，阳言："吾欲与原巨先共镇三辅，岂以一吏易之哉！"宾客通言，令
涉自系狱谢，建许之。宾客车数十乘共送涉至狱。建遣兵道傲取涉于车
上，送车分散驰，遂斩涉，县之长安市。师古曰："县其首。"

按：涉治冢舍奢，僭逾制。尹公，守茂陵令，时坠坏之，不为过
也，乃怒其遮拜而使客刺杀之，此汉律之使人杀人，罪当弃市。申屠建
杀之，亦不为过，因恨其杀主簿而枭首焉，则非法也。

《御览》六百四十六：廷尉决事曰："河内太守上民张太有有狂病，
病发杀母弟，应枭首。遇赦，谓不当除之，枭首如故。"

按：杀母弟者，杀母及弟，故应枭首，遇赦，不当除，即后来十恶
不赦之意。陈忠议狂易杀人得减重论在永初中，此当是永初以前事。

《御览》六百四十六：《续汉书》："张济为河南令，中常侍段珪奴乘
犊车于道，济即收捕之，枭首，悬尸珪门。"

按：奴乘犊车，何以应即枭首？未详其故。

又按：汉法之枭首，当以何休所言为断，其余如薛况、原涉诸人，
皆非律应枭首者，特任意逞威耳。

张斐注律表：枭首者恶之长，斩刑者罪之大，弃市者死之下。晋
《刑法志》。

《北堂书钞》四十五：晋律注："枭斩弃之于市者斩头也，令上不及
天，下不及地也。"

《隋志》：梁律"大罪枭首"，陈氏一用梁法；齐刑名五，一曰死重
者轘之，其次枭首；周死刑五，四曰枭。

《魏志》：太和三年，除群行剽劫首谋门诛，律重者止枭首。

隋高祖除枭首之法。详轘。

《通鉴》：唐文宗太和九年十一月，李训将奔凤翔，为盩厔镇遏使宋
楚所擒，械送京师。至昆明池，训恐至军中更受酷辱，谓送者曰："得

我则富贵矣！闻禁兵所在搜捕，汝必为所夺，不若取我首送之。"送者从之，斩其首以来。左神策出兵三百人，以李训首引王涯、王璠、罗立言、郭行余，右神策出兵三百人，拥贾𫗧、舒元舆、李孝本献于庙社，徇于两市。命百官临视，腰斩于独柳之下，枭其首于兴安门外。亲属无问亲疏皆死，孩稚无遗，妻女不死者没为官婢。

按：甘露之变，奄祸最烈。《唐律》无枭首及要斩之文，仇士良等戕害朝臣，乃用此律外之文，不可以寻常论也。

辽有枭磔之刑，见《辽史·刑法志》。

明有枭令之法，见《大诰》。

按：自隋除枭首之法，唐、宋二代，此事遂希。贾𫗧等祸由奄人，不同常法。宋世太平兴国三年，秦州言，戎酋王泥猪寇八狼戍，巡检刘崇让击败之，枭其首以徇。《太宗纪》。靖康元年，枭童贯首于市。《钦宗纪》。开禧三年，诛吴曦，传首诣行在，枭三日，《宁宗纪》。亦偶行之，非常法也。

戮尸 剉尸 "尸"亦作"屍"。

《御览》六百四十七：《韩子》："齐国好厚葬，布帛尽于衣衾，林木尽于棺椁。桓公患之，以告管仲，曰：'布帛尽则无以为币，林木尽则无以为守备，如民之厚葬不休，奈何？'管仲对曰：'凡民之有为也，非名则利利。'于是乃下令曰'棺过度者戮其尸，罪当丧者'。夫戮死无名，罪当丧者无利，无名利，何故为之？"

按：戮尸事始见于此，然与后来之戮尸其命意不同。

《左传》：文十八年，齐懿公之为公子也，与邴歜之父争田，弗胜。及即位，乃掘而刖之。《注》："断其尸足。"

按：此是戮尸之意，但断足而非枭首。

《左传》：宣十年，郑子家卒。郑人讨幽公之乱，斫子家之棺而遂其族。杜注："斫薄其棺，不使从卿礼。"

按：此但斫薄其棺，与戮尸无涉也。而后来言追戮者辄引此为故事，故列于此。

《左传》：襄二十八年，求崔杼之尸，将戮之，不得。既，崔氏之臣曰："与我其拱璧，吾献其枢。"于是得之。十二月乙亥朔，齐人迁庄公，殡于大寝。以其棺尸崔杼于市。国人犹知之，皆曰："崔子也。"杜注："崔氏弑庄公，又葬不如礼，故以庄公棺著崔杼尸边，以彰其罪。"

《左传》：昭十四年，邢侯怒，杀叔鱼与雍子于朝。宣子问其罪于叔向。叔向曰："三人同罪，施生戮死可也。"乃施邢侯而尸雍子与叔鱼于市。

按：戮尸之文，此二事最为明著，古者杀人必陈尸于市三日。《周礼·秋官叙官·掌戮》注："戮犹辱也，既斩杀又辱之。"叔鱼事，《晋语》作"杀其生者而戮其死者"，韦昭注："陈尸为戮。"然则此二《传》亦陈尸之谓，《传》文明言尸于市，非必于既死之尸，犹枭其首也，与后来戮尸枭首之事微有不同。管仲之令亦陈尸以示辱耳，否则棺之过度乃当丧者之罪，但以示辱尚可，若必施以枭示之刑，死者何辜枉受此惨祸哉？必不然矣。

《史记·始皇本纪》：八年，王弟长安君成蟜将军击赵，反，死屯留，军吏皆斩死，迁其民于临洮。将军壁死，卒屯留、蒲鹤反，戮其尸。《索隐》："高诱云，屯留，上党之县名。谓成蟜为将军而反，秦兵击之，而蟜壁于屯留而死。屯留、蒲鹤二邑之反卒虽死，犹戮其尸。"

《后汉·灵纪》：中平元年冬十月，皇甫嵩与黄巾贼战于广宗，获张角弟梁。角先死，乃戮其尸。注：发棺断头，传送马市。

按：此云"发棺断头"，与后来戮尸枭示之事相符。

《魏书·王凌传》：朝议咸谓《春秋》之义，齐崔杼、郑归生皆加追戮，陈尸斫棺，载在方策。凌、愚罪宜如旧典。乃发凌、愚冢，剖棺，暴尸于所近市三日，烧其初绶、朝服，亲土埋之。

按：王凌饮药死，令狐愚先一年病死，亦可已矣，朝臣谄司马懿，故有发冢剖棺之举，此孔子所谓鄙夫无所不至者也。《传》文言用崔杼归生故事，而但云暴尸于市而不言枭首，是尚与后来之戮尸者不同。

《晋书·王敦传》：有司议曰："王敦滔天作逆，有无君之心，宜依崔杼、王凌故事，剖棺戮尸，以彰元恶。"于是发瘗出尸，焚其衣冠，跽而刑之。敦、充首同日悬于南桁，观者莫不称庆。

按：此用杼凌故事，彼但暴尸，此则枭示矣。后来戮尸之制当仿于此。

《辽史·穆宗纪》：天禄十八年三月，杀鹘人胡特鲁、近侍化葛及监囚海里，仍锉海里之尸。十九年二月，杀前导末及益剌，锉其尸，弃之。

按：锉尸之名始见于此。

《元史·世祖纪》：至元十九年五月，追治阿合马罪，剖棺，戮其尸于通玄门外。

《泰定帝纪》：泰定四年，潮州判官钱珍，挑推官梁楫妻刘氏，不从，诬楫下狱杀之。事觉，珍饮药死，诏戮尸传首。北海廉访使刘安仁，坐受珍赂除名。

《元典章》诸恶表：杀死亲兄，虽在禁死，戮尸晓众。

《刑法志》大恶门：诸子弑其父母，虽瘐死狱中，仍支解其尸以徇。诸因争虐杀其兄者，虽死，仍戮其尸。

《明律》谋杀祖父母、父母条新题例：万历十六年正月题，奉钦依今后在外衙门，如有子孙谋杀祖父母、父母者，巡按御史会审，情真即单详到院，院寺即行单奏决，单到日，御史即便处决。如有监故在狱者，仍戮其尸。杀一家三人条例一：杀一家非死罪三人及支解人为首监故者，将财产断付被杀之家，妻子流二千里，仍锉碎死尸，枭首示众。

《史记·伍子胥传》：伍子胥求昭王，既不得，乃掘楚平王墓，出其尸，鞭之三百，然后已。《吴越春秋》：伍胥以不得昭王，乃掘平王之墓，出其尸，鞭之三百。左足践腹，右手抉其目，诮之曰："谁使汝用谗谀之口杀我父兄，岂不冤哉？"《越绝书》：荆平王已死，子胥将卒六千，操鞭箠笞之平王之墓，而数之曰："昔者吾先人无罪而子杀之，今此报子也。"

按：太史公曰："怨毒之于人甚矣哉！"子胥之报楚，既偿其志矣，而必为掘墓鞭尸之举，似不近情理，恐是战国时人造设之辞，未足信也。平王卒于鲁昭公二十六年，柏举之役在鲁定公四年，相距凡十一年，楚地沮洳，岂平王之尸尚完善无恙以待胥之鞭箠，且践腹而抉目哉？此事理之难信者也。《越绝》以为笞墓，似为近之。

《晋书·姚苌载记》：苌乃掘苻坚尸，鞭挞无数，裸剥衣裳，荐之以棘，坎土而埋之。《慕容俊载记》：俊夜梦石虎啮其臂，觉，遂痛瘘而恶之，命发其墓，剖棺出尸，蹋而骂之曰："死胡安敢梦生天子！"遣其御史中尉阳约数其残酷之罪，鞭其尸而投之漳水。

《通鉴》：唐文宗太和九年，时崔潭峻已卒，亦剖棺鞭尸。

《唐书·窦怀贞传》：与太平公主谋逆，既败，投水死，追戮其尸。

《武三思传》：睿宗立，以父子皆逆节，斫棺暴尸，夷其墓。

《五代史·朱守殷传》：明宗诏幸汴州，守殷尤不自安，乃杀都指挥使马彦超，闭城反。明宗遣范延光驰兵傅其城，汴人开门纳延光，守殷自杀其族，乃引颈命左右斩之。明宗至汴州，命鞭其尸，枭首于市。

《闽世家》：曦自昶世倔强难制，昶相王倓每抑折之。新罗遣使聘闽以宝剑，昶举以示俊曰："此将何为？"俊曰："不忠不孝者斩之。"曦居旁色变。曦既立，而新罗复献剑，曦思俊前言，而俊已死，命发冢戮其尸，俊面如生，血流被体。

国计使陈匡范增算商之法以献，曦曰："匡范人中宝也。"已而岁入不登其数，乃借于民以足之，匡范以忧死。其后如其借于民也，剖棺断尸，弃之水中。

《明史·武宗纪》：正德五年十月，戮张彩尸于市。《庄烈帝纪》：崇祯元年正月，戮魏忠贤及其党崔呈秀尸。

斩

《周礼·秋官·掌戮》：掌斩杀贼谍。注："斩以铁钺，若今要斩也。杀以刀刃，若今弃市也。"

按：此分斩、杀为二事，郑盖据汉法言之，以今况古也。惟《吕刑》言"大辟疑赦，其罚千锾"，与墨辟之百锾、劓辟之二百锾、剕辟之五百锾、宫辟之六百锾分为五等，是大辟只有一等。如果三代之时大辟有要斩、弃市二项，则必有轻重之差，不应赎锾之数毫无区别也。《鲁语》："臧文仲言：'刑五：大刑用兵甲，其次用斧钺，中刑用刀锯，其次用钻笮，薄刑用鞭扑。'"《周礼》疏引"斧钺"，注："谓犯斩罪者。"刀锯，注："刀以劓之，锯以笮之。"如是，刀中容弃市。此未详何人之注。韦昭注："割劓用刀，断截用锯。"亦有大辟，故《周语》曰"兵在其颈"。据旧说则中刑亦有大辟，然既谓之大辟，岂得又谓之为中刑？其说未安。是大刑之死刑但用斧钺，不得有他刑也，是据文仲之言大辟祇有一项也。《条狼氏》之誓众曰杀、曰车辗，而不曰斩，车辗当为军中之刑。韦昭《鲁语》注："斧钺，军器也。"《书》曰"后至者斩"，《条狼氏》之杀，即谓斩刑。《尔雅》"斩，杀也"，斩、杀二字，义相转注，不可区为二也。

《左传》：僖三十三年，先轸曰："匹夫逞志于君而无讨，敢不自讨乎？"免胄入狄师，死焉。狄人归其元，注："元，首。"面如生。文十一年冬十月甲午，败狄于咸，获长狄侨如。富父终甥捂其喉，以戈杀之，埋其首于子驹之门。齐襄公之二年，郰瞒伐齐，齐王子成父获其弟荣如，埋其首于周首之北门。襄十八年，中行献子将伐齐，梦与厉公讼，弗胜；公以戈击之，首队于前，跪而戴之，奉之以走。昭五年，竖牛惧，奔齐。孟仲之子杀诸塞关之外，投其首于宁风之棘上。定十四年，使罪人三行，属剑于颈，而辞曰："二君有治，臣奸旗鼓，不敏于君之行前，不敢逃刑，敢归死。"遂自到焉。师属之目。哀十三年，吴人告败于王，王恶其闻也，自到七人于幕下。

按：此皆春秋时断首之事，然非刑也。

《墨子·鲁问篇》：子墨子见齐王曰："今有刀于此，试之人头，倅然断之，可谓利乎？"大王曰："利。"子墨子曰："多试之人头，倅然断之，可谓利乎？"大王曰："利。"

按：此设言断首之事，亦非刑也。

张斐律表注：枭首者恶之长，斩刑者罪之大，弃市者死之下。《晋志》。

按：此以枭首、斩、弃市为死罪之三等，曹魏刑也。枭首居首，是以斩为断首，弃市为绞矣。腰斩之刑，此时盖已除之，而史无明文。其后南朝皆遵行之，梁、陈则有枭首、弃市，而无斩刑。后魏大辟有殊死。详要斩。

按：后魏大辟四等，殊死在要斩、弃市之间，自当为断首之刑。颜师古《匡谬正俗》殊死条：每见赦书，或云殊死以下，或云死罪以下，为有异否？何谓殊死？董勋答曰，殊，异也。死有异死者，大逆族诛、枭首、斩腰。《易》有焚如之刑也。汉高帝初兴之际，死罪已下是为异死者，不赦也。世祖始起，赦殊死以下，是谓异死者皆赦也。按称殊死、绝死，谓斩刑也。《春秋传》曰"断其木而不殊"，班书《韩延寿传》云"门下掾自到，人救不殊"。殊者训绝，而死有斩、绞，故或云殊死，或云死。但云死者，绞缢刑也。云殊死者，身首分离，死内之重也，非取殊异为名。又汉高帝五年，赦天下殊死已下。何言不赦乎？《说文》："殊，死也。从歺，朱声。"段《注》："凡汉诏云殊死者，皆谓死罪也。死罪者，首身分离，故云殊死。"《左传》、《释文》引《说文》有"一曰断也"四字，段依以补之而注之曰断，与死本无二义。许以字从歺，故以死为。《正义》"凡物之断"，为别一义。《左传》曰："武城人塞其前，断其后之木而勿殊。邾师过之，乃推而蹙之。"《史记·苏秦传》："刺苏秦，不死，殊而走。"按弗殊者，谓不绝也。不死殊而走者，谓人虽未死，创已决裂也，皆断之说也。宣帝诏曰"骨肉之亲，粲而不殊"。凡言殊异、殊绝，皆引伸之义。桂氏《义证》云："《后汉·光武纪》罪非犯殊死，一切勿案。注云，殊死，谓斩刑殊绝也。"魏之《陈群传》："汉律所杀殊死之罪。"《增韵》："汉律殊死谓斩刑。"愚按：以上各说，并以殊死为斩刑，后魏改斩之名为殊死，亦必用旧说也。惟据郑氏《掌戮》注，汉有要斩、弃市即斩首。二刑，而无绞刑。师古分殊死与死为二，似尚未确。要斩亦殊绝者，不得但云身首分离也。

北齐河清三年，奏上《齐律》，刑名五：一曰死，重者辕之；其次枭首；其次斩刑，殊身首；其次绞刑，死而不殊。

按：此以殊、不殊为斩、绞之分，义甚明显，特其时无要斩耳。

隋死刑二：斩、绞。详总考。

按：隋开皇中，废除枭、辕诸重法，死刑存斩、绞二项，唐律承之，自是历代相沿，死刑惟此二项，虽有凌迟等项，并不入正刑之内。元代死刑有斩无绞，而凌迟以处恶逆之极者，盖亦不列入正刑，其死刑惟一矣，此元之与历代不同者。

《说文·首部》："𣃥，截也。"段本作"截首也"，其《注》云："首字各本夺，今补。《斤部》曰'断者，截也'；《戈部》曰'截者，断也'。截首则字从断首，会意。《集韵》、《类篇》皆云断首是也。《广雅》'𣃥，断也'。此引伸为凡截之称。"《广韵》："𣃥，断首。出《玉篇》。"

按：许书"斩"字，不得指斩首言，"𣃥"从首，自当专指断首，段《注》不为无见。惟《广韵》云出《玉篇》，谓断首之训始见《玉篇》，似许书本无首字。姑录其说，附于此门之末。

《公羊·文十六年传》注："杀人者刜头。"《释文》："头如字，本又作脰，音豆。"《广雅·释诂》："刜，断也。"《一切经音义》注引《公羊传》云："公遂刜脰而死。何休曰：'刜，割也。'"《穀梁·僖十年传》：刜脰而死。《释文》："脰，音豆，颈也。"

绞

《左传》：哀二年，若其有罪，绞缢以戮，桐棺三寸，不设属辟，无入于兆，下卿之罚也。杜注："所以缢人物。"

按：杜注以绞为缢人之物，当为绳带之类。《仪礼·丧服》传："绞带者，绳带也。"贾公彦疏："以绞麻为绳作带，故云绞带也。"此以绞缢为下卿之罚，当为周制。春秋时，如鲁杀公子庆父、郑杀公孙黑，皆自缢。楚杀成得臣、公子侧，亦皆自死，殆即此制也。

晋《刑法志》：斩刑者罪之大，弃市者罪之下。

按：尚书周颙等议肉刑云："截头绞颈，尚不能禁。"截头者斩，绞颈者弃市。晋之刑法，议自魏代，可以知魏之弃市亦绞刑也。南朝宋、齐、梁、陈，北朝魏并有弃市之名，皆谓绞刑。

北周死刑五，二绞。详总考。

北齐死刑四，有绞。详总考。

按：绞刑之名，始见于周、齐二代。周律定于保定三年癸未，齐律定于河清三年甲申，相距先后只一年，而同时改弃市为绞，殆其时北方学者论说各有所受，故不约而同也。

隋开皇律：死罪斩绞。

按：自此以后，绞为正刑，至今相沿不改。

《后汉书·吴佑传》：安丘男子毋丘长与母俱行市，道遇醉客辱其母，长杀之而亡，安丘追踪于胶（西）[东] 得之。佑移安丘逮长妻，到，解其桎梏，使同宿狱中，妻遂怀孕。至冬尽行刑，长泣谓母曰云云，因投缳而死。注："谓以绳而缳，投之而缢也。缳音胡犬反。"

按：汉律杀人弃市，毋丘长不及行刑而自缢，非当时有此投缳之罪也，然后来称绞为缳首，实本于此。

《吕氏春秋·慎行论》：崔杼归无归，因而自绞也。注："绞，经也。"

按：此以自经为绞。

《说文·交部》："绞，缢也。"《糸部》："缢，经也。"《手部》："摎，缚杀也。"段《注》："缚杀者，以束缚杀之也。且县死者曰缢，亦曰雉经。凡以绳帛等物杀人者曰缚杀，亦曰摎，亦曰绞。《广韵》曰：'摎者，绞缚杀。'多'绞'字，为长。今之绞罪，即古所谓摎也。居求切，亦力周切。"

按：绞罪之名，汉以前未见，春秋时多曰缢，其见于《左传》者，如莫敖缢于荒谷、桓十三。夷姜缢、桓十六。太子申生缢于新城、僖四。楚成王缢，文元。此皆自绞者也。公子围入问王疾，缢而弑之。杜注"缢，绞也"，孙卿曰"以冠缨缢之"，此人缢之者也，亦曰雉经，《晋语》申生乃雉经于新城之庙。《释名》："悬绳曰缢，缢厄其颈也。屈颈闭气曰雉经，如雉之为也。"分雉经与缢为二，然皆是别死之名，而非罪名。《释名》乃刘熙作。熙，汉人。其《释丧制篇》列弃市、斩、镬、烹之名而不及绞，可以见汉法无绞。《战国策·秦策》："甘罗曰：'应侯欲伐赵，武安君难之，去咸阳七里，绞而杀之。'"此言绞杀者，然亦非罪名也。晋之时，绞曰弃市。杜预，晋人，其释《左传》以绞为缢人之物，不以为罪名，可以见晋法无绞也。六代时，南朝并曰弃市，北朝魏亦曰弃市，惟周、齐曰绞，绞之名当定于此时。隋《开皇律》定绞与斩为死罪之二等，《唐律》承之，绞遂列于正刑之内。窃尝论之，古者刑人于市，与众弃之，刑至于死极矣，若以死为未足，而必欲使之多受痛苦，是以刑为泄忿之方，而无当于众弃之义。且充泄忿之意而立一重法，久之而习见之，习闻之，必将又以此法为未重而更立一重法，重之又重，更无穷已，此历代惨酷之刑，所以名目繁多也。自开皇定律，死刑惟斩、绞，而蠲除重法，由是烹、辕诸刑世遂罕见。惜枭首、陵迟诸法，后来又复施行。作法于轻，犹惧其重，矧作法于重，将何所底止哉？世之议律者，尚其慎之又慎，一法之敝，祸延百世，可惧也。

《春明梦余录》：元世祖定天下之刑，笞、杖、徒、流、绞五等。天下死囚，审谳已定，亦不加刑，皆老死于囹圄。自后惟秦王伯颜出天下死囚，始一加刑，故七八十年之中，老稚不曾睹斩戮，及见一死人头，辄相惊骇，可谓胜残去杀，黎元在海涵春育之中矣。

按：元《刑法志》言死刑，有斩无绞，此以绞列五刑，或系传写之误。陶宗仪《辍耕录》二："国初立法，死则有斩，有陵迟，而无绞。"陶，元末人，所言元法与《刑法志》合，可以证孙说之不足据。第就孙说言，可见元之五刑，死刑亦惟一种。陵迟，其特别法也。

笞杀

《御览》六百四十九：《楚汉春秋》曰："上败彭城，降人丁固追，上被而顾曰：'丁公何相逼之甚？'乃回马而去。上即位，欲陈功。上曰：'使项氏失天下是子也，为人臣，用两心，非忠也。'使下吏笞杀之。"

《后汉书·党锢传》：熹平五年，永昌太守曹鸾上书大讼党人，言甚方切。帝省奏，大怒，即诏司隶、益州槛车收鸾，送槐里狱掠杀之。《桥玄传》：又为汉阳太守。时上邽令皇甫祯有赃罪，玄收考髡笞，死于冀市。

《隋志》：楚州行参军李君才上言，帝宠高颎过甚，上大怒，以马鞭笞杀之。帝常发怒，六月棒杀人。大理少卿赵绰固争曰："季夏之月，天地成长庶类，不可以此时诛杀。"帝报曰："六月虽曰生长，此时必有雷霆。天道既于炎阳之时，震其威怒，我则天而行，有何不可。"遂杀之。仁寿中，用法益峻，帝既喜怒不恒，不复依准科律。时杨素正被委任。素又禀性高下，公卿股栗，不敢措言。素于鸿胪少卿陈延不平，经蕃客馆，庭中有马屎，又庶仆毡上樗蒲。旋以白帝，帝大怒曰："主客令不洒扫庭内，掌固以私戏污败官毡，罪状何以加此。"皆于西市棒杀，而榜捶陈延，殆至于毙。

《通典》：上元二年六月，刑部奏，谨按五刑，笞、杖、徒、流、死是也。今准敕除削绞，死罪准有四刑。每有思虑，须降死刑。不免，还斩、绞。敕律互用，法理难容。又应决重杖之人，令式先无分析，京城知是蠹害，决杀者多死外州。见流岭南，决不至死。决有两种，法开二门，敕旨斩、绞刑宜依格律处分。宝应元年九月，刑部大理奏准式制敕处分，与一顿杖者决四十，至到与一顿及重杖一顿者并决六十，无文至死者为准式处分。又制敕，或有令决痛杖一顿者，式文既不载杖数，请准至到与一顿，决六十，并不至死。敕旨依。

《唐志》：剧贼高玉啖人数千，后擒获，会赦，代宗将贷其死，公卿议请为菹醢，帝不从，卒杖杀之。德宗性猜忌少恩，然用刑无大滥。刑部侍郎班宏言："谋反、大逆及叛、恶逆四者，十恶之大也，犯者宜如律。其余当斩、绞刑，决重杖一顿处死，以代极法。"故时死罪皆先决杖，其数或百或六十，于是悉罢之。

按：斩、绞而死与重杖而死，均死也，不足以言仁，且斩、绞而死，其死也速，重杖而死，其死也迟，其所受之苦楚，转有甚于斩、绞者，未足为良法也。至宪宗元和八年，诏两京、关内、河东、河北、淮南、山南东西道死罪十恶、杀人、铸钱造印、若强盗持仗劫京兆界中及它盗赃逾三匹者，论如故，其余死罪，皆流天德五城。由是，犯死罪有不死者不少矣。《唐书》纪、传言杖杀者与他史之言笞杀者不同，故不备录。

《宋史·太祖纪》：建隆二年四月，商河县李瑶坐赃，杖死。开宝五年十二月，内班董延谔坐监务盗刍粟，杖杀之。

《太宗纪》：太平兴国三年七月，中书令史李知古坐受赇擅改刑部所定法，杖杀之。八月，詹事丞徐选坐赃，杖杀之。

《真宗纪》：大中祥符三年九月，杖杀入内高品江守恩于郑州。天禧四年四月，杖杀前定陶县尉麻土瑶于青州。

《高宗纪》：绍兴十二年九月，杖杀伪福国长公主李善静。

《辽史·刑法志》：五院部民有自坏铠甲者，其长佛奴杖杀之，上怒其用法太峻，诏夺官。吏以故不敢酷挞。圣宗时。

《元史·顺帝纪》：至正十六年二月，定住及平章政事桑哥失里等复奏哈麻、雪雪兄弟罪恶，遂命贬哈麻惠州安置，雪雪肇州安置，寻杖杀之。

剖心

《殷本纪》：比干曰："为人臣者，不得不以死争。"乃强谏纣。纣怒曰："吾闻圣人心有七窍。"剖比干，观其心。

《书·泰誓》：剖贤人之心。《传》："比于忠谏，谓其心异于人而观之，酷虐之甚。"

《荀子·正论》："刳比干。"

按：纣酷虐至剖大臣之心，尚不以此为刑也。后世用刑者，每以剖心祭仇为快，得不谓之为酷虐乎？乃当圣仁之世，明谕中外，废除重刑，而大吏尚有此种行为，殊可怪也。

《晋书·苻生载记》：生推告贼者，杀之，剖而出其心。

《五代史·吴越世家》：润州牙将刘浩逐其帅周宝，宝奔常州，浩推薛朗为帅。镠遣杜棱等攻常，取周宝以归，宝病卒。棱等进攻润州，逐刘浩，执薛朗，剖其心以祭宝。

按：剖心以祭，事始见此，乃乱世军人所为，岂足为法？近世，此等事竟有形诸奏牍者，自古以来，刑法无此文也。

《张彦泽传》：耶律德光至京师，闻彦泽劫掠，怒，锁之。都人争投状数其恶，乃命高勋监杀之。行至北市，断腕出锁，然后用刑，勋剖其心祭死者，市人争破其脑，取其髓，脔其肉而食之。

《刘守光传》：晋王命李存霸执仁恭至雁门，刺其心血以祭先王墓，然后斩之。

按：此但刺心血，又稍不同。

《宋史·高纪》：建炎二年七月，禁军中抉目刳心之刑。

按：当时军中以刳心为常，故禁之，可见此刑之不可为训也。

《元史·顺帝纪》：至正二十二年六月，田丰及王士诚刺杀察罕帖木儿，遂走入益都城。十一月，扩廓帖木儿复益都，田丰等伏诛。尽诛其党，取田丰、王士诚之心以祭察罕帖木儿。

《明志》：魏忠贤设刺心之刑。

非法之刑

《商君书·赏刑篇》：晋文公将欲明刑，以亲百姓，于是合诸侯大夫于侍千宫，颠颉后至，[吏]请其罪，按：《太平御览》卷六百三十六、六百四十六引作"吏请其罪"，今据补。君曰："用事焉。"吏遂断颠颉之脊以殉。晋国之士，稽焉皆惧，曰："颠颉之有宠也，断以殉，况于我乎！"

按：《韩非子·外储说》载此事作"斩颠颉之脊"，《北堂书钞》四十五引作"断脊"，《御览》六百四十六斩类引《商君书》作"斩颠颉之首"，与今本及《书钞》本不同。断脊之事罕见。晋文，霸者之盛，必不用此非法之刑。《左传》但言"杀颠颉以徇于师"，无断脊之文也。至文公令无入僖负羁之宫，而颠颉与魏犨爇僖负羁氏，以其违军令而杀之。与《商君》所言"后至"亦不同。

汉《刑法志》：秦用商鞅，增加肉刑，大辟有凿颠、抽胁、镬亨之刑法。

按：凿颠、抽胁，非法之刑，商鞅惨酷，创为此法，宜其身膺车裂之报也。

《汉书·王莽传》：救令掘单于知墓，棘鞭其尸。《匈奴传》：莽作焚如之刑，烧杀陈良等。《翟义传》：莽尽坏义第宅，污池之。发父方进及先祖冢在汝南者，烧其棺枢，夷灭三族，诛及种嗣，至皆同坑，以棘五毒并葬之。

［按］：惠栋曰："贼莽之恶，百倍于秦。"

《吴志·孙晧传》：凤皇元年，何定奸秽发闻，伏诛。注："《江表传》：定为子求少府李勖女，不许。定挟忿谮勖于晧，晧尺口诛之，焚其尸。"

二年，晧爱妾或使至市劫夺百姓财物，司市中郎将陈声，晧素幸臣也，恃晧宠遇，绳之以法。妾以诉晧，晧大怒，假他事烧锯断声头，投其身于四望之下。

天玺元年，会稽太守车浚、湘东太守张咏不出算缗，就在所斩之，徇首诸郡。注："《江表传》：晧谓浚欲树私恩，遣人枭首。又尚书熊睦见晧酷虐，微有所谏，晧使人以刀环撞杀之，身无完肌。"

天纪元年，孙俶奸情发闻，伏诛。注："《江表传》：俶奢淫无厌，取小妻三十余人，擅杀无辜，众奸并发，父子俱见车裂。"

［三年］初，晧每宴会群臣，无不咸令沈醉。置黄门郎十人，特不与酒，侍立终日，为司过之吏。宴罢之后，各奏其阙失，迕视之咎，谬言之愆，罔有不举。大者即加威刑，小者辄以为罪。后宫数千，而采择无已。又激水入宫，宫人有不合意者辄杀流之。或剥人之面，或凿人之眼。注："吴平后，晋侍中庾峻等问晧侍中李仁曰：'闻吴主披人面，刖人足，有诸乎？'仁曰：'以告者过也。'又问曰：'云归命侯乃恶人横睛逆视，皆凿其眼，有诸乎？'仁曰：'亦无此事。'"

按：周仁为其君讳也，晧之虐闻于邻国，陈寿载于《传》，实当非虚语。

《晋书·苻生载记》：生推告贼者，杀之，刳而出其心。左光禄大夫张平谏，生大怒，以为妖言，凿其顶而杀之。尝使太医程延合安胎药，问人参好恶并药分多少，延曰："虽小小不具，自可堪用。"生以为讥其目，凿延出目，然后斩之。或生剥囚面皮，令其歌舞，观之以为嬉乐。左右忤旨而死者不可胜数，至于截胫、刳胎、拉胁、锯颈杀者，动以千数。

《石季龙载记》：立其子宣为天王皇太子。宣素恶韬宠，使杨杯、牟皮、牟成、赵生等杀韬。季龙悲怒，幽宣于席库，以铁环穿其颔而镳之。积柴邺北，树标于其上，标末置鹿卢，穿之以绳，倚梯柴积，送宣于标所，韬所亲宦宦者郝稚、刘霸拔其发，抽其舌，牵之登梯，上于柴积。郝稚以绳贯其颔，鹿卢绞上，刘霸断其手足，斫眼溃腹如韬之伤。四而纵火，烟焰际天。季龙从昭仪已下数千登中台以观之。火灭，取灰分置诸门交道中。

《乞伏慕末列传》：慕末弟轲殊罗与叔父什寅谋杀慕末，慕末收其党与尽杀之。赦轲殊罗，什寅鞭之，什寅曰："我负汝死，不负汝鞭。"慕末怒，刳其腹，投尸于河水。

《赫连勃勃载记》：勃勃凶殊好杀，有所嫌忿，便手自戮之，群臣忤视者毁其目，笑者抉其唇，谏者谓诽谤，先截其舌而后斩之。

《石虎载记》：石堪南奔，追获，炙而杀之。

《隋书·炀帝纪》：大业十二年，幸江都。奉信郎崔民象以盗贼充斥，于建国门上表，谏不宜巡幸。上大怒，先解其颐，乃斩之。

《隋志》：炀帝即位，外征四夷，内穷嗜欲，兵革岁动，赋役滋繁。穷人无告，聚为盗贼。帝乃更立严刑，敕天下窃盗已上，罪无轻重，不待闻奏，皆斩。九年，又诏为盗者籍没其家。自群盗大起，及杨玄感反，帝诛之，罪及九族。其尤重者，行轘裂枭首之刑。或磔而射之，命公卿已下，脔啖其肉。百姓怨嗟，天下大溃。

《五代史·刘守光传》：为铁笼、铁刷，人有过者，坐之笼中，外燎以火，或刷剔其皮肤以死。械梁、晋使者下狱，置斧锧于庭，令曰："敢谏者死？"孙鹤进曰："沧州之败，臣蒙不杀，今日之事，不敢不谏。"守光怒，推之伏锧，令军士割而啖之。鹤呼曰："不出百日，大兵当至！"命室其口而醢之。

《汉家人蔡王信传》：信所至黩货，好行杀戮。军士有犯法者，信召其妻子，对之刲剔支解，使自食其肉，血流盈前，信命乐饮酒自如也。

《南汉世家》：龚性聪悟而奇酷，为刀锯、支解、刳剔之刑，每视杀人，则不胜其喜，不觉朵颐，垂涎呀呷，人以为真蛟蜃也。

《辽史·穆宗纪》：应历七年四月初，女巫肖古上延年药方，当用男子胆和之。不数年，杀人甚多。至是，觉其妄。辛巳，射杀之。十年八月，以镇茵石狻猊击杀近侍古哥。十三年六月，近侍伤獐，杖杀之。十四年二月，支解鹿人没答、海里等七人于野，封土识其地。十一月壬午，日南至，宴饮达旦。自〔是〕昼寝夜饮，杀近侍小六于禁中。十五年三月癸酉，近侍东儿进匕箸不时，手刃刺之。癸巳，虞人沙（赖）〔刺〕迭侦鹅失期，加炮烙、铁梳之刑而死。十七年六月，支解雉人寿哥、念古，杀鹿人四十四人。十二月，杀饔人海里，复脔之。十八年三月，杀鹘人胡特鲁、近侍化葛及监囚海里，仍剐海里之尸。十九年二月，杀前导末及益刺，剐其尸，弃之。

按：穆宗荒耽于酒，嗜杀不已，以致变生肘腋，可为殷鉴。

《辽史·天祚纪》：天庆五年九月，耶律章奴反，犯行宫。顺国女直阿鹘产以三百骑一战而胜，章奴诈为使者，欲奔女直，为逻者所获，缚送行在，腰斩于市，剖其心以献祖庙，支解以徇五路。

《金史·海陵纪》：正隆五年二月，遣引进使高植、刑部郎中海狗分道监视所获盗贼，并凌迟处死，或锯灼去皮截手足。六年八月，以谏伐宋弑皇太后徒单氏于（德）宁〔德〕宫，仍命即宫中焚之，弃其骨水中，并杀其侍婢等十余人。

按：海陵无道，淫刑其一端耳。并弑母而焚之，并弃骨水中，惨忍极矣。

明《大诰》峻令。

按：洪武《大诰》诸峻令，曰族诛，曰枭令，曰墨面文身、挑筋去指，曰墨面文身、挑筋去膝盖，曰剁指，曰断手，曰刖足，曰阉割为奴，曰断趾枷令，曰常枷号令，曰枷项游历。并详《大诰峻令考》。

《明史·景清传》：磔死，族之。籍其乡，转相攀染，谓之瓜蔓抄，村里为墟。

《马宣传》：宁府左长史石撰者以臣节讽宁王，王亦心敬之。及城陷，愤詈不屈，支解死。

《高翔传》：成祖召，欲用之。翔丧服入见，语不逊，族之。发其先冢，亲党悉戍边。诸给高氏产者皆加税，曰："令世世骂翔也。"

《卓敬传》：斩之，诛其三族。

按：成祖滥诛泄忿，屠戮忠良，当时磔死、族诛甚众，至瓜蔓抄、支解、发冢，三族尤其甚者。《守溪笔记》载清事云"醢之，罪及九族"，与本传异。至方孝孺十族之说，出于《逊国名臣传》，而史传不载，《通鉴》亦不采，今附记于此。

《明志》：正德五年会重因，减死者二人。时冤滥满狱，而刑官惧触刘瑾怒，所上止此。后磔流贼赵鐩等于市，剥为魁者六人皮。法司奏祖训有禁，不听。寻以皮制鞍镫，帝每骑乘之。

按：武宗荒游无度，然而非酷虐之君也，剥皮之事则罕见。

魏忠贤又设断脊、堕指、刺心之刑。

按：忠贤屠害忠良，设此淫刑，必有教猱升木者，真可痛恨。

肉刑

《书·吕刑》：王曰："若古有训，蚩尤惟始作乱，延及于平民。"传："顺古有遗训，言蚩尤造始作乱，恶化相易，延及于平善之人。九黎之君，号曰蚩尤。"《释文》："蚩，尺之反。尤，有牛反。马云，少昊之末。九黎，君名。"罔不寇贼，鸱义奸宄，夺攘矫虔。传："平民化之无不相寇贼，为鸱枭之义，以相夺攘，矫称上命，若固有之，乱之甚。"苗民弗用灵，制以刑，惟作五虐之刑曰法。传："三苗之君习蚩尤之恶，不用善化民而制以重刑，惟为五虐之刑，自谓得法。蚩尤，黄帝所灭；三苗，帝尧所诛，言异世而同恶。"杀戮无辜，爰始淫为劓、刵、椓、黥。传："三苗之主顽凶，若民敢行虐，刑以杀戮无罪，于是始大为截人耳鼻，椓阴黥面，以加无辜，故曰五虐。"疏："蚩尤造始作乱，其事往前未有，蚩尤今始造之，必是乱民之事，不知造何事也。下说三苗之主习蚩尤之恶，作五虐之刑。此章主说虐刑之事，蚩尤所作必亦造虐刑也。以峻法治民，民不堪命，故恶化转相染易，延及于平善之民，亦化为恶也。九黎之君，号曰蚩尤，当有旧说云，然不知出何书也。《史记·五帝本纪》云：'神农氏世衰，诸侯相侵伐，蚩尤最为暴虐，莫能伐之。黄帝乃征师诸侯，与蚩尤战于涿鹿之野，遂擒杀蚩尤。而诸侯咸尊轩辕为天子。'如《本纪》之言，蚩尤是炎帝之末诸侯君也。应劭云'蚩尤，古天子'。郑云'蚩尤霸天下，皇帝所伐者'。《汉书音义》有臣瓒者《孔子三朝记》云'蚩尤，庶人之贪者'。诸说不同，未知蚩尤是何人也。《楚语》曰'少昊氏之衰也，九黎乱德，颛顼受之，使复旧常'。则九黎在少昊之末，非蚩尤也。韦昭云'九黎氏，九人，蚩尤之徒也'。韦昭虽以九黎为蚩尤，要《史记》蚩尤在炎帝之末，《国语》九

黎在少昊之末，二者不得同也。九黎之文，惟出《楚语》，孔以蚩尤为
九黎。下传又云'蚩尤，黄帝所灭'。言黄帝所灭，则与《史记》同矣。
孔非不见《楚语》，而为此说，盖以蚩尤是九黎之君。黄帝虽灭蚩尤，
犹有种类尚在，故下至少昊之末，更复作乱。若其不然，孔意不可知
也。郑玄云'学蚩尤为此'者，九黎之君，在少昊之代也。其意以蚩尤
当炎帝之末，九黎当少昊之末，九黎学蚩尤，九黎非蚩尤也。上说蚩尤
之恶，即以苗民继之，知经意言三苗之君习蚩尤之恶灵善也，不用善化
民而制以重刑，学蚩尤制之用五刑而虐为之，故为五虐之刑，不必皋陶
五刑之外别有五刑也。郑玄以为苗民即九黎之后，颛顼诛九黎，至其子
孙为三国，高辛之衰，又复九黎之恶，尧兴又诛之，尧末又在朝，舜臣
尧又窜之，后禹摄位，又在洞庭逆命，禹又诛之，穆王深恶此族三生凶
德，故着其恶而谓之民。孔惟言异世同恶，不言三苗是蚩尤之子孙。韦
昭云'三苗，炎帝之后，诸侯共工也'。《释诂》云'淫，大也'。于是
大为截人耳鼻，椓阴黥面，苗民为此刑也。椓阴即宫刑也，黥面即墨刑
也。《康诰》周公戒康叔云'无或劓刵人'，即周世有劓、刵之刑，非苗
民别造此刑也，以加无辜，故曰五虐。郑玄云'刵，断耳。劓，截鼻。
椓，谓椓破阴。黥，为羁黥人面。苗民大为此四刑者，言其特深刻，异
于皋陶之为'。郑意盖谓截耳截鼻多截之，椓阴苦于去势，黥面甚于墨
额。孔意或亦然也。"《礼记·缁衣》疏引郑注《吕刑》云："苗民谓九
黎之君也，九黎之君于少昊氏衰而弃善道，上效蚩尤重刑，必变九黎。
言苗民者，有苗九黎之后，颛顼代少昊诛九黎，分流其子孙，为居于西
裔者。三苗至高辛之衰，又复九黎之君恶，尧兴又诛之，尧末又在朝，
舜时又窜之，后王深恶此族三生凶恶，故著其氏而谓之民。民者，冥
也，言未见仁道。"王氏鸣盛《尚书后案》曰，郑云苗民谓九黎之君者，
《国语·楚语》云后三苗复九黎之德，则三苗非即九黎，故《缁衣》引
此。郑彼注云高辛氏之末，诸侯有三苗者作乱，不以苗民为九黎。此云
苗民谓九黎之君者，下云"遏绝苗民"，又云"乃命重黎"。命重黎是颛
顼事，则遏绝苗民自是谓颛顼之诛九黎，则此苗民是谓九黎之君矣。
《缁衣》引此，止取制作虐刑以证彼上文，齐之以刑，则民有遁心之义，
意不主于苗民，故郑于彼注不必致详，即以三苗当苗民可也。此经据下
文则苗民实是九黎，不可即以为三苗，虽与《礼》注不同，无妨也。云
"九黎之君于少昊衰而弃善道"者，《楚语》云"其后三苗复九黎之德"，
则是子孙袭其先祖之词，故彼韦昭注亦云"三苗，九黎之后也"。云

"颛顼代少昊诛九黎，分流其子孙"者，《楚语》少昊之衰云云，下云颛顼受之，是颛顼代少昊也。下云"遏绝苗民，无世在下"，三苗在颛顼之后，则遏绝苗民，非诛三苗，乃是诛九黎也。"无世在下"，是分流其子孙也。云"高辛氏衰，又复九黎之君恶，尧兴又诛之"者，《楚语》云"其后三苗复九黎之德"，韦注云，其后，高辛氏之季年也，高辛氏衰，三苗为乱，如九黎之为，尧兴而诛。云"尧末又在朝，舜臣尧又窜之"者，《尧典》云"窜三苗于三危"是也。云"后禹摄位，又在洞庭逆命，禹又诛之"者，《檀弓》云"舜葬于苍梧之野"，郑彼注云，舜征三苗而死，因留葬焉。考苍梧与洞庭相近，三苗在洞庭，故征三苗而至苍梧也。舜既没，禹复征之，事见《墨子》等书。郑意总以三苗即九黎子孙，九黎非蚩尤子孙，但九黎效蚩尤之恶，而三苗又效九黎之恶耳，说最明析。郑又云，苗民为此四刑特深刻，异于皋陶之为者，下文墨、劓、剕、宫、大辟五刑，据郑《尧典》及《秋官·司刑》等注，谓虞夏及周皆用之。今此苗民所用四刑，与墨、劓、剕、宫亦略同，但皋陶明允，用当其罪，而民不犯不必的决。苗民用法特深刻，故异于皋陶，非谓皋陶竟不用五刑也。

详玩郑说，劓、剕等肉刑不始于苗民，少昊前已有之，苗民但用之，特深刻耳。《世本·作篇》乃云"伯夷作五刑"，疑非也。江氏声《尚书集注音疏》言其特深刻，异于咎繇之为者。咎繇制象刑，虽有五刑，不亏人体，苗民为肉刑，侵刻肌肤，是异于咎繇之为也。《说文·攴部》："敳，去阴之刑也。从攴，蜀声。《周书》曰：刖、劓、敳、黥。"段《注》："敳，斫也。《大雅》'昏椓靡共'，郑云，昏、椓，皆奄人也。昏，其官名也。椓，毁阴者也。此假椓为敳。"《吕刑》篇文"刖"当作"剕"。《尚书正义》曰，贾、马、郑、古文《尚书》"劓、剕、劓、刖"，大小夏侯、欧阳《尚书》作"膑、宫、劓、割头、庶剕。"按：贾、马、郑皆作"剕"，许必同，《释文》及《正义》卷二皆云"劓剕"，本篇《正义》作"剕劓"，唐初本固不同耳。敳、黥，据《正义》贾、马、郑作"劅剠"，"劅"同"敳"，"剠"同"黥"，卫包因《正义》云"敳椓人阴"，乃易为"椓"字，而不知敳、椓字义之不同。椓，击也。去阴不可云椓。

《虞书标目疏》云：庸生贾、马之等，惟传孔学经文三十三篇，故郑与三家同以为古文，而郑承其后，所注皆同贾逵、马融之学，题曰古文《尚书》，篇与夏侯等同，而经字多异。夏侯等书"宅嵎夷"为"宅峒铁","昧谷"曰"柳谷","心腹肾肠"曰"忧肾阳","劓刵劅剠"云"膑宫劓割头庶剠",是郑注不同也。

按:《虞书标目疏》之语是《吕刑》,此文古文《尚书》作"劓刵劅剠"四字,今文《尚书》作"膑宫劓割头庶剠"七字也。《尚书后案》云"膑即剕,割头即大辟,庶剠即墨,庶剠者庶煮也"。《秋官·庶氏》以药物熏攻毒蛊,故以名官。彼《叙官》注:"庶,读如药以煮之煮。"《司刑》注:"墨黥,先刻其面,以墨窒之。"言刻额为疮,以墨塞疮孔,令变色,则墨须煮,故云庶剠也。《尚书今古文注疏》谓五刑本有刵无刵,则刵,"刵"字之误。夏侯等书是今文,以"膑"当"刵","宫"当"椓"。割头即大辟,庶剠之庶亦同王氏之说。据此二家言,则膑也、宫也、劓也、割头也、庶剠也,其刑凡五。上文明言五虐之刑,今文此数正相符合,古文止举四刑,不符五虐之数。自来说《书》诸家无有论及此者,此恐今文是而古文或有夺字也。《说文》引"劓刵"作"刵劓",诸家并以"刵"为"刵"之误,然后文"刵辟"、"刵罚",古文作"刵",即刵也,今文则作"膑",以彼例此,不应今文作"膑"、古文作"刵",绝不相侔。如此,恐古文《尚书》本作"刵",后来传写误作"刵",并注文亦因之而误。《说文》作"刵",其未误之仅存者也。苗刑惟刻深,故曰五虐。膑,去膝骨不能行,此肉刑之重于劓、刵者,乃有刵而无膑,恐亦非刻深之实事矣。至肉刑之始于何时,已无可考,《尚书后案》谓少昊前已有之,盖即据此文。颛顼诛九黎事,言之九黎在少昊之末也。窃即此文推之曰"惟作",作者,创造之谓也。曰"爰始",始者,初也,是从前未有之,苗民初创造之也,肉刑实始于苗民,可据此而论定焉。康成以三代皆用此刑,故辞意不免回互顾同一,截人耳鼻,有何区别。凿额刻面,椓阴去势,轻重难分,然则谓用法特深刻,异于皋陶之为者,未必然矣。

《舜典》:象以典刑。蔡传:"示人以常刑,所谓墨、劓、刵、宫、大辟,五刑之正也。所以待夫元恶大憝、杀人伤人、穿窬淫放,凡罪之不可宥者也。"朱子大全曰:"流专以宥肉刑而不及于鞭扑,赎专以待鞭扑而不上及于肉刑,则其轻重之间未尝不致详也。"黄度《尚书说》:"舜作五流之法,以宽肉刑。肉刑,圣人之所甚不忍也,故宽之。其所不忍而不废禁,暴诘奸为不可已也。而谓之常刑,肉刑之行于世久矣,不得已而存之,而使其民迁善远罪则有其道焉。"

按:流以宽肉刑,朱子有此说,而黄氏之说从之,蔡传不取此说,盖与朱子异矣。

五刑有服。传："五刑，墨、劓、剕、宫、大辟。"

按：《史记·五帝纪·集解》引马融注同，然此恐是以《吕刑》说《舜典》耳，唐虞之制，未必与《吕刑》同也。剕本为膑，康成云皋陶改膑为剕，其说与《周礼·司刑》注异，说详膑下。

《孝经纬》：三皇无文，五帝画象，三王肉刑。《周礼·司圜》疏。

扬子《法言·先知篇》：唐虞象刑惟明，夏后肉辟三千，不胶者卓矣。

《汉志》：禹承尧、舜之后，有以德衰而制肉刑，汤、武顺而行之者，以俗薄于唐、虞故也。

《故唐律疏》：昔者三王，始用肉刑，赭衣难嗣，皇风更远，朴散淳离，伤肌犯骨。注："前汉武帝制曰，殷人执五刑以督奸，伤肌肤以惩恶。言去古浸远，淳古质朴之风离散，人多犯法为奸恶，故用刑伤肌犯骨，以惩治之也。"

按：唐虞画象，三王肉刑。观《孝经纬》及子云、孟坚之言，是汉代儒生多持此说而莫敢以为妄。荀卿生当周末，虽尝著论非此说，亦第虚明其意而不能实征诸方策也亦即此。可见自周以来，师说相承，非无所受，未可遽目为世俗之说。今就《吕刑》之文推之，肉刑作自苗民，当时既斥为五虐。帝尧清问下民鳏寡，有辞于苗，岂有尤而效之之理？姑无论三后成功所崇德教，即以情势而论，亦可以知其必无也。共、驩、苗、鲧四族，在唐虞之世既以凶称，必不同寻常之罪恶，而其刑仅止于流。庶顽谗说，必先之以侯明挞记，俟其不格而后威之，是其刑之宗旨以轻不以重也，则当时之不用肉刑，正可即其时其事而决之矣。

《荀子·正论篇》：世俗之为说者曰："治古无肉刑，而有象刑，治古，古之治世也。肉刑，墨、劓、剕、宫也。象刑，异章服耻辱其形象，故谓之象刑也。《书》曰'皋陶方施象刑惟明'。孔安国云：'象，法也。案《书》之象刑，亦非谓形象也。'墨黥，慅婴，共艾毕，菲对屦，杀赭衣而不纯，治古如是。"世俗说以治古如是。是不然，以为治邪？则人固莫触罪，非独不用肉刑，亦不用象刑矣。以为人或触罪矣，而直轻其刑，然则是杀人者不死，伤人者不刑也。罪至重而刑至轻，庸人不知恶矣，乱莫大焉。凡刑人之本，禁暴恶恶，且征其未也。征读为惩。未，谓将来。杀人者不死，而伤人者不刑，是谓惠暴而宽贼也，非恶恶也。故象刑殆非生于治古，并起于乱今也。今之乱世，妄为此说。治古不然，凡爵列官职赏庆刑罚皆报也，以类相从者也。一物失称，乱之端也。夫德不称位，能不称官，赏不当功，罚不当罪，不祥莫大焉。昔者武王伐有商，诛纣，断其首，县之赤斾。夫征暴诛悍，治之盛也。杀人者死，伤人者刑，是百王之所同也，未有知其所由来者也。刑称罪则治，不称罪则乱。故治则刑重，乱则刑轻。犯治之罪固重，犯乱之罪固轻也。《书》曰"刑罚世轻世重"，此之谓也。

按：荀子所称"治古"，未明其为五帝之世抑三王之世，以汉人之说求之，自指唐虞也。其所称"乱今"，当指周末言，荀子盖见当日七国政教之废失，有激而为此论。其所谓"治则刑重"者，世治则有罪者不能幸逃于法之外，故见为重，世乱则有罪者往往巧遁于法之中，故见为轻。若真以刑重为是，刑轻为非，则商、韩之流亚耳，荀子宗旨似尚不如此。

《商君书·赏刑篇》：夫先王之禁，刺杀，断人之足，黥人之面，非求伤民也，以禁奸止过也。故禁奸止过，莫若重刑。刑重而必得，则民不敢试，故国无刑民。国无刑民，故曰：明刑不戮。《画策篇》：神农既殁，以强胜弱，以众暴寡，故黄帝作为君臣上下之义，父子兄弟之礼，夫妇妃匹之合；内行刀锯，外用甲兵。故时变也。由此观之，神农非高于黄帝也，然其名尊者，以适于时也。故以战去战，虽战可也。以杀去杀，虽杀可也。以刑去刑，虽重刑可也。

按：鞅之法在重刑，谓断足、黥面足以禁奸止过。在鞅之时，固令出惟行，民不敢犯矣。而鞅卒受车裂之诛，重刑之效如是。《韩非》亦云"仁义爱惠不足用，而严刑重罚可以治国"。《奸劫弑臣篇》。而韩亦不得其死，可惧哉！商谓黄帝内行刀锯，是黄帝亦用肉刑矣，此语恐不足信。

《后汉书·梁统传》：是以五帝有流、殛、放、杀之诛，三王有大辟、刻肌之法。注："刻肌，谓墨、劓、膑、刖。"

按：此统上疏语，亦主三王肉刑之说。

《周礼·司刑》注：夏刑膑辟三百，宫辟五百，劓墨各千。

《周礼·司刑》：墨罪五百，劓罪五百，刖罪五百，宫罪五百。

《书·吕刑》：墨罚之属千，劓罚之属千，剕罚之属五百，宫罚之属三百。

按：夏、周肉刑，详于《书》、《礼》，殷制未详。《伊训》言墨则肉刑亦当承于夏。《纬书》所谓三王肉刑也，两汉说者皆持此说，殆《尚书》家言，师承授受如此，非同无本之论。窃尝论之，唐虞以画象为常刑，兼用流宥鞭扑，而仍有杀罪。《书》所谓怙终贼刑，传所谓昏墨贼杀，皋陶之刑也。迨至夏后氏之时，人民浑朴之气渐逊于唐虞，因民之犯禁而采用肉刑。殷周承之，盖亦寓与时消息之义。《书》言"蛮夷猾夏，寇贼奸宄"，下文接言"五刑"及"五流"，可见五流亦以处夫寇贼奸宄之徒。《书》传言降畔、寇贼、劫略、夺攘、挢虔者，其刑死；又言决关梁、逾城郭而略盗者，其刑膑；奸轨盗攘伤人者，其刑劓；可见三王肉刑即以代唐虞之五流。以经文及传文互相参证，其制之沿革固有可考者，三王之世与唐虞之世异，其轻重自不必尽同。董子曰，三王之道，所祖不同，非其相反，将以救溢扶衰所遭之变然也。然则三王岂不知肉刑之惨？而采用之者亦与时为变通焉耳。其不用唐虞之五流者，必法久而弊故也。秦及汉初，沿用周制，至文帝乃除之宫刑，既除复用，至永初中，亦除。魏、晋而降，虽间有用肉刑者亦不复全用，用之亦不久即除。惟晋天福中刺配之法宋以后相沿未改，故肉刑有四而其一尚存。世之人习焉不察，亦未深思汉文除肉刑之至意，此正议法所当加之意者也。今天子哀矜为念，删除重法数端，而刺字即居其一，媲美前皇，固举世所共钦佩。懿欤休哉！

孙氏星衍《尚书今古文注疏》："今文称髌，实即古文之刖也。"王氏鸣盛云："刖既起皋陶，则肉刑虞已有，非也。刑起于三王时，唐虞有髌名，以菲履象之而已。"《大传》云"夏后氏不杀不刑"，亦准令赎罪。至殷时，始实用之，故董仲舒对策云"殷人执五刑以督奸，伤肌肤以惩恶"。

按："殷人执五刑"二句，乃武帝册制之语，非仲舒对策之文，疏小误。惟据此二语为夏后不杀不刑之证，自是通论。古书亡失者多，即伏生《书传》亦多残缺，此等语必汉时《尚书》家言，单辞只句，亦可宝贵也。

除肉刑

《汉书·文纪》：十三年五月，除肉刑法。

《刑法志》：文帝即位，十三年，齐太仓令淳于公有罪当刑，诏狱逮系长安。淳于公无男，有五女，当行会逮，骂其女曰："生子不生男，缓急非有益也！"其少女缇萦，自伤悲泣，乃随其父至长安，上书曰："妾父为吏，齐中皆称其廉平，今坐法当刑。妾伤夫死者不可复生，刑者不可复属，虽后欲改过自新，其道亡繇也。妾愿没入为官婢，以赎父刑罪，使得自新。"书奏天子，天子怜悲其意，遂下令曰："制诏御史：盖闻有虞氏之时，画衣冠异章服以为戮，而民弗犯，何治之至也！今法有肉刑三，孟康曰：'黥、劓二，刖左右止合一，凡三也。'而奸不止，其咎安在？非乃朕德之薄，而教不明与！师古曰：'与，读曰欤。'吾甚自愧。故夫训道不纯而愚民陷焉。师古曰：'道读曰导。'《诗》曰：'恺弟君子，民之父母。'今人有过，教未施而刑已加焉，或欲改行为善，而道亡繇至，朕甚怜之。夫刑至断支体，刻肌肤，终身不息，师古曰：'息，生也。'何其刑之痛而不德也！岂称为民父母之意哉？其除肉刑，有以易之；及令罪人各以轻重，不亡逃，有年而免。孟康曰：'其不逃亡者，满其年数，得免为庶人。'具为令。"师古曰："使更为条制。"丞相张苍、御史大夫冯敬奏言："肉刑所以禁奸，所由来者久矣。陛下下明诏，怜万民之一有过被刑者终身不息，及罪人欲改行为善而道亡繇至，于盛德，臣等所不及也。臣谨议请定律曰：诸当完者，完为城旦舂；瓒曰：'文帝除肉刑，皆有以易之，故以完易黥，以笞代劓，以钛左右止代刖。今既曰完矣，不复云以完代完也。此当云黥者完也。'当黥者，髡钳为城旦舂；当劓者，笞三百；当斩左止者，笞五百；当斩右止，及杀人先自告，及吏坐受赇枉法，守县官财物而即盗之，已论命复有笞罪者，皆弃市。李奇曰：'命，逃亡也。复于论命中有罪也。'晋灼曰：'命者，名也，成其罪也。'师古曰：'止，足也。当斩右足者，以其罪次重，故从弃市也。杀人先自告，谓杀人而自首，得免罪者。吏受赇枉法，谓曲公法而受赂者也。守县官财物而即盗之，即今律所谓主守自盗者。杀人害重，受赇盗物，赃污之身，故此三罪已被论名而又犯笞，亦皆弃市也，今流俗书本'笞三百'、'笞五百'之上及'劓者'之下有'籍笞'字，'复有笞罪'亦云'复有籍笞罪'，皆后人妄加耳，旧本无也。'罪人狱已决，完为城旦舂，满三岁为鬼薪白粲。鬼薪白粲一岁，为隶臣妾。隶臣妾一岁，免为庶人。师古曰：'男子为隶臣，女子为隶妾。鬼薪白粲满一岁为隶臣，一岁免为庶人。隶妾亦然也。'隶臣妾满二岁，为司寇。司寇一岁，及作如司寇二岁，皆免为庶人。如淳曰：'罪降为司寇，故一岁，正司寇，故二岁也。'其亡逃及有罪耐以上，不用此令。师古曰：'于本罪中又重犯者也。'前令之刑城旦舂岁而非禁锢者，如完为城旦舂岁数以免。李奇曰：'谓文帝作此令之前有刑者。'臣昧死请。"制曰："可。"

按：举千数百年相沿之成法，一旦欲变而易之，此非有定识以决之，定力以行之，则众说之淆乱足以惑其聪明，众力之阻挠足以摇其号令，故变之难也。文帝因一女子之书发哀矜之念，出一令而即施行，其定识、定力为何如？后之议者，犹主张复古之肉刑，断断如也，何所见之固也？文帝言有肉刑三而奸不止，一言蔽之矣。止奸之道，在于教养，教养之不讲而欲奸之格也难矣哉！

文帝除宫刑。详宫。

按：文帝之世，肉刑全除，景帝后，宫刑复行。至东汉永初中，陈忠请除蚕室刑，事得施行，宫刑亦不用矣。《魏志》言曹操下令使平议死刑可宫割者，是其时宫已不用，故操欲复之也。自魏迄晋，复肉刑之议纷纷陈说，迄不果行。宋明帝黥刖之制，梁武帝黵面之制，并不久即罢。宫刑则南朝无行之者，北朝元魏尚有腐刑，故说者以为至隋始除也。

议复肉刑

《汉书·刑法志》：禹承尧舜之后，自以德衰而制肉刑，汤武顺而行之者，以俗薄于唐虞故也。今汉承衰周暴秦极敝之流，俗已薄于三代，而行尧舜之刑，是犹以轵而御駻突，违救时之宜矣。且除肉刑者，本欲以全民也，今去髡钳一等，转而入于大辟。以死罔民，失本惠矣。故死者岁以万数，刑重之所致也。至乎穿窬之盗，忿怒伤人，男女淫佚，吏为奸臧，若此之恶，髡钳之罚又不足以惩也，故刑者岁十万数。民既不畏，又曾不耻，刑轻之所生也。故俗之能吏，公以杀盗为威，专杀者胜任，奉法者不治，乱名伤制，不可胜条。是以罔密而奸不塞，刑蕃而民愈嫚。必世而未仁，百年而不胜残，诚以礼乐阙而刑不正也。岂宜惟思所以清原正本之论，删定律令，籑二百章，孟康曰："籑音撰。" 以应大辟。其余罪次，于古当生，今触死者，皆可募行肉刑。及伤人与盗，吏受赇枉法，男女淫乱，皆复古刑，为三千章。诋欺文致微细之法，悉蠲除。如此，则刑可畏而禁易避，吏不专杀，法无二门，轻重当罪，民命得全，合刑罚之中，殷天人之和，李奇曰："殷亦中。" 顺稽古之制，成时雍之化。成康刑错，虽未可致，孝文断狱，庶几可及。《诗》云"宜民宜人，受禄于天"，《书》曰"立功立事，可以永年"，师古曰："今文《泰誓》之辞也。永，长也。" 言为政而宜于民者，功成事立，则受天禄而永年命，所谓"一人有庆，万民赖之"者也。

按：班固以《荀子·正论篇》之言为善，既引《荀子》之言，而复论之如此，文帝除肉刑，议之者自固始。

《崔寔传》：昔高祖令萧何作九章之律，有夷三族之令，黥、劓、斩趾、断舌、枭首，故谓之具五刑。文帝虽除肉刑，当劓者笞三百，当断左趾者笞五百，当断右趾者弃市。右趾者既殒其命，笞挞者往往至死，虽有轻刑之名，其实杀也。当此之时，民皆思复肉刑。至景帝元年，乃下诏曰："加笞与重罪无异，幸而不死，不可为民。"乃定律，减笞轻捶。自是之后，笞者得全。以此言之，文帝乃重刑，非轻之也；以严致平，非以宽致平也。必欲行若言，当大定其本，使人主师五帝而式三王。荡亡秦之俗，遵先圣之风，弃苟全之政，蹈稽古之踪，复五等之爵，立井田之制。然后选稷契为佐，伊吕为辅，乐作而凤皇仪，击石而百兽舞。若不然，则多为累而已。

按：此录寔所著《政论》之文，其论肉刑之语尚未明著。《晋志》有崔寔以为宜复肉刑之语，必尚有说。观《御览》所引一条为本《传》所无，是《政论》全书已亡，无可考矣。

《御览》六百四十八：崔寔《政论》："高祖非疑'作'之诮。九章之律，高后深疑'除'之诮。三族之罪，文帝去肉刑，景帝减加笞，由此言之，世有所更，何独拘前？"

按：《御览》此条列于论肉刑门内，当为议肉刑之文。

《后汉书·孔融传》：时论者多欲复肉刑。融乃建议曰："古者敦厖，善否不别，'不'，《晋志》及《御览》六百四十八并作'区'。吏端刑清，政无过失。百姓有罪，皆自取之。末世陵迟，风化坏乱，政挠其俗，法害其人。故曰上失其道，民散久矣。而欲绳之以古刑，投之以残弃，残其支体而弃废之。非所谓与时消息者也。纣斫朝涉之胫，天下谓为无道。夫九牧之地，千八百君，《前书》贾山曰：'昔者周盖千八百国，以九州之人养千八百君也。'若各刖一人，是下《晋志》、《御览》'下'上有'天'字。常有千八百纣也。求俗休和，弗可得已。且被刑之人虑不念生，志在思死，类多趋恶，莫复归正。夙沙乱齐，伊戾祸宋，赵高、英布，为世大患。不能止人遂为非也，适足绝人还为善耳。虽忠如鬻（权）[拳]，信如卞和，智如孙膑，冤如巷伯，才如史迁，达如子政，一离刀锯，没世不齿。是太甲之思庸，穆公之霸秦，南睢之骨立，卫武之《初筵》，陈汤之都赖，《前书》：'汤字子公。迁西域副校尉，矫制发诸国兵，斩郅支单于都赖水上。'魏尚之守边，无所复施也。汉开改恶之路，凡为此也。故明德之君，远度深惟，弃短就长，不苟革其政者也。"朝廷善之，卒不改焉。

荀悦《申鉴·时事篇》：肉刑古也，或曰："复之乎？"曰："古者人民盛焉，今也至寡。整众以威，抚寡以宽，道也。复刑，非务必也，生刑而极死者，复之可也。如斩右趾，本生刑也，而改为弃市则极死矣。斯则斩右趾之刑，复之可也。自古肉刑之除也，斩右趾者死也。惟复肉刑，是谓生死而息民。"

《魏志·王修传》：魏国既建，为大司农郎中令。太祖议行肉刑，修以为时未可行，太祖采其议。徙为奉常。

《魏志·钟繇传》：初，太祖下令，使平议死刑可宫割者。繇以为"古之肉刑，更历圣人，宜复施行，以代死刑"。议者以为非悦民之道，遂寝。及文帝临飨群臣，诏谓"（太祖）〔大理〕欲复肉刑，此诚圣王之法。公卿当善共议"。议未定，会有军事，复寝。太和中，繇上疏曰："大魏受命，继踪虞、夏。孝文革法，不合古道。先帝圣德，固天所纵，坟典之业，一以贯之。是以继世，仍发明诏，思复古刑，为一代法。连有军事，遂未施行。陛下远追二祖遗意，惜斩趾可以禁恶，恨入死之无辜，乃明习律令，与群臣共议。出本当右趾而入大辟者，复行此刑。《书》云：'皇帝亲问下民，鳏寡有辞于苗。'此言尧当除蚩尤、有苗之刑，先审问于下民之有辞也。若（令）〔今〕蔽狱之时，讯问三槐、九棘、群吏、万民，使如孝景之令，其当弃市，欲斩右趾者许之。其黥、劓、左趾、宫刑者，自如孝文，易以髡、笞。能有奸者，率年二十至四、五十，虽斩其足，犹任生育。今天下人少于孝文之世，下计所全，岁三千人。张苍除肉刑，所杀岁以万计。臣欲复肉刑，岁生三千人。子贡问能济民可谓仁乎？子曰：'何事于仁，必也圣乎，尧、舜其犹病诸！'又曰：'仁远乎哉？我欲仁，斯仁至矣。'若诚行之，斯民永济。"书奏，诏曰："太傅学优才高，留心政事，又于刑理深远。此大事，公卿群僚善共平议。"司徒王朗议，以为"繇欲轻减大辟之条，以增益刖刑之数，此即起偃为竖，化尸为人矣。然臣之愚，犹有未合微异之意。夫五刑之属，著在科律，科律自有减死一等之法，不死即为减。施行已久，不待远假斧凿于彼肉刑，然后有罪次也。前世仁者，不忍肉刑之惨酷，是以废而不用。不用已来，历年数百。今复行之，恐所减之文未彰于万民之目，而肉刑之问已宣于寇仇之耳，非所以来远人也。今可按繇所欲轻之死罪，使减死之髡、刖。嫌其轻者，可倍其居作之岁数。内有以生易死不訾之恩，外无以刖易钛骇耳之声。"议者百余人，与朗同者多。帝以吴、蜀未平，且寝。注袁宏曰："夫民心乐全而不能常全，盖利用之物县于外，而嗜欲之情动于内也。于是有进取贪竞之行，希求放肆之事。进取不已，不能充其嗜欲，则苟且侥幸之所生也；希求无餍，无以惬其欲，则奸伪忿怒之所由兴也。先王知其如此，而欲救其弊，或先德化以陶其心；其心不化，然后加以刑辟。《书》曰：'百姓不亲，五品不逊。汝作司徒而敬敷五教。蛮夷猾夏，寇贼奸宄。汝作士，五刑有服。'然则德、刑之设，参而用之者也。三代相因，其义详焉。《周礼》：'使墨者守门，劓者守关，宫者守内，刖者守囿。'此肉刑之制可得而论者也。荀卿亦云，杀人者死，伤人者刑，百王之所同，未有知其所由来者也。夫杀人者死，而相杀者不已，是大辟可以惩未杀，而不能使天下无杀也。伤人者刑，而害物者不息，是黥、劓可以惧未刑，不能使天下无刑也。故将欲止之，莫若先以德化。夫罪过彰著，然后入于刑辟，是将杀人者不必死，欲伤人者不必刑。纵而勿化，则陷于刑辟。故刑之所制，在于不可移之地。礼教则不然，明其善恶，所以潜劝其情，消之于未杀也；示之耻辱，所以内愧其心，治之于未伤也。故过微而不至于著，罪薄而不及于刑。终入罪辟者，非教化之所得也，故虽残一物之生，刑一人之体，是除天下之害，夫何伤哉！率斯道也，风化可以渐淳，刑罚可以渐少，其理然也。苟不能化其心，而专任刑罚，民失义方，动罹刑网，求世休和，焉可得哉？周之成、康，岂按三千之文而致刑错之美乎？盖德化渐渍，致斯有由也。汉初惩酷刑之弊，务宽厚之论，公卿大夫，相与耻言人过。文帝登朝，加以玄默。张武受赂，赐金以愧其心；吴王不朝，崇礼以训其失。是以吏民乐业，风流笃厚，断狱四百，几致刑措，岂非德刑兼用已然之效哉？世之欲言刑罚之用，不先德教之益，失之远矣。今大辟之罪，与古同制，免死已下，不过五岁，既释钳锁，复得齿于人伦。是以民无耻恶，数为奸盗，故刑徒多而乱不治也。苟教之所去，罚当其罪，一离刀锯，没身不齿，邻里且犹耻之，而况于乡党乎？而况朝廷乎？如此，则凤沙、赵高之俦，无施其恶矣。古者察其言，观其行，而善恶彰焉。然则君子之去刑辟，固已远矣。过误不幸，则八议之所宥也。若夫卞和、史迁之冤，淫刑之所及也。苟失其道，或不免于大辟，而况肉刑哉！《汉书》：'斩右趾及杀人先自言告，吏坐受赇，守官物而即盗之，皆弃市。'此班固所谓当生而令死者也。今不忍刻截之惨，而安剿绝之悲，此最治体之所先，有国所宜改者也。"

《陈群传》：时太祖议复肉刑，令曰："安得通理君子达于古今者，使平斯事乎！昔陈鸿胪以为死刑有可加于仁恩者，正谓此也。御史中丞能申其父之论乎？"群对曰："臣父纪以为汉除肉刑而增加笞，本兴仁恻而死者更众，所谓名轻而实重者也。名轻则易犯，实重则伤民。《书》曰：'惟敬五刑，以成三德。'《易》著劓、刖、灭趾之法，所以辅政助教，惩恶息杀也。且杀人偿死，合于古制；至于伤人，或残毁其体而裁剪毛发，非其理也。若用古刑，使淫者下蚕室，盗者刖其足，则永无淫放穿逾之奸矣。夫三千之属，虽未可悉复，若斯数者，时之所患，宜先施用。汉律所杀殊死之罪，仁所不及也，其余逮死者，可以刑杀。如此，则所刑之与所生足以相贸矣。今以笞死之法易不杀之刑，是重人支体而轻人躯命也。"时钟繇与群议同，王朗及议者多以为未可行。太祖深善繇、群言，以军事未罢，顾众议，故且寝。

《夏侯玄传》注：《魏氏春秋》曰："玄尝著《乐毅》、《张良》及《本无肉刑论》，辞旨通远，咸传于世。"

《博物志》：肉刑，明王之制，荀卿每论之。至汉文帝感太仓公女之言而废之。班固著论宜复。迄汉末魏初，陈纪又论宜申古制，孔融云不可。复欲申之，钟繇、王朗不同，遂寝。夏侯玄、李胜、曹羲、丁谧建私议，各有彼此，多云时未可复，故遂遒焉。按：遒，稗海本《博物志》作"寝"，《太平御览》卷六百四十八引亦作"寝"。当据改。

《晋志》：献帝建安元年，应劭又删定律令，以为《汉仪》，表奏之。是时天下将乱，百姓有土崩之势，刑罚不足以惩恶，于是名儒大才故辽东太守崔寔、大司农郑玄、大鸿胪陈纪之徒，咸以为宜复肉刑。汉朝既不议其事，故无所用。及魏武帝匡辅汉室，尚书令荀彧博访百官，复欲申之，而少府孔融议，以为古者敦厖云云，卒不改焉。及魏国建，陈纪子群时为御史中丞，魏武下令又欲复之，使群申其父论。群深陈其便。时钟繇为相国，亦赞成之，而奉常王修不同其议。魏武帝亦难以藩国改汉朝之制，遂寝不行。魏文帝受禅，又议肉刑。详议未定，会有军事，复寝。其后正始之间，天下无事，于是征西将军夏侯玄、河南尹李胜、中领军曹羲、尚书丁谧又追议肉刑，卒不能决。其文甚多，不载。

按：郑玄征为大司农，陈纪为大鸿胪，并在建安初，而崔寔卒于建宁中，与郑、陈时不相接。此文叙于建安元年后，时天下已乱，非将乱也。夏侯玄之《肉刑论》不传，观于《志》末，言孔琳之议不同，用王朗、夏侯玄之旨，是玄非议复古者，故《博物志》云玄与曹羲等私议各有彼此也。

及刘颂为廷尉，频表宜复肉刑，不见省，又上言曰："臣昔上行肉刑，从来积年，遂寝不论。臣窃以为议者拘孝文之小仁，而轻违圣王之典刑，未详之甚，莫过于此。今死刑重，故非命者众；生刑轻，故罪不禁奸。所以然者，肉刑不用之所致也。今为徒者，类性元恶不轨之族也，去家悬远，作役山谷，饥寒切身，志不聊生，又有廉士介者，苟虑不首死，则皆为盗贼，岂况本性奸凶无赖之徒乎！又令徒富者输财，解日归家，乃无役之人也。贫者起为奸盗，又不制之虏也。不刑，则罪无所禁；不制，则群恶横肆。为法若此，近不尽善也。是以徒亡日属，贼盗日烦，亡之数者至有十数，得辄加刑，日益一岁，此为终身之徒也。自顾反善无期，而灾困逼身，其志亡思盗，势不得息，事使之然也。古者用刑以止刑，今反于此。诸重犯亡者，发过三寸辄重髡之，此以刑生刑；加作一岁，此以徒生徒也。亡者积多，系囚猥畜。议者曰囚不可不赦，复从而赦之，此谓刑不制罪，法不胜奸。卜知法之不胜，相聚而谋为不轨，月异而岁不同。故自顷年以来，奸恶陵暴，所在充斥。议者不深思此故，而曰肉刑于名忤听，忤听孰与盗贼不禁？圣王之制肉刑，远有深理，其事可得而言，非徒惩其畏剥割之痛而不为也，乃去其为恶之具，使夫奸人无用复肆其志，止奸绝本，理之尽也。亡者刖足，无所用复亡。盗者截手，无所用复盗。淫者割其势，理亦如之。除恶塞源，莫善于此，非徒然也。此等已刑之后，便各归家，父母妻子，共相养恤，不流离于途路。有今之困，创愈可役，上准古制，随宜业作，虽已刑残，不为虚弃，而所患都塞，又生育繁阜之道自若也。今宜取死刑之限轻，及三犯逃亡淫盗，悉以肉刑代之。其三岁刑以下，已自杖罚遣，又宜制其罚数，使有常限，不得减此。其有宜重者，又任之官长。应四五岁刑者，皆髡笞，笞至一百，稍行，使各有差，悉不复居作。然后刑不复生刑，徒不复生徒，而残体为戮，终身作诫。人见其痛，畏而不犯，必数倍于今。且为恶者随发被刑，去其为恶之具，此为诸已刑者皆良士也，岂与全其为奸之手足，而蹴居必死之穷地同哉！而犹曰肉刑不可用，臣窃以为不识务之甚也。臣昔常侍左右，数闻明诏，谓肉刑宜用，事便于政。愿陛下信独见之断，使夫能者得奉圣虑，行之于今。比填沟壑，冀见太平。《周礼》三赦三宥，施于老幼悼耄，黔黎不属逮者，此非为恶之所出，故刑法逆舍而宥之。至于自非此族，犯罪则必刑而无赦，此政之理也。暨至后世，以时崄多难，因赦解结，权以行之，又不以宽罪人也。至今恒以罪积狱繁，赦以散之，是以赦愈数而狱愈塞，如此不已，将至不胜。原其所由，肉刑不用之故也。今行肉刑，非徒不积，且为恶无具则奸息。去此二端，狱不得繁，故无取于数赦，于政体胜矣。"疏上，又不见省。及于江左，元帝为丞相时，河东卫展为晋王大理，考摘故事。及帝即位，展为廷尉，又上言："古者肉刑，事经前圣。汉文除之，增加大辟。今人户雕荒，百不遗一，而刑法峻重，非勾践养胎之义也。愚谓宜复古施行，以隆太平之化。"诏内外通议。于是骠骑将军王导、太常贺循、侍中纪瞻、中书郎庾亮、大将军谘议参军梅陶、散骑郎张嶷等议，以："肉刑之典，由来尚矣。肇自古先，以及三代，圣哲明王所未曾改也。岂是汉文常主所能易者乎！时萧曹已没，绛灌之徒不能正其义。逮班固深论其事，以为外有轻刑之名，内实杀人。又死刑太重，生刑太轻。生刑施于上，死刑怨于下，轻重失当，故刑政不中也。且原先王之造刑也，非以过怒也，非以残人也，所以救奸，所以当罪。今盗者窃人之财，淫者好人之色，亡者避叛之役，皆无杀害也，则（刖）〔加〕之以刑。刑之则止，而加之斩戮，戮过其罪，死不可生，纵虐于此，岁以巨计。此乃仁人君子所不忍闻，而况行之于政乎！若乃惑其名而不练其实，恶其生而趣其死，此畏水投舟，避坎蹈井，愚夫之不若，何取于政哉！今大晋中兴，遵复古典，率由旧章，起千载之滞义，拯百残之遗黎，使皇典废而复存，黔首死而更生，至义畅于三代之际，遗风播乎百世之后，生肉枯骨，惠侔造化，岂不休哉！惑者乃曰：死犹不惩，而况于刑？然人者冥也，其至愚矣，虽加斩戮，忽为灰土，死事日往，生欲日存，未以为改。若刑诸市朝，朝夕鉴戒，刑者咏为恶之永痛，恶者睹残刖之长废，故足惧也。然后知先王之轻刑以御物，显诫以惩愚，其理远矣。"尚书令刁协、尚书薛兼等议，以为："圣上悼残荒之遗黎，伤犯死之繁众，欲行刖以代死刑，使犯死之徒得存性命，则率土蒙更生之泽，兆庶必怀恩以反化也。今中兴祚隆，大命惟新，诚宜设宽法以育人。然惧群小愚蔽，习玩所见而忽异闻，或未能咸服。愚谓行刑之时，先明申法令，乐刑者刖，甘死者杀，则心必服矣。古典刑不上大夫，今士人有犯者，谓宜如旧，不在刑例，则进退为允。"尚书周颛、郎曹彦、中书郎桓彝等议，以为："复肉刑以代死，诚是圣王之至德，哀矜之弘私。然窃以为刑罚轻重，随时而作。时人少罪而易威，则从轻而宽之；时人多罪而难威，则宜死刑而济之。肉刑平世所应立，非救弊之宜也。方今圣化草创，人有余奸，习恶之徒，为非未已，截头绞颈，尚不能禁，而乃更断足劓鼻，轻其刑罚，使欲为恶者轻犯宽刑，蹈罪更众，是为轻其刑以诱人于罪，残其身以加楚酷也。昔之畏死刑以为善人者，今皆犯轻刑而残其身，畏重之常人，反为犯轻而致囚，此则何异断刖常人以为恩仁邪！受刑者转广，而为非者日多，踊贵屦贱，有鼻者丑也。徒有轻刑之名，而实开长恶之源。不如以杀止杀，重以全轻，权小停之。须圣化渐著，兆庶易威之日，徐施行也。"议奏，元帝犹欲从展所上，大将军王敦以为："百姓习俗日久，忽复肉刑，必骇远近。且逆寇未殄，不宜有惨酷之声以闻天下。"于是乃止。咸康之世，庾冰好为纠察，近于繁细，后益矫违，复存宽纵，疏密自由，律令无用矣。至安帝元兴末，桓玄辅政，又议欲复肉刑斩左右趾之法，以轻死刑，命百官议。蔡廓上议曰："建邦立法，弘教穆化，必随时置制，德刑兼施。长贞一以闲其邪，教禁以捡其慢，洒湛露以流润，厉严霜以肃威，虽复质文迭用，而斯道莫革。肉刑之设，肇自哲王。盖由曩世风淳，人多惇谨，图像既陈，则机心直戢；刑人在途，则不逞改操，故能胜残去杀，化隆无为。季末浇伪，设网弥密，利巧之怀日滋，耻畏之情转寡。终身剧役，不足止其奸，况乎黥劓，岂能反于善。徒有酸惨之声，而无济俗之益。至于弃市之条，实非不赦之罪，事非手杀，考律同归，轻重（约）〔均〕科，减降路塞，钟阵以之抗言，元皇所为留愍。今英辅翼赞，道邈伊周，诚宜明慎用刑，爱人弘育，申哀矜以革滥，移大辟于支体，全性命之至重，恢繁息于将来。"而孔琳之议不同，用王朗、夏侯玄之旨。时论多与琳之同，故遂不行。

《宋书·孔琳之传》：桓玄时议复肉刑，琳之以为："唐、虞象刑，夏禹立辟，盖淳薄既异，致化实同，宽猛相济，惟变所适。《书》曰'刑罚世轻世重'，言随时也。夫三代风纯而事简，故罕蹈刑辟，季末俗巧而务殷，故动陷宪网。若三千行于叔世，必（省）〔有〕踊贵之尤，此五帝不相循法，肉刑不可悉复者也。汉文发仁恻之意，伤自新之路莫由，革古创制，号称刑厝。然名轻而实重，反更伤民。故孝景嗣位，轻之以缓。缓而民慢，又不禁邪，期于刑罚之中，所以见美在昔，历代详论而未获厥中者也。兵荒后，罹法更多。弃市之刑，本斩右趾，汉文一谬，承而勿革，所以前贤怅恨，议之而未辩。钟繇、陈群之意，虽小有不同，而欲右趾代弃市。若从其言，则所治者众矣。降死之生，诚为轻法，然人情慎显而轻昧，忽远而惊近，是以盘盂有铭，韦弦作佩，况在小人，尤其所惑，或目所不睹，则忽而不戒，日陈于前，则惊心骇瞩。由此言之，重之不必不伤，轻之不必不惧，而可以全其性命，蕃其产育，仁既济物，功亦益众。又今之所患，逋逃为先，屡叛不革，〔宜〕逃身靡所，亦以肃戒未犯，永绝恶原。至于余条，宜依旧制。岂曰允中，贵献管穴。"

宋明帝太始四年，定黥、刖之制。及帝崩，其例乃寝。详总考。

梁有黥面之刑，旋除之。详总考。

唐太宗时行断趾法，不数年除之。详刑。

按：文帝除肉刑之后，汉末及魏、晋人议之者多，然刻肌、断体之法已废而复行之，人皆见为惨矣。故宋之黥、刖，梁之黥面，唐之断趾，并不久即废，此自然之势也。

《宋志》：初，韩绛尝请用肉刑，曾布复上议曰："先王之制，刑罚未尝不本于仁，然而有断肢体、刻肌肤以至于杀戮，非得已也。盖人之有罪，赎刑不足以惩之，故不得已而加之以墨、劓、剕、宫、大辟，然审适轻重，则又有流宥之法。至汉文帝除肉刑而定笞箠之令，后世因之以为律。大辟之次，处以流刑，代墨、劓、剕、宫，不惟非先王流宥之意，而又失轻重之差。古者乡田同井，人皆安土重迁。流之远方，无所资给，徒隶困辱，以至终身。近世之民，轻去乡井，转徙四方，固不为患，而居作一年，即听附籍，比于古为轻矣。况折杖之法，于古为鞭扑之刑，刑轻不能止恶，故犯法日益众，其终必至于杀戮，是欲轻而反重也。今大辟之目至多，取其情可贷者，处之以肉刑，则人之获生者必众。若军士亡去应斩，贼盗赃满应绞，则刖其足；犯良人于法应死，而情轻者处以宫刑。至于劓、墨，则用刺配之法。降此而后为流、徒、杖、笞之罪，则制刑有差等矣。"议既上，帝问可否于执政，王安石、冯京互有辨论，迄不果行。

邱氏濬曰：献帝建安中，议者欲复肉刑，孔融议云云。按：自文帝废肉刑，至是盖三百年，一旦欲复之，难矣。孔融之议，专为惜人，是即所谓虽欲改过自新，其道亡繇者也。肉刑有五，宫居其一，乃其中尤惨者也。四刑止毒其身，宫刑乃绝其世，人之有生，承传禅续，其来有非一世，而一旦绝之于其身，岂非人生大惨哉？自汉文帝废肉刑，后有议欲复之者，仁人君子必痛止之。夫于人之有罪者，尚不忍戕其生，绝其世，乃有一种悖天无亲之徒，自宫其身以求进，以祖宗百世之脉云仍万世之传而易一身之富宠。岁月如流，人生几何，胡不思之甚邪？愚民无知而自落陷阱，上之人亦恬然视之而不加禁止，何哉？兹亦致彝伦败风化感伤和气之一端。有国者所当严为之禁而罪其主，使用刀之人，是亦不忍人之政之大者也。

按：汉文除肉刑，千古之仁政也，班固首议其非。汉末大儒郑玄及名士崔寔、陈纪并有复古之议。建安初，荀彧申其说而孔融驳之。曹操又欲复之，钟繇迎合其旨，陈群亦申其父纪之论而王修驳之。太和中，繇复上疏申其说而王朗驳之。洎乎江左刘颂言之，不省。卫展又言，而周顗、曹彦、桓彝等驳之。桓玄又申其议而蔡廓、孔琳之又驳之，故事迄不行。溯自建安之初，迄乎江左之季，议复者辩论锋起，而卒格于众议者，仁惨攸判，人有同心也。今试即诸家之说而综论之：班固以为死刑重而生刑轻，是以奸不止，民愈嫚。夫以斩右止而改从弃市，乃由生入死，谓刑重则诚重矣。第既谓刑轻不足以塞奸，而肉刑更轻于死刑，遂可以塞奸乎？谓复肉刑则刑可畏而禁易避，彼死且不畏，岂遂畏肉刑乎？推其意旨，自相凿枘，此固说之失也。崔寔以为右止者既殒其命，笞挞者往往致死，文帝乃重刑，非轻之，以严致平，非以宽致平也。夫黥、劓与左止俱去，不可谓非减重为轻。自景帝改定箠令，笞者亦未至戕其命，至右止去死罪一间，虽汉律今不可考，其条目必不多，其情罪必较重，故文帝可两府之议。当其时断罪四百，几致刑措，德化之隆，后代莫比，岂以严致平哉？盖寔以孝宣之严刑峻法为优，于孝文以除肉刑为苟全之政，其谓文帝以严致平，实有悖于哀矜之本旨，不过附会其词，以申其重刑之论耳，此寔说之失也。陈纪以为杀人偿死，伤人或残毁其体，是以刑为报施之事矣。先王之制刑，以止奸禁暴也，岂若寻常报施之事必两相当哉？谓淫者下蚕室，盗者刖其足，则永无淫放穿逾之奸。夫淫者有罪，何至遽令绝世，且治男子犹可，妇人将必闭诸宫中，设或淫风流行，又安得千百之室以处之？刖足艰于行，身即不能为盗，而可为盗之谋首，又岂刖足之所能禁？此纪说之失也。钟繇以为蔽狱之时，讯问三槐、九棘、群吏万民，其当弃市，欲斩右止者许之，岁生三千人。夫以一人之罪而必聚群吏万民而讯问之，且岁有三千人，又必一一讯问之，其事极烦扰，势必有不能行者。繇谓孝文不合古道，而大魏继踪虞夏，谀词阿世，颠倒是非，悖谬孰甚！此繇说之失也。刘颂以为亡者刖足，盗者截手，淫者割势，除恶塞源，莫善于此。其意略同陈纪。而截手之刑，古法所无，未免骇听。颂又谓残体为戮，终身作诫。人见其痛，畏而不犯。岂知利欲之诱如蚁慕膻，生计一穷，铤而走险，骤欲禁遏之，断非肉刑之所能致效也。此颂说之失也。厥后王导、刁协诸人所持之说，大略相同。郑康成为汉末大儒，而其说不传，未知其意旨何如。盖自班固创于前，自此推波助澜，至东晋之末而犹未息，可为法家中之一大争端矣。推求其故，则张苍定律改斩右止为弃市，系由生入死，人遂得执此以为言耳。在当日，定律之本旨必非无因，特其说不传，论者不察，并一切肉刑而亦议之，纷争不已，何其固也？驳复古之议者，王修但称时未可行，而其议不详。孔琳之辞未别白，荀悦、蔡廓不以复肉刑为是，而欲复斩右止之法，惟孔融与周颙等所议最为切中事情。王朗所议，尤为通论，迨后唐贞观中，除断趾法改加役流，与朗议实相吻合，此实可于张苍之法补救其未善者也。夫自皇风既邈，德化不修，习俗日颓，狂澜难挽，上之人不知本原之是务，而徒欲下之人之不为非也，于是重其刑诛谓可止奸而禁暴，究之奸能止乎？暴能禁乎？朝治而暮犯，暮治而晨亦如之，尸未移而人为继踵，治愈重而犯愈多，此皆明祖阅历之言著之《大诰》者也。然则欲以肉刑止奸而禁暴，其无效也可知矣。袁宏谓刑罚之用，不先德教之，益失之远矣，亮哉言乎！

流

《书·舜典》：流宥五刑。传："宥，宽也。以流放之法宽五刑。"《正义》曰："流谓徙之远方，放使生活，以流放之法宽纵五刑也。郑玄云，其轻者，或流放之，四罪是也。王肃云，谓君不忍刑杀，宥之以远方，然则知此是据状合刑，而情差可恕，全赦则太轻，致刑即太重，不忍依例刑杀，故完全其体，宥之远方。应刑不刑，是宽纵之也。"

朱子曰："流宥五刑者，其人所犯，合此五刑。而情轻可恕，或因过误，则全其肢体，不加刀锯，但流以宥之，屏之远方，不与同齿，如五流有宅，五宅三居之类。"蔡传："宥，宽也，所以待夫罪之稍轻，虽入于五刑，而情可矜，法可疑，与夫亲贵勋劳而不可加以刑者，则以此而宽之也。"

流共工于幽州，放驩兜于崇山，窜三苗于三危，殛鲧于羽山。孔传："殛、窜、放、流，皆诛也。"《正义》曰："《释言》云，殛，诛也。传称流四凶族者，皆是流，而谓之殛、窜、放、流，皆诛者。流者移其居处，若水流然，罪之正名，故先言也。放者使之自活，窜者投弃之名，殛者诛责之称，俱是流徙，异其文，述作之体也。四者之次，盖以罪重者先，共工滔天，为罪之最大，驩兜与之同恶，故以次之。鲧法以鲧障洪水，故列诸祀典，功虽不就，为罪最轻，故后言之。"

五流有宅，五宅三居。传："谓不忍加刑则流放之，若四凶者。五刑之流，各有所居，五居之差有三等之居，大罪四裔，次九州之外，次千里之外。"《正义》曰："五刑之流，各有所居，谓徙置有处。五居之差有三等之居，量其罪状为远近之差也。四裔最远，在四海之表，故大罪四裔，谓不犯死罪也。故《周礼·调人职》云'父之仇，辟诸海外'，即与四裔为一也。次九州之外，即《王制》云：'入学不率教者，屏之远方。西方曰棘，东方曰寄。'注云，逼寄于夷狄也。与此九州之外同也。次千里之外者，即《调人职》云'兄弟之仇，辟诸千里之外'也。《立政》云中国之外不同者，言中国者，据罪人所居之国定千里也。据其远近，其实一也。《周礼》与《王制》既有三处之别，故约以为言。郑玄云三处者，自九州之外至于四海，三分其地，远近若周之夷镇蕃也。然罪有轻重不同，岂五百里之校乎？不可从也。"

《史记·五帝本纪·集解》：马融曰："谓在八议，君不忍刑，宥之以远。五等之差亦有三等之居：大罪投四裔，次九州之外，次中国之外。"

《禹贡》：五百里要服，三百里夷，二百里蔡。五百里荒服，三百里蛮，二百里流。传："蔡，法也。法三百里而差简。流，移也，言政教随其俗。"《正义》曰："蔡之为法，无正训也。上言三百里夷，夷训平也，言守平常教耳。此名为蔡，义简于夷，故训蔡为法。法则三百里者，去京师弥远差复简易，言其不能守平常也。流如水流，故云移也。其俗流移无常，故政教随其俗，任其去来，不复蛮来之也。"马融曰："蔡，法也。受王者刑法而已。流者，流行无城郭常居。"《史记·夏本纪》。郑玄曰："蔡之言杀，减杀其赋。"《书》疏。蔡传："蔡，放也。"《左传》云："蔡，蔡叔是也，流放罪人于此也。流，流放罪人之地，蔡与流皆所以处罪人，而罪有轻重，故地有远近之别也。"

按：蔡传以二百里蔡、二百里流为流放罪人之地，与古说不同。窃谓"蔡"当以郑说为是，"流"当以马说为是，蔡说并非也。五服之内，同归覆帱，乃独此要、荒二服，各分二百里，专为流放罪人之地，则此二百里者将有人民乎？无人民乎？有人民则居此区域内者未有罪戾而亦膺流放之名，同居覆帱之中，何独薄视此区域之人民也？无人民则安得如许空闲之地为罪人居？又当声教四讫之时又安得如许罪人也？近来讲汉学者，仍遵古说，惟蔡传久行于世，既有流放之说，仍录之而辨之如此。

邱濬《大学衍义补》云：虞廷五刑之下有流而无徒，汉世除肉刑，完为城旦舂、鬼薪、白粲之类，皆徒刑也，而无流。

梁律有流。详总考。

按：秦、汉以降，未有流刑。梁武天监三年，因任提女之子景慈证成母罪，流于交州。自此复有流刑，盖亦不在正刑之内。

后魏有流刑。北周流刑五。北齐刑名五，二曰流刑。并详总考。

按：六代时，南朝惟梁有流刑，然亦不入五刑之内。北魏流刑亦称流徙。太和十六年，更定流徙限制。其狱官令亦年刑流徙并称，似其时流已列入正刑。北周之制，史始详耳。北齐流刑，投边为兵卒，有似后来之军，而与流稍不同。

《魏书·孝文纪》：太和十二年正月，诏曰："镇戍流徙之人，年满七十，孤单穷独，虽有妻妾而无子孙，诸如此等，听解名还本。"

按：解名还本者，解除流罪名籍，还归本土也。观于此诏，可见当时流人尚非终身不返者。隋开皇律流刑三。详总考。以官当流者，三流同比，徒三年。累徒过九年者，流二千里。同上。

按：开皇元年定律，流为五刑之一，实因于魏、周。自唐以下，历代相沿，莫之改也。邱氏濬曰，古者流罪无定刑，惟入于五刑者，有情可矜，法可疑，与夫亲贵勋劳而不可加以刑者，临时权其轻重，差其远近，所以从宽而宥也。后世制为成法，则惟论其罪而不复究其情矣。此说固然，第自汉废肉刑，劓及斩左止改为笞，笞数多者，每至于死，少则不足以示惩，于是死罪以下不得不有以通其变，流所以通其变也。此乃古今事势之不同，刑亦因之而改，未可遽议其非也。至于流之道里，马融以四裔、九州岛之外、中国之外为三等之居，后世地分远近，实原于此。北魏流有限制，史未具载。北齐无道里之差。惟北周分卫、要、荒、镇、藩五服，自二千五百里至四千五百里，以五百里为等差。隋分千里、千五百里、二千里三等。唐每等加千里，为二千里、二千五百里、三千里。宋、明以迄于今，皆承用之。唐、虞之五流谓五刑，皆有可宥之条，后世明之充军、流徙、杖笞，皆可问发，颇与其制相近。魏、周以下之流，其分道里远近，有似唐、虞之三居而一无定刑，一入正刑，大不同矣。

开皇元年，诏流役六年改为五载。《隋志》。

按：隋制流之应配者，其居作分二年、二年半、三年。应住居作者，三流俱役三年，与此文不同。考北周赎流刑，俱六年，此文之"五载"，当亦指赎流刑言也。

开皇十三年，改徒及流并为配防。《隋志》。

按：配防之法，未详，疑即汉之屯边也。

《唐书·刑法志》：武德二年，更撰律令，流罪三，皆加千里，居作三岁至二岁半者，悉为一岁。

邱氏濬曰：《舜典》惟有流而无徒，隋、唐之制，既流而又居作，则是兼徒矣。

《唐律》：诸犯流应配者，三流俱役一年。本条称加役流者，流三千里，役三年。役满及会赦免役者，即于配处从户口例。《疏议》曰："役满一年及三年，或未满会赦，即于配所从户口例，课役同百姓。应选者须满六年，故令云'流人至配所，六载以后听仕'。反逆缘坐流及因反逆免死配流，不在此例。即本犯不应流而特配流者，三载以后亦听仕。"妻妾从之，父祖子孙欲随者听之。移乡人家口亦准此。《疏议》曰："依令，犯流断定，不得弃放妻妾。"若流移人身丧，家口虽经附籍，三年内愿还者放还。即造畜蛊毒家口，不在听还之例。诸流配人在道会赦，计行程过限者，不得以赦原。有故者，不用此律。若程内至配所者，亦从赦原。逃亡者，虽在程内，亦不在免限。即逃者身死，所随家口仍准上法听还。诸犯罪已发及已配而更为罪者，各重其事。即重犯流者，依留住法决杖，于配所役三年。若已至配所而更犯者，亦准此。即累流徒应役者，不得过四年。若更犯流徒罪者，准加杖例。其杖罪以下，亦各依数决之。累决笞杖者，不得过二百，其应加杖者亦如之。

《旧唐书·刑法志》：贞观十四年，又制流罪三等，不限以里数，量配边恶之州。其后虽存宽典，而犯者渐少。《新志》"边恶"作"边要"。十四年，又徙死罪以实西州，流者戍之，以罪轻重为更限。

按：此有更限，亦非长流。

《唐书·高祖纪》：诸遭隋枉杀而子孙被流者，皆还之。

《太宗纪》：武德九年八月甲子，即皇帝位。大赦，武德流人还之。

《刑法志》：贞观五年，增损隋律。流移人在道疾病，妇人免乳，祖父母、父母丧，男女奴婢死，皆给假，授程粮。非反逆缘坐，六岁纵之，特流者三岁纵之，有官者得复仕。

《旧唐书·宣宗纪》：大中四年正月，大赦天下。徒流比在天德者，以十年为限，既遇鸿恩，例减三载。但使循环添换，边不阙人，次第放归，人无怨苦。其秦、原、威、武诸州、诸关，先准格徒流人，亦量与立限，止于七年，如要住者，亦听。十一月，敕"收复成、维、扶等三州，建立已定，条令制置，一切合同。其已配到流人，宜准秦、原、威、武等州流例，七年放还"。

按：《唐律》流人在配，役满即于配处从户口例，不得还归本贯。然观于贞观五年六岁、三岁纵之之例，是其初不如是也，疑为永徽中更定，当再详之。若武德、大中之放还，乃遇恩赦，亦与流犯在道会赦之律不同。武德时此律未定，大中时则特恩也。

《通考》一百六十八：宪宗元和八年，刑部侍郎王璠奏："天德军五城及诸边城配流人等，臣切见诸处配流人每逢恩赦，悉得归还。唯前件流人，皆被本道重奏，称要防边，遂令没身，终无归日。臣又见比年边城犯流者，多是胥徒小吏，或是斗打轻刑，据罪可原，在边无益。请自今流人准格例满日六年后，并许放还。所冀抵法者，足以悛惩，满岁者，绝其愁怨。"从之。

按：据此所称，格例六年放还，是已不用役满从户口例之律。又称恩赦悉得归还，是又不用在道行程过限不得赦原之律。可见《唐律》之文在唐代不能一律遵用矣。

《刑法志》：太宗即位，诏长孙无忌、房玄龄等复定旧令，议绞刑之属五十，皆免死而断右趾。既而又哀其断毁支体，谓侍臣曰："肉刑，前代除之久矣，今复断人趾，吾不忍也。"王珪、萧瑀、陈叔达对曰："受刑者当死而获生，岂惮去一趾？去趾，所以使见者知惧。今以死刑为断趾，盖宽之也。"帝曰："公等更思之。"其后蜀王法曹参军裴弘献驳律令四十余事，乃诏房玄龄与弘献等重加删定。玄龄等以谓"古者五刑，刖居其一。及肉刑既废，今以笞、杖、徒、流、死为五刑，而又刖足，是六刑也。"于是除断趾法，为加役流三千里，居作二年。

按：加役流之名创于贞观，仅加居作二年，与隋之流二千里、居作三年者相等，此唐律之轻于隋者。

《五代会要》：后唐清泰三年，尚书刑部郎中李元龟奏："准《开成格》，应断天下徒流人到所流处，本管画时申御史台，候年月满日申奏，方得放还本贯。近年凡徒流人，所管虽奏，不申御史台报大理寺，所以不知放还年月。望依律格处分。"从之。

按：据此，则五季之时，流人年满放还，仍用唐法。

宋流刑四，悉仍唐法，惟多决脊杖。详总考。

邱氏濬曰：《舜典》入于五刑者，情轻法重，故为流以宥之，则是流者不复刑也。唐之流刑，既定里数，又于此外有所谓加役流者。宋因唐制，每流各加以杖，而又配役，则是五刑之中兼用流、徒、杖三者矣。本朝流罪，惟有杖而不配役，比宋为轻矣。

按：北齐、北周之流兼用鞭笞，是一罪三刑。隋除鞭笞而加居作，为一罪二刑。宋又加杖或黥面，则又为一罪三刑矣。

《通考》一百六十八：流配旧制，止于远徙，不刺。而晋天福中始创刺面之法，遂为戮奸重典。宋因其法。

《宋书·刑法志》：太宗以国初诸方割据，沿五代之制，罪人率配隶西北边，多亡投塞外，诱羌为寇，乃诏："当徒者，勿复隶秦州、灵武、通远军及缘边诸郡。"时江、广已平，乃皆流南方。

按：刺配之法，宋傅军籍，观熙宁时中书议复古徒流移乡之法，俟其再犯，然后决刺充军，可知刺配与流不同也。宋初，刺配之条尚少，如此条之西北改流南方，又可知流罪未废，与刺配为二。后来军流之分，实肇于此时。

《宋志》：凡应配役者，人平兴国五年始令分隶盐亭役之。

按：此后来囚徒煎盐之始。分隶盐亭，则不属军籍，与流之应役同矣。

《宋志》：先是，太祝刁衎上疏言："古者投奸人于四裔，今乃远方囚人，尽归象阙，配务充役。神京天子所居，岂可使流囚于此聚役。望自今外处罪人，勿许解送上京，亦不留于诸务充役。"

按：此条《志》列于雍熙二年，而有"先是"之文，未必果在是年。《图书集成·祥刑典》定为雍熙二年，未知别有所据否。然可见雍熙之时，流人送京应役，未全用刺配之法也。

曾布复肉刑议：大辟之次，处以流刑，代墨、劓、剕、宫，不惟非先王流宥之意，而又失轻重之差。古者乡田同井，人皆安土重迁。流之远方，无所资给，徒隶困辱，以至终身。近世之民，轻去乡井，转徙四方，固不为患，而居作一年，即听附籍，比于古亦轻矣。况折杖之法，于古为鞭朴之刑，刑轻不能止恶，故犯法日益众，其终必至于杀戮，是欲轻而反重也。

按：曾布此议在熙宁中，见《刑法志》，可以见一年附籍之法未尽泯也，特刺配者日多耳。

辽流刑置之边郡部族之地，远则投诸境外，又远则罚使绝域。详总考。

《续通考》一百三十七：流刑始太宗。会同时，皇族锡里郎君谋毒通事嘉哩等，命重杖之，及其妻流于矩巴哩密河。其后世宗天禄二年，天德、萧翰、瑠格及其弟璸都等谋反，天德伏诛，杖翰，流瑠格，遣璸都，使哈噶斯国。景宗保宁二年，国舅萧海只等盗杀枢密使萧思温，诛之，流其弟绅图于黄龙府。兴宗重熙七年，南面侍御准格诈取女直货物，罪死，上以有吏能，黥而流之。道宗大康二年，上欲观《起居注》，修注郎布当及等不进，各杖而罢之，流林牙萧岩寿于乌隗威部。大安三年，燕国人锡库厌魅梁王，伏诛，子兰陵郡王萧绰唵除名，置边郡。

金泰和律流刑三。详总考。

按：明昌五年，尚书省言《名例》内徒年之律无决杖之文，便不用杖。缘先谓流刑，非今所宜，且代流役，四年以上俱决杖云云。据此，是金初徒刑四年以上决杖以代流役，而别无流刑，泰和律本于唐律，始定有流刑也。

元流刑。详总考。

《续通考》一百三十七：其流罪发各处屯种者，止令监临关防屯种。诸流远囚徒，惟女直、高丽二族流湖、广，余并流尼噜军及取海青之地。泰定间，又从御史言，以职官赃污者流放广南。

按：元又有迁徙法，与流异，详迁徙。

《图书集成·祥刑典》：诸流囚居役，非遇元正、寒食、重午等节，勿给假。诸有罪，奉旨流远，虽会赦，非奏请不得放还。

《元史·王结传》：先时，有罪者，北人则徙广〔海〕（南），南人则徙辽东，去家万里，往往道死。结请更其法，移乡者止千里〔外〕，改过听还其乡，著为令。

《世祖纪》：十七年十一月，诏有罪配役者，量其程远近。

明流罪三。详总考。

明律：其徒流迁徙安置人口至配所，及犯谋反、逆叛，缘坐应流。若造畜蛊毒、采生折割人、杀一家三人会赦犹流者，并不在赦放之限。

按：明律流囚家属、徒流人、在道会赦、徒流人又犯罪诸律，并本于唐。

《明史·刑法志》：初制流罪三等，视地远近，边卫充军有定所。盖降死一等，唯流与充军为重。然《名例律》称二死三流各同为一减。如二死遇恩赦减一等，即流三千里；流三等以《大诰》减一等，皆徒五年。犯流罪者，无不减至徒罪矣。故三流常设而不用。

《续通考》一百三十七：建文四年时成祖已即位。九月，令杂犯死罪及流罪赴北平种田。帝谕法司曰："前令罪人入米赎罪，以省转输之劳，近闻有贫不能致米者，往往忧戚以死，非朕本意。自今除十恶死罪外，其余死罪及流罪，令挈家赴北平种田，流罪三年，死罪五年，后录为良民。其徒罪令煎盐，杖罪输役如故。仍选徒罪以下罢职官假以职名，俾督民耕种。三年有成绩，实授，无成，仍坐原罪。"永乐十年正月，令诬告犯徒流等罪者免罪，挈妻子徙卢龙、山海、永平、小兴州为民种田。十一年五月，令囚徒运粮，无力者发天寿山种树，死罪终身，徒流各照年限，杖罪每等五百株，笞罪每等一百株。

谪戍

《始皇纪》：三十三年，发诸尝逋亡人、赘婿、贾人略取陆梁地，为桂林、象郡、南海，以适遣戍。《集解》徐广曰："五十万人守五岭。"《正义》："适音直革反。戍，守也。"西北斥逐匈奴。自榆中并河以东，属之阴山，以为四十四县，城河上为塞。又使蒙恬渡河取高阙、〔陶〕〔阳〕山、北假，中筑亭障以逐戎人。徙谪，实之初县。《索隐》："徙有罪而谪之，以实初县，即上'自榆中属阴山，以为三十四县'是也。故汉七科谪亦因于秦。"

按：此亦有罪而迁，为实边计。高帝十一年诏云"秦徙中县之民南方三郡，使与百粤杂处"即此事也，此策汉亦用之。后世言实边者，多主此策，然经理不得其宜，利害亦复相因，是在得其人矣。

《始皇纪》：三十五年，益发谪徙边。

按：《集解》引《年表》"徙民北河、榆中"为注，非也，彼是三十六年事。此言徙，实永戍也。

《陈涉世家》：二世元年七月，发闾左适戍渔阳。（九百人）《索隐》："闾左谓居闾里之左也。秦时复除者居闾左。今力役凡在闾左者悉发之也。又云，凡居以富强为右，贫弱为左。秦役戍多，富者役尽，兼取贫弱者也。"

《汉书·晁错传》：臣闻秦时北攻胡貉，筑塞河上，南攻杨粤，置戍卒焉。杨粤之地少阴多阳，其人疏理，鸟兽希毛，其性能暑。秦之戍卒不能其水土，戍者死于边，输者偾于道。秦民见行，如往弃市，因以谪发之，名曰"谪戍"。先发吏有谪及赘婿、贾人，后以尝有市籍者，又后以大父母、父母尝有市籍者，后入闾，取其左。注："孟康曰，秦时复除者居闾之左，后发役不供，复役之也。或云直先发取其左也。"师古曰："居闾之左者，一切皆发之，非谓复除也。"

《食货志》：发闾左之戍。注："应劭曰，戍者曹辈尽，复入闾，取其左发之，未及取右而秦亡。"师古曰："闾左之释，应最得之。"

按：据错言，先发贾人及有市籍者，则《索隐》后一说似为得之。此所发者，无罪之人，似即更卒也。

《食货志》：秦用商鞅之法，又加月为更卒，已复为正，一岁屯戍，一岁力役，三十倍于古。注："师古曰，更卒，谓给郡县一月而更者也。

正卒，谓给中都官者也。率计今人一岁之中，屯戍及力役之事三十倍多于古也。”

《昭纪》元凤四年注：如淳曰：“更有三品，有卒更，有践更，有过更。古者正卒无常人，皆当迭为之，一月一更，是为卒更也。贫者欲得顾更钱者，次直者出钱顾之，月二千，是为践更也。天下人皆直戍边三日，亦名为更，律所谓繇戍也。虽丞相子亦在戍边之调。不可人人自行三日戍，又行者当自戍三日，不可往便还，因便住一岁一更。诸不行者，皆出钱三百入官，官以给戍卒，是为过更也。律说，卒践更者，居也，居更县中五月乃更也。后从尉律，卒践更一月，休十一月也。《食货志》云云，此汉初因秦法而行之也。后遂改易，有谪乃戍边一岁耳。”

《史记·将相名臣年表》：高后五年，令戍卒岁更。文帝十三年，除戍卒令。

按：更卒之制，汉因于秦。晁错言远方之卒守塞一岁而更，即高后岁更之法也。《表》言文帝除戍卒令而更赋之名，初未尝改。《昭纪》元凤四年诏“三年以前逋更赋未入者，皆勿收”，疑文帝所除者卒更之法。而过更之法终汉之世行之，故有“逋更赋”，下至东京，亦仍有更赋之名也。

《汉书·武纪》：元狩五年春，徙天下奸猾吏民于边。

《魏书·刑法志》：世祖真君五年，命恭宗总百揆监国。少傅游雅上疏曰：“殿下亲览百揆，经营内外，昧旦而兴，咨询国老。臣职忝疑承，司是献替。汉武时，始启河右四郡，议诸疑罪而谪徙之。十数年后，边郡充实，并修农戍，孝宣因之，以服北方。此近世之事也。帝王之于罪人，非怒而诛之，欲其徙善而惩恶。谪徙之苦，其惩亦深。自非大逆正刑，皆可从徙，虽举家投远，忻喜赴路，力役终身，不敢言苦。且远流分离，心或思善。如此，奸邪可息，边垂足备。”恭宗善其言，然未之行。和平末，冀州刺史源贺上言：“自非大逆手杀人者，请原其命，谪守边戍。”诏从之。高祖哀矜庶狱，至于奏谳，率从降恕，全命徙边，岁以千计。

《源贺传》：贺出为征南将军、冀州刺史。上书曰：“臣闻：人之所宝，莫宝于生全；德之厚者，莫厚于宥死。然犯死之罪，难以尽恕，权其轻重，有可矜恤。今勍寇游魂于北，狡贼负险于南，其在疆场，犹须防戍。臣愚以为自非大逆、赤手杀人之罪，其坐赃及盗与过误之愆应入死者，皆可原命，谪守边境。是则已断之体，更受全生之恩；徭役之家，渐蒙休息之惠。刑措之化，庶几在兹。《虞书》曰'流宥五刑'，此其义也。臣受恩深重，无以仰答，将违阙庭，豫增系恋，敢上瞽言，唯加裁察。"高宗纳之。已后入死者，皆恕死徙边。久之，高宗谓群臣曰："源贺劝朕宥诸死刑，徙充北番诸戍，自尔至今，一岁所活殊为不少，生济之理既多，边戍之兵有益。卿等事朕，致何善意也？苟人人如贺，朕治天下复何忧哉！顾忆（诚）[忠]言，利实广矣。"

《孝文纪》：延兴二年九月，诏流逬之民，皆令还本，违者配徙边镇。

《唐书·太宗纪》：贞观十六年春，徙天下死罪囚实西州。

《刑法志》：十六年，徙死罪以实西州，流者戍之，以罪轻重为更限。

按：《说文》："戍，守边也。从人持戈。"《诗·序·采薇》"遣戍役也，遣戍役以守卫中国"。笺云："戍，守也。"《扬之水》："不与我戍申。"传云："戍，守也。"庄十七年《公羊解诂》："以兵守之曰戍。"古者，封建之世，以兵守之皆曰戍，见于《春秋》者多矣，不独戍边也。秦灭六国，天下混一，斥逐胡戎，边地空虚，遣发罪人以守卫，始有戍边之事。其人充荷戈之役，与军士无异，即后代之充军，第其制不同耳。此等戍卒，皆仰给于官朝。错所谓"戍者死于边，输者偾于道"，其敝如此。迨错上屯戍之议，农戍兼修，文帝用其策。终汉世，皆踵行之，洵守边至计也。

《续通考》一百三十七：洪武十五年正月，命将校士卒杂犯死罪者免死，杖发戍边。十六年正月，令杂犯死罪者罚戍边。英宗正统五年十月，刑部言："旧例，军丁力士犯盗者皆戍边，比者诏从律断。但令输作复役，以是人轻于犯盗。请复旧例，庶使知惧。"从之。

城旦

《史记·始皇纪》：丞相李斯曰："臣请史官非秦记皆烧之。令下三十日不烧，黥为城旦。"《集解》："如淳曰，《律说》，论决为髡钳，输边筑长城，昼日伺寇虏，夜暮筑长城。"城旦，四岁刑。《汉书·惠纪》注："应劭曰，城旦者，旦起行治城，四岁刑。"

卫宏《汉旧仪》：秦制：凡有罪，男髡钳为城旦，城旦者治城也。女为春，春者治米也。皆作五岁，完四岁。

按：城旦，秦制，汉因之。应、如二说并言四岁刑，而卫宏云作五岁，完四岁，《汉志》亦分完城旦春、髡钳城旦春为二，后汉仍之。城且为徒役之事，而罪之应充徒役者不止城旦，魏世有髡刑、完刑、作刑之分，北周始定名为徒，后世亦称徒为城旦者，岂以徒役之事城旦居首欤？

《汉志》：诸当完者，完为城旦舂；当黥者，髡钳为城旦舂。臣瓒曰："文帝除肉刑，皆有以易之，故以完易髡，以笞代劓，以钛左右止代刖。今既曰完矣，不复'复'疑是'得'之讹。以完代完也。此当言髡者完也。"

按：文帝除肉刑，城旦舂遂分为二等，以髡钳城旦舂当黥，以完城旦舂当旧日之髡钳城旦舂，故臣瓒云"以完易髡"。而《志》文"当完"之"完"，自是"髡"字之讹也。

《志》又云：罪人狱已决，完为城旦舂，满三岁为鬼薪白粲。鬼薪白粲一岁，为隶臣妾。隶臣妾一岁，免为庶人。前令之刑城旦舂岁而非禁锢者，如完为城旦舂岁数以免。

按：前令之刑，谓此令之前有刑者也，是前令之城旦舂岁与此令之完城旦舂岁其数不同，此令必降于前令，故非禁锢者即以此令之岁数为限，今所谓断罪用新颁律也。前段之文似是降等之法，今不能详矣。惟云完为城旦舂，满三岁为鬼薪、白粲，是完城旦舂与鬼薪、白粲同为三岁刑。《后书·明纪》言赎论者，右止至髡钳城旦舂十匹，完城旦舂至司寇作三匹。髡钳城旦舂与右止为一等，完城旦舂下至司寇作为一等，可以见完城旦舂之岁数不与髡钳城旦舂相同。诸家说城旦舂者并云四岁刑，《志》云完城旦舂满三岁，其等次相符，独卫宏言作五岁，完四岁，与众说不同。《晋律》云髡钳五岁刑，晋法多沿于汉，卫说必有据。或云《志》文"满三岁"当下属，言满三岁者为鬼薪、白粲也，然下文又云"隶臣妾满二岁，为司寇"，隶臣妾，二岁刑也，与此段文法正同，"满三岁"不得下属为解，或说亦未是，今姑阙疑。

《汉书·王子侯表》：平城侯礼，元狩三年坐恐猲取鸡以令买偿免，复谩，完为城旦。师古曰："恐猲取人鸡，依令买鸡以偿，坐此免侯，又犯欺谩，故为城旦也。"

按：此文当是诬人取鸡，出令责其买偿也，师古之说未明。

乐侯义坐使人杀人，髡为城旦。

《高惠高后文功臣表》：平阳侯曹宗，征和二年，坐与中人奸，阑入宫掖门，入财赎完为城旦。

留侯张不疑坐与门大夫杀故楚内史，赎为城旦。师古曰："门大夫，侯之属官也。"

鄟侯萧获坐〔使〕奴杀人，减死，完为城旦。

汾阴侯周意坐行赇，髡为城旦。

隆虑侯周通有罪，完为城旦。

郫侯周仲居坐为太常收赤侧钱不收，完为城旦。如淳曰："民巧法，用之不便，又废也。"

安丘侯张拾坐入上林谋盗鹿，又搏揜，完为城旦。师古曰："谓搏击揜袭人而夺其物也。搏字或作博。一曰博，六博也，揜，意钱之属也，皆谓戏而取人财也。"

按：后说是。

巳邡侯黄遂坐掩搏夺公主马，髡为城旦。师古曰："搏字或作博，已解于上。"

樊侯蔡辟方坐搏揜，完为城旦。

山阳侯张当居坐为太常择博士弟子故不以实，完为城旦。

成安侯韩延年坐为太常行大行令事留外国书一月，乏兴，入谷赎，完为城旦。师古曰："当有所兴发，因其迟留故阙乏。"

将梁侯杨仆坐为将军击朝鲜畏懦，入竹二万个，赎完为城旦。师古曰："个，枚也。"

新畤侯赵弟坐为太常鞫狱不实，入钱百万赎死，而完为城旦。如淳曰："鞫者以其辞决罪也。"晋灼曰："律说出罪为故纵，入罪为故不直。"

《外戚恩泽侯表》：长平侯卫伉，太初元年嗣侯，阑入宫，完为城旦。

平津侯公孙度坐为山阳太守诏征巨野令史成不遣，完为城旦。

牧丘侯石德坐为太常失法罔上，祠不如令，完为城旦。

按：城旦舂、鬼薪、白粲、隶臣妾、司寇诸名，魏、晋以降不具，盖已除之。兹录汉诸《表》城旦之事，髡完并有，可以见汉法之大略焉。

鬼薪

《史记·始皇纪》：及其舍人，轻者为鬼薪。《集解》应劭曰："取薪给宗庙为鬼薪也。"如淳曰："《律说》，鬼薪作三岁。"

按：此嫪毒之舍人。毒反，吏灭其宗，其舍人重者刑戮，轻者罚徒役三年也。

《汉旧仪》：秦制：鬼薪三岁。鬼薪，男当为祠祀鬼神伐山之薪蒸也。

按：鬼薪，秦制，汉因之。

《汉书·平纪》：元始元年，天下女徒已论，归家，顾山钱月三百。注：如淳曰："已论者，罪已定也。令甲，女子犯罪，如作徒六月，顾山遣归。说以为当于山伐木，听使入钱顾功直，故谓之顾山。"应劭曰："旧刑鬼薪，取薪于山以给宗庙，今使女徒出钱顾薪，故曰顾山也。"师古曰："如说近之。谓女徒论罪已定，并放归家，不亲役之，但令一月出钱三百，以顾人也。"

按：秦制男女之役不同，女以舂当城旦，以白粲当鬼薪，以作如司寇当司寇，以复作当戍罚作，是女无鬼薪之役也。顾山之法，是女亦充鬼薪之役矣，未知汉法与秦异抑别有说也，俟考。

《王子侯表》：毕梁侯婴坐首匿罪人，为鬼薪。离石侯绾坐上书谩，耐为鬼薪。师古曰："谩，欺诳也。"

《功臣表》：成侯董朝坐为济南太守与城阳王女通，耐为鬼薪。

曲成侯虫皇柔坐为汝南太守知民不用赤侧钱为赋，为鬼薪。师古曰："赤侧解在《食货志》。时并令以充赋，而汝南不遵诏令。"

《食货志》：钱多轻，而公卿请令京师铸官赤仄，一当五，赋官用非赤仄不得行。白金稍贱，民弗宝用，县官以令禁之，无益，岁余终废不行。

按：民不用赤侧而罪及太守，张汤之法，其苛虐类此，而武帝信任之，史迁之讥，岂得为谤？

宣曲侯丁通有罪，赦为鬼薪。

柏至侯许福坐为奸，为鬼薪。

按：为奸，为奸利也。

杜衍侯王舍有罪，为鬼薪。

朝阳侯华当坐教人上书枉法，耐为鬼薪。

平棘侯林辟疆有罪，为鬼薪。

按：鬼薪之见于诸《表》者，凡九条，汇录备考。

《惠纪》：上造以上及内外公孙、耳孙有罪当刑及当为城旦舂者，皆耐为鬼薪、白粲。

按：此赦降也。有罪当刑，谓当论肉刑者皆降为三岁刑也。

《刘辅传》：减死罪一等，论为鬼薪。

按：上条城旦春耐为鬼薪，此条死罪减为鬼薪，其减法不详。

隶臣妾

《汉志》：鬼薪白粲一岁，为隶臣妾。隶臣妾一岁，免为庶人。隶臣妾满二岁，为司寇。司寇一岁，及作如司寇二岁，皆免为庶人。注："师古曰，男子为隶臣，女子为隶妾。鬼薪白粲满一岁为隶臣，隶臣一岁免为庶人。隶妾亦然也。"

《书·费誓》：臣妾逋逃。传："役人贱者，男曰臣，女曰妾。"

按：《左传》僖十七年"男为人臣，女为人妾"，此不过泛言贱者之称，昭七年"舆臣隶，隶臣僚"，但言人之有十等耳，皆与罪名无涉也。《汉旧仪》所言秦制，鬼薪、白粲之次无隶臣妾之名，是秦所无，汉增之也。隶臣妾二岁刑，其名与奴婢相近，而实非奴婢。魏、晋以下，皆无此名。《汉书·功臣表》：武阳侯萧胜坐不斋，耐为隶臣。师古曰："谓当祠而不斋也。"

戚侯季信成坐为太常纵丞相侵神道，为隶臣。

藏侯张胜有罪，为隶臣。

南宫侯张生有罪，为隶臣。

襄城侯韩释之坐诈疾不从，耐为隶臣。

按：汉《功臣表》有此五事，今汇录之。

监禁作工

《周礼·秋官》：司圜中士六人，下士十有二人，府三人，史六人，胥十有六人，徒百有六十人。掌囚下士十有二人，府六人，史十有二人，徒百二十人。《钦定义疏》："掌囚仅用司圜下士之数，徒亦减四之一而无胥，盖拘囚以待刑杀，栖止有定，耳目易周。若罢民则施以职事，所以稽其业绪，纠其争斗，防其遁逸者，尤不可以不详。故士有加，徒有加，而又有胥，以董其徒，惟恐其不能改而致屏远方，或出圜土而入于大辟也。"

《大司寇》：以圜土聚教罢民。注："圜土，狱城也，聚罢民其中，困苦以教之为善也。民不愍作劳有似于罢。"疏："教之者，正谓夜入圜土，昼则役之司空，困苦则归善。罢，谓困极罢弊，此圜土被囚而役，是不愍强作劳之民有似罢弊之人也。"

凡害人者，寘之圜土而施职事焉，以明刑耻之。注："害人谓为邪恶，已有过失丽于法者，以其不故犯法，寘之圜土，系教之，庶其困悔而能改也。寘，置也。施职事，以所能役使之。明刑，书其罪恶于大方版，著其背。"疏："此罢民本无故心，直是过误，此入五刑者为轻，比坐嘉石者为重，故云已丽于法。"其能改过，返于中国，不齿三年。注："反于中国，谓舍之还于故乡里也。不齿者，不得以年次列于平民。"其不能改而出圜土者，杀。注："出，谓逃亡。"

司圜掌收教罢民。凡害人者，弗使冠饰而加明刑焉，任之以事而收教之。能改者，上罪三年而舍，中罪二年而舍，下罪一年而舍。其不能改而出圜土者，杀。虽出三年不齿。注："弗使冠饰者，着墨（朦）［幪］，若古之象刑与。舍，释之也。郑司农云，罢民，谓恶人不从化，为百姓所患苦，而未入五刑者也，故曰凡害人者，不使冠饰，任之以事，若今时罚作矣。"疏云："收教者，谓入圜土见收，使困苦改悔，是收教也。云害人者，谓抽拔兵剑误以伤人者也。云明刑者，以版牍书其罪状与姓名，著于背，表示于人，是明刑也。"凡圜土之刑人也，不亏体；其罚人也，不亏财。注："言其刑人但加以明刑。罚人但任之以事耳。郑司农云，以此知其为民所苦而未入刑者也，故大司寇职曰，凡万民之有罪过而未丽于法而害于州里者，桎梏而坐诸嘉石，役诸司空。又曰以嘉石平罢民。《国语》曰，罢士无伍，罢女无家。言为恶无所容入也。玄谓圜土所收教者，过失害人已丽于法者。"疏："先郑以坐嘉石、共入圜土二者为一，其义不通，故后郑不从。按：司寇职及司救职，皆上论嘉石之罪民，下别云圜土之罚民，分明两事不同，故后郑谓圜土所教者，过失害人已丽于法者，与嘉石之罢民是邪恶过浅别也。"

邱氏濬云："弗使冠饰，后世犯罪者去衣冠其原始此。先王之于恶人，不徒威之以刑，而又愧之以礼，去衣冠以耻之，加明刑以警之，任事役以劳之，凡此，欲其省己愆以兴善念也。能改即止，不能改然后加之以刑。后世徒罪有年限本此，然惟限其年而已。限满即出，以为平人，而无复古人冀其改恶之意，亦无复古人虽出不齿之教矣。"

《宋史·刑法志》：苏颂元丰中尝建议："请依古［置］圜土，取当流者治罪讫，髡首钳足，昼则居作，夜则置之圜土。满三岁而后释，未满岁而遇赦者，不原。既释，使送本乡，讥察出入。又三岁不犯，乃听自如。"时未果行。崇宁中，始从蔡京之请，令诸州筑圜土以居强盗贷死者。昼则役作，夜则拘之，视罪之轻重，以为久近之限。许出圜土［日］充军，无过者纵释。行之二年，其法不便，乃罢。大观元年，复行。四年，复罢。

《通考》引石林叶氏曰：前世常患加役流法太重，官有监驱之劳而配隶者有送路奔亡困踣之患。苏子容元丰中建议:"请依古〔置〕圜土,所当流者,髡首钳足,昼则居作,夜则置之圜土。"崇宁初,蔡鲁公始行之,人不以为善也。

按:圜土,古法。蔡京此议,乌可以人废言?而当时旋行旋罢何哉?其故大抵有二:一则经费多,一则管领难。不知行之既久,犯者渐少,经费亦可渐省,管领既习亦无所谓难也。今东西各国皆有禁锢服役之制,其原甚古,今人不察而斥以为西法何?未读《周官》也。

工役

《史记·始皇纪》:三十四年,适治狱吏不直者,筑长城及南越地。

《汉书·惠纪》:三年六月,发诸侯王、列侯徒隶二万人城长安。

《武纪》:元狩三年,发谪吏穿昆明池。注如淳曰:"《食货志》:(以)〔于〕旧吏弄法,故谪使穿池,更发有赀者为吏也。"

《食货志》:于是除千夫、五大夫为吏,不欲者出马;故吏皆谪令伐棘上林,作昆明池。

《昭纪》:元凤六年春正月,募郡国徒筑辽东玄菟城。

《后汉书·光武纪》:建武二十六年,云中、五原、朔方、北地、定襄、雁门、上谷、代八郡民归于本土。遣谒者分将施刑补理城郭。

按:秦、汉发罪人以充役在寻常力役之外,其故有二:一则正卒不足又役及有罪之人,如始皇之适吏筑城是也;一则不欲劳民故以罪人充役,如惠帝发徒隶城长安是也。其事同其意则不同矣。《昭纪》言"募",当是愿充役者,役之不强迫也。始元、元凤之间,以息民为心,霍光之功德岂可没哉?建武时之遣弛刑补理边郡城郭与秦之开边谪戍亦大不相同。王莽之乱,百姓虚耗,故发罪人以充役,既可省良民之远筑,又可使有罪者服劳而思善,策之最便者也。

《汉旧仪》:秦制:凡有罪,男髡钳为城旦。城旦者,治城也。女为春。春者,治米也。皆作五岁。完四岁,鬼薪三岁。鬼薪者,男当为祠祀鬼神伐山之薪蒸也;女为白粲者,以为祠祀择米也,皆作三岁。罪为司寇,司寇男备守,女为作如司寇,皆作二岁。男为戍罚作,女为复作,皆一岁到三月。

按:城旦以下罪,并工役之事。

《汉书·百官公卿表》:司隶校尉,周官,武帝征和四年初置。持节,从中都官徒千二百人。注师古曰:"以掌徒隶而巡察,故云〔司隶〕。中都官,京师诸官府也。"

按：中都官，谓京师诸官府，是汉时京师诸官府皆有徒隶以供役。《宣纪》"发三辅、中都官徒弛刑，诣金城"，谓三辅属县及诸官府之徒也。《百官公卿表》"少府属官导官，令主择米"，似女徒之白粲，即供导官之役使者。《卫青传》"青尝从人至甘泉居室，有一钳徒相青"，甘泉居室亦少府属官之一，既有钳徒供役使。又《庞参传》"坐法输作若卢"，若卢，官名，亦属少府，诏狱所在亦有输作之人，是少府有徒隶也。《韦彪传》"坐论输左校"，《李燮传》"输作左校"，《史弼传》"论输左校"，《皇甫规传》"论输左校"，《李膺传》"输作左校"，《刘祐传》"输左校"，《蔡衍传》"曹鼎输作左校"，左校，官名，属将作大匠。《续汉书·百官志》"将作大匠，属官左校令一人，掌左工徒；右校令一人，掌右工徒"，是将作大匠有徒隶也。《伍被传》"上林有水司空，主囚徒者"，水司空属水衡都尉，是水衡都尉有徒隶也。此汉时诸官府并有徒隶供役之证。《昭纪》、《赵充国传》并云"三辅、太常徒"，当时诸陵县属太常，故徒隶之属于太常者视他官府为多矣。

《宣纪》：女徒。详总考。

按：时曾孙在襁褓，收系郡邸狱，女徒赵征卿、胡组更乳养之。郡邸长、丞属大鸿胪，主诸郡邸之在京师者，女徒乳养亦充役也。又《平纪》"女徒归家，顾山钱月三百"，应劭谓"旧刑鬼薪，取薪于山以给宗庙，今使女徒出钱顾薪，故曰顾山也"，是顾山即鬼薪也。

《成纪》：铁官徒。详徒。

按：《纪》称颍川铁官徒、山阳铁官徒。《续汉书·郡国志》"颍川郡属县阳城有铁"，西汉当有铁官，故有徒以供役。山阳无闻。

《文纪》注苏林曰："一岁为罚作，二岁刑以上为耐。"

按：鬼薪也，城旦也，白粲也，春也，皆工役之专务，即此以为罪名。若罚作，若耐，则不名一事，但视其所能者役之。铁官，其一端也。

《隋志》：《梁律》劫身遇赦降死者，髡钳，补冶锁士终身。其下又谪运配材官冶士、尚方锁士。

陈用梁法，常以三月，令御史中丞、侍御史、兰台令史，亲行京师诸狱及冶署，察理囚徒冤枉。

按：《隋书·百官志》："梁少府卿，置材官将军、左中右尚方、东西冶等令丞。"《通典》："宋有东冶、南冶，各置令丞一人，而属少府。齐因之。江南诸郡县有铁者，或置冶令，或置冶丞，多是吴所置。梁、陈有东、西冶，东冶重，西冶轻，其西冶即宋、齐之南冶。"据此是梁有东、西冶署，冶士、锁士盖供役于冶署者。观于陈之察理冶署囚徒，则当日囚徒之集于冶署者众矣。

《魏书·道武帝纪》：天赐元年五月，置山东诸冶，发州郡徒谪造兵甲。

按：此即梁、陈冶士之制。

《宋志》：先是，犯死罪获贷者，多配隶登州沙门岛及通州海岛。太平兴国五年，始令分隶盐亭役之，而沙门如故。

《明会典·拘役囚人》：国初，令罪人得以力役赎罪。死罪拘役终身，徒流照年限，笞、杖计月日，满日疏放。或修造，或屯种，或煎盐炒铁，事例不一，具列于后。

洪武八年，令杂犯死罪者免死，工役终身。徒流照年限工役。官吏受赃及杂犯死罪当罢职役者发凤阳屯种。民犯流罪者凤阳工役一年，然后屯种。

十五年，令笞、杖罪囚悉送滁州种苜蓿，每一十，十日。

十六年，令徒、流、笞、杖罪囚代农民力役赎罪。役十日，准笞二十、杖一十。徒、流各计年。准之。

二十六年，定凡刑部问拟刑名，除真犯死罪的决外，其余笞、杖、徒、流、杂犯死罪应合准工者，议拟明白，审录允当，开送河南部。本部置立文簿，编成字号，注写各囚姓名、年籍、乡贯、住址，并为事缘由、工役年限日期。分豁满日，充军疏放，终身工役。凡遇修砌城垣、街道、修盖官员房屋及起筑功臣坟茔等项，其该衙门移文到部，照依工作处所合用，笞、杖等囚，拨付监工人员收领，前去工役。取讫领状在卷，本司一样造册二本，编写字号并领去囚人姓名、年籍、乡贯、住址及为某事工役、几年几日。分豁满日，充军疏放，终身工役。监工某人，领去某处工作。一本进赴内府，一本咨发工部收照。候各囚工满，监工人员查理役过工程，具呈工部，计算无欠。合准工满，比查原册相同，连人咨发本部，又于原卷簿内查理相同，然后具手本，差官赍赴内府底册内前件顶下注销明白。合疏放者，引赴御桥叩头，下送应天府，今在京，送顺天府。给引宁家。合充军者，付发陕西司，照籍编发。今例折纳工价，惟引赴御桥叩头仍旧。

三十五年，令拨徒罪囚人充国子监膳夫，照年限拘役。

又令罪囚工役。笞罪每等五日。杖罪每等十日。徒罪准所徒年月，加以应杖之数。流罪三等，俱四年一百日。杂犯死罪，工役终身。

永乐二年，奏准徒、流发充恩军者，于长安左右门造守卫官军饭食，于汉、赵二府牧马。不充军者，充国子监膳夫，将军军伴土工，或于北京为民种田、遵化炒铁，或自买船递运，或摆站运盐。笞、杖罪止铸钱准工。

十一年，令囚徒运粮无力者，发天寿山种树。死罪终身，徒、流各照年限，杖罪每等五百株，笞罪每等一百株。

宣德二年，令匠役杂犯死罪锁镣，终身工役。徒、流、笞、杖罪，论年限工役。

五年，令罪囚无力运砖者，杂犯死罪准杂工五年，徒、流各依年限准工，杖罪准工十个月，笞罪准工五个月。

正统五年，令因犯无力赎罪者，沿海边卫旗军舍余，照旧例的决，还役随住。陕西民杂犯死罪，文职官吏、知印承差、赃罪满贯，照例发庄浪等卫、安远等递运所充军摆站，其余各处军职旗军舍余，笞杖的决。杂犯死罪五年，流罪四年，徒罪照徒年限。福建、浙江、山东发本处沿海，贵州、四川、广西、云南、陕西、湖广发本处沿边，广东发广西沿边，江西、南直隶发浙江金山卫沿海，北直隶、河南发宣府，俱送总兵官处定拨卫所立功，备御哨瞭，满日发回卫所，还职著役。民人、阴阳人等俱发附近冲要去处摆站。

十三年，令四川各井灶丁犯罪加役，杂犯死罪者罚役五年，流以下递减年月，俱于本井上工，日加煎盐三斤。

天顺四年，令云南罪囚杂犯死罪并徒流罪无力者解发各场煎银，死罪五年，流罪四年，徒罪各照年限。

成化十六年，令问发运灰、运炭等项罪囚，有贫难无力监追半年之上，运纳不及者，许送所司告送原问衙门，原系军民舍余及例该革去职役之人，俱照例改拨做工摆站，其例该复还职役之人，有贫难情愿做工者亦与改拨。

弘治二年，令内外徒罪囚犯，不分军民舍余，无力者，俱决讫所犯杖数，照徒年限，发遣做工炒铁等项科拟。

十三年奏定：凡乐户杂犯死罪，无力做工，流罪决杖一百，拘役四年。徒杖笞罪，俱不的决，止拟拘役，满日著役。若犯窃盗、掏摸、抢夺等项，亦刺字充警。

嘉靖二十四年题准：问刑衙门除军职旗军舍余外，凡问发囚徒俱定与本县驿递，若本县驿递不系冲要，或无原设驿递，俱定发本府或本州岛冲要驿递摆站。

万历三年题准：各处充徒人犯二年半以下，原系犯徒减等情轻者，分发本州县，拘羁摆站做工，定拨轻役。军灶徒犯，亦听定拨本场煎盐，本境哨瞭。其三年以上罪重者，仍照旧行。

准工则例：每徒一年，盖房一间，余罪三百六十日，准徒一年，共盖房一间。杖罪不拘杖数，每三名共盖房一间。每正工一日，钞买物料等项八百文为准，杂工三日为准。挑土并砖瓦，附近三百担，每担重六十斤为准。半里二百担，一里一百担，二里五十担，三里三十五担，四里二十五担，五里二十担，六里一十七担，七里一十五担，八里一十三担，九里一十一担，十里一十担。打墙，每墙高一丈，厚三尺，阔一尺，就本处取土为准。

囚徒该拨厂，分真犯窃盗，计赃以窃盗论，常人盗仓库钱粮、常人盗官畜产、卑幼盗己家财、雇工人盗家长财物，拨台基厂、八里庄黑窑修仓。其计赃准窃盗、监守自盗、仓库钱粮盗赃而故买，拨马鞍炭厂、周日灰厂、大峪楸棍厂、瓷家务灰厂、寅洞山厂、西山斋堂炭厂、杨村南北厂、尹儿湾南北厂、蔡村掘河独流厂。

永乐三年奏准：凡犯笞杖罪，无力准工，许诣屯所，为民种田，听官给牛具、种子。

十七年，令做工罪囚并杂犯罪，准并工运砖。

正德十六年题准：囚犯该运灰炭者，止令赴部秤收，每灰炭一百斤各加耗五斤，付各该衙门催事人役领回应用。如愿收价，照原定数目，每灰一百斤折与银一钱二分，炭一百斤与银一钱五分，俱免犯人亲纳，违者著科，道官参究。

嘉靖二十三年奏准：凡致司送部做工运灰炭囚犯，置簿钤印，给各委官收掌登记，领过囚数名及做过工程办过物料。其囚犯不愿做工运灰炭者，折纳工价。每季终，主事亲诣缮工司查验，价送节慎库，为雇募砖炭等项运赴各工，如有侵收工价、虚报物料者，呈部参问。

计内府年例：灰炭、御用监水和炭三十万斤。

隆庆三年题准：召商买办兵仗局水和炭五十万斤，内官监水和炭二十五万斤，织染局石灰七万斤，宝钞石灰一十二万二千五百斤，供用库石灰一万三千三百三十三斤，以上俱刑部拨发。近年运炭多系折色，送屯田司帖节慎库，遇额数不多，动支买办上纳。

洪武十八年，诏圣贤之后犯工役者，俱免。

二十八年，诏凡罚役死者，免追家属补役。

按：徒刑以徒役得名，而历代罪人之拘役者亦不尽皆充徒之人。在北周以前，徒刑本曰年刑，而拘役有不以年计者。如秦、汉之谪吏，随事谪发。梁、陈之冶锁士，或至终身充役。北周定名曰徒，则犯徒者心应拘役。隋则流罪亦有居作之事，唐、宋承之，拘役者不以役限明，则自杂犯死罪以至笞杖皆得以力役赎罪，于是除真犯死罪外，遂无不充役之人。其后则应役者又得以钱钞赎，而赎法遂繁，拘役之事亦渐废弛。盖法久弊生，不能不变，变而不善，其弊益滋。创法难，变法尤难，此不可不慎者也。

囚

《夏本纪》：夏桀不务德而武伤百姓，百姓弗堪。乃召汤而囚之夏台，已而释之。《索隐》："狱名。夏曰均台。皇甫谧曰'地在阳翟'是也。"

《书·泰誓》：囚奴正士。传："箕子正谏而以为囚奴。"武成释箕子囚。

《史记·殷本纪》：箕子惧，乃详狂为奴，纣又囚之。

《周礼·叙官·掌囚》注："囚，拘也。"《说文》："囚，系也。"

按：据《史记》之文，囚、奴是两事，先奴而后囚也。

《殷本纪》：纣囚西伯羑里。《集解》："《地理志》曰，河内汤阴有羑里城，西伯所拘处。"

《左传》：襄三十一年，纣囚文王七年，诸侯皆从之囚。纣于是乎惧而归之。

《书·蔡仲之命》：囚蔡叔于郭邻。传："囚，谓制其出入。郭邻，中国之外地名。"

按：此放而又囚者。

《左传》：僖二十八年，执卫侯，归之于京师，置诸深室。注："深室，别为囚室。"

按：此与后世之监禁无异。

《管子·大匡》：凡庶人欲通，乡吏不通，七日囚；出欲通，吏不通，五日囚。出，谓欲适他国。贵人子欲通，吏不通，三日囚。

按：此似即后世监禁之法，乃其最轻者，故以七日、五日、三日为限。

《左传》：宣二年春，郑公子归生受命于楚，伐宋。宋华元、乐吕御之。二月壬子，战于大棘，宋师败绩，囚华元，获乐吕。

十二年，楚熊负羁囚知罃。知庄子以其族反之，厨武子御，下军之士多从之。射连尹襄老，获之，遂载其尸。射公子谷臣，囚之。以二者还。

十五年，宋人使乐婴齐告急于晋。晋侯欲救之。伯宗曰："不可。"乃止。使解扬如宋，使无降楚，曰："晋师悉起，将至矣。"郑人囚而献诸楚。

成七年秋，楚子重伐郑，师于氾。诸侯救郑。郑共仲、侯羽军楚师，囚郧公钟仪，献诸晋。晋人以钟仪归，囚诸军府。注："军藏府也。"九年，晋侯观于军府，问之曰："南冠而絷者，谁也？"有司对曰："郑人所献楚囚也。"使税之。注："絷，拘执。税，解也。"

按：絷，系也，盖以狱具系之，故使解脱之也。此古者监禁之制如此。

九年，莒人囚楚公子平，楚人曰："勿杀！吾归而俘。"莒人杀之。

十六年，囚楚公子茷。

按：十七年《传》"乐书怨却至，使楚公子茷告公"，是晋以公子茷归，尚得见晋君，不若钟仪之囚诸军府。

襄二十六年《传》：楚子、秦人侵吴，及雩娄，闻吴有备而还。遂侵郑。五月，至于城麇。郑皇颉戍之。出与楚师战，败。穿封戌囚皇颉。楚人以皇颉归。印堇父与皇颉戍城麇，楚人囚之，以献于秦。

卫侯如晋，晋人执而囚之于士弱氏。注："士弱，晋主狱大夫。"

按：此言执而囚之，是凡言执者不皆囚之也。

定五年《传》：阳虎囚季桓子及公父文伯。注："阳虎欲为乱，恐二子不从，故囚之。"

九年《传》：齐侯执阳虎，将东之。阳虎愿东，乃囚诸西鄙。尽借邑人之车，锲其轴，麻约而归之。载葱灵，寝于其中而逃。追而得之，囚于齐。又以葱灵逃，奔宋，遂奔晋，适赵氏。

十三年，晋赵鞅谓邯郸午曰："归我卫贡五百家，吾舍诸晋阳。"午许诺。归告其父兄，父兄皆曰："不可。卫是以为邯郸，而置诸晋阳，绝卫之道也。不如侵齐而谋之。"乃如之，而归之于晋阳。赵孟怒，召午而囚诸晋阳。使其从者说剑而入，涉宾不可。乃使告邯郸人曰："吾私有讨于午也，二三子唯所欲立。"遂杀午。

按：囚而从者仍得入，是未绝其交通也。后世监犯，亲人得入视，正如此。

哀六年，齐陈乞弑其君荼。《传》：使胡姬以安孺子如赖。去鬻姒，杀王甲，拘江说，囚王豹于句窦之丘。按：安孺子即荼也。

八年《传》：齐侯使如吴请师，将以伐我。乃归邾子。邾子又无道，吴子使大宰子余讨之，囚诸楼台，栫之以棘。栫，拥也。使诸大夫奉太子革以为政。

按：此即后世之监禁。

《吴越春秋》四：吴王知范蠡不可得为臣，谓曰："子既不移其志，吾复置子于石室之中。"范蠡曰："臣请如命。"吴王起，入宫中，越王、范蠡趋入石室。吴王曰："诛讨越寇，囚之石室。"

按：《史记·越世家》无此事。又大夫扶同曰"文王囚于石室"，他书亦未见。

《史记·孟尝君传》：齐愍王二十五年，复卒使孟尝君入秦，昭王即以孟尝君为秦相。人或说秦昭王曰："孟尝君贤，而又齐族也，今相秦，必先齐而后秦，秦其危矣。"于是秦昭王乃止。囚孟尝君，谋欲杀之。

《汉书·外戚传》：惠帝立，吕后为皇太后，乃令永巷囚戚夫人。

按：《汉书·百官公卿表》少府属官有永巷令丞，武帝改永巷为掖庭。《宣纪》"暴室"，应劭曰"宫人狱也"，属于掖庭。《史记·外戚世家》"钩弋夫人送掖庭狱"。然则永巷有狱焉，故令永巷囚戚夫人也。《续汉书·百官志》掖庭令有暴室丞一人，主中妇人疾病者，就此室〔治〕；其皇后、贵人有罪，亦就此室。

《初学记》二十：《风俗通》曰："囚，遒也。言辞穷情，得以罪诛遒。也《礼》'罪人置诸圜土'，故'囚'字为□守人，此其象也。"

按：此《风俗通》逸文，又见《意林》及《御览》六百四十二。

《尔雅》："囚，拘也。"《说文》："囚，系也。从人在□中。"

按：□，回也，象回所之形，围绕字当用此。人在□中则不得出矣，故图、圙等字皆从□。

《山海经·海内西经》："贰负之臣曰危，危与贰负杀窫窳。帝乃梏之疏属之山，梏，犹系缚也。桎其右足，反缚两手与发，系之山上木。在开题西北。"《海内经》："北海之内，有反缚盗械、带戈常倍之〔佐〕，名曰相顾之尸。"亦贰负臣危之类。

按：此二事甚怪，并囚系也，不知时代，故附于后。

枷号

《周礼·秋官·大司寇》：以嘉石平罢民。注："嘉石，文石也，树之外朝门左。平，成也，成之使善。"疏："嘉，善也，有文乃称嘉，故知文石也。欲使罢民思其文理以改悔自修。"凡万民之有罪过而未丽于法而害于州里者，桎梏而坐诸嘉石，役诸司空。重罪旬有三日坐，期役；其次九日坐，九月役；其次七日坐，七月役；其次五日坐，五月役；其下罪三日坐，三月役。使州里任之则宥而舍之。注："有罪过，谓邪恶之人所罪过者也。丽，附也。未附于法，未著于法也。役诸司空，坐日讫，使给百工之役也；役月讫，使其州里之人任之，乃赦之宥宽也。"疏："云未丽于法，只谓入圜土为法，此坐嘉石之罢民，未入圜土，差轻故也。云害于州里者，谓语言无忌，侮慢长老。云桎梏而坐诸嘉石者，谓坐时坐日满，役诸司空则无桎梏也。云使州里任之者，仍恐习前为非而不改，故使州长里宰保任乃舍之，以稍轻，入乡即得与乡人齿，亦无垂缕五寸之事也。"王氏安石云："州里任之则宥而舍之，则无任者终不舍焉，是乃使州里相安也，非特如此而已，司空之役不可废也。与其傜平民而苦之，孰若役？此以安州里之为利也。"邱氏濬云："此后世役罪人以工庸而里正相保伍者，其原出于此。"

《地官·司救》：掌万民邪恶，过失而诛让之，以礼防禁而救之。注："邪恶，谓侮慢长老，语言无忌，而未丽于罪者。过失亦由之邪恶、酗茜好讼，若抽拔兵器误以行伤害人丽于罪者。诛，诛责也，古者重刑且责怒之，未即罪也。《释文》'酗，况付反；茜，音咏'。"疏："此经与下文二经为总目也，则云邪恶谓坐嘉石之罢民不入圜土者，过失谓不坐嘉石入圜土者也。云酗茜者，孔注《尚书》云'以酒为凶曰酗'，此据字，酒旁为凶，是因酒为凶者也。若然，茜者，荣下作酉，小人饮酒一醉，日富亦因酒为荣，俱是'酒'之省'水'之字也。"凡民之有邪恶者，三让而罚，三罚而士加明刑，耻诸嘉石，役诸司空。注："罚谓挞击之也。加明刑者，去其冠饰而书其邪恶之状，著之背也。"其有过失者，三让而罚，三罚而归于圜土。注："过失近罪，昼日任之以事而收之，夜藏于狱，亦如明刑以耻之，不使坐嘉石，其罪已著，未忍刑之。"疏："云收者，以其罪重使人收敛之，不使漫游。"

《宋史·太宗纪》：淳化三年八月，释岭南东、西路罚作荷校者。明《大诰》有断趾枷令、常枷号令、枷项游历等名。

按：枷号之制，历代未见，周世嘉石桎梏而坐，乃其权舆也，然至多以旬有三日为限，少者三日而已。明祖《大诰峻令》始有枷令名目，其常枷号令盖即今日之永远枷号矣。然明祖虽用之而未尝著为常法，故《明史·刑法志》不详其制，惟《问刑条例》问拟枷号者凡五十三条，有一月、两月、三月、半年之别，皆不在常法之内。又有用一百斤及一百二十斤枷者，尤不可以为常法也。至《大诰峻令》三项，《条例》中未见，盖已废而不用矣。

明《问刑条例》：凡枷号人犯，除例有正条及催征税粮用小枷枷号朝枷夜放外，敢有将罪轻人犯用大枷枷号伤人者，奏请降级调用。因而致死者，问发为民。

按：明代滥用枷号，致有伤害人命之事，故又定此专条。

《明史·刑法志》：宣德三年，怒御史严皑、方鼎、何杰等沉湎酒色，久不朝参，命枷以徇。自此言官有荷校者。至正统中，王振擅权，尚书刘中敷，侍郎吴玺、陈瑄，祭酒李时勉率受此辱。

按：枷令之法，太祖创之，乃致辱及大臣，作法于凉，其敝至此，可为好用重法者戒。

罚金

《周礼·秋官·职金》：掌受士之金罚、货罚，入于司兵。详赎。

《吕刑》：两造具备，师听五辞。五辞简孚，正于五刑。五刑不简，正于五罚。五罚，出金赎罪。五罚不服，正于五过。正于五过，从赦免。五刑之疑有赦，五罚之疑有赦，其审克之。刑疑赦从罚，罚疑赦从免。其当清察，能得其理。

按：旧说罚金即赎刑，然以《吕刑》之文考之，则罚与赎当为二事。言五罚，是罚有五等，五罚次于五刑，则五刑当各有罚，此五罚常刑也，非疑而赦者也，五罚有疑则赦从免矣。《职金》之金罚，当亦常刑，乃周之旧制。穆王训夏作赎刑，专谓五刑之疑赦者，与旧制之金罚各为一法。蔡九峰谓鞭扑之可议者许赎，夫可议者即可疑者也，以此文论之则从免矣，尚何赎之有哉？

《地官·司市》：国君过市则刑人赦，夫人过市罚一幕，世子过市罚一帟，命夫过市罚一盖，命妇过市罚一帷。注："市者人之所交利而行刑之处，君子无故不游观焉，若游观则施惠以为说也。国君则赦其刑人，夫人、世子、命夫、命妇则使之出罚，异尊卑也。必罚幕、帟、盖、帷，市者众也，此四物者在众之用也。"

按：此非罚金也，而事与罚金相类，故附于此。古者市自有垣，不为衢路，故可以申斯令禁，今则市为四达之衢，又安能禁之哉？

《齐语》：小罚谪以金分。韦昭注："今之罚金是也。《管子·中匡》'过罚以金'。"

按：此管仲之制，详赎下。其法死罪、刑罪以甲兵赎，小罪则罚金，似以赎、罚分轻重矣。

汉《乙令》：跸先至而犯者罚金四两。《史记·张释之传》如淳注。汉《宫卫令》：诸出入殿门公车司马门，乘轺传者皆下，不如令，罚金四两。同上。《汉书》注无"乘轺传"三字。汉《令甲》：诸侯在国，名田他县，罚金二两。《汉书·哀纪》注。

《史记·张释之传》：其后拜释之为廷尉。顷之，上行出中渭桥，有一人从桥下走出，乘舆马惊。于是使骑捕，属之廷尉。释之治问。曰："县人来，闻跸，匿桥下。久之，以为行已过，即出，见乘舆车骑，即走耳。"释之奏当，一人犯跸，当罚金。上怒曰："此人亲惊吾马，吾马赖柔和，令他马，固不败伤我乎？而廷尉乃当之罚金！"释之曰："法者天子所与天下公共也。今法如此而更重之，是法不信于民也。且方其时，上使立诛之则已。今已下廷尉，廷尉，天下之平也，壹倾［而］天下用法皆为轻重，民安所措其手足？唯陛下察之。"良久，上曰："廷尉当是也。"

按：汉之罚金，载在律令，是汉初即有之。赎为武帝以后事，与罚金各为一法也。

《晋书·刑法志》："律之初制，无免坐之文，张汤、赵禹始作监临部主见知故纵之例。其见知而故不举劾，各与同论，失不举劾，各以赎论。"

按：此文谓汉法也，亦武帝时有赎之一证。

《晋志》：魏明帝改士庶罚金之令，男听以罚金。

魏法：罚金六。详总考。

晋有杂抵罚金五等之差。详总考。

《晋律》：失赎罪囚，罚金四两也。以金罚相代者，率金一两以罚当十也。《御览》六百五十一。

《晋律》注：金等不过四两。详赎。

《梁律》：罚金五等。详总考。将吏已上及女人应有罚者，以罚金代之，其以职员应罚及律令指名制罚者，不用此令。《隋志》。

《陈律》：公坐过误罚金。详总考。

按：罚金之名，始见于《职金》而详于《管子》，罪之最轻者用之，罚与赎义有别。《说文》："罚，罪之小者，从刀、詈，未以刀有所贼，但持刀骂詈则应罚。""赎，贸也。"贸易财也。五罚轻于五刑，罚为犯法之小者，而刑为犯法之重者。凡言罚金者，不别立罪名，而罚金即其名在五刑之外自为一等。凡言赎者，皆有本刑，而以财易其刑故曰赎，赎重而罚金轻也。古者辞多通用，罚亦可称刑，凡经传之言刑者，罚亦该于其内，赎亦可称罚。《吕刑》之五刑疑赦，皆曰其罚若干锾，浑言之则义本相通，析言之则名自有别，不容混也。汉以罚金为常法，而赎则武帝始行之，下逮魏晋六代南朝并承用斯法。北朝魏及齐周并有赎而无罚金，隋唐承之，于是罚金之名无复有用之者。近日东瀛刑法有罚金一项，其事则采自西方，其名实本之于古，论者不察，辄诋为欧人之法，不宜于中华，曷勿陈，故籍而一考之。

《宋志》：仁宗时，刑部尝荐详覆官，帝记其姓名，曰："是尝失入人罪不得迁官者，乌可任法吏？"举者皆罚金。

《哲宗纪》：元丰八年四月，水部员外郎王谔非职言事，坐罚金。

按：宋无罚金之刑，此所谓罚金，恐即后来之罚俸也。

《元史·刑法志》：诸犯界酒，十瓶以下，罚中统钞一十两，笞二十，七十瓶以上，罚钞四十两，笞四十七，酒给元主。酒虽多，罚止五十两，罪止六十。

按：此条言罚钞，颇与罚金之名相似，《元典章》则称追钞，似为充赏之用。《元典章》别有酝造私酒追钞之条，是其比也，与罚金之义微有不同。

因系

《汉书·惠纪》：爵五大夫、吏六百石以上及宦皇帝而知名者有罪当盗械者，皆颂系。注如淳曰："盗者逃也，恐其逃亡，故著械。颂者容也，言见宽容，但处曹舍，不入狴牢也。"师古曰："宦皇帝而知名者，谓虽非五大夫爵、六百石吏，而早事惠帝，特为所知，故亦优之。盗械者，凡以罪著械皆得称焉，不必逃亡也。古者颂与容同。"

按：《诗·巧言》"君子信盗"。传"逃也"。疏："《风俗通》亦云'盗，逃也'。言其昼伏夜奔，逃避人也。"是盗逃乃古义，如说是。师古不明古义，遂有不必逃亡之语，而未为盗字作解，此其疏也。

狱囚著械，古制已然，颂系不着械，若今时之散禁也。

《刑法志》：孝景三年，复下诏曰："高年老长，人所尊敬也；鳏寡不属逮者，人所哀怜也。其著令：年八十以上、八岁以下，及孕者未乳，师古曰：'乳，产也。'师、朱儒如淳曰：'师，乐师盲瞽者。朱儒，短人不能走者。'当鞠系者，颂系之。"师古曰："颂读曰容。容，宽容之，不桎梏。"

《宣纪》：地节四年九月，诏曰："令甲，死者不可生，刑者不可息。师古曰：'息谓生长，言劓、刖、膑、割之徒不可更生长，亦犹谓子为息耳。'此先帝之所重，而吏未称。今系者或以掠辜若饥寒瘐死狱中，苏林曰：'瘐，病也。囚徒病，律名为瘐。'如淳曰：'律，囚以饥寒而死曰瘐。'师古曰：'瘐，病是也。此言囚或以掠笞及饥寒与疾病而死。如说非矣。瘐音庾，字或作瘉，其音亦同。'何用心逆人道也！朕甚痛之。其令郡国岁上系囚以掠笞若瘐死者所坐名、县、爵、里，师古曰：'名，其人名也。县，所属县也。爵，其身之官爵也。里，所居邑里也。'丞相御史课殿最以闻。"师古曰："凡言殿最者：殿，后也，课居后也；最，凡要之首也，课居先也。殿音丁见反。"惠氏栋曰：案下文"掠笞若瘐死"，则苏、如二说相兼乃备。

按：苏、如二氏并曹魏时人，其时汉律尚存，皆及见之。所言律者，汉律也，其说自可信。师古以如说为非，是未知如说之本于汉律也。今时狱囚监毙，管狱官例有处分，其法实仿于此。

《平纪》：元始四年春正月，诏曰："盖夫妇正则父子亲，人伦定矣。前诏有司复贞妇，归女徒，诚欲以防邪辟，全贞信。及眊悼之人，刑罚所不加，圣王之所制也。惟苛暴吏多拘系犯法者亲属，妇女老弱，构怨伤化，百姓苦之。其明敕百僚，妇女非身犯法，及男子年八十以上、七岁以下，家非坐不道，诏所名捕，它皆无得系。张晏曰：'名捕，谓下诏特所捕也。'其当验者，即验问。师古曰：'就其所居而问。'定著令。"

《后汉书·光武纪》：建武三年秋七月庚辰，诏曰："男八十以上，十岁以下，及妇人从坐者，自非不道，诏所名捕，皆不得系。当验问即就验。女徒顾山归家。"

按：老小勿系，三诏老者，八十以上皆同。小者，景八岁以（上）〔下〕平七岁，光武十岁。平帝政出王莽，光武为宽矣。

五年五月丙子，诏曰："久旱伤麦，秋种未下，朕甚忧之。将残吏未胜，狱多冤结，元元愁恨，感动天气乎？其令中都官、三辅、郡国出系囚，罪非犯殊死一切勿案，见徒免为庶人。务进柔良，退贪酷，各正厥事焉。"

按：此因旱而出系囚。七年正月诏同，其后屡行之，不备录。

《隋志》：《梁律》：耐罪囚八十已上，十岁已下，及孕者、盲者、朱儒当械系者，及郡国太守相、都尉、关中侯已上，亭侯已上之父母妻子，及所生坐非死罪、除名之罪，二千石已上非槛征者，并颂系之。

按：老小不系，小以十岁为限，承东京之制。

《魏书·孝文纪》：太和十一年十一月戊申，诏曰："朕惟上政不明，令民陷身罪戾。今寒气劲切，杖捶难任。自今月至来年孟夏，不听拷问罪人。又岁既不登，民多饥窘，轻系之囚，宜速决之，无令薄罪久留狱犴。"

《隋志》：北齐河清三年，奏上《齐律》，自犯流罪以下合赎者，及妇人犯刑已下，侏儒、笃疾、癃残非犯死罪，皆讼系之。

按：讼系即颂系。

《唐六典》：杖笞与公坐徒，及年八十八岁、废疾、怀孕、侏儒之类，皆讼系以待弊。

《宋史·理宗纪》：景定四年十二月，诏在京置窠栅、私系囚并非法狱具，台宪其严禁戢，违者有刑。

《度宗纪》：咸淳元年七月癸亥，禁在京置窠栅，私系囚。

按：窠栅之形式如何，无可考，盖即今时班馆之类。

徒

《书·说命》：说筑傅岩之野。传："傅氏之岩在虞、虢之界，通道所经，有涧水坏道，常使胥靡刑人筑护此道。说贤而隐，代胥靡筑之，以供食。"疏："《史记·殷本纪》云，是时说为胥靡，筑于傅险。晋灼《汉书音义》云，胥，相也。靡，随也。古者相随坐，轻刑之名。言于时筑傅险则以杵筑地。傅说贤人，必身不犯罪，言其说为胥靡，当是时代胥靡也。皇甫谧云，高宗梦天赐贤人胥靡之衣，蒙之而来，且云我徒也，姓傅名说，天下得我者岂徒也哉？武丁悟而推之曰，傅者相也，说者欢悦也，天下当有傅我而说民者哉？明以梦视百官，百官皆非也，乃使百工写其形象，求诸天下。果见筑者胥靡衣褐，带索执役于虞、虢之间傅岩之野。名说，以其得诸傅岩，谓之傅说。案：谧言初梦即云姓傅名说，又言得之傅岩谓之傅说，其言自不相副。谧惟见此书，傅会为近世之语，其言非实事也。"《汉书·楚元王传》：申公、白生独留。王戊稍淫暴，二十年，为薄太后服私奸，削东海、薛郡，乃与吴通谋。二人谏，不听，胥靡之，衣之赭衣，使杵臼雅舂于市。注应劭曰："《诗》云'若此无罪，沦胥以铺'。胥靡，刑名也。"晋灼曰："胥，相也。靡，随也。古者相随坐轻刑之名。"师古曰："联系使相随而服役之，故谓之胥靡，犹今之役因徒以锁联缀耳。晋说近之，而云随坐轻刑，非也。"

按：胥靡之名，惟见此二事，他无可证。傅说事疑为周代圜土罢民之比，弗使冠饰而任之以事者，古者未闻罪人以徒为名。皇甫谧之说，孔疏谓傅会为近世之语是也。申公、白生杵臼雅舂，似即城旦舂之舂，观本《传》语意，亦不以胥靡为罪名，应劭之说恐未必是，晋灼注颜已驳之。

《周礼·秋官·大司寇》：以嘉石平罢民。凡万民之有罪过而未丽于法而害于州里者，桎梏而坐诸嘉石，役诸司空。重罪旬有三日坐，期月役；其次九日坐，九月役；其次七日坐，七月役；其次五日坐，五月役；其下罪三日坐，三月役。使州里任之，则宥而舍之。《司圜》：掌收教罢民。凡害人，弗使冠饰而加明刑焉，任之以事而收教之。能改者，上罪三年而舍，中罪二年而舍，下罪一年而舍。其不能改而出圜土者，杀。虽出三年不齿。

按：肺石之制与今之枷号相似，特此制既坐而又役之，与枷号不同。圜土之制实为后来徒罪之所昉，三年、二年、一年亦徒分五等之所昉，特此则聚而教之，后之徒罪但属于官，不以圜土聚之，此与徒罪之不同者也。今日东西各国监禁习艺之法则甚为近之。

《周礼·天官·大宰》：胥十有二人，徒百有二十人。注："此民给徭役者，若今卫士矣。胥读如谞，谓其有才智为什长。"疏："胥有才智为什长，徒给使役，故一胥十徒也。《王制》云，下士视上农夫食九人，禄足以代耕。则府食八人，史食七人，胥食六人，徒食五人，禄其官并亚士，故号庶人在官者也。郑云，若今卫士者，卫士亦给徭役，故以汉法况之。"《小宰》：掌百官府之征令，辨其八职。七曰胥，掌官叙以治叙。八曰徒，掌官令以征令。注："治叙，次序官中，如今侍曹伍伯传吏朝也。征令，趋走给召呼。"疏："云治叙次序官中者，既有才智为什长，当次序官中，须人驱役之，处则科次其徒，故云次叙官中也。云如今侍曹伍伯传吏朝也者，汉时五人为伍。伯，长也，是五人之长。言传吏朝也者，传在朝群吏诸官事务于朝也。云征令趋走给召呼者，其徒止为在朝趋走，供给官人召呼使役之事也。"

按：徒，使也，《广雅·释诂》。众也。《公羊·昭八年传》注。《周礼·地官·司徒》疏郑目录云，司徒主众徒。《诗·绵》"乃召司徒"，笺"司徒，役之事"。《荀子·王霸篇》注"人徒谓胥徒，给徭役者也"。《易·象上》传"舍车而徒"，崔注"徒，尘贱之事也。古者供役使者谓之徒，其人本庶人，故亦训众，其事为人下，故亦曰尘贱之事，非有罪之人也"。三代以上，罪无徒名，若战国时之刑徒、《史记·孙子传》"孙膑以刑徒阴见，说齐使"。黥徒，《范雎传》"令两黥徒夹而马食之"。犹曰受刖之人、受黥之人耳，即《汉书·叙传》之"布实黥徒"，《卫青传》之"有一钳徒相青"，语意亦如是，非指徒罪言也。秦汉始有徒称，然其刑之名为鬼薪、城旦之属，不名为徒，第以此等人供役使之事，故当时称之为徒耳。《唐律疏议》始云"徒者，奴也"，盖奴辱之，其说不知何本，实与古义不合。《论衡·四讳篇》云"被刑谓之徒"，王充虽汉人，亦徇于后起之义，非古也。

《史记·始皇纪》：隐宫徒刑者七十余万人，乃分作阿房宫，或作丽山。

按："徒刑"二字，始见于此，然此文颇有可疑，隐宫之解说者分歧。《黥布传》"及壮，坐法黥。布已论输丽山，《正义》言：'布论决受黥竟，丽山作陵也。时会稽郡输身徒。'丽山之徒数十万人，布皆与其徒长豪桀交通。"所谓丽山之徒，犹《游侠传》言"布衣之徒"，《过秦论》言"迁徙之徒"，谓徒众也。布受黥刑，非徒刑而亦输丽山。《高帝纪》"送徒郦山，徒多道亡"，乃解纵所送徒，此"徒"字明是徒众，可以见丽山之徒不皆曾论徒刑者。秦虽暴虐，亦何至犯徒刑者七十余万之多？此《纪》先言"始皇大怒，使刑徒三千人皆伐湘山树，赭其山"，其文作"刑徒"，此"徒刑"恐有讹。

《始皇纪》：轻者为鬼薪。李斯曰："臣请史官非秦纪皆烧之。非博士官所职，天下敢有藏《诗》、《书》、百家语者，悉诣守、尉杂烧之。令下三十日不烧，黥为城旦。"

按：鬼薪、城旦，并徒役之事，此秦之徒刑也，而其名则曰鬼薪、城旦，可以见秦时并不名徒，前条"徒刑"语未可信也。

汉有罚作及耐罪。详总考。

按：汉罚作为一岁刑，正司寇为二岁刑，鬼薪、白粲为三岁刑，城旦春为四岁刑，其所为并徒役之事。文十三年所定律文为城旦春等名，可知汉律不名徒也。其称为徒者，亦如《周官》胥徒之徒，因供徒役，遂以徒名。凡膺此罪之人，亦皆为供徒役者，故其人亦称为徒，非谓所论之罪名为徒。沿习既久，并罪名亦改为徒，盖自北周始。

《汉书·文纪》二年，民谪作县官及贷种食未入、入未备者，皆赦之。《景纪》：中四年，赦徒作阳陵者。《武纪》：元封二年春，幸缑氏，遂至东莱。夏四月，还祠泰山。至瓠子，临决河，赦所过徒。《宣纪》：元康元年，诏其赦天下徒。五凤元年，赦徒作杜陵者。《元纪》：初元四年，行幸河东，祠后土。赦汾阴徒。永光元年春正月，行幸甘泉，郊泰畤。赦云阳徒。《成纪》：建始二年春正月，上始郊〔祀〕长安南郊。赦奉郊县长安、长陵及中都官耐罪徒。河平四年春正月，赦天下徒。鸿嘉元年春二月，行幸初陵，赦作徒。注师古曰："徒人之在陵作役者。"《哀纪》：建平二年夏四月，赦天下徒。《平纪》：元始元年秋九月，赦天下徒。二年九月，赦天下徒。

按：汉代赦徒之典，文帝时曰"谪作"，其后曰"徒作"、曰"作徒"、曰"耐罪徒"，皆谓有罪作役之人，非其刑名曰徒刑也。夷考其义，因其充徒役，故谓之徒。周之徒，庶人在官充役者也，汉之徒，有罪在官充役者也，其人异，其义同。故属于铁官者曰铁官徒，《成纪》："阳朔三年夏六月，颍川铁官徒申屠圣等百八十人杀长吏，盗库兵，自称将军。永始三年，山阳铁官徒苏令等二百二十八人攻杀长吏，盗库兵，自称将军。"属于三辅太常者曰三辅太常徒，《昭纪》、《赵充国传》。属于中都官者曰中都官徒，《后书·和纪》。亦曰三辅中都官徒，《宣纪》。女曰女徒，见下。笃癃老小女徒曰笃癃老小女徒，同上。见充者曰见徒。见下。《论衡》"被刑谓之徒"，张斐《律序注》"罪已定为徒"，自是，徒之名专属于有罪充役之人，而有罪未定囚禁之人亦谓之囚徒矣。

女徒见《宣纪》、《平纪》。详总考。汉《令甲》：女子犯罪，作如徒六月，顾山遣归。说以为当于山伐木，听使入钱顾功直，故谓之顾山。《平纪》注引。《后汉书·光武纪》：女徒雇山归家。注："《汉书音义》曰：《令甲》，女子犯徒遣归家，每月出钱雇人于山伐木，名〔曰〕雇山。"

按：《后书》注引《令甲》与《前书》所引不同，当以《前书》为是。"女子犯罪"为句，"作如徒"为句。作如徒者，言其罪应作役如男子之徒役也，说以为云云，乃律说也。《后书》之注，传写有讹夺。

复作徒，见《宣纪》女徒复作注。详总考。

《汉书·昭纪》：元凤元年，武都氐人反，遣执金吾马适建、龙额侯韩增、大鸿胪广明将三辅、太常徒，皆免刑击之。苏林曰："是时太常主诸陵县治民也。"《宣纪》：神爵元年，西羌反，发三辅、中都官徒弛刑。李奇曰："弛，废也。谓若今徒解钳钛赭衣，置任输作也。"师古曰："中都官，京师诸官府也。《汉仪注》长安中诸官狱三十六所。弛刑，李说是也。若今徒囚但不枷锁而责保散役之耳。"《赵充国传》：时上已发三辅、太常徒弛刑。师古曰："弛［刑］谓不加钳釱者也。弛之言解也。"《后汉书·光武纪》：建武十二年，遣骠骑大将军杜茂将众郡施刑屯北边，筑亭候，修烽燧。注："施，读曰弛。弛，解也。"二十二年秋九月戊辰，地震裂。遣谒者案行，其死罪系囚在戊辰以前，减死罪一等；徒皆弛解钳，衣丝絮。注："弛，解脱也。《仓颉篇》曰：'钳，釱也。'音奇炎反。《前书音义》曰：'釱，足钳也。'音徒计反，又大盖反。旧法，在徒役者不得衣丝絮，今赦许之。"二十六年，于是云中、五原、朔方、北地、定襄、雁门、上谷、代八郡民归于本土。遣谒者分将施刑补理城郭。"施"与"弛"同。《前书·宣纪》"女徒复作"，注孟康曰："复，音服，谓弛刑徒也，有赦令诏书去其钳釱赭衣。更犯事，不从徒加，与民为例，故当复为官作，满其本罪年月日，律名为复作也。"

按：据孟康之说，是弛刑徒即复作徒，观《赵充国传》，是充徒役者解其刑谓之弛刑，即《昭纪》之免刑。《光武纪》但曰施刑，惟《孝和纪》"永元三年冬十月癸未，行幸长安"，"十二月庚辰，至自长安，减弛刑徒从驾者刑五月"，以"弛刑徒"连文。充国之弛刑发以屯边，《光武纪》之"施刑发以充役"，并与复作之义不合，孟康之说有未尽也。

《光武纪》：建武五年五月，诏见徒免为庶人。七年正月诏同。

按：见，胡甸反，俗作现。见徒，见充徒役者。

《御览》六百四十二：孔融《肉刑论》曰：今之洛阳道桥，作徒困于厮役，十死一生，故国家尝遣三府请诏月一案行，又置南甎官使者主养病徒，仅能存之。语所谓洛阳豪徒韩伯密，加笞十中一，髡头至耳发诣膝。此自为刑，非国法之意。

按：作徒至于十死一生，情殊可悯，当时设官以案行之，病者养之，所以待之者亦云至矣，此汉法之善者也。此文《孔集》未收。百三家本。汉之徒大约多在本土，有事则征发之。钟离意辞大司徒府而送徒河内，见《后书·意传》。此由都下发往外郡之证也。在本土故逃亡者少，晋以后，情形盖不同矣。

魏髡刑四，完刑、作刑各三。详总考。

《御览》六百四十二：《晋律》曰：髡钳五岁刑，笞二百。若诸主亡诈伪将吏、越武库垣、兵守逃归家、兄弟保人之属，并五岁刑也。四岁刑。若复上阑沃殿问上变事、通露泄选举事、谋发密事、殴兄姊之属，并四岁刑。三岁刑。

若伤人上而谤、伪造官印、不忧军事、戏杀人之属，并三岁刑也。二岁刑。二岁刑减一等入罚金，三岁至五岁刑皆耐罪，皆越成作拼。走马众中有挟天文图谶之属，并为二岁刑。张斐《律序》曰：徒加不过六，囚加不过五，罪已定为徒，未定为囚。累作不过十二岁，五岁徒犯一等加六岁，犯六等加为十二岁作。累笞不过千二百。五岁徒加六等，笞之一千二百。

按：《晋律》久亡，此其仅存者。张斐，《晋志》作"张裴"，其《律序》见《晋志》而无注文。

张裴《律序》：刑等不过一岁。《晋志》。

《晋志》刘颂复肉刑表：今为徒者，类性元恶不轨之族也，去家悬远，作役山谷，饥寒切身，志不聊生，虽有廉士介者，苟虑不首死，则皆为盗贼，岂况本性奸凶无赖之徒乎！又令徒富者输财，解日归家，乃无役之人也。贫者起为奸盗，又不制之虏也。不刑，则罪无所禁；不制，则群恶横肆。为法若此，近不尽善也。是以徒亡日属，贼盗日烦，亡之数者至有十数，得辄加刑，日益一岁，此为终身之徒也。自顾反善无期，而灾困逼身，其志亡思盗，势不得息，事使之然也。古者用刑以止刑，今反于此。诸重犯亡者，发过三寸辄重劓之，此以刑生刑；加作一岁，此以徒生徒。亡者积多，系囚猥畜。议者曰囚不可不赦，复从而赦之，此为刑不制罪，法不胜奸。下知法之不胜，相聚而谋为不轨，月异而岁不同。故自顷年以来，奸恶陵暴，所在充斥。

按：徒刑之敝，在晋已然，此疏所言，极为痛切，而究不能变通者，未得其术也。苟有其术矣，而必谓旧法之不可改也，何哉？刘颂言"终身之徒"，与张斐所言"徒加不过六，累作不过十二岁"者不合，殆渡江之后，旧法已不尽遵行与。

梁耐罪四。详总考。

隋《刑法志》：帝锐意儒雅，疏简刑法，自公卿大臣，咸不以鞫狱留意。奸吏招权，巧文弄法，货贿成市，多致枉滥。大率二岁刑已上，岁至五千人。是时徒居作者具五任，其无任者，著斗械。若疾病，权解之。是后囚徒或有优剧。大同中，皇太子在春宫视事，见而愍之，乃上疏曰："臣以比时奉敕，权亲京师杂事。切见南北郊坛、材官、车府、太府下省、左装等处上启，并请四五岁已下轻囚，助充使役。自有刑均罪等，愆目不异，而甲付钱署，乙配郊坛。钱署三所，于辛原作'辛'，当'辛'之讹。为剧，郊坛六处，在役则优。今听狱官详其可否，舞文之路，自此而生。公平难遇其人，流泉易启其齿，将恐玉科重轻，全关墨绶，金书去取，更由丹笔。愚谓宜详立条制，以为永准。"帝手敕报曰：
"顷年以来，处处之役，唯资徒谪，逐急充配。若科制繁细，义同简约，
切须之处，终不可得。引例兴讼，今兹方始，防杜奸巧，自是为难。更
当别思，取其便也。"竟勿之从。

按：观于梁武言"处处之役"、"逐急充配"，是当日公家之役惟徒
是赖，非若今日徒犯之无役可充也。

梁有徒罪。详流。

按：梁自五岁刑至二岁刑名曰耐罪，即后来之徒罪也。天监三年，
景慈流于交州，《隋志》遂曰"至是复有徒流之罪"，此"徒"字恐有
误。陈用梁法，仍为五岁刑至二岁刑，不名徒也。

北魏太和十六年，定流徒限制。详总考。

按：《魏纪》言"定流徒限制"，而所定罪名仍为一岁刑至五岁刑，
亦谓之年刑，是尚未以徒为正名也。《魏志》所引《法例律》有"当刑
二岁"，《狱官令》有"诸犯年刑"等文，其律令正文不以徒名，可见此
乃修史者以后来之名加之，便于文词耳。

北齐刑罪五。详总考。其不合远配者，男子长徒，女子配舂，并六
年。《隋志》。刑罪：妇人配舂及掖庭织。《隋志》。

按：北齐刑名五，三曰刑，即耐罪，自五岁至一岁，乃后来之徒罪
而不名徒。男子长徒者视五岁刑多一年，其作徒之年较长也。

北周徒刑五。详总考。徒输作者，皆任其所能而役使之。《隋志》。

按：北周之徒刑即旧日之年刑也，改名为徒，实自周始，惟其年数
为一年至五年，隋改为一年至三年，分五等。自唐以后，历代相沿，至
今不改。

隋徒刑五。详总考。

唐徒刑五。详总考。《唐书·刑法志》：居作者著钳若校，京师隶将
作，女子隶少府缝作。旬给假一日，腊、寒食二日，毋出役院。病者释
钳校、给假，疾差陪役。凡役，男子入于蔬圃，女子入于厨馂。玄宗诏
曰："徒非重刑，而役者寒暑不释械系。杖，古以代肉刑也，或犯非巨
蠹而捶以至死，其皆免，以配诸军自效。"

按：此杖徒充军之始，盖不独明法为然矣。时方以此为恩，而后世
则以为重，此古今情形之不同也。

宋徒刑五。详总考。

按：魏、晋年刑，役而不杖，六代南朝皆同北朝，齐、周乃加鞭

答，隋、唐去之，至宋又有折杖之制。自是相承沿用，皆加杖，梁肃所谓一罪二刑也。

《宋史·刑法志》：初，徒罪非有官当赎铜者，在京师则隶将作监役，兼役之宫中，或输作左校、右校役。开宝五年，御史台言："若此者，虽有其名，无复役使。遇祠祭，供水火，则有本司供官。望令大理依格断遣。"于是并送作坊役之。初，京师裁造院募女工，而军士妻有罪，皆配隶南北作坊。天圣初，特诏释之，听自便。妇人应配，则以妻窑务或军营致远务卒之无家者，著为法。时又诏曰："闻配徒者，其妻子流离道路，罕能生还，朕甚怜之。自今应配者，录具狱刑名及所配道里，上尚书刑部详覆。"未几，又诏应配者，须长吏以下集听事虑问。后以奏牍烦冗，罢录具狱，第以单状上承进司。既又罢虑问焉。知益州薛田言："蜀人配徒他路者，请虽老疾毋得释。"帝曰："远民无知犯法，终身不得还乡里，岂朕意哉？察其情可矜者许还。"后复诏罪状犷恶者勿许。熙宁三年，中书上刑名未安者五：其二，徒、流折杖之法，禁网加密，良民偶有抵冒，致伤肌体，为终身之辱；愚顽之徒，虽一时创痛，而终无愧耻。若使情理轻者复古居作之法，遇赦第减月日，使良善者知改过自新，凶顽者有所拘系。

按：妇人应配，即以妻他人，徒罪妻子流离道路，此皆宋法之不善者。观薛田事，宋之徒犯有配他路不得还乡者，帝虽不允，而情稍重者仍勿许还，亦太苛矣。熙宁中书所议，事不果行，然观此议，似徒罪折杖即不居作矣。顾折杖之制，定于太祖时，而薛田事则在仁宗时，与前说又不相符，未详其故。

辽徒刑三。详总考。

《辽史·兴宗纪》：重熙五年，新定条制成，诏有司凡朝日执之，仍颁行诸道。盖纂修太祖以来法令，参以古制，其刑有死、流、杖及三等之徒而五。

按：《图书集成·祥刑典》云，《刑法志》徒刑之数详于重熙，即指此文，然三等之徒亦辽初所有，非定于兴宗也。

金徒刑七。详总考。

《金史·刑法志》：明昌五年，尚书省奏："在制，《名例》内徒年之例，无决杖之文便不用杖。缘先谓流刑非今所宜，且代流役四年以上俱决杖，而徒三年以下难复不用。妇人比之男子虽差轻，亦当例减。"遂以徒二年以下者杖六十，二年以上杖七十，妇人犯者并决五十，著于

《敕条》。

按：此与泰和律文不同，盖泰和时又改定矣。

《梁肃传》：为济南尹，上疏曰："刑罚世轻世重，自汉文除肉刑，罪至徒者带镣居役，岁满释之，家无兼丁者，加杖准徒。今取辽季之法，徒一年者杖一百，是一罪二刑也，刑罚之重，于斯为甚。今太平日久，当用中典，有司犹用重法，臣实痛之。自今徒罪之人，止居作，更不决杖。"不报。

《续通考》一百三十七云：朝廷以为今法已轻于古，恐滋奸恶，不从。是金制徒刑决杖其来已久，何待明昌五年始议定制？意大定后，中闲别有变更，至是复之，稍从轻减，特史文未详耳。

按：梁肃上疏在大定十七年，距明昌五年祇十八年，何以别有变更？且尚书省所奏又是律文，殊不可解，岂当时别有条例欤？

元徒刑五。详总考。

《元史·成宗纪》：元贞二年五月，诏诸徒役者，限一年释之，毋杖。

按：徒罪减年免杖，当为一时之特恩，非常制也。

《续通考》一百三十七：时漳州路推官上言："律，徒者不杖，今杖而又徒，非恤刑之意，宜加徒减杖。"遂定为令。

按：此条《续通考》列于英宗至治二年，而《本纪》未见此文，未详何本。徒者不杖，未知所言何律，《元史·刑法志》徒下有杖也。

《元史·曹伯启传》：英宗立，俄拜集贤学士、御史台侍御史。有诏同刊定《大元通制》，伯启言："五刑者，刑异五等，今黥杖役于千里之外，百无一生还者，是一人身备五刑，非五刑各底于一人也。法当改易。"丞相是之，会伯启除浙西廉访使，不果行。

按：据此，元时徒罪发千里之外，与明例之以五百里为限者不同。

明徒罪五，又有准徒五年、准徒四年、准徒二年。详总考。

杖

《书》：扑作教刑。传："扑，榎楚也，不勤道业则挞之。"疏："有扑作师儒教训之刑，《学记》云，榎、楚二物，以收其威。郑玄云，榎，揩也。楚，荆也。二物可以扑挞犯礼者，知扑是榎楚也。既言以收其威，知不勤道业则挞之。《益稷》云，挞以记之。又《大射》、《乡射》皆云，司马援扑，则扑亦官刑。惟言作教刑者，官刑鞭扑俱用，教刑惟扑而已，故属扑于教。其实官刑亦当用扑，盖重者鞭之，轻者挞之。"

《史记·五帝纪·集解》郑玄曰:"扑为教官为刑者。"江氏声云:"卢侍中注《学记》引此经,是支即槚楚,所以挞不率教者,故云为教官为刑者。"蔡传:"学校之刑也。"

《益稷》:庶顽谗说,若不在时,侯以明之,挞以记之。传:"众顽愚谗说之人,若所行不在于是而为非者当察之,当行射侯之礼,以明善恶之教。笞挞不是者,使记识其过。"疏:"《射礼》有序宾以贤询众择善之义,是可以明善恶也。"江声《尚书集注音疏》:此以下言教国子之事,因上历论用人而及之,在察时是也。庶顽谗说之人,女若不察于是,当以射侯之礼明之。射之为言,绎也。绎者,各绎己之志,故可以明之。惠先生《明堂大道录》云,庶顽谗说若不在时,大司徒、大乐正之简不率教也。侯以明之,辟雍之大射也。挞以记之,大学之夏楚也。工以内言,大司乐之以乐语教国子也。格则承之庸之,大乐正之造士也。否则威之,远方之寄棘也,则皆是教国子事也。挞,抶也,抶以荆扑。《乡射》:记射者有过则挞之。记谓惩忿之俾不忘也。

《周礼·地官·闾胥》:凡事,掌其比觵挞罚之事。注:"觵挞者,失礼之罚也。觵用酒,其爵以兕角为之。挞,扑也。"疏:"凡有失礼者,轻者以觵酒罚之,重者以楚挞之。"

《周礼·春官·小胥》:掌学士之征令而比之觵其不敬者,巡舞列而挞其怠慢者。注:"觵,罚爵也。挞,犹抶也,抶以荆扑。"

《仪礼·乡射礼》:司射遂适阶西,取扑搢之以反位。注:"扑所以挞犯教者。《书》云'扑作教刑',疏引《书》者,彼谓教学之刑,此为教射法,教虽不同,用扑是一,故引为证也。"记射者有过则挞之。注:"过则矢扬中人,凡射时矢中人当刑之,今乡会众贤,以礼乐劝民,而射者中人,本意在侯,去伤害之心远,是以轻之以扑,挞于中庭而已。"箭筹八十,长尺有握,握素。注:"握,本所持处也。素,谓刊去之,刊本一肤。"疏:"长尺,复云有握,则握在一尺之外,则此筹尺四寸矣。云刊本一肤者,《公羊传》僖三十一年'云触而出,肤寸而合,不崇朝而遍雨乎天下,唯泰山尔'。何休云,侧手为肤,又投壶,云室中五扶。注云,铺四指曰扶,一指案寸,皆谓布四指,一指一寸,四指则四寸,引之者证握肤为一,谓刊四寸也。"楚扑长如筹,刊本尺。注:"刊,其可持处。"

《大射礼》:遂取扑搢之。注:"扑所以挞犯教者也。"

《礼记·学记》:夏、楚二物,收其威也。注:"夏,楈也。楚,荆也。二者所以扑挞犯礼者。收，谓收敛整齐之。威，威仪也。"《月令》：季秋之月，命仆及七驺咸驾，载旌旐，授车以级，整设于屏外，司徒搢扑，北面誓之。注："誓众以军法也。"

《左传》：文十八年，歜以扑抶职。杜注："扑，梐也。抶，击也。"襄十八年，子罕闻之，亲执扑以行筑者而抶其不勉者。杜注："扑，杖。"

按：扑即今之笞杖，三代以上不在五刑之列，惟学校典礼诸事用之，所谓教训之刑也。春秋时或用以治官事，如宋子罕之执扑以行筑者，《月令》之搢扑誓众则与鞭同用矣。杜注训扑为杖，乃后来之义。《说文》："杖，持也。"凡可持之物皆曰杖，丧杖、齿杖、兵杖皆是，笞杖之杖亦可持者，故得袭其名耳。《说文》："挞，《乡饮》酒罚不敬，挞其背。"扑挞之处，他书不言，惟许说之，当必有所受之也。

《汉志》：孝文十三年，定律曰：诸当完者，完为城旦舂；当黥者，髡钳为城旦舂；当劓者，笞三百；当斩左止者，笞五百；当斩右止，及杀人先自告，及吏坐受赇枉法，守县官财物而即盗之，已论命复有笞罪者，皆弃市。罪人狱已决，完为城旦舂，满三岁为鬼薪白粲。鬼薪白粲一岁，为隶臣妾。隶臣妾一岁，免为庶人。隶臣妾满二岁，为司寇。司寇一岁，及作如司寇二岁，皆免为庶人。其亡逃及有罪耐以上，不用此令。前令之刑城旦舂岁而非禁锢者，如完为城旦舂岁数以免。是后，外有轻刑之名，内实杀人。斩右止者又当死。斩左止者笞五百，当劓者笞三百，率多死。师古曰："笞数既多，亦不活也。"景帝元年，下诏曰："加笞与重罪无异，孟康曰：'重罪谓死罪。'幸而不死，不可为人。其定律：笞五百曰三百，笞三百曰二百。"犹尚不全。至中六年，又下诏曰："加笞者，或至死而笞未毕，朕甚怜之。其减笞三百曰二百，笞二百曰一百。"又曰："笞者，所以教之也，其定箠令。"师古曰："箠，策也，所以系者也。音止蕊反。"丞相刘舍、御史大夫卫绾请："笞者，箠长五尺，其本大一寸，其竹也，末薄半寸，皆平其节。当笞者笞臀。如淳曰：'然则先时笞背也。'毋得更人，师古曰：'谓行笞者不更易人也。'毕一罪乃更人。"自是笞者得全。邱氏濬曰："自废肉刑之后，易刀锯以竹箠，所以全人之身也。景帝定为令，凡笞所用之质，所制之度，所行之人，所施之处，皆详悉具著，以示天下后世，以此为防。后世犹有巧为之具，倍为之度，用所不可用之人，施所不当施之处，其惨固有甚于肉刑者，此在明圣之朝，所当禁革，是亦不忍之政之一端也。"

《北堂书钞》四十五：《三辅决录》注云，丁邯，字叔春。选邯为郎，托疾不就，诏问实病否，邯对曰："实不病，耻以孝廉为令史职耳。"世祖怒曰："虎贲减头杖之数十。"

《后汉纪》：明帝时，九卿皆鞭杖。详鞭。

《蜀志·先主传》：除安喜尉。督邮以公事到县，先主求谒，不通，直入缚督邮，杖二百，解绶系其颈著马柳，弃官亡命。

《御览》六百五十：《晋阳秋》："诸葛武侯杖二十以上亲决。宣王闻之，喜曰，吾无患矣。"

按：古者扑作教刑，自汉文帝除肉刑，劓及斩左止者并改为笞，而笞为死刑之次，视城旦等刑为重。景帝所定箠令，尚未有杖之名，亦无大小之别也。诸经之称杖者，齿杖、丧杖，无称刑杖者。《家语》云"舜之事父，小杖则受，大杖则走"，《韩诗外传》亦云"舜为人子，小箠则待笞，大杖则逃"，然此家庭之事，非官刑也。《晋语》言"范武子以杖击文子"，《左传》言"郑庄公夺杖敲阍"，此仍是挂杖之杖，非刑杖之杖。世祖、明帝时始有杖之名，则笞刑之称杖当在东京矣。《晋阳秋》有"杖二十以上"之语，是当时决杖必有定数，然不可考矣。

魏明帝减鞭杖，改妇人加笞。并详鞭。《魏书·刑罚志》序：明帝除妇人加笞之制。

《晋令》：应得法杖者以小杖，过五寸者稍行之。应杖而髀有疮者缓臀也。《北堂书钞》四十五。

按：一本无"缓"字，固难解，"缓臀"二字亦费解，当有讹夺。《御览》六百五十引作"应受杖而体有疮者，督之也"，在督门内，此"臀"字疑"督"之讹。"髀"一本作"脾"，恐亦传写之讹。《御览》作"體"，其字似当作"髀"。髀，股也。臀，《说文》作"𡱂"，亦作"臀"，髀也。杖本以臀受，有疮故督之，《御览》本是也。"五寸"乃"五十"之讹，梁律可证。

张斐《律序》：累笞不过千二百。详徒。

按：笞至千二百，可谓酷矣。"千"字或引作"于"，然以《晋志》上下文观之，不得作"于"，且张序注云"五岁徒加六等，笞之一千二百"，是"千"字不误。惟《晋律》五岁刑笞二百，如以二百为一等，则六等之加当为千四百，与此数不符。张序上文云"因加不过五"，恐此注"六"字乃"五"字传写之讹。

《世说新语》：桓公在荆州，全欲以德被江、汉，耻以威刑肃物。

《温别传》曰："温以永和元年自徐州迁荆州刺史。"令史受杖，正从朱衣上过。桓式年少，从外来，云："向从阁下过，见令史受杖，上捎云根，下拂地足。"意讯不着。桓公曰："我犹患其重。"

按：杖从衣上过，是令史受杖不去衣也，岂杖督之制如此欤？

《宋书·武纪》：永初二年六月壬寅，诏曰："杖罚虽有旧科，然职务殷碎，推坐相寻。若皆有其实，则体所不堪；文行而已，又非设罚之意。可筹量粗为中否之格。"甲辰，制诸署敕吏四品以下，又府署所得辄罚者，听统府寺行四十杖。

《梁书·武纪》：天监元年四月，诏曰：礼闱文阁，宜率旧章，贵贱即位，各有差等，俯仰拜伏，以明王度，济济洋洋，具瞻斯在。顷因多难，治纲弛落，官非积及，荣由幸至。六军尸四品之职，青紫治白簿之劳。振衣朝伍，长揖卿相，趋步广闶，并驱丞郎。遂冠履倒错，珪甎莫辨。静言疚怀，思返流弊。且玩法惰官，动成逋弛，罚以常科，终未惩革。夫榰楚申威，盖代断趾，笞捶有令，如或可从。外详共平议，务尽厥理。

梁律有鞭杖、杖督之制。详总考。

《隋志》：梁律诸督罚，大罪无过五十、三十，小者二十。当笞二百以上者，笞半，余半后决，中分鞭杖。老小于律令当得鞭杖者，以熟靼鞭、小杖。过五十者，稍行之。将史已上及女人应有罚者，以罚金代之。其以职员应罚，及律令指名制罚者，不用此令。

《图书集成·祥刑典·笞杖部》：北魏献文帝制捶令，拷悉依令从轻。详考讯。

北齐杖三等，年刑加笞。详总考。笞者，笞臀而不中易人。在官犯罪，鞭杖十为一负。（问居）〔闲局〕六负为一殿，平局八负为一殿，繁局十负为一殿。加于殿者，复计为负焉。

北周杖刑五，徒流加笞。详总考。

《隋志》：周宣帝《刑经圣制》鞭杖皆百二十为度，名曰天杖。其后又加至二百四十。其决人罪，云与杖者，即一百二十，多打者，即二百四十。互详总考。

隋开皇律，杖刑五，笞刑五，三流应住者加杖。详总考。

按：杖、笞古本不分，自隋除鞭而分杖、笞为二，杖重笞轻。唐以下承之，至今未改。

《隋志》：高祖性猜忌，每于殿廷打人，一日之中，或至数四。十年，尚书左仆射高颎、治书侍御史柳盛等谏，以为朝堂非杀人之所，殿廷非决罚之地。帝不纳。颎等乃尽诣朝堂请罪，曰："陛下子育群生，务在去弊，而百姓无知，犯者不息，致陛下决罚过严。皆臣等不能有所裨益，请自退屏，以避贤路。"帝于是顾谓领左右都督田元曰："吾杖重乎？"元曰："重。"帝问其状，元举手曰："陛下杖大如指，捶楚人三十者，比常杖数百，故多致死。"帝不怿，乃令殿内去杖，欲有决罚，各付所由。后楚州行参军李君才上言，帝宠高颎过甚，上大怒，命杖之，而殿内无杖，遂以马鞭笞杀之。自是殿内复置杖。十七年，诏又以所在官人，不相敬惮，多自宽纵，事难克举。诸有殿失，虽备科条，或据律乃轻，论情则重，不即决罪，无以惩肃。其诸司属官，若有愆犯，听于律外斟酌决杖。于是上下相驱，迭行捶楚，以残暴为干能，以守法为懦弱。

《唐律》：杖刑五，笞刑五。详总考。《疏议曰》："笞者，击也，又训为耻。言人有小愆，法须惩诫，故加捶挞以耻之。汉时笞则用竹，今时则用楚，故《书》云'扑作教刑'，即其义也。汉文帝十三年，太仓令淳于意女缇萦上书，愿没入为官婢，以赎父刑，帝悲其意，遂改肉刑。当黥者，髡钳为城旦舂，当劓者笞三百。此即笞、杖之目未有区分。笞击之刑，刑之轻者也。随时沿革，轻重不同，俱期无刑，义唯必措。《孝经》援神契云'圣人制五刑，以法五行'。《礼》云'刑者，侀也，成也，一成而不可变，故君子尽心焉'。《孝经·钩命决》云'刑者，侀也，质罪示终'。然杀人者、死伤人者刑，百王之所同，其所由来尚矣。"《说文》云"杖者，持也"。而可以击人者欤？《家语》云"舜之事父，小杖则受，大杖则走"。《国语》云"薄刑用鞭扑"。《书》云"鞭作官刑"。犹今之杖刑者也。又蚩尤作五虐之刑，亦用鞭扑，源其滥觞，所从来远矣。汉景帝以笞者已死而笞未毕，改三百曰二百，二百曰一百，奕代沿流，曾微增损，爰洎隋室，以杖易鞭。今律云"累决笞杖者不得过二百"，盖循汉制也。

《唐书·刑法志》：代宗性仁恕，常以至德以来用刑为戒。即位五年，府县寺狱无重囚。故时，别敕决人捶无数。宝应元年，诏曰："凡制敕与一顿杖者，其数止四十，至到与一顿及重杖一顿、痛杖一顿者，皆止六十。"德宗性猜忌少恩，然用刑无大滥。刑部侍郎班宏言："谋反、大逆及叛、恶逆四者，十恶之大也，犯者宜如律。其余当斩绞刑者，决重杖一顿处死，以代极法。"故时，死罪皆先决杖，其数或百或六十，于是悉罢之。

《通考》一百六十六：贞元八年敕，比来所断罪，拘守科条，或至死刑，犹先决杖，处之极法，更此伤残，恻隐之怀，实所不忍。今后罪至死者，先决杖宜停。按：鞭扑在有虞为至轻之刑，在五刑之下，至汉文帝除肉刑，始以笞代斩趾，而笞数既多，反以杀人。其后以为笞者多死，其罪不至死者遂不复笞，而止于徒流。魏、晋以下，笞数皆多，笞法皆重。至唐而后，复有重杖、痛杖之律，只云一顿而不为之数，行罚之人得以轻重，其手欲活则活之，欲毙则毙之，夫生之与死，箠楚之与刀锯，亦大有间矣。今重杖、痛杖之法乃出入乎生死之间，而使奸吏因缘为市，是何理也？至于当绞斩者皆先决杖，或百或六十，则与秦之具五刑何异？建中时，始定重杖为死刑。贞元时，始令死刑不先决杖，盖革累朝弊法云。

按：《唐志》称德宗时以重杖代极法，死罪不先决杖。据《通考》，死罪不决杖在贞元八年，其重杖代极刑在建中三年，《通考》引班宏奏。非同时事。既以重杖代死刑，则重杖之杖与先决之杖同一杖也，有何分别？贞元之停亦空言耳。《唐律》无死罪决杖之文，敕云"拘守科条"，是当时已著为法，但不详始于何年，历代亦无此法。《通考》谓革累朝弊政，是未即二事而合观之也。

《文宗纪》：太和八年四月丙戌，诏笞罪毋鞭背。

按：鞭背之禁，太宗时已著为令，殆日久渐弛，复有用之者，故禁之。此可见临民之官好以扑挞示威，自古已然，不自今始。伪蜀李匡远，乐闻捶挞之声，曰此一部肉鼓吹，何其性之惨忍如此？大可怪也。然今之以鼓吹为乐者固大有人矣。

《旧唐书·张廷珪传》：再迁黄门侍郎。时监察御史蒋挺以监决杖刑稍轻，敕朝堂杖之，廷珪奏曰："御史宪司，清望耳目之官，有犯当杀即杀，当流即流，不可决杖。士可杀，不可辱也。"时制命已行，然议者以廷珪之言为是。

按：《廷珪传》但言开元初，不言何年，《新书》同，《御览》六百五十引《唐书》称开元二年。

《张嘉贞传》：开元十年，秘书监姜皎犯罪，嘉贞又附会王守一奏请杖之，皎遂死于路。俄而广州都督裴仙先下狱，上召侍臣问当何罪，嘉贞又请杖之。兵部尚书张说进曰："臣闻刑不上大夫，以其近于君也。故曰'士可杀，不可辱。'臣今秋受诏巡边，中途闻姜皎以罪于朝堂决杖，配流而死。皎官是三品，亦有微功。若其有犯，应死即杀，应流即流，不宜决杖廷辱，以卒伍待之。且律有八议，勋贵在焉。皎事已往，不可追悔。伷先只宜据状流贬，不可轻又决罚。"上然其言。嘉贞不悦，退谓说曰："何言事之深也？"说曰："宰相[者]，时来即为，岂能长据？若贵臣尽当可杖，但恐吾等行当及之。此言非为伷先，乃为天下士君子也。"

按：此事与前事绝相似，前事以制已行而不及，此事帝独从之，此系乎其人，幸不幸矣！嘉贞以廷杖劝人主，安得为知体？

《通考》一百六十六：《容斋洪氏随笔》曰：唐太宗自临治兵，以部陈不整，命大将军张士贵杖中郎将等，怒其杖轻，下士贵吏。魏征谏曰："将军之职，为国牙爪，使之执杖，已非治法，况以杖轻下吏乎？"上亟释之。明皇开元三年，御史大夫宋璟坐监朝堂杖人杖轻，贬睦州刺史，姚崇为宰相，弗能止，卢怀慎亦为相，疾亟，表言璟明时重器，所坐者小，望垂矜录，上深纳之。太宗、明皇，有唐贤君也，而以杖人轻之故，加罪大将军、御史大夫，可谓失政刑矣。

吴氏《能改斋漫录》曰：陈政敏《遁斋闲览》言杜子美"脱身簿尉中，始与箠楚辞"。韩退之"判司卑官不堪说，未免箠楚尘埃间"。杜牧之"参军与簿尉，尘土惊羞勤，一语不中治，鞭笞身满疮"。谓唐时参军、簿尉有过不免受杖。鲍彪谓详考杜、韩所言，捶有罪者也。牧之亦言，惊见有罪者如此，非身受杖也。退之江陵途中，云："栖栖法曹掾，何处事卑陬，何况亲犴狱，敲榜发奸偷。"此岂身受杖者耶？然《太平广记》载李逊决包尉臀杖十下，及《旧唐书》于頔为湖州刺史，改苏州，追憾湖州旧尉，封杖以计强决之，则鲍论亦未当。按裴伷先之事观之，则唐三品官固有受杖者，又张士贵、宋璟所监莅者，其受刑必皆伷先之流，则箠楚非特簿尉末僚而已。

《王遂传》：遂器用不弘，僻于聚敛，而非兼抚之才，但峻威刑，以绳乱俗。其所制笞杖，率逾常制。遂既死，监军使封其杖进呈，上令出示于朝，以戒廉使。

按：《御览》六百五十引《唐书》此事与《旧书》之文不符，未知所引何人之书。且言遂为浙西观察使被祸，然遂为沂兗海观察使，为牙将所害，未尝官浙西也。封杖进呈，此监军使颇有见地，出示于朝，可以见当日朝廷于此事极慎重也。

《通考》一百六十六：宣宗大中七年敕，法司断罪每脊杖一下折法杖十下，臀杖一下折笞杖五下。则吏无逾判，法守常规。

又闽主曦欲杖御史大夫，谏议大夫郑元弼谏曰："古者刑不上大夫，中丞仪刑百辟，岂宜加之箠楚？"乃释之。致堂胡氏曰："庶人贫贱，不能备礼，故不责以行礼。大夫尊贵，不可加刑，故不使之受刑，非固欲然，因其势也。贾谊得圣人之意，故引投鼠忌器之喻，自是汉不加刑于大臣，大臣有罪皆自杀。而临川王氏反此义为之说，曰礼不可以庶人为下而不用，刑不可以大夫为上而不施，其意非为化民成俗而兴礼教也，直欲杀戮故老以制异己耳，岂非邪说害义之大乎？以区区之闽无道之曦犹能为，郑元弼正论而自屈，谈经佐王，乃祖韩非、商鞅之术，曾元弼之不若而世犹尊信之何哉？"

《五代会要》：周显德五年七月敕，州县自官已下，因公事行责情杖，量情状轻重用，不可过臀十五杖。因责情杖致死者，具事由闻奏。

按：情杖之名，仅见于此，其意如何，未详。

宋笞、杖刑各五。详总考。

《宋史·刑法志》：太祖受禅，始定折杖之制。

按：宋折杖之制载在《刑统》，《宋志》与《刑统》同。

《宋志》：徒、流、笞通用常行杖，徒罪决而不役。雍熙元年，始令诸州笞、杖罪不须证逮者，长吏即决之，勿复付所司。三年，令大理寺杖罪以下，须刑部详覆。先是，天下旬奏狱状，虽杖、笞皆申覆，而徒、流罪非系狱，乃不以闻。六年，天圣。集贤校理聂冠卿请罢覆杖、笞，而徒以上虽不系狱，皆附奏。诏从其说。元丰元年诏曰：应三司、诸寺监吏犯杖、笞不俟追究者，听即决，余悉送大理狱。六年，诏宗子犯罪，庭训示辱。比有去衣受杖，伤肤败体，有恻朕怀。其令大宗正司恪守条制，违者以违御笔论。绍圣二年，户部如三司故事，置推勘检法官，应在京诸司事千钱谷当追究者，从杖以下即定断。

《宋志》：熙宁三年，比部郎中、知房州张仲宣尝檄巡检体究金州金阬，无甚利。士人惮兴作，以金八两求仲宣不差官。及事觉，法官坐仲宣枉法赃应绞，援前比贷死，杖脊、黥配海岛。知审刑院苏颂言："仲宣所犯，可比恐喝条。且古者刑不上大夫，仲宣官五品，有罪得乘车，今刑为徒隶，其人虽无足矜，恐污辱衣冠尔。"遂免杖、黥，流贺州。自是命官无杖、黥法。

《宋志》：熙宁三年，中书上刑名未安者五：其二，徒、流折杖之法，禁网加密，良民偶有抵冒，致伤肌体，为终身之辱；愚顽之徒，虽一时创痛，而终无愧耻。若使情理轻者复古居作之法，遇赦第减月日，使良善者知改过自新，凶顽者有所拘系。

[按]：此段言杖之无益于治，可谓要言不烦，可见古人早见及此，特行之不力耳。

《通考》一百六十七：大观三年，更定笞法。自今并以小杖行决，笞十为五，二十为七，三十为八，四十为十五，五十为二十，不以大杖比折，永为定制。

《宋史·理宗纪》：淳祐二年三月，诏今后州县官有罪，诸帅司毋辄加杖责。十年十月，诏诸主兵官，今后行罚，毋杖脊以伤人命。

按：宋代杖脊之制，太祖创之，然其数至二十而止，主兵官刑罚不如法，故禁之。

宋死罪重杖一顿。详总考。

辽有杖刑及木剑、大棒、铁骨朵之法。详总考。

按：辽有杖无笞，与唐、宋法异。其五十以上者决以沙袋，亦不以杖也。木剑、大棒、铁骨朵等，皆历代所无者。

金《泰和律》笞、杖刑各五。详总考。

金法以杖折徒。详总考。

按：金用《唐律》，故笞、杖亦遵唐，以杖折徒，则宋制也。

《金史·刑志》：金国旧俗，轻罪笞以柳葼。至皇统间，诏诸臣，以本朝旧制，兼采隋、唐之制，参辽、宋之法，类以成书，名《皇统制》，颁行中外。时制，杖罪至百，则臀、背分决。及海陵庶人以脊近心腹，遂禁之。虽主决奴婢，亦论以违制。大定九年，复命杖至百者臀、背分受，如旧法。已而，上谓宰臣曰："朕念罪人杖不分受，恐至深重，乃令复旧。今闻民有不欲者，其令罢之。"二十五年二月，上以妇人在囚，输作不便，而杖不分决，与杀无异，遂命免死输作者，决杖二百而免输作，以臀、背分决。

《金志》：大定八年，制品官犯赌博法，赃不满五十贯者其法杖，听赎。再犯者杖之。且曰"杖者所以罚小人也。既为职官，当先廉耻，既无廉耻，故以小人之罚罚之"。

按：为小人之所为，即罚以小人之罚，世宗之惩赌也至矣，而人之犯赌者如故，积习固非一罚之所能挽回也。

《宣宗纪》：贞祐三年三月，禁州县置刃于杖以决罪人。

《贾铉传》：铉上书曰："亲民之官，任情立威，所用决杖，分径长短不如法式，甚者以铁刃置于杖端，因而致死。间者阴阳愆戾，和气不通，未必不由此也。愿下州郡申明旧章，检量封记，按察官其检察不如法者，具以名闻。内庭敕断，亦依已定程序。"制可。

按：铉言在大定中，故《续通考》引此事曰"初曰"，至是诏并禁之。

《金志》：大定十七年，上以正（降）［隆］《续降制书》多任己意，而与皇统之《制》并用，是非淆乱。遂置局，命大理卿移刺慥总中外明法者共校正云云。参以近所定徒杖减半之法，凡校定千一百九十条，分为十二卷，以《大定重修制条》为名，诏颁行焉。

按：徒杖减半之法，《志》中未见，未详如何减法，亦不知定于何年。

贞祐三年，上谓宰臣，自今监察官犯罪，其事关军国利害者，并笞决之。

《续通考》一百三十五：金待朝士有礼，未尝轻用刑罚，大定间惟品官赌博再犯决杖而已。承安五年，始诏定进纳官有犯决断法。至宣宗，喜用刑罚，朝士往往被箠楚至用杖乃决杀言者。高琪用事，定职官犯罪决断百余条，时左司谏穆延呼喇勒上言曰："礼义廉耻，以治君子，刑罚威狱，以治小人，此万世不易之论也。近者朝廷急于求治，有司奏请从权立法，应赎者亦多的决。夫爵禄所以驭贵也，贵不免辱则卑贱者又何加焉？车驾所驻，非同征行，而凡科征小过皆以军期罪之，不已甚乎？且百官皆朝廷遴选，多由文行武功阀阅而进，乃与凡庶等则享爵禄者亦不足为荣矣。抑又有大可虑者，为上者将曰，官犹不免，民复何辞？则苛暴之政日行。为下者将曰，彼亦既然，吾复何耻？则陵犯之心益肆。其弊可胜言哉！伏愿依元年恩赦'刑不上大夫'之文，削此一切之法，幸甚。"帝初欲行之，而高琪固执以为不可，遂寝。至哀帝正大元年十二月，始从右丞张行信言，凡高琪所定的决之法一切改除，复依旧制，而金国已亡矣。

《续通考》一百三十五：元太祖初颁条画，刑狱惟重罪处死，其余杂犯量情笞决。

元笞刑六、杖刑五。详总考。

按：元笞、杖之法，载在《刑法志》，实本于《大元通制》，其书成于英宗至治三年，至世祖《至元新格》，颁行于至元二十八年，在《通制》之前，《新格》当已包于《通制》之内，而《通制》未必与《新格》

全同。《续通考》系《刑法志》所载于《至元新格》之下，是以后为前也，未知别有所据否？《志》序云"凡七下至五十七谓之笞刑，凡六十七至一百七谓之杖刑"，与律文相合。《元典章》三十九《刑制门》"《五刑训义》：笞一十，七下。二十、三十，十七下。四十、五十，二十七下。杖六十、七十，三十七下。八十、九十，四十七下。一百，五十七下。徒一年、一年半，六十七下。二年、二年半，七十七下。三年，八十七下。四年，九十七下。五年，一百七下。"其笞、杖之数既与《志》不符，其徒之年数亦异，且笞当为五等，而《志》独多一等，与《典章》又不合。考《元典章》所载新例加徒减杖法，及五十七以下用笞，六十七以上用杖，又与《志》合，然则《五刑训义》所言乃元之旧法，而《志》之所载乃新例也，此例改自何年，已无可考。

《元志》：大德间，王约复上言："国朝之制，笞杖十减为七，今之杖一百者，宜止九十七，不当又加十也。"

按：王约请减笞杖之制，当时实未施行。一百七下，元旧法，新法并以此为断。《图书集成·祥刑典·笞杖部》列入此条，盖即本《元志》序。

邱氏濬云：元笞刑每十数必加以七者，其初本欲减以轻刑也，其后承误，反以为加焉。大德间王约云云，则其立法之始意可见矣。

按：元之笞数，自七下起，实是减而非加也。笞、杖各五，当止九十七。乃笞多一等，止于五十七，于是杖自六十七起，止于一百七，则本减而变为加矣，其故无可考。

王棠《知新录》：元人笞刑七下至五十七，杖刑自六十七至一百零七，何以止于七也？叶静斋《草木子》曰："元世祖定天下之笞刑、杖刑，原曰'天饶他一下，地饶他一下，我饶他一下'，自后每笞、杖刑减三下。"

按：以七为度，说见于此。

《元史·成宗纪》：元贞二年五月，诏诸徒役者限一年释之，毋杖。

按：徒罪免杖，当是一时宽恤之令，非常制。

明笞、杖刑及徒、流加杖。详总考。

按：明笞、杖用唐法，而徒、流加杖为《唐律》所无，盖宋制也。宋徒刑加杖自十三以至二十，即杖刑六十至百，实决之数，明律全用之。流刑加杖十七、十八、二十三等，即杖刑之八十、九十、一百。明三流并杖一百，则稍有不同，是又不全用宋制。元律有杖一百七流远若干条，一百七即明之满杖，然则明法又参以元制也。

《明史·刑法志》：刑法有创之自明，不衷古制者，廷杖、东西厂、锦衣卫、镇抚司狱是已。是数者，杀人至惨，而不丽于法。踵而行之，至末造而极。举朝野命，一听之武夫、宦竖之手，良可叹也。太祖常与侍臣论大臣礼。太史令刘基曰："古者公卿有罪，盘水加剑，诣请室自裁，未尝轻折辱之，所以存大臣之体。"侍读学士詹同因取《大戴礼》及贾谊疏以进，且曰："古者刑不上大夫，以励廉耻也。必如是，君臣恩礼始两尽。"帝深然之。

洪武六年，工部尚书王肃坐法当笞，太祖曰："六卿贵重，不宜以细故辱。"命以俸赎罪。后群臣讹误，许以俸赎，始此。然永嘉侯朱亮祖父子皆鞭死，工部尚书（夏）〔薛〕祥毙杖下，故上书者以大臣当诛，不宜加辱为言。廷杖之刑，亦自太祖始矣。宣德三年怒御史严皑、方鼎、何杰等沉湎酒色，久不朝参，命枷以徇。自此言官有荷校者。至正统中，王振擅权，尚书刘中敷，侍郎吴玺、陈瑺，祭酒李时勉率受此辱，而殿陛行杖习为故事矣。成化十五年，汪直诬陷侍郎马文升、都御史牟俸等，诏责给事御史李俊、王浚辈五〔十〕六人容隐，廷杖人二十。正德十四年，以谏止南巡，廷杖舒芬、黄巩等百四十六人，死者十一人。嘉靖三年，群臣争大礼，廷杖丰熙等百三十四人，死者十六人。中年刑法益峻，虽大臣不免笞辱。宣大总督翟鹏、蓟州巡抚朱方以撤防早，宣大总督郭宗皋、大同巡抚陈燿以寇入大同，刑部侍郎彭黯、左都御史屠侨、大理卿沈良才以议丁汝夔狱缓，戎政侍郎蒋应奎、左通政唐国相以子弟冒功，皆逮杖之。方、燿毙于杖下，而黯、侨、良才等杖毕，趣治事。公卿之辱，前此未有。又因正旦朝贺，怒六科给事中张思静等，皆朝服予杖，天下莫不骇然。四十余年间，杖杀朝士，倍蓰前代。万历（六）〔五〕年，以争张居正夺情，杖吴中行等五人。其后卢洪春、孟养浩、王德完辈咸被杖，多者至一百。后帝益厌言者，疏多留中，廷杖寝不用。天启时，太监王体乾奉敕大审，重笞戚畹李承恩，以悦魏忠贤。于是万燝、吴裕中毙于杖下，台省力争不得。阁臣叶向高言："数十年不行之敝政，三见于旬日，万万不可再行。"忠贤乃罢廷杖，而以所欲杀者悉下镇抚司，士大夫益无噍类矣。

南京行杖，始于成化十八年。南御史李珊等以岁祲请振。帝摘其疏中讹字，令锦衣卫诣南京午门前，人杖二十，守备太监监之。至正德间，南御史李熙劾贪吏触怒刘瑾，矫旨杖三十。时南京禁卫久不行刑，选卒习数日，乃杖之，几毙。

正德元年杀东厂太监王岳，命丘聚代之，又设西厂以命谷大用，皆刘瑾党也。瑾又改惜薪司外薪厂为办事厂，荣府旧仓地为内办事厂，自领之。京师谓之内行厂，虽东西厂皆在伺察中，加酷烈焉。且创例，罪无轻重皆决杖，永远戍边，或枷项发遣。枷重至百五十斤，不数日辄死。

《续通考》一百三十六：洪武六年正月，命廷臣坐笞罪得以俸赎。即据王肃事。案太祖此令善矣，后卒杖永嘉侯朱亮祖、工部尚书（夏）〔薛〕祥，子孙踵而行之，廷杖几为故事。武宗正德中，杖言事者舒芬等四十六人，死者十一人。世宗嘉靖初，以议大礼，杖丰熙等百三十四人，死者十六人。中年刑法益峻，虽大臣不免，史言其四十余年间，杖杀朝士倍蓰前代。公卿之辱自古未有，辱公卿犹可言也，王振、刘瑾、魏忠贤之徒叠起而得志，率由于此。盖监杖用内官，行杖用卫卒，士大夫既悬命其手，则欲小人之不归诚于彼，而君子之不触其祸难矣。《志》称"廷杖之制自太祖始"，今考太祖三十余年中，实无明文创为此制，又以六年之诏证之尤信，然则太祖特偶一为之，而不图其后世之因而甚焉。是故用法不可不慎，以为创自太祖则非也。

明林俊谏廷杖疏云："又闻古者挞人于朝，与众辱之而已，非必欲坏烂其体肤而致之死也，亦非所以待士大夫也。成化时，臣及见廷挞三五臣，率容厚绵底衣，以重毡叠靶，犹卧床褥，数月淤血始消。正德时，逆瑾用事，始启去衣之端，重非国体所宜，酿有末年谏止南巡挞死之惨。幸遇新诏收恤，士气始回，不谓又偶有此。臣又见成化、弘治间诏狱诸旨，唯叛逆、妖言、强盗，好生打着问，喇虎杀人打着问，其余常犯，送锦衣卫、镇抚司问。镇抚奏逆，法司议罪，中间情重，始有来说之旨，部寺覆奏，始有降调之旨。今一概打问，无复低昂，恐旧典失查，非祖宗仁厚之意，即此二事，似宜循旧。"

按：廷杖为有明一代秕政，然其事则不始于明。如东汉世祖之杖丁邯，明帝时九卿皆鞭杖；隋高祖好于殿廷打人，一日之中或至数四；唐玄宗之杖蒋挺、姜皎于朝堂，皆前事也。东汉之捶扑，以左雄之言而除。隋高祖性虽猜忌，亦尝以高颎等切谏，殿内去杖。开元时，以张说之言而止，未有如明代之廷杖直与国运相终始者也。

《图书集成·祥刑典·笞杖部·纪事·刑法志》：嘉靖三年，群臣争大礼，聚哭左顺门，帝大怒，杖五品以下丰熙等一百三十有四人，死者王思等十七人，于时里疮吮血，填满犴狴，此其最酷者矣。故事：凡杖者，以绳缚两腕，囚服，逮赴午门外。每入一门，门扉随阖，至杖所，列校百人衣襞衣，执木棍林立。司礼监宣驾帖讫，坐午门西墀下左，锦衣卫使坐右，其下绯而趋走者数十人。须臾，缚囚定，左右厉声喝，喝阁棍，则一人持棍出，阁于囚股上，喝打，则行杖，杖之三，则喝令着实打，或伺上竟不测，曰用心打，则囚无生理矣。五杖而易一人，喝如前，每喝，环列者群和之，喊声动地，闻者股栗。凡杖，以布承囚，四人升之，杖毕，举布掷诸地，几绝者外恒八九。

按：此引明《法志》，前一段文与今《志》不合，后一段为今《志》所无，似《明史稿》之文也。

查嗣瑮、查浦辑闻午门廷杖，司礼监、锦衣卫使分坐左右，列校行杖之轻重，匪独察二人之语言辨其颜色也，黠者每视其足，足如箕张则囚可生，靴尖一敛则囚无生理矣。闻诸恶少年行习行杖时，先缚革为二人，一置砖于中，一纸裹其外，俱以衣覆之。杖置砖者，视之若轻，徐解而观，则砖都裂。杖纸裹者，视之极重，而纸无伤，能如是则入选，以朝臣之死生恣阉竖武夫之喜怒，真可叹息痛恨也。

按：廷杖惨毒状，以上二说言之为详。吾尝谓明祚之亡，基于嘉靖，成于万历，天启不过扬其焰耳，是可为太息流涕者也。

宋胡太初《昼帘余论·用刑篇》："县无甚重之刑，小则讯，大则决，又大则止于杖一百而已。吏民无甚愆过，便辄以杖一百加之，不知罪或大于此又将何术以处之哉？而况行杖者或观望声势，或接受贿赂，行遣之时，殆同儿戏，此非所以使人畏，乃所以使人玩也。愚谓杖一百之刑最不可数施，讯决亦止可十数下，若大杖止五、七下或十下，须令如法决遣。下下严峻，然后人自畏服，初不在乎数目之多，徒为行杖者卖弄耳。若杖一百，却留为极典，非大过犯大愆误不施，须令人人畏惧而不敢犯，此则省刑之大略也。每奸盗辟囚获到之初，首行腿讯，多至二三百下，此其不可者一也。盖被获到官，沿途縶缚拷打，或饥饿困顿已非一日，若又即从而讯决，多有毙于杖下者，孰若竟押下狱明正典刑耶？豪强之家论诉邻里，官司不问是非，便与行遣，此其不可者二也。盖杖决虽微，王法攸寓，不可妄加无罪，岂应副人情之具？若徇其私请，张其声势，将来武断，乡曲稔恶积愆，欲救之无及矣。盗贼累犯，合与刺环，今有初犯及盗不满匹者，一为势利所怵，便与断刺，不知鞭挞至惨肌肤犹有可完之时，一经刺环，瘢痕永无可去之理，所犯出于一时，不得已而被罪，至于终身不雪，此所当戒者三也。凶恶害民，合与永锁，今有偶触长官之怒及势家所恶者，便与幽之图圄，系之尉寨，不知罪不至死，一身之困踬难逃。身既被囚，数口之饥寒孰给，所谓破家县令皆是之类，此所当戒者四也。乃若用刑之节，如入夜有禁，遇日当禁，皆当时时警省；老幼不及，疾孕不加，皆当事事审察。令甲备着，毋待多云。然又有三说：一我醉，二彼醉，三赢瘠。盖我醉而行刑，则旁观必以使酒疑我，万一果有过当，虽悔奚追？彼醉而加刑，则配酊之中何知畏惧？万一挟酒陵犯，取辱贻羞。赢瘠而受刑，则必其人饮食之阙违，气力之困惫，笞箠之下尤有不可测者。今又有人求加于杖一百之外，自知徒流以上不可用，乃辄槌折手足，尤为残忍。某事某罪，国有彝章，法外戕人，岂字民之官所当为者？戒之哉！戒之哉！”

按："配酊"当是"酩酊"之讹。

奴

《书·甘誓》：予则孥戮汝。《史记》"孥"作"帑"。江氏声《尚书集注音疏》："'帑'或为'奴'，当从'奴'，谓有罪而没为奴也。或奴，或戮，视其所犯。郑仲师注《周礼·司厉职》引此作'奴'，'帑'是子孙之称，先王恶恶止其身，当止奴。其有辜者，必不子孙从坐。《汤誓·正义》引郑注《汤誓》'孥戮'云，'大罪不止其身，又帑戮其子孙'，然则郑说此经，当亦谓然，今不从之者。《左传》引《康诰》曰，'父子兄弟罪不相及'，虞夏政尚宽简，岂反子孙从坐？其说非是。"段氏玉裁《古文尚书撰异》："古'奴婢'、'妻孥'字，皆作'奴'，故郑司农释《尚书》之'奴'为奴婢，假如今本作'孥'，则司农何至释为奴婢？故知'孥'是俗，卫包所改，《尚书》原文只作'奴'也。《王莽传》：莽曰'秦置奴婢之市，与牛马同兰'，《书》曰'予则奴戮汝'，唯不用命者被此辜矣。师古曰'奴戮之以为奴也。说《书》者以为帑子也。戮及妻子，此说非也'。《泰誓》曰'囚奴正士，岂及子之谓乎'？按莽所用者，今文《尚书》说也，先郑注《司厉》引《尚书》亦用今文说。《汉书·季布栾布传》赞曰'奴僇苟活'，亦是用今文说其字，则古文、今文皆作'奴'也。"孙氏星衍《尚书今古文注疏》："史迁'孥'作'帑'，一作'奴'。奴者，《汉书》注李奇曰'男女徒总名为奴'。戮者，《广雅·释诂》云'辱也'。《周礼·司厉》注郑司农云'今之奴婢，古之罪人也'。郑注《周礼》云'奴，从坐而没入县官者，男女同名'。案三代已前，父子兄弟罪不相及，至秦始有连坐收帑之法，以此说《夏书》更不合。伪孔既以为辱及汝子，其于《汤誓》又云'权以胁之使勿犯'，皆失之。'帑'俗字，当为'奴'，郑司农所引盖今文也。《诗·棠棣》'乐尔妻帑'，疏引此文作'帤'，亦假借字。"

《汤誓》：予则孥戮汝。颜师古《匡谬正俗》："翏，古文'戮'字。《商书·汤断》古'誓'字。云'予则孥戮汝'，孔安国传云'古之用刑，父子兄弟罪不相及'。今云，孥戮权以胁之，使勿犯也。案孥戮者，或以为奴，或加刑戮，无有所赦耳。此非'孥子之孥'，犹《周书·泰誓》称'囚孥正士'，亦谓或囚或孥也，岂得复言并子俱囚也？又班固《汉书·季布传》赞云'及至困厄奴僇苟活'，盖引《商书》之言以为折衷矣。"段氏玉裁云："此条除'孥子'之'孥'外，尽正为'奴'字而后可读，亦可以证《尚书》之本作'奴'矣。其实'孥子之孥'两'孥'字，亦当正为'奴'，古子女奴婢统称奴，其既也假'帤'为'奴'字，其后又制'孥'字为之。"孙氏《书疏》："古无从坐之法，汉法因暴秦之旧，未能尽除，郑用汉法说经，失之。"

《论语》：箕子为之奴。何晏注："马曰，箕子佯狂为奴。"《殷本纪》："箕子惧，乃佯狂为奴，纣又囚之。"皇侃《论语义疏》："箕子者纣之诸父也，时为父师，是三公之职，屡谏不从，知国必殒。己身非长，不能辄去，职任寄重，又不可死，故佯狂而受囚为奴。"黄氏式三《论语后案》："为之奴者，罪隶之奴也。《周官·司厉》'其奴男子入于罪隶，女子入于舂槁'。《夏书》云'奴戮'，殷亦有是制，武王胜殷释囚，是其征也。"《书·泰誓》："囚奴正士。"孔传："箕子正谏而以为囚奴。""武成释箕子囚。"孔传："囚奴徒隶。"《正义》："郑众云'为之奴者系于众隶之官'，是囚为奴，以徒隶役之也。"

《书·说命》：说筑傅岩之野。孔传："傅氏之岩在虞虢之界，通道所经，有涧水坏道，常使胥靡刑人筑护此道。说贤而隐，代胥靡筑之，以供食。"《史记·殷本纪》："于是乃使百工营求之野，得说于傅岩中。是时说为胥靡，筑于傅险。"《墨子·尚贤篇》："昔者傅说居北海之洲圜土之上，衣褐带索，筑于傅岩之城。"

《周礼·司厉》：其奴男子入于罪隶，女子入于舂槁。注："郑司农云，谓坐为盗贼而为奴者，输于罪隶、舂人、槁人之官也。由是观之，今之为奴婢，古之罪人也。故《书》曰'予则奴戮汝'，《论语》曰'箕子为之奴'，罪隶之奴也，故《春秋传》曰，斐豹隶也，著于丹书。请焚丹书，我杀督戎，耻为奴，欲焚其籍也。玄谓奴从坐而没入县官者男女同名。"疏："先郑《尚书》'予则奴戮女'及《论语》'箕子为之奴'，皆与此经奴为一。若后郑义《尚书》'奴'，奴为子，若《诗》'乐尔妻奴'，奴即子也，后郑不破者，亦得为一义。"

按：《甘誓》、《汤誓》并有"孥戮"之文，孔传训"孥"为"子"，当是旧说，第古者罚弗及嗣，夏、商开创之初，恐未必有此不正之法。先郑训为罪隶之奴，其说较长。《匡谬正俗》说与先郑同，是古说如是。后郑《司厉》注以为从坐没入，而不破先郑之说，《正义》谓亦得为一义，乃模棱之见。文王治岐，罪人不孥，《康诰》又称"父子兄弟罪不相及"，《左氏昭二十年传》引。周之家法如是。《周礼》为元公所作，岂能显然违背哉？近儒江氏、段氏、孙氏皆非后郑而从先郑，自是定论。说代胥靡，箕子为奴，皆足为殷法之证，周法则《司厉》详矣。

《周礼·天官·酒人》：女酒三十人，奚三百人。郑注："女酒，女奴晓酒者。古者从坐男女没入县官为奴，其少才知以为奚。今之侍史官婢或曰奚官女。"《正义》曰："侍史官婢，举汉法言之。"《浆人》：女浆十有五人，奚百有五十人。郑注："女浆，女奴晓浆者。"《笾人》：女笾十人，奚二十人。郑注："女笾，女奴之晓笾者。"《醢人》：女醢二十人，奚四十人。郑注："女醢，女奴晓醢者。"《醯人》：女醯二十人，奚四十人。郑注："女醯，女奴晓醯者。"《盐人》：女盐二十人，奚四十人。郑注："女盐，女奴晓盐者。"《幂人》：女幂十人，奚二十人。郑注："女幂，女奴晓幂者。"女祝四人，奚八人。郑注："女祝，女奴晓祝事者。"女史八人，奚十有六人。郑注："女史，女奴晓书者。"《缝人》：女工八十人，奚三十人。郑注："女工，女奴晓裁缝者。"

按：酒人以下，女酒等凡八百八十余人，如皆为没官之女奴，安得如此之多数？恐不然也。

《说文·女部》："奴婢，皆古之罪人也。《周礼》曰'其奴男子入于罪隶，女子入于舂槁'。从女从又。"《初学记》十九引《说文》作"男入罪曰奴，女入罪曰婢"。又《辛部》："童，男有罪曰奴，奴曰童，女曰妾。从辛重省声。"

按：许氏亦取先郑之说，可见古说之相同。童字从辛，辛，罪也，有罪曰奴，故从辛也。

《风俗通》：古制本无奴婢，即犯事者或原之。臧者，被臧罪没入为官奴婢。获者，逃亡获得为奴婢也。

按：今本《风俗通》无此条，见《初学记》十九、《艺文类聚》三十五。奴之名自夏迄周皆有之，而应劭谓古无之者，盖古者无买卖奴婢之事，秦始有之，见《汉书·王莽传》，汉承秦俗，其时奴婢与财货相等。《食货志》："东置沧海郡，人徒之费疑于南夷。又兴十余万人筑卫〔朔方〕，转漕甚远，自山东咸被其劳，费数十百巨万，府库并虚。乃募民入奴婢得以终身复，为郎增秩。"《陆贾传》："陈平乃以奴婢百人，车马五十乘，钱五百万遗贾。"《张安世传》："家童七百人，皆有手技作事。"《霍光传》："赏赐前后黄金七千斤，钱六十万，杂缯三万匹，奴婢百七十人。"《货殖传》："蜀卓氏富至童八百人。"《史记》作"千人"。"齐俗贱奴虏，而刁间独爱贵之。桀黠奴，人之所患，唯刁间收取，使之逐鱼盐商贾之利，或连车骑交守相，然愈益任之，终得其力，起数千万。故曰宁爵无刁，言能使豪奴自饶，而尽其力也。"此可见汉代畜奴之风甚盛，举凡输纳、赏赐、赠遗等事，皆可以奴婢当之，而家业之富饶及生产之尽力，皆可于奴婢卜之，此等奴婢不皆为有罪之人矣。《季布传》："周氏曰：汉求将军急，迹且至臣家，能听臣，臣敢进计；即否，愿自颈。布许之。乃髡钳布，衣褐，置广柳车中，并与其家僮数十人，之鲁朱家所卖之。朱家心知其季布也，买置田家。"《栾布传》："为人所略，卖为奴于燕，为其主家报仇。"《成纪》永始四年，禁民逾制，诏内亦有多畜奴婢之语。《哀纪》又有多畜奴婢亡限之诏，可见西汉风俗，买卖奴婢之习未能改也。后世相沿，不以为非。桂氏馥云："《说文》奴婢，皆古罪人，今之奴婢，其祖父初无罪恶，而世世不可逃，亦可痛已。"

汉律：罪人妻子没为奴婢，黥面。《魏志·毛玠传》。

按：汉之奴婢有二类：一为官奴婢，如文、武二《纪》所称，乃有罪而入官为奴婢者。汉律久亡，何罪当入官，已无可考。《司厉》先郑注谓坐为盗贼而为奴，后郑谓从坐而没入县官，二者盖兼有之。《高纪》郎中田叔、孟舒等十人，自髡钳为王家奴。《田叔传》云"赭衣，自髡钳"，此伪为官奴者，可见当日之官奴必皆髡钳也。一为私家之奴婢，《高纪》五年，诏民以饥饿自卖为人奴婢者，皆免为庶人。此民间之自相买卖者，本非罪人。观于免为庶人之诏，则当日之奴婢无论为官奴婢、为私家之奴婢，未尝令其世世为奴婢也。后世奴婢但有主家放出及本人赎身之事，而国家无赦免之文，亦刑法中一缺典也。文帝已除黥刑，何以奴婢尚有黥面之律？证诸《毛玠传》，是魏世尚承用此法，岂缘坐之妻子特黥面以示别欤？《后汉书·朱穆传》有"臣愿黥首系趾"

之语，殆此一事尚未除也。

《魏志·毛玠传》：后有白玠者："出见黥面反者，其妻子没为官奴婢，玠言曰'使天不雨者盖此也'。"太祖大怒，收玠付狱。大理钟繇诘玠曰："自古圣帝明王，罪及妻子。《书》云'左不共左，右不共右，予则孥戮女'。司寇之职，男子入于罪隶，女子入于春槁。汉律，罪人妻子没为奴婢，黥面。汉法所行黥墨之刑，合于古典。今真奴婢祖先有罪，虽历百世，犹有黥面供官，一以宽良民之命，二以宥并罪之辜。此何以负于神明之意，而当致旱？"

按：毛玠之意殆以妻子没官为非法，故有不雨之诮，钟繇之诘亦用康成之说，未必真为古典。

父子兄弟罪不相及，春秋时犹行之，况三代盛时耶？至"祖先有罪，历百世犹有黥面"之语，尤为不典。繇本汉人，岂未知免为庶人之诏谓以宽良民之命？夫既属良民，乌可黥面而使之为奴婢？其辞虽辩，能令玠心折否？第据此可为魏氏官奴婢之法。

《晋书·刑法志》：去捕亡亡没为奴婢之制。

按：第二"亡"字疑有误，此盖但去逃亡罪人妻子没官之制，非别条没官为奴婢之制一律皆删。《酉阳杂俎》引《晋令》："奴婢亡，加铜青若墨黥，黥两眼后；再亡，黥两颊上；三亡，横黥目下。"此可为晋有官奴婢之证。

《隋书·刑法志》：梁律："其谋反、降叛、大逆已上皆斩。父子同产男，无少长，皆弃市。母妻姊妹及应从坐弃市者，妻子女妾同补奚官为奴婢。"陈用梁法。

按：本应弃市而为奴婢，此梁律轻于旧律者，而旧律（之）之从坐为奴婢不知为何等罪。

《魏书·刑法志》：神䴥中，定律令。大逆不道腰斩，女子没县官。巫蛊者，女子入春槁。

按：此不言为奴婢，而仍是官奴婢之制。

《魏书·高柔传》：护军营士窦礼近出不还，营以为亡，表言逐捕，没其妻盈及男女为官奴婢。

按：逃人妻子没官为奴婢，晋代去之，元魏盖仍曹魏之法。

《（魏）〔隋〕志》：宣帝大象元年，广《刑书要制》，而更峻其法，谓之《刑经圣制》。宿卫之官，一日不直，罪至削除。逃亡者皆死，而家口籍没。

按：此文"籍没"，史未言为奴婢、为杂户。

《隋志》：开皇元年，定新律。唯大逆谋反叛者，家口没官。六年，诏免尉迟回、王谦、司马消难三道逆人家口之配没者，悉官酬赎，使为编户。因除孥戮相坐之法。十六年，有司奏合州仓粟少七千石，命斛律孝卿鞫问其事，以为主典所窃。复令孝卿驰驿斩之，没其家〔为〕奴婢，鬻粟以填之。是后盗边粮者，一升已上皆死，家口没官。

按：隋文帝始除孥戮之法，其后盗粮一升者家口没官，何其先后仁残之悬绝也？其始沽名，其后任性。

《唐书·刑法志》：谋反者男女奴婢没为官奴婢，隶司农，七十者免之。凡役，男子入于蔬圃，女子入于厨馈。

《唐六典》：都官郎中员外郎掌配没隶簿录俘囚，以给衣粮药疗，以理诉竞雪冤，凡公私良贱，必周知之。凡反逆相坐，没其家为官奴婢。反逆家男女及奴婢没官，皆谓之官奴婢。男年十四以下者，配司农；十五以上者，以其年长，命远京邑，配岭南为城奴。一免为番户，再免为杂户，三免为良人，皆因赦宥所及则免之。凡免皆因恩言之，得降一等、二等，或直入良人。诸律、令、格、式有言官户者，是番户之总号，非谓别有一色。年六十及废疾，虽赦令不该，并免为番户；七十则免为良人，任所居乐处而编附之。凡初配没有伎艺者，从其能而配诸司。妇人工巧者，入于掖庭。其余无能，咸隶司农。凡诸行宫与监牧及诸王公主应给者，则割司农之户以配，诸官奴婢赐给人者，夫妻男女不得分张，三岁已下听随母，不充数，若应简进内者，取无夫无男女也。其余杂伎则择诸司之户教充。凡配官曹长输，其作番户、杂户，则分为番。番户一年三番，杂户一年五番，番皆一月。十六已上当番请纳资者，亦听之，其官奴婢长役无番也。男子入于蔬圃，女子入于厨馈，乃甄为三等之差，以给其衣粮也。

赎

《虞书》：金作赎刑。传："金，黄金。误而入刑，出金以赎罪。"《正义》曰："此以金为黄金。《吕刑》'其罚百锾'，传为'黄铁'，俱是赎罪而金、铁不同者，古之金、银、铜、铁总号为金，别之，四名耳。此传'黄金'，《吕刑》'黄铁'，皆是今之铜也。古之赎罪者皆用铜，汉始改用黄金，但少其斤两，令与铜相敌，故郑玄《驳异义》言'赎死罪千锾'。锾，六两大半两，为四百一十六斤十两大半两铜，与金赎死罪金三斤为价相依附，是古赎罪皆用铜也。实谓铜，而谓之金铁，知传之所言谓铜为金铁耳。汉及后魏赎罪皆用黄金，后魏以金难得，合金一两收绢十匹。今律乃复依古，死罪赎铜一百二十斤，于古称为三百六十斤。孔以锾为六两，计千锾为三百七十五斤，今赎轻于古也。'误而入罪，出金以赎'，即律'过失杀伤人，各依其状以赎论'是也。《吕刑》所言疑赦乃罚者，即今律'疑罪各从其实以赎论'是也。疑，谓虚实之证等，是非之理均，或事涉疑似，旁无证见，或虽有证见，事涉疑似，如此之类，言皆为疑罪，疑而罚赎，《吕刑》已用。言误而输赎，于文不显，故此传指言误而入罪以解此赎。鞭扑加于人身，可云扑作教刑，金非加人之物，而言金作赎刑，出金之与受扑，俱是人之所患，故得指其所出以为刑名。"蔡传："赎其罪也，盖罪之极轻，虽入鞭扑之刑而情法犹有可议者也。据此经文，则五刑有流宥而无金赎，《周礼·秋官》亦无其文，至《吕刑》乃有五等之罚，疑穆王始制之，非法之正也。盖当刑而赎则失之轻，疑赦而赎则失之重，且使富者幸免，贫者受刑，又非所以为平也。"朱子曰："金作赎刑者，使之入金而免其罪，所以赎，夫犯鞭扑之刑而情又轻者也。"

马融曰："意善功恶，使出金赎罪，坐不戒慎者。"《史记·五帝本纪·集解》。江声曰："意善功恶者，功谓事也，谓意本无恶而所为之事或不戒慎而有伤害，纵之则无所惩，刑之则恐枉滥，姑使出金赎之，故云坐不戒慎者。"《尚书集注音疏》。

《尚书大传》：夏后氏不杀不刑，死罪罚二千馔。《史记·平准书·索隐》。禹之君民也，罚弗及强而天下治。一馔，六两。注："所出金铁也。死罪出三百七十五斤，用财少尔。"《路史·后纪》十三《夏后氏纪》引《甫刑传》。陈寿祺《大传定本》案："'馔'，他本作'鑳'，非。惟震泽王氏《史纪》本不误。"郑注："三百七十五斤，适合千馔六千两之数。"《索隐》引《大传》'二'字当衍。

《周礼·秋官·职金》：掌受士之金罚货罚，入于司兵。注："给治兵及工直也。货，泉贝也。罚，罚赎也。《书》曰'金作赎刑'。"疏云："掌受士之金罚者，谓断狱讼者有疑即使出赎。既言金罚又曰货罚者，出罚之家，时或无金，即出货以当金直，故两言之。金有两义，若相对而言，则有金、银、铜、铁为异，若散而言之，总谓之金。但古出金赎罪，皆据铜为金，若用黄金百锾，乃至大辟千锾，无齐之理。"

按：《夏官》"司兵掌五兵五盾，各辨其物与其等，以待军事"，是司兵掌五兵者。此金罚入于司兵，当即以此金治兵器。孔疏言"古者赎罚，据铜为金"，其说颇有据，郑云"给治兵及工直"者，金以治兵，货以给直也。

《吕刑》序：吕命穆王训夏赎刑。传："吕侯以穆王命作《书训》，畅夏禹赎刑之法，更从轻以布告天下。"疏："经言陈罚赎之事，不言何代之礼，故序言'训夏'，以明经是夏法。王者代相，革易刑罚，世轻世重。殷以变夏，周又改殷。夏法行于前代，废已久矣，今复训畅夏禹赎刑之法，以周法伤重，更从轻以布告天下。以其事合于当时，故孔子录之以为法。《周礼·职金》'掌受士之金罚货罚，入于司兵'，则周亦有赎刑，而远训夏之赎刑者，《周礼》惟言'士之金罚'，人似不得赎罪，纵使亦得赎罪，赎必异于夏法，以夏刑为轻，故祖而用之。"

《吕刑》：墨辟疑赦，其罚百锾，阅实其罪。刑疑则赦，从罚。六两曰锾。锾，黄铁也。阅实其罪，使与罚各相当。劓辟疑赦，其罚惟倍，阅实其罪。倍百为二百锾。剕辟疑赦，其罚倍差，阅实其罪。倍差，谓倍之又半，为五百锾。宫辟疑赦，其罚六百锾，阅实其罪。大辟疑赦，其罚千锾，阅实其罪。死刑也。五刑疑，各入罚，不降，相因古之制也。墨罚之属千，劓罚之属千，剕罚之属五百，宫罚之属三百，大辟之罚其属二百，五刑之属三千。别言罚之，合言刑属，明刑罚同属，互见其义，以相备。蔡传："今按《皋陶》所谓罪疑惟轻者，降一等而罪之耳。今五刑疑赦而直罚之以金，是大辟、宫、剕、劓、墨皆不复降等用矣。苏氏谓五刑疑，各入罚，不降，当因古制。非也。舜之赎刑，官府、学校鞭扑之刑耳。夫刑莫轻于鞭扑，入于鞭扑之刑而又情法犹有可议者则是无法以治之，故使之赎，特不欲遽释之也。而穆王之所谓赎，虽大辟亦赎也，舜岂有是制哉？"

《职金》疏："《考工·冶氏》云，戈戟重三锊。夏侯欧阳说云'墨罚疑赦，其罚百率'，古以六两为率。古《尚书》说'百锾'，锾者，率也。一率十一铢二十五分铢之十三也，百锾为三斤，郑玄以为古之'率'多作'锾'。郑注《冶氏》云，许叔重《说文解字》云'锊，锾也'。今东莱称或以大半两为钧，十钧为锊，锊重六两大半两。若然，锊、锾一也。言大半两是三分两之二，郑意以此为正，故不从诸家，以六两为锾。"《说文》："锊，十一铢二十五分铢之十三也。从金寽声。《周礼》曰重三锊，北方二十两为三锊。""锾，锊也。从金爰声。《书》曰'罚百锾'。"段氏玉裁《尚书撰异》云："今文《尚书》作'率'，或作'选'，或作'馔'；古文《尚书》作'锾'。《史记·周本纪》百率、五百率、千率，此依今文《尚书》也。徐广曰：'率音刷。'《索隐》曰：'旧本率，亦作选。'考《汉书·萧望之传》曰'甫刑之罚，小过赦，薄罪赎，有金选之品'。《尚书大传》曰'一馔六两，率与选、馔皆双声'。《职金》正义云云，按此盖出《五经异义》。今文《尚书》作'率'，古文《尚书》作'锾'。今文《尚书》说'率重六两'，古文《尚书》说'锾重十一铢二十五分铢之十三'。其字其说皆异也。古文家说'锾'即'率'者，比合伏生《尚书》言之耳。马季长云'贾逵说俗儒以锊重六两'。俗儒者，谓欧阳夏侯，即《大传》'一馔六两'也。郑、孔、王及小《尔雅》以六两训锾，此用今文《尚书》说说古文《尚书》也。马季长、许叔重则用古《尚书》说，谓'锾'即《考工记》之'锊'字。马注《考工记》曰'锊，量名，当与《吕刑》锾同'。《尚书正义》引。此许谓'锾'即'锊'之所本也。"

按：今文、古文《尚书》二说，多寡之数悬殊。古文说锾者，十一铢二十五分铢之十三，百锾为三斤，其数轻；今文说锊者六两三分两之二，百锊为四十一斤十两三分两之二，其数重。王氏鸣盛《尚书后案》是今文而非古文，谓四十斤十两三分两之二以赎墨罪不为重，等而上之至千锾，亦只四百十六斤十两三分两之二，约计今铜价，仅值白金一百二三十两。如百锾为铜三斤，可赎黥面之罪，推之大辟，只用铜三十斤，就今铜价，仅值白金五六两，以赎死罪，有是理乎？江氏声《尚书集注音疏》则是古文而非今文，谓百锊为四十一斤十两三分两之二太重。窃谓古今物价之贵贱不能尽同。《左传》僖十八年，郑伯始朝于楚。楚子赐之金，既而悔之，与之盟曰："无以铸兵！"故以铸三钟。杜注："古者以铜为兵。"是此传之所谓金乃铜也。夫三钟之铜，为数几何？而贵重之如此，是必当时铜少而贵，不与今同也。然则据今之价以论古法，未必符也。《舜典》疏引郑《驳异义》云"云与金赎死罪金三斤为价相依附"，"与金"之"金"，陈氏《异义疏证》改作"今"，是也。今谓汉时，似郑说较长。

蔡传又云："按此篇专训赎刑，盖本《舜典》'金作赎刑'之语。今详此书，实则不然，盖《舜典》所谓赎者，官府学校之刑尔，若五刑，则固未尝赎也。五刑之宽，惟处以流，鞭扑之宽，方许其赎。今穆王赎法，虽大辟亦与其赎免矣。汉张敞以讨羌，兵食不继，建为入谷赎罪之法。初亦未尝及夫杀人及盗之罪，而萧望之等犹以为如此则富者得生，贫者独死，恐开利路以伤治化。曾谓唐虞之世而有是赎法哉？穆王巡游无度，财匮民劳，至其末年，无以为计，乃为此一切权宜之术以敛民财。夫子录之，盖亦示戒，然其一篇之书哀矜恻怛，犹可想见三代忠厚之遗意云尔。"

马氏端临《通考》云："《吕刑》一书，先儒蔡九峰以为《舜典》所谓赎刑者云云，愚以为未然。盖熟读此书，哀矜恻怛之意千载之下犹使人为之感动且拳拳乎？迄富惟货之戒，则其不为聚敛征求设也审矣。鬻狱取货，末世暴君污吏之所为，而谓穆王为之，夫子取之乎？且其所谓赎者，意自有在，学者不能详味经意而深考之耳。其曰'墨辟疑赦，其罚百锾'，盖谓犯墨法之中疑其可赦者，不遽赦之而姑取其百锾以示罚耳。继之曰'阅实其罪'，盖言罪之无疑则刑，可疑则赎，皆当阅其实也。其所谓疑者何也？盖唐虞之时，刑清律简，是以赎金之法止及鞭扑，而五刑无赎法。至于周而律之繁极矣，五刑之属至于三千，若一按之律尽从而刑之，何莫非投机触罟者？天下之人无完肤矣。是以穆王哀之，而五刑之疑各以赎论。姑以大辟一条言之，夫所犯者，死罪而听其赎金以免，诚不可以训也，然大辟之属二百，则岂无疑赦而在可议之列者？有如杀人反逆之类，则是不可不杀，虽万锾亦难贳死矣。而二百之属，其罪不皆至此也。以经传考之，其在周则王制之析言破律、行伪学非、酒诰之群饮，其在汉则列侯坐酎金不敬、将帅出师失期之类，于律皆死罪也，而其情则可矜，其法则可议，岂必尽杀之乎？此则死罪之疑赦者也。意周所以断斯狱，必在其罚千锾之科，而汉制则不过或除其国，或赎为庶人，亦其遗意也，盖哀矜庶狱，乃此书之大旨，赎特其一事。序者专以训夏赎刑言之，已失其义。而此书之首又止言'耄荒度作刑以诘四方'，夫曰作刑以诘四方者，主于用刑之意也，而此书所言，大概哀民之罹于法而不忍刑之，惧有司之不能审克而轻用之，其意盖期于无刑而非作刑也。故愚疑篇首或有脱简，如'耄荒度'之语，亦难通。二序既不得书之意，而后之儒者复因穆王有巡游之事，遂于此书肆为讥评，而不复味其辞亦已疏矣。以愚观之，一篇之中，察狱情之隐痛，鉴天道之神明，而示劝戒于报应之间，咨嗟恳恻谆复详练，老者之言也。其作于既闻祈招之后乎？是岂复有侈心之可议哉？或曰罪疑则降等施刑可矣，何必赎乎？曰古之议疑罪者，降杀一法也，《虞书》所谓'罪疑惟轻'，此书所谓'上下比罪'，上刑适轻，下服是也。罚赎一法也，《虞书》所谓'金作赎刑'，此书所谓'五刑之赎'是也，固并行而不悖也。且其言曰罚惩，非死人极于病，盖财者人之所甚欲，故夺其欲以病之，使其不为恶耳，岂利其货乎？至又以为所言皋陶不与三后之列，遂使后世以刑官为轻。后汉杨赐拜廷尉，自以代非法家，言曰'三后成功，皋陶不与，盖吝之也’，亦此书立言之疵启之陋哉？俗儒之论也。夫刑以齐民，古人重之谨之而非所先也。故夫子以政，刑不若德礼，而此书曰‘三后成功，惟殷于民’，土制百姓于刑之中，以教祗德，盖曰必居以安之，食以养之，礼以教之，然后及于刑耳。岂以皋陶为劣于禹稷而后之乎？然即此章先后轻重之意观之，盖可以明此书之不为作刑以诘四方而作矣。”

或问朱子曰：“赎刑非古法欤？”曰：“古之所谓赎刑者赎扑耳。夫既已杀人伤人矣，又使之得以金赎，则有财者皆可以杀人伤人，而无辜被害者何其大不幸也？且杀人者安然居乎乡里，彼孝子顺孙之欲报其亲者，岂肯安于此乎？所以屏之四裔，流之远方，彼此两全之也。”

董鼎曰：“舜既以五流而宥五刑矣，鞭扑之轻者乃许以金赎，所以养其愧耻之心而开以自新之路。曰眚灾肆赦，则直赦之而已。穆王乃以刑为致罪，以罚为赎金。既谓五刑之疑有赦，而又曰其罚若干锾，则虽在疑赦，皆不免于罚赎。五刑尽赎，非鬻狱乎？自是，有金者虽杀人可以无死，而刑者相半于道必皆无金者也，中正安在哉？”

《通考》一百七十一：致堂胡氏曰：“按《舜典》五刑之目，一曰象以典刑，二曰鞭作官刑，三曰扑作教刑，四曰金作赎刑，五曰怙终贼刑。何为设赎？谓罪之疑者也。三代相承，至周穆王其法尤密，乃有罚锾之数，皆为疑刑也。鞭施于官，盖胥吏徒隶也；扑施于教，盖学校夏楚也，是则鞭重而扑轻，鞭以痛惩，扑以愧耻而已。夫当官典刑教，临时之用，有何可疑而使赎乎？无疑而赎，则顽者肆怠者纵，法不严而人易犯，其末流乃至于惟赎之利，变乱正刑，其弊有不可胜言者。且使士流与卒伍同条，岂刑不上大夫之义乎？”案《虞书》言金作赎刑而已，九峰蔡氏则以为赎，特为鞭扑轻刑设，五刑本无赎法，而以穆王赎锾之事为非。致堂胡氏则以为赎本为五刑之疑者，而鞭扑轻刑则无赎法，二论正相反。然以《书》之本文考之，固未见其专为五刑设或专为鞭扑设也。愚尝论之五刑，刑之大者所以惩创其罪愆，鞭扑，刑之小者，所以课督其慵怠，五刑而许之论赎者，盖矜其过误之失。《书》所谓“罪疑惟轻”，所谓五刑之疑有赦是也。鞭朴而许其论赎者，盖养其愧耻之心记。所谓刑不上大夫，东坡所谓鞭挞一行则豪杰不出于其间，故士之刑者不可用，用者不可刑是也，二者皆圣人忠厚之意也。

邱氏濬云：“马氏之言谓穆王之赎法非利其货入，盖因后世禁网深密，犯罪者多阅其实，有可疑者则罚，其甚欲之金以贷其罪也。夫罪入五刑而可疑者，使富而有金者出金以赎其罪可矣，若夫无立锥之民而犯大辟之罪，何从而得金千锾乎？如是则罪之疑者，富者得生，贫者坐死，是岂圣人之刑哉？然则罪之有疑者如之何则可？《书》固自谓上下比罪，上刑适轻下服，是即《虞书》罪疑惟轻也，奚用赎为哉？"

按：《吕刑》赎法，议者纷如，自以胡氏之言为近于事理，马氏之说尤为详明，若蔡九峰之说则拘墟之见，未见其确也。《舜典》赎刑虽列于鞭扑之次，自为刑之一项，初无鞭扑得赎明文，谓鞭扑方许其赎乃臆度之词，别无证据，此其未确者一也。夏后氏之刑多承于虞，迈种之法，必无所改。而死罪千馔，见于伏生《大传》，则谓有虞必无五刑，赎法何所据而云？然《书》缺有间，未可臆断，此其未确者二也。《职金》金罚货罚，载在《秋官》，周法当必本于虞夏，乃谓《秋官》无文，穆王始制，况《书》序明言训夏赎刑，故传疏有周法伤重更从轻之语，乃一概抹杀，此其未确者三也。巡守之礼，不始于周穆王，肆其侈心，周流荒远，有如《穆天子传》所纪者。然自祈招诗进获没祗宫，则其暮年之不复巡游，克终厥德，可以想见。乃谓财匮民劳，为一切权宜之术，以敛民财，果又何所据而云然？三复此篇，但见哀矜恻怛之意，形于言表，何尝为聚敛计哉？此其未确者四也。罪而可赦，赦之而已，有疑于赦，故使从罚，《书》中于疑赦反复言之，可谓详尽。当刑者决无赎理，何患失之轻？疑于赦，不可遽赦，而使得赎，何患失之重？若不可遽赦而遽赦之，则反失其平矣，乃抹杀一疑字。一若穆王之法，凡丽于五刑者皆可以金赎，此其未确者五也。富者得生，贫者坐死，自汉以来，议赎法者皆以此为言。第国家立法，但问其当于理否耳，苟当于理，则法一而已，只论罪之当赎不当赎，不能论其人之富与贫。富者之得生，法如是，非幸也；贫者之不能自赎，贫者之不幸，非法使之也。且果为疑赦者，法亦必有以济其穷，何至忍视其受刑哉？此其未确者六也。蔡之持论甚正，朱子亦取之，然按之事理，未见其允，故就胡、马二家之说而推衍之如此。季长意善功恶之说，必汉儒师传所授受，故近日释《尚书》者皆宗马说。孔传乃魏晋人所作，其说盖亦衍于马也。邱氏谓《周礼》金罚货罚，以为治兵之工直，后世有罚者，往往归之内藏以为泛用，或以为缮修营造之费，非古制也。按此盖指明制而言，书此以为讽也，历代则未闻。

《国语·齐语》：桓公问曰："夫军令则寄诸内政矣，齐国寡甲兵，为之若何？"管子对曰："轻过而移诸甲兵。"移之甲兵，谓轻其过，使以甲兵赎罪。桓公曰:"为之若何?"管子对曰:"制重罪赎以犀甲一戟,重罪,死罪也。轻罪赎以鞼盾一戟,轻罪,劓、刖之属也。鞼盾,缀革有文如缋也。小罪谪以金分,分,符问切。小罪,不入于五刑者。以金赎,有分两之差,今之罚金是也。宥间罪。"间,居谏切。宥,赦也。间罪,刑罚之疑者也。

《管子·中匡》:对曰:"不可。甲兵未足也,请薄刑罚,以厚甲兵。"于是死罪不杀,刑罪不罚,使以甲兵赎。死罪以犀甲一戟,刑罪以胁盾一戟,既出盾又令出一戟也。过罚以金,过误致罪出金以赎之。军无所计而讼者成以束矢。《小匡》:管子对曰:"制重罪入以兵甲犀胁二戟;轻罪入兰盾鞈革二戟;兰即所谓兰锜,兵架也。鞈革,重革,当心着之,可以御矢。小罪入以金钧;三十金曰钧。分宥薄罪,入以半钧;无坐抑而讼狱者,正三禁之而不直,则入一束矢以罚之。"谓其人自无所坐,而被抑屈为讼者,正当禁之三日,得其不直者,则令入束矢也。

按:疑赦而赎,矜之,非利之也。管子以甲兵未足而使以甲兵赎,则真利之矣。此霸者之政,与王者异也。富者得生而贫者如何处分?所未详也。

《左传》:宣二年,宋人以兵车百乘、文马百驷以赎华元于郑。

按:此俘虏之赎,非常法。

《家语·致思》:鲁国之法,赎人臣妾于诸侯,皆取金于府。子贡赎之,辞而不取金。孔子闻之曰:"赐失之矣。夫圣人之举事也可以移风易俗,而教导可以施之于百姓,非独适身之行也。今鲁国富者寡而贫者众,赎人受金则为不廉,则何以相赎乎?"自今以后,鲁人不复赎人于诸侯。

按:此赎臣妾于邻国之法,当时之臣妾有罪者也。

《汉书·惠纪》:元年,民有罪,得买爵三十级以免死罪。注应劭曰:"一级直钱二千,凡为六万,若今赎罪人三十四缣矣。"师古曰:"令出买爵之钱以赎罪。"

邱氏濬曰:《舜典》金作赎刑,非利之也,而后世则利之矣。惠帝令民有罪得买爵以免死罪,则是富者有罪非徒有财而得免死,又因而得爵焉。呜呼!是何等赏罚耶?

按:据师古之注,是准买爵之钱以赎罪,非竟予之以爵也。

《食货志》:晁错说上曰:"方今之务,莫若使民务农而已矣。欲民务农,在于贵粟;贵粟之道,在于使民以粟为赏罚。今募天下民入粟县官,得以拜爵,得以除罪。如此,富人有爵,农民有钱,粟有所渫。师古曰：'漯，散也，音先列反。'夫能入粟以受爵，皆有余者也；取于有余，以供上用，则贫民之赋可损，所谓损有余补不足，令出而民利者也。顺于民心，所捕者三：一曰主用足，二曰民赋少，三曰劝农功。今令民有车骑马一匹者，复卒三人。车骑者，天下武备也，故为复卒。神农之教曰：'有石城十仞，汤池百步，带甲百万，而亡粟，勿能守也。'以是观之，粟者，王者大用，政之本务。令民入粟受爵至五大夫以上，乃复一人耳，此其与骑马之功相去远矣。爵者，上之所擅，出于口而亡穷；粟者，民之所种，生于地而不乏。夫得高爵与免罪，人之所甚欲也。使天下入粟于边，以受爵免罪，不过三岁，塞下之粟必多矣。"于是文帝从错之言，令民入粟边，六百石爵上造，稍增至四千石为五大夫，万二千石为大庶长，各以多少级数为差。错复奏言："陛下幸使天下入粟塞下以拜爵，甚大惠也。窃恐塞卒之食不足用大漯天下粟。边食足以支五岁，可令入粟郡县矣；足支一岁以上，可时赦，勿收农民租。如此，德泽加于万民，民俞勤农。时有军役，若遭水旱，民不困乏，天下安宁；岁孰且美，则民大富乐矣。"上复从其言，乃下诏赐民十二年租税之半。明年，遂除民田之租税。后十三岁，孝景二年，令民半出田租，三十而税一也。其后，上郡以西旱，复修卖爵令，而裁其贾以招民；及徒复作，得输粟于县官以除罪。

　　按：错所言拜爵、除罪为二事，文帝但从其拜爵一事，故《志》但言入粟拜爵之法。错复奏亦第言入粟拜爵，不及除罪。迨后孝景时，以上郡以西旱，始行输粟除罪之制，但及徒复作而不及他罪，亦偶行之一时，不为常法也。《通考》言文帝纳错说，募民入粟除罪，误也。《大学衍义补》亦承其误。文帝事，《本纪》不载，《通鉴》载于十二年，盖以《志》文有"赐民十二年租税之半"，故知在是年也。

　　《武纪》：天汉四年秋九月，令死罪入赎钱五十万减死罪一等。太始二年秋，旱，九月。同上。

　　《食货志》：于是大司农陈臧钱经用，赋税既竭，不足以奉战士。有司请令民得买爵及赎禁锢免（臧）［减］罪。邱氏濬曰："辟以止辟，此二帝三王立法之初意也。若死者而可以利赎，则犯法死者皆贫民，而富者不复死矣。其杂犯赎之可也，若夫杀人者而亦得赎焉，则死者何辜，而其寡妻孤子何以泄其愤哉？死者抱千载不报之冤，生者含没齿不平之气，以此感伤天地之和，致灾异之变，或驯致祸乱者亦或有之。为天地生民主者，不可不以武帝为戒。"

按：《食货志》令民得买爵赎罪是二事，其文叙于置武功爵之上。置武功爵，《武纪》载在元狩六年六月，故《通鉴》从之，第是年所许赎罪者，只禁锢及臧罪，不及他罪也。天汉、太始乃有死罪赎减之令，亦偶行之，不为常法。邱氏之言固为痛切，然其害亦不至是。

《汉书·李广传》：后四岁，元光六年。广以卫尉为将军，出雁门击匈奴。匈奴兵多，破广军，生得广云云。得脱，于是至汉，汉下广吏。吏当亡失多，为虏所生得，当斩，赎为庶人。

《苏建传》：后一岁，元朔六年。以右将军再从大将军出定襄，亡翕侯，失军当斩，赎为庶人。《武纪》云亡军，独身脱还。

《张骞传》：骞以校尉从大将军击匈奴，知水草处，军得以不乏，乃封骞为博望侯。是岁元朔六年也。后二年，骞为卫尉，与李广俱出右北平击匈奴。匈奴围李将军，军亡失多，而骞后期当斩，赎为庶人。

《公孙敖传》：为骑将军，出代，亡卒七千人，当斩，赎为庶人。元光六年。后二岁，元狩二年。以将军出北地，后票骑，失期当斩，赎为庶人。

《赵食其传》：明年，元狩四年。为右将军，从大将军出定襄，迷失道，当斩，赎为庶人。《纪》云后期。

《司马迁传》：因为诬上，卒从吏议。家贫，财赂不足以自赎。

按：李广诸人皆以军法当斩而赎者，司马迁被宫刑，而与任安书言家贫不足自赎，是武帝时宫刑亦可赎也，何以宣帝时张敞之议又格不行，岂孝武时之赎乃特恩非常制欤？

《萧望之传》：是岁西羌反，神爵元年。汉遣后将军征之。京兆尹张敞上书言："国兵在外，军以夏发，陇西以北，安定以西，吏民并给转输，田事颇废，素无余积，虽羌虏以破，来春民食必乏。穷辟之处，买亡所得，县官谷度不足以振之。愿令诸有罪，非盗受财杀人及犯法不得赦者，皆得以差入谷此八郡赎罪。务益致谷以豫备百姓之急。"事下有司，望之与少府李强议，以为"民函阴阳之气，有好义欲利之心，在教化之所助。尧在上，不能去民欲利之心，而能令其欲利不胜其好义也；虽桀在上，不能去民好义之心，而能令其好义不胜其欲利也。故尧、桀之分，在于义利而已，道民不可不慎也。今欲令民量粟以赎罪，如此则富者得生，贫者独死，是贫富异刑而法不一也。人情，贫穷，父兄囚执，闻出财以得生活，为人子弟者将不顾死亡之患，败乱之行，以赴财利，求救亲戚。一人得生，十人以丧，如此，伯夷之行坏，公绰之名灭。政教一倾，虽有周召之佐，恐不能复。古者臧于民，不足则取，有余则予。《诗》曰'爰及矜人，哀此鳏寡'，上惠下也。又曰'雨我公田，遂及我私'，下急上也。今有西边之役，民失作业，虽户赋口敛以赡其困乏，古之通义，百姓莫以为非。以死救生，恐未可也。陛下布德施教，教化既成，尧舜无以加也。今议开利路以伤既成之化，臣窃痛之"。于是天子复下其议两府，丞相、御史以难问张敞。敞曰："少府左冯翊所言，常人之所守耳。昔先帝征四夷，兵行三十余年，百姓犹不加赋，而军用给。今羌虏一隅小夷，跳梁于山谷间，汉但令罪人出财减罪以诛之，其名贤于烦扰良民横兴赋敛也。又诸盗及杀人犯不道者，百姓所疾苦也，皆不得赎；首匿、见知纵、所不当得为之属，议者或颇言其法可蠲除，师古曰：'以其罪轻而注重，故常欲除此科条。'今因此令赎，其便明甚，何化之所乱？《甫刑》之罚，小过赦，薄罪赎，有金选之品，应劭曰：'选音刷，金铢两名也。'师古曰：'字本作'铧'，铧即'锾'也。'所从来久矣，何贼之所生？敞备皂衣二十余年，尝闻罪人赎矣，未闻盗贼起也。窃怜凉州被寇，方秋饶时，民尚有饥乏，病死于道路，况至来春将大困乎！不早虑所以振救之策，而引常经以难，恐后为重责。常人可与守经，未可与权也。敞幸得备列卿，以辅两府为职，不敢不尽愚。"望之、强复对曰："先帝圣德，贤良在位，作宪垂法，为无穷之规，永惟边竟之不赡，故《金布令甲》曰'边郡数被兵，离饥寒，夭绝天年，父子相失，令天下共给其费'，固为军旅卒暴之事也。闻天汉四年，常使死罪人入五十万钱减死罪一等，豪强吏民请夺假贷至为盗贼以赎罪。其后奸邪横暴，群盗并起，至攻城邑，杀郡守，充满山谷，吏不能禁，明诏遣绣衣使者以兴兵击之，诛者过半，然后衰止。愚以为此使死罪赎之败也，故曰不便。"时丞相魏相、御史大夫丙吉亦以为羌虏且破，转输略足相给，遂不施敞议。

按：萧、张之议，世多是萧而非张，萧守经而张行权也。然以备一时之急，张议正未可非，凡犯法之不得赦者既不许赎，则许赎皆情轻者，出谷以贷其罪，有何伤于政化？望之言固持正，似未合于事机，至欲户赋口敛以赡困乏，尤为非计。敞谓小夷跳梁，但令罪人出财，贤于纷扰良民，洵通论也。《武纪》天汉二年"泰山、琅邪群盗徐勃等阻山攻城，道路不通。遣直指使者暴胜之等衣绣衣杖斧分部逐捕"。其令死罪减赎则在四年，实在此后二年。乃望之谓群盗之起缘于死罪之赎，殊于情事不合。以汉人言汉事，神爵又距天汉不远，何以所言之舛错如此，不可解也。至"富者得生，贫者独死"二语，尤为后来说者所主持，前已约略辨之矣。且除去情重之犯，则死罪已属无多，若豪强吏民请夺假贷为盗贼以赎罪，此则州郡经理之不善，正未可以此为借口。且恐言之过甚其词，或偶有一二事而已。

《贡禹传》：禹又言："孝文皇帝时，贵廉洁，贱贪污，贾人、赘婿及吏坐赃者皆禁锢不得为吏，赏善罚恶，不阿亲戚，罪白者伏其诛，疑者以与民，亡赎罪之法，故令行禁止，海内大化，天下断狱四百，与刑错亡异。武帝始临天下，尊贤用士，辟地广境数千里，自见功大威行，遂从耆欲，用度不足，乃行一切之变，使犯法者赎罪，入谷者补吏，是以天下奢侈，官乱民贫，盗贼并起，亡命者众。郡国恐伏其诛，则择便巧史书于计簿能欺上府者，以为右职；奸轨不胜，则取勇猛能操切百姓者，以苛暴威服下者，使居大位。故亡义而有财者显于世，欺谩而善书者尊于朝，悖逆而勇猛者贵于官。故俗皆曰：'何以孝弟为？财多而光荣。何以礼义为？史书而仕宦。何以谨慎为？勇猛而临官。'故黥劓而髡钳者犹复攘臂为政于世，行虽犬彘，家富势足，目指气使，是为贤耳。故谓居官而置富者为雄桀，处奸而得利者为壮士，兄劝其弟，父勉其子，俗之败坏，乃至于是。察其所以然者，皆以犯法得赎罪，求士不得真贤，相守崇财利，诛不行之所致也。今欲兴至治，致太平，宜除赎罪之法。相守选举不以实，及有臧者，辄行其诛，亡但免官，师古曰：'不止免官而已。'则争尽力为善，贵孝弟，贱贾人，进真贤，举实廉，而天下治矣。孔子，匹夫之人耳，以乐道正身不解之故，四海之内，天下之君，微孔子之言亡所折中。况乎以汉地之广，陛下之德，处南面之尊，秉万乘之权，因天地之助，其于变世易俗，调和阴阳，陶冶万物，化正天下，易于决流抑队。自成康以来，几且千岁，欲为治者甚众，然而太平不复兴者，何也？以其舍法度而任私意，奢侈行而仁义废也。陛下诚深念高祖之苦，醇法太宗之治，正己以先下，选贤以自辅，开进忠正，致诛奸臣，远放谄佞，放出园陵之女，罢倡乐，绝郑声，去甲乙之帐，退伪薄之物，修节俭之化，驱天下之民皆归于农，如此不解，则三王可侔，五帝可及。唯陛下留意省察，天下幸甚。"

按：西汉赎罪之法，据禹言始于孝武，盖即《食货志》所载赎禁锢免臧罪也。禹奏，始言"贵廉洁，贱贪污"，终言"进真贤，举实廉"，中言"崇财利，诛不行"之祸，请除赎罪之法。有臧者辄行其诛。反复指陈，可谓痛切。尔时石显用事，此议竟格不行也。终西汉之世，赎法只禁锢、坐赃二事，其他罪未尝行。

《续汉书》：建武初，令天下系囚减罪一等，出缣赎罪，轻重有差。《白孔六帖》四十四。

《后汉书·光武纪》：建武二十九年夏四月乙丑，诏令天下系囚自殊死已下及徒各减本罪一等，其余赎罪输作，各有差。

按：东汉赎法，《续汉书》谓始于建武初，而《本纪》惟此一事，其后每遇赦宥辄行之而轻重不同。

《明纪》：中元二年四月，诏中二千石下至黄绶，贬秩赎论者，悉皆复秩还赎。十二月，诏天下亡命殊死已下，听得赎论：死罪入缣二十匹，右趾至髡钳城旦春十匹，完城旦春至司寇作三匹。其未发觉，诏书到先自告者，半入赎。永平八年十月，诏亡命者令赎罪各有差。十五年二月，诏亡命自殊死已下赎：死罪缣四十匹，右趾至髡钳城旦春十匹，完城旦至司寇五匹；犯罪未发觉，诏书到日自告者，半入赎。十七年五月，制中二千石、二千石下至黄绶，贬秩奉赎，在去年已来皆还赎。十八年三月，诏其令天下亡命，自殊死已下赎：死罪缣三十匹，右趾至髡钳城旦春十匹，完城旦至司寇五匹；吏人犯罪未发觉，诏书到自告者，半入赎。

《章纪》：建初七年九月，诏亡命赎：死罪缣二十匹。余与永平十八年同。元和元年八月，诏亡命者赎，各有差。和帝永元三年正月、八年八月；安帝延光三年九月；顺帝永建元年十月、阳嘉元年九月并同。章和元年九月，诏亡命者赎。与建初七年同。

《安纪》：永初元年九月，诏死罪已下及亡命赎，各有差。顺帝永和五年五月，桓帝建和三年九月并同。六年五月，令中二千石下至黄绶，一切复秩还赎，赐爵各有差。元初二年，诏亡命死罪以下赎，各有差。

《顺纪》：永建四年正月，诏从甲寅赦令已来复秩属籍，三年正月已来还赎。汉安二年十月，令郡国中都官系囚殊死已下出缣赎，各有差；其不能入赎者，遣诣临羌县居作二岁。

《灵纪》：建宁元年十月，令天下系囚罪未决入缣赎，各有差。熹平三年十月，四年十月，六年十月；光和三年八月，五年七月；中平四年九月并同。

《陈宠传》：宠又钩校律令条法，溢于《甫刑》者除之。今律令死刑六百一十，耐罪千六百九十八，赎罪以下二千六百八十一，溢于《甫刑》者千九百八十九，其四百一十大辟，千五百耐罪，七十九赎罪。宜令三公、廷尉平定律令，应经合义者，可使大辟二百，而耐罪、赎罪二千八百，并为三千，悉删除其余。

按：《吕刑》五刑之属三千，谓疑赦应罚者。《周礼·司刑》五刑各为五百，共二千五百。穆王改墨、劓各千，剕五百，宫三百，大辟二百，盖减重刑而增轻刑，故为三千。然五刑之不应罚者自别为三千，不在此数也。宠欲合赎罪定为三千以符《甫刑》之数，疑汉时说《尚书》者有此一解，然与经文不符。《甫刑》之墨为汉之耐，《甫刑》之劓、剕为汉之笞，此文不言笞罪，已该于耐罪之中，《甫刑》墨、劓、剕为二千五百，与此传之数亦不相中，所未详也。

又按：东汉赎法不传，今将各《纪》所载汇录于此：建武时殊死已下及徒减而不赎，其余赎。所谓其余者，不知指何者而言。明帝以后，赎罪以缣，死罪有二十匹、三十匹、四十匹之分，完城旦舂至司寇有三匹、五匹之分，右止至髡钳城旦舂则无分别，殆其初亦随时增损。永初以后，诏不言缣数，则已有定制，应劭所谓赎罪人三十匹缣是也。至贬秩赎论者得还赎，自告者半赎，亡命者赎，罪未决者赎，不能赎者居作，东京之制亦可以得其大凡矣。

汉《金布律》：罚赎以呈黄金为价。晋《刑法志》。

《尚书·舜典》疏：古之赎罪者皆用铜，汉始改用黄金，但少其斤两，令与铜相敌。故郑玄《驳异义》言赎死罪千锾。锾，六两大半两，为四百一十六斤十两大半两铜，与今赎死金三斤为价相依附。

按：东汉赎罪以缣不以金，史有明文，应劭亦言用缣，而《金布律》言以黄金为价，康成之驳即本汉律言也。第西京死罪之赎惟天汉、太始两行之，为钱五十万，亦不以金。元狩六年所定赎禁锢免赃罪法是否以金，亦无可考。律言以金为价，疑是准此为赎之数，不必定用金也。

蔡邕表贺录换误上章谢罪：今月十八日，臣以相国兵讨逆贼，故河内太守王臣等屯陈破坏，斩获首级，诣朝堂上贺，臣邕奉贺录，故羽林郎将李参迁城门校尉，而署名羽林左监，右卫尉杜衍在朝堂而称不在录，咎在臣不详省案，使参以亡为存，在衍以存为亡，错奏谬录，不可行，侍御史劾臣不敬，当赐刑书惩戒不恪，陛下天地之德，不辱收戮。丙辰，诏书以一月俸赎罪。

按：此后世罚俸之权舆，汉时亦谓之赎罪。

《晋书·刑法志》：魏法赎刑十一，罚金六。

按：此赎刑、罚金显分为二，魏法承于汉也。

《魏志·明纪》：太和四年十月，令罪非殊死听赎各有差。

晋律：其年老小笃癃及女徒，皆收赎。诸应收赎者，皆月入中绢一匹，老小女人半之。

晋律：赎死金二斤。注曰："谓其赎五岁以下一等减半，四岁以下一等减半也。凡诸侯上书言及不敬，皆赎论。诸侯应八议以上，请得减收留赎，勿髡钳笞也。"《北堂书钞》四十四。

按：收赎专就年刑言，月入绢一匹，五岁刑得月六十，入绢六十匹；四岁刑得月四十八，入绢四十八匹；三岁刑得月三十六，入绢三十六匹；二岁刑得月二十四，入绢二十四匹。后来梁律实本于此。赎死罪金二斤，梁亦同也。郑康成言汉赎死金三斤，而晋减为二斤，殆以其时金价贵软。观于晋、宋、齐兼用绢，梁、陈全用绢，北朝齐、周亦皆用绢，隋又改用铜，此可以见金贵之故。

《晋志》：泰始四年，班新律。其后，明法掾张斐又注律，表上之，其要曰：五刑不简，正于五罚，五罚不服，正于五过，意善功恶，以金赎之。金等不过四两，月赎不计日，日作不拘月。赎罚者误之诚。

《御览》六百五十一：《会稽典录》："杨矫为右丞，诣南宫取急案条合旧事，于复道中逢太常羊柔不避车，矫纠奏柔，以为知丞即应行威仪，有叙九列外官而公干犯，请廷尉治柔罪。诏勿治，以三月俸赎罪。"

按：此与蔡邕事正同，盖承用汉法。

宋、齐赎罪兼用绢。详总考。

按：宋、齐刑制同晋，见《唐六典》。

《梁书·武纪》：天监元年，诏曰："金作赎刑，有闻自昔，入缣以免，施于中世，民悦法行，莫尚乎此。永言叔世，偷薄成风，婴愆入罪，厥涂匪一。断弊之书，日缠于听览；钳钛之刑，岁积于牢犴。死者不可复生，刑者无因自返，由此而望滋实，庸可致乎？朕夕惕思治，念崇政术，斟酌前王，择其令典，有可以宪章邦国，罔不由之。释愧心于四海，昭情素于万物。俗伪日久，禁网弥繁。汉文四百，邈焉已远。虽省事清心，无忘日用，而委衔废策，事未获从。可依周、汉旧典，有罪入赎，外详为条格，以时奏闻。"

《隋志》：梁武帝即位，乃制权典，依周、汉旧事，有罪者赎。详总考。

按：此梁武初即位之制，未详。

梁律：收赎四等，赎五等。详总考。

按：梁收赎之法本于晋，说见前，其赎法当亦本于晋也。罚金自为五等，而梁律罚金一两已上为赎罪，是罚金亦统于赎罪矣。男子云云者，对于女子各半之，而言女子半之，亦晋制也。此天监元年八月修定之律，其时删定郎蔡法度取齐武时删定郎王植之集注张、杜旧律，就其本损益以为梁律，故其法多用晋，此律之源流可以讨寻者。

《隋志》：天监三年十月，诏以金作权典，宜在蠲息。于是除赎罪之科。

《隋志》：大同十一年十月，复开赎罪之科。

《梁书·武纪》：大同十一年十月，诏曰："尧、舜以来，便开赎刑，中年依古，许罪身入赎，吏下因此，不无奸猾，所以一日复敕禁断。川流难壅，人心惟危，既乖内典慈悲之义，又伤外教好生之德。《书》云'与杀不辜，宁失不经'。可复开罪身，皆听入赎。"

按：观于诏语，赎科复开，仍是佛氏慈悲之义。

陈存赎罪之科。详总考。

《魏书·刑罚志》：昭成建国二年，当死者，听其家献金马以赎。神麚中，崔浩定律令，当刑者赎。详总考。

按：昭成，代王什翼犍也。其时法度未备，故有金马之赎。迨崔浩定律令，当刑者赎，刑罪即年刑也，惟年刑许赎，则死罪不得赎，已不用金马之法矣。

北齐赎罪十五等。详总考。《隋志》：齐又列重罪十条：一曰反逆，二曰大逆，三曰叛，四曰降，五曰恶逆，六曰不道，七曰不敬，八曰不孝，九曰不义，十曰内乱。其犯此十者，不在八议论赎之限。

按：八议论赎之法，《隋志》不具，他无可考。

北周赎罪，杖、鞭、徒、流各五等，死刑为一等。详总考。

按：北齐、北周之制，有赎而无罚金，虽轻罪至笞十亦名赎，盖已删罚金之名矣。

又按：梁死刑二，北齐死罪四，北周死罪五，而赎法则同，不复分等，盖即唐法二死同一减之意也。

隋赎罚，以铜代绢，自笞至死罪凡十九等。详总考。

按：古者赎本以铜，汉始改用黄金，而武帝则或以钱，东京用缣，晋律收赎用绢，而赎罪用金。《唐六典》谓宋、齐兼用绢，或不分别收赎与赎罪矣。梁律收赎用绢，自六十四至二十四匹凡四等，其数多。赎罪以金，而以绢代，自十六匹至二丈凡十等，其数少，其法盖本于晋。

而赎罪亦不用金，以绢一匹抵金二两，故赎死者金二斤，男子十六匹，余可类推也。北齐、北周亦皆以绢代金，至隋又以铜代绢，复古制矣，唐、宋遂相沿不改。元以钞，明以铜钱。

《隋志》：炀帝即位，又敕修律令。时斗称皆小旧二倍，其赎铜亦加二倍为差。杖百则三十斤矣。徒一年六十斤，每等加三十斤为差，三年则一百八十斤矣。流无异等，赎二百四十斤。二死同赎三百六十斤。其实不异开皇旧制。

唐律笞刑五，赎铜一十一斤，二十二斤，三十三斤，四十四斤，五十五斤；杖刑五，赎铜六十六斤，七十七斤，八十八斤，九十九斤，一百十斤；徒刑五，赎铜一年二十斤，一年半三十斤，二年四十斤，二年半五十斤，三年六十斤；流刑三，赎铜二千里八十斤，二千五百里九十斤，三千里一百斤；死刑二，赎铜一百二十斤。

按：唐法悉本开皇，三流里数加而赎铜之数则同也。

《唐律·名例二·应议请减》：此名赎章。诸应议、请、减及九品以上之官，若官品得减者之祖父母、父母、妻、子、孙犯流罪以下，听赎。《疏议》曰："应议、请、减者，谓议、请、减三章内人。亦有无官而入议、请、减者，故不云官也。及九品以上官者，谓身有八品、九品之官。若官品得减者，谓七官以上之官，荫及祖父母、父母、妻、子、孙，犯流罪以下并听赎。"若应以官当者，自从官当法。《疏议》曰："议、请、减以下人身有官者，自从官当除免，不合留官取荫收赎。"其加役流、《疏议》曰："加役流，旧是死刑，武德中改为断趾。国家惟刑是恤，恩弘博爱，以刑者不可复属，死者务欲生之，情轸向隅，恩覃祝网，以贞观六年奉制改为加役流。"反逆缘坐流、《疏议》曰："谓缘坐反逆得流罪者。其妇人有官者，比徒四年，依官当之法，亦除名。无官者，依留住法，加杖、配役。"子孙犯过失流、《疏议》曰："谓耳目所不及、思虑所不到之类，而杀祖父母、父母者。"不孝流《疏议》曰："不孝流者，谓闻父母丧，匿不举哀，流；告祖父母、父母者，绞，从者流；咒诅祖父母、父母者，流；厌魅求爱媚者，流。"问曰："居丧嫁娶，合徒三年，或恐喝或强，各合加至流罪，得入不孝流以否？"答曰："恐喝及强，元非不孝，加至流坐，非是正刑，律贵原情，据理不合。"及会赦犹流者，《疏议》曰："案《贼盗律》云，造畜蛊毒，虽会赦，并同居家口及教令人亦流三千里。《断狱律》云，杀小功尊属、从父兄姊及谋反、大逆者，身虽会赦，犹流二千里。此等并是会赦犹流。其造畜蛊毒，妇人有官、无官，并依下文，配流如法。有官者，仍除名，至配所免居作。"各不得减赎，除名、配流如法。除名者，免居作。即本罪不应流配而特配者，虽无官品，亦免居作。《疏议》曰："男夫犯此五流，假有一品以下及取荫者，并不得减赎，除名、流配如法。三流俱役一年，称加役流者，役三年。家无兼丁者，依下条加杖、免役。故云如法。"注："除名者，免居作，即本罪不应流配而特配者，虽无官品，亦免居作。"《疏议》曰："犯五流之人有官爵者，除名，流配，免居作。即本罪不应流配而特流配者，虽无官品亦免居作。谓有人本犯徒以下及有荫之人，本法不合流配，而责情特流配者，虽是无官之人，亦免居作。"其于期以上尊长及外祖父母、夫、夫之祖父母，犯过失杀伤应徒，若故殴人至废疾应流，男夫犯盗谓徒以上。及妇人犯奸者亦不得减赎。有官爵者，各从除、免、当、赎法。《疏议》曰："过失杀祖父母、父母，已入五流，若伤，即合徒罪，故云期以上。其期亲尊长及外祖父母、夫、夫之祖父母，犯过失杀及伤，应合徒者。故殴人至废疾应流，谓恃荫合赎，故殴人至废疾，准犯应流者。男夫犯盗徒以上，谓计盗罪至徒以上，强盗不得财亦同。及妇人犯奸者，并亦不得减赎。言亦者，亦如五流，不得减赎之义。"注："有官爵者，各从除、免、当、赎法。"《疏议》曰："谓故殴小功尊属至废疾，及男夫于监守内犯十恶及盗，妇人奸入内乱者，并合除名。若男夫犯盗断徒以上及妇人犯奸者，并合免官。其于期亲以上尊长，犯过失杀伤应徒，及故殴凡人至废疾应流，并合官当。犯除名者爵亦除。本犯免官、免所居官及官当者，留爵收赎。纵有官爵合当亦不得减，故云各从除、免、当、赎法。"问曰："五流不得减赎，若会降，合减赎以否？"答曰："五流，除名、配流，会降至徒以下，有荫、应赎之色，更无配役之文，即有听赎者，有不听赎者。止如加役流、反逆缘坐流、不孝流，此三流会降，并听收赎。其子孙犯过失流，虽会降亦不得赎。何者？文云：于期以上尊长，犯过失杀伤应徒，不得减赎。此虽会降，犹是过失应徒，故不合赎。其有官者，自准除免、当、赎、之例。本法既不合例减，降后亦不得减科。其会赦犹流者，会降灼然不免。"诸妇人有官品及邑号犯罪者，各依其品，从议、请、减、赎、当、免之律，不得荫亲属。《疏议》曰："妇人有官品者，依令：妃及夫人，郡、县、乡君等是也。邑号者，国、郡、县乡等名号是也。妇人六品以下无邑号，直有官品，即媵是也。依《礼》：凡妇人，从其夫之爵命。注云：'生礼死事，以夫为尊卑。'故犯罪应议、请、减、赎者，各依其夫品，从议、请、减、赎之法。若犯除、免、官当者，亦准男夫之例，故云各从议、请、减、赎、当、免之律。妇人品命既因夫、子而授，故不得荫亲属。"若不因夫、子别加邑号者，同封爵之例。《疏议》曰："别加邑号者，犯罪一与男子封爵同。除名者，爵亦除。免官以下，并从议、请、减、赎之例，留官收赎。"诸五品以上妾犯非十恶者，流罪以下听以赎论。《疏议》曰："五品以上之官，是为通贵，妾之犯罪，不可配决。若犯非十恶，流罪以下听用赎论。其赎条内不合赎者，亦不在赎限。若妾自有子孙及取余亲荫者，假非十恶，听依赎例。"其假版官犯流罪以下，听以赎论。《疏议》曰："假版授官，不著令、式，事关恩泽，不要著年，听以赎论，不以假版官当罪。其准律不合赎者，处徒以上，版亦除削。"

《释文》："诸假版官者，即摄官也。假，犹借也。谓此等之身无正官，故权假借他官版以令摄事，故名之曰假版官也。"**诸无官犯罪，有官事发，流罪以下，以赎论。**谓从流外及庶人而任流内者，不以官当、除、免。犯十恶及五流者，不用此律。《疏议》曰："无官犯罪，有官事发，流罪以下，皆依赎法。谓从流外及庶人而任流内者，其除名及当、免，在身见无流内告身，亦同无官例。其于赎章内合除、免、官当者，亦听收赎，故云不以官当、除、免。若犯十恶五流，各依本犯除名及配流，不同此条赎法，故云不用此律。"问曰："无官犯罪，有官事发，流罪以下，以赎论。虽称以赎，如有七品以上官，合减以否？"答曰："既称流罪以下以赎论，据赎条内不得减者，此条亦不合减。自余杂犯应减者，并从减例。据下文'无荫犯罪，有荫事发，并从官、荫之法'，故知得依减之例。"**其流内官而任流外职犯罪，以流内当及赎徒一年者，各解流外任。**《疏议》曰："假有勋官，任流外职者，犯徒以上罪，以动官当之。或犯徒，用官不尽，而赎一年徒以上者，各解流外任。"**其杂犯死罪，即在禁身死，若免死别配及背死逃亡者，并除名。**皆谓本犯合死而狱成者。会降者，听从当、赎法。《疏议》曰："杂犯死罪以下，未奏画逢降，有官者听官当，有荫者依赎法。本法不得荫赎者，亦不在赎限。其会赦者，依令解见任职事。"问曰："上文云十恶、故杀人、反逆缘坐，会赦犹除名。杂犯死罪等，会降从当赎法。若有别蒙敕放及会虑减罪，得同赦、降以否？"答曰："若使普覃惠泽，非涉殊私，雨露平分，目依恒典。如有特奉鸿恩，总蒙原放，非常之断，人主专之，爵命并合如初，不同赦、降之限。其有会虑减罪，计与会降不殊，当免之科，须同降法。虑若全免，还从特放之例。"又问："加役流以下五流，犯者除名、配流如法。未知会赦及降，若为处分？"答曰："会赦犹流，常赦所不免，虽会赦、降，仍依前除名、配流。其不孝流、反逆缘坐流，虽会赦亦除名。子孙犯过失流，会赦免罪；会降，有官者听依当、赎法。其加役流，犯非一色，入十恶者，虽会赦、降，仍合除名。称以枉法论、监守内以盗论者，会赦免所居官；会降同免官之法。自余杂犯，会赦从原，会降依当、赎法。凡断罪之法，应例减者，先减后断。其五流先不合减者，虽会降后亦不合减科。"**若官尽未叙，更犯流以下罪者，听以赎论。叙限各从后犯计年。**《疏议》曰："谓用官当免并尽，未到叙日，更犯流罪以下者，听以赎论。以其年限未充，必有叙法，故免决配，听依赎法。本犯不合赎者亦不得赎。"问曰："此条内有殴告大功尊长、小功尊属者，合以赎论否？"答曰："上条殴、告大功尊长、小功尊属，不得以荫论。今此自身官尽，听以赎论，即非用荫之色，听同赎法。"注："叙限各从后犯计年。"《疏议》曰："犯免官及免所居官未叙，更犯免官及免所居官、官当者，各依后犯计年听叙。官尽更犯，听依赎法。若犯当免官，更三载之后听叙。免所居官者，更期年之后听叙。其犯徒、流，不合赎而真配者，流则依令六载，徒则役满叙之。虽役满仍在免官限内者，依免官叙例。"**诸以官当徒者，罪轻不尽其官，留官收赎。官少不尽其罪，余罪收赎。**《疏议》曰："假有五品以上官，犯私坐从二年，例减一等，即是罪轻不尽其官，留官收赎。官少不尽其罪者，假有八品官，犯私坐一年半徒，以官当徒一年，余罪半年收赎之类。"其犯除、免者，罪虽轻，从例除、免。罪若重，仍依当、赎法。《疏议》曰："凡是除名、免官，本罪虽轻，从例除、免。罪重者，各准所犯，准当徒、流及赎法。假有职事正七品上，复有历任从七品下，犯除名、流不合例减者，以流比徒四年，以正七品上一官当徒一年，又以从七品下一官当徒一年。更无历任及勋官，则征铜四十斤，赎二年徒坐，仍准例除名。若罪当免官者，亦准此当、赎法，仍依例免官。此名罪若重，仍依当赎法。"其除爵者，虽有余罪，不赎。《疏议》曰："爵者既得传授子孙，所以议同带砺。今并除削，在责已深，为其国除，故有残罪不赎。"诸年七十以上、十五以下及废疾犯流罪以下，收赎。犯加役流、反逆缘坐流、会赦犹流者，不用此律。至配所，免居作。《疏议》曰："依《周礼》，年七十以上及未龀者，并不为奴。今律年七十以上、七十九以下、十五以下、十一以上及废疾，为矜老小及疾，故流罪以下收赎。"问曰："上条赎章称犯流罪以下听赎，此条及官当条即言收赎，未知听之与收有何差异？"答曰："上条犯十恶等有不听赎处，复有得赎之处，故云听赎。其当徒，官少不尽其罪，余罪收赎；及矜老小废疾，虽犯十恶，皆许收赎。此是随文设语，更无别例。"注："犯加役流云云。"《疏议》曰："加役流者，本是死刑，元无赎例，故不许赎。反逆缘坐流者，逆人至亲，义同休戚，处以缘坐，重累其心。此虽老疾，亦不许赎。会赦犹流者，为害深重，虽会大恩，犹从流配。此等三流，特重常法，故总不许收赎。至配所免居作者，矜其老小，不堪役身，故免居作。其妇人流法与男子不同，虽是老小，犯加役流亦合收赎，征铜一百斤。反逆缘坐流，依《贼盗律》，妇人年六十及废疾，并免，不入此流。即虽谋反，词理不能动众，威力不足率人者，亦皆斩。父子、母女、妻妾并流三千里。其女及妻妾年十五以下十一以上，亦免流配，征铜一百斤。妇人犯会赦犹流，唯造畜蛊毒并同居家口仍配。"八十以上、十岁以下及笃疾犯反逆、杀人应死者，上请。盗及伤人者，亦收赎。有官爵者，各从官当、除、免法。《疏议》曰："盗者，虽是老小及笃疾，并为意在贪财，伤人者，老小疾人未离忿恨。此等二事，既侵损于人，故不许全免，令其收赎。若有官爵者，须从官当、除、免之法，不得留官征赎。谓殴从父兄姊伤，合除名；盗五匹以上，合免官；殴凡人折支，合官当之类。"问曰："既云'盗及伤人亦收赎'，若或强盗合死，或伤五服内亲亦合死刑，未知并得赎否？"答曰："盗及伤人亦收赎，但盗既不言强窃，伤人不显亲疏，直云收赎，不论轻重。谓其老小，特被哀矜。设令强盗，伤亲合死，据文并许收赎。"又问："既称伤人收赎，即似不伤者无罪。若有殴杀他人部曲、奴婢，及殴己父母不伤，若为科断？"答曰："奴婢贱隶，唯于被盗之家称人；自外诸条杀伤，不同良人之限。若老小笃疾，律许哀矜，杂犯死刑，并不科罪。伤人及盗，俱入赎刑。例云：杀一家三人为不道。注云：杀部曲、奴婢者非。即验奴婢不同良人之限。惟因盗杀伤，亦与良人同。其应出罪者，举重以明轻。杂犯死刑，尚不论罪；杀伤部曲、奴婢，明亦不论。其殴父母，虽小及疾可矜，敢殴者，乃为恶逆；或愚痴而犯，或情恶故为，于律虽得勿论，准礼仍为不孝。老小重疾，上请听裁。"又问："八十以上，十岁以下，盗及伤人亦收赎。注云：有官爵者，各从除、免、当、赎法。未知本罪至死，仍得以官当赎以否？"答曰："条有收赎之文，注设除、免之法，止为矜其老疾，非谓轻其罪。但杂犯死罪，例不当赎，虽有官爵，并合除名。既死无比徒之文，官有当徒之例，明：其除、免、当法，止据流罪以下。若欲以官折死，便是律外生文，自须依法除名，死依赎例。"若罪人自首及遇恩原减者，亦准罪人原减法。其应加杖及赎者，各依杖赎、例。《疏议》曰："其应加杖，假有官户、奴婢犯流，而为过致资给，捉获官户、奴婢等，流罪加杖二百，过致资给者，并依杖二百罪减之，不从流减。其罪本合收赎，过政资给者亦依赎法，不以官当加杖、配役。"诸二罪以上俱发，以重者论。谓非应异者，唯具条其状，不累轻以加重。若重罪应赎，轻罪应居作、官当者，以居作、官当为重。《疏议》曰："谓甲过失折人二支应流，依法听赎；私有禁兵器合徒，官当，即以官当为重。若白丁犯者，即从禁兵器徒一年半，即居作为重罪。若更多犯，自依从重法。"问曰："有七品子犯折伤人，合徒一年，应赎；又犯盗，合徒一年，家有亲老，应加杖。二罪俱发，何者为重？"答曰："律以赎法为轻，加杖为重，故盗者不得以荫赎。家有亲老，听加杖放之，即是加杖为重罪。若赎一年半徒，自从重断征赎；不合从轻加杖。"诸官户、部曲、称部曲者，部曲妻及客女亦同。官私奴婢有犯，本条无正文者，各准良人。若犯流、徒者，加杖，免居作。应征正赃及赎，无财者，准铜二斤，各加杖十。决讫，付官、主。《疏议》曰："犯罪应征正赃及赎，无财可备者皆据其本犯及正赃，准铜每二斤，各加杖十，决讫，付官、主。铜数虽多，不得过二百。今直言正赃不言倍赃者，正赃无财，犹许加杖放免；倍赃无财，理然不坐。其有财堪备者，自依常律。"若老小及废疾，不合加杖，无财者放免。《疏议》曰："谓以上应征赎之人，若年七十以上、十五以下及废疾，依律不合加杖，勘检复无财者，并放免不征。其部曲、奴婢应征赃赎者，皆征部曲及奴婢，不合征主。"诸共犯罪而有逃亡，见获者称亡者为首，更无证徒，则决其从罪。后获亡者称前人为首，鞫问是实，还依首论；通计前罪，以充后数。若前输赎物，后应还者，还之。《疏议》曰："假令有九品官，犯徒一年，诈为从罪，前断处杖一百，征铜十斤，今依首论，断作一年徒坐，以九品一官当徒坐尽，前征铜十斤者还之。是名前输赎物，后应还者，还之。"其增减人罪，令有轻重者，亦从此律。《疏议》曰："此设判官之罪。增人罪者，有人犯徒一年，止有九品一官，官司增罪，科徒二年，官当一年，余罪收赎。后更审问，止合徒一年，前增一年赎物，即合追还。减人罪者，若有一人身居两职，并是九品以上，犯徒二年，官司减为一年半，用一官当徒一年，余有半年，官当不尽，赎铜十斤。检知前失，还用两官，当徒二年。前输半年赎物，亦合还主。"若枉入人徒年者，即计庸，折除课役及赎直。《疏议》曰："及赎直者，假有七品以上子，被枉徒一年，即以役身之庸折其赎直。计庸折铜不尽，更征余赎。或折铜已尽，仍有余庸，更亦不计。若有课役，依上法折除。其判官得罪，自从故失。或有中男十六以上应赎，犯杖一百，官司处徒一年，亦以役日计庸，折充赎直；尽与不尽，皆同上解。"其本应徒，已决杖、笞者，即以杖、笞赎直，准减徒年。《疏议》曰："假有本坐合徒一年，官司决杖一百。决讫事发，还合科徒。前已决杖一百，不可追改。准徒一年，赎铜二十斤；即是十八日徒当铜二斤，准笞十。前决（杖）一百，总合减徒一百八十，即当铜十斤，折徒半年。若一年徒罪，已笞五十，即以五斤之铜，减徒役九十日；减外残徒，各依式配役。"诸因在禁，妄引人为徒侣者，以诬告罪论。即本犯虽死，仍准流徒加杖及赎法。诸疑罪，各依所犯，以赎论。《疏议》曰："谓依所疑之罪用赎法收赎。"

按：赎法，自隋已前《史》、《志》但载大纲而条目不具，其体裁然也。历代律书皆亡，惟《唐律》完善，于赎法颇为详明，今备录之。六代南朝，收赎数多而赎罪数少。唐赎铜之数载于五刑条下，收赎、赎罪无重轻之异，其法当亦仿于开皇也。

《通考》一百七十一：唐玄宗天宝六载，敕节文：其赎铜如情，愿纳钱，每斤一百二十文。若欠负官物，应征正赃及赎物，无财以备，官役折庸。其物虽多，限三年。一人一日折绢四匹。若会恩其物合免者，停役。

按：此以庸抵赎，即后来以工作折罚之意。

又同上。僖宗乾符三年，敕应残疾笃疾犯徒流罪，或是连累，即许征赎，如身犯罪，不在免限，其年十五以下者，准律文处分。

《五代会要》：晋天福六年，尚书刑部员外郎李象奏："请今后凡是散官，不计高低，若犯罪不得当赎，亦不得上请。"详定院覆奏："内外文武官，有品官者自依品官法，无品官、有散使官者，应内外带职廷臣宾从、有功将校等，并请同九品官例。其京都军巡使及诸道州府衙前职员、内外杂任镇将等，并请准律，不得上请当赎。其巡司马步司判官，虽有曾历品官者，亦得同流外职。准律，杖罪已下依决罚例，徒罪已上仍旧当赎法。"

《宋史·刑法志》：乾德四年，《通考》作开宝。大理正高继申上言："《刑统·名例律》：三品、五品、七品以上官亲属犯罪，各有等第减赎。恐年代已深，不肖自恃先荫，不畏刑章。今犯罪身无官，须祖、父曾任本朝官，据品秩得减赎。如仕于前代，须有功惠及民、为时所推、历官三品以上，乃得请。"从之。后又定："流内品官任流外职，准律交，徒罪以上依当赎法。诸司授勒留官及归司人犯徒流等罪，公罪许赎私罪以决罚论。"淳化四年，《通考》作端拱二年。诏诸州民犯罪，或入金赎，长史得以任情而轻重之，自今不得以赎论。妇人犯杖以下，非故为，量轻重笞罚或赎铜释之。仁宗深悯夫民之无知也，欲立赎法以待薄刑，乃诏有司曰："先王用法简约，使人知禁而易从。后代设茶、酒、盐税之禁，夺民厚利，刑用滋章。今之《编敕》，皆出律外，又数改更，官吏且不能晓，百姓安得闻之？一陷于理，情虽可哀，法不得赎。岂礼乐之化未行而专用刑罚之弊与？汉文帝使天下人入粟于边，以受爵免罪，几于刑措。其议科条非著于律者，或冒利犯禁，奢侈违令，或过误可悯，别为赎法。乡民以谷麦，市人以钱帛，使民重谷麦，免刑罚，则农桑自劝，富寿可期矣。"诏下，论者以为富人得赎而贫者不能免，非朝廷用法之意。时命辅臣分总职事，以参知政事范仲淹领刑法，未及有所建明而仲淹罢，事遂寝。至和初，又诏："前代帝王后，尝仕本朝官不及七品者，祖父母、父母、妻子罪流以下，听赎。虽不仕而尝被赐子者，有罪，非巨蠹，亦如之。"随州司理参军李抃父殴人死，抃上所授官以赎父罪，帝哀而许之。君子谓之失刑，然自是未尝为比。而终宋之世，赎法惟及轻刑而已。

《宋刑统》：自笞至死，赎铜之法与唐律同。详总考。

按：宋赎铜之法全用唐法，载在《刑统》，而史言"终宋之世，赎法惟及轻刑"，殆宋时议者多非之，故亦虚悬此法而不用与。仁宗之诏，《通考》云是庆历三年，亦格于众议而寝。然使妥议条章，量存矜恤，未尝不可以宽过误而养廉耻也。

《宋史·真宗纪》：咸平元年二月，虑囚，老幼疾病，流以下听赎。二年正月，定诸司使以下至三班使臣有罪比品听赎。

《通考》一百七十一：真宗景德二年，审刑院大理寺上折杖赎金条：犯加役流而下，一罪先发，已经论罚，余罪后发，又计前杖科决。上以细民肤革荐伤，殊非哀矜之意，诏申定其制，止赎。金以满，余数若情理凶恶者，即复决杖。

《真宗纪》：大中祥符五年二月，诏贡举人公罪听赎。

《燕翼贻谋录》：旧制士人与编氓等。大中祥符五年二月，诏贡举人曾预省试，公罪听收赎，而所赎止于公罪徒，其后，私罪杖亦许赎论。

《仁宗纪》：天圣七年，诏定吏人犯罪不许用荫赎。

《燕翼贻谋录》：国初，吏人皆士大夫子弟不能自立者，忍耻为之，犯罪用荫赎，吏有所恃，敢于为奸。天圣七年三月乙丑，三司吏毋士安犯罪，用祖令孙荫，诏特决之。仍诏今后吏人犯罪，并不用荫。又诏吏投募，责状在身无荫赎，方听入役。苟吏可用荫，则是仕官不如为吏也，诱不肖子弟为恶，莫此为甚，禁之，诚急务不可缓也。

按：今之吏古之庶人，在官者皆良民也。两汉之世，名臣多出其中，是在驭之得其道，吏岂能为患哉？自宋之后，贱视吏，而吏之权日益重即此。天圣之制，亦贱吏之一端也。夫人之情，众贵之则亦自居于贵，众贱之则亦自居于贱。人至甘居于贱，则凡常人之所不为者亦为之矣。迨至窟宅既深，势不可去而向之，贱视之转又贵视之，而其权益不可夺矣，乃以咎吏，夫岂吏之咎哉？

《宋志》：熙宁三年，中书上刑名未安者五：其四，令州县考察士民，有能孝悌力田为众所知者，给帖付身。偶有犯令，情轻可恕者，特议赎罚；其不悛者，科决。迄不果行。

《通考》一百七十一：熙宁四年，前单州砀山县尉王存立言，嘉祐中，同学究出身以父坐事配隶，纳官赎自便，而乡县不免丁役，愿同举人例。诏复赐出身，仍注合入官。

按：此以官赎父罪者，当是权时行之。

《辽史·刑法志》：品官公事误犯，民年七十以上、十五以下犯罪者，听以赎论。赎铜之数，杖一百者，输钱千。重熙元年，诏职事官公罪听赎，私罪各从本法。子弟及家人受赇，不知情，止坐犯人。

《金史·刑志》：金国旧俗，轻罪云云，其亲属欲以马牛杂物赎者，从之。或重罪亦听其赎。详总考。

按：此文轻罪下有杀人、盗劫云云，其亲属句总承上文，是杀人、盗劫亦可赎也。《刑志》云"金初，法制简易，无轻重贵贱之别，刑、赎并行"，盖谓此。

《金志》：世宗大定八年，制品官犯赌博法，赃不满五十贯者其法杖，听赎。再犯者，杖之。

泰和元年，所修律成，实唐律也，但加赎铜皆倍之。详总考。

按：泰和赎铜之数，视唐、宋加倍，惟徒增为七。其四年、五年赎铜之数与流二千里、二千五百里同。

《金史·完颜伯嘉传》：伯嘉至归德，上言，乞杂犯死罪以下纳粟赎免。宰臣奏："伯嘉前在代州尝行之，盖一时之权，不可为常法。"

遂寝。

《续通考》一百三十五：兴定三年十月，定赃计罪，以银为则。先是贞祐三年五月，有司轻重谋罚，率以钱赎而当罪不平，遂命赎铜计赃皆以银价为准。至是，省臣奏，向以物重钱轻，犯赃者计钱论罪则太重，于是以银为则，每两为钱二贯。有犯通宝之赃者，直以通宝论。如因军兴调发受通宝及三十贯者，已得死刑，准以金银价才为钱四百有奇，罪止当杖，轻重悬绝如此，遂命准犯时银价论罪。后参政李复亨言，近制犯通宝赃者并以物价折银定罪，每两为钱二贯，而法当赎铜者止纳通宝见钱，乞亦令输银，既足惩恶，又有补于官。诏省臣议。遂命犯公错过误者止征通宝见钱，赃污故犯者输银。

《元史·刑法志》：赎刑：诸牧民官，公罪之轻者，许罚赎。诸职官犯夜者，赎。诸年老七十以上，年幼十五以下，不任杖责者，赎。诸罪人癃笃残疾，（者）[有]妨科决（有）[者]，赎。每笞杖一，罚中统钞一贯。诸有司遗失印信，随即寻获者，罚俸一月。诸囚徒反狱，提牢官随时捉获及半以上者，罚俸一月。

《明史·刑法志》：赎刑本《虞书》，《吕刑》有大辟之赎，后世皆重言之。至宋时，尤慎赎罪，非八议者不得与。明律颇严，凡朝廷有所矜恤、限于律而不得伸者，一寓之于赎例，所以济法之太重也。又国家得时藉其入，以佐缓急。而实边、足储、振荒、宫府颁给诸大费，往往取给于赃赎二者。故赎法比历代特详。凡赎法有二，有律得收赎者，有例得纳赎者。律赎无敢损益，而纳赎之例则因时权宜，先后互异，其端实开于太祖云。律凡文武官以公事犯笞罪者，官照等收赎钱，吏每季类决之，各还职役，不附过。杖以上记所犯罪名，每岁类送吏、兵二部，候九年满考，通记所犯次数，黜陟之。吏典亦备铨选降叙。至于私罪，其文官及吏典犯笞四十以下者，附过还职而不赎，笞五十者调用。军官杖以上皆的决。文（武）[官]及吏杖罪，并罢职不叙，至严也。然自洪武中年已三下令，准赎及杂犯死罪以下矣。三十年命部院议定赎罪事例：凡内外官吏，犯笞杖者记过，徒流迁徙者俸赎之，三犯罪之如律。自是律与例互有异同。及颁行《大明律》御制《序》："杂犯死罪、徒流、迁徙等刑，悉视今定赎罪条例科断。"于是例遂辅律而行。仁宗初即位，谕都察院言："输罚工作之令行，有财者悉幸免，宜一论如律。"久之，其法复弛。正统间，侍讲刘球言："输罪非古，自公罪许赎外，宜悉依律。"时不能从。其后循太祖之例，益推广之。凡官吏公私杂犯准徒以下，俱听运炭纳米等项赎罪。其军官军人照例免徒流者，例赎亦如之矣。赎罪之法，明初尝纳铜，成化间尝纳马，后皆不行，不具载。惟纳钞、纳钱、纳银常并行焉，而以初制纳钞为本。故律赎者曰收赎律钞，纳赎者曰赎罪例钞。永乐十一年，令除公罪，依例纪录收赎，及死罪情重者依律处治。其情轻者，斩罪八千贯，绞罪及榜例死罪六千贯，流、徒、杖、笞纳钞有差。无力者发天寿山种树。宣德二年，定笞杖罪囚，每十赎钞二十贯。徒流罪名，每徒一等折杖二十，三流并折杖百四十。其所罚钞，悉如笞杖所定。无力者发天寿山种树：死罪终身；徒流各按年限；杖，五百株；笞，一百株。景泰元年，令问拟笞杖罪囚，有力者纳钞，笞十，二百贯，每十以二百贯递加，至笞五十为千贯。杖六十，千八百贯，每十以三百贯递加，至杖百为三千贯。其官吏赃物，亦视今例折钞。天顺五年，令罪囚纳钞：每笞十，钞二百贯，余四笞，递加百五十贯；至杖六十，增为千四百五十贯，余杖各递加二百贯。成化二年，令妇人犯法赎罪。弘治十四年，定折收银钱之制：例难的决人犯，并妇人有力者，每杖百，应钞二千二百五十贯，折银一两，每十以二百贯递减，至杖六十为银六钱；笞五十，应减为钞八百贯，折银五钱，每十以百五十贯递减；至笞二十为银二钱；笞十应钞二百贯，折银一钱。如收铜钱，每银一两折七百文。其依律赎钞，除过失杀人外，亦视此数折收。正德二年，定钱钞兼收之制。如杖一百，应钞二千二百五十贯者，收钞千一百二十五贯，钱三百五十文。嘉靖七年，巡抚湖广都御史朱廷声言："收赎与赎罪有异，在京与在外不同，钞贯止聚于都下，钱法不行于南方。故事，审有力及命妇、军职正妻，及例难的决者，有赎罪例钞；老幼废疾及妇人余罪，有收赎律钞。赎罪例钞，钱钞兼收。如笞一十，收钞百贯，收钱三十五文，其钞二百贯，折银一钱。杖一百，收钞千一百二十五贯，收钱三百五十文，其钞二千二百五十贯，折银一两。今收赎律钞，笞一十，止赎六百文，比例钞折银不及一厘；杖一百，赎钞六贯，折银不及一分，似为太轻。盖律钞与例钞，贯既不同，则折银亦当有异。请更定为则，凡收赎者，每钞一贯，折银一分二厘五毫。如笞一十，赎钞六百文，则折银七厘五毫，以罪重轻递加折收赎。"帝从其奏，令中外问刑诸司，皆以此例从事。时重修条例，奏定赎例。在京则做工、每笞一十，做工一月，折银三钱。至徒五年，折银十八两。运囚粮、每笞一十，米五斗，折银二钱五分。至徒五年，五十石，折银二十五两。运灰、每笞一十，一千二百斤，折银一两二钱六分。至徒五年，六万斤，折银六十三两。运砖、每笞一十，七十个，折银九钱一分。至徒五年，三千个，折银三十九两。运水和炭五等。每笞一十，二百斤，折银四钱。至徒五年，八千五百斤，折银十七两。运灰最重，运炭最轻。在外则有力、稍有力二等。初有颇有力、次有力等，因御史言而革。其有力，视在京运囚粮，每米五斗，纳谷一石。初折银上库，后折谷上仓。稍有力，视在京做工年月为折赎。妇人审有力，与命妇、军职正妻，及例难的决之人，赎罪应钱钞兼收者，笞、杖每一十，折收银一钱。其老幼废疾妇人及天文生余罪收赎者，每笞一十，应钞六百文，折收银七厘五毫。于是轻重适均，天下便之。至万历十三年，复申明焉，遂为定制。凡律赎，若天文生习业已成、能专其事、犯徒及流者，决杖一百，余罪收赎。妇人犯徒流者，决杖一百，余罪收赎。如杖六十，徒一年，全赎钞应十二贯，除决杖准讫六贯，余钞六贯，折银七分五厘，除仿此。其决杖一百，审有力又纳例钞二千二百五十贯，应收钱三百五十文，钞一千一百二十五贯。凡年七十以上、十五以下及废疾犯流以下，收赎；八十以上、十岁以下及笃疾、盗及伤人者，亦收赎。凡犯罪时未老疾，事发时老疾者，依老疾论；犯罪时幼小，事发时长大者，依幼小论，并得收赎。如六十九以下犯罪，年七十事发；或无疾时犯罪，废疾后事发，得依老疾收赎。他或七十九以下犯死罪，八十事发；或废疾时犯罪，笃疾时事发，得入上请。八十九犯死罪，九十事发，得勿论，不在收赎之例。若在徒年限内老疾，亦如之。如犯杖六十，徒一年，一月之后老疾，合计全赎钞十二贯。除已杖六十，准三贯六百文，剩徒一年，应八贯四百文计算。每徒一月，赎钞七百文，已役一月，准赎七百文外，未赎十一月，应收赎七贯七百文。余仿此。老幼废疾收赎，惟杂犯五年仍科之。盖在明初，即真犯死罪，不可以徒论也。其诬告例，告二事以上，轻实重虚，或告一事，诬轻为重者，已论决全抵剩罪，未论决笞杖收赎，徒流杖一百，余罪亦听收赎。如告人笞三十，内止一十实已决，全抵，剩二十之罪未决，收赎一贯二百文。如告人杖六十，内止二十实已决，全抵，剩四十之罪未决，收赎二贯四百文。如告人杖六十，徒一年，内止杖五十实已决，全抵，剩杖一十、徒一年之罪未决，徒一年，折杖六十，并杖共七十，收赎四贯二百文。如告人杖一百，流二千里，内止杖六十、后一年实已决，以总徒四年论，全抵，剩杖四十、徒三年之罪未决，以连徒折杖流如一等论，共计杖二百二十，除告实杖六十、徒一年，折杖六十，剩杖一百，赎钞六贯。若计剩罪，过杖一百以上，须决杖一百讫，余罪方听收赎。又过失伤人，准斗殴伤人罪，依律收赎。至死者，准杂犯斩绞收赎，钞四十二贯。内钞八分，应三十三贯六百文，铜钱二分，应八千四百文，给付其家。已徒五年，再犯徒收赎。钞三十六贯。若犯徒流，存留养亲者，止杖一百，余罪收赎。其法实杖一百，不准折赎，然后计徒流年限，一视老幼例赎之。此律自英宗时诏有司行之，后为制。天文生、妇女犯徒流，决杖一百，余罪收赎者，虽罪止杖六十，徒一年，亦决杖一百，律所谓应加杖者是也。皆先依本律议其所犯徒流之罪，以《诰》减之。至临决时，某系天文生，某系妇人，依律决杖一百，余收赎。所决之杖并须一百者，包五徒之数也。然与诬告收赎剩杖不同，盖收赎余徒者决杖，而赎徒收赎剩杖者，折流归徒，折徒归杖，而照数收赎之，其法各别也。其妇人犯徒流，成化八年定例，除奸盗不孝与乐妇外，若审有力并决杖，亦得纳钞赎罪。例每杖十，折银一钱为率，至杖一百，折银一两止。凡律所谓收赎者，赎余罪也。其例得赎罪者，赎决杖一百也。徒、杖两项分科之，除妇人，余囚徒流皆杖决不赎。惟弘治十三年，许乐户徒杖笞罪，亦不的决，此律钞之大凡也。例钞自嘉靖二十九年定例。凡军民诸色人役及舍余审有力者，与文武官吏、监生、生员、冠带官、知印、承差、阴阳生、医生、老人、舍人，不分笞、杖、徒、流、杂犯死罪，俱令运灰、运炭、运砖、纳米、纳料等项赎罪。此上系不亏行止者。若官吏人等例应革去职役，此系行止有亏者。与军民人等审无力者，笞、杖罪的决，徒、流、杂犯死罪多做工、摆站、哨瞭、发充仪从。情重者煎盐炒铁，死罪五年，流罪四年，徒按年限。其在京军丁人等无差。占者与例难的决之人笞杖，亦令做工。时新例，犯奸盗受赃，为行止有亏之人，概不许赎罪。唯军官革职者，俱运炭、纳米等项发落，不用五刑条例的决实配之文。所以宽武夫，重责文吏也。于是在京惟行做工、运囚粮等五项，在外惟行有力、稍有力二项，法令益径省矣。要而论之，律钞轻，例钞重，然律钞本非轻也，祖制每钞一文，当银一厘，所谓笞一十折钞六百文定银七厘五毫者，即当时之银六钱也。所谓杖一百折钞六贯银七分五厘者，即当时之银六两也。以银六钱，比例钞折银不及一厘，以银一两，比例钞折银不及一分，而欲以此惩犯罪者之心，宜其势有所不行矣。特以祖宗律文不可改也，于是不得已定为七厘五毫、七分五厘之制。而其实所定之数，犹不足以当所赎者之罪，然后例之变通生焉。考洪武朝，官吏军民犯罪听赎者，大抵罚役之令居多，如发凤阳屯种、滁州种苜蓿、代农民力役、运米输边赎罪之类，俱不用钞纳也。律之所载，笞若干，钞若干文，杖若干，钞若干贯者，垂一代之法也。然按三十年诏令，罪囚运米赎罪，死罪百石，徒流递减，其力不及者，死罪自备米三十石，徒流十五石，俱运纳甘州、威虏，就彼充军。计其米价、脚价之费，与钞数差不相远，其定为赎钞之等第，固不轻于后来之例矣。然罪无一定，而钞法之久，日变日轻，此定律时所不及料也。即以永乐十一年令"斩罪情轻者，赎钞八千贯，绞及榜例死罪六千贯"之诏言之，八千贯者，律之八千两也；六千贯者，律之六千两也；下至杖罪千贯，笞罪五百贯，亦一千两、五百两也。虽革除之际，用法特苛。岂有死罪纳至八千两，笞杖罪纳至一千两、五百两而尚可行者？则知钞法之弊，在永乐初年，已不啻轻十倍于洪武时矣。宣德时，申交易用银之禁，冀通钞法。至弘治而钞竟不可用，遂开准钞折银之例。及嘉靖新定条例，俱以有力、稍有力二科赎罪：有力米五斗，准律之纳钞六百文也；稍有力工价三钱，准律之做工一月也。是则后之例钞，才足比于初之律钞耳。而况老幼废疾，诸在律赎者之银七厘五毫，准钞六百文，银七分五厘，准钞六贯。凡所谓律赎者，以比于初之律钞，其轻重相去尤甚悬绝乎？唯运炭、运石诸罪例稍重。盖此诸罪，初皆令亲自赴役，事完宁家，原无纳赎之例。其后法令益宽，听其折纳，而估算事力，亦略相当，实不为病也。大抵赎例有二：一罚役，一纳钞，而例复三变。罚役者，后多折工值纳钞，钞法既坏，变为纳银、纳米。然运灰、运炭、运石、运砖、运碎砖之名尚存也。至万历中年，中外通行有力、稍有力二科，在京诸例，并不见施行，而法益归一矣。所谓通变而无失于古之意者此也。初令罪人得以力役赎罪：死罪拘役终身，徒流按年限，笞杖计日月。或修造，或屯种，或煎盐炒铁，满日疏放。疏放者，引赴御桥，叩头毕，送应天府，给引宁家。合充军者，发付陕西司，按籍编发，后皆折纳工价，惟赴桥如旧。宣德二年，御史郑道宁言："纳米赎罪，朝廷宽典，乃军储仓拘系罪囚，无米输纳，自去年二月至今，死者九十六人。"刑部郎俞士吉尝奏："囚无米者，请追纳于原籍，匠仍输作，军仍备操，若非军匠，则（追）〔遣〕还所隶州县（遣）〔追〕之。"诏从其奏。嘉靖间，有请开赎军例者。世宗曰："律听赎者，徒杖以下小罪耳。死罪矜疑，乃减从谪发，不可赎。"御史周时亮复请广赎例。部议审，有力者银十两得赎三年以上徒一年，稍有力者半之。而赎军之议卒罢。御史胡宗宪言："南方之人，不任兵革，其发充边军者，宜令纳银自赎。"部议以为然，因拟纳例以上。帝曰："岂可预设此例，以待犯罪之人。"复不允。

《大学衍义补》曰：赎刑乃帝王之法，孔子修书，载在圣经，盖惟用之学校，以宽鞭扑之刑，所以养士大夫之廉耻也。后世乃一概用之，以为常法，遇有边防之警则俾之纳粟于边，遇有帑藏之乏则俾之纳金于官，此犹不得已而为之，是以职金纳金货于司兵之意也。若当夫无事之时而定以为常制，则是幸民之犯以为国之利，可乎？然此犹为国也，今之藩臬州邑往往假以缮造公宇、修理学校为名，随意轻重而取之，名虽为公，实则为己，朝廷虽有明禁，公然为之，恬无所畏。乞救法司，申明旧制，再有犯者，坐以枉法，终身不齿。庶几，奸弊少息乎。按：《虞书》五刑之下有流，所以宥乎疑狱及不可加刑之人，鞭扑之下有赎，所以宥夫轻罪及以养士大夫廉耻之节，然未有徒刑也。而徒之刑始见于《周官》，然亦未明言其为徒也而有徒之意焉，所以为此刑者盖亦流宥之意，而其罪视流为轻矣。本朝因隋、唐旧制，以笞、杖、徒、流、死为五刑。所谓流者率从宽减以为徒，真用以流者盖无几也。至于赎刑，国初虽因唐制而赎以钱，五刑一十九等，自六百文以至四十二贯，第立制以为备而不尽用也。其后或随时以应用而有罚米赎罪之比，然皆以贷轻刑尔，其真犯死罪者则否。是以一世之人得以安其室家之乐而无流徒之苦，役作于外者曾不几时，限满而归者即复如旧。富者不以财而幸免，贫者不以匮而独死。其制刑视前代为轻，其用刑视前代为省，民心之亲戴，国祚之绵长，岂无所自哉？

明律：笞、杖、徒、流、死赎铜钱。详总考。

《明会典》：洪武间，令各处知府、知州、知县，有犯公罪笞四十以下者，许令赎铜，每笞一十半斤。杖一十十斤。徒一年一百二十斤，一年半一百四十斤，二年一百六十斤，二年半一百八十斤，三年二百斤。流二千里二百二十斤，二千五百里二百四十斤，三千里二百六十斤。

《续通考》一百三十九：洪武六年，定职官以俸赎罪例。以工部尚书王肃坐法当笞，太祖特为屈法，许得以俸赎罪，遂著为令。后三十二年奏准：凡应罚官员，月俸计十分为率，追罚一分入官，每俸一石，罚钞一百文。

《明会典》：凡纳钞、纳钱、折银：永乐十一年，令除公罪，依例纪录收赎。及死罪情重者，依律处治。其情轻者，斩罪赎钞八千贯，绞罪及榜例死罪六千贯，流罪三千贯，徒罪二千贯，杖罪一千贯，笞罪五百贯。宣德二年，定笞杖罪囚赎钞。已见前《明志》。景泰元年，令内外法司问拟笞杖罪囚，有力者纳钞。已详《明志》。其贪赃官吏，除金银珠宝仍追本色，余物亦照今例折钞。罗段每匹八百贯，绫纱三百贯，大绢一百贯，小绢三棱布各三十贯，大绵布二十贯，小绵布八贯。天顺五年，令罪囚纳钞。已详《明志》。弘治十四年奏：刑部都察院问完例难的决人犯并妇人有力者，已详《明志》，惟笞五十该钞七百五十贯，《明志》作八百贯。当以《明志》为是。按季类送户部，明立文案，照数支给。正德二年，令囚犯赎罪照旧兼收钱钞。如杖一百，该钞二千二百五十贯，折银一两，该折收铜钱七百文。今收钞一千一百二十五贯，收钱三百五十文，余四杖五笞，俱照原递给钞数，钱钞中半收受。嘉靖七年议准：老幼废疾并妇人天文生余罪等项律该收赎，原定钞贯数少，折银太轻，更定则例。每钞一贯，折银一分二厘五毫。如笞一十，赎钞六百文，则折银七厘五毫，以罪轻重递加折收，令天下问刑诸司皆以此例，从之。又议准：军民犯罪，除纳米、摆站、哨瞭外，笞一十准工一个月，四笞递加半月。杖六十，准工四个月，四杖递加半个月。徒罪照徒年限各纳银，内稍有力，每月工价钱三钱，三年共十两八钱，其近行稍次有力每月工食银一钱事例革去。

《明史·太祖纪》：洪武二十三年十二月，令殊死以下囚输粟北边自赎。二十五年正月，令死囚输粟塞下。

按：洪武二十三年输粟之事，即《会典》运米北边之事，所准赎者，杂犯死罪，其十恶并杀人者不在内。《纪》云殊死以下，乃袭汉代之文，而于明制殊未符合。

《宣宗纪》：宣德元年正月，赦死罪以下运粮宣府自赎。

《明会典》：凡纳运米谷：洪武二十三年，令罪囚运米赎罪，除十恶并杀人者论死，余死罪运米北边。力不及者，或二人并力运纳。三十年，令罪囚运米赎罪。死罪一百石，徒流递减。其力不及者，死罪自备米三十石，徒流罪十五石，俱运赴甘州威房地方上纳，就彼充军。永乐三年，令官民杂犯死罪以下量增赎罪米，听于京仓上纳，免赴北京。杂犯死罪〔纳米〕一百一十石；流罪三等八十石，加役者九十石；徒罪三年六十石，二年半五十石，二年并迁徙者四十五石，一年半三十五石，一年三十石；杖罪九十、一百俱二十五石，六十至八十二十石；笞罪十石。《续通考》系于七月。并云，先是，帝以北平军饷不继，令狱囚输米赎罪，兼省馈运之劳。杂犯死罪六十石，徒流递减，输毕释之。至是，户部奏量增云云。十一年，令流罪〔运米〕四十石，徒罪三年三十五石，余四徒减五石，杖罪十石，笞罪五石，俱于北京官仓给粮。自备车牛，运赴怀来上纳。《续通考》系于五月。并云，从都御史李庆等奏也。宣德二年，令南京法司问拟监守自盗杂犯死罪以下，各自备米于南京仓上纳赎罪。死罪，官吏一百石，军民人等八十石；流罪六十石；徒三年、二年半递减十石，二年三十五石，一年半至杖九十递减五石；杖八十一十二石，七十、六十递减二石；笞五十，六石，四笞递减一石。《续通考》系于七月。按语云，是时纳米者，赃罪得不死，徒流以下皆复用。不能纳者，虽笞杖，久系不释，往往致死。后以御史张纯言，贫人罪轻者始免追系云。三年，令杂犯死罪以下官吏依例纳米，军匠力能纳者亦如之。若家远不能者，行原籍追纳，就彼官收贮。若非存留备操上工者，递回纳米。《续通考》系于五月。并云，时刑部奏：军卒工匠纳米者多有逃逃负欠，于是令云云。四年，令纳米赎罪者，北京法司并直隶河间等八府及河南、山东官吏军民人等俱于京仓。杂犯死罪五十石；流罪比死罪减十石；徒三年三十五石，以下四等递减五石；杖一百十石，以下四等递减一石；笞五十，五石，四十减一石，三十又减五斗，二十又减一石，一十又减五斗。南京法司及湖广、江西并南直隶太平等府州县官送北京，吏典军民人等俱于南京仓。浙江并直隶苏、松、常、镇四府及江北直隶凤阳等府州县官送北京，吏典军民人等俱于淮南仓。徐州于临清仓，俱依宣德二年纳米南京仓石数。其监守盗粮、兜揽货物与逃亡军囚、夫匠厨子等项及力不能纳米者，依律问断。《续通考》系于正月。并云，帝欲宽恤罪囚，令法司会议赎罪事例。于是御史顾佐等奏：南京水运良便，北京陆路颇难，请令北京法司云云。从之。五年，令在外罪囚赎罪，除真犯外，文武官员犯赃者，送京师如律处治。军职犯死罪者，纳米赎罪，送京师调卫。非赃罪则不分轻重，俱纳米还职役。正统十四年，令通州运米至京仓，杂犯死罪三百六十石；三流并杖一百徒三年者，二百八十石；余四等递减四十石；杖每一十，八石；笞每一十，四石。通州运至居庸关、隆庆卫等仓，杂犯死罪九十石；三流并杖一百徒三年，七十石；余四等递减十石；杖每一十，二石；笞每一十，一石。景泰三年，令法司罪囚于京仓运米赴宣府、宣德仓赎罪，杂犯死罪四十五石；三流并徒三年，三十五石；余四等递减五石；杖一百，十石；余四等递减一石。六年，令法司罪囚杖以上，自备米运赴宣府上仓，斩绞罪二十石；三流并徒三年，十六石；徒二年半十三石五斗，徒二年十一石，一年半九石，一年六石五斗；杖每一十，四斗。又令在京法司并北直隶罪囚运米沿边赎罪，杂犯死罪九十石；三流并徒三年七十石，俱减二十石；杖九十徒二年半，六十石，减十五石；杖七十徒一年半，四十石；杖六十徒一年，三十石，俱减十石；杖罪每一十，二石，减作一石五斗；笞罪不减。弘治四年，令法司徒杖罪囚仍照旧例，不分军民人等，但审有力，犯该杖六十徒一年，纳米十五石，余四徒递加五石。正德二年，议准罪人例，该纳米者每石折谷一石五斗，收预备仓备赈。七年，令在外囚犯纸札，二分纳纸，八分纳米谷，上仓备赈，不许折收银两。嘉靖四年奏准：陕西各边及近边军职犯罪，准徒立功，未经起解及已到配所者，俱许令纳米或折纳杂粮上仓赎罪，完日还职，仍于原卫所带俸差操。每徒半年，纳米一十石，折杂粮一十五石。其未到配所者亦照前数递减。五年奏准：大同、宣府、榆林、山西等处及宁夏等边，凡问军职立功，未经起解及已到配所愿纳赎者，照四年例折纳杂粮或折银，完日回卫闲住，待年限满日带俸。若本镇钱粮不乏，有犯者仍令立功，不准赎。

《续通考》一百三十九：宣德二年七月，定岷州、洮州、河州、临洮纳米赎罪例。岷州、洮洲二卫，死罪十石，流以下有差；河州、临洮二卫，死罪十三石，流以下有差。三年三月，定陕西西安府纳米赎罪例。时以陕西去岷洮等卫路远，输粟延缓，敕法司加增米数，令于西安永丰仓上纳。于是死罪加至十六石，流以下皆递增之。四年二月，定陕西、宁夏诸卫加米赎罪例。旧例，宁夏犯罪者令于西安仓纳赎，时以宁夏仓无储偫，令于本处纳米，数准岷、洮二卫例加倍之。六年七月，定四川纳米赎罪例。时以四川松潘诸卫山路险远，粮饷难运，会川诸卫开矿需米，趱运不便，所司各请以属内罪囚纳米赎罪。于是部议，松潘去四川城千里，死罪二十石，流以下有差。会川去四川城道里倍于松潘，其米视松潘各减之。诏从其议。八月，定万全诸卫纳米赎罪例。后军都督府奏，万全近边，粮饷为重，请令罪囚纳赎。部议有力纳米者，就近运赴独石等卫仓纳完，死罪十二石，流十石，徒八石，杖五石，笞三石。从之。英宗正统元年九月，定兰州等处纳米赎罪例。先是，镇守陕西都御史陈镒、巡抚山西、河南侍郎于谦俱奏纳米麦豆赎罪。至是，部议兰县仓死罪三十石，流以下有差。黄河迆北庄浪等处宜稍减，死罪二十石，流以下有差。帝从之。三年八月，以陕西饥，令杂犯死罪以下输银赎罪，送边吏易米振之。户部议定例，死罪纳银三十六两，三流二十四两，徒五等视流递减三两，杖一百者六两，九十以下及笞五等俱递减五钱。十一月，以大兴、宛平二县缺粮振济，命罪囚纳米赎罪，死罪七十石，流罪五十五石，徒罪五等各以五石递减，杖每一十二石，笞每一十一石五斗。六年十二月，命广西吏典知印承差有犯赃罪者，免其解京运砖，就发昭平等递运所摆运，死罪五年，流罪四年，徒各照年限。笞杖纳米，完日疏放。景泰三年十一月，定直隶等处纳米赎罪例。先是，御史邹来学奏定，永平、山海等处有犯轻重罪名，俱于本处备粮赎罪，死罪九十石，三流并徒三年七十石，其余四等徒递减十石，杖罪每等二石，笞罪每等一石。至是，命保定、真定等处赎罪则例一如邹来学所奏行之。四年四月，以直隶灾，又更定纳赎例。死罪六十石，流以下有差。七年三月，以山东诸省灾，令输赎者暂抵以麦豆。从御史李宏请也。成化二年，令罪囚纳豆赎罪，死罪五十石，流以下有差。万历十五年二月，令府、州、县自理罚赎，俱令折谷，不许纳银。有徒杖不能全完者量减石数，其充军罪重情轻者亦许纳赎。从工科给事中郭显忠请也。

按：赎法，明代最详，即纳米一端，初无一定之制，洪武输粟之法，史文不具。永乐以后，一地一例，一时一例，代有损益，大抵以运道之险易分米石之多寡，故死罪一项多至六十石，少至十石。道险远则运费重，故减其数，亦宽恤之政也。

《明会典》：凡纳马：成化二年，令在京文武官吏军民人等犯该徒流等罪有力者，送兵部估算运灰脚价纳马。徒二年约脚价银一十三两三钱，二年半约一十六两六钱，俱纳马一匹；三年约二十两，三流约二十三两三钱，俱纳马二匹；杂犯死罪约银三十五两六钱，纳马三匹。每马一匹准银十两，外剩脚价银两不勾买马一匹者，追收在官，会太仆寺委官，随时买马。

《明会典》：凡措备草料：正统九年，令刑部都察院问完囚人，以四为率，内二分纳草赎罪。其斩绞罪者纳草一千八百束，三流并徒三年者一千四百束，徒二年半者一千二百束，徒二年者一千束，徒一年半者八百束，徒一年者六百束，笞杖者每一十四十束。每束重一十五斤。《续通考》云，户部言，民闲刍豆，岁用不给，请令法司囚犯云云。从之。十四年，令陕西西安、庆阳、延安等卫府官吏舍人所犯不系赃罪，笞、杖、徒、流及军民人等犯，该笞杖不该立功者，定拨各堡纳草。成化十四年，令辽东二十五卫囚犯纳草赎罪，除笞罪并真犯死罪及例该充军等项并无力外，其余杂犯死罪纳草三百五十束，徒三年纳草二百五十束，徒二年纳草二百束，徒一年纳草一百五十束，杖罪每一十纳草十束。

《续通考》：成化二年三月，定妇人犯法赎罪例。时广东按察司奏，妇人犯笞杖并徒罪者例俱的决，但所犯多缘连累，甚为可悯，乞依纳钞事例为便。法司议，自后所犯奸盗不孝并审无力，与乐妇的决，余悉纳赎，著为令。

按：赎法至明，可谓繁矣，纳钱、纳马，皆暂行于一时，不久即废，惟纳钞、纳米行之最久。纳钞者后改为纳钱，或钱钞兼收，后又改为折钱。纳米者，或以麦豆抵。其无力或以工作，其应工作者或又折银。赎与役两法，每相辅而行。《明会典》及《续通考》所载颇为详尽，今备录之。

《明会典》在京纳赎诸例图分八层：曰做工、曰米、曰灰、曰砖、曰碎砖、曰水和炭、曰石、曰老疾折银。凡做工：笞一十，一个月，每等加半月，笞五十，三个月；杖六十，四个月，亦每等加半月，杖一百，六个月；徒罪，照徒年限。徒三年为止。米：笞一十，五斗，每等加五斗，笞五十，二石五斗；杖六十，六石，每等加一石，杖一百，十石；徒一年，十五石，每等加五石，徒三年，三十五石；流罪，四十石；杂犯死罪，五十石。其折谷者，每斗加五升，自笞一十七斗五升至杖一百十五石，徒一年半三十石至杂犯死罪七十五石，并依此折算。徒一年，当为二十二石五斗，而图中作二十一石五斗，当是传刻之讹也。嘉靖本、隆庆本《明律》，其误并同。灰：笞一十，一千二百斤，每等加六百斤；杖一百，六千六百斤；徒一年，一万二千斤，每等加六千斤；流罪，四万二千斤；杂犯死罪，六万四千二百斤。其折银每百斤九分，自笞一十折银一两八分，至杂犯死罪折银五十七两七钱八分。砖：七十个，每等加三十五个，至杖一百，三百八十五个；徒一年，六百个，每等加三百个，至流罪二千一百个；杂犯死罪，三千二百个。其折银者，笞二十，三钱，每等加三钱，至杖一百三两；徒一年四两，每等加二两，至杂犯死罪十六两。碎砖：二千八百斤，每等加一千四百斤，至杖一百，一万五千四百斤；徒一年，二万四千斤，每等加一万二千斤，自徒二年四万八千斤至流罪八万四千斤，并以此计算。徒一年半当为三万六千斤，图中作二万六千斤，亦传刻之讹也。杂犯死罪，一十二万八千斤。水和炭：笞一十，二百斤，每等加一百斤，笞五十，六百斤；杖六十，七百二十斤，每等亦加一百斤，杖一百，一千一百二十斤；徒一年，一千七百斤，一年半、二年，递加九百斤，二年半，四千三百斤，按此项独止加八百斤，未详其故。三年，五千二百斤；按此加九百斤。流罪，五千八百斤；杂犯死罪，九千斤。其折银者，每百斤二钱。石：斤数自笞至杂犯死罪并与灰同。老疾折钱：笞一十，一文，至徒三年，十二文。

按：《明律》，嘉靖、隆庆二本，此图并与《会典》同。万历三十四年本图，其目同，惟米曰运囚粮，灰至石并有"运"字。其做工，多折银一层，一个月折银三钱，至徒三年折银十两八钱。又有四年折银十四两四钱，五年折银十八两，盖即此图之流罪、杂犯死罪也。惟此图做工无流罪、杂犯死罪月日，其说详后。运灰百斤折银一钱五厘，笞一十折银一两二钱六分，至徒五年，六十三两。运砖，每个以一分三厘计算，自笞一十折银九钱一分至徒五年三十九两，并较此图为重。运水和炭，自笞一十至徒一年，与此同，一年半以上以八百五十斤递加，四年以上以一千七百斤递加，仍以二钱折百斤，又较此图为轻也。又一万历本图无运碎砖、运石、老疾折钱三层，是否在三十四年之后，未详。

《明律》此图按语云：按旧图，流罪止加一等，盖因律文三流同为一减也，但流罪俱以《大诰》减尽，唯总徒四年及杂犯遇例减去一年者则实徒四年矣，难以止加一等，今将做工、运灰、运砖、运炭四项照年限改正。唯纳米一项，奉有军职立功每年纳米十石定例，相应照旧。

按：旧图徒三年后三流罪、杂犯死罪，此改为四年、五年，故加此按语也。

《明会典》在外纳赎诸例图分八层，上三层曰无力、有力、稍有力。无力者：依律，笞一十至杖一百以上，俱的决；徒一年以下，俱民摆站、军瞭哨；杂犯五年，军职立功，有力纳米，年满复职带俸。有力者：照例，旧例折银上库，今定折谷上仓，笞自一十至杂犯五年徒以上，连杖总折，米数与在京运米之数同，谷数则倍米数，与在京异。稍有力：纳工价，照仪从事例，每做工一月，折银三钱。自笞一十三钱至杂犯五年十八两，即《明律》图在京之数也。此三层下空一格，盖旧例尚有一层曰稍次有力纳工食，惟比工价减半。河南兵备周期雍呈行奏准，轻则每笞、杖一十折银一钱，笞二十，一钱，每等加一钱，至杖一百一两；每徒一月折银一钱，至杂犯五年六两。不知于何年删除。

下四层曰收赎律钞、曰赎罪例钞、曰钱钞兼收、曰赎钞。收赎律钞者：老幼废疾工乐户妇人折杖余罪及一应轻赎者。旧例，刑部覆都御史陈洪谟奏，与例钞应别今定。刑部覆都御史朱廷声奏，每贯折银一分二厘五毫。笞一十，钞六百文，每等以六百文递加，至杖一百，钞六贯。全赎铜钱兼徒杖收折。徒一年，钞十二贯，每等以三贯递加，徒三年，钞二十四贯。流二千里，钞三十贯，每等仍以三贯递加，流三千里，三十六贯。迁徙准徒二年，除杖赎，止赎钞一十三贯二百文。绞斩，四十二贯，折银五钱二分五厘。赎罪例钞者：军职正妻例难的决之人有力者。旧例，先将钞一贯折银三厘，比纳米九重。都御史朱廷声题照尚书闵珪议与工食同。笞一十，钞一百五十贯，折钱七十文，折银一（两）[钱]，钞以一百五十贯递加，钱以七十文递加。杖六十，钞一千四百五十贯，钞以二百递加，钱仍以七十文递加，至杖一百，钞二千二百五十贯，折钱七百文。其折钱之数即旧例稍次有力纳工食之数，今将稍次有力删去，而与工食同尚存也。徒流情重，不准纳钞，妇人余罪，徒一年收赎钞六贯，折钱三文，每钞一贯，折钱半文。每等以一文半递加，徒三年折钱九文。充军比此，流二千里。赎钞三十贯。钱钞兼收者：即上件人犯该赎者。在京常用银钞，故见行兼收。在外钱钞不便，故奏行折银。见上。笞一十，钱三十五文，钞一百贯，钱以三十五文至杖一百三百五十文。图内笞三十，一百五文。"五"下衍"十"字。笞四十，一百四十文。"一百"误作"二百"。笞五十，二百七十五文，夺"五"字，致不可通。钞则笞二十加五十贯，以上则以七十五贯递加，至笞五十为三百七十贯。杖六十，七百二十五贯，以一百贯递加，至杖一百为一千一百二十五贯。折杖，诬轻为重者：徒一年，杖六十，连徒共折杖一百二十，此从嘉靖本《明律》，《明会典》二十作"五十"，万历本《明律》作"四十"，并误。照杖数倍之。余四徒准此。流二千里，流杖共折杖二百二十，每等以一十递加，至流三千里。共折杖二百四十。总徒四年，千名者实以服制，虚加三等，不折杖。杂犯五年，诬致死，未决流三千里，不折杖。斩绞，全诬者流三千里，加役三年。赎钞：杂犯又犯者。笞杖决讫，照前发遣。徒一年，赎钞六贯，每等以三贯递加，三年赎钞十八贯。总徒四年，已徒又犯徒，遇例减一年。杂犯五年，赎钞三十六贯。图后载过失杀，依律收赎，钞四十二贯。内钞八分，该三十三贯六百文，铜钱二分，该八千四百文，给付其家。

按：此图各本《明律》并同，惟收赎律钞格内钞若干文、贯，《明律》并作"钱"字。又末层有赎铜，出《会典》。其数并与《会典》同，已见前。且其法已不行，故图不列也。

《明会典》收赎钞图分二层，上层曰：诬轻为重，已决，全抵剩罪，未决，笞杖收赎。徒流杖一百，余收赎。如告人笞三十，内止一十实已决，全抵，剩二十之罪未决，收赎一贯二百文。如告人杖六十，内止二十实已决，全抵，剩四十之罪未决，收赎钞二贯四百文。如告人杖六十、徒一年，内止笞五十实已决，全抵，剩杖一十、徒一年之罪未决，徒一年折杖六十，并杖共七十，收赎四贯二百文。如告人未决杖一百、流二千里，折杖一百二十，内止杖六十、徒一年，折杖六十，实剩杖一百，收赎钞六贯。已决准徒四年，除实外，全［抵］剩杖四十、徒三年。如告人未决杖一百、流二千五百里，折杖一百三十，内止杖六十、徒一年，折杖六十，实剩一百一十，止杖一百，余收赎六百文。已决准徒四年，除实外，全抵剩杖四十、徒三年。

下层曰：徒限内老疾收赎。徒一年，除杖外，徒该八贯四百文计，未役，每日赎二十三文三分三厘三毫，每月赎七（十）〔百〕文。一年半，除杖外，徒该十贯八百文计，未役，每日赎二十文，月赎钞六百文。二年，除杖外，徒该一十三贯二百文计，未役，每日赎十八文三厘三毫四丝，月赎五百五十文。二年半，除杖外，徒该一十五贯六百文计，未役，每日赎一十七文三分三厘三毫四丝，月赎五百二十文。三年，除杖外，徒该一十八贯计，未役，每日赎一十六文六分七厘，每月五百文。

按：此图上层每笞杖一十，赎钞六百文，徒流亦折杖计算。已决者全抵，剩罪未决者笞杖赎。徒流止杖一百，余收赎。原图自笞一十至流三千里各有假如算法，兹录其四，余可类推也。下层所云除杖外，徒该八贯四百文者，老疾收赎，本法杖六十为三贯六百文，徒一年为十二贯，除去三贯六百文，故得八贯四百文，下准此。二年半条下"一十五贯"，《会典》夺"五"字，各本《明律》亦然，惟一本《明律》有"五"字，今据以补入。

《琐言》曰：以上赎罪则例系原行者，轻重适当，经久可行。其后虽有节年题准事例，如稍次有力则过于轻，如每徒一年，折银十两，每米一石，折谷二石则过于重。其户部等衙门有因救荒而题者，有因助边而题者，各轻重不等，要非适中之例。虽一时暂行而不可以久远，故今重修《问刑条例》，特为开示，止照原行则例拟断，不许妄引别例。庶几较若画一而无彼此异同之患，轻重适平而为经久可行之政矣。若夫纳钞赎罪之法，止于笞杖而不及徒流者，罪重而钞轻故也。

按：老疾折钱及妇人余罪收赎折钱，其例太轻，万历时已皆不用，《琐言》所谓过于轻者别本，万历本《明律》妇人余罪收赎，每贯折银一分二厘五毫，已详图内，而妇人余罪折钱之法，图内未曾删去，何也？

王圻《续文献通考》：近有五刑收赎例，凡老幼笃疾，笞一十至三十，折钱一文；笞四十至杖六十，折钱二文；杖七十至杖一百，折钱三文；徒一年，折钱六文，徒二年，折钱九文，徒三年，折钱十二文。其余残疾、风疾、痰疾、气疾等项，审无力，俱不准其收赎。

按：《明会典》在京纳赎诸例图末层曰老疾折钱，其数全同《明律》。嘉靖、隆庆、万历各本亦同，惟折数太少，等于儿戏矣。其法始于何年？未详。王圻言"近有"，当在嘉靖之后，万历时别有老小废疾收赎之法，则此已不行矣。

王圻《续通考》：洪武二十三年十二月，谕刑部尚书杨靖等曰："自今惟犯十恶并杀人者论死，余杂犯死罪皆令输粟北边以自赎，力不及者，或二人或三人并力输运，仍令还家备资以行。"刘三吾等曰："圣心仁恕，垂念及此，罪人受更生之恩矣。"上曰："善为国者，惟以生道树德，不以刑杀立威。"

按：明祖晚年，深知刑杀不足以为治，大变初年宗旨，故有此令，后之出治者可以鉴矣。《太祖纪》二十三年输粟北边，当即此事，惟《纪》言殊死以下与此言杂犯死罪以下者不同。《明会典》亦载此事，亦云除十恶并杀人者论死，余死云云，恐《纪》文疏略也。

王圻《续通考》：洪武三十年六月，谕问刑衙门：今后实犯死罪以下，如律，其杂犯死罪，准徒收赎。

按：此与上条之意同而稍变其法，实犯死罪、杂犯死罪，《明律》有分别款目载在律内，自洪武时始。

禁锢

《礼记·王制》：命乡简不帅教者以告耆老，皆朝于庠，元日习射上功，习乡上齿，大司徒帅国之俊士与执事焉。不变，命国之右乡简不帅教者移之左，命国之左乡简不帅教者移之右，如初礼。不变，移之郊，如初礼。不变，移之遂，如初礼。不变，屏之远方，终身不齿。将出学，小胥、大胥、小乐正简不帅教者以告于大乐正，大乐正以告于王，王命三公九卿、大夫、元士皆入学。不变，王亲视学。不变，王三日不举，屏之远方。西方曰棘，东方曰寄，终身不齿。郑注："齿，犹录也。"孔疏："《文王世子》云古者谓年龄，齿亦龄也。以年相次，是录其长幼，故云齿犹录也。"

按：录，第也。《吴语》注。不得与帅教者，以长幼相次第也；帅教者，可与俊秀之选；不齿者，终身屏弃，不复见录。此虽无禁锢之名而即禁锢，勿令仕。汉时之禁锢，亦有徙之边方者，其法盖原于古。

《左传》成二年：及共王即位，将为阳桥之役，使屈巫聘于齐，且告师期。巫臣尽室以行。及郑，使介反币，而以夏姬行。遂奔晋，而因却至，以臣于晋。晋人使为邢大夫。子反请以重币锢之。注："禁锢，勿令仕。"

按：子反之请虽未行，而春秋时禁锢之事各国皆有，此法非始于晋锢栾氏，于此可见。

襄二十一年：会于商任，锢栾氏也。注："禁锢栾盈，使诸侯不得受。"二十二年冬，会于沙随，复锢栾氏也。

《孟子》：今也为臣，谏则不行，言则不听；膏泽不下于民；有故而去，则君搏执之，又极之于其所往。赵注："搏执其亲族也。极者，恶而困之也。"朱注："极，穷也，穷之于其所往之国，如晋锢栾氏也。"

《韩策》：公仲数不信于诸侯，诸侯锢之。南委国于楚，楚王弗听，苏代为谓楚王曰："不若听而备于其反也。朋之反也，常仗赵而畔楚，仗齐而畔秦。今四国锢之，而无所入矣，亦甚患之。此方其为尾生之时也。"

《汉书·武纪》：元朔六年六月，诏诸禁锢及有过者，咸蒙厚赏，得免减罪。

按：西汉初即有禁锢之法，故诏书及之。此后赦文有赦及禁锢者，有不及禁锢者，盖定于临时，不尽同也。《息夫躬传》"躬同族亲属素所厚者，皆免废锢"。师古曰："终身不得仕。"汉法有本身终身禁锢者，有锢及同族亲属者，亦不一律。

《后汉书·章纪》：元和元年十二月壬子，诏曰："《书》云：'父不慈，子不祗，兄不友，弟不恭，不相及也。'往者妖言大狱，所及广远，一人犯罪，禁至三属，即三族也。谓父族、母族及妻族。莫得垂缨仕宦王朝。如有贤才而没齿无用，朕甚怜之，非所谓与之更始也。诸以前妖恶禁锢者，一皆蠲除之，以明弃咎之路，但不得在宿卫而已。"

按：此言妖恶禁锢，盖皆缘坐之人，禁至三属，当以本宗为断，未必遂及于母族、妻族。《党锢传》之五属，较三属为重，注以五服为解，此其证也。三属乃汉旧法，五属则阉寺之肆毒，难以旧法论矣。

《后汉书·党锢传》：时河内张成善说风角，推占当赦，遂教子杀人。李膺为河南尹，督促收捕，既而逢宥获免，膺愈怀愤疾，竟案杀之。初，成以方技交通宦官，帝亦颇谇其占。成弟子牢修因上书诬告膺等养太学游士，交结诸郡生徒，更相驱驰，共为部党，诽讪朝廷，疑乱风俗。于是天子震怒，班下郡国，逮捕党人，布告天下，使同忿疾，遂收执膺等。其辞所连及陈寔之徒二百余人，或有逃遁不获，皆悬金构募。使者四出，相望于道。明年，尚书霍谞、城门校尉窦武并表为请，帝意稍解，乃皆赦归田里，禁锢终身。而党人之名，犹书王府。自是正直放废，邪枉炽结。

又张俭乡人朱并，承望中常侍侯览意旨，上书告俭与同乡二十四人别相署号，共为部党，图危社稷。灵帝诏刊章捕俭等。大长秋曹节因此讽有司奏捕前党故司空虞放、太仆杜密、长乐少府李膺、司隶校尉朱寓、颍川太守巴肃、沛相荀昱、河南太守魏朗、山阳太守翟超、任城相刘儒、太尉掾范滂等百余人，皆死狱中。余或先殁不及，或亡命获免。自此诸为怨隙者，因相陷害，睚眦之忿，滥入党中。又州郡承旨，或有未尝交关，亦离祸毒。其死徙废禁者，六七百人。

熹平五年，永昌太守曹鸾上书大讼党人，言甚方切。帝省奏大怒，即诏司隶、益州槛车收鸾，送槐里狱掠杀之。于是又诏州郡更考党人门生故吏父子兄弟，其在位者，免官禁锢，爰及五属。谓斩衰、齐衰、大功、小功、缌麻也。光和二年，上禄长和海上言："礼，从祖兄弟别居异财，恩义已轻，服属疏末。而今党人锢及五族，既乖典训之文，有谬经常之法。"帝览而悟之，党锢自从祖以下，皆得解释。

中平元年，黄巾贼起，中常侍吕强言于帝曰："党锢久积，人情多怨。若久不赦宥，轻与张角合谋，为变滋大，悔之无救。"帝惧其言，乃大赦党人，诛徙之家皆归故郡。其后黄巾遂盛，朝野崩离，纲纪文章荡然矣。凡党事始自甘陵、汝南，成于李膺、张俭，海内涂炭，二十余年。

按：东京初次党祸在桓帝时，尚止放归田里，禁锢终身，无死徙者。后次在灵帝时，则死徙者至六七百人之多。人之云亡，邦国殄瘁，民心去而鼎祚旋移。汉亡于桓、灵，而灵之昏更甚于桓，古今党祸无烈于此时者矣。锢及五属，惨甚参夷，而门生、故吏亦在其中，则更不止五属。明成祖之屠戮忠良也，门弟子有与其难者，与此事先后一辙，可慨也夫。

《李膺传》：乃诣诏狱。考死，妻子徙边，门生、故吏及其父兄，并被禁锢。

按：本《传》言"转蜀郡太守，以母老乞不之官"，则膺父早没，《传》亦不言其有兄，此所谓父兄，乃门生、故吏之父兄，株连之祸，一至如此。

《刘恺传》：时征西校尉任尚以奸利被征抵罪，尚曾副大将军邓骘，骘党护之，而太尉马英、司空李郃承望骘旨，不复先请，即独解尚臧锢，恺不肯与议。后尚书按其事，二府并受谴咎，朝廷以此称之。

按："臧"古"赃"字。汉法以臧抵罪者禁锢终身，故曰臧锢。此云解之，使得复仕也。汉之待臧吏严矣。

清河相叔孙光坐臧抵罪，遂增锢二世，衅及其子。二代，谓父子俱禁锢。是时居延都尉范邠复犯臧罪，诏下三公、廷尉议。司徒杨震、司空陈褒、廷尉张皓议依光比。恺独以为"《春秋》之义，'善善及子孙，恶恶止其身'，所以进人以善也。《尚书》'上刑挟轻，下刑挟重'。如今使臧吏禁锢子孙，以轻从重，惧及善人，非先王详刑之意也。"有诏："太尉议是。"

按：《传》言增锢，则旧法所无而加重之也，臧吏固当惩锢，及其子则非法矣。

《陈忠传》：忠略依宠意，奏上二十三条，为《决事比》，以省请谳之敝。又上除蚕室刑；解臧吏三世禁锢。

按：臧吏三世禁锢，盖汉旧法也，忠奏解之，则不复锢及三世矣。忠为尚书，司徒刘恺举之，恺为司徒在元初二年，则忠上此事亦当在此时也。前条叔孙光之事则在建光元年已后，恺为太尉之时，三世禁锢之法已除，故锢及其子谓之增锢，时从恺议，并二世之禁亦不行矣。

《魏志·陈思王植传》：至于臣者，人道绝绪，禁锢明时，臣窃自伤也。

按：此"求通亲亲表"语，表又云"近且婚媾不通，兄弟乖绝，吉凶之问塞，庆吊之礼废，恩纪之违，甚于路人，隔阂之异，殊于胡越"。又云"每四节之会，块然独处，左右惟仆隶，所对惟妻子，高谈无所与陈，发义无所与展"。此禁锢之情形也。陈寿云，魏氏王公，既徒有国土之名而无社稷之实，又禁防壅隔，同于囹圄。袁子云，王国有老兵百余人以卫其国，虽有王侯之号而乃侪于匹夫。县隔千里之外无朝聘之仪，邻国无会同之制，诸侯游猎不得过三十里，又为设防辅监国之官以伺察之，王侯皆思为布衣而不能得。魏文报陈思王诏虽云"本无禁锢诸国通问之诏，矫枉过正，下吏惧谴，以至于此耳。已敕有司，如王所诉"，而终未行也。古来薄于亲亲无如魏氏者。

《御览》六百五十二：晋令曰："犯免官，禁锢三年。"

按：据此则免官无不禁锢矣，三年乃年限之最少者，或数年，或十年，或终身，盖亦有轻重之差。

《晋志》：省禁锢相告之条。

《武纪》：泰始元年冬十二月丙寅，诏除旧嫌，解禁锢。乙亥，诏约法省刑。除魏宗室禁锢。二年春二月，除汉宗室禁锢。冬十一月己卯，罢山阳公国督军，除其禁制。

《宋书·何承天传》：承天与尚书左丞谢元素不相善。太尉江夏王义恭岁给资费钱三千万，布五万匹，米七万斛。义恭素奢侈，用常不充，二十一年，逆就尚书换明年资费。而旧制出钱二十万，布五百匹以上，并应奏闻，元辄命议以钱二百万资给太尉。事发觉，为承天所纠。上大怒，遣元长归田里，禁锢终身。

按：元之所犯特事应奏，不奏耳非自身犯臧罪也而罪至禁锢终身，可见国家之法每有出于人主之一时喜怒者。

《南齐书·王晏传》：晏弟诩，永明中为少府卿。六年，敕位未登黄门郎，不得畜女妓。诩与射声校尉阴玄智坐畜妓免官，禁锢十年。敕特原诩禁锢。

按：宋、齐之法不传，观此二事，知禁锢承前代用之。《梁律》禁锢之科亦旧法也。

《隋志》：《梁律》：士人有禁锢之科，亦有轻重为差。其犯清议，则终身不齿。梁元帝即位，诏禁锢夺劳一皆旷荡。

《魏书·世祖纪》：泰常八年十月壬申，即皇帝位，大赦天下。于是除禁锢，释嫌怨，开仓库，赈穷乏。

按：后魏之法，多沿魏、晋，故亦有禁锢之科。

《唐律》：其加役流、反逆缘坐流、子孙犯过失流、不孝流及会赦犹流者，各不得减赎，除名、配流如法。

按：此唐时之长流人也，虽遇恩赦，不得减赎，即与禁锢无异。《唐律》别无禁锢之文也，凡赦文中所称不在赦限者，皆是徒锢之意。然大赦中亦有并流人放还者，亦有量移近处者，此即除禁锢之事，特名目不同耳。

《册府元龟》：开元十八年正月制："其亡官失爵、放还不齿及诸色被停解免与替人等非犯赃者，宜令司存勘责，量加收叙。"

按：此次赦文有不齿之目，二十七年二月赦制亦云不齿之类量加收叙，天宝后赦制亦多有此文，或亦云终身勿齿。

二十年十一月制：官人犯赃及有罪被推者，本罪虽原，不得更令却上。天宝十三载二月制：官人犯入己赃，不可更令却上。至德元年七月制：官吏犯枉法赃，终身勿齿。

按：此即汉法臧锢之意。

上元二年正月制：其先，缘安禄山伪署三司有名，应在流贬者原情议罪。负国诚深，朕以舍其殊死，窜于荒徼，固当与众共弃，长为匪人。然皆邦国旧臣，尝挂缨冕，使其终没裔土，永匿惭魂，孰若贷以殊私，俾令效节，亦准例处分。

按：与众共弃，长为匪人，即是禁锢之事。

兴元元年正月制：先有痕累禁锢、反逆缘坐承前恩赦不该者，并宜洗雪。亡官失爵，放归勿齿，量加收叙。

按：唐代禁锢之名始见此制，贞元元年、二十一年、元和十五年、太和元年赦制并有禁锢洗涤之文。

《宋史·太宗纪》：淳化三年四月丁丑，诏江南、两浙、荆湖吏民之配岭南者还本郡禁锢。四年九月，诏诸杂除禁锢人，州县有阙得次补以责效，能自新勤干者具闻再叙。五年九月壬申，大赦，诸官先犯赃罪配隶禁锢者放还。十月，诏释殿前司逃军亲属之禁锢者。

《宋史·蔡京传》：时元祐群臣贬窜死徙略尽，京犹未惬意，命等其罪状。首以司马光，目曰奸党，刻石文德殿门，又自书为大碑，遍班郡国。初，元符末以日食求言，言者多及熙宁、绍圣之政，则又籍范柔中以下为邪等。凡名在两籍者三百九人，皆锢其子孙，不得官京师及近甸。

《韩侂胄传》：已而侂胄拜保宁军节度使、提举佑神观。又设伪学之目，以网括赵汝愚、朱熹门下知名之士。用何澹、胡纮为言官。澹言伪学宜加风厉，或指汝愚为伪学罪首；纮条奏汝愚有十不逊，且及徐谊。汝愚谪永州，谊谪南安军。虑他日汝愚复用，密谕衡守钱鍪图之，汝愚抵衡暴薨。留正旧在都堂众辱侂胄，至是，刘德秀论正引用伪党，正坐罢斥。吏部尚书叶翥要侍郎倪思列疏论伪学，思不从，侂胄乃擢翥执政而免思官。侂胄加开府仪同三司。时台谏迎合侂胄意，以攻伪学为言，然惮清议，不欲显斥熹。侂胄意未快，以陈贾尝攻熹，召除贾兵部侍郎。未至，遽除沈继祖台察。继祖诬熹十罪，落职罢祠。三年，刘三杰入对，言前日伪党，今变而为逆党。侂胄大喜，即日除三杰为右正言，而坐伪党逆党得罪者五十有九人。王沇献言令省部籍记伪学姓名，姚愈请降诏严伪学之禁，二人皆得迁官。施康年、陈谠、邓友龙、林采皆以攻伪学久居言路，而张釜、张岩、程松率由此秉政。六年，婺州布衣吕祖泰上书言道学不可禁，请诛侂胄，以周必大为相。侂胄大怒，决杖流钦州。言者希侂胄意，劾必大首植伪党，降为少保。一时善类悉罹党祸，虽本侂胄意，而谋实始京镗。逮镗死，侂胄亦稍厌前事，张孝伯以为不弛党禁，后恐不免报复之祸。侂胄以为然，追复汝愚、朱熹职名，留正、周必大亦复秩还政，徐谊等皆先后复官。伪党之禁寖解。

按：此有宋禁锢之两大事，前则成靖康之祸，后则朝政日非，国运亦因之不昌，与东汉之党锢实出一辙。禁锢亦古法，而酿乱也如此。

《元史·文纪》：至顺二年，湖广参政彻里帖木儿与速速、班丹俱坐出怨言，鞫问得实，刑部议当彻里帖木儿、班丹杖一百七，速速处死，会赦，彻里帖木儿流广东，班丹广西，速速徙海南，皆置荒僻州郡。有旨："此辈怨望于朕，向非赦原，俱当置之极刑，可俱籍其家，速速禁锢终身。"

按：怨望而置极刑，近于秦法之诽谤者族，会赦，禁锢亦甚幸矣。禁锢之见于《文纪》者，钦察台在英宗朝，阴与中政使咬住造谋诬告，同妻袼禁锢广南。至顺二年。和尚御史中丞坐受妇人为赂，遇赦原，禁锢终身。至顺元年。

明《大诰》有禁锢书写之名。

按：详《大诰峻令考》。

考囚

掠

《礼记·月令》：仲春之月，毋肆掠。注："肆，谓死刑暴尸也。《周礼》曰肆之三日。掠，谓捶治人。《释文》：'掠，音亮，考捶。'"疏："肆，陈也，谓陈尸而暴之。然春阳既动，理无杀人，何得更有死尸？而禁其陈肆者，盖是大逆不孝罪甚之徒，容得春时杀之，杀则埋之，故禁其陈肆。"应氏镛曰："肆，纵也。肆掠，任意笞筆。虽轻刑不可纵也，桎梏且欲去之，况敢暴尸乎？且陈尸与掠治并言，亦轻重不伦矣。"

按：考囚乃不得已之事，任意笞筆，即属非法，常时当禁，何待仲春？此仍以孔疏之说为妥。且以文法论之，上文之图圄、桎梏，下文之狱讼，皆是骈字，不应此忽异也。《淮南·时则训》作"毋笞掠"，《淮南》书多取诸前人，或《月令》"肆"字有误，然《吕览》亦作"肆"。考囚之事始于何时，书传未详，《月令》乃周末儒生所纂，疑周时即有之也。

《史记·夏侯婴传》：高祖戏而伤婴，人有告高祖。高祖时为亭长，重坐伤人，告故不伤婴，婴证之。后狱覆，婴坐高祖系岁余，掠笞数百，终以是脱高祖。

路温舒尚德缓刑书：臣闻秦有十失，其一尚存，治狱之吏是也。夫人情安则乐生，痛则思死。棰楚之下，何求而不得？故囚人不胜痛，则饰辞以视之；吏治者利其然，则指道以明之；上奏畏却，则锻练而周内之。晋灼曰："精孰周悉，致之法中也。"师古曰："却，退也，畏为上却退。"盖奏当之成，虽咎繇听之，犹以为死有余辜。何则？成练者众，文致之罪明也。是以狱吏专为深刻，残贼而亡极，偷为一切，不顾国患，此世之大贼也。故俗语曰："画地为狱，议不入；刻木为吏，期不对。"此皆疾吏之风，悲痛之辞也。故天下之患，莫深于狱；败法乱正，离亲塞道，莫甚乎治狱之吏。此所谓一尚存者也。

按：据温舒所言，考囚之酷，秦为最甚，夏侯婴以受伤人而笞掠至数百之多，其他之恣意笞掠更可知矣。古先王之世必不如是，《月令》之禁掠则并其轻者而禁之，其不得恣意笞掠也明矣。《汉书·宣纪》：（本始）［地节］四年，诏曰："令甲，死者不可生，刑者不可息。此先帝之所重，而吏未称。"今系者或以掠辜若饥寒瘐死狱中，苏林曰："瘐，病也。囚徒病，律名为瘐。"如淳曰："律，囚以饥寒而死曰瘐。"何用心逆人道也！朕甚痛之。其令郡国岁上系囚以掠笞若瘐死者所坐名、县、爵、里，丞相御史课殿最以闻。

按：汉承秦敝，考囚之法盖亦甚酷，路温舒所谓其一尚存。观宣帝此诏，当日之以掠而死者众矣，以瘐死之多寡为狱吏之殿最，其法历代遵行，治标之道不得不尔。

《汉书·陈咸传》：咸为御史中丞，公卿以下皆敬惮之。是时中书令石显用事颛权，咸颇言显短，显等恨之。时槐里令朱云残酷杀不辜，有司奏举，未下。咸素善云，云从刺候，教令上书自讼。于是石显微伺知之，白奏咸漏泄省中语，下狱掠治，减死，髡为城旦。

按：陈咸以御史中丞而亦掠治亦髡，汉法之严如此，因于秦也。

《后汉书·周纡传》：纡迁司隶校尉。六年夏旱，车驾自幸洛阳录囚徒，二人被掠生虫，坐左转骑都尉。《释名》："捶而死者曰掠。掠，狼也，用威大暴如豺狼也。"

按：此以捶死为掠，自是别一义。掠者未必皆死，掠而至于死其甚者矣。豺狼之喻，良不为过，唐有重杖处死之法，于汉无闻。

榜

《史记·李斯传》：于是二世乃使高案丞相狱，治罪，责斯与子由谋反状，皆收捕宗族宾客。赵高治斯，榜掠千余，不胜痛，自诬服。赵高使其客十余辈诈为御史、谒者、侍中，更往覆讯斯。斯更以其实对，辄使人复榜之。后二世使人验斯，斯以为如前，终不敢更言，辞服。

《张耳传》：贯高至，对狱，曰："独吾属为之，王实不知。"吏治榜笞数千，刺剟，身无可击者，终不复言。《索隐》："徐广：音丁劣反。"案：剟亦刺也，《汉书》作"刺爇"，张晏云"爇，灼也"，《说文》云"烧也"，应劭云"以铁刺之"。《汉书·耳传》注师古曰："榜，谓捶击之也，音彭。"应劭曰："以铁刺之，又烧灼之。"

《急救篇》：盗贼系囚榜笞臂。颜注："榜笞，捶系之也。"

按：《广雅·释诂》："搒，击也。"《一切经音义》二十一、《字书》："搒，捶也。"《广韵》："搒，笞打。"其字从手，而《史》、《汉》则多从木，《后汉书·陈宠传》注："箯即搒也。"古字通用。《声类》曰："笞也。"《虞延传》注"箯，捶也。"其字又从竹，是榜、搒、箯三字通。李斯以丞相之贵而不免榜笞，诬服考掠之法，可畏如此，而世犹以考掠为必不可废，何也？

考

《后汉书·虞延传》：迁洛阳令。是时，阴氏有客马成者，常为奸盗，延收考之。阴氏屡请，获一书辄加箯二百。箯，捶也，音彭。

按：考者，考掠也。观于下文"加箯"之文，可见宋本律文考囚之字并作"考"。孙奭《律音义》"考掠"作"拷"者，非，下音谅，考击也。泰定本《唐律》作"拷"，俗，然《玉篇》已云"拷，打也"，《广韵》三十二晧，不收"拷"，《集韵》乃收之，疑《玉篇》之"拷"亦是后来羼入者，非顾氏原文。

《后汉书·戴就传》：会稽上虞人也。仕郡仓曹掾，扬州刺史欧阳参奏太守成公浮臧罪，遣部从事薛安案仓库簿领，收就于钱唐县狱。幽囚考掠，五毒备至。就慷慨直辞，色不变容。又烧鋘斧，使就挟于肘腋。鋘从吴，《毛诗》云"不吴不敖"。何承天《纂文》曰"甬，今之鋘也。"张揖《字诂》云"甬，刃也"。鋘音华。按《说文》、《字林》、《三苍》并无鋘字。就语狱卒："可熟烧斧，勿令冷。"每上彭考，彭即箯也。因止饭食不肯下，肉焦毁堕地者，掇而食之。主者穷竭酷惨，无复余方，乃卧就覆船下，以马通薰之。一夜二日，皆谓已死，发船视之，就方张眼大骂曰："何不益火，而使灭绝！"又复烧地，以大针刺指爪中，使以把土，爪悉堕落。主者以状白安，安呼见就，谓曰："太守罪秽狼藉，受命考实，君何故以骨肉拒扞耶？"就据地答言："太守剖符大臣，当以死报国。卿虽衔命，固宜申断冤毒，奈何诬枉忠良，强相掠理，令臣谤其君，子证其父！薛安庸骏，怵行无义，就考死之日，当白之于天，与群鬼杀汝于亭中。如蒙生全，当手刃相裂！"安深奇其壮节，即解械，更与美谈，表其言辞，解释郡事。

按：考掠五毒，《御览》六百四十九引《后汉书》作"拷讯五毒"。

《汉书·张汤传》：讯鞫论报。注师古曰："讯，考问也。"又《王子侯表》上："安檀侯福讯未竟。"注："讯谓考问之。"

《唐书·元澹传》：澹字行冲，以字行"显"，为东都副留守。嗣彭王子志谦坐仇人告变，考讯自诬，株蔓四十人，行冲察其枉，列奏见原。

按：曰掠、曰榜、曰考，并为考囚之事，后来但曰考，并改其字作"拷"，此古今文字之异也。

《后汉书·陈宠传》：肃宗初，为尚书。是时承永平故事，吏政尚严切，尚书决事率近于重。宠以帝新即位，宜改前世苛俗。乃上疏曰："臣闻先王之政，赏不僭，刑不滥，与其不得已，宁僭不滥。故唐尧著典，'眚灾肆赦'；周公作戒，'勿误庶狱'；伯夷之典，'惟敬五刑，以成三德'。由此言之，圣贤之政，以刑罚为首。往者断刑严明，所以威惩奸慝，奸慝既平，必宜济之以宽。陛下即位，率由此义，数诏群僚，弘崇晏晏。而有司执事，未悉奉承，典刑用法，犹尚深刻。断狱者急于篣格酷烈之痛，篣即榜也，古字通用。《声类》曰：'笞也。'《说文》曰：'格，击也。'执宪者烦于诋欺放滥之文，或因公行私，逞纵威福。夫为政犹张琴瑟，大弦急者小弦绝。故子贡非臧孙之猛法，而美郑侨之仁政。《诗》云：'不刚不柔，布政优优。'方今圣德充塞，假于上下，宜隆先王之道，荡涤烦苛之法。轻薄箠楚，以济群生；全广至德，以奉天心。"帝敬纳宠言，每事务于宽厚。其后遂诏有司，绝钻钻诸惨酷之科，《苍颉》曰："钻，持也。"《说文》曰："钻，铁钻。"其炎反。钻音陟叶反。钻，膑刑，谓钻去其膑骨也。钻音作唤反。解妖恶之禁，除文致之请谳五十余事，定著于令。是后人俗和平，屡有嘉瑞。

《章纪》：元和元年秋七月丁未，诏曰："掠者唯得榜、笞、立。《苍颉篇》曰：'掠，问也。'《广雅》曰：'榜，击也，音彭。'《说文》曰：'笞，击也。'立谓立而考讯之。又《令丙》，箠长短有数。自往者大狱已来，掠考多酷，钻钻之属，惨苦无极。念其痛毒，怵然动心。《书》曰'鞭作官刑'，岂云若此？宜及秋冬理狱，明为其禁。"

按：《说文》："钻，铁錍也。""钻，所以穿也。"《急就章》颜注："钻以铁，有所镊取也。钻，所以穿通也。"此皆掠考之具。观于元和诏文，知《陈宠传》亦当如是解，《张耳传》之刺剟必用钻钻之具，此其证章怀注以钻为去髌骨者误。髌刑，汉时久废，章帝绝诸惨酷之科，由于纳陈宠之言洵仁政也。

《通考》一百六十三：按：建武以来，虽屡有省刑薄罚之诏，然上下相胥以苛酷为能，而考囚之际尤极残忍。《独行传》载楚王英坐反，诛其所疏天下名士，有会稽太守尹兴名，乃征兴诣廷尉狱。其功曹陆续、主簿梁宏、驷勋等及掾史五百余人诣洛阳诏狱就考，诸吏不堪痛楚，死者大半，唯续、宏、勋考掠五毒，肌肉消烂，终无异词。戴就仕仓曹掾云云。且兴不过以姓名冒罥，反形未具；公浮为人诬以臧罪；陆续、戴就所坐不过以郡功曹不肯证成太守之罪。乃非同谋之人而乃穷极惨酷，如此则罪情稍重而不肯诬服者考死于狴犴之下，盖不可胜计矣。

按：楚王英事在显宗之世，其时用法严也，戴就事当在顺、桓之世，其时汉政已衰矣。

测罚

《隋书·刑法志》：《梁律》：凡系狱者，不即答款，应加测罚，不得以人士为隔。若人士犯罚，违扞不款，宜测罚者，先参议牒启，然后科行。断食三日，听家人进粥二升。女及老小，一百五十刻乃与粥，满千刻而止。其间事诸罚，皆用熟靼鞭、小杖。陈氏一用梁法。其有赃验显然而不款，则上测立。立测者，以土为垛，高一尺，上圆，劣容囚两足立。鞭二十，笞三十讫，著两械及杻，上垛。一上测七刻，日再上三。七日上测，七日一行鞭。凡经杖，合一百五十，得度不承者，免死。

《御览》六百四十九：《梁书》曰：梁代旧律测囚之法，一上起自晡鼓，尽于二更。及比部郎中泉刚定律令，以旧法测立持久，非人所堪，分其刻数，日再上。廷尉以为新制过轻，请集八座议之。尚书周弘正议曰："凡小大之狱，必应以情，岂可恣考掠以判刑罪？且测人时节，本非古制，近代以来，方有此法。起自晡鼓，迄于二更，岂是常人所能堪忍？所以重械之下诬枉者多，朝暮二时，同等刻进而求于事为哀。"

按：测罚之制，惟梁、陈用之，上测有时，行鞭有数，以视惨酷之无度者，实为胜之。隋以后此制废也。

元魏非刑

《魏书·尉古真传》：太祖之在贺兰部，贺染干遣侯引乙突等诣行宫，将肆逆。古真知之，密以驰告，侯引等不敢发。染干疑古真泄其谋，乃执拷之，以两轴押其头，伤一目，不伏，乃免之。

又《卢度世传》：以崔浩事弃官逃于高阳郑罴家，罴匿之。使者囚罴长子，遂被拷掠，至乃火爇其体，因以物故。

《魏书·刑罚志》：神䴥中，定律令，拷讯不逾四十九。永平元年，尚书令高肇等奏曰："谨案《狱官令》：诸察狱，先备五听之理，尽求情之意，又验诸证信，事多疑似，犹不首实者，然后加以拷掠。"

按：魏之《狱官令》当有所本，《唐六典》："凡察狱之官先备五听，又稽诸证信，有可征焉，而不首实者，然后拷掠。"据《唐律疏议》、《六典》所言，乃唐《狱官令》之文，与《魏志》所言大略相同。《魏志》有"谨案"之字，必当日律令之文如此。后魏律令，初亦承用魏、晋，魏、晋承于汉，疑此乃汉律之遗文也。夫令文如此，而仍有轴押火爇之事，酷吏之所为真有无人心者。

夹指压踝

《隋书》：北齐文宣时有司折狱，又皆酷法。讯囚则用车辐䩭杖，夹指压踝，又立之烧犁耳上，或使以臂贯烧车釭。既不胜其苦，皆致诬伏。

按："䩭"，《字典》犬部不收，恐是"揫"字之讹。《玉篇》："揫，楚尤切，手揫也。"《广韵》十八尤："揫，手揫，楚鸠切。"《集韵》："侧九切，持也。"揫杖，当是手持以击人者；夹指，后世拶指也；压踝，后世之夹棍也。至于犁耳、车釭则非刑矣。文宣淫刑如此，宜齐祚之不长也。

《隋志》：开皇元年，更定新律。自前代相承，有司讯考，皆以法外。或有大棒束杖，车辐鞋底，压踝杖桄之属，楚毒备至，多所诬伏。虽文致于法，而每有枉滥，莫能自理。至是尽除苛惨之法，讯囚不得过二百。

按：隋文帝除苛惨之法可谓善矣，然帝性惨急，其刑未尝平也。

唐考囚法

《唐律》：诸应议、请、减，若年七十以上、十五以下及废疾者，并不合拷讯，皆据众证定罪，违者以故失论。《疏议》曰："应议，谓在《名例》八议人；请，谓应议者期以上亲及孙，若官爵五品以上者；减，谓七品以上之官，及五品以上之祖父母、父母、兄弟、姊妹、妻、子、孙者。若年七十以上、十五以下及废疾，依令'一支废、腰脊折、痴痖侏儒等'，并不合拷讯，皆据众证定罪。称众者，三人以上，明证其事，始合定罪。违者以故失论，谓不合拷讯而故拷讯致罪有出入者，即依下条故出入人及失出入人罪法。其罪虽无出入而枉拷者，依前人不合捶拷法，以斗杀伤论，至死者加役流。"

诸应讯囚者，必先以情，审察辞理，反复参验；犹未能决，事须讯问者，立案同判，然后拷讯。违者杖六十。《疏议》曰："依《狱官令》，察狱之官，先备五听，又验诸证信，事状疑似犹不首实者，然后拷掠。故拷囚之义，先察其情，审其辞理，反复案状，参验是非。犹未能决，谓事不明辨，未能断决。事须拷问者，立案，取见在长官同判，然后拷讯。若充使推勘及无官同判者，得自别拷。若不以情审察及反复参验而辄拷者，合杖六十。"

诸拷囚不得过三度，数总不得过二百；杖罪以下不得过所犯之数。拷满不承，取保放之。《疏议》曰："依《狱官令》，拷囚每讯相去二十日，若讯未毕，更移他司，仍须拷鞫，即通计前讯以充三度，故此条拷囚不得过三度，杖数总不得过二百。杖罪以下，谓本犯杖罪以下、笞十以上，推问不承，若欲须拷，不得过所犯笞杖、之数，谓本犯一百杖，拷一百不承，取保放免之类。若本犯虽徒一年，应拷者亦得拷满二百，拷满不承，取保放之。"

若拷过三度及杖外以他法拷掠者，杖一百。杖数过者，反坐所剩。以故致死者，徒二年。《疏议》曰："以他法拷掠，谓拷囚法杖之外，或以绳悬缚，或用棒拷打，但应行杖外，悉为他法。"

即有疮病，不待差而拷者，亦杖一百。若决杖、笞者，笞五十，以故致死者，徒一年半。若依法拷决而邂逅致死者，勿论，仍令长官等勘验。违者杖六十。

诸拷囚限满而不首者，反拷告人。其被杀、被盗，家人及亲属告者，不反拷。被水火损败者亦同。拷满不首，取保并放。违者以故失论。《疏议》曰："囚拷经三度，杖数满二百而不首，反拷告人，谓还准前人拷数，反拷告人。拷满复不首，取保释放。其被杀、被盗之家，若家人及亲属告者，所诉盗杀之人被拷满不首者，各不反拷告人。以杀、盗事重，例多隐匿，反拷告者，或不敢言。若被人决水入家、放火烧宅之类，家人及亲属告言者，亦不反拷告人。拷满不首，取保并放。违者以故失论，违，谓若应反拷而不反拷及不应反拷而反拷者，若故者，依故出入法，失者依失出入论。其本法不合拷而拷者，依前人不合拷捶法，亦以故失论。其应取保放而不放者，从不应禁而禁。不取保放者，于律有违，当不应得为，流以上从重，徒罪以下从轻。"

诸监临之官因公事自以杖捶人致死及恐迫人致死者，各从过失杀人法。若以大杖及手足殴击，折伤以上，减斗杀伤罪二等。虽是监临主司，于法不合行罚及前人不合捶拷而捶拷者，以斗杀伤论，至死加役流。即用刃者，各从斗杀伤法。

《唐六典》：凡察狱之官先备五听，又稽诸证信，有可征焉，而不首实者，然后拷掠，二十日一讯。三讯未毕，更移佗司，仍须拷鞫，通计前讯以充三度。即罪非重害及疑似处少，不必备三。若囚因讯致死者，皆与长官及纠弹官对验。其拷囚及行决罚不得中，易人。

《唐志》：凡杖，皆长三尺五寸，削去节目。讯杖，大头径三分二厘，小头二分二厘。常行杖，大头二分七厘，小头一分七厘。笞杖，大头二分，小头一分有半。

按：唐代拷囚之法最有节度，拷不过三度，数不过二百，二十日一讯，不得连日拷。拷不得中，易人。罪非重害，不必备三，法之善毋逾此者。梁、陈立测之法，视此逊矣，然法立而不遵亦徒法耳。索元礼、来俊臣之徒，都以非法拷人，其惨毒有不胜言者，此又关乎国，是不可以常法论。天宝之世，亦有吉温、罗希奭之属，用人者可不慎欤？

讯囚酷法

《唐书·酷吏传》序：至载初，右台御史周矩谏后曰："凶人告讦，遂以为常，泥耳笼首，枷楔兼暴，拉胁签爪，县发熏目，号曰'狱持'，昼禁食，夜禁寐，敲扑撼摇，使不得瞑，号曰'宿囚'。"

《唐书·酷吏索元礼传》：元礼揣旨，即上书言急变，召对。擢游击将军，为推使。即洛州牧院为制狱，作铁笼囚首，加以楔，至脑裂死。又横木关手足转之，号"晒翅"。或纺囚梁上，缒石于头。讯一囚，穷根柢，相牵联至数百未能讫，衣冠气褫。

按：字书无"㲉"字，当作"㱿"。《玉篇》"急束也"，《广韵》"许角切"，《字典》"㱿"下引《元礼传》。《康熙》中所据《唐书》字尚未误，《旧书·元礼传》周矩疏中有"枷研楔㱿"句。

又《来俊臣传》：俊臣鞫囚，不问轻重皆注醯于鼻，掘地为牢，或寝以匽溺，或绝其粮，囚至啮衣絮以食，大抵非死终不得出。每赦令下，必先杀重囚乃宣诏。又作大枷，各为号：一、定百脉，二、喘不得，三、突地吼，四、著即臣，五、失魂胆，六、实同反，七、反是实，八、死猪愁，九、求即死，十、求破家。后以铁为冒头，被枷者宛转地上，少选而绝。凡囚至，先布械于前示囚，莫不震惧，皆自诬服。时有来子珣、周兴者，永昌初，子珣上书，擢监察御史，后倚以按狱，多徇后旨。兴少习法律，自尚书史积迁秋官侍郎，屡决制狱，文深峭，妄杀数千人。天授中，人告子珣、兴与丘神勣谋反，诏来俊臣鞫状。初，兴未知被告，方对俊臣食，俊臣曰："囚多不服，奈何？"兴曰："易耳，内之大瓮，炽炭周之，何事不承。"俊臣曰："善。"命取瓮且炽火，徐谓兴曰："有诏按君，请尝之。"兴骇汗，叩头服罪。

按：《通考》一百六十六：载元礼等讯囚酷法，或以椽关手足而转之，谓之凤凰晒翅；或以物绊其腰，引枷向前，谓之驴驹拔橛；或使跪捧枷，累甓其上，谓之仙人献果；或使立高木之上，引枷尾向后，谓之玉女登梯；或倒县，石缒其首；或以醋灌鼻；或以铁圈毂其首而加楔，至有脑裂髓出者。所称酷法，较史传为详。

《王弘义传》：再迁左台侍御史，与来俊臣竞惨刻。暑月系囚，别为狭室，积蒿施毡羃其上，俄而死；已自诬，乃舍他狱。每移檄州县，所至震慑。弘义辄诧曰："我文檄如狼毒、野葛矣！"

又《周利贞传》：开元中，又有洛阳尉王钧、河南丞严安之，捶人畏不死，视肿溃，复笞之，至血流乃喜。

《王旭传》：每治狱，囚皆逆服。制狱械，率有名，曰"驴驹拔橛"、"犊子县"等，以怖下，又缒发以石，胁臣之。

《吉温传》：林甫与李适之、张垍有隙。适之领兵部，而垍兄均为侍郎，林甫密遣吏摘其铨史伪选六十余人，帝命京兆与御史杂治，累日情不得。奥使温佐讯，温分囚廷左右，中取二重囚讯后舍，楚械搒掠，皆呻呼不胜，曰："公幸留死，请如牒。"乃挺出。诸史迎慑其酷，及引前，不讯皆服。日中狱具，林甫以为能。温尝曰："若遇知己，南山白额虎不足缚。"林甫久当国，权焄天下，阴构大狱，除不附己者。先引温居门下，与钱塘罗希奭为奔走，椎锻诏狱。相勖以虐，号"罗钳吉网"。

《敬羽传》：肃宗初，擢监察御史。乃作巨枷，号"勔尾榆"，囚人多死。又仆死于地，以门牡轹腹；掘地实棘，席蒙上，濒坎鞫囚，不服则挤之坎，人多滥死。

按：勔，《玉篇》"大也"，《广韵》"大力之貌，方结切，读若边，入声"。勔尾，殆后大于前，其力必后坠，囚人之首所不能胜，故多死也。

致堂胡氏曰：自古酷刑，未有甚武后之时，其技与其具皆非人理，盖出于佛氏地狱之事也。佛之意本以怖愚人，使之信也，然其说自南北朝澜漫至唐未有用以治狱者，何独言武后之时效之也？佛之言在册，知之者少，形于绘画，则人人得见，而惨刻之吏智巧由是滋矣。阎立本图《地狱变相》至今尚有之，况当时群僧得志，绘事偶像之盛从可知矣。是故惟仁人之言其利博，佛本以善言之，谓治鬼罪于幽阴闲耳，不虞其弊使人真受此苦也。吁！亦不仁之甚矣。

按：致堂之说归咎佛氏，然非则天之恨毒，索来之徒乌能得志哉？

宋掠囚法

《宋志》：令诸州获盗，非状验明白，未得掠治。其当讯者，先具白长吏，得判乃讯之。凡有司擅掠囚者，论为私罪。

按：此建隆时令，获盗尚不得擅掠，矧他囚乎？

《通考》一百六十六：太宗太平兴国六年，诏自今系囚，如证佐明白而捍拒不伏合讯掠者，集官属同讯问之，勿令胥吏拷决。

按：此条与前条之意略同，即《唐六典》所谓有征而不首实然后拷掠也。世之拷囚者，未明白而即拷，拷之又无节度，全失唐、宋之旧法矣。胥吏拷决，当是五季之秕政，至太宗时革之。

《通考》一百六十六：政和七年，诏品官犯，三问不承，即奏请追摄，若果情理重害而拒隐者方许枷讯，所以示别也。迩来有司废法，不候三问，追摄不原轻重，枷讯与常人无异，将使人有轻视爵禄之心。可申明条令，以称钦恤庶狱之意。又诏：宗室犯罪与常人同法。有司承例奏请，不候三问，未承即加讯问，非朕所以笃亲亲之恩也。自今有犯，除涉情理重害别被处分外，余止以众证为定，仍取伏辩，无得辄加捶拷。若罪至徒以上，方许依条置勘，其合庭训者，并送大宗正司，以副朕敦睦九族之意。

按：此二条后世尚行之。

《宋志》：理宗起自民间，具知刑狱之弊。初即位，即诏天下恤刑，又亲制《审刑铭》以警有位。而天下之狱不胜其酷。每岁冬夏，诏提刑行郡决囚，提刑惮行，悉委倅贰，倅贰不行，复委幕属。所委之人，类皆肆行威福，以要馈遗。监司、郡守，擅作威福，意所欲黥，则令入其当黥之由，意所欲杀，则令证其当死之罪，呼喝吏卒，严限日时，监勒招承，催促结款。而又擅置狱具，非法残民，或断薪为杖，搒击手足，名曰"掉柴"；或木索并施，夹两胫，名曰"夹帮"；或缠绳于首，加以木楔，名曰"脑箍"；或反缚跪地，短竖坚木，交掷两股，令狱卒跳跃于上，谓之"超棍"，痛深骨髓，几于殒命。

按：理宗恤刑，而其时之弊若此而帝不闻也，由于壅闭之深也。壅闭可以亡国，可畏哉！可惧哉！

辽拷讯之具

《辽志》：拷讯之具，有粗、细杖及鞭、烙法。粗杖之数二十；细杖之数三，自三十至于六十。鞭、烙之数，凡烙三十者鞭三百，烙五十者鞭五百。被告诸事应伏而不服者，以此讯之。

按：法外拷囚，历代多有，辽代鞭、烙之法酷矣，乃明著于法中亦古所未有也。

金掠囚事

《金志》：大定七年，左藏库夜有盗杀都监郭良臣盗金珠，求盗不得。命点检司治之，执其可疑者八人鞫之，掠三人死，五人诬伏。上疑之，命同知大兴府事移剌道杂治。既而亲军百夫长阿思钵鬻金于市，事觉，伏诛。上闻之曰："箠楚之下，何求不得，奈何鞫狱者不以情求之乎。"赐死者钱人百贯，不死者五十贯。

按：金拷囚之法史不具，《志》但书此事。世宗明主，而其时尚有此事，甚矣酷吏之不绝于人间也。金《酷吏传》仅列二人，并未及拷囚，盖事多阙逸矣。

元蒙古人不拷掠

《元志》：诸鞫狱不能正其心，和其气，感之以诚，动之以情，推之以理，辄施以大披挂及王侍郎绳索，并法外惨酷之刑者，悉禁止之。诸正蒙古人，除犯死罪，监禁依常法，有司毋得拷掠。诸鞫狱辄以私怨暴怒，去衣鞭背者，禁之。诸鞫问囚徒，重事须加拷讯者，长贰僚佐会议立案，然后行之，违者重加其罪。

按：禁惨酷，禁鞭背拷讯，先立案，并旧法也，惟蒙古人不拷讯，乃元制。

明拷讯法

《明律》：凡应八议之人及年七十以上、十五以下若废疾者，并不合拷讯，皆据众证定罪，违者，以故失入人罪论。

按：此条本于《唐律》，惟《唐律》于拷囚之法甚详。《明律》概行，删去拷讯，遂无节度，遇有疑难之案，仁厚者束手难行，暴戾者恣意捶打，枉滥之害，势所不免，此古法之所以不可遽废也。

行刑之制考

《周礼·秋官》："乡士掌国中。狱讼成，士师受中。协日刑杀，肆之三日。"注："言掌国中，此主国中狱也。六乡之狱在国中。受中，谓受狱讼之成也。郑司农云，士师受中，若今二千石受其狱也。中者，刑罚之中也。故《论语》曰，刑罚不中则民无所措手足。协日刑杀。协，合也，和也。和合支干善日，若今时望后利日也。肆之三日。故《春秋传》曰，三日弃疾请尸。《论语》曰，肆诸市朝。玄谓士师既受狱讼之成，乡士则择可刑杀之日，至其时而往莅之，尸之三日，乃反也。"疏："此经为上议得其实欲行刑之时，故云狱讼成。成谓罪已成定云。士师受中者，士师当受取士成定中平文书为案云。协日刑杀者，谓乡士当和合善日行刑及杀之事云。肆之三日者，据死者而言。其四刑之类，行讫即放，不须肆之。尸之三日乃反者，乃反，谓收取其尸。"

"遂士掌四郊。狱讼成。士师受中。协日就郊而刑杀，各于其遂，肆之三日。"注："言掌四郊者，此主四郊狱也。六遂之狱在四郊。就郊而刑杀者，遂士也。遂士择刑杀日，至其时往莅之，如乡士为之矣。言各于其遂者，四郊六遂，遂处不同。"疏："乡士之狱在国中，不须言就此。在郊差远，故云就郊也。"

"县士掌野。狱讼成。士师受中。协日刑杀，各就其县，肆之三日。"注："言掌野者，郊外曰野，大总言之也。狱居近野之县狱，在二百里上；县之县狱，在三百里上，都之县狱，在四百里上。刑杀各就其县者，亦谓县士也。"

"方士掌都家。狱讼成。士师受中。书其刑杀之成，与其听狱〔讼〕者。"注："都家之吏，自协日刑杀，但书其成，与治狱之吏姓名，备反复有失实者。"

《掌囚》："及刑杀，告刑于王。奉而适朝，士加明梏，以适市，而刑杀之。"注："告刑于王，告王以今日当行刑，及所刑姓名也。其死罪则曰某之罪在大辟，其刑罪则曰某之罪在小辟。奉而适朝者，重刑为王欲有所赦。且当以付士。士，乡士也。乡士加明梏者，谓书其姓名及其罪于梏而著之也。囚时虽有无梏者，至于刑杀皆设之。以适市，就众也。庶姓无爵者，皆刑杀于市。"疏："凡囚，乡士、遂士、县士、方士各自有狱，推问之时，各于本狱之所。狱成上于王时，则使掌囚掌之，及欲刑杀，掌囚还付士若然。上皆云士师受中，协日刑杀，刑杀各于本狱之所。今此经去以适市者，此文止谓六乡之狱在国中，推问在狱，行刑杀则在市。若遂士以下，自在本狱之所刑杀之。故此云士，乡士也。若遂士以下，于此时掌囚亦当付士也。云囚时虽有无梏者，案上经，王之同族及有爵，囚时并无梏也。""凡有爵者与王之同族，奉而适甸师氏，以待刑杀。"注："适甸师氏，亦由朝乃往也。待刑杀者，掌戮将自市来也。《文王世子》曰：虽亲，不以犯有司，正术也，所以体异姓也。刑于隐者，不与国人虑兄弟也。"

按：明梏之制，若今行刑者以纸书姓名及其罪绾于小竿，插犯人之背，曰"斩条"以示众是也。虽与古制稍异，而其意则同矣。刑必适市。而《遂士》云刑杀各于其遂，《县士》云刑杀各就其县，皆不言适市。此先言告王，后言适朝，故知士为乡士。乡士掌国中也。据贾疏，似古者刑人，国中于市，六遂以下皆在本狱之所，不尽在市也。《孟子》："在国曰市井之臣。"《考工记》："匠人营国，面朝后市。"似市必在国中。《周礼·遗人》："五十里有市。"五十里必有都邑，故亦有市。然遂、县之狱未必皆与都邑近，贾云在本狱之所，于情理为近。若遂、县而必于市，恐有远隔数十里者，甚不便也。

《掌戮》："凡杀人者踣诸市，肆之三日。刑盗于市。"注："踣，僵尸也。肆，犹申也，陈也。凡言刑盗，罪恶莫大焉。""凡罪之丽于法者亦如之。唯王之同族与有爵者，杀之于甸师氏。"注："罪二千五百条，上附下附，刑五而已。于刑同科者，其刑杀之一也。"

《小司寇》："凡王之同族有罪，不即市。"郑司农云，刑诸甸师氏。

《天官》："甸师掌帅其属而耕耨王藉，以时入之，以共粢盛。王之同姓有罪则死刑焉。"注："郑司农云，王同姓有罪当刑者，断其狱于甸师之官也。《文王世子》曰：刑于隐者，不与国人虑兄弟。"疏："必在甸师氏者，甸师氏在疆场，多有屋舍，以为隐者，故就而刑焉。若刑兄弟于市朝，则是与国人虑兄弟。令于隐处者，则是不使国人虑兄弟。彼是诸侯法，引之以证王之同姓。刑于甸师，亦是隐刑者也。"

《礼记·文王世子》："公族其有死罪，则磬于甸人；不于市朝者，隐之也。甸人掌郊野之官。其刑罪，则纤剸亦告于甸人。纤读为针。针，刺也。剸，割也。刺、割、膑、墨、劓、刖，皆以刀锯刺割人体也。告读为鞠。读书用法曰鞠。公族无宫刑。宫刑，淫刑。狱成，有司谳于公。其死罪则曰'某之罪在大辟’，其刑罪则曰‘某之罪在小辟’。公曰‘宥之’，有司又曰‘在辟’。公又曰‘宥之’，有司又曰‘在辟’。及三宥不对，走出，致刑于甸人。公又使人追之曰：‘虽然，必赦之。’有司对曰：‘无及也。’反命，白已刑杀。公素服，不举，为之变，如其伦之丧，无服，亲哭之。不往吊，为位，哭之而已。君于臣使有司哭之。”疏云：“告读为鞠。读书用法曰鞠者，以刑之杀人皆于甸师氏，何得唯告而已，故以为鞠。《汉书》每云‘鞠狱’是也。读书，读囚人之所犯罪状之书。用法，谓用其法律，平断其罪。鞠，尽也，谓推审其罪状令尽也。”“刑于隐者，不与国人虑兄弟也。弗吊，弗为服，哭于异姓之庙，为忝祖远之也。素服，居外，不听乐，私丧之也，骨肉之亲无绝也。”疏：“刑于隐者，不与国人虑兄弟也者，此覆释上致刑于甸人之事。若异姓则刑之于市。此同姓刑于甸师隐僻之处者，不与国人谋虑兄弟也。”方氏悫曰：“《周礼·甸师》王之同姓有罪则死刑焉。彼言天子，故谓之师，此言诸侯，止谓之人而已。亦告于，谓有司告之，更制其刑也。”陈氏祥道曰：“公之于族，示之孝弟、睦友、子爱之道，以教其善。示之朝庙之礼，以教其敬。示之丧服之礼，以教其哀。示之燕食之礼，以教其亲。示之宫室之守，以教其忠。示之赴告吊免，以教其睦。教之也尽，而犹犯焉，则随以刑可也。而死罪磬于甸人，刑罪告于甸人，不忍与众弃之也。必于甸人者，甸人供宗庙祭荐之事，不以亲废法，不以私废公，然后宗庙可得而事也。不以公尽法，故无宫刑。不以义掩恩，故三宥而又追之，至于无及，然后素服，不举，为之变。”叶氏时曰：“甸人掌供粢盛，子孙所不忘也。今也罪不可免，而刑之甸师，是犹得罪于祖宗，而祖宗罪之也。”朱子曰：“刑于甸师，特不以示众耳，刑固不可免也。今之法，乃杀人不死。祖宗时，宗室至少，又聚于京师，犯法极寡，故立此法。今散于四方万里，与常无异，乃纵之杀人，是何法令？不可不革。”

按：熙宁八年，沂州民告前越州余姚县主簿李逢，辞连右羽林大将军秀州团练使世居等，狱具，世居赐死。《通考》一百四十七。是宋之宗室，未尝不杀也。朱子所言，岂南渡之制欤？

《礼记·王制》：“爵人于朝，与士共之。刑人于市，与众弃之。”注：“必共之者，所以审慎之也。《书》曰‘克明德慎罚’。”疏：“刑人于市，与众弃之者，亦谓殷法，谓贵贱皆刑于市。周则有爵者刑于甸师氏也。”《礼记义疏》：“案此因上民材而言。卿大夫尊，故爵于庙，刑于甸师。民材卑，故爵于朝，刑于市。若秀士执技至下大夫，则亦不刑于市。礼所谓刑不上大夫。贾子所云，造请室而请罪，闻命而自裁也。天子、诸侯亦不近刑人，故《春秋》以阍杀吴子著戒。此三代通法，正不必辨其为殷、为周也。"

周氏谓曰："众不足以知人，可以知人者士而已，故爵人则与士共之，刑人则与众弃之。《孟子》言国人杀之，而不言国人用之，以此。"

按：刑人于市，古之通法。疏谓殷法贵贱皆刑于市，他无可证，《义疏》破之，是也。

《孟子》："左右皆曰可杀，勿听；诸大夫皆曰可杀，勿听；国人皆曰可杀，然后察之，见可杀焉，然后杀之，故曰国人杀之也。"赵注："言当慎行大辟之罪，五听三宥。古者刑人于市，与众弃之。朱注：此言非独以此进退人才，至于用刑，亦以此道，盖所谓天命天讨皆非人君之所得私也。"

按：刑人众弃之义，即国人杀之之义，盖必与天下共之，而不出于一己之私意也。众弃之本旨如此。自后来以刑为威世之具，遂谓刑人于市者，所以示显戮，所以昭炯戒，是直以刑为泄忿而逞威者矣。揆诸三代众弃之本旨，岂其然哉。

《左传》桓四年："厚从州吁如陈，陈人执之而请莅于卫。九月，卫人使右宰丑莅杀州吁于濮，石碏使其宰獳羊肩莅杀石厚于陈。"

按：请莅，杜注云，请卫人自临讨之。是古者刑人必有监决之人，即《周礼·大司寇》之莅戮，后世所谓监斩者也。

桓十五年："祭仲杀雍纠，尸诸周氏之汪。"注："汪，池也。周氏，郑大夫。杀而暴其尸，以示戮也。"

按：周氏之汪非市也，尸于此以示戮，是古人陈尸有不于市朝者。

僖二十八年："晋杀颠颉以徇于师。""城濮之战，晋中军风于泽，亡大旆之左旃。祁瞒奸命，司马杀之，以徇于诸侯。师还，壬午，济河，舟之侨先归。秋七月丙申，杀舟之侨，以徇于国。"

按：杀之以徇，军法也，与常刑不同。

宣十一年："冬，楚子为陈夏氏乱，故伐陈。谓陈人，无恐，将讨于少西氏。遂入陈，杀夏征舒，轘诸栗门。"成二年："春，齐侯伐我北鄙，围龙。顷公之嬖人卢蒲就魁门焉。龙人囚之，杀而膊诸城上。膊，磔也。韩献子将斩人，郤献子驰，将救之。至，则既斩之矣，郤子使速以徇。"十七年："三郤将谋于榭，矫以戈杀驹伯、苦成叔于其位。温季曰，逃威也。遂趋。矫及诸其车，以戈杀之，皆尸诸朝。陈其尸于朝。"

襄十九年："齐侯疾，崔杼微逆光，疾病而立之。光杀戎子，尸诸朝，非礼也。妇人无刑。无黥、刖之刑。虽有刑，不在朝市。谓犯死刑者犹不暴尸。"二十二年："楚观起有宠于令尹子南，未益禄而有马数十乘。楚人患之，王遂杀子南于朝，轘观起于四竟。轘，车裂以徇。子南之臣谓弃疾，请徙子尸于朝。曰：'君臣有礼，唯二三子。'三日，弃疾请尸，王许之。"二十七年："卫宁喜专，公患之，公孙免余请杀之。夏，免余复攻宁氏，杀宁喜及右宰谷，尸诸朝。"二十八年："求崔杼之尸，将戮之，不得。既，崔氏之臣曰：'以我其拱璧，吾献其枢。'于是得之。十二月乙亥朔，齐人迁庄公，殡于大寝。以其棺尸崔杼于市。"昭二年："秋，郑公孙黑将作乱，欲去游氏而代其位，伤疾作而不果。驷氏与诸大夫欲杀之，子产在鄙闻之，惧弗及，乘遽而至，使吏数之曰：'伯有之乱，以大国之事，而未尔讨也。尔有乱心无厌，国不女堪。专伐伯有，而罪一也；昆弟争室，而罪二也；熏隧之盟，女矫君位，而罪三也。有死罪三，何以堪之？不速死，大刑将至。'七月壬寅，缢，尸诸周氏之衢，衢，道也。加木焉。书其罪于木，以加尸上。"四年："秋七月，楚子以诸侯伐吴，使屈申围朱方。八月甲申，克之，执齐庆封而尽灭其族。将戮庆封，椒举曰：'臣闻无瑕者可以戮人。庆封惟逆命，是以在此，其肯从于戮乎？播于诸侯，焉用之？'王弗听，负之斧钺，以徇于诸侯，使言曰：'无或如齐庆封弑其君，弱其孤，以盟其大夫。'庆封曰：'无或如楚共王之庶子围弑其君，兄之〔子〕麇而代之，以盟诸侯。'王使速杀之。"十四年："邢侯怒，杀叔鱼与雍子于朝。宣子问其罪于叔向，叔向曰：'三人同罪，施生戮死可也。'施，行罪也。乃施邢侯，而尸雍子与叔鱼于市。"

按：古者刑人，陈尸以示戮，据襄十九《传》，或于朝，或于市。左氏所纪，晋之三郤，楚之子南，卫之宁喜、右宰谷，尸于朝者；齐之崔杼，晋之雍子、邢侯，尸于市者。若郑之雍纠、公孙黑，陈之夏征舒，或于汪，或于衢，或于门，则非市非朝，是陈尸之所，不必定在朝、市矣。行刑必有监决者，卫之右宰丑等是。行刑必暴其罪，郑之公孙黑加木是。加木盖即《周礼》明梏之意也。楚之戮庆封，使之自言其罪，当亦是。尔时戮人之制，卢蒲就魁之膊，颠颉等之徇，当为军中之法。观起之徇于四竟，则非常法。妇人不暴尸。唐时妇人犯罪，非斩者绞于隐处，亦即其意，是妇人行刑不于市也。凡此可以见春秋时行刑之大略，故备录之。

《论语》："公伯寮愬子路于季孙。子服景伯以告，曰：'夫子固有惑志于公伯寮。吾力犹能肆诸市朝。'"注："郑曰，吾势力犹能辨子路之无罪于季孙，使之诛寮而肆之。有罪既刑，陈其尸曰肆。"疏："言市朝者，应劭曰，大夫以上于朝，士已下于市。"《礼记·檀弓》："遇诸市朝。"疏："皇氏以为市朝正谓市也。市有行肆似朝，故谓市朝。此辞非也。""又对曰：'君之臣不免于罪，则将肆诸市朝，而妻妾执。'"注："肆，陈尸也。大夫以上于朝，士以下于市。"《国语》："大者陈之原野，小者致之市朝，五刑三次，是无隐也。"韦昭注："其死刑，大夫以上尸诸朝，士以下尸诸市。次，处也。三处：野、朝、市。"曹之升《四书摭余》说："案《周礼·小司寇》，刑乡者肆国市，刑遂者肆遂，刑县者肆县，惟公族及大夫以上刑于甸师氏者，不在肆中。《掌戮》，凡杀人者踣诸市，肆之三日，惟杀于甸师氏者不肆。是周制祇有肆市，并无肆朝。然则《论语》非欤？《日知录》：《礼记·檀弓》，遇诸市朝，不反兵而斗。兵器非可入朝之物。奔丧哭辟市朝。奔丧亦但过市不过朝之事也。其谓之市朝者，《史记·孟尝君传》曰莫之后，过市朝者，掉臂不入，索隐曰，言市之行列有如朝位，故曰市朝也，则虽市朝连称，朝实只是市欤？毛西河曰：不然。《国语》臧孙论五刑，大者陈之原野，小者致之市朝，谓之三次，则明分野与市与朝为刑次之三，焉得混并。且其事春秋亦有之，如晋尸三郤于朝，楚杀令尹子南于朝而三日反尸之类。虽是时晋、楚行事多失典制，且皆系贼杀，并非国法，不当引周制为《左》据，然而有其事矣。据此，则刑士于市，刑大夫于甸师氏，而苟有重罪宜肆者，则士肆市，大夫肆朝，士以下则各于其地，刑之肆之，未为不可。吾愿读《论语》者，毋执《周官》而疑注疏之说也。"周柄中《四书典故辨正》："春秋时固实有肆朝者，意者衰世之事与？"

按：市之行列似朝，故曰市朝。皇侃已有此说，孔疏非之。盖但就市言，亦可称市朝，而未可以之训"肆诸市朝"也。郑、应、韦并云大夫以上尸朝，士以下尸市，此汉儒相传之经说，必有所受。考《左传》之事，尸朝、尸市者并有之，然三郤、子南、宁喜皆大夫也，故于朝，而右宰谷则非大夫，亦尸于朝，雍子、叔鱼非大夫也，故于市不于朝，雍纠亦不于朝，而崔杼、公孙黑、夏征舒则大夫也，而亦不于朝，与郑、应、韦三君之说不能尽合。《周礼》又无尸朝之文。此未可强为之词也。大抵春秋时事，证诸《周礼》，其不合者甚多，不独此一事。其为周法之已变与？抑当时列国各自为制与？景伯以春秋时人言春秋时事，自当即以春秋时事证之。尸朝、尸市当分为二，不必徇皇侃之说。

《释名》："狱死曰考竟。考竟者，考得其情，竟其命于狱中也。"

《隋志》："《陈律》：罪死将决，乘露车，著三械，加壶手，至市，脱手械及壶手焉。当刑于市者，夜须明，雨须晴，晦朔、八节、六齐、月在张心日并不得行刑。"

按：壶手，《通典》、《通考》引作"拲手"。并注云，拲音拱，两手曰拲。六齐，《三通》并引作"斋"。

"又《北齐律》：刑名，重者辕之，其次枭首，并陈尸三日，无市者，列于乡亭显处。其次斩刑，殊身首。其次绞刑，死而不殊。"

按：辕、枭陈尸，而斩、绞不陈尸，盖与古制异矣。后世惟枭首者悬杆示众，而他无陈尸之事，或即始于此时。

"又《北周律》：凡恶逆，肆之三日。""狱成，将杀者，书其姓名及其罪于拲，而杀之于市。唯皇族与有爵者隐狱。"

按：恶逆肆三日，如非恶逆，即不肆矣。书姓名及罪于拲，古明梏之制也。

《唐志》："每岁立春至秋，及大祭祀、致齐、朔望、上下弦、二十四气、雨及、夜未明、假日、断屠月，皆停死刑。京师决死，莅以御史、金吾，在外则上佐，余皆判官莅之。五品以上，罪论死，乘车就刑，大理正莅之。或赐死于家。凡囚已刑，无亲属者，将作给棺，瘗于京城七里外，圹有砖铭，上揭以榜，家人得取以葬。"

按：断屠月，《通考》"月"作"日"，夺"月"字也。《唐六典》：旧志并作"日月"。《唐律疏义》作"断屠月日"，当从之。雨及，当作"雨未晴"。

《唐六典》："凡决大辟罪，皆于市。古者决大辟罪皆于市。自今上临御以来，无其刑，但存其文耳。五品已上，犯非恶逆已上，听自尽于家。七品已上，及皇族若妇人，犯罪非斩者，皆绞于隐处。决大辟罪，官爵五品已上，在京者大理正监决；在外者上佐监决，余并判官监决；在京决者，亦皆有御史、金吾监决。若囚有冤滥灼然者，听停决，奏闻。凡决大辟罪，在京者，行决之司五覆奏。在外者，刑部三覆奏。在京者，决前一日二覆奏，决日三覆奏。在外者，初一日再覆奏，纵临时有敕不许覆奏，亦准此覆奏。若犯恶逆已上，及部曲奴婢杀主者，唯一覆奏。决大辟罪，皆防援，至刑所，囚一人防援二十人，每一人加五人。五品已上，非恶逆者，听乘车，并官给酒食，听亲故辞决，宣告犯状，仍日未后乃行刑。囚在外，奏报之日，不得驰驿行下。凡京城决囚之日，尚食蔬食，内教坊及太常皆彻乐。"

按：《唐六典》撰于开元年间，注中所称今上，谓玄宗也。弃市之制，当时已废。后世之市，既与古制不同，杀人于市，已与古制不能尽合。今时惟京师尚于市，各直省情形不同，有在教场者，有在城外旷地者。所谓杀人于市，亦虚有其文而已。

《唐志》："安史之乱，伪官陆大钧等背贼来归。及庆绪奔河北，胁从者相率待罪阙下，自大臣陈希烈等合数百人。以御史大夫李岘、中丞崔器等为三司使，而肃宗方喜刑名，器亦刻深，乃以河南尹达奚珣等三十九人为重罪。斩于独柳树者十一人，珣及韦恒要斩，陈希烈等赐自尽于狱中者七人，其余决重杖死者二十一人。以岁除日行刑，集百官临视。家族流窜。"胡三省《通鉴》注："刘昫曰，独柳树在长安子城西南隅。"

按：唐自玄宗不用弃市之制，其事遂废。至德宗后，重杖处死之法行，无复有斩绞之事矣。肃宗治伪官，斩之于独柳树，盖长安城隅僻地，非市也。甘露之变，贾𫗧、舒元舆等朝臣并骈首于独柳下，盖当时以此为杀人之所矣。

《辽志》："统和十二年，诏契丹人犯十恶亦断以律。旧法，死囚尸市三日，至是一宿即听收瘗。"

孙承泽《春明梦余录》："元世祖定天下之刑五等，天下死囚审谳已定，亦不加刑，皆老死于囹圄。自后惟秦王伯颜出天下囚，始一加刑。故七八十年之中，老稚不曾睹斩戮，及见一死人头，辄惊骇。"

按：据此，则元一代行刑之事绝少，亦法令废弛故耳。

《明志》："凡决囚，每岁朝审毕，法司以死罪请旨，刑科三覆奏，得旨行刑。在外者，奏决单于冬至前，会审决之。正统元年，令重囚三覆奏毕，仍请驾帖，付锦衣卫监刑官，领校尉诣法司取囚赴市。又制：临决，囚有诉冤者，直登闻鼓，给事中取状封进，仍批校尉手驰赴市曹，暂停刑。嘉靖元年，给事中刘济等以囚廖鹏父子及王钦、陶杰等颇有内援，惧上意不决，乃言：'往岁三覆奏毕，待驾帖则已日午，鼓下仍受诉词，得报且及未、申时，及再请始刑，时已过酉，大非刑人于市与众弃之之意，请自今决囚，在未前毕事。'从之。七年，定议：重囚有冤，家属于临决前一日挝鼓，翼日午前下，过午行刑，不覆奏。南京决囚无刑科覆奏例。弘治十八年，南刑部奏决不待时者三人，大理寺已审允，下法司议，谓：'在京重囚，间有决不待时者，审允奏请，至刑科三覆奏，或蒙恩仍监候会审。南京无覆奏例，乞俟秋后审竟，类奏定夺。如有巨慝，难依常例者，更具奏处决，著为令。'诏可。各省决囚，永乐元年定制，死囚百人以上者，差御史审决。弘治十三年，定岁差审决重囚官，俱以霜降后至，限期复命。"

死刑之数

夏大辟二百。《周礼·司刑》注。

周杀罪五百，《周礼·司刑》。大辟其属二百。《书·吕刑》。

按：杀罪五百，当为周初之制，尚承用殷法。大辟二百，乃穆王训夏所改，夏刑轻于殷，故大辟少也。

《汉志》："孝武即位，律令凡三百五十九章，大辟四百九条，千八百八十二事，死罪决事比万三千四百七十二事。至成帝河平中，诏曰：'今大辟之刑，千有余条。'"

按：汉祖入关，蠲削烦苛。孝文务在宽厚，刑罚大省，断狱四百。斯时死罪条目虽无可考，必不繁多。迨孝武信任张、赵，而见知故纵、监临部主之法行，禁罔寝密，大辟之多，在此时也。条凡四百九，而事至千八百有奇，则每条中实具数事。成帝诏言千余条，是又增多于孝武时矣。顾元帝以下，屡有蠲除轻减之诏。《东观记》称："元帝初元五年，轻殊死刑三十四事。哀帝建平元年，轻殊死刑八十一事。"梁统于建武中上重刑之疏，方以孝武为是，而元、哀为非，不应死罪反多于孝武之世。疑孝武时之所谓条者，一条具数事，河平诏之所谓条者，一条举一事，后之千有余条，较前之千八百余，事为轻减矣。夫以孝武时之刑狱繁重，后世方以为讥，元、哀之轻殊死刑，实为惠政，况当建武时寇难初平，疮痍满目，正宜与民休息，岂可再事重刑？梁统之议，宜为当世所不取也。

《后汉书·陈宠传》："和帝永元六年，宠代郭躬为廷尉，钩校律令条法，溢于《甫刑》者除之。曰：'《甫刑》大辟二百，今律令死刑六百一十，溢于《甫刑》者，四百一十大辟。可使大辟二百，悉删除其余。'未及施行。"

按：东京刑法轻于孝武，此所言死刑六百一十，当亦是一条为一事，非条具数事，盖视元、哀之际，死罪为又少矣。而宠尚欲删除以符《甫刑》之数，与梁统所见正相反。

《魏书·刑罚志》："世祖正平元年，改定律制，大辟一百四十五。高宗太安四年，增大辟三十五。高祖太和三年，修改刊定大辟之罪二百三十五。"

按：六代南朝死罪之数，史不具，惟元魏颇详，此即《隋律》之根原，其时死罪已少矣。

唐斩罪八十九事，绞罪一百四十四事。

按：《唐律》每条中每该数事，死罪凡二百三十三事。内有斩、绞同条者，若以条计，无此数也。《唐律》本于隋，《隋律》原于元魏。元魏《太和律》大辟二百三十五条，隋开皇除死罪八十一，唐贞观降大辟为流九十二，合之为一百七十三条，两相比较，已少四分之三，则所存当不及六十条，与《唐律》见存之数不合。疑《太和律》之二百三十五条，条具数事，开皇、贞观所删降之条，条止一事，约略计之，尚得太和之半。故《唐六典》谓《贞观律》比古死刑殆除其半也。宋天圣编敕，大辟之属十有七，庆历增为三十一，嘉祐增六十。

按：《宋刑统》全用《唐律》，而当时行用以编敕为准，此编敕大辟之数系在律外者，是死罪已多于唐矣。

元死刑一百三十五，内凌迟九。

按：《元志》所载死罪：《卫禁》二，《军律》三，《户婚》一，《食货》二，《大恶》四十一，内凌迟六。《奸非》十八，内凌迟一。《盗贼》二十五，内凌迟二。《诈伪》五，《斗殴》一，《杀伤》二十九，内与《盗贼门》重一条。《禁令》八，共计一百三十五事。

《明律》死罪二百四十九，又《杂犯》十三，又《问刑条例》死罪二十。

按：《明律》死罪，凌迟十三，斩决三十八，绞决十三，斩候九十八，绞候八十七，共计死罪二百四十九。又《杂犯》斩四，《杂犯》绞九，共计十三。又《问刑条例》军罪为多，其死罪，《婚姻》一、《军政》一、《关津》一、《贼盗》八、《人命》二、《斗殴》二、《诉讼》一、《诈伪》一、《杂犯》一、《捕亡》一、《断狱》一，共计二十事。大抵元死罪视唐尤少，明则多于唐，而视宋为少。说者多谓明法重，而未考死罪之数，实未为多也。

又按：近数十年来，欧洲学者创废止死刑之说，诸小国中有实已施行者，而诸大国则皆不能行，亦虚悬此学说而已。推原其故，欲废死刑，先谋教养，教养普而人民之道德日进，则犯法者自日见其少，而死刑可以不用。故国小者尚易行之，若疆域稍广之国，教养之事安能尽美尽善？犯死罪而概宽贷之，适长厥奸心，而日习于为恶，其所患滋大。《盘庚》云"殄灭之无遗育，无俾易种于兹新邑"，《泰誓》云"除恶务本"，古人之言，非无故也。

充军考

上

王氏明德《读律佩觿》曰："充军之令，从古未有，始自前明。开创伊始，放牛归马，一仿汉充国遗制。分隶老师疲将，星屯退荒，世守其地，各为外捍而内卫。然而征战之余，什伍恒缺而不周，故特出此令以实之。其所谓'军'者，即此分屯各隘、荷戈执戟之行列，而'充'，即充此逃故伤亡之什伍也。故统其名曰'充军'。律例中有此充军一例，犹夫历之置闰以成岁，所谓闰律也。"

愚按：此说似是而未尽也。秦始皇三十三年，发诸尝逋亡人、赘婿、贾人略取陆梁地。二世二年，赦郦山徒，发以击楚军。汉武帝元鼎五年，越驰义侯遗别将巴蜀罪人，发夜郎兵，下牂柯江。元封六年，益州、昆明反，赦京师亡命，令从军，遣拔胡将军郭昌将以击之。天汉四年，发天下七科谪及勇敢士，遣贰师将军李广利将六万骑、步兵七万人出朔方。"七科"张晏以为吏有罪一，亡命二也。东汉显宗永平八年，诏郡国中都官死罪系囚减罪一等，勿笞，屯朔方、五原之边县。肃宗建初七年，诏天下系囚减死一等，勿笞，诣边戍。章和元年，令郡国中都官系囚减死一等，诣金城戍。和帝永元八年，诏郡国中都官系囚减死一等，诣敦煌戍。安帝元初二年，诏郡国中都官系囚减死一等，勿笞，诣冯翊、扶风屯。延光三年，诏郡国中都官死罪系囚减罪一等，诣敦煌、陇西及度辽营。是发罪人以充军，秦、汉之时久有此令，特不在常刑之内耳。自魏、晋相承，死罪其重者，妻、子皆以补兵。宋制，为劫者同籍周亲谪补兵。梁制，劫身皆斩，妻、子补兵。此充军为常刑之始，然犹是缘坐之犯也。北齐河清三年，奏上《齐律》，流刑鞭、笞各一百，髡之，投于边裔以为兵卒。此本犯正身充军之始，惟未有道里之差。且以流为军，与后代区军于流者有异。《唐律》以加役为最重，而未有充军之制。天宝六载，诏以徒役者寒暑不释械系，杖或捶以至死，皆免以配诸军自效，乃一时宽大之政，非常制也。宋沿五代之制，于流罪配役之外，其罪重者刺配充军，始区军、流为二。元制，诸盗罪合流者有出军之例，汉儿、蛮子发辽阳省奴儿干地方，色目、高丽发湖广省极边地面。又有蒙古人殴死汉人者断罚出征之例。详《元典章·徒上》。明制颇有沿于元者，充军即仿出军而变通之，发往各卫所。金天会七年诏："凡窃盗十贯以上徒五年，刺字，充下军。"此又徒罪充军之制。谓"从古未有，始自前明者"，特未考之史册耳。今日军卫悉裁，充军之犯与流无异，又徒有充军之名矣。

中

发罪人以为兵，自古有之，不始于明。曩尝考之秦、汉以下而著为说。特明自京师达于郡县，皆立卫所，军伍恒虚，因发谪罪人以充实之，故其制独详，今即明制而综考之。

其初但发边方，余卫尚少，所发者军官、军人及无籍之民。迨后条例日增，遂亦编发各卫，而平常民人之充军者亦遂多，然仍依律问罪而后发遣，不以充军为本罪。其本罪有斩、绞、流、徒、杖之别。而依例充军，亦不尽论本罪之轻重，更非为流罪加等之用也。考《明律》徒流迁徙地方律内载，边远充军，应发各卫，而不详附近、边卫等卫所发地方。弘治三年，奏定充军三十九条，内通例四，降充军人者一，抵数充军者一，依旧充军者一，与充军囚徒同罪者一，抵充军人犯发遣者一，称充军而不言卫所者八，俱发附近。附近一，边远二十一，编入律内。边远独较余卫为多。《明史·刑法志》言充军者，明初惟边方屯种，后定制，分极边、烟瘴、边远、边卫、沿海、附近。虽未言定制始于何年，而源委略具，此其制之可考者一也。

《明律·名例》文武官犯私罪律载：军官、军人犯该徒、流，"照依地里远近，发各卫充军"。又军官、军人犯罪免徒流律载：军官、军人犯罪，"徒五等，皆发二千里内卫分充军。流三等，照依地里远近，发各卫充军。该发边远充军者，依律发遣。若军丁、军吏及校尉犯罪，俱准军人拟断，亦免徒、流"。又在京军犯杖八十以上者，发外卫充军，各等语。此三条为军官、军人犯罪之通例。此外《吏律·职制》二条，选用军职一、官员袭荫一。《户律·户役》一条，人户以籍为定。《兵律·宫卫》四条，宫殿门擅入一，从驾稽违一，关防内使出入一，门禁锁钥一。《军政》十九条，擅调官军三，军人替役一，主将不固守一，纵军掳掠二，不操练军士二，私卖战马一，私卖军器二，纵放军人歇役二，公侯私役官军一，从征守御官军逃四。《关津》二条，诈冒给路引一，递送逃军妻、女出城一。《刑律受赃》

一条，私受公侯财物。皆专指军官、军人言。《名例》杀害军人一条，《刑律·诉讼》一条，诬告充军。《捕亡》二条，徒流人逃一，稽留囚徒一。亦皆与军人关涉。惟《户律》隐蔽差役一条，私创庵院一条，一以警游惰，一以惩豪强，《兵律》关防内使出入二条，所以戢阉寺，特著重典。不关军人者，此数条耳。又《问刑条例》内犯罪属军卫者充军，属有司者为民，凡十三条。可见此事为军官、军人犯罪免徒、流而设。说者谓军官免徒、流，优其前迹，亦冀其后功；军人免徒、流，悯其劳役，亦实其行伍也。此其制之可考者二也。

洪武中，翟善等编《诸司职掌》十卷，世鲜传本，沈子培方伯曾植藏有此书残帙，内刑部司门科言编发囚军之事，尚存崖略。其合编充军条目，曰贩卖私盐，曰诡寄田粮，曰私充牙行，曰私自下海，曰闲吏，曰土豪，曰应合抄札家属，曰积年民害官吏，曰诬告人充军，曰无籍户，曰揽纳户，曰旧日山寨头目，曰更名易姓家属，曰不务生理，曰游食，曰断指诽谤，曰小书生，曰主文，曰野牢子，曰帮虎，曰伴当，曰直司，凡二十二项，强半为律文所不载。而揆厥大旨，总在编无业之人充实行伍，并驱恃顽挟诈者束诸军律之中，故此刑不列五刑之内。迨后平常民人亦多充军，乃推而及之，已非明初合编充军之本意。此其制之可考者三也。

《诸司职掌》所载充军地方，浙江、河南、山东、陕西、山西、北平、福建，并直隶应天、庐州、凤阳、淮安、扬州、苏州、松江、常州、和州、滁州、徐州人，发四川、云南属卫；江西、湖广、四川、广东、广西，并直隶太平、宁国、池州、徽州、广德、安庆人，发北平、大宁、辽东属卫。此即《明志》所谓"初惟边方屯种"者也。可见明初军罪定地，与后来《问刑条例》不同，尚无附近、边卫等名目。《明律》内亦只有附近、边远二项。《问刑条例》附近、边远外，始有边卫、极边、烟瘴、沿海、口外，又有专发口外独石等处，发北方边卫者，发南方烟瘴地面者。然尚无五军之名，其名目亦不止于五。至里数远近，律内并无明文。《续文献通考》："嘉靖六年，御史杨彝奏：'凡罪应充军者，请敕有司从宜编发，远不过三千里，程不过一二月，无使军人走死，解户赔累。'从之。二十九年，给事中俞鸾奏：'比者边事孔棘，军伍空虚，与其投生人于必死之地，不若少宽其法，因而用之。夫今之充军，除附近之外，不过曰边卫、曰边远、曰极边而已，南北地里不过曰本省、隔省、再隔省而已。以罪之轻重，权地之远近，边卫可以本省拟配，边远可以隔省拟配，极边可以再隔省拟配。如内地无边方者，可以隔省附近边方拟配边卫。其边远、极边亦可依类递配。'从之。"《徒流迁徙地方例》言无极边字样者，远不过三千里，盖即据杨彝之言纂入。既言不过三千里，则无一定里数可知。迨崇祯十一年，谕兵部编遣事宜，以千里为附近，二千五百里为边卫，三千里为边远，其极边、烟瘴以四千里外为率，见《明志》。盖至尔时始编定远近里数，而《明律》无文者，明社将墟，不及修纂矣。是明之充军，本是从宜编发，其初但分南北，其后始分远近，而亦无里数。此其制之可考者四也。

《明律》万历十三年奏定充军款目，凡永远二十七，极边烟瘴一，烟瘴九，极边十五，沿海一，口外七，口外独石等处一，边远四，边卫一百二十一，附近五十六，外为民二十二条。计二百四十二条。以《问刑条例》逐条考核，每条声明"依律问罪"，或曰"依律问拟"，或省文曰"问罪"。凡充军者，皆先科本罪而后发遣，故有由杖问发者，有由徒问发者，有由流问发者，有杖、徒俱问发者，有徒罪以上不分首从俱问发者，有徒、流俱问发者，有杖、徒、流俱问发者，有笞、杖、徒、流俱问发者，有由斩、绞问发者，有免罪减等仍问发者，大凡一百三十三条。款目另详于后。按其本罪轻重大不相同而依例问发，或权其本罪之轻重，或不复论其本罪之轻重。此其制之可考者五也。

又《诸司职掌》载："凡本部问有应合充军者，必须照依律与《大诰》，内议拟明白，大理寺审无冤枉，开付陕西部，照依南北籍编成排甲，每一小甲〔管〕军一十名，总甲管军五十名，每百户该管一百十二名。造册后，将总、小甲军人责付该百户领去充军"云云，是其钤束有法，不若今日之散而无纪；入伍后即有应食之粮，不若今日之听其自谋生路；既有可供之役，又无贫苦之虞，故逃亡者少。此其制之可考者六也。

综而论之，明代充军所以实边，与流罪之加等本毫不相涉。其时卫所林立，边方尤多重镇，故军有所归，人户或属军卫，或属有司，其籍显有区分，故犯罪者之科拟亦异。随事编发，本以充逃亡之什伍，故道里之远近与本罪之轻重，或相比附，或不相比附，或有差等，或竟无差等。其事以视古人之发罪人为兵者，虽不甚悬殊，而款目繁多，遂成为一代之法。自来考古制者，陈其数尤贵通其义，故撮其大略如此。世有好学深思之士，聊以备考证之一助云尔。

下

法必名实符，而后可为一代经常之法，未有循其名则是，责其实则非，而可以法名者。国朝充军之法，沿自前明，夷考今日情形，名存而实亡矣，名同而实异矣。二百数十年来，因仍未改，其中窒碍难通之处不止一端，固当综厥源流，而亟思变通者也。

明代充军皆发卫所，今卫所裁矣，军无所归，与流等耳，此其异于明者一也。明代军官、军人免徒、流，故皆分别充军，今此律已删改，非其旧矣，军官、军人与平民等耳，此其异于明者二也。明代军与民分，其治罪亦不尽同，故有属军卫者充军，属有司者为民之例，凡二十二条。国朝雍正以前，尚仍其旧。迨乾隆三十六年，将《名例》"边外为民"之语删除，凡例内为民者悉改充军，不复分别军民矣，此其异于明者三也。明无五军之名，道里远近亦无定数。国初充军亦皆发边远安置，康熙年间定为五等，曰附近，曰边卫，曰边远，曰极边，曰烟瘴，雍正三年始据兵部题定《中枢政考》及《邦政纪略》内发遣道里、省分，定为附近二千里，边卫二千五百里，边远三千里，极边、烟瘴俱四千里，另立充军地方律目编入律内，此其异于明者四也。

至其窒碍难通者，约有数端。明不以军为流罪之加等，随事编发，故不计道里之远近。今既以军为流之加等，而流三千里者加为附近，转近千里，是名为加重，实则从轻矣。新章满流即加极边，而例内附近、近边、边远皆未改定，将用新章乎？抑不用新章乎？此其窒碍者一。明不以军为本罪，笞、杖、徒、流依律定罪而随宜编发，故尚少窒碍。今既以军为本罪矣，而笞、杖、徒、流一概充发，遂有同律同例之罪名，徒、流不充军，而笞、杖转充军者，轻重倒置，不得其平，此其窒碍者二。名之为军，乃不属于军，而管束责诸州县，既无可供之役，更无可食之粮。各州县名为管束，而竟无管束之术，不过空文一纸，发充看役而已。居处听其自主，衣食听其自谋，其逃也听之，其不逃也听之，非州县管束之不力，势使然也，此其窒碍者三。

夫充军之法，其异于明者如此，已大失立法之初意，而其窒碍也又如此，更有乖用法之常经。失其初意谓之无法，乖乎常经谓之非法，无法非法，而二百数十年来沿袭焉而奉以为法，不思通其变而救其弊，此事之不可解者也。余既考明代充军之制，复举国朝之制而互证之，以质诸明律之君子。

赦考（节选）

原赦

《易·解卦》：象曰，雷雨作，解。君子以赦过宥罪。疏："赦谓放免，过谓误失，宥谓宽宥，罪谓故犯。过轻则赦，罪重则宥，皆解缓之义也。"程传："天地解散而成雷雨，故雷雨作而为解也。赦，释之。宥，宽之。过失则赦之可也，罪恶而赦之则非义也，故宽之而已。君子观雷雨解之象，体其发育则施恩仁，体其解散则行宽释也。"邱濬曰："按'雷雨作，解。君子以赦过宥罪'，盖言《易卦》之象如此尔。人君于人之有过者而赦之，有罪者而宥之，亦犹《易》之有是象也。然过有小大，过失之小者固不必问，若事虽过失而事体所关则大，如失火延烧陵庙，射箭误中亲长之类，其罪有不可释者，原其情则非故也，故因时赦其罪以宥之。'宥'如'流宥五刑'之宥也，所谓罪者，过失而入于罪者耳。若夫大憝极恶之罪，杀人不死则死者何辜？攫财不罪则失者何苦？'雷雨作，解'，岂谓如是之人哉？"

按：此"罪"字如邱说则与赦过无分别矣，当是情可矜原者故宽之，即《舜典》"流宥五刑"之意。

《舜典》：眚灾肆赦。传："眚，过。灾，害也。肆，缓也。过而有害者缓赦之。"疏："若过误为害，原情非故者，则缓纵而赦放之。"《史记·五帝纪·集解》："郑玄曰，眚灾，为人作患害者也。过失，虽有害则赦之。"邱濬曰："朱子曰'言不幸而触罪者则肆而赦之，此法外意也'。按此万世言赦罪者之始，去帝舜之世所谓赦者，盖因其所犯之罪，或出于过误，或出于不幸，非其本心固欲为是事也。而适有如是之罪焉，非特不可以入常刑，则虽流宥、金赎亦不可也，故宜赦之。盖就一人一事而言耳，非若后世概为一札，并凡天下之罪人，不问其过误故犯，一切除之也。"

按：《易·讼》"无眚"，《释文》郑注"眚，过也"，是郑亦训眚为过，灾为害，故云过失虽有害则赦之，东晋之孔传正用郑说也。《史记·集解》"眚"下疑夺"过也"二字，以致词不别白。江氏声《音疏》引此文而删上九字，盖疑之也。

《周礼·秋官·司刺》：掌三刺、三宥、三赦之法，以赞司寇听狱讼。注："赦，舍也。一刺曰讯群臣，再刺曰讯群吏，三刺曰讯万民。

一宥曰不识，再宥曰过失，三宥曰遗忘。注：'郑司农云，不识，谓愚民无所识则宥之。过失，若今律过失杀不坐死。玄谓，识，审也。不审，若今仇雠当报甲，见乙诚以为甲而杀之者。过失，若举刃欲砍伐而轶中人者。遗忘，若间帷薄忘有在焉，而以兵矢投射之。'一赦曰幼弱，再赦曰老耄，三赦曰蠢愚。"注："蠢愚，生而痴骏童昏者。郑司农云，幼弱、老耄，若今律令年未满八岁、八十以上，非手杀人，他皆不坐。"邱濬曰："按赦有二者之义，盖就其所犯之人，品原其所犯之情，实而赦之宥之也，其与后世所颁之赦异矣。"

《地官·司谏》：掌纠万民之德而劝之朋友，正其行而强之道艺，强犹劝也。巡问而观察之，以时书德、行、道艺，辨其能而可任于国事者，以考乡里之治，以诏废置，以行赦宥。注："因巡问劝强万民而考乡里吏民罪过，以告王所当罪不。"疏："司谏，考乡里之治者，由上文，巡问即察官民善不也。云而考乡里吏民罪过者，以巡问观察万民则知吏之治不，故郑兼吏民总言之。"

《司市》：国君过市则刑人赦。注："市者人之所交利而行刑之处，君子无故不游观焉，若游观则施惠以为说也，国君则赦其刑人。"

按：《司市》云"市刑，小刑宪罚，中刑徇罚，大刑扑罚"。此所谓刑人，即犯此三者之人也。

《吕刑》：五刑之疑有赦，五罚之疑有赦，其审克之。传："刑疑赦从罚，罚疑赦从免，其当清察能得其理。"蔡传："疑于刑则质于罚也，疑于罚则质于过而宥免之也。"邱濬曰："按此所谓有赦者，赦其有疑者耳，非若后世不问有疑无疑一概蠲除之也。"

按：如孔传之说，则此节所云即汉之赦降，今之减等也。下节"墨辟疑赦"云云，乃是赎法。详赎。

《王制》：赦从重。注："虽是罪可重，犹赦。"疑狱，讯与众共之，众疑，赦之。凡作刑罚，轻无赦。注："法虽轻，不赦之，为人易犯。"疏："此非疑狱，故虽轻不赦也。若轻者辄赦则犯者众也，故《书》云'刑故无小'。"

《论语》：仲弓为季氏宰，问政。子曰："先有司，赦小过，举贤才。"朱注："过，失误也。大者，于事或有所害，不得不惩；小者，赦之则刑不滥，而人心悦矣。范氏曰，不赦小过则下无全人矣。"

按：管子之旨与孔子之言正相反，此王霸之分也。

《通考》一百七十一：管仲曰："文有三宥，按：今《管子》作'侑'。武无一赦。"楚陶朱公中子杀人系狱，乃令其长子赍千金遗楚王所信善，庄生请之。庄生入见楚王言："某星宿某，独以德为可以除之。"王乃使使者封三钱之库。楚人告朱公长男曰："王且赦。"曰："何以也？"曰："每王且赦，常封三钱之府，昨暮王使使封之。"朱公长男以为赦，弟固当出，重千金虚弃庄生，以为殊无短长也。乃复见庄生，以为王且赦，庄生乃还其金，羞为所卖。复入言王曰："臣前言某星，王言欲修德报之。今臣出，道路皆言陶之富人朱公之子杀人囚楚，其家多持金钱赂王左右，王非为楚国而赦，乃以朱公子故也。"楚王大怒，令论杀朱公子。明日，遂下赦令。按唐虞三代之所谓赦者，或以其情之可矜，或以其事之可疑，或以其在三赦、三宥、八议之列，然后赦之。盖临时随事而为之斟酌，所谓议事以制者也。至后世乃有大赦之法，不问情之浅深、罪之轻重，凡所犯在赦前则杀人者不死，伤人者不刑，盗贼及作奸犯科者不诘，于是赦遂为偏枯之物，长奸之门。今观管仲所言及陶朱公之事，则知春秋战国时已有大赦之法矣。

《春秋·庄二十二年》：春王正月，肆大眚。《穀梁传》："肆，失也。眚，灾也。"《集解》："《易》称'赦过宥罪'，《书》称'眚灾肆赦'，经称'肆大眚'，皆放赦罪人，荡涤众故。有时而用之，非经国之常制。"灾纪也，失故也。《集解》："灾谓罪恶。纪，治理也。有罪当治理之，今失之者，以文姜之故。"为嫌天子之葬也。《集解》："文姜罪应诛绝，诛绝之罪不葬。若不赦除众恶而书葬者，嫌天子许之，明须赦而后得葬。"惠栋《九经古义》云："'失'系古'佚'字，'佚'与'逸'同，谓逸囚也。"

《左传》杜注："无传。赦有罪也，《易》称'赦过宥罪'，《书》称'眚灾肆赦'，传称'肆眚围郑'，皆放赦罪人，荡涤众故，以新其心。有时而用之，非制所常。故《书》疏：'肆，缓也。眚，过也。'缓纵大过，是赦有罪也。大罪犹赦，则小罪亦赦之，犹今赦书大辟以下悉皆原免也。此诸言肆眚者，皆是放赦罪人，荡涤众故，除其瑕秽，以新其心也。必其国有大患，非赦不解，或上有嘉庆，须布大恩，如是乃行此事。故《释例》曰：'天有四时，得以成岁，雷霆以振之，霜雪以齐之，春阳以暖之，云雨以润之，然后能相育也。天且弗违，而况于人乎？物不可终否，故受之以同人。同人者与人同也，解天下之至结，成天下之亹亹，肆大眚之谓也。'尧曰：'咨！尔舜，有罪不敢赦，所以须待革命。'有时而用，非制所常，故书之也。"杜唯言有时用之，亦不知此时何以须赦？《穀梁传》曰"肆大眚"，为嫌天子之葬也，其意言文姜有罪，不合以礼而葬。若不赦，不复书葬，嫌天子许之，明须赦而后得葬，故为赦也。贾逵以文姜为有罪，故须赦而后葬，以说臣子也。鲁大赦国中罪过，欲令文姜之过因是得除，以葬文姜，杜不明说，要文姜出奔之日尚称夫人，夫人之名未尝有贬，何须以赦除之？此赦必不为文姜也。但夫人以去年七月薨，十一月则当合葬，乃至此年正月，经七月始葬，如此迟缓，必是国家有事，须赦解之，但不知其所由耳。胡传："肆眚者，荡涤瑕垢之称也。《舜典》曰'眚灾肆赦'，《易》于《解卦》曰'君子以赦过宥罪'，《吕刑》曰'五刑之疑有赦，五罚之疑有赦'，《周官》'司刺掌赦宥之法'，未闻肆大眚也。大眚皆肆则废天讨，亏国典，纵有罪，虐无辜，恶人幸以免矣。后世有姑息为政，数行恩宥，惠奸宄，贼良民，而其弊益滋，盖源于此。故诸葛孔明曰'治世以大德不以小惠'，其为政于蜀，军旅数兴而赦不妄下，斯得《春秋》之旨。肆眚而曰大眚，讥失刑也。"邱濬曰："按后世大赦天下，其原盖出于此。夫鲁所肆者，一国之中而谓之眚，则其所赦者过失焉耳。眚而谓之大意者，鲁国向有所肆，皆小眚也。今则并其大者而肆之，然于罪恶犹未赦也。圣人书之，以垂戒万世以此为坊。后世赦文乃至遍赦天下，已发觉未发觉、已结正未结正，罪无大小，咸赦除之。甚至十恶之罪、常赦所不原者亦或赦焉。惠奸宄，贼良民，怙终得志，善良喑哑，失天讨之公，纵人欲之私，皆春秋之罪人也。"

按：眚，过也。大眚云者，其所肆非一人一邑，盖举一国之中咸肆之，故曰大也。眚与罪恶之出于故意者不同。唐虞即有肆赦之法，春秋时亦有肆眚之事，但于一人一邑行之，举一国而肆之，非法也，故书以讥之。胡、邱之说，持论甚正，似未得大眚之本义。

《左传·襄九年》：肆眚围郑。注："肆，缓也。眚，过也。"疏："肆训为缓，缓从罪人，谓放赦之也。将求民力，开恩赦罪，赦诸侯之军内犯法者。服虔以为放郑囚。案《传》未与郑战，无囚可放。设使有囚可放，郑人以战而获，非有所犯，不得谓之肆眚也。"

按：《尔雅·释诂》："赦，舍也。"郭注："舍，放置。"《三苍》："赦，舍也。"与《周礼》郑注合。《说文》："赦，置也。"其义亦同，谓有罪者放置之也。据《通考》之说，是古之赦者乃过失之类。如《司刺》所言者，尚无后世大赦常赦之事，惟春秋之肆大眚，似为大赦之权舆。管子言赦之害，其相齐亦在斯时，可见春秋之初已有此事，但不知实起于何时耳。自汉以后，遂为常法矣。

《逸周书·大武篇》：陈有七来，来有三哀、四赦。四赦，一胜人必赢，二取威信复，三人乐生身，四赦民所恶。《大聚篇》：王亲在之，宾大夫，免列以选，赦刑以宽，复亡解辱，削赦轻重，皆有数，此谓行风。注："削，削其职。赦，赦其罪。数，等差。风，风声。"

按：前条颇难解，姑录之。后条言赦有等差也。

贾子《新书》：惟稽五赦，以绥民中。一曰原心，二曰明信，三曰劝功，四曰褒化，五曰权计。

《史记·秦始皇纪》：始皇推终始五德之传，以为周得火德，秦代周德，从所不胜。方今水德之始，改年始，朝贺皆自十月朔。衣服旄旌节旗皆上黑。数以六为纪，符、法冠皆六寸，而舆六尺，六尺为步，乘六马。更名河曰德水，以为水德之始。刚毅戾深，事皆决于法，刻削无仁恩和义，然后合五德之数。于是急法，久者不赦。

《后汉·霍谞传》：谞闻《春秋》之义，原情定过，赦事诛意。

论赦一

《逸周书·常训篇》：万民无法□□在赦□复在古。

按：此文缺三字，未详其义。或曰民之无法，由于赦也。今姑存其说于此。

《管子·法法篇》：民毋重罪，过不大也。民毋大过，上毋赦也。不赦则惧而修德。上赦小过则民多重罪，积之所生也，所谓积小以成高大。故曰赦出则民不敬，有罪不诛则安用敬？惠行则过日益。恃恩不恭，非过而何？惠赦加于民而囹圄虽实，杀戮虽繁，奸不胜矣，造奸以待赦。故曰邪莫如蚤禁之。无使滋蔓，蔓难图也。赦过遗善则民不励，善即惠也。有过不赦，有善不遗，励民之道于此乎用之矣。凡赦者，小利而大害者也，苟悦众心，故曰小利，人则习而易犯法，故曰大害。故久而不胜其祸。犯法渐广，转欲危君，故曰不胜其祸。毋赦者，小害而大利者也，人初不悦，故曰小害，创而修德，故曰大利。故久而不胜其福。家正而天下定，则太平可致，故曰不胜其福也。故赦者奔马之委辔，必致覆佚也。毋赦者痤疽禾切，疖也。睢之矿石也。疾可瘳也。按：睢者，疽之假借。《初学记》引作"疽"。爵不尊禄不重者，不与图难犯危，以其道为未可以求之也。是故先王制轩冕所以著贵贱，不求其美；设爵禄所以守其服，不求其观也。使君子食于道，小人食于力。君子食于道则上尊而民顺，小人食于力则财厚而养足。上尊而民顺，财厚而养足，四者备体则胥足上尊，时而王，不难矣。胥，相也。文有三侑，侑，宽也。武毋一赦。惠者多赦者也，先易而后难，久而不胜其祸；法者先难而后易，久而不胜其福。故惠者民之仇雠也，法者民之父母也。

按：《管子》以不赦小过为励民之道，与孔子赦小过之语正相反。《书》言"眚灾肆赦"，《易》言"赦过"，帝王之道，莫不以过为可赦。夫小过与小罪有别，过者非本意也，非本意而偶有失是谓过失，其情可矜，固当赦也。罪者有心为非，其事虽小，积而成大，此不当赦。《书》所谓"刑故无小"也，《管子》之所言，必皆其有心为非者也。小者不赦则民知自励，然则《管子》之语初无悖于圣人也，若不问事之为有心为无心，严则滥，宽则纵，其亦未体会乎古人立言之本旨矣！

《汉书·匡衡传》：元帝初，衡上疏曰："臣窃见大赦之后，奸邪不为衰止，今日大赦，明日犯法，相随入狱，此殆导之未得其务也。"盖保民者，"陈之以德义"，"示之以好恶"，观其失而制其宜，故动之而和，绥之而安。今天下俗贪财贱义，好声色，上侈靡，廉耻之节薄，淫辟之意纵，纲纪失序，疏者逾内，亲戚之恩薄，婚姻之党隆，苟合微幸，以身设利。不改其原，虽岁赦之，刑犹难使错而不用也。

《后汉书·吴汉传》：汉病笃，车驾亲临，问所欲言。对曰："臣愚无所知识，惟愿陛下慎无赦而已。"

王符《潜夫论·述赦篇》：凡治病者，必先知脉之虚实，气之所结，然后为之方，故疾可愈而寿可长也。为国者，必先知民之所苦，祸之所起，然后为之禁，故奸可塞而国可安也。今日贼良民之甚者，莫大于数赦。（赎）赦赎数，则恶人昌而善人伤矣。奚以明之哉？曰：孝悌之家，修身慎行，不犯上禁，从生至死，无铢两罪；数有赦赎，未尝蒙恩，常反为祸。何者？正直之士之为史也，不避强御，不辞上官。从事督察，方怀不快，而奸猾之党，又加诬言，皆知赦之不久，则且共横枉侵冤，诬奏罪法。（令）[今]主上妄行刑辟，高至死徙，下乃沦冤，而被冤之家，乃甫当乞鞫告故以信直，亦无益于死亡矣。及隐逸行士，淑人君子，为逸佞利口所加诬覆冒，下土冤民，能至阙（廷）[者]，万无数人，得省问者，不过百一，既对尚书，空遣去者，复十六七。虽蒙考覆，州郡转相顾望，留苦其事。春夏待秋冬，秋冬复涉春夏，如此行逢赦者，不可胜数。又谨慎之民，用天之道，分地之利，择莫犯（法）[土]，按：此句当有误字。《汉魏丛书》本《潜夫论》"土"作"法"。孙诒让云："案此句当作'捽草杷土'。《汉书·贡禹传》云：'农夫父子，暴露中野，不避寒暑，捽草杷土，手足胼胝。'即王节信所本。今本上三字皆形近伪易，惟'土'字未伪，而程荣又臆改为'法'，谬之甚也。"孙说至确，据改。谨身节用，积累纤微，以致小过，此言质良盖民，惟国之基也。汪继培笺：质良当作贞良，言当作皆，盖当作善。此皆贞良善民为句。轻薄恶子，不道凶民，思彼奸邪，起作盗贼，以财色杀人父母，戮人之子，灭人之门，取人之贿，及贪残不轨，凶恶弊吏，掠杀不辜，侵冤小民，皆望圣帝当为诛恶治冤，以解蓄怨。反一门赦之，令恶人高会而夸（咤）［诧］，老盗服臧而过门，孝子见仇而不得讨，亡主见物而不得取，痛莫甚焉。故将赦而先（薄）［暴］寒者，以其多冤结悲恨之人也。夫养稊稗者伤禾稼，惠奸宄者贼良民。《书》曰："文王作罚，刑兹无赦。"是故先王之制刑法也，非好伤人肌肤，断人寿命者也，乃以威奸惩恶除民害也。天下本以民不能相治，故为立王者以统治之。天子在于奉天威命，共行赏罚。故经称"天命有德，五服五章；天讨有罪，五刑五用"。《诗》刺"彼宜有罪，汝反脱之"。古者惟始受命之君，承大乱之极，被前王之恶，其民乃并为敌仇，罔不寇贼消义奸宄夺攘，以革命受祚，为之父母，故得一赦。继体以下，则无违焉。何者？人君配乾而仁，顺育万物以成大功，非得以养奸活罪为仁，放纵天贼为贤也。今夫性恶之人，居家不孝悌，出入不恭敬，轻薄慢傲，凶悍无辨，明以威侮侵利为行，以贼残酷虐为贤，故数陷王法者，此乃民之贼，下愚极恶之人也。虽脱桎梏而出囹圄，终无改悔之心，自诗以赢敖头，汪笺："当云'自恃以数赦赎'，字形相近而误。"出狱跅踂，复犯法者何不然。洛阳至有主谐合杀人者，谓之会任之家，受人十万，谢客数千。又重馈部吏，吏与通奸，利入深重，幡党盘牙，请至贵戚宠臣，说听于上，谒行于下。是故虽严令、尹，终不能破攘断绝。何者？凡敢为大奸者，材必有过于众，而能自媚于上者也。多散苟得之财，奉以诌谀之辞，以转相驱，非有第五公之廉直，孰能不为顾？今案洛阳主杀人者，高至数十，下至四五，身不死则杀不止，皆以数赦之所致也。由此观之，大恶之资，终不可化，虽岁赦之，适劝奸耳。或云："三辰有候，天气当赦，故人主顺之而施德焉。"未必然也。王者至贵，与天通精，心有所想，意有所虑，未发声色，天为变移。或若休咎庶征，月之从星，此乃宜有是事。故见瑞异，或戒人主。若忽不察，是乃已所感致，而反以为天意欲然，非直也。俗人又曰："先世欲赦，当先遣马分行市里，听于路隅，咸云当赦，以知天之教也，乃因施德。"若使此言也而信，则殆过矣。夫民之性，固好意度者也，见久阴则称将水，见久阳则称将旱，见小贵则言将饥，见小贱则言将穰，然或信或否。由此观之，民之所言，未必天下。汪笺："读如下雨之下。"前世赎赦稀疏，民无觊觎。近世以来，赦赎稠数，故每春夏，辄望复赦；或抱罪之家，侥幸蒙恩，故宣此言，以自悦喜。诚令仁君闻此，以为天教而辄从之，误莫甚焉。论者多曰："久不赦则奸宄炽，而吏不制，故赦赎以解之。"此乃招乱之本原，不察祸福之所生者之言也。凡民之所以轻为盗贼，吏之所以易作奸匿者，以赦赎数而有侥望也。若使犯罪之人终身被命，得而必刑，则计奸之谋破，而虑恶之心绝矣。夫良赎可，汪笺："'良'疑'赦'，'可'疑'行'。"孺子可令姐，汪笺："《说文》：'媡（骑）〔骄〕也'。'姐'乃'媡'之省。"中庸之人，可引而下，故其谚曰："一岁载赦，奴儿嚄嗟。"言王诛不行，则痛瘝之子皆轻犯，况狡乎？若诚思畏，汪笺："'思'字衍。"盗贼多而奸不胜故赦，则是为国为奸宄报也。夫天道赏善而刑淫，天工人其代之，故凡立王者，将以去邪恶而养正善，而以逞邪恶逆，妄莫甚焉。且夫国无常治，又无常乱，法令行则国治，法令弛则国乱；法无常行，亦无常弛，君敬法则法行，君阳法则法弛。昔孝明帝时，制举茂才，过阙谢恩，赐食事讫，问何异闻，对曰："巫有剧贼九人，刺使数以窃郡，汪笺：'窃'当作'察'。讫不能得。"帝曰："汝非部南郡从事耶?"帝乃振怒，曰："贼发部中而不能擒，然材汪笺：当作才。何以为茂?"捶数百，便免官，而切让州郡，十日之间，贼即伏诛。由此观之，擒灭盗贼，在于明法，不在数赦。今不显行赏罚以明善恶，严督牧守以擒奸猾，而反数赦以劝之，其文常曰："谋反大逆不道诸犯，不当得赦皆除之，将与士大夫洒心更始。"岁岁洒之，然未尝见奸人冗吏，有肯变心悔服称诏者也。有司奏事，又俗以赦前之微过，妨今日之显举。然则改往修来，更始之诏，亦不信也。《诗》讥"君子屡盟，乱是用长"。故不若希其令，必其言。若〔良〕不能于无赦者，罕之为愈，令世岁老古时一赦，汪笺："'世'当作'垚'，谓三十年也。'老'盖'放'字。"则奸宄之减十八九，可胜必也。昔大司马吴汉老病将卒，世祖问以遗戒，对曰："臣愚不智，不足以（为）〔知〕治，慎无赦而已矣。"夫方以类聚，物以群分。人之情皆见乎辞，故诸言不当赦者，非修身慎行，则必忧哀谨慎而嫉毒奸恶者也。诸利数赦者，非不达赦务，则必内怀隐忧有愿为者也。人君之发令也，必谋于群臣，群臣之奸邪者，固必伏罪，虽正直吏，犹有公过，自非鬻拳、李离，孰肯刑身以正国？然则是皆接私计以论公政也。与狐议裘，无时焉可！《传》曰："民之多幸，国之不幸也。"夫有罪而备辜，汪笺："《汉书·王莽传》云：'所征殄灭，字备暴辜。'按'备'俱'犕'之误。"《后汉书·皇甫嵩传》："董卓曰：'义真犕未乎？'"章怀注："'犕'，古'服'字。"冤结而伸理，此天之正也，而王之法也。故曰："无纵诡随，以谨无良。"若枉善人以惠奸恶，此谓"敛怨以为德"。先帝制法，论衷刺刀者。何则？以其怀奸恶之心，有杀害之意也。圣主有子爱之情，而是有杀害之意，故诛之，况成罪乎？《尚书·康诰》：王曰："于戏！封，敬明乃罚。人有小罪匪眚，乃惟终自作不典，戒尔，有厥罪小，乃不可不杀。"言恶人有罪虽小，然非以过差为之也，乃欲终身行之，故虽小，不可不杀也。何则？是本顽凶思恶而为之者也。"乃有大罪匪终，乃惟眚哉，适尔，既道极厥罪，时亦不可杀"。言杀人虽有大罪，非欲以终身为恶，乃过误尔，是不杀也。若此者，虽曰赦之可也。金作赎刑，赦过宥罪，皆谓良人吉士，时有过误，不幸陷离者尔。先王议谳狱以制，原情论意，以救善人，非欲令兼纵恶逆以伤人也。是故《周官》差八议之辟，此先王所以整万民而致时雍也。《易》故观民设教，变通移时之议。今日救世，莫先此意。

《御览》六百五十二：崔寔《政论》曰："孝文皇帝即位二十三年乃赦天下，示不废旧章而已。近永平、建初之际，亦六七年乃〔一〕赦，亡命之子，皆老于草野，穷困惩艾，皆至于死。顷岁以来，岁且一赦，百姓轻为奸非，前年一期之中，大小四赦。谚曰'一岁再赦，奴儿喑哑'，况不轨之民，孰不肆意？遂以赦为常俗。赦以趋赦，转相趋蹴而不得息，虽日赦之，乱弥繁也。"又四百九十六：崔寔《政论》曰："每诏书所欲禁绝，虽重恳恻，骂詈极笔，由复废舍，终无悛意。故里谚曰'州郡记，如霹雳，得诏书，但挂壁'。又曰'一岁再赦，奴儿噫喑'。况不轨之民孰不肆意？"

《困学纪闻》十三：崔寔《政论》云，谚曰"一岁再赦，好儿喑哑"，唐太宗之言盖出于此。"儿"与"人"同，如以"可人"为"可儿"。阎按《潜夫论》"奴儿噫嗟"，"奴"恐是"好"字之讹。翁元圻案，范祖禹《唐鉴》三："帝谓侍臣曰，古语有之，赦者小人之幸，君子之不幸，一岁再赦，善人喑哑。"《潜夫论》"奴儿噫嗟"，汪继培笺"奴"读为"驽"。崔寔《政论》亦载此谚，《困学纪闻》引《政论》"奴"作"好"，或云"好儿"即"好人"，非也。

按：《政论》下句"况不轨之民"云云，与"好儿"对，自以"好"字为胜，况有太宗语，更足印证。宋时《政论》尚存，伯厚所引，必可据也。即以《潜夫论》考之，其下文云"言王诛不行，则痛瘝之子皆轻犯，况狡乎"？"痛瘝"之义未详，观"况狡乎"一句，似亦与《政论》之意相同。

崔寔《政论》：长吏或实清廉，心平行洁，内省不疚，不可媚灶，曲礼不行于所属，私爱无□于□府。州郡侧目，以为负折，乃选巧文猾吏，向壁作条，诬覆阖门，捕摄妻子。大赦之造，乃圣王受命而兴，讨乱除残，诛其黥鲵，赦其臣民，渐染□化者耳。及战国之时，犯罪者辄亡奔邻国，遂赦之，以诱还其逋逃之民。汉承秦制，遵而不越。顷间以来，岁且一赦，百姓忸忕，轻为奸非，每迫春节徼幸之会，犯恶尤多。践祚、改元际，未尝不赦，每其令曰："荡涤旧恶，将与士大夫更始。"是褒己薄先，且违无改之义，非所以明孝抑邪之道也。今如欲遵先王之制，宜旷然更下大赦令，因明谕使知永不复赦，则群下震栗，莫轻犯罪。纵不能然，宜十岁以上，乃时一赦。

《三国志·蜀书·后主传》：评："诸葛亮为政，军旅屡兴而赦不妄下，不亦卓乎！"裴松之注："《华阳国志》曰：丞相亮时，有言公惜赦者，亮答曰：'治世以大德，不以小惠，故匡衡、吴汉不愿为赦。先帝亦言吾周旋陈元方、郑康成间，每见启告，治乱之道悉矣，曾不语赦也。若刘景升、季玉父子，岁岁赦宥，何益于治！'"

又《孟光传》：延熙九年秋，大赦，光于众中责大将军费祎曰："夫赦者，偏枯之物，非明世所宜有也。衰弊穷极，必不得已，然后乃可权而行之耳。今主上仁贤，百僚称职，有何旦夕之危，倒县之急，而数施非常之恩，以惠奸宄之恶乎？又鹰隼始击，而更原宥有罪，上犯天时，下违人理。老夫耄朽，不达治体，窃谓斯法难以经久，岂且瞻之高美，所望于明德哉！"祎但顾谢踧踖而已。

《傅子》：若亲贵犯罪，大者必议，小者必赦，是纵封豕于境内，放长蛇于左右也。

《艺文类聚》五十二：《裴頠集》曰："臣闻感神以政，应变以诚，故桑谷之异，以勉己而消。汉末屡赦，犹凌不反，由此言之，上协宿度，下宁万国，唯在贤能，慎厥庶政，殆非孤赦所能增损也。"

《通考》一百七十二：宋武帝即位，大赦，改元。逋租宿债，勿收。其犯乡论清议，赃污淫盗，一皆荡涤，与之更始。长徒之身，特皆原遣。亡官失爵，禁锢夺劳，一依旧准。裴子野论曰：昔重华受终，四凶流放，武王克殷，顽民迁洛，天下之恶一也。乡论清议，除之过矣。

又二年正月，祀南郊，大赦。裴子野曰：夫郊祀天地，修岁事也，赦彼有罪，夫何为哉？

按：此二条盖子野《宋略》之文，其书今亡。

《魏书·刑法志》：显祖末年，尤重刑罚。又以赦令屡下，则狂愚多侥幸，故自延兴，终于季年，不复下赦。

《名臣奏议》二百十八：后周宣帝在位，德政不修，数行赦宥。京兆丞乐运上疏曰："臣谨按《周官》曰'国君之过市，刑人赦'，此谓市者，交利之所，君子无故不游观焉，若游观则施惠以悦之也。《尚书》曰'眚灾肆赦'，此谓过误为害，罪虽大，当缓赦之。《吕刑》云'五刑之疑有赦'，此谓刑疑从罚，罚疑从免。《论语》曰'赦小过，举贤才'。谨寻经典，未有'罪无轻重，溥天大赦'之文，逮兹末叶，不师古始无益于治，未可则之，故管仲曰'有赦者奔马之委辔，不赦者痈疽之砭石'，又曰'惠者民之仇雠，法者民之父母'。吴汉遗言犹云'惟愿无赦'，王符著论亦云'赦者非明世之所宜'，岂可敷施非常之惠，以肆奸宄之恶乎？"

王通《中说·王道篇》：无赦之国，其刑必平。

《唐志》：贞观六年，亲录囚徒，闵死者三百九十人，纵之还家，期以明年秋即刑；及期，囚皆诣朝堂，无后者，太宗嘉其诚信，悉原之。欧阳修《纵囚论》：信义行于君子，而刑戮施于小人，刑入于死者，乃罪大恶极，此又小人之尤甚者也。宁以义死，不苟幸生，而视死如归，此又君子之尤难者也。方唐太宗之六年，录大辟囚三百余人，纵使还家，约其自归以就死，是以君子之难能期小人之尤者以必能也。其囚及期而卒自归无后，是君子之所难而小人之所易也，此岂近于人情哉？或曰罪大恶极，诚小人矣，及施恩德以临之，可使变而为君子，盖恩德入人之深而移人之速，有如是者矣。曰太宗之为此，所以求此名也，然安知夫纵之去也，不意其必来以冀免所以纵之乎？又安知夫被纵而去也，不意其自归而必获免所以复来乎？夫意其必来而纵之，是上贼下之情也，意其必免而复来，是下贼上之心也，吾见上下交相贼以成此名也，乌有所谓施恩德与夫知信义者哉？不然太宗施德于天下，于兹六年矣，不能使小人不为极恶大罪，而一日之恩能使视死如归而存信义，此又不通之论也。然则何为而可？曰纵而来归，杀之无赦，而又纵之而又来，则可知为恩德之致尔，然此必无之事也。若夫纵而来归而赦之，可偶一为之尔，若屡为之，则杀人者皆不死，是可为天下之常法乎？不可为常者其圣人之法乎？是以尧舜三王之治必本于人情，不立异以为高，不逆情以干誉。

按：此特赦也，不可以为常例，欧阳氏论之详矣。太宗尝论赦，不以为是，其语见后条，可见此事乃偶尔行之以取名耳。自来特赦之事亦甚多，有不可不赦而赦者。有不必赦而赦者，当分别观之。

《名臣奏议》二百十八：唐太宗尝谓侍臣曰："天下愚人者多，智人者少，智者不肯为恶，愚人好犯宪章。凡赦宥之恩，惟及不轨之辈，古语云'小人之幸，君子之不幸，一岁再赦，善人喑哑'。凡养秅莠者伤禾稼，惠奸宄者贼良人，昔文王作罚刑，兹无赦。又蜀先主尝谓诸葛亮曰'吾周旋陈元方、郑康成之间，每见启告，理乱之道备矣'，曾不语赦，故诸葛亮理蜀，十年不赦而蜀大化。梁武每年数赦，卒至倾败。夫小仁者大仁之贼，故我有天下以来绝不放赦。今四海宁，礼义兴，行非常之恩，弥不可数，将恐愚人常冀侥幸，惟欲犯法不能改过。"

《通考》一百七十二：武后天册万岁元年正月，大赦。九月，加尊号，赦天下。获嘉县主簿刘知几上表言："皇业权舆，天地开辟，嗣君即位，黎元更始，则时籍非常之庆，以申再造之恩。今六合清晏而赦令不息，近则一年再降，远则每岁无遗，至于违法悖礼之徒、无赖不仁之辈，编户则寇攘为业，当官则赃贿是求。而元日之朝，指期天泽，重阳之节，伫降皇恩，如期忖度，咸乐释免，咸为各垂结正。罪当断决，窃行货贿方便，规求故致稽延，毕沾宽宥用使，俗多顽悖。时罕廉隅，为善者不预恩光，作恶者独承侥幸。若乃方正直言之士，守善嫉恶之夫，每欲揽辔埋轮，效鹰鹯而报国，褰帷露冕，去蟊贼以安人，而遇赦无以效其功，阅恩无所施其巧。古语云'小人之幸，君子之不幸'，斯之谓也。望今后颇节于赦，使黎民知禁，奸宄肃清。又海内臣僚九品以上，每岁逢赦，必赐阶勋，遂使绯服众于青衣，象版多于木笏，皆荣非德举，位罕才望，稍息私恩，使有善者愈效忠勤，无才者咸知勉励。"疏奏太后，颇嘉之。

又一百七十三：晋高祖天福元年十一月，即位，大赦。十二月，入洛阳，大赦。二年，至汴州，大赦。三年，大赦。左散骑常侍张元进驳赦论曰："窃观自古帝王皆以水旱则降德音而宥过，开狴牢而放囚，冀感天心以救其灾者，非也。假有二人讼，一人有罪，一人无罪，遇赦则有罪幸免，无罪者衔冤，衔冤者何疏？见赦者何亲？冤气升闻乃所以致灾，非弭灾也。小民遇大灾则喜，皆劝为恶，曰国家好行赦，必赦我以救灾，如此则赦者教民为恶也。且天道福善祸淫若以赦，为恶之人以变灾为福，是则天助恶民也。或曰天降之灾，警诫人主，岂以滥舍有罪而能救其炎乎？"上嘉纳之。中书舍人李详上疏，以为十年以来赦令屡降，诸道职掌，皆许推恩，而藩方荐论，动逾数百，乃至藏典书吏优伶奴仆。初命则至银青阶，被服皆紫袍象笏，名器僭滥，贵贱不分。请自今诸道主兵将校之外，节度州听奏记大将军以上十人，他州止听都押牙都虞候孔目官，自余但委本道迁职名而已。

按：赦之为言，宥有罪之谓也，后来之赦，非独宥罪而已，又从而推恩焉。于是有罪者幸免，无功者超迁，刑赏俱失，皆由于赦，其无益而有害也明矣。

《宋史·真宗纪》：天禧元年春正月辛亥，谢天地于南郊，大赦。

《通考》一百七十三：江南提点刑狱范应辰上言："伏睹辛亥制书，常赦不原者咸除之。谨按《吕刑》云'两造具备，师听五辞。五辞简孚，正于五刑。五刑不简，正于五罚。五罚不服，正于五过'。繇是'五刑之疑有赦，五罚之疑有赦'，其来详矣。臣今所部州军，过误而被宥者虽多，窃害而蒙释者亦众。盖以奸凶之辈密断赦期，百计是为，万端斯起，发其夙憾，狃于忿心，单弱受辜，强梁肆暴。或举家阴命，罄室虏财；或持刀杀人，肝脑涂地；或纵火焚舍，蕴蓄荡空。至有纠轻生之徒为强剽之盗，公行戕害以夺资储。巡警之官，上逼下逐，设谋缉捕，冒险斗敌，科罚耆伍，簿责令尉，以兹败获，合正典刑。逢此霈恩，亦蠲其罪，悉又配为卒伍，咸给衣粮。今力耕之人有受其寒馁者，而此辈季赐以服，月赋以粟，又何异赏人为盗者耶与？夫疑则赦之言殊矣。望自今应有知赦在近而故为罪戾，若赦后彰显情理切害者，死罪以下，止递减一等。赦前杀人剽财，赦后虽不复为，若因事捕获，决隶远恶州军。其杀人放火，虏劫财货，已依赦配本城者，如更犯逃亡饮博之罪，依禁军例科断。其重罪该原而情理切害者，所在长吏籍其犯由，若再黩宪纲，不以罪之大小，禁锢奏裁。其州县官吏侮刑受贿，望止原其罪而削其官，以申警戒焉。"上览之，颇嘉其尽心，然以赦数则不可无之，实难也。

《名臣奏议》二百十八：真宗时，右正言夏竦上奏，略曰："政不可以逆知，逆知则奸作，奸不可以数惠，数惠则政烦。"

又仁宗时，起居舍人知谏院范镇上奏曰："臣闻古人有言曰'一岁再赦，好人喑哑'，此言赦之惠奸而无益于治道，不可数者也。属者京师及畿辅岁一赦，而去岁再赦，今岁三赦，京师兵士又得再赐钱，姑息之政，无此甚者。夫岁一赦者，细民谓之热恩，必其在五六月间也。猾胥奸盗，倚为过恶，指斯以待免，况再赦乎？况三赦乎？其为惠奸，亏损治道可知矣。好人良善也，数赦尚犹喑哑，蚩蚩愚民，其不狃而为奸，且盗者无几矣。又今防秋备塞之人无虑五六十万，使闻京师端坐而受赐者能无动心乎？不可不虑。然陛下德音已下，赐钱已出，臣知不可救已。伏乞今后罢所谓岁一赦者，以摧奸猾而使善良有所立也。罢兵士之特赐钱者，以均内外，以防后患，而使民力得宽裕于财也。昔唐太子承乾为长孙皇后请肆赦以崇福祐者，长孙皇后曰：'赦者，国之大事，岂以吾故乱天下法乎？'长孙，妇人耳，犹能如此，陛下神武尧舜之资，顾不为长孙后之所为乎？臣窃惜之。"

《通考》一百七十三：仁宗世大赦二十二，曲赦五，德音十五，录系囚五十八。英宗世大赦二，德音三，录系囚七。其赦常赦所不原罪，唯仁宗、英宗即位及明道中太后不豫行之。然明道所行，人以为滥，既而诏杀人者，虽会前赦，皆刺录千里外牢城。世或谓三岁一赦，于古未有。景祐中，言者以为三王岁亲祀圜丘，未尝辄赦。自唐兵兴以后，事天之礼不常行，因有大赦，以荡乱狱。且有罪者宥之未必自新，被害者抑之未必无怨。不能自新，将复为恶，不能无怨，将悔为善，一赦而使民悔善长恶，政教之大患也。愿罢三岁一赦，使良民怀惠，凶人知禁。或谓未可尽废，即请命有司前郊三日理罪人，有过误者引而赦之，州县须诏到仿此疏奏朝廷，重其事。第诏自今罪人情重者毋得一以赦免，然亦未尝行。

邱濬曰："人君为天之子，奉天之祀则当体天之心，以惠天之民，天之民不得已而误入于罪，赦之可也。不幸而为，人所害焉，为天子者不能恭行天讨，使天之民冤苦莫伸，岂天意所欲哉？盖赦之初设，为眚灾也，后世相承既久，不能复古。然旷荡之恩如雷雨之施，不时而作，使人莫测知可也。宋人为之常制而有定时，则人可揣摩，以需其期，非独刑法不足以致人惧，而赦令亦不足以致人感也。"

《名臣奏议》二百十八：神宗熙宁元年，通判利州周来臣论灾异不必肆赦。成汤、高宗、周宣未尝赦。

《宋志》：熙宁七年二月，帝以旱，欲降赦，时已两赦，王安石曰："汤旱以六事自责，曰政事不节与？若一岁三赦，是政不节矣，非所以弭灾也。"乃止。《容斋随笔》曰："安石平生持论务与众异，独此说为至公。"

《名臣奏议》二百八十：元祐中，上清储祥宫成，将肆赦，枢密直学士王岩叟曰："昔天禧中祥源成、治平中醴泉成皆未尝赦，古人有垂死谏君无赦者，此可见赦无益于圣治也。"

《通考》一百七十三：高宗绍兴二十五年，郊，赦。右正言凌哲上言："陛下深念比年臣僚有缘诬告不测之罪，投窜遐裔，无路自明，乃因郊祀赦，旷然与之昭雪，或除罪籍，或复元官。冤愤既伸，万物吐气，甚盛德也。至于奸赃狼籍，已经按治，迹状显著，人所共知者，亦复巧饰词理，公肆诞谩，咸以违忤权臣为辞。今陛下方开公正之路，小人乃欲启侥幸之门，此正清议之所不容。又况此曹嗜利之人，与生俱生，未易悛革，傥复齿仕途，再临民社，且益务掊克以残虐吾民，其害将有甚于前日矣。请特诏有司，应自今请雪过名之人并须检会元犯事因，如系赃罪已经勘劾者，乞止依元断条法施行，诏刑部看详。本部言：命官犯罪，若元因论诉按发鞫勘，赃证结别无番异者，并欲依元断，因依告示，其余特放罪。或因缘连坐之人后来有司看详委有冤抑者，即行开具，因依申取朝廷指挥。"从之。

按：此所谓小人之幸也。

《容斋随笔》曰：近者六年之间，再行覃霈。婺州富人卢助教，以刻核起家，因至田仆之居，为仆父子四人所执，投置杵臼内，捣碎其躯为肉泥，既鞫治成狱，而遇己酉赦恩获免。至复登卢氏之门，笑侮之曰："助教何不下庄收谷？"兹事可为冤愤，而州郡失于奏论。甲寅岁至四赦，凶盗杀人一切不死，惠恶长奸，何补于治哉？

按：此事谋杀也，四人皆应论死。宋初在赦例不免之列，自常赦不原者咸赦之例行而谋杀亦可放免。赦例之宽皆后来之弊，其初不然也。甲寅为光宗绍兴五年。

又曰：淳熙十六年二月登极赦："凡民间所欠债负，不以久近多少，一切除放。"遂有方出钱旬日未得一息而并本尽失之者，人不以为便。何澹为谏大夫，尝论其事，遂令只偿本钱，小人无义，几至喧噪。绍兴五年七月覃赦乃只为蠲三年以前者。按晋高祖天福六年八月赦云："私下债负取利及倍者并放。"此最为得。又云："天福五年终已前，残税并放。"而今时所放官物常是以前二年为断，则民已输纳，无及于惠矣。唯民间房赁欠负则从一年以前皆免，比之区区五代，翻有所不若也。

按：民间债负乃私有之权，本不应在赦中，赦本非美事，此尤为失之甚者。今时之赦无此事，盖不用宋法矣。

《通考》一百七十一：致堂胡氏曰："赦之无益于治道也，前贤言之多矣而终不能革，至按以常典而行之，于其间有吉庆、克捷、祥瑞、祈祷之事则又赦焉，不信二帝三王之法而循后世之制，是何也？其说多矣，始受命则赦，改年号则赦，获珍禽奇兽则赦，河水清则赦，刻章玺则赦，立皇后则赦，建太子则赦，生皇孙则赦，平叛乱则赦，开境土则赦，遇灾异则赦，有疾病则赦，郊祀天地则赦，行大典礼则赦。或三年一赦，或比岁一赦，或一岁再赦。赦令之下也，有罪者除之，有负者蠲之，有滞者通之。或得以荫补子，或得以爵封祖考，大概如是而已耳。明哲之君则赦希而实，昏乱之世则赦数而文。希者尚按故事而不能尽去也，数者则意在邀福而归诸己也；实者有罪必除，有负必蠲也，文者虽有是言而人不被其泽也。复有奸宄、擅权者以急征、暴赋、多狱、无罪归之上，而施行宽宥布宣惠必自我请之，按'惠'上下疑有脱字。由是数者而论，赦为有益乎？为无益乎？人君诚以明哲自期，而以昏乱为戒，则所谓按故事而释有罪者尚在所议，故事有是有非，岂可尽循罪人？若审有罪，岂可尽贷？有罪而贷则善人奈何？甲杀乙而遇赦，乙已不可复生，而甲得不死，以赦为偏枯者此也。若曰乙已不幸而死矣，吾未如甲之果当杀之乎？抑疑似也则援宁失不经之文而赦之以为从厚，而终不恤乙之无辜，以赦为偏枯者此也。百姓负租，或以旱，或以贫，或以已纳而不为之除籍，或为官司所抑代人而输，其事非一，每下赦令，未尝不蠲也。而百姓有'黄纸放白纸催'之言，自古如此。则以著于甲令者，曰凡蠲旱税不得过若干分，而赦令则曰'岁大旱，其尽蠲之'，百姓喜于尽蠲之文，而不知令甲之有限也则相与怨。其上曰'黄纸之放，特给我耳'，此又偏枯之甚者也。奸宄乱贼之人知赦之可拟也，则前期而为奸宄乱贼之事，侥幸贷释，不可胜数矣。亦或病其然，则下令曰，凡距赦若干日而杀人是待赦也，不得以赦原先为远期焉。而奸宄乱贼之人有财可行，有力可援，有反可恃，有来可使，一入囹圄用是数者，迁延稽故，终以无事。而捕寇之吏、被伤之主、发觉之人往往反坐，于是良善困于奸宄，闾里怵于乱贼，暗呜饮气，无路伸吐，此又偏枯之甚者也。灵帝行冠礼，大赦天下，而党人不与焉。自是后，凡五赦而益增五族之锢，又五赦。而黄巾起，不得已乃赦党人，党人纵有罪，不轻于十赦之恶逆乎？况党人无罪而愿忠于君，志除奸凶以清天下者也，乃经十赦，不得已而后赦，此岂直偏枯而已？举四肢皆废矣，四肢尽废，头首兀然，其能不为人所捽击曳挽而仆乎？于是董卓角之，袁绍掎之，曹操靡之，献帝为所挟而不得赦，伏后为所弑而不得赦，二皇子为所弑而不得赦，语赦至此，无益明矣。明哲之君，监失而思得，舍非而从是，莫若并用《虞舜》、《大易》、《吕刑》、《周官》之法，则虽旷岁而不一赦，一年而十、百赦无不可者。《舜》之法曰'眚灾肆赦'，谓有目病而害加乎人者也。《大易》之法曰'君子以赦过宥罪'，过误则直肆之，罪咎则稍宽之而已。《吕刑》之法曰，五刑五罚之疑而不明者则赦，无疑则不赦矣。《周（公）〔官〕》之法曰，赦幼弱、老耄、蠢愚，非此三者则不赦矣。鲁国肆大眚，《春秋》非之，以其无谓而尽赦也。取正乎孔子，略法乎《虞》、《周》、《大易》之训，则刑罚尽道可以代天之春生秋杀矣。夫吴汉攻战之士也，临终献言劝光武以勿赦，陈寿于孔明有憾者也，而称誉不赦之卓，况为天下国家者可不如吴汉、陈寿之见乎？"

《元史·英宗纪》：至治元年正月，享太庙，或言祀事毕宜赦天下，帝谕之曰："恩可常施，赦不可屡下。使杀人获免，则死者何辜？"十月，受尊号，拜住请释囚，不允。二年十二月，西僧灌顶请释囚，帝曰："释囚祈福，岂为师惜。朕思恶人屡赦，反害善良，何福之有？"

按：元之君多佞佛喜僧，其因僧人请释囚者史不绝书，独英宗不轻赦，虽以灌顶之请而不许可，谓持之坚矣。

《张雄飞传》：至元二十一年春，册上尊号，议大赦天下，雄飞谏曰："古人言：无赦之国，其刑必平。故赦者，不平之政也。圣明在上，岂宜数赦？"帝嘉纳之，语雄飞曰："大猎而后见善射，集议而后知能言，汝所言者是，朕今从汝。"遂止降轻刑之诏。

《续通考》一百四十：赵天麟上策曰："赦者欲以荡涤瑕秽，与民更始，以负罪者言之则为莫大之深恩，以致治者论之则非太平之常事也。近世以来，郊天、祀宗、建储、立后，未有不肆赦者，侥幸之子逆知期会，能不启非滥之心哉？养稂莠于良田，纵豺狼于当道，独不念害嘉谷而伤平民乎？又况大赦之后，奸邪未尝衰止，朝脱囹圄，夕撄缧绁，其不能承化自新亦已明矣。夫当罪而宥之，当杀而生之，亦犹来暄风于霜雪之辰，行春令于秋冬之际，如此而欲天道之成，臣不知其可也。伏望陛下信赏决罚，无肆赦宥，使上下有纪，内外绝幸，则治天下可运之掌矣。"元世祖时。

《名臣奏议》二百十八：顺帝时，苏天爵论不可数赦疏略曰："唐太宗贞观二年谓侍臣曰，朕有天下以来，尝须慎赦，盖数赦则恶人尝冀侥幸，唯欲犯法不复能改过矣。我世祖在位三十五年，肆赦者八，近自天历改元至元统初岁，六年之中肆赦九，盖敷恩宣泽虽出于朝廷之美意，然长奸惠恶诚为政者所尚慎也。顾自今以始，近法世祖皇帝之所行，远鉴唐太宗之所言，使中外臣民知非常之恩不可复觊。"

按：元世张雄飞、赵天麟、苏天爵并以赦为非，自是正论，而耶律楚材屡以赦劝太宗行之，此中调剂之权别有深识存焉，事岂可一概论哉？

邱濬曰：元西僧岁作佛事，或姿意纵囚以售其奸宄，俾善良者暗哑而饮恨。按赦宥出于上，识治体者犹以为非，元人信胡僧之言，每作佛事辄纵罪囚，以希福报恩不出于上而出于下，人不感帝之恩而感乎僧。是以每遇将作佛事之先，有罪在系者辄贿僧以求免，遂使凶顽席僧势以稔恶，善良抱冤屈而莫诉，胡俗所为，无足责也。中国之治，乌可尤而效之哉？

《续通考》一百四十：元世西僧每岁为佛事，必请释轻重囚徒以为福利，谓之都勒干。豪民犯法者皆贿赂之以求免，虽大臣有罪莫不假是逭其诛。迨仁宗延祐元年，始以僧人作佛事择释罪囚，命中书审。察又功德使额珠沁以佛事奏释重囚，帝不允。时御史台亦言："西僧以作佛事之故累释重囚，外任之官身犯刑宪辄营求内旨以免罪，请革其弊。"制曰："可。"六年，皇姊大长公主以作佛事释全宁府重囚二十七人，按问全宁守臣何从不法，仍追所释囚还狱。若仁宗者可谓善守宪典者矣，然而终元之世，故事相沿，迄不能革，坏法长奸，弊政未有甚于此也。

按：佛事释囚始见于成宗即位之初，其后屡见之，仁宗时亦有六次，虽欲释而未能也。惟英宗时，仅以西僧亦思刺蛮展普疾，释大辟囚一人，笞罪二十人。西僧灌顶请释囚，勿许也，是则善守宪典。英宗方足当之，仁宗弗及也。

邱濬曰：赦之为言始见于《虞书》，然所肆赦者眚灾而已，未尝泛及于有罪者焉。《管子》之书虽云"赦者小利而大害"，然仅行于其国中，未遍及于天下。赦而加之以大，始见于史，后世遂以为故事，一遇国家有变革、喜庆之事，则形于王言，颁之天下，不问情之故误，罪之当否，一切施以旷荡之恩。呜呼！是何三代之后君子常不幸而小人常多幸哉？

又曰：西汉之世，赦令最频数，高帝在位十九年，凡九赦，盖汉初得天下，人之染秦俗者深，事之袭秦弊者久，不可不赦，赦之所以与民更始也。文帝在位者二十三年，凡四赦，文帝承吕后之后，盖亦有不得已焉者。若夫景帝，十六年而五赦，武帝五十五年而十八赦，昭帝十三年而七赦，宣帝二十五年而十赦，成帝二十六年而九赦，哀帝六年而四赦，大约计之，未有过三年而不赦者，数赦如此，何其为良民计也恒不足，而为奸民计也恒有余哉？

《明志》：世宗虽屡停刑，尤慎无赦。廷臣屡援赦令，欲宥大礼大狱，暨建言诸臣，益持不允。及嘉靖十六年，同知姜辂酷杀平民，都御史王廷相奏当发口外，乃特命如诏书宥免，而以违诏责廷相等。四十一年，三殿成，群臣请颁赦，帝曰："赦乃小人之幸。"不允。

按：世宗之世，如三年之追尊兴献宗，十八年谒显陵，二十四年有事于太庙，安神定位，跻睿宗于武宗之上，皆赦，皆私情也。世宗以制礼作乐自任明代，郊不赦，而嘉靖九年、十七年南郊皆赦，其余则皇子生两赦，亦私情也。惟十八年建储赦为旧典耳。二十四年以后历二十一年无赦，自来赦之疏者诚无如此时矣。然其不赦也亦深恶大礼大狱，暨建言诸臣不欲放令归，故持之坚耳。自九年举谢醮免决囚后，或因祥瑞，或因郊祀，大报停刑之典，每岁举行，又何为也？然明代之慎赦者莫如世宗，故附记其事。

论赦二

《后汉书·郭躬传》：章和元年，赦天下系囚，在四月丙子以前减死罪一等，勿笞，诣金城，而文不及亡命未发觉者。躬上封事曰："圣恩所以减死罪使戍边者，重人命也。今死罪亡命无虑万人，又自赦以来，捕得甚众，而诏令不及，皆当重论。伏惟天恩莫不荡宥，死罪以下并蒙更生，而亡命捕得独不沾泽。臣以为赦前犯死罪而系在赦后〔者〕，可皆勿笞，诣金城，以全人命，有益于边。"肃宗善之，即下诏赦焉。邱濬曰："赦固非国家之美事，然死罪既赦而独不及亡命，不可也。盖自古所以起祸乱者多犯罪亡命之徒也，朝廷一持以法而无所贷，彼固无辞而甘心焉。苟施旷荡之恩而彼独不与，焉能无觖望乎？郭躬之虑可谓远矣。"

按：郭以死罪相拟，论其情也，邱则言其害，亦可谓深切著明矣。世之盛也，此辈窜身匿迹，终老山泽而已，若遇世运之衰，揭竿而起，如火燎原，不可扑灭。明之张、李，初亦不过亡命之徒，岁饥煽乱，而宗社遂移，夫亦始谋之未得其道欤？

荀悦《赦论》：夫赦者，权时之宜，非常典也。汉兴，承秦兵革之后，比屋可刑，故设三章之法、大赦之令，荡涤秽流，与民更始，时势然也。后世承业，袭而不改，失时宜矣。若惠文之世，无所赦之。若孝景之时，七国之乱，异心并起，奸邪非一。及武帝末，赋役繁兴，群贼并起，加太子之事、巫蛊之祸，天下纷然，百姓无聊，人不自安。及光武之际，拨乱之后如此之比，宜无赦矣。君臣失礼，政教陵迟，犯法者众，亡命流窜而不擒获，前后相积，布满山野，势穷形蹙，将为群盗。或刑政失中，猛暴横作，怨枉繁多，天下忧惨，群狱奸昏，难得而治，承此之后，宜为赦也。或赦大逆，或赦轻罪，或赦一方，或赦天下，期于应变济时也。邱濬曰："当承平之世，赦不可有，有则奸宄得志而良民不安。当危疑之时，赦不可无，无则反侧不安而祸乱不解。荀氏谓赦为权时之宜，而后世乃以之为常典，何哉？"

按：大乱之时，欲人人以法绳之，匪独事有所难行，其害必相因而至，高祖之赦所以安反侧而散其势也。王允拘于一岁不再赦之见，不肯赦凉州人，既身罹其祸，国运亦因之而移，谋之不臧，岂得辞其咎哉？故君子道其常，尤贵通其变，荀氏斯言，诚至论也。

荀悦《申鉴》：赦令，权也。或曰："有制乎？"曰："权无制，制其义，不制其事。巽以行权，义制也。权者反经，无事也。"问其象，曰："无妄之灾，大过凶其象矣，不得已而行之，禁其屡也。"曰："绝之乎？"曰："权。"曰："宜弗之绝也。"

按：此篇与《赦论》之义同。

《晋书·郭璞传》：为著作佐郎，于时阴阳错缪，而刑狱繁兴，璞上疏曰：臣闻《春秋》之义，贵元慎始，故分至启闭以观云物，所以显天人之统，存休咎之征。臣不揆浅见，辄依岁首粗有所占，卦得《解》之《既济》。按爻论思，方涉春木王龙德之时，而为废水之气来见乘，加升阳未布，隆阴仍积，《坎》为法象，刑狱所丽，变《坎》加《离》，厥象不烛。以义推之，皆为刑狱殷繁，理（者）有壅滥。又去年十二月二十九日，太白蚀月。月者属《坎》，群阴之府，所以照察幽情，以佐太阳精者也。太白，金行之星，而来犯之，天意若曰刑理失中，自坏其所以为法者也。臣（学）术［学］庸近，不练内事，卦理所及，敢不尽言。又去秋以来，沈雨跨年，虽为金家涉火之祥，然亦是刑狱充溢，怨叹之气所致。往建兴四年十二月中，行丞相令史淳于伯刑于市，而血逆流长标。伯者小人，虽罪在未允，何足感动灵变，致若斯之怪邪！明皇天所以保祐金家，子爱陛下，屡见灾异，殷勤无已。陛下宜侧身思惧，以应灵谴。皇极之谪，事不虚降。不然，恐将来必有愆阳苦雨之灾，崩震薄蚀之变，狂狡蠢戾之妖，以益陛下盱食之劳也。臣谨寻按旧经，《尚书》有五事供御之术，京房《易传》有消复之救，所以缘咎而致庆，因异而迈政。故木不生庭，大戊无以隆；雉不鸣鼎，武丁不为宗。夫寅畏者所以向福，怠傲者所以招患，此自然之符应，不可不察也。按《解卦》繇云："君子以赦过宥罪。"《既济》云："思患而豫防之。"臣愚以为宜发哀矜之诏，引在子之责，荡除瑕衅，赞阳布惠，使幽毙之人应苍生以悦育，否滞之气随谷风而纾散。此亦寄时事以制用，藉开塞而曲成者也。

其后日有黑气，璞复上疏曰：臣以顽昧，近者冒陈所见，陛下不遗狂言，事蒙御省。伏读圣诏，欢惧交战。臣前云升阳未布，隆阴仍积，《坎》为法象，刑狱所丽，变《坎》加《离》，厥象不烛，疑将来必有薄蚀之变也。此月四日，日出山六七丈，精光潜昧，而色都赤，中有异物大如鸡子，又有青黑之气共相搏击，良久方解。按时在岁首纯阳之月，日在癸亥全阴之位，而有此异，殆元首供御之义不显，消复之理不著之所致也。计去微臣所陈，未及一月，而便有此变，益明皇天留情陛下恳恳之至也。往年岁末，太白蚀月，今在岁始，日有咎谪。曾未数旬，大眚再见。日月告衅，见惧诗人，无曰天高，其鉴不远。故宋景言善，荧惑退次；光武宁乱，呼沱结冰。此明天人之悬符，有若形影之相应。应之以德，则休祥臻；酬之以怠，则咎征作。陛下宜恭承灵谴，敬天之怒，施沛然之恩，谐玄同之化，上所以允塞天意，下所以弭息群谤。臣闻人之多幸，国之不幸。赦不宜数，实如圣旨。臣愚以为子产之铸刑书，非政事之善，然不得不作者，须以救弊故也。今之宜赦，理亦如之。随时之宜，亦圣人所善者。此国家大信之要，诚非微臣所得干豫。今圣朝明哲，思弘谋猷，方辟四门以亮采，访舆诵于群（小）［心］，况臣蒙珥笔朝末，而可不竭诚尽规哉！

永昌元年，皇孙生，璞上疏曰：有道之君未尝不以危自持，乱世之主未尝不以安自居。故存而不忘亡者，三代之所以兴也；亡而自以为存者，三季之所以废也。是以古之令主开纳忠说，以弼其违；标显切直，用攻其失。至乃闻一善则拜，见规诚则惧。何者？盖不私其身，处天下以至公也。臣窃惟陛下符运至著，勋业至大，而中兴之祚不隆、圣敬之风未跻者，殆由法令太明，刑教太峻。故水至清则无鱼，政至察则众乖，此自然之势也。臣去春启事，以囹圄充斥，阴阳不和，推之卦理，宜因郊祀作赦，以荡涤瑕秽。不然，将来必有愆阳苦雨之灾，崩震薄蚀之变，狂狡蠢戾之妖。其后月余，日果薄斗。去秋以来，诸郡并有暴雨，水皆洪潦，岁用无年。适闻吴兴复欲有构妄者，咎征渐成，臣甚恶之。顷岁以来，赋役转重，狱犴日结，百姓困扰，甘乱者多，小人愚嵚，共相扇惑。虽势无所至，然不可不虞。按《洪范传》，君道亏则日蚀，人愤怨则水涌溢，阴气积则下代上。此微理潜应已著实于事者也。假令臣遂不幸谬中，必贻陛下侧席之忧。今皇孙载育，天固灵基，黔首颙颙，实望惠润。又岁涉午位，金家所忌。宜于此时崇恩布泽，则火气潜消，灾谴不生矣。陛下上承天意，下顺物情，可因皇孙之庆大赦天下。然后明罚敕法，以肃理官，克厌天心，慰塞人事，兆庶幸甚，祯祥必臻矣。疏奏，纳焉，即大赦改元。

按：自来论者，莫不谓赦非善政，而璞独请赦，观其疏中语，一则曰刑狱殷繁，理者有壅滥；再则曰刑理失中，自坏其法；三则曰法令太明，刑法太峻；是必当日之刑法实有未得其平者。《晋志》言元帝为丞相时，朝廷草创，议断不循法律，人立异议，高下无状。主簿熊远言："自军兴以来，法度陵替，至于处事不用律令，竞作厉命，人立异议，曲适物情，亏伤大例。府立节度，复不奉用，临事改制，朝作夕改。"时卫展亦以为言，可见东晋之初，刑法不定，狱讼繁滋。璞欲以赦为补救之方，而特假灾异为词耳，其意旨固在彼不在此也。

《旧唐书·孙伏伽传》：及平王世充、窦建德，大赦天下，既而责其党与，并令配迁。伏伽上表谏曰："臣闻王言无戏，自古格言；去食存信，闻诸旧典。故《书》云：'尔无不信，朕不食言。'又《论语》云：'一言出口，驷不及舌。'以此而论，言之出口，不可不慎。伏惟陛下光临区宇，覆育群生，率土之滨，谁非臣妾。丝纶一发，取信万方，使闻之者不疑，见之者不惑。陛下今月二日发云雨之制，光被黔黎，无所闲然，公私蒙赖。既云常赦不免皆赦除之，此非直赦其有罪，亦是与天下断当，许其更新。以此言之，但是赦后，即便无事。因何王世充及建德部下赦后乃欲迁之？此是陛下自违本心，欲遣下人若为取则？若欲子细推寻，逆城之中，人谁无罪。故《书》云：'歼厥渠魁，胁从罔治。'若论渠魁，世充等为首，渠魁尚免，胁从何辜？且古人云：'跖狗吠尧，盖非其主。'在东都城内及建德部下，乃有与陛下积小故旧，编发友朋，犹尚有人败后始至者。此等岂忘陛下皆云被壅故也。以此言之，自外疏者，窃谓无罪。又《书》云：'知之非艰，行之惟艰。'上古已来，何代

无君，所以只称尧、舜之善者何也？直由为天子者实难，善名难得故
也。往者天下未平，威权须应机而作；今四方既定，设法须与人共之。
但法者，陛下自作之，还须守之，使天下百姓信而畏之。今自为无信，
欲遣兆人若为信畏？故《书》云：'无偏无党，王道荡荡；无党无偏，
王道平平。'赏罚之行，达乎贵贱，圣人制法，无限亲疏。如臣愚见，
世充、建德下伪官，经赦合免责情，欲迁配者，请并放之，则天下
幸甚。"

《通鉴考异》曰：伏伽表云"今月二日发云雨之制"，而赦书乃十二
日，或脱"十"字也。又云"常赦所不免咸赦除之"，今赦无此文，岂
《实录》之赦文不尽欤？

按：《册府》所载赦文与《考异》所言同，疑亦取诸《实录》。伏伽
言赦之不可无信，时高祖从之，论国家之政令，何者可以无信乎？

《宋志》：初，太宗尝因郊礼议赦，有秦再恩者，上书愿勿赦，引诸
葛亮佐刘备数十年不赦事。帝颇疑之。时赵普对曰："凡郊祀肆赦，圣
朝彝典，其仁如天，若刘备区区一方，臣所不取。"上善之，遂定赦。

按：武侯佐蜀，十年不赦，亦不当先主时也，秦语稍有误。赵普阿
谀之词，殊不足取。我得下一转语曰："区区一方尚能行之，况富有天
下者乎？"至郊祀之赦，始于汉武，然初未定为常典，六代以后则几于
无郊不赦。五季之时，每逢恩赦，军士并有赏给。宋承其敝，遂为国用
之一大宗，理财治军，均受其牵制之害，而赵普犹为此言，以荧惑主
听，岂纯臣而肯出此？

《宋志》：仁宗曰："赦不欲数，然舍是无以召和气。"遂命赦天下。

按：刑重之世，枉滥时闻，故偶施赦宥，可以召和气。若刑平之
世，法如其罪，与气运何干哉？仁宗斯言，非探本之论。

《宋史·孙永传》：神宗即位，擢天章阁待制，安抚陕西。民景询外
叛，诏捕送其孥，勿以赦原。永言："陛下新御极，旷泽流行，恶逆者
犹得亏除。今缘坐者勿宥，非所以示信也。"

按：观此《传》，是宋时大赦恶逆亦免矣。缘坐于唐法在会赦犹除
名之列而仍须捕送，此永之所以不能已于言也。

司马光《论赦札子》：嘉祐七年。臣伏见国家每下赦书辄云"敢以赦
前事言者以其罪罪之"，诚欲恩泽下究而号令必信也，比见臣僚多以私
意偏见奏赦前事，乞不原赦，或更特行编配，重于不经赦之人，朝廷皆
从其请。若其人情理巨蠹必不可赦者，则国家当于约束敕及赦文内明白

言之，若所坐不至甚重而特不赦，是恩泽有所不均，而同罪之人有幸有不幸也。且今劫盗杀人不死，及杂犯死罪犹赦之而微罪不赦，是则罪之轻重不系于人主，不刊之法令而次于人臣一时之私意也。况使经赦之人仍就编配，得罪重于不经赦者尤无谓也。夫赦者，诚非致治之道，然朝廷若能永无赦令，使有罪者必刑，斯人知恐惧，莫敢犯矣。今既数下赦令，而使大罪得免，小罪被刑，经赦者其罚重，不经赦者其罚轻，臧否纠纷，使百姓何所取信哉？臣愚欲望陛下自今犯罪之人，情理巨蠹必不可赦者，乞于豫降约束赦内明白言之，其余并从赦文处分。其有指赦作过，情状显然，不因臣僚奏请，陛下圣意特不原免者，止宜依法施行，亦不可使重于赦前之罪。应昨赦前犯，罪不至编配而赦后特行编配者，并请放令逐便，庶使恩泽均一，号令明信。取进止。

按：此言既下赦令，则恩泽宜使均一也。《温公集》又有论赦及疏决状，大旨谓赦者害多而利少。见前卷。

《通考》：高宗建炎元年六月，大赦。右仆射李纲言："登极赦独遗河东、北而不及勤王之师，夫两路为朝廷坚守而赦令不及勤王之师，虽未尝用，然在道半年亦已劳矣，况疾病死亡者不可胜数，恩恤不及，后复有急，何以使人？"上嘉纳。故此赦于二者特详。

按：此事理之显而易见者，而当日中书诸公竟不见及，殊可怪也。

光宗绍熙二年，郊，赦。殿中侍御史张釜言："国家三岁一郊，需旷荡之泽以幸天下，德至渥也。然赦文与令甲抵牾者有失参考，乞预饬省部令将各按具到赦文内合行事件，逐一比照现行条法，法意宽而条或从窄则改定赦文，令舍窄而就宽，赦文本宽而法或从窄则明载赦书，令舍法而从赦，毋令引法以阻赦，毋令因赦以伤恩，如此则国家旷荡之泽不为虚文。"从之。

按：刑法定自刑官，而赦文则出于中书省官，中书省未必有深明刑法之人，遇有赦事，或沿袭旧文，或意为轻重，而孰知事多变迁，不加参考，遂至抵牾，往往法已改于数十年之前而仍列诸赦文之内，所司棘手，不得不思通变之方，以至赦书成为虚文，不足以取信于天下。观张釜所言，乃知此弊自古然矣。

《元史·耶律楚材传》：太宗即位，朝集后期应死者众，楚材奏曰："陛下新即位，宜宥之。"太宗从之。中原甫定，民多误触禁网，而国法无赦［令］。楚材议请肆宥，众以云迁，楚材独从容为帝言。诏自庚寅正月朔日前事勿治。岁辛丑二月三日，帝疾笃，医言脉已绝。皇后不知所为，召楚材问之，对曰："今任使非人，卖官鬻狱，囚系非辜者多。古人一言而善，荧惑退舍，请赦天下囚徒。"后即欲行之，楚材曰："非君命不可。"俄顷，帝少苏，因入奏，请肆赦，帝已不能言，首肯之。是夜，医者候脉复生，适宣读赦书时也，翌日而瘳。

按：元初用法严，故楚材以宽剂之，此之谓善用法。医言脉绝，特脉偶伏，故得复生而疾亦瘳也。

邱濬曰：赦之为言，释其罪之谓也，后世之赦，乃以蠲逋负、举隐逸、荫子孙、封祖考，甚至立法制、行禁令皆于赦令行焉，失古人眚灾肆赦、赦过宥罪之意矣。臣愚以为赦令之颁，宥罪之外，蠲逋减税、省刑已责、弛工罢役、宽征招亡，凡宽民惠下之道因赦而行可也，非此属也，一切付之有司行焉。凡夫赦文之初作条件之初拟也，必须会集执政大臣各拟所司合行条贯，从公计议，必于律例无碍，必于事体无违，必于人情不拂，断然必可行，的然必无弊。如蠲逋也，其物必可除后决不至复追；如宽征也，其事必可已后决不至于再作；其文意必不至解而两通，其前后必不至言而相戾。既处置其事，宜复讲解其文理，明白切当，然后著于赦文，行于天下，则上之所颁者无虚文，下之所沾者皆实惠矣。

又曰：五代时，温韬发唐诸陵，唐庄宗入朝，赐姓名曰李绍冲。韬多赍金帛赂刘夫人及权贵，旬日遣还。郭崇韬曰："温韬发唐山陵，殆遍其罪与朱温相埒耳，何得复居方镇？天下义士谓我何？"庄宗曰："入汴之初，已赦其罪。"竟遣之。胡寅曰："罪人不可不诛，赦令不可不守，二者将何处？必于未赦之前揆情法审轻重而区别之，使预赦者无可诛之罪，被刑者无可恕之人，则一举而两得矣。臣按事几多端，变故不一，人之所为所犯，赦文所条具者岂能一一该尽之哉？然间阎之幽，郡邑之远，事出于一时，或有反常殊异者，上之人固无由周知而豫料之。若夫干纪乱常之事，关于大伦，入于大恶，昭昭于天下耳目者岂应用事秉笔之人无一人知哉？如温韬发诸帝陵以窃取宝玉，虽妇人走卒亦或知之，若是者，宜于群臣计议，诏条之前，明举某人某事，决不可赦，豫有以处之，使吾诏条颁布天下，有司奉行之无有妨碍，不至犯万世之义，失一时之信，则得之矣。"

按：赦既不能遽废，则赦文之颁布不可不慎于初文。庄此二论，皆为初拟之条件说也，乃当事者每多忽之，何哉？

又曰：仁宗嘉祐中，学士张方平言："中外官多发人积年罪状，数按人赦前事及奏劾事，辄请不以赦原减，快一时之小忿，失天下之大信。自今有类此者，以故违制书坐之。"御史吕诲亦以为言，乃下诏云云。按无事而赦，固非国家美事，有事而赦，而又不能守，使失信于人，尤非国家善治也。盖国宝于民，民宝于信，上之出令，一有不信于民，异时再有所言则民不信之矣。是以善为治者必不轻于出令，令既出矣而必守之以信，非但欲其令之必行，盖欲其事之可继也。

汉代录囚

《汉书·隽不疑传》：拜为青州刺史，每行县录囚徒还。注师古曰："省录之，知其情状有冤（抑）[滞]与不也。今云虑囚，本录声之去者耳，音力具反。而近俗不晓其意，讹其文遂为思虑之虑，失其源矣。"

《何武传》：及武为刺史，行部录囚徒。

按：录囚之事，汉时郡守之常职也。《百官公卿表》："武帝元封五年，初置部刺史，掌奉诏条察州。"注："《汉官典职仪》云，刺史班宣，周行郡国，省察治状，黜陟能否，断治冤狱。"此事又属于刺史，隽、何二《传》皆为刺史时事也。

《续汉书·百官志》：诸州常以八月巡行所部郡国，录囚徒。注胡广曰："县邑囚徒，皆阅录视，参考辞状，实其真伪。有侵冤，即时平理也。"

按：东汉沿武帝之制，刺史为一州监察之官，其人初以御史行之，后亦不专任御史矣。其期每年一举行，与旧郡守之制是否相同，已无可考。魏、晋尚踵行之，乃理冤之事，非肆赦之事也。

《后汉书·应奉传》：为郡决曹吏，行部四十二县，录囚徒数百千人。及还，太守备问之，奉口说系囚姓名，坐状轻重，无所遗脱。

按：此郡守行县录囚有不亲临而遣吏者，并可见诸州虽常年录囚，而郡守之旧制仍未尝废也。

《晋书·刑法志》：及明帝即位，常临听讼观录洛阳诸狱。帝性既明察，能得下奸，故尚书奏决近于苛碎。

按：此东汉明帝事，然《后汉书·明纪》不书。

《后汉书·和帝纪》：永元六年秋七月，京师旱。丁巳，幸洛阳寺，录囚徒，举冤狱。收洛阳令下狱抵罪，司隶校尉、河南尹皆左降。未及还宫而澍雨。

《安帝纪》：永初二年五月，旱。丙寅，皇太后幸洛阳寺及若卢狱，录囚徒，赐河南尹、廷尉、卿及官属以下各有差。

又《和熹邓皇后纪》：永初二年夏，京师旱，亲幸洛阳寺录冤狱。有囚实不杀人而被考自诬，羸困舆见，畏吏不敢言，将去，举头若欲自诉。太后察视觉之，即呼还问状，具得枉实，即时收洛阳令下狱抵罪。行未还宫，澍雨大降。

按：邓后事放免者一人，和帝事不详，然皆是理冤，抑非赦宥也。

六代录囚

《魏志·明纪》：太和三年冬十月，改平望观曰听讼观。帝常言"狱者天下之性命也"，每断大狱，常幸观临听之。

《晋书·武纪》：泰始四年十二月庚寅，帝临听讼观，录廷尉洛阳狱囚，亲平决焉。五年正月丙申，帝临听讼观录囚徒，多所原遣。十年六月癸巳，临听讼观，多所原遣。

按：魏明之听狱亦即录囚之意而小变之，晋武之平决则不但省录而已，多所原遣，则放免者不止一人。唐制虑囚，当沿于此。至元帝大兴四年四月，帝亲览庶狱而不言录囚徒，似与武帝之平决不同。《隋书·刑法志》云"陈文帝留心刑政，亲览狱讼"，与此《纪》同，言"览"而不言"录"，殆如隋文之省阅诸州申奏罪状，而非省录囚徒欤？

《隋书·刑法志》：高祖每季亲录囚徒。尝以秋分之前，省阅诸州申奏罪状。

按：《书·立政》云："文王罔攸兼于庶言，庶狱庶慎，惟有司之牧夫是训用违。庶狱庶慎，文王罔敢知于兹。"孔传："文王一无敢自知，委任贤能而已。"是圣如文王于庶狱犹不敢亲自平决，而必委任贤能。后之人主，不及文王，而辄欲躬自录囚，在汉、晋偶一行之，尚不失为勤政之一端。若隋文以此为常，是任己而不任人，实大违文王无敢自知之宗旨，况又性多猜忌，甚至殿陛杀人，安望省阅之不任意轻重乎？夫治狱乃专门之学，非人人之所能为，后世人主每有自圣之意，又喜怒无常，每定一狱，即成一例，畸轻畸重，遗害无穷，可不慎哉？虞舜施刑，必属皋陶，周公敬狱，必推苏公，圣人之所为，固非庸众之所能窥测矣。

唐代虑囚

《唐书·高祖纪》：武德元年九月己巳、二年二月丁巳、《旧》缺。三年五月丙午、八月庚子、《旧》缺。九年十二月癸酉。太宗已即位。

按：虑囚，《旧唐书·本纪》作"亲录囚徒"，虑、录通用。然小颜云，今之"虑囚"则唐之正文实作"（虑）［录］囚"也。

《太宗纪》：贞观二年八月甲戌，省冤狱于朝堂。

按：此正举冤之事，但不于狱中而于朝堂，其制稍不同。三年三月己酉、以下二事《旧》缺。闰月辛酉、六年十二月辛未，虑囚，纵死罪者归其家。七年九月，纵囚来归，皆赦之。十五年四月、以下四事《旧》缺。十七年四月己亥、十八年十一月戊寅、二十一年正月，虑囚，降死罪以下。二十二年闰月癸巳。

按：《纪》书虑囚，不言赦降，惟二十一年言降死罪以下，于检阅之中寓宽释之意。《旧书·太宗纪》三年六月戊寅，以旱，亲录囚。十七年十一月，曲赦凉州，并录京城及诸州系囚，多所原宥。此二事《新纪》无，与汉制遂不尽同矣。

《高宗纪》：永徽元年七月辛酉，以旱。《旧纪》"辛酉"作"丙寅"。亲录京城因。四年四月壬寅以旱。《旧纪》："亲录系囚，遣使省天下冤狱。"《新纪》改为"决天下狱"。可见虑囚者但决之而已，非尽降赦之也。(六)〔五〕年六月丙寅，河北大水，遣使。以下四事《旧》缺。显庆二年十一月甲辰，遣使虑所过因。是年七月，如洛阳宫。四年七月壬辰，以旱。龙朔三年二月庚戌。《旧》作"在京系囚应流死者，每日将二十人过。于是亲自临问，多所原宥，不尽者皇太子录之"。《玉海》六十七引《纪》作"日亲虑二十人，不尽者皇太子于百福殿虑之"。按《玉海》所引与《新、旧纪》皆不同，未详所引何人之作。麟德二年三月戊午，遣使虑京师诸司及雍、洛二州囚。《旧纪》惟此作"虑"。乾封二年正月丁丑，以旱。七月乙卯，以旱遣使。《旧》缺。咸亨元年二月戊申。七月甲戌，以雍、华、蒲、同四州旱，遣使。《旧》缺。二年六月癸巳，以旱。《旧纪》"癸巳"作"丁亥"。仪凤元年二月，遣使虑免汝州轻系。七月，有彗星出于东井。八月庚子。《旧纪》："放京城系囚。"是不但决之而已。三年四月丁亥，以旱。《旧纪》："悉原之。"

《武后纪》：垂拱元年五月壬戌，以旱。三年四月癸丑，以旱。延载元年二月乙亥，以旱。万岁通天元年十月甲午。神功元年二月乙巳。以上《旧》缺。

《中宗纪》：景龙元年正月丙辰，以旱。《旧》缺。三年六月丙寅。七月癸亥。

《初学纪》二十：唐中宗孝和皇帝虑囚制：念将虑降，再释狴牢，庶无滞禁之冤，仍示小惩之诫，其都城之内见禁囚徒，朕特亲虑。仍令所司具为条例闻奏。

按：此虑囚制文明言虑降，是降而非赦。所司具为条例，是当时必别有其文，仍属于所司之决定，非由特颁。

《玄宗纪》：开元二年二月己酉。三年五月丁未，以旱，录京师囚。前《纪》多曰虑，此独称录。六年八月庚辰，以旱。七年五月己丑。日食。以上三事《旧》无。闰七月甲申。以旱。《旧纪》作"丙辰，上亲录囚徒，多所原免。诸州委牧、县宰量事处置"。八月丙戌。此一年三虑囚，而《旧纪》只书其一。《旧纪》："十三年正月，遣御史中丞蒋钦绪等往十道疏放囚徒。"又"十七年四月癸亥，令中书门下分就大理、京兆、万年、长安等狱疏决囚徒"。此二事《新纪》不书，疏决亦虑之意，观下一条可见。二十年十月，如潞州。丙戌，中书门下虑巡幸所过囚。《旧》作"疏决囚徒"，此疏决即虑之证。二十一年四月乙卯，遣宣慰使决系囚。《旧》作"以久旱，命太子少保陆象先、户部尚书杜暹等七人往诸道疏决囚徒"。又"天宝六载七月乙酉，以旱，命宰相、台寺、府县录系囚，死罪决杖配流，徒以下特免"。《新》作"降死罪，流以下原之"。不言虑囚。

天宝九载五月庚寅。以旱。十二载八月，中书门下。《旧纪》："以京城霖雨，疏决囚徒。"又《旧纪》："十四载八月壬辰，上亲录囚。"《新》作"八月辛卯，降死罪，流以下原之"。当是一事，而日干不同。

《肃宗纪》：干元二年二月壬戌，中书门下。此后多不亲录。

《德宗纪》：贞元十一年五月庚午，中书门下。《旧纪》："旱故也。"十三年四月辛酉，以旱。以下五事《旧》缺。

《武宗纪》：会昌元年十一月，有彗星出于营室，理囚。改"虑"为"理"，未详其故。自此无言"虑囚"者，或是史官之变文。三年九月丁未，以雨霖，理囚。

《宣宗纪》：大中元年二月癸未，以旱理京师囚。四年四月，以雨霖，诏京师、关辅理囚。八年三月，以旱理囚。《旧》［作］"疏决"。

《懿宗纪》：咸通十年六月戊戌，以蝗旱理囚。《旧纪》载是月制云："量罪轻重，速（久）［令］决遣，无久系留。"是则理囚者仍是省录之意。十二年五月庚午，理囚。《旧纪》载是月制"并宜疏理释放"之语，理者疏理之谓也。

《僖宗纪》：乾符元年四月辛卯，以旱理囚。以下《旧》无。三年五月庚子，以旱理囚。是年二月，以旱，降死罪以下。可知理与降二事也。

按：唐代虑囚之制有二：一大理之常职也。《唐六典》："大理卿之职，若禁囚有推决未尽，留系者，五日一虑。"此无关于赦也。一特赦也。《唐律疏议》："会降者听从当赎法。"问曰："若有别蒙赦放及会虑减罪，得同赦降以否？"答曰："其有会虑减罪，计与会降不殊，当免之科，须同降法。虑若全免，还从特放之例。"《释文》："赦、降、虑三者，名殊而义归于赦。"此赦之一端也。唐初虑囚，似尚循汉世理冤之义，故贞观六年虑囚之事，《刑法志》云"亲录囚徒，闵死罪者三百九十人，纵之还家，期以明年秋即刑；及期，囚皆诣朝堂，无后者，太宗嘉其诚信，悉原之"。此其纵之还也，乃出于一念之仁而非以其罪之可恕其来归而悉原之也，乃出于非常之特恩，亦非以其真有可原，欧阳永叔所谓违道以干誉也。然就此事观之，唐初虑囚，其初亦与汉制无大异，其后十七年云"多所原宥"，二十一年云"降死罪以下"，于是虑囚遂为赦之一端。新、旧《纪》所书虽互有详略，而大致有可考见也。

宋代虑囚

《宋史·刑法志》：恩宥之制，凡大赦及天下，释杂犯死罪以下，甚则常赦所不原罪，皆除之。凡曲赦，惟一路或一州，或别京，或畿内。凡德音，则死及流罪降等，余罪释之，间亦释流罪。所被广狭无常。又，天子岁自录京师系囚，畿内则遣使，往往杂犯死罪以下，第降等，杖、笞释之，或徒罪亦得释。若并及诸路，则命监司录焉。

按：宋代虑囚，《刑志》言之已详。

《宋史·太宗纪》：太平兴国六年三月，令诸州长吏五日一虑囚。雍熙元年六月，令诸州长吏十日〔一〕虑囚。四年正月己卯，遣使按问四川、岭南、江、浙等路刑狱。淳化三年五月壬寅，诏御史府所断徒罪以上狱具，令尚书丞郎、两省给舍一人虑问。三年五月乙酉，以旱遣使分行诸路决狱。

按：虑囚之制，宋与唐稍不同。唐之五日一虑，大理之常职也；宋之五日一虑，或十日一虑，临时之命令也。虑与决亦微不同，虑者，省虑，所谓虑问是；决者，论决，在虑之先，必先虑而后能决也。虑、决是一串事，非赦宥也。

太平兴国七年五月戊申。雍熙二年十月辛丑。端拱二年五月戊戌，以旱。淳化元年四月庚戌，虑囚，遣使分决诸道狱。此虑决并言，可为一事之证。三年十一月甲申，虑囚，降徒流以下一等，释杖罪。

按：虑而降释，《宋纪》始于此，真为赦典。

五年正月乙丑，虑囚，流罪以下释之。己巳，别遣决诸路刑狱。

按：有释无降，视三年为宽，亦可见宋时初无定例，皆临时轻重也。

至道元年二月戊戌，以旱虑囚，减流罪以下。四月辛丑，遣使分决诸路刑狱，劫贼止诛首恶，降流罪以下一等。壬寅，虑囚。

《真宗纪》：咸平元年二月乙未，虑囚，老幼疾病，流以下听赎，杖以下释之。彗出。三年二月戊辰，京畿旱，虑囚。（五）[六] 年十一月癸巳，虑囚，杂犯死罪以下递减一等，杖释之。六年十一月癸巳。同上。景德二年九月庚戌，淮南旱，诏转运使疏理系囚。辛未，命近臣虑开封府系囚。三年正月丁巳，亲释逋负系囚。大中祥符二年五月丁卯，遣使陕西 [决狱]，流罪以下减一等，死罪情可悯者上请。陕饥。三年八月辛亥，以江南旱，诏转运使决囚。四年五月丁酉，虑囚，死罪流徒降等，杖以下释之。七年正月辛丑，虑囚。天禧元年十二月丁丑，放逋负，释系囚。三年五月辛未，虑囚。五年五月乙亥，虑囚，降天下死罪。

《仁宗纪》：乾兴元年五月乙亥，录系囚，杂犯死罪递降一等，杖以下释之。

按：此《纪》忽改“虑”为“录”。

天圣元年五月辛未，录系囚。天圣二年五月乙未同。三年五月庚寅同。四年五月戊子同。五年五月辛亥同。六月丙子，诏决畿内系囚。七年五月癸酉同。明道元年四月丙午同。二年五月戊寅。[景祐] 三年五月丙申同。四年五月庚戌，皇子生同。降死罪一等，流以下释之。乙卯，以旱遣使决三京系囚。宝元元年五月乙巳同。二年五月己酉同。庆历元年五月丁巳同。三年五月庚午同。四年五月庚午同。五年四月丁亥，日当食，阴晦不见同。遣官录三京囚。六年五月丙戌同。八年三月壬戌，以霖雨。同。皇祐三年五月庚戌，以恩。冀州旱，诏长吏决系囚。丁丑同。四年三月辛酉同。五年五月壬子同。至和元年正月辛卯同。减三京、辅郡杂犯死罪一等，徒以下释之。嘉祐二年二月庚戌同。降罪一等，徒以下释之。遣使录三京、辅郡系囚。八月庚申同。降罪一等，徒以下释之。三年二月癸丑同。降罪一等，徒以下释之。闰月壬午同。降三京囚罪一等，徒以下释之。四年四月壬辰同。降罪一等，徒以下释之。五年二月壬戌同。五月丁巳同。降罪一等，徒以下释之。六年五月庚戌同。降罪一等，徒以下释之。分命官录三京系囚。七年二月癸酉同。命官录被水诸州系囚。

《英宗纪》：治平元年三月戊午，录囚。二年二月丁未同。六月壬辰同。三年三月戊辰，上亲录囚。

按：此《纪》作“录囚”。

《神宗纪》：治平四年四月丙寅，录囚。二年三月乙未，以旱虑囚。

按：此《纪》一作"录囚"，余又作"虑囚"。

熙宁三年八月丙寅同。死罪以下递减一等，杖、笞者释之。四年六月丙寅，虑囚。六年七月，录在京囚，死罪以下降一等，杖罪释之。十二月戊子，诏决开封府囚。七年三月壬寅，虑囚，减死罪一等，杖以下释之。八年五月辛酉，虑囚，降死罪一等，杖以下释之。九年六月己亥同。十年三月辛未同。元丰元年三月辛巳同。十二月辛亥，录囚，降死罪一等，杖以下释之。

按：同一年而前作"虑"后作"录"，《纪》中参差之处未详。

七年五月壬子，虑囚，降死罪一等，杖以下释之。

《哲宗纪》：元祐元年正月丙子，录在京囚，减死罪以下一等，杖罪者释之。十二月戊申，以冬温无雪，决系囚。二年十一月丙子，决囚。二年正月甲戌同。

按：此三事作"决囚"。

四年二月发巳，录囚。六年六月壬辰同。七年三月己亥同。八年五月己丑同。绍圣元年四月己酉，诏中外决狱。十一月壬子，以冬温无雪，决系囚。三年五月丙辰，录囚。四年五月辛酉，以皇太妃服药及亢旱，决四京囚。元符二年七月己巳，盛暑，中外决系囚。

按：《哲纪》四年作"录"。

《徽宗纪》：元符三年十二月辛丑，虑囚。

按：至此忽又作"虑"。

崇宁元年二月丙戌，以圣瑞皇太妃疾，虑囚。闰月辛酉，虑囚。二年六月壬戌同。四年六月丁丑同。大观三年五月丁巳同。政和元年四月丙辰同。二年五月癸亥同。三年五月乙酉同。四年六月戊午同。五年五月壬辰同。六年六月庚午同。重和元年六月庚子同。宣和元年五月甲戌同。三年五月戊寅同。四年五月丙戌同。五年六月己亥同。六年五月壬寅同。七年六月辛亥同。

《高宗纪》：建炎二年六月甲子，亲虑囚。三年七月己卯同。四年六月辛巳，虑囚。九月壬寅，诏诸路决囚。绍兴三年五月甲申，亲虑囚。三年七月己巳，命两浙及诸路宪臣亲按部录囚。六年五月丙申，诏监司虑囚不能遍及者，听遣官，著为令。绍兴十一年七月庚子，遣官决滞狱，出系囚。十五年四月癸未，命提刑巡行决狱。䂓出。

《孝宗纪》：隆兴二年六月辛酉，以淫雨，诏州县理滞囚。八月甲子，以久雨决系囚。乾道元年二月甲辰，以久雨决系囚。三年八月甲寅，以久雨，命临安府决系囚。戊午，遣官分决滞狱。九年闰月戊申，以久雨，命大理、三衙、临安府及两浙州县决系囚，减杂犯死罪以下一等，释杖以下。淳熙元年十月癸亥，以久雨，命中外决系囚。三年五月，理囚。八月壬午，以久雨，命中外决系囚。十月甲戌同。十月丙子，以久阴，命中外同。十年七月乙丑，以不雨同。十一年三月辛卯，诏刑部、御史台每季以仲月录囚徒。绍熙元年六月甲午，御后殿虑囚。二年九月乙丑，以久雨，命大理、三衙、临安府及两浙决系。四年七月丙子，以不雨，命诸路提刑审断滞狱。戊寅，命临安府及三衙决系囚，释杖以下。

《宁宗纪》：绍熙五年十月庚子，以久雨，命大理、三衙、临安府两浙州县决系囚，释杖以下。庆元二年九月乙酉，以久雨决系。二年五月辛巳，以旱诏大理、三衙、临安府两浙州县决系囚。三年七月，监察御史沈继祖录淹囚四百余条来上，诏进二官。嘉泰三年三月丁丑，以久雨诏大理、三衙、临安府决系囚。四年七月甲子，以旱诏大理、二衙、临安府两浙及诸路决系囚。开禧元年七月，以旱诏大理、三衙、临安府两浙州县及诸路决系囚。二年二月丁巳，以久雨。余同上。三年二月庚申，以旱。余同上。嘉定元年闰月，诏大理、三衙、临安府及诸路阙雨州县决系囚，释杖以下。乙未，命大理、三衙、临安府两浙州县决系囚。二年五月丁酉，以旱诏诸路监司决系囚。三年四月乙丑，决临安系囚，释杖以下。五年三月戊辰，以久雨。同开禧二年二月。六年五月丁卯，以旱，命大理、三衙、临安府决系囚。七年六月，诏诸路监司官臣速决滞讼。十五年五月甲寅，诏监司虑囚。

《理宗纪》：嘉定十七年十月，诏诸路提点刑狱以十一月按理囚徒。淳祐二年十一月癸卯，诏决中外系囚。

审录

《明史·刑法志》：会官审录之例，定于洪武三十年。初制，有大狱必面讯。十四年命法司论囚，拟律以奏，从翰林院、给事中及春坊正字、司直郎会议平允，然后覆奏论决。至是置政平、讼理二幡，审谕罪囚。谕刑部曰："自今论囚，惟武臣、死罪，朕亲审之，余俱以所犯奏。然后引至承天门外，命行人持讼理幡，传旨谕之；其无罪应释者，持政平幡，宣德意遣之。"继令五军都督府、六部、都察院、六科、通政司、詹事府，间及驸马杂听之，录冤者以状闻，无冤者实犯死罪以下悉论如律，诸杂犯准赎。永乐七年，令大理司官引法司囚犯赴承天门外，行人持节传旨，会同府、部、通政司、六科等官审录如洪武制。十七年，令在外死囚，悉赴京师审录。仁宗特命内阁学士会审重囚，可疑者再问。宣德三年奏重囚，帝令多官覆阅之，曰："古者断狱，必讯于三公九卿，所以合至公，重民命。卿等往同覆审，毋致枉死。"英国公张辅等还奏，诉枉者五（六）十［六］人，重命法司勘实，因切戒焉。成化十七年，命司礼太监一员会同三法司堂上官，于大理（司）［寺］审录，谓之大审。南京则命内守备行之。自此定例，每五年辄大审。大审，自万历二十九年旷不举，四十四年乃行之。正德元年，掌大理寺工部尚书杨守随言："每岁热审事例，行于北京而不行于南京。五年一审录事例，行于在京而略于在外。今宜通行南京，凡审囚三法司［皆］会审，其在外审录，亦依此例。"诏可。嘉靖十年，令每年热审并五年审录之期，杂犯死罪、准徒五年者，皆减一年。

在外恤刑会审之制，定于成化时。初，太祖患刑狱壅蔽，分遣御史林愿、石恒等治各道囚，而敕谕之。宣宗夜读《周官立政》："式敬尔由狱，以长我王国。"慨然兴叹，以为立国基命在于此。乃敕三法司："朕体上帝好生之心，惟刑是恤。令尔等详覆天下重狱，而犯［者］远在千万里外，需次当决，岂能无冤？"因遣官审录之。正统六年四月，以灾异频见，敕遣三法司官详审天下（刑）［疑］狱。于是御史张骥、刑部郎林厚、大理寺正李从智等十三人同奉敕往，而复以刑部侍郎何文渊、大理卿王文、巡抚侍郎周忱、刑科给事中郭瑾审两京刑狱，亦赐之敕。是年，出死囚以下无数。成化八年，分遣刑部郎中刘秩等十四人会巡按御史及三司官审录，敕书郑重遣之。十二年，大学士商辂言："自八年遣官后，五年于兹，乞更如例行。"帝从其请。至十七年，定在京五年大审。即于是年遣部寺官分行天下，会同巡按御史行事。于是恤刑者至，则多所放遣。此中外法司审录之大较也。

按：五年审录之制乃明制之善者，不知何以今不行也。此制与唐、宋之录囚相似，特唐、宋录囚大都因事而施，明制则有五年之例耳。若洪武之政平、讼理二幡，但从形式上铺张，无关事实。太祖权操一己，虽以狱囚之或决或放，亦必以己意宣之，故有此等举动，其后亦不能行也。

狱　考

《急就章》："皋陶造狱法律存。"颜师古注："狱之言埆也，取其坚牢也。字从二犬，所以守备也。"《广韵》三烛："狱，皋陶所造。"

按：据二书所言，狱为皋陶所造，故首录之。

《竹书纪年》："夏帝芬三十六年，作圜土。"

按：周圜土之制因于夏。

《诗·行露》："何以速我狱。"传："狱，埆也。《释文》狱音玉，埆音角。又户角反。卢植云，相质觳争讼者也。崔云，埆者，埆正之义。一云狱名。"疏："《郑异义驳》云，狱者埆也。囚证于埆核之处，《周礼》之圜土。然则狱者，核实道理之名。皋陶造狱谓此也。既囚证未定，狱事未决，系之于圜土，因谓圜土亦为狱。"《说文》："狱，确也，从㹜从言，二犬所以守也。"段注："《召南》传：狱埆也。埆同确，坚刚相持之意，许云所以守者，谓陛牢拘罪之处也。"《释名·释宫室》："狱，确也，实确人之情伪也。又谓之牢，言所在坚牢。又谓之圜土，土筑，表墙形，形圜也。又谓之囹圄，囹领也，圄御也，领录囚徒禁御之也。"

按：狱有二义。《国语·周语》："夫君臣无狱。"注："《左传》襄十年传：坐狱于王庭。"注并云，狱讼也。《周礼·大司寇》注："狱谓相告以罪名者。"《左传》僖二十八年注："狱讼皆争罪之事也。"《淮南·泛论》："有狱讼者。"注："狱亦讼。"《诗·行露》疏："此章言狱，下章言讼，《司寇》职云'两造禁民讼、两剂禁民狱'对文，则狱、讼异也。故彼注云'讼谓以财货相告者，狱谓相告以罪名'，是其对例也。散则通也。此诗亦无财、罪之异，重章变其文耳。"以上诸说，谓狱即讼也。《易·噬嗑》："利用狱。"《象传》："君子以明庶政，无敢折狱。君子以明慎用刑而不留狱。君子以议狱缓死。"并是此义也。《荀子》："狱行不治。"《韩诗》曰："朝廷曰狱。"《独断》："汉曰狱。"《说文》之义亦以为拘罪之处。《郑驳异义》谓即周之圜土。《释名》又谓之牢。以上诸说，以狱为罪人之牢，此一义也。《行露》毛《传》似主前义，故但曰埆也。郑《笺》不为狱训，似亦不异于毛。崔灵恩曰："一云狱名。"乃用后义。孔《疏》又引《郑异义驳》以证之，又似归重后一义矣。实则二义本相引伸。有争端而后相告以罪名，于是有埆核之事，有拘罪之处，其事本相因也。狱，从㹜，从言。㹜，两犬相啮也，语斤切。相啮必先相争，人之相争亦类是，故从㹜。相争必以言，以言相争而后有狱，此会意字。许云二犬所守，似非从㹜矣，与部首相属之义不符。为许学者谓此乃别一例也。

《诗·小宛》："宜岸宜狱。"传："岸，讼也。笺云，仍有狱讼之事。"《释文》："岸如字。韦昭注《汉书》同。《韩诗》作犴，音同，云乡亭之系曰犴，朝廷曰狱。"陈乔枞《韩诗遗说考》："犴，《毛诗》作岸。此古文，以岸为犴之假借。《说文》犴或从犬，作犴，引《诗》宜犴宜狱，据《韩诗》文也。"胡承珙曰："犴、狱字皆从犬，取犬所以守意，毛《传》训岸为讼者，讼为讼系，狱则谳成，故《韩诗》以乡亭、朝廷分属之。"又《鲁诗遗说考》："《周官·射人》注，犴读如宜犴宜狱之犴。案《韩诗》作犴，犴、犴字同。《荀子·宥坐篇》注引《诗》宜犴宜狱。《汉书·刑法志》犴狱不平云云。注引服虔曰，乡亭之狱曰犴。班书皆据《齐诗》，服说多从鲁训，然则齐、韩与鲁文同矣。"《御览》：六百四十三。"《风俗通》曰，《诗》云宜犴宜狱，犴，司空也。《周礼》凡万民有罪过已离于法者，桎梏以上坐诸嘉石狱，诸司空令平易道路也。"

按：《小宛》传笺与《行露》同三家诗说，并与毛、郑异，盖各主一义也。

蔡邕《独断》："四代狱之别名：唐、虞曰士官；《史记》曰皋陶为理，《尚书》曰皋陶作士。夏曰均台，周曰囹圄，汉曰狱。"

按：皋陶造狱，而虞之狱名惟见此书，他无可证。《诗》有"宜狱"之言，其名亦未必始于汉。此言四代之狱，独无殷，未详其故。

《荀子·宥坐篇》："狱犴不治，不可刑也。"杨倞注："狱犴不治，谓法令不当也。犴亦狱也。《诗》曰'宜犴宜狱'，狱字从二犬，象所以守者。犴，胡地野犬，亦善守，故狱谓之犴也。"

按：杨倞之注当亦本于《说文》，《荀子》狱犴之文恐亦原于《诗》句，可知三家诗说其渊源甚远，不始于汉儒也。伯喈"汉曰狱"之语未足征信。

《御览》：六百四十三。"《风俗通》曰，《易·噬嗑》为狱，狱十月之卦。从犬、言声，二犬亦所以守也。廷者阳也，阳尚生长。狱者阴也，阴主刑杀。故狱皆在廷北，顺其位。"

按：狱从㹜，非从犬，言亦非声，此云从犬、言声，恐有讹夺。《意林》引作"狱字二犬守言，无情状"，亦得之。与《御览》所引不同，恐是应氏原文。

又《风俗通》曰："《周礼》三王始有狱。夏曰夏台。言不害人，若游观之台，桀拘汤是也。殷曰羑里，言不害人，若于闾里；纣拘文王是也。周曰囹圄。囹令，圄举也，言令人幽闭思愆，改恶为善，因原之也，今县官录囚皆举也。”

按：史游云皋陶造狱，而此云三王始有狱，说相乖异。蔡邕亦言唐、虞有狱，恐应氏之言未足凭也。《史记》桀囚汤夏台，纣囚文王羑里，并与此同。《郑志》以囹圄为秦狱名，则与此异。此盖师说之传授不同，汉儒往往有此。惟所言三代命名之意，设狱原非以害人，其“幽闭思愆”、“改善为恶”二语，以感化为宗旨，尤与近世新学说相合。可以见名理自在天壤，今人之所矜为创获者，古人早已言之，特无人推阐其说，遂至湮没不彰，安得有心人搜寻追讨，以与新学说家研究之乎。

《初学记》狱第十一：“《博物志》云，夏曰念室，殷曰动止，周曰稽留，三代之异名也。又狴牢者，亦狱别名。”

按：此云三代之异名，则非本名矣。《晋刑法志》念室后刑，实用此事。余他无所考。

《史记·夏本纪》：“夏桀不务德而武，伤百姓，百姓弗堪，乃召汤而囚之夏台。”索隐：“狱名，夏曰均台。皇甫谧云，地在阳翟是也。”

按：夏台狱名，与应劭之说合。《左传》昭四年：“夏启有钧台之享。”注：“河南阳翟县南有钧台陂，盖启享诸侯于此。”《竹书纪年》亦云夏启元年大飨诸侯于钧台。均、钧文通，地又同在阳翟。既为宴享之所，不应与狱同名，索隐盖用《独断》之说，恐有误。《竹书》亦言桀囚商侯履于夏台，《北堂书钞》四十五。引《白虎通》亦曰夏曰夏台，是夏台之名，史传确可证。而均台他无文也。

《殷本纪》：“纣囚西伯羑里。”集解：“《地理志》曰，河内汤阴有羑里城，西伯所拘处。”正义：“牖一作羑，音酉。羑城在相州汤阴县北九里，纣囚西伯城也。”

《礼记·月令》：“仲春三月，命有司省囹圄。”注：“省，减也。囹圄，所以禁守系者，若今别狱矣。”《释文》：“囹圄，今之狱。”疏：“蔡云囹牢也，圄止也，所以止出入，皆罪人所舍也。崇精问曰：‘狱，周曰圜土，殷曰羑里，夏曰均台，囹圄何代之狱？’焦氏答曰：‘《月令》，秦书，则秦狱名也。汉曰若卢，魏曰司空是也。’”

《说文》：“圉，狱也，从囗令声。”错曰：“圉，梱也，栊槛之名，郎丁切。”段注：“狱上当有囹圄二字。幸部曰，圉圄所以拘罪人。盖许作囹圄，与他书囹圄不同也。”王筠曰：“此不言囹圄者，盖圄之一字即为名也。《月令》‘省囹圄’，蔡氏章句：‘囹牢也，圄止也。’《汉书·礼乐志》：‘囹圄空虚’，颜注：‘囹狱也，圄守也。’皆不连解囹圄。”“圄，守之也，从□吾声。”《韵会》：“案《说文》，圄，守也；圉，囹圄也，御祀也。今文圄为囹圄字，圉为牧圉字，御为守御字，经传中相承久矣。”王筠曰：“《左传》圉伯裸于辕阳而杀之，即俗语所谓看守也。”“囹，囹圄，所以拘罪人。”段注：“他书作囹圉者，同音相假。圉者，守之也，其义别。《说文》宋本作囹圉者非是。蔡邕云，囹牢也，圄止也，所以止出入，皆罪人所舍也。按蔡说囹圄皆罪人所舍，云皆，则不必一地。是以□部曰：囹，狱也。不连圉也。”桂馥曰：“《释言》：‘圉，禁也。’郭云禁制。《秦诅楚文》：‘拘圉其叔父。’经典通作‘圄’。圄、圉声相近。《禹贡》‘朱圉’，《汉书》作‘朱圄’。颜注：‘圄与圉同’。《公羊传》‘卫孔圉’，《左传》作‘圄’。”王筠曰：“囹圄，小徐本作囹圉，许谓圄一名囹圄也。《圣主得贤臣颂》：‘昔者周公躬吐捉之劳，故有圉空之隆。’此言圉者也。《月令》：‘省囹圄。’此言囹圄者也。然亦有言囹圉者，《东方朔传》‘囹圉空虚’是也。案圉之言御也，《庄子》‘其来不圉’，言御诸外也。囹圄则御诸内也。”

《北堂书钞》四十五“《白虎通》云，《周礼》三王始有狱，夏曰夏台，桀拘汤，殷曰羑里，周曰囹圄。”

《公羊传》昭二十一年：“宋华亥、向宁、华定自陈入于宋南里以畔。宋南里者何？若曰因诸者然。”注：“因诸者，齐放从鄂本。他本放作故。刑人之地。公羊子齐人，故以齐喻也。”疏：“旧说云，即《博物志》云周曰囹圄，齐曰因诸是也。”

《玉篇》：“囹圄，狱也。”《广韵》八语：“囹圄，周狱名。”

《华严经音义》下：“囹圄谓周之狱名也。”

按：《月令》疏所引崇精问乃《郑志》之文。其以囹圄为秦狱名者，以《月令》乃吕不韦所作也。不韦纂此书，召集当世儒生，三代之制并归甄录，不皆秦制。以囹圄为秦狱名，他无据也。诸书并以为周狱名，当是汉时旧说，不得以圜土为疑。因诸，齐狱，他无可考。

《周礼·秋官·司圜》注：“郑司农云，圜谓圜土也。圜土谓狱城也，今狱城圜。《司圜》职中言凡圜土之刑人也，以此知圜谓圜土也。”疏：“狱城圜者，东方主规，规主仁恩，凡断狱以仁恩求之，故圜也。”《初举记》狱第十一：“《春秋元命包》曰，为狱圆者，象斗运合。宋均注曰，作狱圆者象斗运也。”

按：圜土之制，周仿于夏。《周礼》云，以圜土收教罢民，是专为罢民而设。囹圄则为通常之狱，当分别言之。《郑志》以周有圜土，遂疑囹圄非周狱名，亦拘墟之见也。圜之义，疏语尽之。象斗运合，姑存古说可也。

《晏子·内篇》："景公藉重而狱多，拘者满圄，怨者满朝。"《尉缭子》："今夫决狱，小圄不下十数，中圄不下百数，大圄不下千数。"

按：此二事并单言圄者。段氏谓不必一地，其说是。

《说文》非部："陛，牢也，《广韵》两引同。《韵会》引作'陛牢谓之狱'。段注从之。所以拘非也。段注：'说从非之意。'陛省声。边兮切。"《玉篇》："陛，方奚切。陛牢也，所以拘罪人也。"《一切经音义》：十三。"陛，牢，方奚反。"

按：《御览》六百四十三。引《说文》"狱谓之牢"，当即"陛牢谓之狱"，传写讹夺耳。据《韵会》所引《说文》及玄应书，陛牢二字连文为名。《易林》："失志怀忧，如幽狴牢。"杜甫《有事于南郊赋》："丛棘坼而狴牢倾"。亦二字连文。狴，《广韵》同陛。《法言》："狴犴使人有礼。"又以狴犴连言矣。《家语·始诛篇》："孔子为鲁大司寇，有父子讼者，夫子同狴执之。"王肃注："狴，狱牢也。"《一切经音义》引《家语》"狴"作"陛"。唐人沈佺期诗："雪枉间深狴。"又《观赦诗》："圣人观天下，幽钥动圜狴。"刘禹锡《白太守诗》："朱户非不崇，我心如重狴。"此并单言狴者。《易林》："开牢辟门，巡狩释冤。"《后汉书·党锢传》："论幽深牢"。此单言牢者。又详下。

《史记·天官书》："在斗魁中，贵人之牢。"集解："孟康曰：传曰天理四星在斗魁中，贵人牢名曰天理。"索隐："《乐汁图》云，天理，理贵人牢。宋均曰：以理牢狱也。"正义："占：明，及其中有星，此贵人下狱也。""有句圜十五星，属杓，曰贱人之牢。其牢中星实则囚多，虚则开出。"索隐："《诗泛历枢》云，贱人牢，一曰天狱。又《乐汁图》云，连营，贱人牢。"宋均以为连营，贯索也。正义："贯（星）［索］九星在七公前，一曰连索，主法律，禁暴强，故为贱人牢也。牢口一星为门，欲其开也。占：星悉见则狱事繁，不见则刑务简，动摇则斧钺用，中虚则改元，口开则有赦；人主忧，若闭口，及星人牢中，有自系死者。"

《晋书·天文志》："天牢六星在北斗魁下，贵人之牢也。"

按：《说文》牛部："牢，闲也，养牛马圈也，从牛冬省，取其四周匝。"引申之，凡闲罪人者亦曰牢。今则本义亡，而牢狱专其名矣。

《左传》襄二十一年传："将归死于尉氏。"注："尉氏，讨奸之官。"疏："归死尉氏，犹言归死于司败。明尉氏主刑人，故为讨奸之官。《周礼》司寇之属无尉氏之官，盖周室既衰，官名改易，于时有此官耳。其司败亦非《周礼》之官名也。"《汉书·地理志》："陈留郡尉氏。"注：应劭曰："古狱官曰尉氏，郑之别狱也。"臣瓒曰："郑大夫尉氏之邑，故遂以为邑。"师古曰："郑大夫尉氏亦以掌狱之官，故为族耳。应说是也。"

按：据小颜之说，尉氏乃讨奸之官，故别有狱。是时栾盈过周西鄙掠之，故有此语。然则尉氏者，盖巡徼奸宄之官也。

《越绝书》："吴狱庭周三里，春申君所造。"

按：黄歇封邑在吴，故于吴造狱。庭三里之大，其讼狱繁多欤？抑规模详备欤？无可考矣。

《北堂书钞》四十五："《东方朔别传》云，孝武皇帝时，上行甘泉，至长陵驰道中，有虫伏地而赤，如生肝状。上召朔视之，还曰：'怪哉。'上曰：'何谓也？'朔曰：'秦始皇拘系无道，悲哀之苦，仰天叹曰怪哉，感动皇天，此愤气之所生也，故名之曰怪哉。是地必秦之狱也。'丞相按图，秦狱也。"

按：愤气生怪哉，朔其谲谏乎。然气之所感，实理之所有，勿以别传而疑之也。

《汉书·宣纪》："望气者言长安狱中有天子气，上遣使分条中都官狱系者，轻重皆杀之。"注：师古曰："中都官，凡京师诸官府也。"

按：此长安狱通中都官言之，不单指长安县狱。

神爵元年注："《汉仪注》：长安诸官狱三十六所。"《张汤传》注："《汉仪注》：狱二十六所。"《续汉书·百官志》："廷尉卿。"本注曰："孝武帝以下置中都官狱二十六所，各令长名。"《三辅黄图》："长安城中有狱二十四所。"

按：《张汤传》及《续志》并称二十六所，《宣纪》注云三十六所，疑"三"字误也。《黄图》言二十四，与三书皆乖异。至二十六所之名，已无可考，兹就纪传所见者具录于左：

《宣纪》："曾孙虽在襁褓，犹坐收系郡邸狱。"注：如淳曰："诸郡邸置狱也。"师古曰："据《汉旧仪》，郡邸狱治天下郡国上计者，属大鸿胪。此盖巫蛊狱繁，收系者众，故曾孙寄在郡邸狱。"《孝成赵后传》："婢六人尽置暴室狱。"《宣纪》："为取暴室啬夫许广汉女。"注：应劭曰："暴室，宫人狱也，今曰薄室。"师古曰："暴室者，掖庭主织作染练之署，故谓之暴室，取暴晒为名耳。或云薄室者，薄亦暴也，今俗语亦云薄晒。盖暴室职务既多，因为署狱，主治其罪人，故往往云暴室狱耳。然本非狱名，应说失之矣。"《续汉书·百官志》："掖庭令一人，左右丞、暴室丞各一人。"本注曰："宦者。暴室丞主中妇人疾病者，就此室治。其皇后贵人有罪亦就此室。"

按：《汉书·百官公卿表》有东织、西织，河平元年省东织，更名西织为织室，而无暴室。《许后传》言许广〔汉〕为暴室啬夫时，宣帝养于掖庭，与广汉同寺居。颜注："寺者掖庭之官舍。"是暴室属掖庭，《表》不具耳。《续志》暴室属掖庭，尚仍西京旧制。织室属掖庭，《表》不具耳。《续志》暴室属掖庭，尚仍西京旧制。织室改属御府令，与掖庭各为一署。应劭谓旧时东、西织室织作文绣郊庙之服。《续志》考工令主织绶诸杂工，平准令主练染作采邑。是织作、染练各有官司，并与暴室无涉。《赵后传》明言暴室狱。宋贵人姊妹载送暴室，见《清河孝王庆传》。是本有狱也。师古之注不知何据？"暴"字《续志》不作"薄"。司马彪所据为世祖后官，必不误。应劭生东汉季年，乃云今曰薄室，或其时有书"暴"作"薄"者，非官名已改也。

《成纪》："建始元年，罢上林诏狱。"注：师古曰："《汉旧仪》云，上林诏狱主治苑中禽兽宫馆事，属水衡。"《伍被传》："又伪为左右都司空、上林中都官诏狱书。"注：晋灼曰："《百官表》宗正有左右都司空，上林有水司空，皆主囚徒官也。"

按：上林诏狱以《伍被传》证之，其官则水司空也。

《萧何传》："乃下何廷尉，械系之。"

按：廷尉有狱，汉时大臣多下廷尉。如《周勃传》："下廷尉，逮捕勃治之。"《周亚夫传》："召诣廷尉。"《赵广汉传》："下广汉廷尉狱。"《王章传》："果下廷尉狱。"皆是。《杜周传》："至周为廷尉，诏狱亦益多矣。"又云："廷尉及中都官诏狱逮至六七万人。"是凡下廷尉者并谓之诏狱。而廷尉之狱又别于中都官诸狱之外，似不在二十六所之数。

《窦婴传》："劾系都司空。"《百官公卿表》："宗正属官有都司空令丞。"注：如淳曰："律司空主水及罪人。贾谊曰，输之司空，编之徒官。"《汉旧仪》："司空诏狱治列侯二千石，属宗正。"

按：《伍被传》言左右都司空诏狱，是当日宗正有二狱矣。《表》无"左右"字。婴之系都司空，以其为列侯也。

《灌夫传》："有诏劾灌夫骂坐不敬，系居室。"《百官公卿表》："少府属官有居室令丞，太初元年更名为保宫。"《苏武传》："陵始降时，忽忽如狂，自痛负汉，加以老母系保宫。"

按：居室，署名。保宫即居室更名也。

《刘辅传》："上使侍御史收缚辅，系掖庭秘狱。"注：师古曰："《汉书旧仪》掖庭诏狱令丞宦者为之，主理妇人女官也。"《外戚高祖吕后传》："为皇太后，乃令永巷囚戚夫人。"《孝惠张后传》："惠帝崩，太子立为帝，四年乃自知非皇后子，出言曰：'太后安能杀吾母而名我，我壮即为所为。'太后闻而患之，恐其作乱，乃幽之永巷。"《百官公卿表》："少府属官有永巷令丞，太初元年更名为掖庭。"

按：永巷、掖庭一狱也，《孝成赵后传》有掖庭狱丞籍武。

《刘辅传》："上乃徙系辅共工狱。"注：苏林曰："考工也。"师古曰："少府之属官也，亦有诏狱。"《百官公卿表》："少府属官有考工室，太初元年更名为考工。"

按：考工何时又更名共工，未详。

《张汤传》："事下廷尉，谒居病死，事连其弟，弟系导官，汤亦治它囚导官，见谒居弟。"注：苏林曰："《汉仪注》狱二十六所，导官无狱也。"师古曰："苏说非也。导，择也，以主择米，故曰导官，事见《百官表》。时或以诸狱皆满，故权寄在此署系之，非本狱所也。"《百官公卿表》："少府属官有导官令丞。"

按：导官无狱，苏据《汉仪注》为说，似导官不在二十六所之内。其书已亡，今无可考。惟谒居事下廷尉，其弟则系导官，汤为御史大夫而治它囚导官，所囚既非一人，亦不独廷尉之囚，若本无狱，不应系者之多，并不论何署之囚皆可于此署系之。师古权寄之说，未必然也。

《王商传》："臣请诏谒者召商诣若卢诏狱。"注：孟康曰："若卢，狱名，属少府黄门北寺是也。"《百官公卿表》："少府属官有若卢令丞。"注：服虔曰："若卢，诏狱也。"邓展曰："旧洛阳两狱，一名若卢，主受亲戚妇女。"如淳曰："若卢，官名也，藏兵器。《品令》曰，若卢郎中二十人，主弩射。《汉仪注》有若卢狱令，主治库兵将相大臣。"《王吉传》："补若卢右丞。"

按：若卢狱主治将相大臣，故张匡请召商诣若卢也。若卢亦二十六所之一。以汉狱通名若卢者，非是。

《王嘉传》："缚嘉载都船诏狱。"《百官公卿表》："中尉属官有寺互都船令丞。"注：如淳曰："《汉仪注》有寺互都船狱令，治水官也。"

按：寺互、都船，二署也，当各有狱。王温舒为中尉，奸猾穷治，大氐尽靡烂狱中，见《温舒传》。当即用此二狱。

《东方朔传》："昭平君日骄，醉杀主传，狱系内官。"《百官公卿表》："宗正属官有内官长丞。"

按：昭平君乃隆虑公主子，故系于内官。

《百官公卿表》："典客属官有别火令丞。"注：如淳曰："《汉仪注》，别火，狱令官，主治改火之（争）［事］。"

《汉旧仪》："太子家令狱，太子官，属太子太傅也。"

《汉旧仪》："未央厩狱，主理大厩、三署郎，属太仆、光禄勋。"

按：此条见《初学记》。二十《唐类函》引"大厩"作"六厩"。《百官公卿表》太仆属官有大厩、未央、家马三令，各五丞一尉，是"大"字不误，太仆所属厩不止六也。"主理"，《北堂书钞》作"主治"，当为《汉旧仪》原文，徐避唐讳也。大厩属大仆，三署郎属光禄勋。《北堂书钞》无光禄勋，夺文也。以上三狱他未见。

《刘向传》："章（充）［交］公车，人满北军。"注：如淳曰："《汉仪注》中垒校尉主北军垒门内，尉一人主上书者狱。上章于公车，有不如法者，以付北军尉，北军尉以法治之。杨恽上书，遂幽北阙。北阙，公车所在。"

按：此北军自有狱。

《汉旧仪》："东市狱属京兆尹，西市狱属左冯翊。"《百官公卿表》："京兆尹属官有长安市厨两令丞，左冯翊属官有长安四市长丞。"

按：此官属于京兆尹、左冯翊而自为市狱，有市官主之。

《北堂书钞》四十五："振贲狱。《汉书》云，贲于治水旧本作'火'。事，属水衡尉也。"

按：《百官公卿表》水衡都尉属官无"振贲"之文，此条当有讹夺。

《贾谊传》："故贵大臣定有其罪矣，犹未斥然正以呼之也，尚迁就而为之讳也。故其在大遣大何之域者，闻遣何则白冠牦缨，盘水［加］剑，造请室而请罪耳，上不执缚系引而行也。"注：应劭曰："请室，请罪之室。"苏林曰："音絜清。胡公《汉官》车驾出有请室令在前先驱，此官别有狱也。"《爰盎传》："及绛侯就国，人上书告以为反征，系请室。"《史记》作"清室"。集解："应劭曰：'请室，请罪之室，若今钟下也。'如淳曰：'请室，狱也，若古 刑于甸师氏也。'"

按：贾谊所言乃古制，非汉制也。《周勃传》言下廷尉，亦无请室之文。然则请室当如应劭之说。《汉官》有请室令，不言别有狱，苏林之说恐非。

二十六所之名：曰郡邸，曰暴室，曰上林，曰左右都司空，曰居室，即保宫。曰京兆尹，曰掖庭，即永巷。曰共工，曰导官，曰若卢，曰都船，曰寺互，曰内官，曰别火，曰太子家令，曰未央厩，曰北军，曰东市，曰西市，可考者凡十九。廷尉诏狱不在此数。《北堂书钞》振赍狱疑不能明。亦不数请室，则非汉狱名。

《张敞传》："为京兆尹，坐与光禄勋杨恽厚善，等比皆免，而敞奏独寝不下。敞使贼捕掾絮舜有所案验，舜以敞劾奏当免，不肯为敞竟事，私归其家。人或谏舜，舜曰：'吾为是公尽力多矣，今五日京兆耳，安能复案事？'敞闻舜语，即部吏收舜系狱。"

按：敞时为京兆尹，此狱当为京兆之狱，不在中都官狱之数。其东、西市狱虽分属于京兆尹、左冯翊，自有市官主之，或仍为中都官也。

《尹赏传》："赏以三辅高第选守长安令，得一切便宜从事。赏至，修治长安狱，穿地方深各数丈，致令辟为郭，师古曰：致谓积累之也。令辟，甀砖也。郭谓四周之内也。以大石覆其口，名曰'虎穴'。乃部户曹掾史，与乡（里）[吏]、亭长、里正、父老、伍人，杂举长安中轻薄少年恶子，无市籍商贩作务，而鲜衣凶服被铠扞持刀兵者，悉籍记之，得数百人。赏一朝会长安吏，车数百辆，分行收捕，皆劾以[为]通行饮食群盗。赏亲阅，见十置一，其余尽以次内虎穴中，百人为辈，覆以大石。数日一发视，皆相枕籍死，便舆出，瘗寺门桓东，揭著其姓名，师古曰：揭，杙也。椓杙于瘗处而书死者名也。揭音竭。百日后，乃令死者家各自发取其尸。亲属号哭，道路皆歔欷。长安中歌之曰：'安所求子死？桓东少年场。师古曰：死谓尸也。生时谅不谨，枯骨后何葬？'"

按：此长安县狱也，当亦不在中都官狱之数。三辅与中都官，史每分别言之，如中都官徒、三辅徒不相混也。

《汉宫仪》："绥和元年，罢御史大夫官，法周制，初置司空。议者又以县道官狱司空，故复加'大'，为大司空，亦所以别大小之文。"

按：县道皆有狱，有狱必有官以主之，狱司空其官也。乃《百官公卿表》及《续志》并无此名，仅见于应劭之书，未详其故。

《义纵传》："于是徙纵为定襄太守。纵至，掩定襄狱中重罪二百余人。”

《严延年传》：“还为涿郡太守，遣掾蠡吾赵绣按高氏，得其死罪。绣见延年新将，心内惧，即为两劾，欲先白其轻者，观延年意怒，乃出其重劾。延年已知其如此矣。赵掾至，果白其轻者，延年索怀中，得重劾，即收送狱。”

按：观此二《传》，郡亦有狱，史不具也。

《曹参传》：“相齐九年，齐国安集，大称贤相。萧何薨，召参，参去，属其后相曰：‘以齐狱市为寄，慎勿扰也。’后相曰：‘治无大于此者乎？’参曰：‘不然，夫狱市者，所以并容也，今君扰之，奸人安所容乎？吾是以先之。’”注：孟康曰：“夫狱市者，兼受善恶，若穷极奸人，奸人无所容，窜久且为乱。秦人极刑而天下畔，孝武峻法而狱繁，此其效也。”师古曰：“《老子》云：‘我无为民自化，我好静民自正。’参欲以道化为本，不欲扰其末也。”

按：参以清静为治，故以勿扰相告。实则勿扰之端所包者广，昏暴扰也，明察亦扰也，残刻扰也，繁碎亦扰也。惟善体感格之意，使人人入于化导之中，斯一狱也而政本基焉。后世知此意者鲜矣。

《贾谊传》：“夫尝已在贵宠之位，天子改容而体貌之矣，吏民尝俯伏以敬畏之矣，今而有过，帝令废之可也，退之可也，赐之死可也，灭之可也，若夫束缚之，系绁之，输之司寇，编诸徒官，司寇小吏詈骂而榜笞之，殆非所以令众庶见也。”

《周勃传》：“其后人有上书告勃欲反，下廷尉，逮捕勃治之。勃恐，不知置辞，吏稍侵辱之。勃以千金与狱吏，狱吏乃书牍背示之。云云。勃既出，曰：‘吾尝将百万军，然安知狱吏之贵也。’”

《周亚夫传》：“召诣廷尉，廷尉责问曰：‘君侯欲反何？’亚夫曰：‘臣所买器乃葬器也，何谓反乎。’吏曰：‘君纵不欲反地上，即欲反地下耳。’吏侵之益急。初，吏捕亚夫，亚夫欲自杀，其夫人止之，以故不得死。遂入廷尉，因不食五日，呕血而死。”

《韩安国传》：“其后安国坐法抵罪，蒙狱吏田甲辱安国。安国曰：‘死灰独不复然乎？’甲曰：‘然即溺之。’”

《郅都传》：“临江王征诣中尉府对簿。临江王欲得刀笔为书谢上，而都禁吏勿与。魏其侯使人间予临江王。临江王既为书谢上，因自杀。”

《王温舒传》：“温舒多诌，善事有执者，即无执视之如奴。有执家虽有奸如山弗犯，无执虽贵戚必侵辱。舞文巧，请下户之猾以动大豪。

其治中尉如此。奸猾穷治，大氐尽靡烂狱中。"

《司马迁报任安书》："大上不辱先，其次不辱身，其次不辱理色，其次不辱辞令，其次诎体受辱，其次易服受辱，其次关木索被箠楚受辱，其次剔毛发婴金铁受辱，其次毁肌肤断支体受辱，最下腐刑极矣。《传》曰'刑不上大夫'，此言士节不可不厉也。猛虎处深山，百兽震恐，及其在阱槛之中，摇尾而求食，积威约之渐也。故士有画地为牢执不入，削木为吏议不对，定计于鲜也。今交手足受木索，暴肌肤受榜箠，幽于圜墙之中，当此之时，见狱吏则头枪地，视徒隶则心惕息，何者？积威约之箠也。及已至此，言不辱者，所谓强颜耳，曷贵乎。"

按：汉代狱中情状，大氐尽于此数事矣。临江王以故太子迫而自杀，周勃、周亚夫以丞相之贵见辱于狱吏。以贵宠体貌之大臣，小吏得施其詈骂榜笞，积威之渐，子长言之可云痛心。后之论狱者，其亦有哀矜之意乎。

《续汉书·百官志》："孝武帝以下置中都官狱二十六所，各令长名，世祖中兴皆省，唯廷尉及洛阳有诏狱。"

按：世祖省并官寺，狱存二所，而时无废事，因由天下初平，亦政治清明之效。

《后汉书·和纪》："永元六年秋七月，京师旱。丁巳，幸洛阳寺，寺，官舍也。录囚徒，举冤狱，收洛阳令下狱抵罪，司隶校尉河南尹皆左降，未及还宫而澍雨。"

按：不幸廷尉而但幸洛阳寺，殆寻常狱讼皆归洛阳，不之廷尉也。

"九年十二月己丑，复置若卢狱官。"《前书》曰："若卢属少府。"《汉旧仪》曰："主鞫将相大臣也。"

按：是时将相大臣之狱亦不常见。此殆寻常讼狱渐多，洛阳一狱不能容，故复置一狱以处囚徒，非为将相大臣设也。观于邓太后幸洛阳寺及若卢狱可见。

《安纪》："永初二年五月，旱。丙寅，皇太后幸洛阳寺及若卢狱，录囚徒，赐河南尹、廷尉卿及官属以下各有差。"

按：观赐河南尹、廷尉卿，云云洛阳寺属河南尹，若卢属廷尉，故皆获赐也。六年五月则但幸洛阳寺，不至若卢，或其时若卢囚少之故。

《千乘贞王伉传》："初，迎立灵帝，道路流言悝恨不得立，欲钞征书，而中常侍郑飒、中黄门董腾并任侠通剽轻，数与悝交通。王甫司察，以为有奸，密告司隶校尉段颎。熹平元年，遂收飒送北寺狱。"注：

"北寺，狱名，属黄门署。《前书音义》曰：'即若卢狱也。'"《范滂传》：
"滂坐系黄门北寺狱。"《向栩传》："中常侍张让谗诩，收送黄门北寺狱
杀之。"

按：《滂传》桓帝使中常侍王甫以次辩诘。北寺属黄门，故中常侍
主其事也。郑飒宦官，故亦送北寺。孟康谓北寺即若卢。若卢在西京，
原属少府，建武中省，永元中复置，是否仍属少府，史无明文。《安纪》
录囚之赐，有廷尉而无少府，似未必仍属少府。邓展又谓洛阳两狱，一
名若卢，似又属河南尹矣。北寺、若卢实非一狱，《后书·窦武传》自
黄门北寺、若卢、都内诸狱系囚，以北寺与若卢并言，此其证也。宋张
方平上论谓汉有乱政，而立黄门北寺之狱。若卢复置于和帝时，汉政尚
清明，盖亦以黄门北寺自为一狱，由于党事之起也。《桓纪》延熹八年
十一月壬子，德阳殿西阁黄门北寺火，延及广义神虎门。注："广义神
虎，洛阳宫西门也。"《顺纪》注："《汉官仪》曰，崇贤门内德阳殿北寺
与德阳殿同火。"是其署亦在宫门之内。

《续志》："廷尉卿。"注："《汉官》曰，狱史二十七人，佐二十
六人。"

《鲁恭传》："使仁恕掾肥亲往廉之。"注："仁恕掾主狱，属河南尹，
见《汉官仪》。"《续志》注："《汉官》曰，河南尹员吏，案狱仁恕
三人。"

《续志》注："《汉官》曰，洛阳令狱史五十六人，佐史乡佐七十
七人。"

《后书·窦武传》："有诏原李膺、杜密等。自黄门北寺、若卢、都
内诸狱系囚罪轻者皆出之。"注："都内，主藏官名。《前书》有都内令
丞，属大司农。"

按：都内狱惟见此《传》。《续百官志》大司农属官亦无都内之名。
疑西京本有此狱，后废，是时复设若卢，乃其比也。

《三国志·蜀志·刘焉传》注："《英雄记》曰，范闻父焉为益州牧，
董卓所征发皆不至，收范兄弟三人，锁械于郿坞，为阴狱以系之。"

按：阴狱殆与寻常之制不同，其制不可考。董卓暴虐无道，必残酷
之事。

《晋书·武纪》："泰始四年十二月，帝临听讼，观录廷尉、洛阳狱
囚，亲平决焉。"

按：此晋初京师惟有二狱。

"太康五年六月，初置黄沙狱。"《职官志》："晋置治书侍御史员四人，泰始四年又置黄沙狱治书侍御史一人，秩与中丞同，掌诏狱及廷尉不当者皆治之。后并河南，遂省黄沙治书侍御史。及太康中，又省治书侍御史二员。"《高光传》："是时武帝置黄沙狱以典诏囚，以光历世明法，用为黄沙御史。"《刘颂传》："中正刘友辟公府掾尚书郎黄沙御史。"

按：黄沙狱，《志》言泰始四年置，《纪》言太康五年，玩《志》语，黄沙御史太康中已省，《纪》、《志》不同。高光为黄沙御史当是初置狱时，《光传》一本作"长沙"者误。刘友作黄沙御史不知在何年？

《职官志》："太子家令，主刑狱、谷货、饮食。""县有狱小史、狱门亭长等员。"

《御览》：六百四十三。"《晋令》曰，狱屋皆当完固，厚其草蓐，家人馈饷，狱卒为温暖传致。去家远无饷馈者悉给廪。狱卒作食，寒者与食，疾者给医药。"

按：旧本《北堂书钞》四十五"蓐"下有"功无令漏湿"五字。

《初学记》：二十。"卫展陈谚言。表〔曰〕：谚言廷尉狱，平如砥，有钱生，无钱死。此谚之起，死生之出于此法狱也。"

按：晋世谚语如此，今则此风犹未替，古今一辙，言之可慨。

《南齐书·到撝传》："撝颇怨望，帝令有司诬奏撝罪，付廷尉，将杀之。撝入狱数宿，须鬓皆白，免死，系尚方。"《百官志》："少府属官有左右尚方令各一人。"

按：南齐时尚方盖有狱，故撝先系廷尉，而后尚方也。

《王僧虔传》："郡县狱相承有上汤杀囚。僧虔上疏言之曰：'汤本以救疾，而实行冤（报）〔暴〕，或以肆忿。若罪必入重，自有正刑，若去恶宜疾，则应先启，岂有死生大命而潜制下邑。愚谓治下囚病，必先刺郡，求职司与医对共诊验，远县家人省视，然后处理，可使死者不恨，生者无怨。'上纳其言。"

按：上汤杀囚，残酷已极，当时郡县之不仁，乃至如是乎！后来狱吏杀囚之事，仍所不免，宋世岳忠武之死，亦出于狱吏之手。哀哉！

《梁书·武纪》："天监五年夏四月甲寅，初立诏狱。诏建康县置三官，与廷尉三官分掌狱事，号建康为南狱，廷尉为北狱。"

《隋志》："《梁律》丹阳尹月一诣建康县，令三官参共录狱，察断枉直。其尚书当录入之月者，与尚书参共录之。"

按：自建武省中都官狱，但留廷尉及洛阳二所，自是遵以为法，梁武廷尉、建康二所，亦其制也。丹阳尹参录建康狱囚，可以见丹阳尹不别设狱矣。

"陈氏一用梁法，廷尉寺为北狱，建康县为南狱，并置正监评。又制，常以三月，侍中、吏部尚书、尚书、三公郎、部都令史、三公录冤局，令〔史〕、御史中丞、侍御史、兰台令史亲行京师诸狱及冶署，理察囚徒冤枉。"

《魏书·孝文纪》："延兴三年九月己亥，诏囚罪未分判在狱致死无近亲者，公给衣衾棺椟葬埋之，不得暴露。"

"太和四年四月乙卯，幸廷尉、籍坊二狱，引见诸囚。诏曰：'廷尉者天下之平，民命之所悬也，朕得惟刑之恤者，仗狱官之称其任也。今农时要月，百姓肆力之秋，而愚民陷罪者众，宜随轻重决遣以赴耕耘之业。'九月戊子，诏曰：'隆寒雪降，诸在徽缠及转输在都，或有冻馁，朕用愍焉。可遣侍臣诣廷尉狱及有囚之所周巡省察，饥寒者给以衣食，桎梏者代以轻锁。'"

《孝明纪》："熙平二年正月庚寅，诏囹圄皆令造屋。"

按：元魏京师亦止二狱。

《唐志》："凡州县皆有狱，而京兆河南狱治京师，其诸司有罪及金吾捕者又有大理狱。诸狱之长官五日一虑囚，夏置浆饮，月一沐之。疾病给医药，重者释械，其家一人入侍，职事散官三品以上妇女子孙二人入侍。岁以正月遣使巡覆，所至阅狱囚枷校粮饷，治不如法者。"

《唐六典》："凡京都大理寺、京兆河南府、长安万年、河南洛阳县咸置狱，其余台省寺监卫皆不置狱。"

按：唐代京兆河南府皆有狱，长安万年又皆有狱，京师之狱视六朝时为多。

《旧唐书·刑法志》："长寿年周兴、来俊臣等相次受制，推究大狱，乃于都城丽景门内别置推事使院，时人谓之'新开狱'。"

《通考》：一百六十六。"又置制狱于丽景门内，入是狱者非死不出，人戏呼为'例竟门'。"

按："例竟"之名可云惨极。则天淫虐，固不可以常理论也。

《宋志》："开宝二年五月，帝以暑气方盛，深念缧系之苦；乃下手诏：两京诸州，令长吏督狱掾，五日一检视，洒扫狱户，洗涤枷械，贫不能自存者给饮食，病给医药，轻系即时决遣，毋淹滞。自是每仲夏申饬官吏，岁以为常。"

《宋志》："官司之狱，在开封有府司、左右军巡院，在诸司有殿前、马步军司及四排岸，外则（二）〔三〕京府司、左右军巡院，诸州军院、司理院，下至诸州皆有狱。诸狱皆置楼牖，设浆铺席，时具沐浴，食令温暖，寒则给薪炭、衣物，暑则五日一涤枷杻。郡县则所职之官躬行检视，狱敝则修之使固。神宗即位初，诏曰：'狱者民命之所系也，比闻有司岁考天下之奏而多瘐死，深惟狱吏夤缘为奸，检视不明，使吾元元横罹其害。书不云乎，与其杀不辜，宁失不经。其具为令：应诸州军巡司院所禁罪人，一岁在狱病死及二人，五县以上州岁死三人，开封府司、军巡岁死七人，推吏、狱卒皆杖六十，增一人则加一等，罪止杖一百。典狱官如推狱，经两犯即坐从违制。提点刑狱岁终会死者之数上之，中书检察。死者过多，官吏虽已行罚，当更黜责。'帝以国初废大理狱非是，元丰元年诏曰：'大理有狱尚矣。今中都官有所劾治，皆寓系开封诸狱，囚既猥多，难于隔讯，盛夏疾疫，传致瘐死，或主者异见，岁时不决，朕甚愍焉。其复大理狱，置卿一人，少卿二人，丞四人，专主鞫讯，检法官二人，主簿一人。应三司、诸寺监吏犯杖、笞不俟追究者，听即决，余悉送大理狱。其应奏者并令刑部、审刑院详断。应天下奏按亦上之。'元祐三年，罢大理寺狱。初，大理置狱本以囚系淹滞，俾狱事有所统，而大理卿崔台符等不能奉承德意，虽士大夫若命妇，狱辞小有连逮，辄捕系。凡逻者所探报，即下之狱。傅会锻炼，无不诬服。至是，台符等皆得罪，狱乃罢。八年，中书省言：'昨诏内外，岁终具诸狱囚死之数。而诸路所上，遂以禁系二十而死一者不具，即岁系二百人许以十人狱死，恐州县弛意狱事，甚非钦恤之意。'诏刑部自今不许辄分禁系之数。绍圣三年，复置大理寺右治狱，官属视元丰员，仍增置司直一员。"

按：《哲宗纪》绍圣二年秋七月，诏大理寺复置右治狱，《职官志》亦在二年，《刑法志》作"三年"，恐有误。宋初，大理寺讞天下奏案而不治狱，神宗始命官起寺，元祐罢之，绍圣复，自是大理终有狱矣。

"初，真宗时以京师刑狱多滞冤，置纠察司，而御史台狱亦移报之。""初，群臣犯法体大者多下御史台狱，小则开封府、大理寺鞫治焉。"

按：《宋史》御史台有狱，苏轼有以事系御史台狱诗。台狱亦不设狱官，故《职官志》不详，仅见于《刑法志》。后金、元、明皆因之。

《哲纪》："绍圣四年四月丁亥，令诸狱置气楼凉窗，设浆饮荐席，枑械五日一浣，系囚以时沐浴，遇寒给薪炭。"

《章惇传》："又以文及甫诬语书导蔡渭，使告刘挚、梁焘有逆谋。起同文馆狱，命蔡京、安惇、蹇序辰穷治，欲覆诸人家。"

按：《通鉴辑览》书此事于元符元年，置狱于同文馆。盖同文馆本无狱，特于馆中治此狱，其人即羁于此，偶然行之，故亦不他见。

《通考》：一百六十七。"高宗中兴，著令，暑月每五日一濯枷枑，禁囚因得少休。刑寺遇浣濯之日，轮官一员躬亲监视。州县狱犴不得辄为非法之具，违者论如律。""绍兴十年，诏诸狱，并一更三点下锁，五更五点开锁定牢，违者杖八十。狱官令佐不亲临及县令辄分轮余官，并徒一年。知通监司觉察按劾。著为令。"

《理宗纪》："绍定二年三月辛卯，诏：'郡县系囚多瘐死狱中，宪司其具狱官姓名以闻，黜罢之。'"

宋胡太初《昼帘绪论·治狱篇》："刑狱重事，犴狴恶地也。人一入其中，大者死，小者流，又小者亦杖，宁有白出之理。脱或差误，胥吏奚恤，其咎必属之令。纵可逃阳罚，亦必损阴德，讵可不致谨哉。一曰禁系必审。二曰鞫视必亲。三曰墙壁必完。四曰饥寒必究。五曰疾病必察。六曰疑似必辨。七曰出入必防。令每有私忿怒，辄置人于圄，两争追会未圆，亦且押在，佐厅亦时有遣至者，谓之寄收。长官多事，漫不暇省，遂致因循淹延。不知一人坐狱，阖户抱忧，饱暖失时，疾病传染，殆有甚可虑之事。而又有合共处、不合共处者。盖两争苦使异牢，则有赂者可使狱吏传状稿通信，而无赂者必被其害，孰若使之共处，可以互相察视乎。健讼之徒，乐入囹圄，因得以唆教狱辞，变乱情节，孰若别处一牢而使之不得与余囚相近乎。羸老之人，必察其无疾病，或致沉重，徒见费力。妇人女子，必察其有无娠孕，脱有堕坠，无以自明。此所以禁系之不可不审也。在法，鞫勘必长官亲临，今，也令多惮烦，率令狱吏自行审问，但视成款金署，便为一定，甚至有狱囚不得一见知县之面者。不知吏逼求贿赂，视多寡为曲直，非法拷打，何罪不招。令合戒约推款，不得自行讯鞫。公事无大小，必令躬自唤上诘问再三，顽狡不伏，尽情然后量施笞榜。《周官》有五听之法，亦有狱情难测，不可专事箠楚也。在法，一更三点，长官亲自定牢。今也，听政无暇，则委佐官，饮酒相妨，则委典押，不知脱有逃逸，咎将谁执？况吏辈受赂，则虽重囚亦与释放安寝，无赂，则虽散禁亦必加之缧绁，最不可不躬自检察。昔熊子复宰暨阳，日间不时趋狱点视，夜则置一铃，其索直达寝所，夜半掣铃，狱卒应嗒，否则必罚，由是并无不测之虑，最为可法。此所以鞠视之不可不亲也。今在在州县，狱多有颓墙败壁不甚完固者，固当亟加整葺。然重囚奸态万状，尤宜深防。每有狱吏受重囚赂，放其自便，日间因以饮水为名，将水濮壁，浸渍泥湿，夜深则钻壁逾墙，倏然而遁，吏卒睡熟无由知觉，洎觉，则追之已无及矣。此最利害。令当审量罪囚轻重，重者勿使处近壁之匣。墙之上必加以茨，壁之内必夹以板。每五日一次，躬自巡行，相视有不完处，随加修补。戒饬吏卒，每夜不可止留一人值更，须要每更轮流两三人，明烛巡视诸牢。次早，令出厅，先诣狱点名，然后佥押文字，日以为常。墙壁之当完者如此。狱囚合给粮食，自当于经费支破。有因县道匮乏而责诸吏者，不知官给尚欲减克，而可使吏供输乎？宁节他费，此费不可节也。人当日给米二升，盐菜钱十二文，朝巳晚申，立定程式，狱子声嗒报覆，令躬点视，然后传入。其有家自送饭者，当即传与，仍点检夹带毒药、刀仗、铜铁器皿、文字之属。春夏天气蒸郁，须与疏其窗棂，蠲其秽污，使不至卑湿奥渫，致兴疫疠。如稍向寒，便当糊饰户牖，支给绵炭，使各得温暖和适，可免疾患。饥寒之当究者如此。不幸狱囚有以疾病告者，将奈何哉？曰此不可不察也。有实病而吏不以告者，有未尝病而吏诬以告者。盖吏视囚犹犬豕，不甚经意，初有小病，不加审诘，必待困重方以闻官，甚至死而后告者。若有赀之囚，吏则令其诈病，巧为敷说，以觊责出，渐为免脱之地。此令所当深察。责在推司，日具有无疾病，申令于点视之际，又自躬加审察。如以病告者，且与召医治疗，日申增减。其甚困顿不可支者，然后责令亲属保识前去。若必待病重方始闻官者，推吏必置于罚。不然万一死者接踵，宪司岁计人多，令能免咎乎？又不幸狱情有疑似而难明者，将奈何乎？曰此不可不辨也。世固有畏惧监系，觊欲早出而妄自诬伏者矣；又有吏务速了，强加拷讯逼令招认者矣；亦有长官自恃己见，妄行臆度，吏辈承顺旨意，不容不以为然者矣。不知监系最不可泛及，拷讯最不可妄加，而臆度之见最不可恃以为是也。史传所载，耳目所知，以疑似受枉而死而流而伏辜者，何可胜数。谚曰：'捉贼须捉赃，捉奸须捉双。'此虽俚言，极为有道。故凡罪囚供款，必须事事著实，方可凭信。不然万一逼人于罪，使无辜者受枉罚，令得无憾于心？乃若狱门出入之禁，其责专在当日推司。监牢严行拘督，应当日而抛离不到者有罚，吏卒非系在狱而辄入者有罚。令自点察之外，许人告讦。罪人水火茶饭各须有人监临，事毕即入元处，不得放令闲散。逐牢内门无故不得辄开。若家属传送茶饭，不得私令与囚相见，吏卒亦不得因而与之传递信息，漏泄狱情。此皆所当深致其防者也。夫县狱与州郡不同，州郡专设一官，故防闲曲尽，县令期会促迫，财赋煎熬，于狱事每不暇详谨。罪之小者，县得自行决遣，罪之大者，虽必申州，而州家亦惟视县款为之凭据。则县狱岂不甚重，而令之责任岂容不曲尽其心哉？故愚于此，反复谆复，不嫌于赘。"

按：此篇言狱事可云详且尽矣。狱之弊防不胜防，狱之治也不易。以州县兼理，事简者或能兼顾，事繁者力有未逮，此必然之势。惟设专官以专理之，庶有责成乎。元代多设专官，其制为胜于古，至今遵行之。

《辽志》："穆宗应历十六年，京师置百尺牢以处系囚。盖其即位未久，惑女巫肖古之言，取人胆合延年药，故杀人颇众。后悟其诈，以鸣镝丛射、骑践杀之。"

按：此非寻常之狱。

《金志》："其狱则掘地深广数丈为之。"

"大定十一年，诏谕有司曰：'应司狱廨舍须近狱，安置囚禁之事常亲提控，其狱卒必选年深而信实者轮直。'"

金御史台有狱，诸节镇节度使有狱。并详《狱官》。

按：金御史台有狱，因于宋也。其官有狱丞，而大理寺无官，盖不设狱矣。金节镇亦设狱，此异于宋者。

元刑部、御史台并有狱。详《狱官》。

按：元代不设大理寺，故狱设于刑部，古制之变自元始，明遂因之。其御史台设狱则沿宋、金之制。

《元史·百官志》："大都路兵马都指挥使司狱司凡三：一置于大都路。一置于北城兵马司，通领南城兵马司狱事。皇庆元年以两司异禁，遂分置一司于南城。"

《元志》职制门："诸郡县佐贰及幕官，每月分番提牢，三日一亲临点视，其有枉禁及淹延者，即举问，月终则具囚数牒次官。其在上都囚禁，从留守司提之。""诸南北兵马司，每月分番提牢，仍令提控案牍兼掌囚禁。""诸盐运司监收盐徒，每月佐贰官分番董视，与有司同。"

按：分番提牢，是其时狱无专官也。惟南北兵马有司狱司，何以亦分番提牢，未详其故。

又恤刑门："诸狱囚必轻重异处，男女异室，毋或参杂。司狱致其慎，狱卒去其虐，提牢官尽其诚。""诸在禁囚徒无亲属供给，或有亲属而贫不能给者，日给仓米一升。三升之中给粟一升，以食有疾者。凡油炭席荐之属，各以时具。其饥寒而衣粮不继，疾患而医疗不时，致非理死损者，坐有司罪。""诸各处司狱司看守囚徒，夜支清油一斤。""诸路府州县，但停因去处，于鼠耗粮内放支囚粮。""诸在禁无家属囚徒，岁十二月至于正月，给羊皮为披盖裤袜及薪草为暖匣熏炕之用。""诸狱医，囚之司命，必试而后用之。若有弗称，坐掌医及提调官之罪。""诸狱囚病至二分，申报；渐增至九分，为死证。若以重为轻，以急为缓，误伤人命者，究之。""诸狱囚有病，主司验实，给医药。病重者去枷拷枢，听家人入侍。职事散官五品以上，听二人入侍。犯恶逆以上及强盗至死、奴婢杀主者，给医药而已。""诸有司在禁囚徒，饥寒衣食不时，病不督医看候，不脱枷枢，不令亲人入侍，一岁之内死至十人以上者，正官笞二十七，次官三十七，还职；首领官四十七，罢职别叙，记过。"

按：元于通制内特立"恤刑"一门，颇为周至。大抵立法者无不规其善，所患用法者多违之耳。

明刑部、都察院并有狱。详《狱官》。

按：明刑部、都察院并有狱。都察院即御史台，承元制也。大理寺掌审谳平反，凡刑部、都察院、五军断事官所推问狱讼，皆移案牍，引囚徒，诣寺详谳，其职但主覆审，故无狱。

顺天府、应天府、各府州县并有狱。详《狱官》。

《刑法志》："洪武十七年，建三法司于太平门外钟山之阴，命曰'贯城'。下敕言：'贯索七星如贯珠，环而成象，名天牢。中虚则刑平，官无邪私，故狱无囚人，贯内空。中有星或数枚者即刑繁，刑官非其人。有星而明为贵人无罪而狱。今法天道置法司，尔诸司其各慎乃事，法天道行之，令贯索中虚，庶不负朕肇建之意。'"

"嘉靖六年，给事中周琅言：'比者狱吏苛刻，犯无轻重，概加幽系，案无新故，动引岁时，意喻色授之间，论奏未成，囚骨已糜。又况偏州下邑，督察不及，奸吏悍卒，倚狱为市，或扼其饮食以困之，或徙之秽混以苦之，备诸痛楚，十不一生。臣观律令所载，凡逮系囚犯，老疾必散收，轻重以类分，枷枢荐席必以时饬，凉浆暖匣必以时备，无家者给之衣服，有疾者予之医药，淹禁有科，疏决有诏，此祖宗良法美意，宜敕臣下同为奉行。凡逮系日月并已竟未竟疾病、死亡者，各载文册申报，长吏较其结竟之迟速，病故之多寡，以为功罪而黜陟之。'帝深然其言。”

“狱囚贫不自给者，洪武十五年定制，人给米日一升。二十四年革去。正统二年以侍郎何文渊言，诏如旧，且令有赃罚敝衣得分给。成化十二年，令有司买药饵送部，又广设惠民药局疗治囚人。至正德十四年，囚犯煤油、药料皆设额银定数。嘉靖六年，以运炭等有力罪囚折色粢米，上本部仓，每年约五百石，乃停收。岁各给棉衣裤各一事，提牢主事验给之。”

“东厂之设，始于成祖。锦衣卫之狱，太祖尝用之，后已禁止，其复用亦自永乐。时厂与卫相倚，故言者并称‘厂卫’。”

“锦衣卫狱者，世所称诏狱也。古者狱讼掌于司寇而已，汉武帝始置诏狱二十六所，历代因革不常。五代唐明宗设侍卫亲军马步军都指挥使，乃天子自将之名。至汉有侍御司狱，凡大事皆决焉。明锦衣卫狱近之，幽絷惨酷，害无甚于此者。太祖时天下重罪逮至京者收系狱中，数更大狱，多所断治，所诛杀为多，后悉焚卫刑具以囚送刑部审理。二十六年申明其禁，诏内外狱毋得上锦衣卫，大小咸经法司。成祖幸纪纲，令治锦衣亲兵，复典诏狱，纲遂用其党庄敬、袁江、王兼、李春等，缘借作奸，数百千端。久之族纲，而锦衣典诏狱如故，废洪武诏不用矣。”

“镇抚司职理狱讼，初止立一司，与外卫等。洪武十五年添设北司，而以军匠诸职掌属之南镇抚司，于是北司专理诏狱。”

“初，卫狱附卫治，至门达掌问刑，又于城西设狱舍，拘系狼藉。达败，用御史吕洪言毁之。”

按：前明卫狱以听断之权授诸武夫，而又与奄竖相倚，其冤惨何可胜言。恂一代之秕政，为古今所无者。斯祸之延，实由成祖。

《明会典》：“凡提牢，刑部每月札委主事一员接管。先五日，旧提牢官将提牢须知封送接管官看阅，至日，将囚数并一应煤米等项文簿呈堂查验，批发新提牢官管理。除朔望日升堂及有事禀堂外，余日不得擅出。专一点说狱囚，关防出入，提督司狱司官吏钤辖狱卒昼夜巡逻，稽查收支月粮煤油，修理狱具什物，查理病囚医药，禁革狱中一应弊端，每日仍会同巡风官点视封监。”“凡各府司狱，专管囚禁，如有冤滥，许令检举申明，如本府不准，直申宪司，各衙门不许差占。府州县牢狱仍委佐贰官一员提调。其男女罪囚，须要各另监禁，司狱官常切点视，州县无司狱去处，提牢官点视。若狱囚患病，即申提牢官验实，给药治疗。除死罪枷杻外，其余徒、流、杖罪囚人病重者，开疏枷杻，令亲人入视；笞罪以下，保管在外医治；病痊依律断决，如事未完者，复收入禁，即与归结。"

洪武元年令：禁系囚徒年，七十以上、十五以下、废疾散收。轻重不许混杂。枷杻常须洗涤，席荐常须铺置，冬设暖匣，夏备凉浆。无家属者日给仓米一升，各给绵衣一件，夜给灯油，病给医药，并令于本处有司系官钱粮内支破，狱司预期申明关给，毋致缺误。有官者犯私罪，除死罪外，徒、流锁收，杖以下皆散收。司狱常切拘钤狱卒不得苦楚囚人，提牢官不时点视，违者禁子严行断罪，狱官申达上司究治。

"洪武二十六年，定凡刑部见问囚人，设置司狱司监禁。每月山东司案呈，差委主事一员躬亲提调一应牢狱。各部每夜又各委官各点本部囚数，应押而押，应枷杻而枷杻，应锁镣而锁镣，将监门牢固封锁，其总提牢官将锁匙拘收，督令司狱轮拨狱卒直更提铃。至天明，各提牢官将监门锁封看讫，令司狱于总提牢官处关领锁匙，眼同开锁，照依各部取囚勘合内名数点放出监，各该狱卒管押赴部，问毕随即押回收监，顷刻不得擅离左右。务要内情不得外出，外情不得内入，使人知幽囚困苦之状，以顿挫其顽心。又行提督司狱人等，常加洁净，不致刑具颠倒，狱囚饭食，以时接递，毋得作弊刁蹬。其有冤抑不伸及淹禁日久不与决者，提牢官审察明白，呈堂整治。"

"成祖永乐元年，按月札委主事一员提调牢狱。每月公同本部巡风官点视寺监，督令司狱人等严谨巡守。至明，查照各司取囚票帖，判送司狱司，点付皂隶押至该司，问毕送监。"

"世宗嘉靖四十三年，题准：凡抚按审录重囚已经奉有决单者，悉照京师会官热审事例，不必再拘于证，先查始末文卷，止将见禁囚犯送审。除情真外，如果情罪可矜疑者，即为奏请定夺。若有异词相应再问者，案行守巡道转委府州县正官或推官就近拘取原证再审明确，务要立限速完，不许动延时月。若原证年远不存，即便明白声说，不许混提家属。各府州县问官不许转批首领等官，以滋繁扰。各该干证只暂候，不许一概混监。抚按守巡官严加禁约，违者参奏处治。"

《明律》捕亡门："狱囚脱监及反狱在逃。"《纂注》："由门而逃曰'脱监'，逾墙而逃曰'越狱'。"

按：古者狱无监名，称狱为监，盖自《明律》始，今则通称为监矣。《汉书·王尊传》："署守属监狱。"师古曰："署为守属，令监狱主囚也。"是监者监察之义，而狱之名监，即原于此。

《南史·扶桑传》："扶桑国法有南、北狱，若有犯轻罪者入南狱，重罪入北狱，有赦则放南狱不放北狱。"

刑具考

枷

《晋书·石勒载记》："会建威将军阎粹说并州刺史东瀛公腾，执诸胡于山东卖充军实。腾使将军郭阳、张隆虏群胡，将诣冀州，两胡一枷。勒时年二十余，尚在其中。"

按：此文是晋时尚有枷名。而《隋志》梁、陈刑律皆不言枷，岂当时世间有此名称，而官府尚未改欤？两胡一枷，即后来二人连枷之始。

《魏书·刑法志》："高祖太和五年，时法官及州郡县不能以情折狱，乃为重枷大几围，复以缒石悬于囚颈，伤内至骨，更使壮卒选搏之，因率不堪，因以诬服，吏持此以为能。帝闻而伤之，乃制：非大逆有明证而不款辟者，不得大枷。"

"世宗永平元年秋七月，诏尚书检校枷、杖大小，违制之由，科其罪失。尚书令高肇、尚书仆射清河王怿、尚书邢峦、尚书李平、尚书江阳王继等奏曰：'臣等闻王者继天子物，为民父母，导之以德化，齐之以刑法，小大必以情，哀矜而勿喜；务以三讯五听，不以木石定狱。伏惟陛下子爱苍生，恩侔天地，疏网改祝，仁过商后，以枷杖之非度，愍民命之或伤，爰降慈旨，广垂昭恤，虽有虞慎狱之深，汉文恻隐之至，亦未可共日而言矣。谨案狱官令，诸察狱先，备五听之理，尽求情之意，又验诸证信，事多疑似，犹不首实者，然后加以拷掠。诸犯年刑已上，枷锁流徙已上，增以杻、械，迭用不俱。非大逆外叛之罪，皆不大枷、高杻、重械，又无用石之文。而法官州郡因缘增加，遂为恒法。进乖五听，退违令文，诚宜案劾，依旨科处。但踵行已久，计不推坐。检杖之小大，鞭之长短，令有定式，但枷之轻重，先无成制。臣等参量造大枷，长一丈三尺，喉下长一丈，通颊木各方五寸，以拟大逆外叛，杻、械以掌流刑已上。诸台寺州郡大枷请悉焚之。枷本掌囚，非拷讯所用，从今断狱，皆依令，尽听讯之理。量人强弱，加之拷掠，不听非法拷人，兼以拷石。'自是枷杖之制，颇有定准。未几，狱官肆虐，稍复重大。《世宗纪》永平元年载此事。"

按：《说文》，枷，柫也。柫，击禾连枷也。齐语耒耜枷芟，韦昭云，枷，梻也，所以击草也。《释名》，枷，加也，加杖于柄头以挝穗而出其谷也。或曰罗枷三杖而用之也。或曰了了杖转于头，故以名之也。是枷本农具之名也。何时刑具亦得枷名，不详所自。《后汉书·马融传》："捎罔两，拂游光，枷天狗，绁坟羊。"章怀太子不为"枷"字作解，以上下文推之，枷字但为击打之意，未必遂作枷锁解。《石勒载记》始有枷名，似始于此时。齐萧子良《净住子》："壁如牢狱重，囚具婴众苦。抱长枷，牢大械，带金钳，负铁锁。"《玉篇》枷有枷锁、连枷二义。是齐、梁已为通称，特律文未改耳。北朝自魏迄隋，并以枷名，唐、宋承之，而枷之名遂专属于刑具矣。

《魏书·宋翻传》："初，翻为河阴令，县旧有大枷，时人号曰'弥尾青'，及翻为县主，吏请焚之，翻曰：'且置南墙下，以待豪家。'未几，有内监杨小驹诣县言事，辞色不逊，命取尾青以镇之。既免，人诉世宗，世宗大怒，敕河南尹推治其事。翻具自陈状。诏曰：'卿故违朝法，岂不欲作威以买名？'翻对：'造者非臣，买名者亦宜非臣。所以留者，非敢施于百姓，欲待凶暴之徒如小驹者耳。'于是威振京师。"

按：《御览》六百四十四。引此事，"弥"下有"方结切"三字，不知何据？字书"弥"无此音。

《隋志》："《齐律》：罪刑年者锁，无锁以枷。""《周大律》：凡死罪枷而拲，流罪枷而梏，徒罪枷。""《隋开皇律》：枷、杖大小咸为之程品。"

《唐六典》："诸流、徒罪及作者皆著钳，若无钳者著盘枷，病及有保者听脱。枷长五尺已上，六尺已下，颊长二尺五寸已上，六寸已下，共阔一尺四寸已上，六寸已下，径头三寸已上，四寸已下。"

《旧唐书·刑法志》："时周兴、来俊臣等相次受制，推究大狱，乃于都城丽景门内别置推事使院，时人谓之'新开狱'。俊臣又与侍御史侯思止、王宏义、郭霸、李敬仁、评事唐昉、卫遂忠等招集告事数百人，共为罗织，以陷良善，前后枉遭杀害者不可胜数。又造《告密罗织经》一卷，其意旨皆网罗前人，织成反状。俊臣每鞫囚，无问轻重，多以醋灌鼻，禁地牢中，或盛之于瓮，以火围绕炙之，兼绝其粮饷，至有抽衣絮以啖之者。其所作大枷，凡有十号：一曰定百脉，二曰喘不得，三曰定地吼，四曰著即承，五曰失魂胆，六曰实同反，七曰反是实，八曰死猪愁，九曰求即死，十曰求破家。又令寝处粪秽，备诸苦毒。每有制书宽宥囚徒，俊臣必先遣狱卒，尽杀重罪，然后宣示。是时海内慑惧，道路以目。"

《宋史·田锡传》："锡好言时务，既居谏官，即上疏：案狱官令，枷、杻有长短，钳、锁有轻重、尺寸、斤两，并载《刑书》，未闻以铁为枷者也。"

王（禹偁）［辟之］《渑水燕谈录》："旧制，枷惟二等，以二十五斤、二十斤为限。景德初，陈网提点河北路刑狱，上言请制杖罪，枷十五斤为三等。诏可其奏，遂为常法。"

《金史·刑志》："泰和四年七月，上以诸路枷多不如法，平章政事守贞曰：'枷尺寸有制，提刑两月一巡察，必不敢违法也。'"

《明律》狱具图："枷长五尺五寸，头阔一尺五寸，以干木为之；死罪重三十五斤，徒、流重二十斤，杖罪重一十五斤，长短轻重，刻志其上。"

笞杖

《汉志》："孝文十三年定律：当劓者笞三百，当斩左止者笞五百。是后外有轻刑之名，内实杀人。斩右止者又当死。斩左止者笞五百，当劓者笞三百，率多死。注：笞数既多，亦不活也。景帝元年下诏曰：'加笞与重罪无异，幸而不死，不可为人。其定律笞五百曰三百，笞三百曰二百。'犹尚不全。至中六年，又下诏曰：'加笞者或至死而笞未毕，朕甚怜之，其减笞三百笞二百，笞二百曰一百。'又曰：'笞者所以教之也，其定箠令。'师古曰：箠，策也。所以击者也，音止蘂反。丞相刘舍、御史大夫卫绾请：'笞者箠长五尺，其本大一寸，其竹也，末薄半寸，皆平其节。当笞者笞臀，如淳曰：然则先时笞背也。毋得更人，师古曰：谓行笞者不更易人也。毕一罪乃更人。'自是笞者得全。"王棠《知新录》："按古之一寸合今之六分六，末薄半寸，合今之三分余。毋得易人，则无后世五板易人之例。今世棰法未有明文，若依此行，亦仁政之一也。"

《北堂书钞》：四十五。"晋令：杖皆用荆，长六尺。制杖大头围一寸，尾三分半。"

《隋志》："《梁律》：杖皆用生荆，长六尺，有大杖、法杖、小杖三等之差。大杖大头围一寸三分，小头围八分半。法杖围一寸三分，小头五分。小杖围一寸一分，小头极杪。诸督罚大罪无过五十、三十，小者二十。当笞二百以上者，笞半，余半后决，中分鞭杖。互详《鞭》。"

《魏书·刑罚志》："显祖末年，尤重刑罚。理官鞫囚，杖限五十，而有司欲免之，则以细捶，欲陷之，则先大杖，民多不胜而诬引，或绝命于杖下。显祖知其若此，乃为之制：其捶用荆，平其节，讯囚者其本大三分，杖背者二分，挞胫者一分，拷悉依令。皆从于轻简也。"

《隋志》："北齐：笞者笞臀，而不中易人。杖长三尺五寸，大头径二分半，小头径一分半。决三十以下杖者，长四尺，大头径三分，小头径二分。在官犯罪，鞭杖十为一负。闲局六负为一殿，平局八负为一殿，繁局十负为一殿。加一殿者，复计为负焉。开皇元年，更定新律。自前代相承，有司讯考，皆以法外，或有用木棒吏杖，车辐鞋底，压踝杖桄之属，楚毒备至，多所诬伏。虽文致于法，而每有枉滥，莫能自理。至是尽除苛惨之法，讯囚不得过二百，枷杖大小，咸为之程品，行杖者不得易人。"

按：法外讯考，即非刑也。大棒束杖，车辐鞋底，自各为一物。压踝杖桄，当自为一事，疑是以杖桄压踝也。《说文》"桄"下段注：玄应曰：桄音光。古文横、横二形，声类作"桄"，今车床及梯桀下横木皆是也。是凡横木皆可以桄。称压踝，必以木横用，故谓杖桄矣。

《唐六典》："杖皆削去节目，长三尺五寸。讯囚杖，大头径三分二厘，小头二分二厘。常行杖，大头二分七厘，小头一分七厘。笞杖，大头二分，小头一分半。其决笞，腿、臀分受。杖者背、腿、臀分受，须数等拷讯。笞亦同。愿背、腿均受者听。殿庭决杖者，皆背受。"

《金史·刑志》："明昌四年五月，上以法不适平，常行杖样多，不能用，遂定分寸，铸铜为杖式，颁之天下。且曰：'若以笞杖太轻，恐情理有难恕者，讯杖可再议之。'五年五月，刑部员外郎马复言：'外官尚苛刻者，不遵铜杖式，辄用大杖，多致人死。'诏令按察司纠劾黜之。泰和元年正月，尚书省奏：'以见行铜杖式轻细，奸宄不畏。'遂命有司量所犯用大杖，且禁不得过五分。"

《明律》狱具图："笞，大头径二分七厘，小头径一分七厘，长三尺五寸，以小荆条为之。杖，大头径三分二厘，小头径二分二厘，长三尺五寸，以大荆条为之。并须削去节目。用官降较板法如法较勘，毋令勩胶诸物装钉。应决者，用小头，臀受。讯杖，大头径四分五厘，小头径三分五厘，长三尺五寸，以荆杖为之。其犯重罪，赃证明白，不服招承，明立文案，依法拷讯，臀、腿受。"

《礼记·学记》："夏、楚二物，收其威也。"注："夏，榎也。楚，荆也。"《释文》："榎，吐刀反。"《尔雅·释木》："榎，山榎。"郭注："今之山楸。"《释文》："榎，古雅反。"舍人本又作"槚"。《诗·秦风·

终南》疏引陆玑疏云："楰，今山楸也，亦如下田楸耳。皮叶白色，亦白材，理好，宜为车板，能湿，又可为棺木，宜阳共北山多有之。"《本草》："楸，其木湿时脆，燥时坚，故谓之良材。牡荆，恭曰即作捶杖者。所在皆有之。实细，黄色。茎劲，作树生。"李时珍曰："牡荆，处处山野多有，樵采为薪，年久不樵者，其树大如碗也。有青、赤二种，青者为荆，赤者为楛，嫩条皆可为筥簏。古者贫妇以荆为钗，即此二木也。"

按：夏、楚均是木，而其质夏重楚轻，其用之也，亦必有轻重之差矣。汉时易以竹，梁复用荆，荆即楚也。其后承之，是但用楚，而不用夏。《唐志》谓汉用竹，后世更以楚者，误也。明用荆，不知何时复用竹？

《北史·燕荣传》："除幽州总管，尝按部，道次见丛荆堪为笞箠，命取之，辄以试人。人或自陈无咎，荣曰：'后有罪当免。'及后犯细过，将树之，人曰：'前日被杖，许有罪宥之。'荣曰：'无过尚尔，况有过耶。'榜捶如旧。"

按：此北朝笞刑亦用荆之证。

邱氏濬曰："《大明律》卷首作为横图，以纪狱具笞杖大小厚薄，视唐略等，比宋则尤为轻焉。祖宗好生之仁，虽为恶之罪人，惟恐或有所伤，而为之薄刑也如此。是以仁恩厚德，浃于民心，百年于兹。近年以来，乃有等酷虐之吏，盗为刑具，如突棍、脑箍、烙铁之类，名数不一，非独有以违祖宗之法，实有伤天地之和。伏乞圣明申明旧制，凡内外有因袭承用者，悉令弃毁。然禁之必自内始，敢有仍前故用，即以所制者加之。庶使太祖皇帝慎罚之意，恤刑之仁，所以著于律文者，万世之下，恒如一日。所以恢皇仁于九有，绵国祚于万年者，端在于斯。"

按：汉箠之制，本大一寸，末半寸。汉尺小于今尺三之一，当为本大六分六零，末半之，此其径数也。梁杖制，大头围一寸三分，小头围八分半，以围数合径数，与汉箠约略相等。隋杖，大头径三分，小头径二分，视梁制更小。唐讯杖大于隋杖二厘，而常行杖大头二分七厘，小头一分七厘，笞杖大头二分，小头一分半，视隋制更小。明之笞及杖，与唐之笞杖及常行杖同，而讯杖大于唐一分三厘，然亦止大头径四分五，小头径三分五而已。今之小竹板，大头阔一寸五分，小头阔一寸；大竹板，大头阔二寸，小头阔一寸五分，不知定于何年？视前代之笞杖，大数倍矣。

拶指

《庄子·天地篇》："则是罪人交臂历指，而虎豹在于囊槛，亦可以为得矣。"《释文》："司马云，交臂，反缚；历指，犹历楼貌。"

《说文》："枥，枥撕，椑指也。"各家并云椑当作"柙"。段注："柙指，如今之拶指，故与械、杽、桎、梏为类。《庄子》曰，罪人交臂历指。历指，谓以枥撕柙其指也。《尉缭子》曰，束人之指而讯囚之情。"桂氏《义证》："《一切经音义》十二《通俗文》：考囚具谓之枥撕。《字林》：柙其指也。《韵会》引《系传》谓以木柙十指而缚之也。《唐韵》：枥，郎击切。撕，先稽切。"

《玉篇》："（桚）［拶］，子葛切，逼［拶］也。"《类篇》："（拶）［桚］，笮也。拶，逼也。并子末切。"《广韵》："（拶）［拶］，逼（拶）［拶］，姊末切。"《正字通》："拶，宗滑切，赞入声，相排迫也。又刑具，《庄子》罪人交臂历指。注：即今背剪拶指也。俗读作'斩'，本作'搢'，俗作'拶'。拶，旧注音緆，笞也。按指刑俗呼'桚'，穿小木以绳系十指间束缚之。读若'昝'，桚即桚之讹。"

按：《类篇》桚、拶并收。《玉篇》、《广韵》但收拶字。《类篇》、《广韵》右旁作"㚇"，当以《玉篇》从"𡿺"为是。𡿺本作"𡿺"。《说文》水流𡿺𡿺也。至桚指，刑部久无此具，外省亦罕见，不知废于何时？

夹棍　脑箍

《宋志》："理宗起自民间，具知刑狱之弊，初即位，即诏天下恤刑。而天下之狱，不胜其酷。每岁冬、夏，诏提刑行郡决囚，提刑惮行，悉委倅贰，倅贰不行，复委幕属，所委之人，类皆肆行威福以要馈遗。监司、郡守，擅作威福，意所欲黥，则令入其当黥之由；意所欲杀，则令证其当死之罪。呼喝吏卒，严限日时，监勒招承，催促结款。而又擅置狱具，非法残民。或断薪为杖，掊击手足，名曰'掉柴'。或木索并施，夹两脰，名曰'夹帮'。或缠绳于首，加以木楔，名曰'脑箍'。或反缚跪地，短竖坚木，交辨两股，令狱卒超跃于上，谓之'超棍'。痛深骨髓，几于殒命。"

王棠《知新录》："夹棍之说，唐世未闻，其制起于宋理宗之世。以木索并施，夹两股，名曰'夹帮'。又竖坚木，交辨两股，令狱卒跳跃于上，谓之'超棍'。合二者思之，当即今之夹棍也。"

按：邱氏濬谓酷虐之吏恣为刑具，如夹棍、脑箍、烙铁之类，是明代有夹棍名目，但未详始于何年？据邱氏之言，固例载之刑具也，今则纂为定例矣。南北朝时有压踝杖桄之法，其形状不知何如？是即夹棍之意也。

律目考

李悝《法经》六篇

一《盗法》，二《贼法》，三《囚法》，四《捕法》，五《杂法》，六《具法》。

《唐律疏议》云："一《盗法》，今《贼盗律》是也。二《贼法》，今《诈伪律》是也。三《囚法》，今《断狱律》是也。四《捕法》，今《捕亡律》是也。五《杂法》，今《杂律》是也。六《具法》，今《名例律》是也。"

按：贼、盗二字，义本不同，故《法经》分为二篇。左氏文十八年《传》："周公作誓命曰：毁则为贼，窃贿为盗。"杜注："毁则坏法也。"昭〔十〕四年《传》："叔向曰：己恶而掠美为昏，贪以败官为墨，杀人不忌为贼。《夏书》曰，昏、墨、贼、杀，皋陶之刑也。"此皆法家言之最古者。《说文》："贼，败也，从戈则声。""败，毁也。"与毁则为贼之义合，乃谐声兼会意字。"盗，私利物也，从㳄。"㳄欲皿者，乃会意字。二字之本义如此，初不相通也。《荀子·修身篇》："害良曰贼，窃货曰盗。"晋张裴《律注》："无变斩击谓之贼，取非其物谓之盗。"《周礼·朝士》疏："盗贼并言者，盗谓盗取人物，贼谓杀人曰贼。"二字连文，唐以前人分别甚明，绝不相蒙。其贼、盗单言者，贼为贼害，如《孟子》"贼仁者谓之贼"，以及《汉书》、《吕览》、《淮南》、《楚辞》诸书之注释皆同。杀人乃贼害之甚者，故叔向曰杀人不忌为贼。又《大戴记·曾子立事篇》："杀人而不戚（也）〔焉〕贼也。"以及《书·舜典》传、《吕览》、《后汉书》注并言"杀人曰贼"，与贼害之义相引伸也。盗为盗窃。如《穀梁传》定八年。"非其所取而取之谓之盗"，《庄子·山木篇》注"盗窃者私取之谓也"，足与《说文》之义相发明。其余诸书，不胜枚举。《玉篇》、《广韵》"贼"下始有"盗也"一训。盖二书为宋人所乱，已失顾野王、孙缅之旧，非古义也。《盗法》、《贼法》李悝本为二事，《汉律》因之，盗则盗窃劫略之类，贼则叛逆杀伤之类。魏于《盗律》内分立《劫略律》，晋无《劫略》，则仍入《盗律》。梁为《盗劫律》,《贼律》则曰《贼叛律》,北齐始合二律为一,曰《贼盗》。周、隋时合时分,唐复合而为一,故叛逆、杀伤诸事皆在其中。元于《贼盗》外别立《杀伤》之目,明又改为《人命》,盖大失古律本义矣。《疏议》谓《盗法》今《贼盗律》,《贼律》今《诈伪律》,俱未谛当。唐之《贼盗》兼《盗法》、《贼法》在内,《诈伪律》魏由《贼律》分出,而《贼律》固不止诈伪一事也。又按《周礼·士师》:"八成:一曰邦汋,二曰邦贼,三曰邦谍,四曰犯邦令,五曰挢邦令,六曰为邦盗,七曰为邦朋,八曰为邦诬。"注:"郑司农云,八成者,行事有八篇,若今时《决事比》。"据先郑注,则周代刑法此其篇目之可考者,然究非全体也。"邦贼"注云"为逆乱者","为邦盗"注云"窃取国之宝藏者",贼、盗分为二事,盖古法皆然。

《汉律》九章

《晋书·刑法志》:"李悝撰次诸国法,著《法经》。以为王者之政,莫急于盗贼,故其律始于《盗》、《贼》。盗贼须劾捕,故著《囚》、《捕》二篇。其轻狡、越城、博戏、借假、不廉、淫侈、逾制以为《杂律》一篇。又以《其'其'疑'具'之讹。律》具其加减。是故所著六篇而已,然皆罪名之制也。商君受之以相秦。汉承秦制,萧何定律,除参夷连坐之罪,增部主见知之条,益事律《兴》、《厩》、《户》三篇,合为九篇。叔孙通益律所不及,《傍章》十八篇,张汤《越宫律》二十七篇,赵禹《朝律》六篇,合六十篇。又汉时决事,集为《令甲》以下三百余篇,及司徒鲍昱撰嫁娶辞讼决为《法比都目》,凡九百六卷。"《唐律疏议》序:"汉相萧何,更加悝所造《户》、《兴》、《厩》三篇,谓之九章之律。"

按:《汉书》久亡,而律目之见于魏《新律》序略者,如《盗律》有劫略、恐猲、和买卖人、受所监受财枉法、勃辱强贼、还赃畀主,《贼律》有欺谩、诈伪、逾封、矫制、贼伐树木、杀伤人畜产、诸亡印、储峙不办、但以言语及犯宗庙园陵,《囚律》有诈伪生死、告劾、传覆、系囚、鞫狱、断狱,《杂律》有假借、不廉,《具律》有出卖呈,未详其义。《兴律》有上狱、擅兴徭役、乏徭稽留、烽燧,《厩律》有告反讯受、一作"逮受",一作"逮验"。乏军之兴、上言变事、惊事告急。其可考者如此。序略又谓,旧律因秦《法经》,就增三篇,而《具律》不移,因在第六。其篇次亦尚可考也。李悝《杂律》为轻狡、越城、博戏、假借、不廉、淫侈、逾制七端,汉《贼律》之逾封、矫制,即《杂律》之逾制，此与李悝不同。其余假借、不廉仍在《杂律》，则轻狡、越城、博戏、淫侈四者，亦当与李悝同也。

《魏律》十八篇

《魏志·刘劭传》："明帝即位，征拜骑都尉，与议郎庾嶷、荀诜等定科令，作《新律》十八篇。"《晋书·刑法志》载其序略曰："旧律因秦《法经》，就增三篇，而《具律》不移，因在第六。罪条例既不在始，又不在终，非篇章之义，故集罪例以为《刑名》冠于律首。《盗律》有劫略、恐猲、和卖买人，科有持质，皆非盗事，故分以为《劫略律》。《贼律》有欺谩、诈伪、逾封、矫制，《囚律》有诈伪生死，《令丙》有诈自复免，事类众多，故分为《诈律》。《贼律》有贼伐树木、杀伤人畜产及诸亡印，《金布律》有毁伤亡失县官财物，故分为《毁亡律》。《囚律》有告劾、传覆，《厩律》有告反逮《玉海》引作'讯'。受，科有登闻道辞，故分为《告劾律》。《囚律》有系囚、鞫狱、断狱之法，《通考》、《玉海》引同。《通典》引无'断狱'二字。《兴律》有上狱之事，科有考事报谳，宜别为篇，故分为《系讯》、《断狱律》。《盗律》有受所监受财枉法，《杂律》有假借、不廉，《令乙》有呵人受钱，科有使者验赂，其事相类，故分为《请赇律》。《盗律》有勃辱强贼，《兴律》有擅兴徭役，《具律》有出卖呈，科有擅作修舍事，故分为《兴擅律》。《兴律》有乏徭稽留，《贼律》有储峙不办，《厩律》有乏军之兴，及旧典有奉诏不谨、不承用诏书，汉氏施行有小愆之反'之反'《通典》作'乏及'，《通考》'之'亦作'乏'。不如令，辄劾以不承用诏书乏军要斩，又减以《丁酉诏书》，《丁酉诏书》汉文所下，不宜复以为法，故别为《之'之'当作'乏'。留律》。秦世旧有厩置、乘传、副车、食厨，汉初承奏不改，后以费广稍省，故后汉但设骑置而无车马，而律犹著其文，则为虚设，故除《厩律》，取其可用合科者，以为《邮驿令》。其告反逮验，别入《告劾律》。上言变事，以为《变事令》，以惊事告急，与《兴律》烽燧及科令'令'疑'合'之讹。者，以为《惊事律》。《盗律》有还赃畀主，《金布律》有罚赎入责以呈黄金为价，《通典》'价'作'偿'。科有平庸坐赃事，以为《偿赃律》。律之初制，无免坐之文，张汤、赵禹始作监临部主、见知故纵之例。其见知而故不举劾，各与同罪，失不举劾，各以赎论，其不见不知，不坐也，是以文约而例通。科之为制，每条有违科，不觉不知，从坐之免，不复分别，而免坐繁多，宜总为免例，以省科文，故更制定其由例，以为《免坐律》。诸律令中有其教制，本条无从坐之文者，皆从此取法也。凡所定增十三篇，就故五篇，合十八篇，于正律九篇为增，于旁章科令为省矣。改汉旧律不行于魏者皆除之，更依古义制为五刑。其死刑有三，髡刑有四，完刑、作刑各三，赎刑十一，罚金六，杂抵罪七，凡三十七名，以为律首。又改《贼律》但以言语及犯宗庙园陵，谓之大逆无道，要斩，家属从坐，不及祖父母、孙。至于谋反大逆，临时捕之，或汙潴，或枭菹，夷其三族，不在律令，所以严绝恶迹也。贼斗杀人，以劾而亡，许依古义，听子弟得追杀之。会赦及过误相杀，不得报仇，所以止杀害也。正杀继母，与亲母同，防继假之隙也。除异子之科，使父子无异财也。殴兄姊加至五岁刑，以明教化也。囚徒诬告人反，罪及亲属，异于善人，所以累之使省刑息诬也。改投书弃市之科，所以轻刑也。正篡囚弃市之罪，断凶强为义之踪也。二岁刑以上，除以家人乞鞠之制，所以省烦狱也。改诸郡不得自择伏日，所以齐风俗也。"斯皆魏世所改，其大略如是。

按：《唐六典》言魏增《汉律》，《劫掠》、《诈伪》、《毁亡》、《告劾》、《系讯》、《断狱》、《请赇》、《惊事》、《偿赃》等九篇也。以《晋志》核之，《诈伪》即《诈律》，疑《志》夺"伪"字。此外有《留"留"上当有"乏"字。律》、《免坐律》，《留律》《志》言别为之，当不在正律之内，而《免坐律》亦魏所增，合前九篇，共得十篇。《盗律》、《贼律》、《囚律》、《杂律》并有分出之事，《具律》改为《刑名》，《擅兴》当即《兴律》所改，是改定者凡六篇。仍其旧者止《捕律》、《户律》二篇。除《厩律》一篇改为《邮驿令》不计外，合而计之，与十八篇之数相符。惟《晋志》言所定增十三篇，就故五篇，合十八篇，核与前数不合，《六典》言魏增九篇，与十篇之数亦不合，未详其故。

《晋律》十篇

《唐六典》："晋命贾充等十四人损增汉魏为二十篇，一《刑名》，二《法例》，三《盗律》，四《贼律》，五《诈伪》，六《请赇》，七《告劾》，八《捕律》，九《系讯》，十《断狱》，十一《杂律》，十二《户律》，十三《兴律》，十四《毁亡》，十五《卫宫》，十六《水火》，十七《厩律》，十八《关市》，十九《违制》，二十《诸侯》，凡一千五百三十条。"《晋刑法志》："贾充定法律，就《汉九章》增十一篇，改旧律'旧'疑'具'之讹。为《刑名》、《法例》，辨《囚律》为《告劾》、《系讯》、《断狱》，分《盗律》为《请赇》、《诈伪》、《水火》、《毁亡》，因事类为《卫宫》、《违制》，撰《周官》为《诸侯律》，合二十篇。"

按：《晋律》就《汉九章》增定，故与《魏律》不同。无《魏律》之《劫略》、《惊事》、《偿赃》、《免坐》四篇，而增《法例》、《卫宫》、《水火》、《关市》、《违制》、《诸侯》六篇，复汉之《厩律》一篇，而无《囚律》。此增损之数也。

《梁律》二十篇

《隋书·刑法志》："梁武帝得齐时旧郎济阳蔡法度，云齐武时，删定郎王植之集注张、杜旧律，合为一书，凡一千五百三十条，事未施行。于是以法度为兼尚书删定郎，使损益植之旧本，以为《梁律》。定为二十篇：一曰《刑名》，二曰《法例》，三曰《盗劫》，四曰《贼叛》，五曰《诈伪》，六曰《受赇》，七曰《告劾》，八曰《讨捕》，九曰《系讯》，十曰《断狱》，十一曰《杂》，十二曰《户》，十三曰《擅兴》，十四曰《毁亡》，十五曰《卫宫》，十六曰《水火》，十七曰《仓库》，十八曰《厩》，十九曰《关市》，二十曰《违制》。"

按：《盗劫》、《贼叛》、《受赇》、《讨捕》、《擅兴》并梁所改，又增《仓库》而删《诸侯》，此梁代律目之异于晋者。

《北齐律》十二篇

《隋书·刑法志》："齐河清三年，尚书令赵郡王睿等奏上《齐律》十二篇。一曰《名例》，二曰《禁卫》，三曰《婚户》，四曰《（兴擅）〔擅兴〕》，五曰《违制》，六曰《诈伪》，七曰《斗讼》，八曰《贼盗》，九曰《捕断》，十曰《毁损》，十一曰《厩牧》，十二曰《杂》。"

按：元魏改律，史无明文，《北齐律》大约承《晋律》而改定之。省并者，《刑名》、《法例》曰《名例》，《盗律》、《贼律》曰《贼盗》，《捕律》《断狱》曰《捕断》。改者，《卫宫》曰《禁卫》，《户》曰《婚户》，《兴》曰《擅兴》，《告劾》曰《斗讼》，斗事疑从《贼律》分出。《毁亡》曰《毁损》，《厩》曰《厩牧》。删者，《请赇》、《系讯》、《水火》、《关市》、《诸侯》五篇。其目视《晋律》为简矣。

周《大律》二十五篇

《隋志》："周文帝以赵肃为廷尉卿，撰定法律，保定三年三月庚子乃就，谓之《大律》，凡二十五篇。一曰《刑名》，二曰《法例》，三曰《祀享》，四曰《朝会》，五曰《婚姻》，六曰《户禁》，七曰《水火》，八曰《兴缮》，九曰《卫宫》，十曰《市廛》，十一曰《斗竞》，十二曰《劫盗》，十三曰《贼叛》，十四曰《毁亡》，十五曰《违制》，十六曰《关津》，十七曰《诸侯》，十八曰《厩牧》，十九曰《杂犯》，二十曰《诈伪》，二十一曰《请求》，二十二曰《告言》，二十三曰《逃亡》，二十四曰《系讯》，二十五曰《断狱》。"

按：此于《晋律》增《祀享》、《朝会》、《婚姻》、《斗竞》四篇，分《关市》为《市廛》、《关津》二篇，故得二十五篇也。其改者，《户》曰《户禁》，《兴》曰《兴缮》，《盗》曰《劫盗》，《贼》曰《贼叛》，《厩》曰《厩牧》，《杂》曰《杂犯》，《告劾》曰《告言》，《捕》曰《逃亡》。盖视晋目为繁矣。

隋《开皇律》十二卷

《隋志》："开皇元年，更定新律，凡十二卷。一曰《名例》，二曰《卫禁》，三曰《职制》，四曰《户婚》，五曰《厩库》，六曰《擅兴》，七曰《贼盗》，八曰《斗讼》，九曰《诈伪》，十曰《杂律》，十一曰《捕亡》，十二曰《断狱》。"

按：此盖用北齐律目，改《禁卫》为《卫禁》，《婚户》为《户婚》，《违制》曰《职制》，《厩牧》为《厩库》，而分《捕断》为二篇，删《毁损》一篇。《唐律》目实因之。

隋《大业律》十八篇

《隋志》："炀帝即位，又敕修律令，三年新律成，凡五百条，为十八篇，谓之《大业律》。一曰《名例》，二曰《卫宫》，三曰《违制》，四曰《请求》，五曰《户》，六曰《婚》，七曰《擅兴》，八曰《告劾》，九曰《贼》，十曰《盗》，十一曰《斗》，十二曰《捕亡》，十三曰《仓库》，十四曰《厩牧》，十五曰《关市》，十六曰《杂》，十七曰《诈伪》，十八曰《断狱》。"

按：此分《开皇律》之《户婚》、《厩库》、《贼盗》为二，增《请求》、《告劾》、《关市》三篇也。

《唐律》

《唐六典》："武德中，定律令，其篇目一准隋开皇之律。"《册府元龟》卷三："唐顺宗讳诵，宪宗元和二年八月，刑部奏改律卷第八为《斗竞律》。"

《宋刑统》

《玉海》六十六："《刑统》凡三十一卷，二百十三门，律十二卷，五百二条。"

按：《宋律》一本于唐，其篇目当同。

《金律》

《金史·刑志》："泰和元年十二月，所修律成，凡十二篇，实《唐律》也。"

《元律》

见《元史·刑法志》。

按：元代刑法载入《元史志》者，其目，一《名例》，二《卫禁》，三《职制》，四《祭令》，五《学规》，六《军律》，七《户婚》，八《食货》，九《大恶》，十《奸非》，十一《盗贼》，十二《诈伪》，十三《诉讼》，十四《斗殴》，十五《杀伤》，十六《禁令》，十七《杂犯》，十八《捕亡》，十九《恤刑》，二十《平反》。《元典章》目录以《诏令》、《圣政》、《朝纲》、《台纲》居前，而吏、户、礼、兵、刑、工六部分条于后，隐为《明律》六部分列之权舆。其刑部之目，曰《刑制》、《刑狱》、《诸恶》、《诸杀》、《殴詈》、《诸奸》、《诸赃》、《诸盗》、《诈伪》、《诉讼》、《杂犯》、《阑遗》、《诸禁》，凡十三。与《元志》不同者，《职制》、《户婚》等项，已分属于吏、户、礼、兵各部。且《元志》多本《大元通制》，与《元典章》各自为书，故标目亦异，犹之自晋讫唐之令目与律目多不相同。元又有《经世大典》，纂于文宗天历中，共十篇。其臣事之目六，曰《治典》、《赋典》、《礼典》、《政典》、《宪典》、《工典》，亦以六曹分类。其《宪典》之目凡二十二。一名《禁盖》，即《元志》之《名例》。二至十八与《志》全同。无《恤刑》而《平反》居十九。二十《赦宥》，二十一《狱空》，二十二《附录》，此三目为《志》所无。虽小有差异，然即此可见《元志》之目出于《大元通制》。后来纂述亦不越此范围也。

《明律》

刘惟谦《进大明律表》："洪武六年冬十一月受诏，明年二月书成，篇目一准之于唐。"《明史·刑法志》："洪武二十二年，刑部言，比年条例增损不一，以致断狱失当，请编类颁行，俾中外知所遵守。遂命翰林院同刑部官，取比年所增者，以类附入，改《名例律》冠于篇首，为卷凡三十，为条四百有六十。《名例》一卷。《吏律》二卷，曰《职制》，曰《公式》。《户律》七卷，曰《户役》，曰《田宅》，曰《婚姻》，曰《仓库》，曰《课程》，曰《钱债》，曰《市廛》。《礼律》二卷，曰《祭祀》，曰《仪制》。《兵律》五卷，曰《宫卫》，曰《军政》，曰《关津》，曰《厩牧》，曰《邮驿》。《刑律》十一卷，曰《贼盗》，曰《人命》，曰《斗殴》，曰《骂詈》，曰《诉讼》，曰《受赃》，曰《诈伪》，曰《犯奸》，曰《杂犯》，曰《捕亡》，曰《断狱》。《工律》二卷，曰《营造》，曰《河防》。"

按：《洪武七年律》，篇目准于唐，而《名例》移于篇末，盖用古法也。迨十三年，罢丞相不设，析中书之政归六部，故二十二年修律，亦遂分六曹，实时为之也。相沿既久，便于检阅，故国朝因之而不改。既分六曹，《卫禁》退入《兵律》，《厩库》分属户、兵二律，为《仓库》、《厩牧》，《擅兴律》析出工作诸事，《杂律》内析出河防诸事，别为《工律》。仍以《名例》冠首。《名例》之后，《吏律》居前，而《职制》析出《公式》。次《户律》，《户婚》析为二，曰《户役》，曰《婚姻》，又析出《田宅》、《课程》，又于《杂律》析出《钱债》、《市廛》。次《礼律》，《祭祀》、《仪制》从各律采集。次《兵律》，《卫禁》改为《宫卫》，而析出《关津》，《擅兴》改为《军政》，而增《邮驿》。次《刑律》，于《贼盗》析出《人命》，析《斗讼》为二，曰《斗殴》、《诉讼》，《杂犯》析出《犯奸》，而增《骂詈》、《受赃》、《断狱》。本总结各律，而其后《工律》赘焉。盖大非《唐律》之旧矣。刘惟谦《表》言篇目悉依唐旧，而《明志》言《名例》移于篇末，殆既进之后所改，《表》与《志》不符。

附：明律目源流

《名例》。即李悝之《具法》也。古人序例都在全书之后，故《具法》居终。商君改法为律。汉增三章，而六法之次序不改。魏改《具律》为《刑名》，而移于律首。晋析为《刑名》、《法例》二篇。北齐合《刑名》、《法例》为一，曰《名例》。后周复分为二。隋仍合为一。唐因于隋，相承不改。

《职制》。盖即李悝《杂律》之《逾制》也。汉《贼律》有《逾封》、《矫制》，魏改入《诈律》。《晋志》言因事类为《违制》，疑即《逾制》及《逾封》、《矫制》之事。梁、齐、周因之。隋开皇改为《职制》。唐以后相承不改。

《公式》。古无此目，《明律》从《职制》分出。隋、唐令皆有《公式》篇。

《户役》。汉《户律》，为萧何所增三章之一，魏、晋、梁承之。北齐曰《婚户》，盖以婚事附之。后周分为《户禁》、《婚姻》。隋开皇以《户》在《婚》前，改为《户婚》，唐、宋、元皆承用之。明乃分为《户役》、《田宅》、《婚姻》三篇。

《田宅》。唐、宋、元皆在《户婚律》中，明始分出。

《婚姻》。北齐合于《户律》，曰《婚户》。后周分出，为《婚姻》。隋开皇又合于《户》，大业分出，曰《婚》。唐用《开皇律》，仍曰《户婚》，宋、元因之。明复分出。

《仓库》。汉《贼律》有储峙不办，盖即仓库之事，魏在《乏留律》；《金布律》有毁伤亡失县官财物，魏在《毁亡律》。《梁律》始有《仓库》之名。隋《开皇律》并《库》于《厩》，曰《厩库》，《大业律》分为《仓库》、《厩牧》。唐用《开皇律》，故仍曰《厩库》。宋仍《唐律》。元无其目。明分《厩》、《库》，《厩》入《兵律》，而《库》在《户律》曰《仓库》。

《课程》。古无其目，《唐律》散见各律，然无盐、茶诸法也。元有《食货》一篇，凡私盐、私茶皆入之。明改为《课程》。

《钱债》。古无此目，唐在《杂律》，明始分立此篇。李悝《杂法》有《假借》之名，《汉律》因之，魏分入《请赇律》，未知是《钱债》之事否？元在《禁令》门内。

《市廛》。《晋律》有《关市》，梁因之。《后周律》分为《关津》、《市廛》。隋《开皇律》删之，《大业律》又有《关市》。唐用《开皇律》，故关津之事在《卫禁》，市廛之事在《杂律》。明又分出。

《祭祀》。《后周律》有《祀享》，元有《祭令》，唐散见各律。明始类而为一。

《仪制》。《后周律》有《朝会》，唐散见各律，明始立此篇。盖以尔时政归六部，故以六曹分类，不得不立此二目也。隋、唐令皆有《仪制》篇。

《宫卫》。《晋律》始立《卫宫》之名，梁及后周皆承用之。北齐附以《关禁》，更名《禁卫》。隋开皇改为《卫禁》，《大业律》为《卫宫》。唐用《开皇律》，曰《卫禁》，宋、元承之。明改为《宫卫》，而关禁事别入《关津律》。汉有《宫卫令》。

《军政》。此即汉之《兴律》也。魏附以擅事，曰《擅兴》。晋复去《擅》为《兴》。梁仍为《擅兴》。北齐改为《兴擅》。后周合于缮事，曰《兴缮》。隋开皇复为《擅兴》，唐承之。元改为《军律》。明复改此名。

《关津》。梁为《关市》，后周分《关津》、《市廛》二篇。隋开皇仍入《卫禁》，《大业律》复为《关市》。唐用《开皇律》，入《卫禁》，宋、元因之。明复分出《市廛》属《户》，《关津》属《兵》也。

《厩牧》。即汉之《厩律》。魏除《厩律》，而别为《邮驿令》。《唐律疏议》云，晋以牧事合之，名为《厩牧律》。《唐六典》所引《晋律》曰《厩律》，无"牧"字。自宋及梁，复名《厩律》。后魏太和年名《牧产律》，至正始年复名《厩牧律》。北齐、后周更无改作。隋开皇以库事附之，更名《厩库》,《大业律》分为《仓库》、《厩牧》。唐用《开皇律》,仍合为一,名《厩库》。明复分为二,而以《厩牧》属《兵律》也。

《邮驿》。《魏律》序略谓,秦世旧有厩置、乘传、副车、食厨,汉初承秦不改,后以费广稍省,故后汉但设骑置而无车马,律犹著其文,故除《厩律》,取其可用合科者,以为《邮驿令》。此《邮驿》之名起于魏也。《唐律》在《职制律》中,《元律》亦然。明始分立此篇。

《贼盗》。二字之义,说已见前。李悝《盗法》、《贼法》分为二篇,自汉以下因之,惟魏分劫略等项为《劫略》。晋无此篇,盖仍入《盗律》。梁曰《盗劫》、《贼叛》。北齐始合二律为一,曰《贼盗》。后周仍分为《劫盗》、《贼叛》。隋《开皇律》又合之,《大业律》复分之。唐用《开皇律》,仍合为《贼盗》,自是以后,其名不改。元将杀人之事分出,别标《杀伤》,明别为《人命》一篇,是名同而义不同矣。

《人命》。古无此目,其事统于《贼律》之内,明始别立此名。

《斗殴》。《唐律疏议》云:《斗讼律》者,首论斗殴之科,次言告讼之事,从秦汉至晋,未有此篇。至后魏太和年,分《系讯律》为《斗律》。至北齐,以讼事附之,名为《斗讼律》。后周为《斗竞律》。隋开皇依齐《斗讼》名,至今不改。按:《大业律》分《斗讼》为二,曰《告劾》,曰《斗》。唐用《开皇律》,仍为《斗讼》。元分为《诉讼》、《斗殴》。《明律》盖因于元。

《骂詈》。前代殴、詈兼言,明乃分为此篇。《骂詈》亦斗事分出,殊可不必。

《诉讼》。汉《囚律》有告劾之事,魏分立《告劾律》,晋、梁因之。北齐合于《斗律》,曰《斗讼》。后周曰《告言》。隋《开皇律》仍曰《斗讼》,《大业律》复分之。唐用《开皇律》,仍为一篇。元始分为《诉讼》,明因之。

《受赃》。汉《盗律》有受所监受财枉法之条,魏分为《请赇律》,晋因之。梁曰《受赇》,后周曰《请求》,北齐无此目。隋《开皇律》因之,《大业律》复曰《请求》。唐用《开皇律》,故无此篇,其事在《职制律》内。元亦然。明乃立此篇。

《诈伪》。汉《囚律》有诈伪生死之条,魏分为《诈律》,亦曰《诈伪》。晋又分《盗律》为《诈伪》。自后历代相承,迄明不改。

《犯奸》。前代在《杂律》中,元始分为《奸非》。明改此名。

《杂犯》。自李悝有《杂法》,历代相因。惟后周为《杂犯》,隋仍为

《杂律》，元又为《杂犯》。明因之不改，其事则多分为他篇，非其旧矣。

《捕亡》。自李悝有《捕法》历代因之。梁曰《讨捕》。北齐曰《捕断》，盖附以断狱事。后魏名《捕亡律》，见《唐律疏议》。后周曰《逃亡》，《唐律疏议》作《逃捕》。隋复名《捕亡》。自后相承不改。

《断狱》。汉《囚律》有断狱之法，魏分为《断狱律》，晋、梁因之。北齐合于《捕律》为《捕断》，后周仍为《断狱》。隋、唐相仍不故。元改为《恤刑》、《平反》二篇。明仍改为《断狱》。

《营造》。汉作《兴律》，本该造作之事。唐在《擅兴律》中。明始分此篇。《唐令》有《营缮篇》。

《河防》。古无此目，唐在《杂律》中，明始分立此篇。盖既分六曹，不得无一律目，《礼》、《工》二律，皆从各律采集，以充数也。

按：明律目三十内，古无而明增者，《公式》、《田宅》、《课程》、《钱债》、《仪制》、《邮驿》、《人命》、《骂詈》、《营造》、《河防》，凡十。

《法经》次序

详《晋刑法志》。见前《汉律》九章下。

《晋律》次序

《晋志》：张斐《注律表》曰："律始于《刑名》者，所以定罪制也；终于《诸侯》者，所以毕其政也。王政布于上，诸侯举于下，礼乐抚于中，故有三才之义焉，其相须而成，若一体焉。《刑名》所以经略罪法之轻重，正加减之等差，明发众篇之多义，补其章条之不足，较举上下纲领。其犯盗贼、诈伪、请赇者，则求罪于此，作役、水火、畜养、守备之细事，皆求之作本名。告讯为之心舌，捕系为之手足，断狱为之定罪，名例齐其制。自始及终，往而不穷，变动无常，周流四极，上下无方，不离于律法之中也。"

《唐律》次序

一《名例》。名者五刑之罪名，例者五刑之体例。名训为命，例训为比，命诸篇之刑名，比诸篇之法例。但名因罪立，事由犯生，命名即刑应，比例即事表，故以《名例》为首篇。二《卫禁》。卫者言警卫之法，禁者以关禁为名。但敬上防非，于事尤重，故次《名例》之下，居诸篇之首。三《职制》。言职司法制，备在此篇，宫卫事了，设官为次，故在《卫禁》之下。四《户婚》。既论职司事讫，即户口婚姻，故次《职制》之下。五《厩库》。厩者鸠聚也，马牛之所聚；库者舍也，兵甲财帛之所藏。户事既终，厩库为次，故在《户婚》之下。六《擅兴》。

大事在于军戎，设法须为重防，厩库是讫，须备不虞，故此论兵，次于《厩库》之下。七《贼盗》。前禁擅发兵马，此须防止贼盗，故次《擅兴》之下。八《斗讼》。贼盗之后，须防斗讼，故次于《贼盗》之下。九《诈伪》。斗讼之后，须防诈伪，故次《斗讼》之下。十《杂律》。诸篇罪名，各有条例，此篇拾遗补阙，错综成文，班杂不同，故次《诈伪》之下。十一《捕亡》。此篇以上，质定刑名，若有逃亡，恐其滋蔓，故须捕系，以置疏网，故次《杂律》之下。十二《断狱》。诸篇罪名，各有类例，讯舍出入，各立章程，此篇错综一部条流，以为决断之法，故承众篇之下。节录《疏议》。

按：《汉律》九章于李悝六篇不移其次，所增附于后。魏虽改《具律》为《刑名》，而冠于篇首，并新增九篇，间厕其中，然《汉律》序次仍在，故首篇之后，即继以《盗律》、《贼律》。晋、梁皆同。北齐始改汉之次序，改《户》、《兴》居于前，合《贼》、《盗》而退居第八。后周略同。隋《开皇律》则并《厩库》亦改居于前，已非复《汉律》之次序。第《贼》、《盗》虽合为四卷，而前二卷为贼事，后二卷为盗事，固甚分明。迨元析《杀伤》，明改《人命》，而贼事遂不全，更非古律之面目矣。

律之次序，李悝六篇以《盗》、《贼》居前，系民事，《杂法》亦多民事，《囚》、《捕》二法与《盗》、《贼》相因，《具法》总各律之加减，皆与国政无关。汉增《兴》、《厩》、《户》三章，系国政，而列于六篇之后，其殆有重民之义欤？魏《刑名》虽冠篇首，而《盗律》、《贼律》即继之，是仍以《盗》、《贼》居首，晋、梁皆然，未改《汉律》之次序也。北齐《名例》之后，继以《禁卫》、《婚户》、婚，民事，而可赅于户。《兴擅》、《违制》，国政也，次以《诈伪》、《斗讼》、《贼盗》，民事也，《捕断》、《毁损》、《厩牧》则国政民事兼有之，《杂》则补各律之遗，故厕于末。隋《开皇律》改《厩牧》为《厩库》而移于前，于是国政皆居前，而民事皆居后，《唐律》因之，盖用尊王之义，故与梁以前之次序不同。明政归六部，而律亦分六部，与重民尊王之义皆不合矣。

律　令

律

《尔雅·释诂》："律，常也，法也。"郝氏《义疏》："常，《说文》

以为'裳'本字，经典借为久常字，盖寻、常俱度长之名，因训为长。故《方言》云，'凡物长谓之寻'，是寻亦训长，常与长音义同，故《诗·文王》笺'长犹常也'。法则者，俱一定而不可变，是有常意。律者，与法则同意，故同训。既云常又云法者，法必有常，有常可以为法也。"

《汉书·律历志》：律，法也，莫不取法焉。

《释言》："律，述也。"郝氏《义疏》："述者，《说文》云'循也'。《诗·日月》传及《士丧礼·少牢馈食礼》注并云'述，循也'。古文'述'皆作'术'。按术，《韩诗》云'法也'，法与律其义又同矣。律者，《释诂》云'常也，法也'。奉为常法，即述之义，故又训述。《中庸》注及《史记·律书·索隐》引《释名》并云'律，述也'。《广雅》云'律，率也'。率、循即述也。"

《坎》："律，铨也。"注："《易·坎卦》主法，法律皆所以铨量轻重。"郝氏《义疏》："铨者，《说文》云'衡也'，《广韵》云'量也，次也，度也'，《文选·文赋》注引《苍颉篇》曰'铨，称也'，《声类》曰'铨，所以称物也'，《广雅》'称谓之铨'，《吴语》云'无以铨度天下之众寡'。坎者，水也，水主法者。《左氏宣十二年》杜预注'坎为法象'。《说文》云'法，刑也。平之如水，从水'。《考工记·轮人》云'水之以视其平沈之均也，权之以视其轻重之侔也'，然则水主均平，权知轻重，水即坎也，权亦铨也，铨衡所以取平，故坎训铨矣。律者，上文云述也，《释诂》云'常也，法也'。法律同类，故《易·集解》师坎下并引九家注坎为法律，《淮南·览冥篇》注又云'律，度也'，盖律度铨衡并主法之器，故展转相训。《左宣十二年传》正义引樊光曰'《坎卦》水也，水性平，律亦平，铨亦平也'。"

《管子·七臣七主篇》：夫法所以兴功惧暴也，律者所以定分止争也，令者所以令人知事也。法律政令者，吏民规矩绳墨也。

《史记·律书》：王者制事、立法、物度、轨则，一禀于六律，六律为万事根本焉，其于兵械尤所重。

按：《史记》之《律书》乃兵书也，古者大刑用甲兵，则刑亦在其中矣。律为万事根本，刑律其一端耳。今则法律专其名矣。

《说文》："律，均布也。从彳，聿声。"段《注》："《易》曰'师出以律'，《尚书》'正日，同律度量衡'，《尔雅》'《坎》：律，铨也'。律者所以范天下之不一而归于一，故曰均布也。"王氏《句读》："均句，以均释律者。《周语》'律，所以立均出度也'。《后汉·律历志》'夏至，陈八音，听五均'。《乐协图征》曰'均者，六律调五声之均也'。宋均曰'均，长八尺，施弦以调六律五声是也'。又申之以布也者，《释器》'律，谓之分'。《礼运》注'阳曰律，阴曰吕，布在十二辰是也'。"

按：王注本于桂氏《义证》，是律之本义，段《注》乃后来引伸之义也。

《释名》：律，累也，累人心使不放肆也。

按：《史记》言"王者制事立法一禀于六律"，《汉书·律历志》云"推历生律，制器规圜矩方，权重衡平，准绳嘉量，探赜索隐，钩深致远，莫不用焉。度长短者不失豪厘，量多少者不失圭撮，权轻重者不失黍累"，又云"夫律阴阳九六，爻象所从出也。故黄钟纪元气之谓律"。律，法也，莫不取法焉，盖六律之密必无豪厘圭撮黍累之差，立法者皆应如是，故亦以律名。《尔雅》四训，自是古义，《释名》以累心为训，非定律之本旨。

《御览》六百三十八：杜预《律序》："律以正罪名，令以存事制。"

令

《尔雅·释诂》："令，告也。"郝氏《义疏》："《独断》云'告，教也'，《释名》云'上敕下曰告。告，觉也，使觉悟知己意也'。按以告为上敕下，亦不必然，《广韵》二沃梏纽下云'告上曰告，发下曰告'，是告乃上下通名耳。"

《诗·东方未明》：自公令之。传："令，告也。"

《汉书·东方朔传》：令者命也。

《周礼·大司马》：犯令陵政则杜之。注："令，犹命也。"

《国策·秦策》：挟天子以令天下。注："谨闻令。"注："令，教。"

《论语》：不令而行。《集解》："令，教令也。"

《盐铁论·刑德》：令者，所以教民也。又诏圣令者，教也，所以导民。

《汉书·食货志》下注："令谓法令。"

《说文》："令，发号也。"桂氏《义证》："发号也者，本书'君'下云发号，故从口。'后'下云发号者，君后也。《易·涣卦》'涣汗其大号'。《书·冏命》'发号施令，罔有不臧'。文十七年《左传》'居大国而从于强令'，杜云'令，号令也'。"

《贾子·等齐篇》：天子之言曰令，令甲令乙是也。

《文选·为袁绍檄豫州》注：《风俗通》："时王所制曰令。"

《管子·法法篇》：令者人主之大宝也。

《释名》：令，领也，理领之，使不得相犯也。

按：令者，上敕下之词，命令、教令、号令，其义同。法令则著之书策，奉而行之，令甲、令乙是也。

《史记·杜周传》：客有让周曰："君为天子决平，不循三尺法，专以人主意指为狱。狱者固如是乎？"周曰："三尺安出哉？前主所是著为律，后主所是疏为令，当时为是，何古之法乎！"《汉书》注："师古曰，著谓明表也，疏谓分条也。"

按："前主所是"二句，疑是成语。

科

《说文》："科，程也，从禾从斗。斗者量也。"段《注》："《广韵》曰，程也，条也，本也，品也。又科断也。按实一义之引伸耳。""程，程品也。十发为程，一程为分，十分为寸。"段《注》："品者，众庶也。因众庶而立之法则，斯谓之程品。荀卿曰，程者，物之准也。"

《释名》："科，课也。课其不如法者，罪责之也。"

《后汉书·桓谭传》注："科谓事条。"

法

《尔雅·释诂》："法，常也。"

《管子·法法篇》：不法法则事毋常。

又《正篇》：制断五刑，各当其名，罪人不怨，善人不惊。曰刑，如四时之不贷，如星辰之不变，如宵，如昼，如阴，如阳，如日月之明。曰法，法以遏之，遏之以绝其志意，毋使民幸。用法正人之志意，毋使人有非心之幸也。当故不改曰法。

按：当故，不改常也。

唐虞造律

《后汉书·张敏传》：建初中，上疏曰："孔子垂经典，皋陶造法律，原其本意，皆欲禁民为非。"注："史游《急救篇》曰'皋陶造狱法律存'也。"

《类聚》五十四：《风俗通》曰，咎陶谟虞始造律，萧何成《九章》，此关诸百王不易之道也。时所制曰令，《文选》四十四引"时"下有"主"字。《汉书》著于甲令。夫吏者治也，当先自正然后正人，故文书下如律令，言当承宪履绳，动不失律令也。

《左传》：昭十四年，《夏书》曰"昏、墨、贼、杀"，皋陶之刑也。

按：黄帝有《李法》，似律书非始于皋陶，而汉人多云皋陶造律者，殆皋陶始以律名欤？《国语·鲁语》：展禽曰："尧能单均刑法以仪民。"注："单，尽也。均，平也。仪，善也。"

《春秋元命苞》：尧得皋陶，聘为大理，舜时为士师。

《竹书纪年》：帝舜三年，命咎陶作刑。

《路史·后纪》：陶唐氏惟敬五刑，以成三德，是故明法察令单刑法非汜于威，惟汜于富。象刑以仪之而亡犯，画衣冠异章服谓之戮，故人可杀而不可辱。上刑赭衣不纯，中加杂屦，下则墨幪，以居州里，故民有耻而兴礼。又《少昊纪》：大业取少典氏女，曰华生，繇虞帝求游以为士师，繇一振褐而不仁者远，乃立狩狱，造科律，听狱执中，为虞之氏而天下亡冤，封之于皋，是曰皋陶。

按：《鲁语》以单均刑法归诸尧，证以《元命苞》之言，皋陶亦举于尧世，《书·舜典》象以典刑一节乃尧时事，其时舜宅百揆，未即帝位也。故自来《书》传或以之属尧，或以之属舜。其时尧尚在位，自应属诸尧也。《竹书纪年》载咎陶作刑于帝舜三年，则与《尚书》不符，或尔时又命咎陶修之，与尧时为两事。

禹刑

《左传》昭六年传：夏有乱政而作《禹刑》，商有乱政而作《汤刑》，夏、商之乱，著禹、汤之法，言不能议事以制。周有乱政而作《九刑》，周之衰亦为刑书，谓之《九刑》。三辟之兴，皆叔世也。言刑书不起于始盛之时。

按：《禹刑》虽起于叔世，然是取禹之法著于书，故仍以禹名也。叔向谓先王议事以制，不为刑辟，乃以是为讥，固属探源之论。而后世实有难行之势，子产为春秋救时之相，正有万不得已者也，《汤刑》、《九刑》，其事正同。

周刑典　官刑　宫刑　八成

《周礼》：大宰之职掌建邦之六典。五曰刑典，以诘邦国，以刑百官，以纠万民。注："典，常也，经也，法也。王谓之礼经，常所秉以治天下也。邦国官府谓之礼法，常所守以为法式也。常者，上下通名。诘，犹禁也。《释文》'诘，禁也'。干云'弹正纠察也'。"

以八法治官府，七曰官刑，以纠邦治。注："郑司农云，官刑谓司刑所掌墨罪、劓罪、宫罪、刖罪、杀罪也。玄谓官刑司寇之职，五刑其四曰官刑，上能纠职。"疏："司刑所掌，正五刑施于天下，非为官中之刑，故后郑不从之也。"

以八则治都鄙，七曰刑赏，以取其威。疏："使人入善畏威，故云以驭其威。"

以八柄诏王驭群臣，六曰夺，以驭其贫。七曰废，以驭其罪。八曰诛，以驭其过。注："夺，谓臣有大罪没入家财者。六极，四曰贫。废，放也，舜殛鲧于羽山是也。诛，责让也。《曲礼》曰齿路马有诛，凡言驭者，所以驱之内之于善。"

小宰之职，掌建邦之宫刑，以治王宫之政令，凡宫之纠禁。注："宫刑，在王宫中者之刑，建明布告之。纠，犹割也，察也。若今御史中丞。"

以官府之六属举邦治。五曰秋官，其属六十，掌邦刑。大事则从其长，小事则专达。

以官府之六职辨邦治。五曰刑职，以诘邦国，以纠万民，以除盗贼。

以官府之八成经邦治。一曰听政役以比居，二曰听师田以简稽，三曰听闾里以版图，四曰听称责以傅别，五曰听禄位以礼命，六曰听取予以书契，七曰听买卖以质剂，八曰听出入以要会。注："郑司农云，政，谓军政也。役，谓发兵起徒役也。比居，谓伍籍也，比地为伍。因内政寄军令，以伍籍发军起役者，平而无遗脱也。简稽，士卒兵器簿书简阅也。稽，犹计也，合也。合计其士之卒伍，阅其兵器，为之要簿。故遂人职曰稽其人民，简其兵器。《国语》曰，黄池之会，吴陈其兵，皆官师拥铎拱稽版户、籍图、地图也。听人讼地者，以版图决之。司书职曰邦中之版，土地之图。称责，谓贷子。傅别，谓券书也。听讼责者，以券书决之。傅，傅著约束放文书。别，别为两，两家各得一也。礼命，谓九赐也。书契，符书也。质剂，谓市中平贾，今时月平是也。要会，谓计最之簿书，月计曰要，岁计曰会，故宰夫职曰，岁终则令群吏正岁会，月终则令正月要。玄谓政谓赋也，凡其字或作'政'，或作'正'，或作'征'，以多言之，宜从'征'。如《孟子》交征利云。傅别，谓为大手书于一札中，字别之。书契，谓出、予、受、入之凡要，凡簿书之最目、狱讼之要辞皆曰契。《春秋传》曰，王叔氏不能举其契。质剂，谓两书一札，同而别之。长曰质，短曰剂。傅别，皆今之券书也。事异，异其名耳。礼命，礼之九命之差等。"疏："以官府之中有八事，皆是旧法，成事品式，依时而行之，将此八者经纪国之治政，故云经邦治也。一曰听政役以比居者，八事皆听者，旧事争讼，当断之也。政谓赋税，役谓使役，民有争赋税使役则以地比居者共听之。二曰听师田以简稽者，谓师出征伐及田猎，恐有违法则当阅其兵器与人，并算足否。三曰听闾里以版图者，在六乡则二十五家为闾，在六遂则二十五家为里，闾里之中有争讼则以户籍之版、土地之图听决之。四曰听称责以傅别者，称责谓举责生子，彼此俱为称意故为称责，于官于民俱是称也，争此责者则以傅别券书决之。五曰听禄位以礼命者，有人争禄之多少、位之前后，则以礼命文书听之也。六曰听取予以书契者，此谓于官直贷不出子者，故云取予，若争此取予者，则以书契券书听之。七曰听买卖以质剂者，有人争市事者，则以质剂听之。八曰听出入以要会，此出入者，正是官内自用，有人争此官物者，则以要会簿书听之。先郑云责谓贷子者，谓贷而生子者，若今举责，即《地官·泉府职》云，凡民之贷者，以国服为之息。若近郊民贷则一年十一，生利之类是也。"

按：太宰之六典曰建，小宰之宫刑亦曰建，是大宰为立法之官而小宰佐之者也。大司寇之三典亦曰建，则立法之事大司寇亦与闻之，至小司寇以下则皆奉行之人，不得干与立法之权矣。自来立法之权必统于一方无纷歧之弊，大宰为执政之人，大司寇为刑官之长，故任立法之事者仅此数人，未闻筑室道谋而能有成者也。

大司寇之职掌建邦之三典，以佐王刑邦国，诘四方。一曰刑新国用轻典，新国者，新辟地立君之国。用轻法者，为其民未习于教。二曰刑平国用中典，平国，承平守成之国也。用中典者，常行之法。三曰刑乱国用重典。乱国，篡弒叛逆之国。用重典者，以其化恶伐灭之。以五刑纠万民，刑亦法也，纠犹察异也。一曰野刑，上功纠力；功，农功。力，勤力。二曰军刑，上命纠守；命，将命也。守，不失部伍。三曰乡刑，上德纠孝；德，六德也。善父母为孝。四曰官刑，上能纠职；能，能其事也。职，职事修理。五曰国刑，上愿纠暴。愿，悫慎也。暴，当为"恭"字之误也。以圜土聚教罢民，详监禁作工。以两剂禁民狱，入钧金，三日乃致于朝，然后听之。狱，谓相告以罪名者。剂，今券书也。使狱者各赍券书。既两券书使入钧金，又三日乃治之，重刑也。不券书，不入金，则是亦自服不直者也。必入金者，取其坚也。三十斤曰钧。以嘉石平罢民，详枷号。以肺石达穷民。肺石，赤石也。穷民，天民之穷而无告者。凡远近惸、独、老、幼之欲有复于上，而其长弗达者，立于肺石，三日士听其辞，以告于上，而罪其长。无兄弟曰惸，无子孙曰独。复，犹报也。上，谓王与六卿也。报之者若上书诣公府言事矣。长，谓诸侯，若乡遂大夫。正月之吉，始和，布刑于邦国都鄙，乃县刑象之法于象魏，使万民观刑象，挟日而敛之。

凡诸侯之狱讼以邦典定之，邦典，六典也，以六典待邦国之治。凡卿大夫之讼狱以邦法断之，邦法，八法也，以八法待官府之治。凡庶民之狱讼以邦成弊之。邦成，八成也，以官成待万民之治。邦成，谓若今时决事比也。弊之，断其狱讼也。

五刑

《司刑》：掌五刑之法，以丽万民之罪。墨罪五百，劓罪五百，宫罪五百，刖罪五百，杀罪五百。注："此二千五百罪之目略也，其刑书则亡。"

按：此正五刑乃周初之目略，《吕刑》云"五刑之属三千"，是穆王时其制已变矣。

三法

《司刺》：掌三刺、三宥、三赦之法，以赞司寇听狱讼。刺，杀也，讯而有罪则杀之。宥，宽也。赦，舍也。一刺曰讯群臣，再刺曰讯群吏，三刺曰讯万民。讯言。一宥曰不识，再宥曰过失，三宥曰遗忘。郑司农云，不识，谓愚民无所识则宥之。过失，若今律过失杀人不坐死。玄谓，识，审也。不审，若今仇雠当报甲，见乙诚以为甲而杀之者。过失，若举刃欲斫伐而轶中人者。遗忘，若间帷薄忘有在焉，而以弓矢投射之。以此三法者求民情，断民中，施上服下服之罪，然后刑杀。

郑刑书

昭六年三月，郑人铸刑书。铸刑书于鼎，以为国之常法。叔向使贻子产书，曰：始吾有虞于子，今则已矣。昔先王议事以制，不为刑辟，惧民之有争心也。临事制刑，不豫设法也。法豫设则民知争端。犹不可禁御，是故闲之以义，纠之以政，行之以礼，守之以信，奉之以仁。制为禄位，以劝其从。严断刑罚，以威其淫。惧其未也。故诲之以忠，耸之以行，教之以务，使之以和，临之以敬，莅之以强，断之以刚，犹求圣哲之上、明察之官、忠信之长、慈惠之师，民于是乎可任使也，而不生祸乱。民知有辟，则不忌于上。权移于法，故民不畏上。并有争心，以征于书，而徼幸以成之，因危文以生争，缘徼幸以成其巧伪。弗可为矣。夏有乱政而作《禹刑》，商有乱政而作《汤刑》，夏、商之乱，著禹汤之法，言不能议事以制。周有乱政而作《九刑》，周之衰亦为刑书，谓之《九刑》。三辟之兴，皆叔世也。言刑书不起于始盛之世。今吾子相郑国，作封洫，立谤政，制参辟，铸刑书，制参辟，谓用三代之末法。疏："三代皆取前世故事制以为法，子产亦本三代所闻见，断狱善者以为书也。"将以靖民，不亦难乎？《诗》云"仪式刑文王之德，日靖四方"。又曰"仪刑文王，万邦作孚"。如是，何辟之有？民知争端矣，将弃礼而征于书，以刑书为征。锥刀之末，将尽争之。锥刀末，喻小事。乱狱滋丰，贿赂并行。终子之世，郑其败乎？肸闻之，国将亡，必多制，数改法。其此之谓乎！复书曰：若吾子之言，侨不才，不能及子孙，吾以救世也。既不承命，敢忘大惠！疏："当时郑国大夫邑长盖有断狱不平、轻重失中，故作此书以令之，所以救当世也。"

《晋志》：刘颂上疏："上古议事以制，不为刑辟。夏殷及周，书法象魏。三代之君齐圣，然咸弃曲当之妙鉴，而任征文之直准，非圣有殊，所遇异也。今论时敦（弊）[朴]，不及中古，而执平者欲适情之所安，自托于议事以制。臣窃以为听言则美，论理则违。"

《通典》一百六十六：议曰：古来述作，鲜克无累，或其识未至精，或其言未至公。观左氏之纪叔向书也，盖多其义而表其词，孟坚从而善之，似不敢异于前志，岂其识或未精乎？按虞舜立法，曰象以典刑，流宥五刑，鞭作官刑，扑作教刑，金作赎刑，眚炎肆赦，怙终贼刑，钦哉钦哉，惟刑之恤哉！又按《周官·司寇》建三典，正月之吉县于象魏，使万民观之，浃旬而敛。汉宣帝患决狱失中，置廷尉平，时郑昌上疏曰：圣王立法明刑者，救衰乱之起也。今宜删定律令，愚民知所避，奸吏无所弄。后之论者，即云上古议事不为刑辟，夫有血气必有争心，群居胜物之始。三皇无为之代，既有君长焉，则有刑罚。焉其俗至淳，其事至简，人犯者至少，何必先定刑名？所以因事立制，叔向之言可矣。自五帝以降，法教益繁虞舜圣哲之君，后贤祖述其道，刑章轻重亦以素设。周氏三典，县诸象魏，皆以防民陷令避罪辜，是故郑昌献疏盖以发明其义。当子产相郑，在东周衰时，王室已卑，诸侯力政，区区郑国，介于晋、楚。法弛民怠，政堕俗微，观时之宜，设救之术，外抗大国，内安疲甿。仲尼兄事，闻死出涕，称之遗爱，非盛德欤？而叔向乃谓赫胥栗陆御宇之时，徒存闲谊行礼致治之说，虽虞夏之盛亦未可，在殷周之初固不及研寻，反复斯言，谅同玉卮无当矣。详《左氏之传》，或匪至公，晏婴、张趯讥议则别，先儒注释亦已昌言所纪叔向此书有如曲护晏子也。或曰，按孔颖达《正义》云，子产铸刑书而叔向责之，赵鞅铸刑鼎而仲尼讥之，则刑之轻重不可使人知也。圣王虽制刑法，举其大纲，但共犯一法，情有深浅，待至临事，议其轻重也。按孔议会叔向之言，前已论之矣。又按《左传》晋赵鞅铸刑鼎，著范宣子所为刑书焉。仲尼曰晋国将守唐叔之所受法度，以经纬其民。文公又为被庐之法，以为盟主。今弃是度也而为刑鼎，民在鼎矣，何以尊贵？且宣子之刑，夷之蒐，晋国之乱制也。又议曰，夫经籍指归诚要，疏议固当解释本文，岂可徒为臆说？详左氏载夫子所议，令守晋国旧法，范宣子所为，非善政也，故录本传以证之。佑诚懵学，辄议前贤，傥遇精鉴，达识庶几，要终原始，幸详鄙见。

按：叔向探原立论，实与夫子道德齐礼之旨相同，其所望于子产者，在于行先王之道，乃时世所迫，子产亦无可如何，但为此补救之法，叔向深有慨乎？先王之道以子产之才尚不能行之，故发愤而为此书。左氏载之，留此一段议论于天壤间，庶或旦暮遇之也。春秋时具此等识见者能有几人？此等崇论弘议乌可使之湮没而不彰？班固采入《刑法志》中，颇为有见。杜佑乃议左氏所载为未公，是未知先王之道在德礼不在刑政也。至《周礼·大司寇》"县刑象于象魏，使万民观之"，王氏昭禹谓因事以制刑，亦当因时而为之变通，量时而有轻重。正月之吉，布刑于邦国都鄙为是故也。盖先王之法若江河，贵乎易避而难犯，若匿为物而愚不识，其陷于罪又从而刑之，不几于罔民乎？其使民观象者，亦使知所避而已。邱氏濬曰：设法令以待天下，固将使民易避而难犯，顾乃深藏于理官法家，自典正职掌之官犹不能遍知其所有、洞晓其所谓，况愚夫细民哉？间阎之下望朝廷之禁宪，如九地之于九天，莫测其意向之所在，乃陷乎罪，从而刑之，是罔民也，岂圣王同民出治之意乎？此皆本郑昌之"愚民知避"一语演而为说，与议事以制之意若相反。窃谓月吉县象与议事以制，实两不相妨且两相成也。《秋官》"布宪掌宪邦之刑禁，正月之吉，执旌节以宣布四方，而宪邦之刑禁"。注："宪，表也，谓县之也。刑禁者，国之五禁，所左右刑罚者。司寇正月布刑于天下，正岁又县其书于象魏，布宪于司寇。布刑则以旌节出，宣令之于司寇。县书则亦县之于门闾及都鄙邦国。"是所布所县者五禁也，司寇所布所县当亦不出乎是。夫象魏之上，六象同县，其所著于象者亦举其大者要者而已，细微节目，不能备载也。五刑三千，科目繁重，若必并细微节目而亦载之，即刑象之多象魏必已有不能容之势，况兼六官之象而并县之哉？惟举其大者要者，使民知所避，其中情之同异、罪之轻重细微节目，仍在临时之拟议，其权上操之而民不得而争也，此两不相妨者一也。《太宰》"正月之吉，始和"。注："凡冶有故，言始和者，若改造云尔。"夫法令既定，虽未必时有所改造，而未必遂无因时变通之事，故以始和为言。其变通之制，自上议之，下不得而与闻，此两不相妨者又其一也。必始和而后布，斯议事之权；不为法所移法，必为共见共闻之法，斯议事之人不得曲说于法之外，此其两相成者也。若铸之于器，则一成而不可易，故民可弃礼征书，争及锥刀。若欲变法，必先毁器，岂不难哉？当时郑国族大宠多，子产患法之难行，故为此。刑书之铸必先与众议而后定此书，书成而铸之，使众议不能复挠，其救世之苦心有出于不得已者，叔向岂不知之？特以先王之道自此无复有能行之者，不得不一吐其衷曲耳。叔向以《禹刑》、《汤刑》、《九刑》为出于叔世，则三代始盛之时尚议事以制，刘颂属之上古，其说不符杜佑之言，则未会其通也。

孔氏《正义》曰：子产铸刑书而叔向责之，赵鞅铸刑鼎而仲尼讥之，如此传文则刑之轻重不可使民知也。而李悝作法，萧何造律，颁于天下，悬示兆民，秦、汉以来，莫之能革，以今观之，不可一日而无律也。为当吏不及古，民伪于昔为是，圣人作法不能经远，古今之政何以异乎？斯有旨矣，古者分地建国，作邑命家，诸侯则奕世相承，大夫亦子孙不绝，皆知国为我土，众实我民，自有爱啬之心，不生残贼之意，故得设法以待刑，临事而议罪，不须预以告民自令，常怀怖惧，故仲尼、叔向所以讥其铸刑书也。秦、汉以来，天下为一，长吏以时迁代，其民非复已有。懦弱则为殿负，强猛则为称职，且疆域阔远，户口滋多，大郡竟余千里，上县数以万计，豪横者陵蹈邦邑，桀健者雄张闾里，故汉世酷吏专任刑诛，或乃肆情好杀成其不桡之威，违众用己以表难测之知。至有积骸满阱，流血丹野，郅都被苍鹰之号，延年受屠伯之名。若复信其杀伐，任其纵舍，必将喜怒变常，爱憎改意，不得不作法以齐之，宣众以令之。所犯当条则断之以律，疑不能决则谳之上府，故得万民以察，天下以治。圣人制法，非不善也，古不可施于今，今人所作非能圣也，足以周于用。所谓观民设教，遭时制宜。谓此道也。

按：议事以制，三代叔世已不能行，况秦、汉以后乎？孔氏所言，大略见矣。

魏李悝法经

《晋志》：秦汉旧律，其文起自魏文侯师李悝。悝撰次诸国法，著《法经》。以为王者之政莫急于盗贼，故其律始于《盗贼》。盗贼须劾捕，故著《囚》、《捕》二篇，其轻狡、越城、博戏、借假不廉、淫侈、逾制以为《杂律》一篇，又以《具律》具其加减。是故所著六篇而已，然皆罪名之制也。商君受之以相秦。

《故唐律疏》：魏文侯师于里悝，集诸国刑典造《法经》六篇，一盗法，二贼法，三囚法，四捕法，五杂法，六具法。

邱氏濬曰：刑法之著为书始于此。成周之时虽有禁法，著于《周官》，然皆官守之事，分系于其所职掌，未有成书也。然五刑之目其属各有多少，五等之刑各以类而相从焉，著之篇章，分其事类，以为诠次，则于此乎始焉。

按：里悝即李悝，李、里古通。《左传》闵二年"里克"，《吕览》先已注作"李克"，《史记·魏世家》"李克"，《韩诗外传》作"里克"，此李、里通用之证。战国时，各国各有刑法，悝不过集而自成为一家言。《汉书·艺文志》法家有《李子》三十二篇，《法经》当在其中，此书为秦法之根原，必不与杂烧之列，不知何时其书始亡，恐在董卓之乱，故《隋书·经籍志》已不著其名，《晋志》但存目次，他无考焉，邱氏之言乃臆测之词也。《史记·孟子荀卿列传》魏有李悝尽地力之教，《汉书·食货志》亦言李悝为魏文侯尽地力之教，所述尽地力之事甚备，而《法经》则无述之者，此学之不讲，自古然矣。

卫鞅变法

《商君传》：商君者，《正义》："秦封于商，故号商君。"卫之诸庶孽公子也，名鞅，姓公孙氏，其祖本姬姓也。鞅少好刑名之学。闻秦孝公下令国中求贤者，遂西入秦，因孝公宠臣景监以求见孝公。孝公既用卫鞅，鞅欲变法，恐天下议己。卫鞅曰："疑行无名，疑事无功。且夫有高人之行者，固见非于世；有独知之虑者，必见敖于民。愚者暗于成事，知者见于未萌。民不可与虑始而可与乐成。论至德者不和于俗，成大功者不谋于众。是以圣人苟可以强国，不法其故；苟可以利民，不循其礼。"孝公曰："善。"甘龙曰："不然。圣人不易民而教，知者不变法而治。因民而教，不劳而成功；缘法而治者，吏习而民安之。"卫鞅曰："龙之所言，世俗之言也。常人安于故俗，学者溺于所闻。以此两者居官守法可也，非所论于法之外也。三代不同礼而王，五伯不同法而霸。智者作法，愚者制焉；贤者更礼，不肖者拘焉。"杜挚曰："利不（十）〔百〕，不变法；功不十，不易器。法古无过，循礼无邪。"卫鞅曰："治世不一道，便国不法古。故汤武不循古而王，夏殷不易礼而亡。反古者不可非，而循礼者不足多。"孝公曰："善。"以卫鞅为左庶长，卒定变法之令。令民为什伍，《索隐》：刘氏云："五家（相）〔为〕保，十保相连。"《正义》："或为十保，或为伍保。"而相收司连坐。不告奸者腰斩，告奸者与斩敌首同赏，匿奸者与降敌同罚。民有二男以上不分异者，倍其赋。有军功者，各以率受上爵；为私斗者，各以轻重被刑大小。僇力本业，耕织致粟帛多者复其身。事末利及怠而贫者，举以为收孥。宗室非有军功论，不得为属籍。明尊卑爵秩等级，各以差次名田宅，臣妾衣服以家次。有功者显荣，无功者虽富无所芬华。令既具，未布，恐民之不信，已乃立三丈之木于国都市南门，募民有能徙置北门者予十金。民怪之，莫敢徙。复曰"能徙者予五十金"。有一人徙之，辄予五十金，以明不欺。卒下令。令行于民期年，秦民之国都言初令之不便者以千数。于是太子犯法。卫鞅曰："法之不行，自上犯之。"将法太子。太子，君嗣也，不可施刑，刑其傅公子虔，黥其师公孙贾。明日，秦人皆趋令。行之十年，秦民大说，道不拾遗，山无盗贼，家给人足。民勇于公战，怯于私斗，乡邑大治。秦民初言令不便者有来言令便者，卫鞅曰"此皆乱化之民也"，尽迁之于边城。其后民莫敢议令。

《李斯传》：故商君之法，刑弃灰于道。《正义》："弃灰于道者黥也。"夫弃灰，薄罪也，而被刑，重罚也。彼唯明主为能深督轻罪。夫罪轻且督深，而况有重罪乎？故民不敢犯也。

按：《唐律旧疏》云，商鞅改法为律，谓改李悝之六法为盗律、贼律、囚律、捕律、杂律、具律也。此《传》不言受之于悝及改律之事，而收司连坐、告奸、匿奸、私斗被刑、怠贫收孥诸法为鞅之所创，实改律之事，乃变法之大者也。其他科目，恐亦有改悝之旧者，不可考矣。至二男分异，将使人人有自立之才，力庶不惰而后不贫，此实强民之本计。今时泰西父子异居实具此意，勿谓彼法之异于中国也，特中国此时则不能行耳。

汉三章

《史记·高纪》：还军霸上。召诸县父老豪杰曰："父老苦秦苛法久矣，诽谤者族，偶语者弃市。吾与诸侯约，先入关者王之，吾当王关中。与父老约，法三章耳：杀人者死，伤人及盗抵罪。"《集解》应劭曰："抵，至也，又当也。除秦酷政，但至于罪也。"李斐曰："伤人有曲直，盗臧有多少，罪名不可豫定，故凡言抵罪，未知抵何罪也。"张晏曰："秦法，一人犯罪，举家及邻伍坐之，今但当其身坐，合于《康诰》'父子兄弟罪不相及'也。"《索隐》韦昭云："抵，当也。谓使各当其罪。"今按：秦法有三族之刑，汉但约法三章耳，杀人者死，伤人及盗者使之抵罪，余并不论其辜，以言省刑也。则抵训为至，杀人以外，唯伤人及盗使至罪名耳。余悉除去秦法。

按：三章之约，极为简要，李悝盗、贼二法已赅之矣。秦法之酷，必非李悝之旧，《纪》云"余悉除去"，则荡涤烦苛。秦民如出水火而登衽席，与项羽之屠咸阳，杀秦降王子婴，烧秦宫室，火三月不灭，收其货宝妇女者，仁暴之分，得失判焉。论者往往右项而左刘，何哉？杀人者死，当谓有心杀人者，汉时有谋杀而无故杀，有所谓贼杀者，当即今律之故杀。《传》曰"杀人不忌为贼，皋陶之刑罪当至死"，夫曰不忌，有心之谓也，其无心者自不得同论死矣。两相斗而伤人，其伤有轻重，有伤而死者，有伤而不死者，伤而未死者无论已，其伤而死者既先无致死之心，起衅又有曲直之别，此与杀人不忌者上下比罪，衡情酌理，岂得同科？后之说者辄谓杀人不死，尧舜亦不能治天下。辞无别白，何哉？

汉律九章

《汉志》：汉兴，高祖初入关，约法三章，曰："杀人者死，伤人及盗抵罪。"蠲削烦苛，兆民大说。其后四夷未附，兵革未息，三章之法不足以御奸，于是相国萧何捃摭秦法，取其宜于时者，作律九章。

《晋书·刑法志》：汉承秦制，萧何定罪，除参夷连坐之罪，增部主见知之条，益事律《兴》、《厩》、《户》三篇，合为九篇。叔孙通益律所不及，傍章十八篇，张汤《越宫律》二十七篇，赵禹《朝律》六篇，合六十篇。又汉时决事，集为《令甲》以下三百余篇，及司徒鲍公撰嫁娶辞讼决为《法比都目》，凡九百六卷。世有增损，率皆集类为篇，结事为章。一章之中或事过数十，事类虽同，轻重乖异。而通条连句，上下相蒙，虽大体异篇，实相采入。《盗律》有贼伤之例，《贼律》有盗章之文，《兴律》有上狱之法，《厩律》有逮捕之事，若此之比，错糅无常。后人生意，各为章句。叔孙宣、郭令卿、马融、郑玄诸儒章句十有余家，家数十万言。凡断罪所当由用者，合二万六千二百七十二条，七百七十三万二千二百余言，言数益繁，览者益难。天子于是下诏，但用郑氏章句，不得杂用余家。

按：《隋志》已云汉律久亡，今人于书传所征引者采辑成编，已百不存一，其目之可考者：《盗律》有劫略、恐猲、和卖买人受、所监受财枉法、勃辱强贼、还赃畀主。《贼律》有欺谩、诈伪、逾封、矫制、贼伐树木、杀伤人畜产及诸亡印、儲畤不办。《囚律》有诈伪生死、告劾、传覆、系囚、鞠狱、断狱。《杂律》有假借不廉。《具律》有出卖呈。《兴律》有上狱、擅兴徭役、乏徭稽留、烽燧。《厩律》有告反逮受、乏军之兴、上言变事、惊《通典》引作"警"。事告急。《金布律》有毁伤亡失县官财物、罚赎入责以呈黄金为价。律之中各有科，科各有目，《盗律》之科有持质，《杂律》有使者验赂，《具律》有擅作修舍，《兴律》有考事报谳，《厩律》有登闻道辞，《金布律》有平庸坐赃。律之外有令，令各有目，《杂律》之《令乙》有呵人受钱，《囚律》之《令丙》有诈自复免。此外又有旧典，其目曰奉诏不谨，曰不承用诏书。又有汉氏施行，其目曰小愆乏，曰不如令。张汤、赵禹又有监临部主、见知故纵之例。以上并见《晋志》，汉律之目大略可考者如此，余别为《汉律考》，兹不悉具。

邱氏濬曰：律之名始见于此。春秋之时，子产所铸者谓之刑书，战国之世，李悝所著者谓之《法经》，未以律为名也。《礼记》虽有进地加律之文，析言破律之诛，解者谓进律为爵命之等，破律虽以法律言，然《王制》汉文帝时博士刺经所作，固已出萧何之后也。律之言昉于《虞书》，盖度量衡受法于律，积黍以盈，无锱铢爽，凡度之长短，衡之轻重，量之多寡，莫不于此取正。律以著法，所以裁制群情，断定诸罪，亦犹六律正度量衡也，故制刑之书以律名焉。

按：皋陶造律，说已见前。李悝六法，商鞅改为律，亦不自萧何始，邱氏之言疏矣。惟谓律之名本于六律，自是确论。

元帝省刑罚

《元纪》：初元五年夏四月，省刑罚七十余事。除光禄大夫以下至郎中保父母同产之令。

《汉志》：宣帝未及修正。至元帝初立，乃下诏曰："夫法令者，所以抑暴扶弱，欲其难犯而易避也。今律令烦多而不约，自典文者不能分明，而欲罗元元之不逮，斯岂刑中之意哉！其议律令可蠲除轻减者条奏，惟在便安百姓而已。"

邱氏濬曰：律令之设，盖悬法以示人，使人知所避而不犯，非故欲为是以待天下之罪人如人设网罗以待禽兽也。后世之律往往文深而义晦，比拟之际彼此可以旁通，下人不知所守，而舞文之吏得以轻重其罪，诚有如此。诏所谓"律令烦多而不约，自典文者不能分明，而欲罗元元之不逮"者，所谓"不逮"者，解者谓不逮言意识所不及也。噫！蚩蚩之民，不能皆读律令，及其读之，又有所不逮者，则其不幸而陷于罪者，岂非上之人之过哉？然则后世有制律者当何如？亦曰浅易其语，显明其义，使人易晓，知所避而不犯可也。今之律文，蒙唐之旧文，以时异，读者容或有所不逮者。伏乞圣明简，命儒臣之通法意者为之解释，必使人人易晓，不待思索考究而自有得于言意之表，则愚民知所守而法吏不得以容情卖法矣，斯世斯民不胜大幸。

按：《东观记》元初五年轻殊死刑三十四事，即在此《纪》省刑罚七十余事之内，《汉志》之诏但言元帝初立，不言何年。《纪》又载：元初二年三月，诏曰"间者岁数不登，元元困乏，不胜饥寒，以陷刑辟，朕甚闵之。郡国被地动灾甚者无出租赋。赦天下。有可蠲除减省以便百姓者，条奏，毋有所讳"。与《志》所载之诏未知为一事为二事。省刑罚至七十余事，必非一时所能决，是必先下诏，至五年始定议施行也。邱氏言比拟之弊甚详，然此乃定律之过而非律文不明之过，其因诏文"不逮"之语，欲使浅显易知，其言诚是。第律文语多古奥，以明律而言，解者不下数十家，皆系专门之学，而其中论说彼此尚多异同，况素未研求此事者欲其全律贯通，戛戛乎其难之！况今天下之人不识字不通文者实居多数，即使浅易其语、显明其辞，亦未必能人人易晓。古者遒人木铎之徇亦举其大者要者，使知所警戒而不敢轻犯，今则遒人木铎之制久废不行矣。

陈宠请除汉法溢于甫刑者

《陈宠传》：永元六年，宠代郭躬为廷尉。又钩校律令条法，溢于《甫刑》者除之。曰："臣闻礼经三百，威仪三千，故《甫刑》大辟二百，五刑之属三千。礼之所去，刑之所取，失礼则入刑，相为表里者也。今律令死刑六百一十，耐罪于六百九十八，赎罪以下二千六百八十一，溢于《甫刑》者千九百八十九，其四百一十大辟，千五百耐罪，七十九赎罪。《春秋保乾图》曰：'王者三百年一蠲法。'汉兴以来，三百二年，宪令稍增，科条无限。又律有三家，其说各异。宜令三公、廷尉平定律令，应经合义者，可使大辟二百，而耐罪、赎罪二千八百，并为三千，悉删除其余令，与礼相应，以易万人视听，以致刑（错）［措］之美，传之无穷。"未及施行。

邱氏濬曰：汉去古未远，论事往往主于经义，而言刑者必与礼并其原，盖出于《吕刑》"伯夷降典，折民惟刑"。陈宠论刑，必与大辟二百、耐罪以下二千八百并为三千以合于礼，固似乎泥，然其所平定惟取其应经合义者则百世定律之至言要道也。

按：宠此言在和帝时，死刑六百一十，视成帝时三千有余条者十减其四矣。哀帝时除八十一事，余不知何时所除，大约在建武之世。建武二年，有省刑法之诏也。宠以大辟犹多，欲复《吕刑》之数，惜其事未施行也。

董仲舒治狱

《汉书·艺文志》：《公羊董仲舒治狱》十六篇。春秋家。《隋书·经籍志》：《春秋决事》十卷，董仲舒〔撰〕。春秋类。《唐志》：董仲舒《春秋决狱》十卷。黄氏正法家类。

《崇文总目》：《春秋决事比》十卷。

按：应劭云："故胶（东）〔西〕相董仲舒老病致仕，朝廷每有政议，数遣廷尉张汤亲至陋巷，问其得失。于是作《春秋决狱》二百三十二事，动以经对，言之详矣。"见《劭传》，《志》之十六篇当即此书。《春秋繁露》曰："《春秋》之听狱也必本其事而原其志。"《盐铁论》："《春秋》之定狱，论心定罪。志善而违于法者免，志恶而合于法者诛。"《论衡》："董仲舒表《春秋》之义，稽合于律，无乖异者。"董子决狱之宗旨如此，岂张汤辈所可同日语哉？应劭有《春秋断狱》，《史记·正义》引《七录》"《春秋断狱》五卷"当即董书，劭重加编定耳。汉人多以《春秋》治狱，如胶西王议淮南王安罪、吕步舒治淮南狱、终军诘徐偃矫制颛行、隽不疑缚成方遂、御史中丞众等及廷尉共议薛况罪、龚胜等议傅晏等罪，并引《春秋》之义，乃其时风尚如此，仲舒特其著焉者耳。

晋泰始律

《晋志》：文帝为晋王，患前代律令本注繁杂，陈群、刘劭虽改革，而科网本密，又叔孙、郭、马、杜诸儒章句，但取郑氏，又为偏党，未可承用。于是令贾充定法律，令典太傅郑冲、司徒荀颛、中书监荀勖、中军将军羊祜、中护军王业、廷尉杜友、守河南尹杜预、散骑侍郎裴楷、颖川太守周（权）〔雄〕、《玉海》"权"作"椎"。齐相郭颀、都《玉海》"都"上有"骑"字。尉成公绥、尚书郎柳轨及吏部令史荣邵等十四人典其事，就汉九章增十一篇，仍其族类，正其体号，改旧律为《刑名》、《法例》，辨《囚律》为《告劾》、《系讯》、《断狱》，分《盗律》为《请赇》、《诈伪》、《水火》、《毁亡》，因事类为《卫宫》、《违制》，撰《周官》为《诸侯律》，合二十篇，按：上云"就汉九章增十一篇"，又加《诸侯律》一篇，当为二十一篇。《隋书·刑法志》杜预《律本》二十一卷，《新唐书·艺文志》二有贾充、杜预《刑法律本》二十一卷，亦可证。六百二十条，按：《通典》一六三、《通典》六零、《通考》一六四俱作"六百三十条"。二万七千六百五十七言。蠲其苛秽，存其清约，事从中典，归于益时。其余未宜除者，若军事、田农、酤酒，未得皆从人心，权设其法，太平当除，故不入律，悉以为令。施行制度，以此设教，违令有罪则入律。其常事品式章程，各还其府，为故事。减枭斩族诛从坐之条，除谋反适养母出女嫁皆不复还坐父母弃市，省禁固相告之条，去捕亡、亡没为官奴婢之制。轻过误老小女人，当罚金杖罚者，皆令半之。重奸伯叔母之令，弃市。淫寡女，三岁刑。崇嫁娶之要，一以下聘为正，不理私约。峻礼教之防，准五服以制罪也。凡律令合二千九百二十六条，十二万六千三百言，六十卷，故事三十卷。泰始三年，事毕，表上。武帝诏曰："昔萧何以定律令受封，叔孙通制仪为奉常，赐金五百斤，弟子百人皆为郎（中）。夫立功立事，古今之所重，宜加禄赏，其详考差叙。辄如诏简异弟子百人，随才品用，赏帛万余匹。"武帝亲自临讲，使裴楷执读。四年正月，大赦天下，乃颁新律。

《武纪》：泰始四年正月丙戌，律令成，封爵赐帛各有差。

《唐六典》：晋氏受命，命贾充等十四人增损汉魏律为二十篇。一刑名，二法例，三盗律，四贼律，五诈伪，六请赇，七告劾，八捕律，九系讯，十断狱，十一杂律，十二户律，十三擅兴律，十四毁亡，十五卫宫，十六水火，十七厩律，十八关市，十九违制，二十诸侯，凡一千五百三十条。

按：汉之具律，魏改为刑名，晋又分刑名、法例为二。《志》文"改旧律"句，"律"上当有"具"字。"辨囚律"者，因于魏律改囚律为系讯，而又分出告劾、断狱二律，辨乃分别之意也。《文纪》魏常道乡公咸熙元年，文帝为晋王。秋七月，帝奏中护军贾充正法律。是晋律经始于魏世，阅四年而成。惟《志》文称律六百二十条，律令合二千九百二十六条，而《六典》则称一千五百三十条，数不相符，未详其故。当魏晋之世，汉时诸家章句具在，儒者尚多通律之士，魏又设律博士之官，故其所修颇有条理，观《晋志》所言，其大略可见矣。惜汉律久亡，魏晋之律亦皆泯灭不得其全书讨论之。

其后，明法掾张裴按"裴"当作"斐"。又注律，表上之，其要曰：律始于《刑名》（其）〔者〕，所以定罪制也；终于《诸侯》者，所以毕其政也。王政布于上，诸侯奉于下，礼乐抚于中，故有三才之义焉，其相须而成，若一体焉。《刑名》所以经略罪法之轻重，正加减之等差，明发众篇之多义，补其章条之不足，较举上下纲领。其犯盗贼、诈伪、请赇者，则求罪于此，作役、水火、畜养、守备之细事，皆求之作本名。告讯为之心舌，捕系为之手足，断狱为之定罪，名例齐其制。《通典》、《通考》引"制"上有"法"字。自始及终，往而不穷，变动无常，周流四极，上下无方，不离于法律之中也。其知而犯之谓之故，意以为然谓之失，违忠欺上谓之谩，背信藏巧谓之诈，亏礼废节谓之不敬，两讼相趣谓之斗，两和相害谓之戏，无变斩击谓之贼，不意误犯谓之过失，逆节绝理谓之不道，陵上僭贵谓之恶逆，将害未发谓之戕，唱首先言谓之造意，二人对议谓之谋，制众建计谓之率，不和谓之强，攻恶谓之略，三人谓之群，取非其物谓之盗，货财之利谓之赃。凡二十者，律义之较名也。

夫律者，当慎其变，审其理。若不承用诏书，无故失之刑，当从赎。谋反之同伍，实不知情，当从刑，此故失之变也。卑与尊斗，皆为贼。斗之加兵刃水火中，不得为戏，戏之重也。向人室庐道径射，不得为过，失之禁也。都城人众中走马杀人，当为贼，贼之似也。过失似贼，戏似斗，斗而杀伤旁人，又似误，盗伤缚守似强盗，呵人取财似受赇，因辞所连似告劾，诸勿听理似故纵，持质似恐猲。如此之比，皆为无常之格也。

五刑不简，正于五罚，五罚不服，正于五过，意善功恶，以金赎之。故律制，生罪不过十四等，死刑不过三，徒加不过六，囚加不过五，累作不过十一岁，累笞不过千二百，刑等不过一岁，金等不过四两。月赎不计日，日作不拘月，岁数不疑闰。不以加至死，并死不复加。不可累者，故有并数；不可并数，乃累其加。以加论者，但得其加；与加同者，连得其本。不在次者，不以通论。以人得罪与人同，以法得罪与法同。侵生害死，不可齐其防；亲疏公私，不可常其教。礼乐崇于上，故降其刑；刑法闲于下，故全其法。是故尊卑叙，仁义明，九族亲，王道平也。

律有事状相似而罪名相涉者，若加威势下手取财为强盗，不自知亡为缚守，将中有恶言为恐猲，不以罪名呵为呵人，以罪名呵为受赇，劫（名）[召]其财为持质。此六者，以威势得财而名殊者也。即不求自与为受求，所监求而后取为盗赃，输入呵受为留难，敛人财物积藏于官为擅赋，加殴击之为戮辱。诸如此类，皆为以威势得财而罪相似者也。

夫刑者，司理之官；理者，求情之机；情者，心神之使。心感则情动于中，而形于言，畅于四支，发于事业。是故奸人心愧而面赤，内怖而色夺。论罪者务本其心，审其情，精其事，近取诸身，远敢诸物，然后乃可以正刑。仰手似乞，俯手似夺，捧手似谢，拟手似诉，拱臂似自首，攘臂似格斗，矜庄似威，怡悦似福，喜怒忧欢，貌在声色。奸（贞）〔真〕猛弱，候在视息。出口有言当为告，下手有禁当为贼，喜子杀怒子当为戏，怒子杀喜子当为贼。诸如此类，自非至精不能极其理也。

律之名例，非正文而分明也。若八十，非杀伤人，他皆勿论，即诬告谋反者反坐。十岁，不得告言人；即奴婢捍主，主得谒杀之。贼燔人庐舍积聚，盗（贼）赃五匹以上，弃市；即燔官府积聚盗，亦当与同。殴人教令者与同罪，即令人殴其父母，不可与行者同得重也。若得遗物强取强乞之类，无还赃法随例界之文。法律中诸不敬，违仪失式，及犯罪为公为私，赃入身不入身，皆随事轻重取法，以例求其名也。

夫理者，精元之妙，不可以一方行也；律者，幽理之奥，不可以一体守也。或计过以配罪，或化略（不）〔以〕循常，或随事以尽情，或趣舍以从时，或推重以立防，或引轻而就下。公私废避之宜，除削轻重之变，皆所以临时观衅，使用法执诠者幽于未制之中，采其根牙之微，致之于机格之上，称轻重于豪铢，考辈类于参伍，然后乃可以理直刑正。

夫奉圣典者，若操刀执绳，刀妄加则伤物，绳妄弹则侵直。枭首者恶之长，斩刑者罪之大，弃市者死之下，髡作者刑之威，赎罚者误之诫。王者立此五刑，所以宝君子而逼小人，故为敕慎之经，皆拟《周易》有变通之体焉。欲令提纲而大道清，举略而王法齐，其旨远，其辞文，其言曲而中，其事肆而隐。通天下之志唯忠也，断天下之疑唯文也，切天下之情唯远也，弥天下之务唯大也，变无常体唯理也，非天下之贤圣，孰能与于斯！

夫形而上者谓之道，形而下者谓之器，化而财之谓之格。刑杀者是冬震曜之象，髡罪者似秋雕落之变，赎失者是春阳悔吝之疵也。五刑成章，辄相依准，法律之义焉。

按：晋律篇目及修改之迹，《志》及《六典》甚详。张斐之注都陈律义，时当魏代，但用郑氏章句。晋文帝以为偏党，乃令改定，当必参用诸家章句，是晋之不专用郑氏。由于文帝而非武帝，俞理初谓晋用武帝外祖王肃之言，尽废郑义，此殆不然。肃卒于甘露元年，在修律之前约八九年，不相及也。文帝习其妇翁之说，故有偏党之论，第义理有定，诸家之乖异者不过轻重出入之间，其精要之旨实不能显相违背也。《玉海》六十五引齐王植曰："晋律文简辞约，旨通大纲，事之所质，取断难释。"张斐、杜预同注一事，而生杀永殊。自晋泰始以来，唯斟酌参用。江左相承用晋世张、杜律二十卷，齐世祖详正旧注。杜预奏律注亦云"网罗法意"，其非专主一家可知，是晋律参用诸家，郑义亦不能尽废也。

梁律

《梁书·武纪》：天监元年八月丁未，诏中书监王亮等八人参定律令。二年夏四月癸卯，尚书删定郎蔡法度上《梁律》二十卷，《令》三十卷，《科》四十卷。

《隋志》：梁武帝承齐昏虐之余，刑政多僻。既即位，乃制权典，依周、汉旧事，有罪者赎。其科，凡在官身犯，罚金。鞭杖杖督之罪，悉入赎停罚。其台省令史士卒欲赎者，听之。时欲议定律令，得齐时旧郎济阳蔡法度，家传律学，云齐武时，删定郎王植之集注张、杜旧律，合为一书，凡一千五百三十条，事未施行，其文殆灭。法度能言之。于是以为兼尚书删定郎，使损益植之旧本，以为《梁律》。天监元年八月，乃下诏曰："律令不一，实难去弊。杀伤有法，昏墨有刑，此盖常科，易为条例。至如三男一女，悬首造狱，事非虑内，法出恒钧。前王之律，后王之令，因循创附，良各有以。若游辞费句，无取于实录者，宜悉除之。求文指归，可适变者，载一家为本，用众家以附。（景）［丙］丁俱有，则去丁以存（景）［丙］，若（景）［丙］丁二事，注释不同，则二家兼载。咸使百司，议其可不，取其可安，以为标例。宜云'某等如千人同议，以此为长'，则定以为《梁律》。留尚书比部，悉使备文，若班下州郡，止撮机要。可无二门侮法之弊。"法度又请曰："魏、晋撰律，止关数人，今若皆谘列位，恐缓而无决。"于是以尚书令王亮、侍中王莹、尚书仆射沈约、吏部尚书范云、长兼侍中柳恽、给事黄门侍郎傅昭、通直散骑常侍孔蔼、御史中丞乐蔼、太常丞许懋等，参议断定，定为二十篇。大凡定罪二千五百二十九条。二年四月癸卯，法度表上新律，又上《令》三十卷，《科》三十卷。帝乃以法度守廷尉卿，诏颁新律于天下。

《隋书·经籍志》：《梁律》二十卷，梁义兴太守蔡法度撰。

按：《梁纪》诏王亮等八人，而《隋志》所列九人；《梁纪》《科》四十卷，而《隋志》《科》三十卷，此两书之不符者。法度言"魏、晋撰律，止关数人"，可见此事自属专门，非尽人所习。若聚无数素所不习之人参预其间，非尸位即掣肘矣，况欲征天下之人之意见乎？筑室道谋事何能成？今之名公卿颇有此种识见，真可笑也。

三年，复有徒流之罪。详流。除黥面罪之刑。详墨。

后魏律

《魏志》：魏初，礼俗纯朴，刑禁疏简。宣帝南迁，复置四部大人，坐王庭，决辞讼，以言语约束，刻契记事，无囹圄考讯之法。诸犯罪者，皆临时决遣。神元因循，亡所革易。

昭成建国二年，当死者，听其家献金马以赎；犯大逆者，亲族男女无少长皆斩；男女不以礼交皆死；民相杀者，听与死家马牛四十九头及送葬器物以平之；无系讯连逮之坐；盗官［物］一备五，私则备十。法令明白，百姓晏然。

按：死者赎，盗者备，此法之简易也。而男女不以礼交者罪至死，此则魏俗之特别者。又魏世门房之诛为最重之法，未言始于何帝。此亲族男女无少长皆斩，但指大逆言，他罪尚不用此法也。太祖患前代刑网峻密，乃命三公郎王德除其法之酷切于民者，约定科令，大崇简易。

世祖即位，以刑禁重。神䴥中，诏司徒崔浩定律令。除五岁四岁刑，增一年刑。分大辟为二，科死、斩死入绞。大逆不道腰斩，诛其同籍。年十四以下腐刑，女子没县官。害其亲者，辗之。为蛊毒者，男女皆斩，而焚其家。巫蛊者，负羖羊抱犬沉诸渊。当刑者赎，贫则加鞭二百。畿内民富者烧炭于山，贫者役于圊溷，女子入舂槁；其固疾不逮于人，守苑囿。王官阶九品，得以官品除刑。妇女当刑而孕，产后百日乃决。年十四已下，降刑之半；八十及九岁，非杀人不坐。拷讯不逾四十九。

按：神䴥之制，定于崔浩，颇参古法。后魏律令，此其一变也。

初盗律，赃四十匹致大辟，民多慢政，峻其法，赃三匹皆死。正平元年，诏曰："刑网太密，犯者更众，朕甚愍之。其详案律令，务求厥中，有不便于民者增损之。"于是游雅与中书侍郎胡方回等改定律制。盗律复旧，加故纵、通情、止舍之法及他罪，凡三百九十一条。门诛四，大辟一百四十五，刑二百二十一条。

按：此又变崔浩之法矣，门诛之名始见于此，其数仅四，是大逆外他事尚少。大辟及刑，其数止此，魏法简易，此历代所不及也。至分列之数，与总数不符，未详其故。

高宗太安四年，始设酒禁。酿、沽饮皆斩之。增置内外候官，伺察诸曹外部州镇，至有微服杂乱于府寺间，以求百官疵失。其所穷治，有司苦加讯惻，而多相诬逮，辄劾以不敬。诸司官赃二丈皆斩。又增律七十九章，门房之诛十有三，大辟三十五，刑六十二。和平末，冀州刺史源贺上言："自非大逆手杀人者，请原其命，谪守边戍。"诏从之。

按：门诛增至十三，则不独大逆用之，大辟又增三十五，此魏法之又变，遂大失旧制之意，迨从源贺之议，原命谪戍则大辟虽增亦虚有其名矣。手杀人，《源贺传》作"赤手杀人"，疑即古法之杀人不忌，非寻常之斗殴杀人。《贺传》有"坐赃及盗与过误之愆应入死者，皆可原命，谪边境"之语，当必有所区别也。此事《志》称和平末，而《通鉴纲目》书于太安二年十一月，《祥刑典》从之。考贺出为冀州刺史，改封陇西王，本《传》不言何年，唯贺书中称"将违阙廷"，是其书上于未赴冀州之时。《传》称"高宗纳之。已后入死者，皆恕死徙边。久之，高宗谓群臣曰：源贺劝朕宥诸死刑，徙充北番诸戍，自尔至今，一岁所活殊为不少"云云。曰"久之"，曰"自尔至今"，明非一时之事，则不在和平之末显然，可见《志》文恐有讹。《通鉴纲目》定为太安二年者，盖据《高宗纪》太安二年十一月书"尚书、西平王源贺改封陇西王"也。

显祖即位，除口误，开酒禁。延兴四年，诏自非大逆于纪者，皆止其身，罢门房之诛。定杖制。详杖。

按：门房之诛，以大逆干纪者为断，知高祖之世他事之冤滥多矣。此言罢者，不关大逆干纪者皆罢之，非竟罢此制也。又太平真君五年，诏私养沙门、师巫及私主学校者门诛，是太武帝之时门诛已不仅大逆于纪者。正平之制，门诛有四，此其证也。

高祖驭宇，留心刑法。故事，斩者皆裸形伏质，入死者绞，虽有律，未之行也。太和元年，诏曰："刑法所以禁暴息奸，绝其命不在裸形。其参详旧典，务从宽仁。"司徒元丕等奏言："圣心垂仁恕之惠，使受戮者免裸骸之耻。普天感德，莫不幸甚。臣等谨议，大逆及贼各弃市祖斩，盗及吏受赇各绞刑，踣诸甸师。"又诏曰："民由化穆，非严刑所制。防之虽峻，陷者弥甚。今犯法至死，同入斩刑，去衣裸体，男女媟见。岂齐之以法，示之以礼者也。今具为之制。"高祖太和元年秋七月庚子，定三等死刑。九月己酉，诏群臣定律令于太华殿。太和三年，先是以律令不具，奸吏用法，致有轻重。诏中书监高闾集中秘官等修改旧文，随例增减。又敕群官，参议厥衷，经御刊定。五年冬讫，凡八百三十二章，门房之诛十有六，大辟之罪二百三十五，刑三百七十七；除群行剽劫首谋门诛，律重者止枭首。律："枉法十匹，义赃二百匹大辟。"至八年，始班禄制，更定义赃一匹，枉法无多少皆死。

按：后魏太和之律与曹魏太和之律年号相同。后魏《高允传》言"诏议定律令"，而《高闾传》无此文。允时为中书监，非中书令，或高闾亦与其事欤？魏之律至此又一变，门诛、大辟，视旧益多，惟《志》云"奏谳，率从降恕，全命徙边，岁以千计"，是死罪虽未全废而决者鲜矣。

十一年春，诏曰："三千之罪，莫大于不孝，而律不逊父母，罪止髡刑。于理未衷。可更详改。"又诏曰："前命公卿论定刑典，而门房之诛犹在律策，违失《周书》父子异罪。推古求情，意其无取。可更议之，删除繁酷。"秋八月诏曰："律文刑限三年，便入极默。坐无太半之校，罪有死生之殊。可详案律条，诸有此类，更一刊定。"冬十月，复诏公卿令参议之。

按：是年如何刊定，史无文。

十二年诏："犯死罪，若父母、祖父母年老，更无成人子孙，又无期亲者，仰案后列奏以待报，著之令格。"

按：此后来留养之法。

《高宗纪》：太安四年冬十月甲戌，北巡。至阴山，有冢毁废，诏曰："昔姬文葬枯骨，天下归仁。自今有穿毁坟陇者斩之。"

和平二年正月乙酉，诏曰："刺史牧民，为万里之表。自顷每因发调，逼民假贷，大商富贾，要射时利，旬日之间，增赢十倍。上下通同，分以润屋。故编户之家，困于冻馁；豪富之门，日有兼积。为政之弊，莫过于此。其一切禁绝，犯者十匹以上皆死。布告天下，咸令知禁。"

《高祖纪》：太和十五年五月己亥，议改律令于东明观。八月丁巳，议律令事。十六年四月丁亥朔，班新律令，大赦天下。五月癸未，诏群臣于皇信堂更定律条，流徙限制，帝亲临决之。十七年二月乙酉，诏赐议律令之官各有差。

按：此年所修之律，帝亲临决定，律成，大赦。颁赐极为重大之事，而《志》中未及，何也？流徒限制如何？其余律条史皆不具，无可考矣。

十八年八月丙寅，诏诸北城人，年满七十以上及废疾之徒，校其元犯，以准新律，事当从坐者，听一身还乡，又令一子扶养，终命之后，乃遣归边；自余之处，如此之犯，年八十以上，皆听还。

按：此即今留养之例。留养乃闵其亲老，非以犯罪者情可恕也。终命仍遣归边，自合情理，一释不问，太宽矣。

《世宗纪》：正始元年十二月己卯，诏群臣议定律令。

《册府元龟》：时尚书殿中郎袁翻、门下录事常景、孙绍、廷尉监张彪、律博士侯坚固、治书侍御史高绰、前军将军邢苗、奉事都尉程灵虬、羽林监王元龟、尚书郎祖莹、宋世景、员外郎李琰之、大乐令公孙崇等，并在议限。

按：正始定律，史不言议定，如何？不可考矣。

《隋志》：《后魏律》二十卷。

北齐律

《隋志》：既而司徒功曹张老［上书］，称大齐受命以来，律令未改，非所以创制垂法，革人视听。于是始命群官，议造《齐律》，积年不成。武成即位，思存轻典，大宁元年，乃下诏曰："王者所用，唯在赏罚，赏贵适理，罚在得情。然理容进退，事涉疑似，盟府司勋，或有开塞之路，三尺律令，未穷画一之道。想文王之官人，念宣尼之止讼，刑赏之宜，思获其所。自今诸应赏罚，皆赏疑从重，罚疑从轻。"又以律令不成，频加催督。河清三年，尚书令、赵郡王睿等，奏上《齐律》十二篇：一曰名例，二曰禁卫，三曰婚户，四曰擅兴，五曰违制，六曰诈伪，七曰斗讼，八曰贼盗，九曰捕断，十曰毁损，十一曰厩牧，十二曰杂。其定罪九百四十九条。又上《新令》四十卷，大抵采魏、晋故事。是后法令明审，科条简要，又敕仕门之子弟，常讲习之。齐人多晓法律，盖由此也。其不可为定法者，别制《权令》二卷，与之并行。

《北齐书·世祖纪》：河清三年三月辛酉，以律令班下，大赦。

隋《经籍志》：《北齐律》十二卷，目一卷。

按：魏、晋分析汉律，篇目遂多，北齐省并为十二。隋氏代周，开皇律不用周律而就齐律改定之者，以其简要也。唐、宋以迄明初，并承用开皇篇目。迄洪武二十二年，律以六曹分篇，面目遂一变矣。齐律多采魏、晋故事，史言"齐人多晓法律"，其流派实出于魏、晋。《隋志》

称齐律之简要而议周律之苛密，开皇律多采后齐之制。唐用开皇律亦沿齐人流派，溯厥从来，则魏、晋之律多采汉世诸儒章句，其渊源甚远，固可推寻也。

隋律

《隋志》：高祖既受周禅，开皇元年，乃诏尚书左仆射、渤海公高颎，上柱国、沛公郑译，上柱国、清河郡公杨素，大理前少卿、平源县公常明，刑部侍郎、保城县公韩濬，比部侍郎李谔，兼考功侍郎柳雄亮等，更定新律，奏上之。定讫，诏颁之曰："帝王作法，沿革不同，取适于时，故有损益。夫绞以致毙，斩则殊（形）［刑］，除恶之体，于斯已极。枭首轘身，义无所取，不益惩肃之理，徒表安忍之怀。鞭之为用，残剥肤体，彻骨侵肌，酷均脔切。虽云远古之式，事乖仁者之刑，枭轘及鞭，并令去也。贵砺带之书，不当徒罚，广轩冕之荫，旁及诸亲。流役六年，改为五载，刑徒五岁，变从三祀。其余以轻代重，化死为生，条目甚多，备于简策。宜颁诸海内，为时轨范，杂格严科，并宜除削。先施法令，欲人无犯之心，国有常刑，诛而不（怨）［怒］之义。措而不用，庶或非远，万方百辟，知吾此怀。"三年，因览刑部奏，断狱数犹至万条。以为律尚严密，故人多陷罪。又敕苏威、牛弘等，更定新律。除死罪八十一条，流罪一百五十四条，徒杖等千余条，定留唯五百条。凡十二卷。一曰名例，二曰卫禁，三曰职制，四曰户婚，五曰厩库，六曰擅兴，七曰贼盗，八曰斗讼，九曰诈伪，十曰杂律，十一曰捕亡，十二曰断狱。自是刑网简要，疏而不失。

《裴政传》：开皇元年，转率更令。诏与苏威等修定律令。政采魏、晋刑典，下至齐、梁，沿革轻重，取其折衷。同撰著者十有余人，凡疑滞不通者，皆取决于政。

《郑译传》：诏译参撰律令。

《文纪》：开皇元年冬十月戊子，行新律。

《苏威传》：隋承战争之后，宪章踳驳，上令朝臣厘改旧法，为一代通典。律令格式，多威所定，世以为能。

《李德林传》：开皇［元年］，敕令与太尉任国公于翼、高颎同修律令。事讫奏闻，别赐九环金带一腰，骏马一匹，赏损益之多也。格令班后，苏威每欲改易事条。德林以为格式已颁，义须画一，纵令小有踳驳，非过蠹政害民者，不可数有改张。

《玉海》六十五：隋则律令格式并行。文帝开皇元年，以周法繁而不要，命高颎、郑译及上柱国杨素率更令，裴政等更加修定，政练习典故，达于汉政，乃参魏、晋旧律，下至齐、梁，沿革轻重，取其折衷。时同修者十余人，凡有滞碍，皆取决于政。开皇元年冬十月戊子始行新律，二年七月甲午行新令。

《经籍志》：《隋律》十二卷。

《唐志》：高颎等《隋律》十二卷。

按：开皇律初修于元年，已删除枭辕等酷刑，三年复删除死罪八十一条、流徒杖一千一百数十条，又除孥戮相坐之法，轻重得中。唐律本之，此律法之一大变更也。惜隋文意尚惨急，不能慎守此范围也。

六年，除孥戮相坐之法。

十三年，改徒及流并为配防。

十六年，有司奏合川仓粟少七千石，命斛律孝卿鞠问其事，以为主典所窃。复令孝卿驰驿斩之，没其家为奴婢，鬻粟以填之。是后盗边粮者，一升以上皆死，家口没官。

按：已除孥戮相坐之法而又没家口入官，此法与事之不相应者也。因此事而遂立为法，尤非修律之本意。

盗一钱以上皆弃市。旋停。

按：此非法之法，故不久即停。

贞观律

太宗即位，诏长孙无忌、房玄龄等复定旧令，议绞刑之属五十，皆免死而断右趾。其后贞观元年三月。蜀王法曹参军裴弘献驳律令四十余事，乃诏房玄龄与弘献等重加删定。于是除断趾法，为加役流三千里，居作二年。玄龄等遂与法（苟）〔司〕增损隋律，降大辟为流者九十二，流为徒者七十一，以为律；定令一千五百四十六条，以为令。又删武德以来敕三千余条为七百条，以为格；又取尚书省列曹及诸寺、监（十六）〔门、宿〕卫、计帐以为式。《艺文志》：《贞观律》十二卷，又《令》二十七卷，《格》十八卷，《留司格》一卷，《式》三十三卷。中书令房玄龄、右仆射长孙无忌、蜀王府法曹参军裴弘献等奉诏撰定。凡律五百条，令一千五百四十六条，格七百条。以尚书省诸曹为目，其常务留本司者，为《留司格》。

《旧书·太宗纪》：贞观十一年正月庚子，颁新律令于天下。《唐会要》：贞观十一年正月十四日，颁新格于天下。凡律五百条，分为十二卷；令为三十卷，二十七篇，一千五百九十条；格七百条，以为通式。

《玉海》六十六：崔融云："贞观律唯有十卷，捕亡、断狱乃永徽二年长孙无忌等奏加。"

按：《唐律》以贞观所修为定本，贞观本于武德，武德本于开皇，然武德已非全用开皇之制，贞观又重加删定。《旧志》云"凡削繁去蠹，变重为轻者，不可胜纪"，其删定之大致可见矣。今《唐律》全书具在，自宋已后，修律莫不奉为圭臬，此盖承隋氏变革之后而集其成者也。后之定律者，或于其重者轻之，轻者重之，往往有畸轻畸重之失，细心推究，方知《唐律》之轻重得其中也。

《唐六典》：贞观初，减开皇律大辟入流者九十三条，比古死刑，殆除其半。

《旧志》：今定律，祖孙与兄弟缘坐，俱配没。其以恶言犯法不能为害者，情状稍轻，兄弟免死，配流为允。从之。自是比古死刑，殆除其半。

按：《唐律》死刑，《卫禁》斩五、绞十六，《职制》斩一、绞九，《厩库》绞一，《擅兴》斩八、绞八，《贼盗》斩三十四、绞四十二，《斗讼》斩二十五、绞四十三，《诈伪》斩三、绞六，《杂律》斩五、绞一，《捕亡》斩五、绞四，《断狱》斩三、绞四，凡斩八十九条，绞一百四十四条。其减死入流者只九十三条，"除半"之语，殊不可解，岂以隋开皇律虽减死刑八十一条合而言之，故云比古与？若以《旧志》之文推之，则所云"除半"但就缘坐一项而言，非统括全律也。唐之加役流皆由死减，计律内《卫禁》三、《职制》三、《户婚》二、《擅兴》一、《贼盗》九、《杂律》一、《捕亡》三、《断狱》二，凡二十五，不独与九十三条之数不合，与减绞五十之数亦不合，是其减死入流必三流并有，不尽为加役流矣。

洪武更定大明律

《明志》：二十二年，刑部言："比年条例增损不一，以致断狱失当。请编类颁行，俾中外知所遵守。"遂命翰林院同刑部官，取比年所增者，以类附入，改《名例律》冠于篇首。为卷凡三十，为条四百六十。《名例》一卷，四十七条。《吏律》二卷，曰职制十五条，曰公式十八条。《户律》七卷，曰户役十五条，曰田宅十一条，曰婚姻十八条，曰仓库二十四条，曰课程十九条，曰钱债三条，曰市廛五条。《礼律》二卷，曰祭祀六条，曰仪制二十条。《兵律》五卷，曰官卫十九条，曰军政二十条，曰关津七条，曰厩牧十一条，曰邮驿十八条。《刑律》十一卷，曰贼盗二十八条，曰人命二十条，曰斗殴二十二条，曰骂詈八条，曰诉讼十二条，曰受赃十一条，曰诈伪十二条，曰犯奸十条，曰杂犯十一条，曰捕亡八条，曰断狱二十九条。《工律》二卷，曰营造九条，曰河防四条。为五刑之图凡二。首图五，次图七。又为丧服之图凡八。太祖谕太孙曰："此书首列二刑图，次列八礼图者，重礼也。顾愚民无知，若于本条下即注宽恤之令，必易而犯法，故以广大好生之意，总列《名例律》中。善用法者，会其意可也。"盖太祖之于律令也，草创于吴元年，更定于洪武六年，整齐于二十二年，至三十年始颁示天下。日久而虑精，一代法始定。中外决狱，一准三十年所颁。其洪武元年之令，有律不载而具于令者，法司得援以为证，请于上而后行焉。大抵明律视唐简核，而宽厚不如宋。至其恻隐之意，散见于各条，可举一以推也。如罪应加者，必赃满数乃坐。如监守自盗，赃至四十贯绞。若止三十九贯九十九文，欠一文不坐也。加极于流三千里，以次增重，终不得至死。而减至流者，自死而之生，无绞斩之别。即唐律称加就重条。称日者以百刻，称年以三百六十日。如人命辜限及各文书违限，虽稍不及一时刻，仍不得以所限之年月科罪，即唐律称日以百刻条。未老疾犯罪，而事发于老疾，以老疾论；幼小犯罪，而事发于长大，以幼小论。即唐律老小废疾。死罪，非常赦所不原，而祖父母、父母老无养者，得奏闻取上裁。犯徒流者，余罪得收赎，存留养亲。即唐律罪非十恶条。功臣及五品以上官禁狱者，许令亲人入侍，徒流者并听随行，违者罪杖。同居亲属有罪，得互相容隐。即唐律同居相容隐条。奴婢不得首主。凡告人者，告人祖父不得指其子孙为证，弟不证兄，妻不证夫，奴婢不证主。文职责在奉法，犯杖则不叙。军官至徒流，以世功犹得擢用。凡若此类，或间采唐律，或更立新制，所谓原父子之亲，立君臣之义以权之者也。

《艺文志》：《更定大明律》三十卷。洪武二十八年，命词臣同刑官参考比年律条，以类编附，凡四百六十条。

邱濬云："本朝洪武六年，命刑部尚书刘惟谦等重定诸律，以协厥中。而近代比例之繁，奸吏可资以出入者咸痛革之，明年书成，篇目一准于唐。其后以其比类成篇，分合无统，复为厘正，定为吏、户、礼、兵、刑、工六类，析十八篇以为二十九约，六百六条以为四百六十。析户婚以为户役、婚姻，分斗讼以为斗殴、诉讼。厩库一也，则分厩牧于兵、仓库于户焉。职制一也，则分公式于吏、受赃于刑焉。名例旧五十七条，今止存其十有五。贼盗旧五十三条，今止有其二十八。名虽沿于唐而实皆因时以定制，缘情以制刑。且又分为六部，各有攸司备天下之事情该朝廷之治典，统宗有纲，支节不紊，无比附之劳，有归一之体，吏知所守而不眩于烦文，民知所避而不犯于罪戾，诚一代之良法，圣子神孙所当遵守者也。然臣于此窃有见焉，盖刑犯虽有一定，不易之，常而事情则有世轻世重之异，方天下初定之时，人稀事简，因袭前代之后，政乱人顽。今则承平日久，生齿日繁，事久则弊生，世变则俗改，是以周人象魏之法每岁改悬，三典之建随世轻重，盖前日之要策乃今日之刍狗，此必然之势亦自然之理也。今法司于律文之中往往有不尽用者，律文如此而所以断罪者如彼，罪无定科，民心疑惑，请下明诏，会官计议，本之经典，酌诸事情，揆之时宜。凡律文于今有窒碍者，明白详著于本文之下，若本无窒碍而所司偶因一事有所规避遂为故事者，则改正之。仍敕自时厥后，内外法司断狱一遵成宪，若事有窒碍，明白具奏，集议不许，辄引前比，违者治以专擅之罪，如此则法令画一，情罪相当，而民悉不惑矣。"

又云欧阳修曰："《书》曰'慎乃出令'，令在简，简则明，行之在久，久则信。而中材之主、庸愚之吏常莫克守之，而喜为变革，至其繁积，虽有精明之士不能遍习，而吏得上下以为奸，此刑书之弊也。"按我朝之律，仅四百六十条，颁行中外用之百余年于兹，列圣相承，未尝有所增损，而于律之外未尝他有所编类如唐、宋格敕者。所谓简而明，久而信，诚有如欧阳氏所云者，万世所当遵守者也。

叶良佩云："国家之法虽本于李唐之十二篇，然或芟繁定舛，因事续置，大抵比旧增多十二三，而祥德美意殆未易以言语殚述也。姑举其大者：如以笞、杖、徒、流、绞斩定为五刑，而钛趾、蚕室之制一切划除，以六曹分为类目，而《擅兴》、《厩库》等篇悉为裁定。代背箠以臀杖而断无过百，易黥面以刺臂而法止贼盗。他如见知严于逃叛，故纵深于捕亡，收孥连坐之条，独于反逆大不道者当之，凡兹皆法之至善者也。至夫圜土之制，嫌于太重，则贷之以输作。嘉石之制，嫌于太轻，则罚之以荷校。盗官藏受赃枉法罪皆死，又嫌于太重，则著为杂犯之令而听其赎锾与输作焉。由杖徒一转而入大辟，嫌于太疏，则定议著为徙边戍边永戍之令，不与同中国。其冥顽不轨之民，或情罪勿丽于法，复许所司比议奏决以行，曲而不苛，平而难犯。盖肉刑虽亡而厥威故在，象刑无事于复而钦恤之意未尝不行乎其间也。"

按：明律初准于唐，自胡惟庸诛后，废中书而政归六部。是年，更定《大明律》亦以六曹分类，遂一变古律之面目矣。《志》所称其善处，本于唐律者为多，邱、叶二氏以明人论明事，但举其善者言之。《志》谓"宽厚不如宋"，自是公论，若以唐律、明律详加比较，论者终以唐为长，明之所改，轻重未必悉惬人意也。明律更定在二十二年，《艺文志》乃云二十八年，或后来又经修改欤？

问刑条例

《明志》：弘治中，去定律时已百年，用法者日弛。五年，刑部尚书彭韶等以鸿胪少卿李鐩请，删定《问刑条例》。至十三年，刑官复上言："洪武末，定《大明律》，后又申明《大诰》，有罪减等，累朝遵用。其法外遗奸，列圣因时推广之而有例，例以辅律，非以破律也。乃中外巧法吏或借便已私，律浸格不用。"于是下尚书白昂等会九卿议，增历年《问刑条例》经久可行二百九十七条。帝摘其中六事，令再议以闻。九卿执奏，乃不果改。然自是以后，律例并行，而网亦少密。王府禁例六条，诸王无故出城有罚，其法尤严。嘉靖二十八年，刑部尚书喻茂坚言："自弘治间定例，垂五十年。乞敕臣等会同三法司，申明《问刑条例》及嘉靖元年后钦定事例，永为遵守。弘治十三年以后嘉靖元年以前事例，虽奉诏革除，顾有因事条陈，拟议精当可采者，亦宜详检。若官司妄引条例，故入人罪者，当议黜罚。"会茂坚去官，诏尚书顾应祥等定议，增至二百四十九条。三十四年，又因尚书何鳌言，增入九事。万历时，给事中乌（昂）[升]请续增条例。至十三年，刑部尚书舒化等乃辑嘉靖三十四年以后诏令及宗藩军政条例、捕盗条格、漕运议单与刑名相关者，律为正文，例为附注，共三百八十二条，删世宗时苛令特多。崇祯十四年，刑部尚书刘泽深复请议定《问刑条例》。帝以律应恪遵，例有上下，事同而二三其例者，删定画一为是。然时方急法，百司救过不暇，议未及行。

《续通考》：嘉靖三十四年二月，刑部尚书何鳌奏上九事："一凡犯奸缌麻以上亲之妻及妻前夫之女、同母异父姊妹者，奸夫近边充军，妇女离异归宗，听夫嫁卖。一凡用财冒袭军职，俱依成祖钦定妄告冒籍，不实之官并保勘官俱罢职揭黄，永不得袭，若有赃，以枉法论。一凡宗室悖逆祖训，出城越关赴京者，即奏请先降为庶人送回。一宗室互相讦奏，行勘未结而辄诬奏勘官及以不干己事捏奏者，不论事情轻重，俱寝不行。一军职犯死罪及充军者，子孙俱不许袭。一沿边总兵以下官员，但有科敛入己，赃至二百两以上戍边，四百两以上枭示。一沿边沿海寇至不能固守，致贼陷入卫所，掌印官与捕盗官俱比守边将帅失陷城寨律斩，府、州、县降级别用。其府、州、县原无卫所专城之责者，如有前项失事，不分边腹，掌印、捕盗官俱比牧民官激变良民因而失陷律斩。一凡抢夺至三次犯罪者，俱比窃盗三犯绞罪，奏请定夺。一凡军职有犯倚势役占并受财卖放余丁至三十名以上致废防守，俱比卖放正军包纳月钱至二十名以上事例罢职戍边。"议入皆允行。刑部尚书舒化重修《问刑条例》疏："案查万历二年，刑科都给事中乌升等题准将《问刑条例》参酌续附，四五等年，具稿甫完，纂修官俱因事去任。六年，郎中沈九畴及主事李伯春、方范将各《条例》及《大明令》、《大明会典》、《累朝诏赦》、《宗藩军政条例》、《漕运议单》并节年各衙门题准事例凡有关于刑名者，各查照本律，参酌事情，裒集成帙，咨送各部院衙门堂上官及该科公同酌议，未经回复。十一年，御史陈荐以捕盗法严、狱滋冤滥为言，重定捕盗条格。给事中萧彦以事例未一为言，重定侵盗钱粮事例，咨送各部院衙门堂上官及该科随据，吏户礼兵工等部、都察院、大理寺回咨前来，仍委沈九畴及郎中王炳璠、员外郎章润、主事詹思谦再行逐条评议，编辑已完，呈乞题请施行等。因臣等看得《问刑条例》一书先定于弘治十三年，重修于嘉靖二十九年，续增于嘉靖三十四年，共三百八十五条。事例稽之累朝，损益成于列圣，遵行已久，固非臣等所敢轻议。但法因时变，情以世殊，其中或有举其一而未尽其详，亦有宜于前而不宜于后，事本一类乃分载于各条，罪本同科或变文以异断，至若繁词冗义，未尽芟除，甲是乙非，未经画一。盖立例以辅律，贵依律以定例，律有重而难行，故例常从轻，不无过轻而失之，纵律有轻而易犯，故例常从重，不无过重而近于苛，诸如此类，亦略可言。如强盗伤人与杀人者，其情自异，难同枭示之条；私卖军器比出境者，其罪既同，原无各斩之律，人命出辜限而通拟抵偿，恐多冤狱，略卖至三犯而照前发遣，未足惩奸；冒籍生员，非买文顶替之比，何以俱发口外？卖放军犯有终身、永远之别，岂容一概代当？至于加死为重，不引律而即引例，枭示尤重，律无斩而例即枭，凡此，据文既有可訾，于律不无相碍。今臣等所议，必求经久可行、明白易晓，务祛苛纵之弊，以协情法之中。校勘多年，粗有端绪，臣等再照《大明律》共四百六十条，今《条例》亦多至三百八十余条，民之情伪既该，法之防范亦密，我皇上钦恤庶狱，命臣等重加酌议，盖将使上有画一之法，民如趋避之途。若题准颁布之后，敢有恣任喜怒妄行引拟及将已前未经采入事例辄擅比照，容臣等及该科参奏，照旧例分别重处，仍将本例增改移附末简，以示申饬，庶法纪严而刑罚当，清净宁一之化复见于今日矣。臣等遵奉前旨，仍会同吏部等衙门、尚书等官、臣杨巍等公同议拟，除各例妥当相应照旧者共一百九十一条，其应删应并应增改者共一百九十一条，逐条开列，前件拟议上请，伏乞皇上特赐裁定，恭候命下本部，容臣等将前例开送史馆，以凭纂入《大明会典》，仍将《大明律》逐款开列于前，各例附列于后，刊刻成书，颁布问刑衙门永永遵守。"云云。

《艺文志》：顾应祥《问刑条例》七卷，舒化《问刑条例》七卷。

按：律外有例，明初已然，特未纂为一书。弘治初，李鐩始有删定之请，十三年书成，其后嘉靖中两次修改，万历十三年舒化又重修之，即今所传之本也。其初《问刑条例》律外单行，舒化始修附于各律之后，然其时亦有单行本。《艺文志》录顾应祥、舒化书各七卷，崇祯中所刻《官常政要》十八种内有《问刑条例》七卷，可见当时虽附于律后，仍有单行本也。万历十三年《大明律》目录律后附例，名例九十一条，吏律三十一条，户律六十六条，礼律九条，兵律五十一条，刑律一百二十二条，工律八条，共计三百八十条，不合疏内所称三百八十二条之数。细检户律实六十九条，刑律实一百二十三条，与原数相符，自是目录之误，单行本其目亦误，必当时官刊本已误，坊间相沿未改也。舒化又有进新刻《大明律》附例疏，内称将弘治十三年题准真犯杂犯罪名及节年题准见行纳赎事例并收赎钱钞细加查考，编写成图，一并附刻。据此则新附图四，前所无。

热审

《续通考》：永乐二年四月，定热审之例。谕曰："天气向热，狱囚淹久必病，病无所仰给必死，轻罪而死与枉杀何异？今令五府六部六科协助尔等，尽数日疏决，凡死罪狱成者俟秋处决，轻罪即决遣，有连引待辨未能决者，令出狱听候。"

按：明制热审始此，至宣德中，尤戒法司缓玩，至令刻期竟事。尝有终夏之间而疏决系囚，诏三四下，盖深有念于古者孟夏断薄刑，仲夏挺重囚之义，然是时既命驰谕中外，悉如京师例矣。而正统元年乃以兵部侍郎于谦言始命外省隆冬盛暑如京师录囚，盖已不免抵牾。至孝宗弘治七年，礼科给事中吕献言："每岁初夏，纵释系囚，此例独行两京，未及天下。"而武宗正德元年，掌大理寺工部尚书杨守随又言："每岁热审事例行于北京而不行于南京，五年大审事例行于在京而略于在外。"

于是始通行南京，凡审囚三法司皆会审，在外审录亦依此例。则献所云两京者果何例也？两人相距仅十余岁，而先后互异若此，或孝宗末造刑政多所废弛故欤？

按：热审之制，即《月令·孟夏》"断薄刑，决小罪，出轻系"之意，良法，明代时行之而未经纂入例册，故有时行时不行之事。弘治中修《问刑条例》，而此事未经纂入，何也？

寒审

《明志》：历朝无寒审之制，崇祯十年，以代州知州郭正中疏及寒审，命所司求故事。尚书郑三俊乃引数事以奏，言："谨按洪武二十三年十二月癸未，太祖谕刑部尚书杨靖，'自今惟犯十恶并杀人者论死，余死罪皆令输粟北边以自赎'。永乐四年十一月，法司进月系囚数，凡数百人，大辟仅十之一。成祖谕吕震曰：'此等既非死罪，而久系不决，天气沍寒，必有听其冤死者。'凡杂犯死罪下约二百，悉准赎发遣。九年十一月，刑科曹润等言：'昔以天寒，审释轻囚。今囚或淹一年以上，且一月间瘐死者九百三十余人，狱吏之毒所不忍言。'成祖召法司切责，遂诏：'徒流以下三月内决放，重罪当系者恤之，无令死于饥寒。'十二年十一月，复令以疑狱名上，亲阅之。宣德四年十月，以皇太子千秋节，减杂犯死罪以下，宥笞杖以枷镣者。嗣后，世宗、神宗或以灾异修刑，或以覃恩布德。寒审虽无近例，而先朝宽大，皆所宜取法者。"奏上，帝纳其言。然永乐十一年十月遣副都御史李庆赍玺书，命皇太子录南京囚，赎杂犯死罪以下。宣德四年冬，以天气沍寒，敕南北刑官悉录系囚以闻，不分轻重。因谓夏原吉等曰："尧、舜之世，民不犯法，成、康之时，刑措不用，皆君臣同德所致。朕德薄，卿等其勉力匡扶，庶无愧古人。"此寒审最著者，三俊亦不暇详也。

明律目笺（节选）

按：明之律目，洪武七年所修者一准于唐，分《名例》、《卫禁》、《职制》、《户婚》、《厩库》、《擅兴》、《贼盗》、《斗讼》、《诈伪》、《杂律》、《捕亡》、《断狱》十二门，见刘惟谦所上《修律表》中。迨胡惟庸被诛，废中书而事归六部，于是廿二年重修律文，亦以六曹分部，古来律式为之一变，已于《律目考》中详言之矣。至其细目，除军官、军人诸条为《明律》之特设者，其余大旨于《唐律》间有增损，或改其字句，仍不能越其范围焉。明人刻律，或不录刘惟谦原《表》，世遂不知洪武初律，其总目实承唐之旧有。以为已以六曹分部者，殆失之未考核。今就《明律》之目，以唐目校其同异，而得失亦可以考见。长安薛氏《唐明律合刻》，右唐而左明，此固非深求其故不能晓然也。

五刑

五刑之名，始见《虞书》，而苗民五虐之刑实在其先，是其名甚古。三代以肉刑及大辟为五刑，汉文除肉刑而易以笞，而五刑之名遂不著。魏承汉律，不言五刑。晋改《魏律》，始言更依古义，制为五刑。然《晋律》有死刑、髡刑、完刑、作刑、赎刑、罚金、杂抵罪，其等凡七，将以何者为五刑？《志》不言也。梁之刑为十五等，陈因之，元魏亦不言五刑也。迨至北齐，始以一死、二流刑、三刑罪、四鞭、五杖为五刑。北周改刑罪为徒刑。隋开皇复去鞭而加笞，以笞、杖、徒、流、死为五刑。《唐律》仍之，相传至今，遵循勿改。宋承五季，有陵迟之刑，然偶一用之，不为常制。元刑用斩而不用绞，然有陵迟之刑。《明律》承唐，以笞、杖、徒、流、死列入五刑之目，而律文中有陵迟若干条，条例中有枭首若干条，又别有充军之法，是皆轶于五刑之外者。夫刑不止于五，而仍以五刑列于篇首，已非其实。况笞、杖不过大小之差，其刑并无所分别，强分之以作五刑之数，亦未见其确当也。尝谓国家设刑，所贵差等分明，不必拘拘以五为数，致有强分强合之病。若泥古之儒，以五刑之名为甚古，设今废五刑之目是蔑古也，则非吾之所敢知也。

十恶

《隋书·刑法志》："齐河清三年，奏上《齐律》。又列重罪十条：一曰反逆，二曰大逆，三曰叛，四曰降，五曰恶逆，六曰不道，七曰不敬，八曰不孝，九曰不义，十曰内乱。其犯此十者，不在八议论赎之限。"

按：此即今律之十恶也，创于北齐。第此文但曰"重罪"，似尚未标十恶之名。

"高祖开皇元年，更定新律，又置十恶之条，多采后齐之制而颇有损益：一曰谋反，二曰谋大逆，三曰谋叛，四曰恶逆，五曰不道，六曰大不敬，七曰不孝，八曰不睦，九曰不义，十曰内乱。犯十恶及故杀人狱成者，虽会赦，犹除名。炀帝又敕修律令，除十恶之条。"

《唐六典》："初北齐立重罪十条为十恶，隋氏颇有益损，皇朝因之。"《唐律疏议》曰："五刑之中，十恶尤切，亏损名教，毁裂冠裳，特标篇首，以为明诫。其数甚恶者，事类有十，故称十恶。然汉制九章，虽并湮没，其不道、不敬之目见存。原夫厥初，盖起诸汉。案梁、陈已往，略有其条。周、齐虽具十条之名，而无十恶之目。开皇创制，始备此科，酌于旧章，数存于十。大业有造，复更刊除，十条之内，唯存其八。自武德以来，仍遵开皇，无所损益。"

按：开皇之律，颇采北齐，故亦立十恶之名。《疏议》谓周亦有十条之名，《隋志》所未及也。《唐律》多本《开皇》，十恶之名遂列于篇首，至今不废。然论其罪名，轻重之间，似亦尚有遗议也。

《唐律》："十恶：一曰谋反。谓谋危社稷。"《疏议》曰："臣下将图逆节，而有无君之心。君位若危，神将安恃？不敢指斥尊号，故托云社稷。""二曰谋大逆。谓谋毁宗庙、山陵及宫阙。"

按：以上二条《明律》同。今律同。

"三曰谋叛。谓谋背国从伪。"

按：《明律》此注，作"谓谋背本国，潜从他国"。今律同。

"四曰恶逆。谓殴及谋杀祖父母、父母，杀伯叔父母、姑、兄姊、外祖父母、夫之祖父母、父母者。"

按：《明律》"夫之祖父母、父母"移于"祖父母、父母"之下。今律同明。

"五曰不道。谓杀一家非死罪三人及支解人、造畜蛊毒厌魅。"

按：《明律》"支解人"下添"若采生"三字，"厌"作"魇"。今律又于"采生"下添"折割"二字。"杀一家三人为不道"本于汉律，此律文之较古者。

"六曰大不敬。谓盗大祀神御之物、乘舆服御物，盗及伪造御宝，合和御药误不如本方及封题误。若造御膳误犯食禁，御幸舟船误不牢固，指斥乘舆情理切害，及对捍制使而无人臣之礼。"

按：《明律》题下添错字，"牢"作"坚"，删"指斥乘舆"以下十九字。今律同明。《唐律·职制门》"诸指斥乘舆情理切害者斩，言议政事乖失、干涉乘舆者，上请。非切害者徒二年，对捍制使而无人臣之礼者绞"，《明律》删去，故此处亦删。

"七曰不孝。谓告言、诅詈祖父母、父母，及祖父母、父母在，别籍异财，若供养有阙，居父母丧身自嫁娶，若作乐释服从吉，闻祖父母、父母丧，匿不举哀，诈称祖父母、父母死。"

按：《明律》"诅詈祖父母、父母"下添"夫之祖父母、父母"。今律同明。

"八曰不睦。谓谋杀及卖缌麻以上亲，殴、告夫及大功以上尊长、小功尊属。"

按：此条《明律》同。今律亦同。

"九曰不义。谓杀本属府主、刺史、县令、见受业师，吏卒杀本部五品以上官长，及闻夫丧匿不举哀，若作乐释服从吉及改嫁。"

按：《明律》此注，"谓杀"至"官长"，作"谓部民杀本属知府、知州、知县，军士杀本管指挥、千户、百户，吏卒杀本部五品以上长官，若杀见受业师"。以下同。今律"杀本管指挥、千户、百户"作"杀本管官"，余同明。

"十曰内乱。谓奸小功以上亲、父祖妾及与和者。"

按：《明律》同。今律亦同。

又按：此律始于北齐，原系重罪十条，其款目虽不可详，其无轻罪可知。隋氏改之，轻罪亦列入焉，似非定律之本意也。如前五条情节并重，罪亦较重。若第六条之"盗大祀神御物、乘舆服御物"，罪止流二千五百里，非重罪也。"合和御药"等项，罪虽合绞，然究是无心之过，岂得与前五条比哉？第七条之"告言、诅詈祖父母、父母"，情节重矣。若"别籍异财"，罪止徒三年；"供养有阙"，罪止徒二年；"居丧身自嫁娶，及作乐释服从吉"，并罪止徒三年；"闻丧匿不举哀"，罪止流二千里；"诈称祖父母、父母死"，罪止徒三年，非重罪也。第八条之"卖缌麻以上亲"，罪有止徒一年半者；第九条之"闻夫丧匿不举哀及改嫁"，罪止徒三年。凡若此等轻罪，亦竟入于常赦不原之列，其情节有重于此者，转得遇赦邀恩，两两相衡，殊未平允！夫不敬、不孝、不睦、不义，其情事之轻重岂能一致？论其名则同，论其实则不尽同。今不问名实之如何，而一概归之十恶，先王之法，恐不若是之苛也！此《唐律》之可议者。

犯罪存留养亲

《御览》六百四十六："《晋书》咸和二年，句容令孔恢罪弃市。诏曰：'恢自陷刑网，罪当大辟，但以其父年老而有一子，以为恻可悯之。'"

按：此以父老悯之，当时如何处置未详，然即后来留养之权舆也。

《魏书·刑罚志》："太和十二年诏：'犯死罪，若父母、祖父母年老，更无成人子孙，又无期亲者，仰案后列奏以待报。著之令格。'"

按：留养之法，实仿于此。《志》云"列奏待报"，当亦就案情之轻重，以定留养与不留养，非一概宽之也。第其办法不详，无可考见耳。

《唐律》："诸犯死罪非十恶，而祖父母、父母老疾应侍，家无期亲成丁者，上请。犯流罪者，权留养亲，谓非会赦犹流者。不在赦例。课调依旧。若家有进丁及亲终期年者，则从流。计程会赦者，依常例。即至配所应侍，合居作者，亦听亲终期年，然后居作。"《明律》："凡犯死罪，非常赦所不原者，而祖父母、父母老疾应侍，家无以次成丁者，开具所犯罪名奏闻，取自上裁。若犯徒、流者，止杖一百，余罪收赎，存留养亲。"

按：唐目曰"犯死罪非十恶"，明改定如此，律文改"非十恶"为"非常赦所不原"，较唐为严。唐有期亲成丁，即不在上请之例；家有进丁及亲终期年者，仍从流，其罪未能免也。明删期亲一层，徒、流止杖一百，余罪收赎，从此为无罪之人，又较唐为宽矣。究之《唐律》，情法两尽，改之未为当也。

《通考》一百六十八："肃宗乾元元年敕：'左降官非反逆缘坐及犯恶逆名教、枉法强盗赃，如有亲年八十以上及患在床枕，不堪扶持，更无兄弟者，许停官终养。其流移人亦准此。'"

按：此由留养而推及之者。"流移人准此"，则已到配之人皆可邀恩矣。

宋延祐元年三月，晋宁民侯喜儿昆弟五人并坐法当死。帝叹曰："彼一家不幸而有是事，其择情轻者一人杖之，俾养父母，毋绝其祀。"

按：此即今兄弟二人共犯死罪，准留一人养亲之例。

《金史·海陵纪》："天德三年三月，沂州男子吴真犯法，当死，有司以其母老疾无侍为请，命官与养济，著为令。"

《金世宗纪》："大定十三年，尚书省奏，邓州民范三殴杀人，当死，而亲老无侍。上曰：'在丑不争谓之孝，孝然后能养。斯人以一朝之忿忘其身，而有事亲之心乎？可论如法。其亲官与养济。'"

按：世宗之论极正。留养之法，原悯恤老疾之人，非谓犯罪之人其亲有老疾即罪可恕也。老而无子曰独，在穷民无告之列，发政施仁之所先。老有子而不能侍，与无子无异，官为养济，未为过也。海陵著令而世宗复申言之，金政之善者也。

《元史·文宗纪》："至顺二年四月，泾县民张道杀人为盗，道弟吉从而不加功，居因七年不决。吉母老，无他子孙，中书省臣以闻，敕免死，杖而黜之，俾养其母。"

按：此未决囚而准予留养者，以其久羁囹圄也。

嘉庆六年五月十三日谕："朕思律内有承祀、留养两条，原系法外施仁，必须核其情罪甚轻，始可量加末减，于施恩之中仍不失惩恶之意，方足以昭平允。若不论罪案轻重，只因家无次丁，概准承祀、留养，则凶恶之徒稔知律有明条，自恃身系单丁，有犯不死，竟至逞凶肆恶，是承祀、留养非以施仁，适以长奸，转似诱人犯法，岂国家矜慎用刑之道？盖法律务在持平，生者固当加之矜恤，死者尤不可令其含冤。傥情真罪当必为宽宥，如世俗鄙论所云'救生不救死'之说以为积阴功，试思死者含痛莫伸，损伤阴德孰大乎是？嗣后问刑衙门，总当详慎折衷，勿执存宽存严之见。遇有关留养、承祀者，尤当核其所犯情罪。果有可原，实在别无次丁，或有子息而尚未成丁，与定例相符，量为定拟，庶几无枉无纵，刑协于中，共襄明允之治。"

谨按：仁宗此谕，论留养之利害极为详明，敬录于此，言留养者不可不知也。

亲属相为容隐

《论语》："子为父隐，父为子隐，直在其中矣。"

按：群言殽乱，孔子之言可奉为千秋定论矣。

《孝宣纪》："地节四年诏曰：'父子之亲，夫妇之道，天性也。虽有患祸，犹蒙死而存之。诚爱结于心，仁厚之至也，岂能违之哉？自今子首匿父母，妻匿夫，孙匿大父母，皆勿坐。其父母匿子，夫匿妻，大父母匿孙，罪殊死，皆上请廷尉以闻。'"注："师古曰：'凡首匿者，言为谋首藏匿罪人。'"

按：此汉法也，盖即本于孔子之言。唐目曰"同居相为隐"，明改定如此，律文大略相同，唯明律增入妻之父母、女婿无服之亲，薛氏议其非，说详《唐明律合刻》。

《晋书·刑法志》："卫展上书曰：'今施行诏书，有考子正父死刑，或鞭父母问子所在。近主者所称《庚寅诏书》，举家逃亡，家长斩。若长是逃亡之主，斩之虽重犹可。设子孙犯事，将考祖父逃亡，逃亡是子孙，而父祖婴其酷。伤顺破教，如此者众。相隐之道离，则君臣之义废；君臣之义废，则犯上之奸生矣。'"

《宋书·蔡廓传》："为侍中，建议以为：'鞠狱不宜令子孙下辞明言父祖之罪，亏教伤情，莫此为大。自今［但令］家人与囚相见，无乞鞠之诉，便足以明伏罪，不须责家人下辞。'朝议咸以为允，从之。"

按：以子证父，正与子为父隐相反，卫、蔡二人之议，洵至论也。故附见于此。

《隋书·刑法志》："天监三年八月，建安女子任提女坐诱口当死，其子景慈对鞠辞云：'母实行此。'是时法官虞僧虬启称：'案子之事亲，有隐无犯，直躬证父，仲尼为非。景慈素无防闲之道，死有明目之据，陷亲极刑，伤和损俗。凡乞鞠不审，降罪一等，岂得避五岁之刑，忽死母之命？景慈宜加罪辟。'诏流于交州。"

按：此以子证母罪之，固宜。然其事亦当有辨。官不问而子自言，此乃子之罪。若官使证之而又罪之，岂得谓之平？且案情万变，若母杀父而子出为证，又岂得罪其子？此条与前二条足以相证，故并录之。

犯奸

唐无此目，奸事在杂律中。《元律》立奸非一条，明因之而改此名。

犯奸　纵容妻妾犯奸　亲属相奸　诬执翁奸　奴及雇工人奸家长妻　奸部民妻女　居丧及僧道犯奸　良贱相奸　官吏宿娼　买良为娼

唐目首条曰："奸，徒一年半。"次条无，其中卖休买休一节与和娶人妻相似，唐《户婚律》内有"和娶人妻"一条也。三条目三，曰"奸缌麻亲及妻"，曰"奸从祖母姑"，曰"奸父祖妾"，明并改。四条无。五条在"奴奸良人"一条之内，明分出。六条曰"监主于监守内奸"。七条亦在六条之内，明分出自为一条。八条即曰"奴奸良人"。九、十条无。明律和奸罪轻于唐，而强奸重于唐，盖因于元。《元律》："诸和奸者，杖七十七。有夫者，八十七。强奸有夫妇人者死，无夫者杖一百七。"惟《明律》强奸不论有夫、无夫，皆拟绞，则又重于元矣。《元律》有徒罪一等，而律内问徒者甚少。奸非律中无徒罪，明犯奸律中亦无徒罪，岂亦因于元乎？《尚书大传》："男女不以义交者，其刑宫。"即后世之所谓奸也。汉文除肉刑，皆代以笞。宫刑本在斩左、右趾之次，汉文亦曾除宫刑，亦必代以笞。是元、明之问杖，未可遽以为非。特自北齐五刑列徒于鞭杖之上，隋又去鞭而加笞，列于杖之下，人遂视杖为轻。此古今法例之不同。元法死罪降一等，为杖一百七，则元时视杖为重。此又元与古法之不同。明习于元而仍元。唐之徒罪往往改为杖，若以明法之等级论之，则觉其轻耳。《元律》又有"诸夫受财，纵妻为娼。及诸和奸，同谋以财买休，却娶为妻"之例，又有"诸翁欺奸男妇"之例，又有"诸买卖良人为娼"之例，为二条、三条、十条之所防。三条改《唐律》之流为绞，绞为斩，与凡奸之改徒为杖，宗旨相反，不知何故？《史记·衡山王赐传》："次子孝，坐与王御婢奸，弃市。"是汉法甚重也。五条、六条明并视唐律加重，其宗旨当与三条同。余律参差之处，薛氏详之。

（据邓经元、骈宇骞点校：《历代刑法考》，中华书局，1985；参考商务印书馆编辑部整理：《历代刑法考》，商务印书馆，2011）

文

存

《刺字集》自序

刺字，古墨辟遗意也，墨，一名黥。《鲁语》："中刑用刀锯，其次用钻笮。"韦昭曰："笮，黥刑也。"班固《白虎通·五刑篇》："墨者，墨其额也。"高诱《〈战国策〉注》曰："刻其颡以墨实其中曰黥。"韦昭《〈国语〉注》曰："刀墨，谓以刀刻其颡而墨窒之颡额也。"此三说相同。许叔重《说文》："黥，墨刑在面也。"郑康成《〈周礼〉注》曰："墨，黥也。先刻其面，以墨窒之。"此二说相同。《酉阳杂俎》引《尚书刑德放》曰："涿鹿者，凿人颡也。黥者，马羁笮人面也。"然则古者墨辟有刻颡、刻面之分矣。唐、虞、三代，墨居五刑之一。汉文帝除肉刑，当黥者髡钳为城旦舂，而墨刑遂废。自后则有晋令奴婢亡加铜青，若墨黥，黥两眼。后再亡，黥两颊上。三亡，横黥目下。皆长一寸五分，广五分。此今刺逃人之意也。宋太始中，有劫窃遇赦颊黥"劫"字之制。梁天监初定律，劫身皆斩，遇赦降死者，黥面为"劫"字。盖即昉于太始。此今刺强盗之意也。然第施之一事一时者耳。《唐律》十二篇不言刺字，殆尚无此制欤？石晋天福中始有刺配之法，宋参用其制。凡应配役者，傅军籍。用重典者，黥其面。犯盗者，刺环于耳后。徒流方杖圆，三犯杖移于面。迨其后科禁日密，刺配特繁。孝宗时，增至五百七十条，臣僚多议其重，历请裁定。元承宋制，然颇疏略。亦越前明，其法加详，国朝因之，损益尽善矣。顾历久相沿之成式，暂时变通之章程，例文有未能悉备者，曹司遵用仅有传钞之本。历年既多，律例屡经修改，而此书久未重编，援引每多窒疑。甘泉董氏刻《刺字例辑》二卷，但就钞本复加增益，其中重赃疏谬，未遑删定。乾隆癸丑，震泽沈湘葵孝廉（沾霖）辑有《刺字便览》一卷，虽称简要，亦多阙略。岂以此属五刑之末，其见于条例章奏者散而难稽欤？将所谓品式备具，莫有苟且者，谓何也？

夫刺字亦国宪也。窃尝推原其旨，盖以凶蠹之徒，率多怙恶，特明着其罪状，俾不齿于齐民，冀其畏威而知耻，悔过而迁善。其间或有逃亡，既可逐迹追捕，即日后别有干犯，诘究推问，亦易辨其等差，是所以启其愧心而戢其玩志者，竟至深也。独是良民，偶罹法网，追悔已迟。一膺黥刺，终身戮辱，善乎？《宋志》之言曰："面目一坏，谁复顾藉！强民适长威力，有过无由自新。"然则手持三尺，可于此稍忽乎哉！

况乎本律所未明言，他例所未该载，不深悉其同异而明究其源委，引用错谬，即干吏议，起除重补，惨等剥肤，亦司其事者之过也。家本云：司承乏沈理簿书，傅古亭疑，每深祗懔，因与同司郭存甫主事（安仁）参商，取旧本重编而类区之，曰通例，挈其纲也；曰条例，详其目也；曰免刺条款，示别也；曰备考，阙疑也；附以处分各例，又所以志警惕也。编既成，颜之曰《刺字集》，虽不足为律例之支流，其亦可以备法家之采择乎。至夫律义精微，管蠡未逮，例案繁博，见闻不周，则匡谬砭误，正有待于明律之君子。光绪十有二年正月沈家本谨识。

（原见《寄簃文存》，《沈寄簃先生遗书》甲编，民国刻本；现据《沈家本全集》，中国政法大学出版社，2010）

变通军、流、徒犯办法说帖

奉堂谕："近来军、流、徒犯脱逃之案日益加多，各司核办各该省稿件自必洞悉情形，究应如何设法整顿及可否量为变通之处，即各抒所见。"等因。

职维军、流、徒脱逃之犯缉获到案，辄供因配所贫苦难度，如出一辙，其中固多积猾之徒，不思安分，相率逃亡，而实因谋生无资，不能度日者，亦居其半。大抵东南诸省谋生较易，则脱逃者较少，西北诸省谋生较难，则脱逃者较多，此其明验也。查向例：军、流、徒犯到配各有专管、兼辖之官，俱令每月点卯二次，并造具年貌、籍贯文册稽查，其脱逃者本犯及主守者各有应得之罪，专管、兼辖之官亦各按名数有应得处分。至于徒犯拘役，本有应给口粮。又例载"军、流等犯年逾六十及笃疾不能谋生者，给与孤贫口粮。其少壮军、流各犯，实系贫穷又无手艺者，初到配所照孤贫给与口粮，以一年为止。各州、县有驿递之处，一切应用人夫，酌派军、流少壮中无资财手艺之犯充当，给与应得工食。无驿递之州、县，公用夫役均令一体充当，逐日给与工价"等语。是于严行管束之中，仍寓曲示矜恤之意，定例本极周密，不待更张。无如法久弊生，管束固属空文，而应给口粮则克扣侵吞，尽归中饱。在该犯等身罹罪辟，自应安分在配。然异乡远戍，生计毫无，而欲其甘心槁饿，不思逃遁，亦势之所不能。

今欲设法整顿，亦惟有申明旧章，饬令各督、抚转饬各州、县，将所有安置军、流、徒犯严加管束，除稍有资财及有手艺自能谋生者毋须给与口粮外，其贫穷之犯务将例给口粮核实散放。遇有应用夫役，酌拨各犯充当，实给工价，无任吏胥从中侵蚀。各犯等既供役使则可以安身，既得工食则可以糊口，庶几脱逃由此日少，整顿之法如此而已。若欲严定脱逃罪名，则即徒、流、军以次递加，罪不至死，不过配所略分远近，而脱逃者如故。即欲严定管辖之处分及主守之罪名，亦徒事纷更而绝少裨益，且恐隐匿讳饰，上下相蒙，有严刻之名，而终无整顿之实也。

变通之法，军、流与徒微有不同。窃查新疆地方幅员辽阔，屯作耕种在在需人，是以乾隆年间于内地军、流人犯酌其情重者，节次奏明发往。迨道光、咸丰年间，因新疆遣犯拥挤，历将情罪稍轻人犯改发内地。同治年间，又因新疆道路不通，将例内应发新疆乌鲁木齐等处者，俱改发内地。条例内声明，俟新疆道路疏通，再行查明，分别核办。此本权宜之计，未著为定例也。现在新疆肃清已久，而兵燹之后，土旷人稀，南北各城兴办屯田，疏浚水渠，安设军站，需用人夫孔多。应请将从前应发新疆而改发内地之犯，酌量情节轻重，改归旧例，拨往种地当差。盖分隶各营，驭以军伍，则较州、县之约束为易，其便一。责以力作，则不至游手好闲，出外滋事，其便二。给以衣食，则无冻馁之患，可以安心供役，其便三。伊犁、乌鲁木齐一带，泉甘土沃，耕稼最宜，从前兴治屯田，乱后必多荒废，工作之人多，则垦辟亦多，其便四。新疆多一有用之少壮，即内地少一无业之游民，其便五。又例载"满洲、蒙古、汉军发往新疆人犯，于例定年限内，果能改过安分，即编入本地丁册，挑补驻防兵丁及绿营，食粮当差。民人为奴，遣犯在配安分已逾十年者，令永远种地当差。遣犯果能悔过悛改，定限五年，编入该处民户册内，给地耕种纳粮"等语。是各犯等迁善自新，即有可食之粮、可耕之地。苟能各安本分，保其身家，将来户口繁滋，实于边地有益，其便六。且系规复旧章，并非更定新例，揆之事理，似无窒碍，此军、流之可量为变通者也。

徒罪人犯，向例发驿，摆站拘役。嗣于乾隆五十三年，云南巡抚奏准不拘有驿无驿，均匀酌配，纂入条例。是徒犯已无摆站之责，空存拘役之文。若遵照旧制，悉拨驿递当差，既不使游荡无归，亦不使生计无出，此亦变通之一法也。果使实力奉行，悉心经理，则整顿既不等具文，而变通亦不滋流弊，是在任事者之得其人矣。职管窥所及，是否有当，谨缮具说帖，恭候钧定。

（据《驳稿汇存》，《沈家本未刻书集纂》，中国社会科学出版社，1996）

重刻《唐律疏议》序

《唐律疏议》三十卷，唐长孙无忌等奉敕撰，国朝《四库全书》所收录，并附见于名家书目中。惟坊间传本甚希，读律之士艰于购觅，叙雪同人，爰鸠赀重刻，以广传布。工既竣，而序之曰：律者，民命之所系也，其用甚重而其义至精也。根极于天理民彝，称量于人情事故，非穷理无以察情伪之端，非清心无以祛意见之妄。设使手操三尺，不知深切究明，而但取办于临时之检按，一案之误，动累数人，一例之差，贻害数世，岂不大可惧哉！是今之君子，所当深求其源而精思其理矣。自魏李悝著《法经》六篇，汉萧何、叔孙通、张汤、赵禹递相增益，马融、郑康成以海内巨儒，皆尝为之章句，岂非以律意精微，俗吏所不能通晓欤？魏、晋以降，渐趋繁密。《隋律》简要，而唐实因之。史称高祖诏裴寂等更撰律令，凡律五百，丽以五十（之）〔三〕条，流罪三皆加千里，居作三岁至二岁半者，悉为一岁，余无改焉。太宗又诏房玄龄等复定旧令，议绞刑之属五十，皆免死而断右趾。既而又哀其断毁支体，除其法，为加役流三千里，居作二年。其后玄龄等遂与法司增损《隋律》，降大辟为流者九十二，流为徒者七十一。高宗又命长孙无忌等偕律学之士撰为《疏议》，即是书也。名疏者，发明律及注意；云议者，申律之深义及律所不周不达，若董仲舒《春秋决狱》、应劭《决事比》及《集驳议》之类。盖自有《疏议》，而律文之简质古奥者始可得而读焉。尝考元魏太和中置律博士时，儒说十余家，诏但用郑氏章句，不得杂用余家。《唐律》本隋，由魏而周而隋，渊源具在。然则《唐律》之《疏议》虽不纯本太和，而郑义多在其中，汉律虽亡，其意犹赖以考见，深可宝贵。况我朝定律，监古立法，损益归于大中，而所载律条与《唐律》大同者四百一十有奇，其异者八十有奇耳。今之律文与《唐律》合者，亦什居三四。沿波讨源，知其所从来者旧矣。则是书非即功令之椎轮，法家之津筏欤？至由是书而深求乎古今异同之原，讲明乎世轻世重之故，晰奇阐微，律无遗蕴，庶几傅古亭疑，情罪相准，无铢黍毫发之爽，是又在善于读律者。

光绪十有六年十二月，归安沈家本撰于秋曹之叙雪堂。时董成其事者，汉阴张麟阁郎中成勋，武进冯申甫郎中钟岱也。

（原见《寄簃文存》，修订法律馆，1907 年排印本；现据《沈家本全集》，中国政法大学出版社，2010）

论杀死奸夫

唐《捕亡律》："诸被人殴击折伤以上，若盗及强奸，虽旁人皆得捕系以送官司。"注："即奸同籍内，虽和，听从捕格法。"《疏议》曰："言同籍之内，明是不限良贱亲疏，虽和奸，亦听从上条捕格之法。问曰：'亲戚共外人和奸，若捕送官司，即于亲有罪。律许捕格，未知捕者得告亲罪以否？'答曰：'若男女俱是本亲，合相容隐，既两俱有罪，不合捕格告言。若所亲共他人奸，他人即合有罪，于亲虽合容隐，非是故相告言，因捕罪人，事相连及，其于捕者，不合有罪。和奸之人，两依律断。'"按《唐律》别无杀奸之条，即该于《捕亡律》内。所谓捕格法者，视罪人之拒捍、不拒捍为分别。拒捍者持仗，则格杀勿论。空手而杀，则徒二年。不拒捍及已就拘执而杀及折伤者，各以斗杀伤论。是《唐律》于奸人非持仗拒捍者，不得辄杀之也。《元律》诸妻妾与人奸，夫于奸所杀其奸夫及其妻妾，及为人妻杀其强奸之夫，并不坐。若于奸所杀其奸夫而妻妾获免，其杀妻妾而奸夫获免者，杖一百七。始有同时杀死奸夫奸妇不坐之律。《明律》盖因于元，特设杀死奸夫律一条，并增入止杀奸夫一层，视元为更宽矣。

窃谓后人立法，必胜于前人，方可行之无弊。若设一律，而未能尽合乎法理，又未能有益于政治、风俗、民生，则何贵乎有此法也？如此律之可议者，约有数端：凡人和奸罪名，《唐律》徒一年半，元改为杖，《明律》则分杖八十、九十二等，并不当杀也。不当杀而杀，实为法之所不许。法既不许，乌得无罪？有罪而予之以罪，义也。明明有罪而许为无罪，则悖乎义矣。悖乎义者，不合乎法理，此可议者一。

罪人拒捕，律载罪人本犯应死之罪而擅杀者，杖一百。注以捕亡一时忿激,言若有私谋另议。《辑注》云:"按擅杀止杖一百之法,本为捕亡者而言。然必罪人有逃走之情,捕人别无私意之事,方拟此律,在常人不得引用也。观狱卒陵虐罪囚至死者绞,罪囚之中固有应死者矣,何以概曰绞乎?又死囚令人自杀者,下手之人以斗杀论。既曰死罪囚矣,何以又曰斗杀论乎?以此推之,常人擅杀死罪之囚人,自当另议也。"观于此说,即罪犯应死之人,常人亦不得任意杀之,而况非罪犯应死之人乎?和奸,律止拟杖,与罪犯应死者大相悬殊。在官司差人擅杀应死罪犯,尚应拟杖,而谓常人可以任意杀人,所杀者又罪止拟杖之人,轻重相衡,失其序矣。失其序者,不合乎法理。此可议者二。

妇人淫佚,于礼当出,载在《户律》出妻条内,无死法也。其犯七出,有三不去而出之者,杖六十。《唐律》此层,有"恶疾及奸不用此律"之文,而《明律》删之。是有三不去者,出亦不许矣。出且不许,况于杀乎?不许其出而许其杀,两律显相矛盾。夫君子绝交尚不出恶声,况于妻乎?当出者出,礼也。其不可杀,亦礼也。不可杀而杀,违乎礼矣。违乎礼者,不合乎法理。此可议者三。

好生恶杀,人之常情,况事关门内,断无立置诸死之理。律所以有亲属相为容隐之文也,《唐律》本亲合相容隐。乃以骨肉之亲,床笫之爱,惨相屠戮,其忍而为此,于情岂终能安乎?情不能安,即乖乎情矣。乖乎情者,不合乎法理。此可议者四。

以上四端,皆于法律之原理有未能尽合者也。又如杀人之权操自国家,故凶暴之徒尚不敢肆其残忍。若杀人而可勿论,将报复相寻,罔知顾忌,无论奸情暧昧,难保无虚捏之事,就令情真事实,而私相戕贼,男女并命,甚则剖腹断头,情凶状惨,乡愚无识,方以自豪,是人人有杀人之权矣。此有关乎政治。可议者五。

世风浇薄,为政者闲之以义,尤贵导之以仁。杀人者不仁之事,国家禁戢之尚虑其难靖也,今有杀人者不以为非,而以为是,是非惟不禁戢之,不几于奖励之乎?恐残杀之习中于人心,势将日甚。此有关乎风俗。可议者六。

奸淫有伤风化,从重惩创,固属扶持世教之心。第人之不善,千汇万状,奸罪其一端耳。其重于奸罪者何限,乃他罪皆无许人擅杀之文。即如窃盗一项,必持仗拒捕格杀者方可勿论,其登时追捕殴打至死者,尚问满徒,独此例则杀人不必科罪。世俗更有杀奸杀双之说,于是既杀奸夫者,必杀奸妇。往往初意捉奸,不过殴打泄忿。迨奸夫毙命,即不得不并奸妇而杀之。奸妇即跪地哀求，矢誓悔过，在本夫初未尝有杀之之心，而竟有不得不杀之势。更有因他事杀人，并杀妻以求免罪者。自此例行，而世之死于非命者不知凡几，其冤死者亦比比也。此有关于民生。可议者七。

解之者曰："夜无故入人家，主家登时杀死者勿论，奸、盗罪人均已包括在内。此条奸所获奸，登时杀死，尚与主家登时杀死勿论之律意相符，第未将拘执而杀拟徒一层纂入，故不免稍有参差耳。"按夜无故入人家律，《辑注》云："时在昏夜，又无事故，主家惊觉，不知其何人，不知为何事，登时在家内格杀身死者勿论。盖无故而来，其意莫测，安知非刺客奸人？主家惧为所伤，情急势迫，仓猝防御而杀之，故得原宥耳。"据此说，则凡非情急势迫者，即不得用此律矣。捉奸之事，皆先知之而后前往，有何情急势迫之可言？按之此律，意难吻合。《元律》但杀奸夫或但杀奸妇者，皆不能勿论。可见定律初意，并非参取此律之意也。

或又曰："《唐律》夜无故入人家条，若知非侵犯而杀伤者，减斗杀伤二等。《疏议》问曰：'外人来奸，主人旧已知委，夜入而杀，亦得勿论以否？'答曰：'律开听杀之文，本防侵犯之辈。设令旧知奸秽，终是法所不容，但夜入人家，理或难辩，纵令知犯，亦为罪人。若其杀即加罪，便恐长其侵暴。登时许杀，理用无疑。况文称知非侵犯而杀伤者，减斗杀伤二等，即明知是侵犯而杀，自然依律勿论。'据《疏议》答问，与捉奸之事足相印证，此条律文，非无根据也。"

按《唐律》"知非侵犯"，《疏议》谓"知其迷误，或因醉乱，及老、小、疾患并及妇人不能侵犯"，此得减斗杀伤二等者，以其无故夜入也。《疏议》于"旧知奸秽"一层，亦有"夜入理或难辩"之语，是所重实在夜入、无故四字。若捉奸者，不必皆于夜，且奸妇乃主家人，非外人也，与夜入之义相径庭矣。

请更以《唐律》推之。男女俱是本亲，不许捕格告言，即旧例卑幼不得杀尊长之意。其杀伤从捕格法，与他律亦不至歧异，则无乖乎法理。非持仗拒捍不得辄杀，则政权不旁移。余犯应死而杀者，且科以加役流，则悍夫不敢逞。此前人之法胜于后人者也。明代深于律学者，盖亦心知其非而不敢轻议，于是有或调戏未成奸，或虽成奸已就拘执，或非奸所捕获，皆不得拘此律之解释。诸读律家并宗其说。本朝修律，遂纂入律注，正所以救正其失也。而终于因仍不改者，沿习既久，莫之敢议耳。后来条例日益增多，樛葛纷纭，抵捂不免，证诸《唐律》，有不能尽符者矣。

（原见《寄簃文存》，修订法律馆，1907 年排印本；现据《沈家本全集》，中国政法大学出版社，2010）

历代治盗刑制考

谨按：律载，强盗已行而但得财者，不分首、从皆斩。此前明律文，国朝承用未改者也。嗣于康熙五十四年钦奉谕旨：凡强盗重案，著大学士会同三法司，将此内造意为首及杀伤人者，于各本案内一、二人正法，余俱照例减等发遣。又于雍正五年九卿遵旨议定，将盗案内法所难宥，情有可原者分晰具题，大学士会同三法司详议，分别正法及发遣各等因，纂为条例。乾隆二十六年复经大学士会同刑部议将伙盗曾经转纠党羽，明火执械，入室搜赃，并行劫已至二次等项，俱拟斩决，不得以情有可原声请，续纂入例。迨至咸丰四年，因盗风日炽，经王大臣会同刑部议请，盗劫之案仍依本律不分首、从皆斩。其中把风接赃之犯，虽未分赃，亦系同恶相济，不准量减。纂定新例遵行，盖又三十年余矣。窃谓强盗旧律，本视唐、宋加严，康熙、雍正年间，列圣法外施仁，网开一面，其宽大之恩，哀矜之念，函夏钦仰，洵盛德也。即乾隆年间续纂之例，虽寓除恶务尽之意，而仍不悖于祥刑本旨。自咸丰间改归旧例，犯法者遂无幸逃之网，而手持三尺，每太息而定爰书。家本承乏西曹，尝见四人共盗一衣，甫离盗所，即被擒获而俱论决者，此不几与隋开皇时，四人共一榱桷、三人共窃一瓜即付行决者无以异乎？在当时金田肇祸，海内沸腾，执法者鉴于姑息之养奸，特用重罚，此固因时制宜之道，然未可遂以为一成而不易也。夫自三代以来，治盗之律，世轻世重。在残酷之朝，至有盗一钱而死者，而慈祥之世，初何尝尽人而诛之，是岂不知凶慝之徒之不可曲贷哉！《书》曰："刑期于无形，民协于中。"又曰："咸中有庆。"诚以刑也者，必得其中而不可少过焉者也。是故立法既贵乎平，而用法尤贵乎恕。强盗之法，无可贷者，理之当诛者也，当诛而诛之，是之谓平。其情有可原者，情之当宥者也，当宥而宥之，是之谓恕。平恕者何？所谓中也！此合乎天理而顺乎人情者也。

重乎此则过乎中矣。《老子》曰："民不畏死，奈何以死惧之。若使民常畏死而为奇者，吾得执而杀之，孰敢。"是则法之重也，特治其标而已，焉能清盗之源哉！宰我释周社用栗之意曰："使民战栗。"而夫子深咎之。阳肤为士师，而曾子告之以哀矜勿喜。宋人之言曰：求其生而不得，则死者与我皆无恨也，知求而有得耶，以为有得则知不求而死者，有恨也。夫常求其生，独失之死，而世常求其死也。今之用法者，将使民战栗乎？抑有哀矜勿喜者乎？将求其生而不得乎？抑求其生而得乎？今采集历代治盗刑制，汇录而备考之，都为一册，固仁人君子所当深念者矣。

商

案：夏后氏以前刑制无考，今自商始。

《商书·盘庚》曰："乃有不吉不迪，颠越不恭，暂遇奸宄，我乃劓殄灭之，无遗育，无俾易种于兹新邑。"《孔传》："暂遇人而劫夺之，为奸于外，为宄于内。""劓割育长也，言不吉之人当割绝灭之。无遗长其类，无使易种于此新邑。"《蔡传》："乃有不善不道之人，颠陨逾越，不恭上命者，乃暂时所遇为奸为宄，劫掠行道者，我小则加以劓，大则殄灭之。"

案：《春秋左氏·哀十一年传》，子胥引盘庚之诰曰："其有颠越不共，则劓殄，无遗育，无俾易种于兹邑。"杜注："颠越不共，从横不承命者，劓割也，殄绝也。"《史记·伍子胥传》所引经文略同。

然则"劓、殄"二字当连读。不得如《蔡传》之分为二句也。王尚书引之《经义述闻》曰：《经》言暂遇不言劫夺，传说非也。蔡说尤谬。"暂"读曰"渐"。"渐"，诈欺也。《荀子·正论篇》："上幽险，则下渐诈矣。"是诈谓之渐。《吕刑》曰："民兴胥渐。"渐亦诈也。"遇"读"隅"字，或作"偶"。《淮南·原道篇》曰："偶䁲智故，曲巧伪诈。"皆奸诈之称也。据此则此经本谓奸诈之人，非谓劫夺也。孔、蔡二传皆非。

又案：此经本与强盗刑制无涉，惟遇二传既有劫夺之训，则治盗之法莫先于此。故辩其大概如此。

《周书·康诰》曰："凡民自得罪，寇攘奸宄，杀越人于货，暋不畏死，罔弗憝。"《孟子·万章篇》曰："《康诰》曰杀越人于货，闵不畏死，凡民罔不憝，是不待教而诛者也。"

案：此即强盗杀人者。

《书传》曰:"决关梁,逾城郭而略盗者,其刑膑。""触易君命,革舆服制度,奸轨盗攘伤人者,其刑劓。""降畔寇贼劫略夺攘挢虔者,其刑死。"《周礼·秋官·司刑》注引。

案:"逾城郭而略盗",今例之爬越入城行劫也。"盗攘伤人",今例之抢劫伤人也。在今例皆应拟死罪,而古之刑止膑、劓而已。至劫略夺攘,其刑重至于死,若仅指寻常抢劫而言,与上二条轻重悬殊,似未明允。窃谓传文曰:"降畔寇贼劫略夺攘挢虔",当以"降畔"为一项,降附他国、背叛本国,今律之谋叛也。"寇贼劫略"为一项,《舜典》孔《传》曰:"群行攻劫曰寇,杀人曰贼。"《费誓》:"无敢寇攘。逾垣墙、窃马牛、诱臣妾,汝则有常刑。"郑注:"寇,劫取也。"《一切经音义》七引书范宁《集解》"寇谓群行攻剽者也"。今例之响马强盗、江洋大盗以及强盗杀人者也。"夺攘挢虔"为一项,"夺攘"如《汉书·景帝纪》所云:"渔夺百姓。""挢虔"则《汉书》韦昭注:诈称为矫,强取为虔。盖挢称上命以渔夺百姓者,非今律之白昼抢夺也。

汉

《史记·高祖纪》:"与父老约法三章耳:杀人者死,伤人及盗抵罪。"《集解》应劭曰:"抵,至也,又当也。"李斐曰:"伤人有曲直,盗赃有多少,罪名不可预定。故凡言抵罪,未知抵何罪也。"《索隐》韦昭云:"抵,当也。谓使各当其罪。"

案:史言杀人者死,伤人及盗抵罪,是杀人之外,视其罪之重轻,各当其罪,不皆入于死也。

《南史·宋明帝纪》:泰始四年,"诏定黥刖之制。有司奏,自今凡劫窃执官仗,拒战逻司、攻剽亭寺及伤害吏人并监司将吏自为劫,皆不限人数,悉依旧制斩刑。若遇赦,黥及两颊'劫'字,断去两脚筋,徙付交、梁、宁州。五人以下止相逼夺者,亦依黥作'劫'字,断去两脚筋,徙付远州。若遇赦,原断徙犹黥面,依旧补冶士。家口应及坐,悉依旧结谪。及上崩,其例乃寝"。

《隋书·刑法志》,梁武帝天监元年定律:"劫,身皆斩,妻子补兵。遇赦降死者,黥面为'劫'字。"

案:"劫,身皆斩。"此今律强盗得财,不分首从皆斩之权舆也。梁武定律时,得齐武时删定郎王植之集注张、杜旧律一书,因之损益,则此律亦齐以上承用之者。第未详始于何时耳。张、杜谓晋张斐、杜预。

《文献通考·刑四》："北齐神武秉魏政，迁都于邺，群盗颇起，遂严立制，诸强盗杀人者，首、从皆斩，妻子同籍，配为乐户；其不杀人及赃不满五匹，魁首斩，从者死，妻子亦为乐户。"

案：此条因盗起严刑，知从旧文，制不如是。

《隋书·刑法志》、周《保定大律》："贼盗及谋反、大逆、降叛、恶逆，罪当流者，皆甄一房，配为杂户。"

案：周《大律》不传。校此条知当时之制，不皆入于死也。

又云：建德六年，齐平后，"以齐之旧俗，未改昏政，贼盗奸宄，颇乖宪章。其年又为《刑书要制》以督之。其大抵持杖群盗一匹以上，不持杖群盗五匹以上，监临主掌自盗二十匹以上，盗及诈请官物三十匹以上……皆死"。

案：此条所言或是窃盗。

唐

《唐律》："诸强盗，不得财徒二年，一尺徒三年，二匹加一等。十匹及伤人者绞，杀人者斩。杀伤奴婢亦同，虽非财主，但因盗杀伤，皆是。其持仗者，虽不得财，流三千里，五匹绞，伤人者斩。"《疏议》云：罪无首、从。

《唐书·刑法志》：武德四年，"以人因乱冒法者众，盗非劫伤其主及征人逃亡、官吏枉法，皆原之"。宪宗元和八年诏：强盗持杖劫京兆界者，论如故，其余死罪皆流。

五代

《通考》："晋天福十二年敕应天下，凡关强盗捉获，不计赃物多少，按验不虚，并宜处死。时四方盗贼多，朝廷患之，故重其法。"

宋

《宋史·刑法志》："五季衰乱，禁网烦密。宋兴，削除苛峻。""旧法，强盗持杖，虽不伤人，皆弃市。"建隆中诏："但不伤人者，止计赃论。"仁宗天圣五年，陕西旱灾，因诏："民持杖劫人仓库，非伤主者，减死刺隶他州。非首谋者又减一等。"景祐二年改强盗法，"不持杖、不得财，徒二年；得财为钱万及伤人者，死。持杖而不得财，流三千里；得财为钱五千者死；伤人者殊死。不持杖得财为钱六千，若持杖罪不至死者，仍刺隶二千里外牢城"。神宗熙宁四年，立《盗赃重法》："凡劫盗，罪当死者，籍其家赀以赏告人，妻子编置千里。遇赦，若灾伤减等者，配远恶地。罪当徒、流者，配岭表；流罪会降者，配三千里，籍其家赀之半为赏，妻子递降等有差。应编配者，虽会赦，不移不释。凡囊橐之家，劫盗死罪，情重者斩，余皆配远恶地，籍家赀之半为赏。盗罪徒、流者配五百里，籍其家赀三之一为赏。""元丰敕，重法地分，劫盗五人以上，凶恶者，方论以重法。"哲宗"绍圣后，有犯即坐，不计人数"。"至元符三年，因刑部有请，诏改依旧敕。""先是，曾布建言：盗情有重轻，赃有多少。今以赃论罪，则劫贫家情虽重，而以赃少减免。劫富室情虽轻，而以赃重论死。是盗之生死，系于主之贫富也。至于伤人，情状亦殊。以手足殴人，偶伤肌体，与夫兵刃汤火，固有间矣，而均谓之伤。朝廷虽许奏裁，而州郡或奏或否，死生之分，特幸与不幸尔。不若一变旧法，凡以赃定罪及伤人情状不至切害者，皆从罪止之法。其用兵刃汤火，情状酷毒，及污辱良家，或入州县镇寨行劫，若驱虏官吏巡防人等，不以伤与不伤，凡情不可贷者，皆处以死刑，则轻重不失其当矣。及布为相，始从其议，诏有司改法。未几，御史陈次升言：祖宗仁政，加于天下者甚广。刑法之重，改而从轻者至多。惟是强盗之法，特加重者，盖以禁奸宄而惠良民也。近朝廷改法，诏以强盗计赃应绞者，并增一倍；赃满不伤人及虽伤人而情轻者奏裁。法行之后，民受其弊。被害之家，以盗无必死之理，不敢告官，而邻里亦不为之擒捕，恐恐仇报复。故贼益逞，重法地分尤甚。恐养成大寇，以贻国家之患，请复行旧法。布罢相，翰林学士徐勣复言其不便，乃诏如旧法，前诏勿行。""崇宁中，始从蔡京之请，令诸州筑圜土以居强盗贷死者，昼则役作，夜则拘之。视罪之轻重，以为久近之限。许出圜土〔日〕充军，无过者纵释。行之二年，其法不便，乃罢。"高宗"建、绍间，天下盗起，往往攻城屠邑，至兴师以讨之，然得贷亦众。同知枢密院事李回尝奏强盗之数，帝曰：皆吾赤子也，岂可一一诛之？诛其渠魁三两人足矣"。

《通考》孝宗淳熙中"中书舍人葛邲言：乾道六年，指挥强盗并依旧法，议者以为持杖胁人以盗财者亦死，是胁人与杀人等死，恐非所以为良民地。后来遂立六项并依旧法处断外，余听依刑名，疑虑奏裁。自此，指挥已行之后，非特刑名疑虑者不死，而在六项者亦为不死。法出奸生，徒为胥吏受赃之地。若犯强盗者，不别轻重，而一于死，则死者必多，又非所以示好生之德也。乞下有司详议，立为定法，从之。其后，言者又谓，强盗苟不犯六项，虽累行劫至十数次以上，并赃至百千贯，皆可以贷命。谓宜除六项指挥外，其间行劫至两次以上，虽是为从，亦合依旧法处断。乃诏自今应强盗除六项指挥外，其间有累行劫至两次以上，虽是为从，亦依旧法处断。有情实可悯者，方行奏裁。所谓六项者，谓为首及下手伤人、下手放火，因而行奸杀人，加功已曾贷命再犯之人也"。

辽

《辽史·刑法志》：兴宗重熙五年"有兄弟犯强盗当死，以弟从兄，且俱无子，特原其弟"。

金

金国旧俗"盗劫者，击其脑杀之，没其家赀，以十之四入官，其六偿主，并以家人为奴婢。其亲属欲以马牛物赎者，从之"。

元

《元史·刑法志》："诸强盗持杖但伤人者，虽不得财皆死。不曾伤人不得财徒二年半，但得财徒三年。至二十贯，为首者死，余人流远。不持杖伤人者，惟造意及下手者死。不曾伤人不得财徒一年半，十贯以下徒二年。每十贯加一等，至四十贯，为首者死，余人各徒三年。若因盗而奸，同伤人之坐，其同行人止依本法，谋而未行者，于不得财罪上各减一等罪之。"

"强盗初犯刺项，并充景迹人。""再犯仍刺。""诸强盗杀伤事主，不分首从皆处死。诸强夺人财，以强盗论。诸以药迷瞀人取其财者，以强盗论。诸白昼持杖剽掠得财，殴伤事主，若得财不曾伤事主，并以强盗论。诸官民行船遭风着浅，辄有抢虏财物者，比同强盗科断。若会赦，仍不与真盗同论，征赃免罪。"

（据《读律赘言》，《沈家本未刻书集纂补编》，中国社会科学出版社，2006）

论威逼人致死

乐生而恶死，人之常情也。未有无故而厌生乐死者。凡人处万不得已之时，至于厌生而乐死，必其有非常之困难者也，否则忧忿之不可释者也。夫死有重于泰山而轻于鸿毛者，此惟贤智之士能权衡于其间，非愚夫愚妇之所能及也。一念之偶萌，不必死而竟死，固未可以遽责夫死者，即迫之死者，亦不全任其责也。《唐律》："若恐迫人畏惧致死伤者，各随其状，以故、斗、戏杀伤论。"《疏议》曰："若恐迫人者，谓恐动逼迫，使人畏惧而有死伤者。若履危险、临水岸，故相恐迫，使人坠陷而致死伤者，依故杀伤法。若因斗恐迫而致死伤者，依斗杀伤法；或因戏恐迫使人畏惧致死伤者，以戏杀伤论。若有如此之类，各随其状，依故、斗、戏杀伤法科罪。"按此条与威逼相似而不同。据《疏议》所云，履危险、临水岸坠陷而死，乃其死之情状，故、斗、戏乃其死之缘因。若今时斗殴穷迫，致令凫水溺毙，亦科斗杀，乃其比也。恐迫而致死，非其人之自尽也。《唐律》无甲自尽而乙抵命之文，盖非亲手杀人，难科以罪。自《明律》设威逼人致死之条，嗣后条例日益加重，虽为惩豪强凶暴起见，然非古法也。

袁氏滨《律例条辩》云："调奸不从，本妇羞念自尽者，拟绞。此旧律所无，而新例未协也。夫调之说，亦至不一矣。或微词，或目挑，或谑语，或腾秽亵之口，或加牵曳之状。其自尽者，亦至不一矣。或怒，或惭，或染邪，或本不欲生而借此鸣贞，或别有他故而饰词诬陷。若概定以绞，则调之罪反重于强也。强不成止于杖流，调不成至于抵死，彼毒淫者又何所择轻重而不强乎？其不受调，本无死法。律旌节妇，不旌烈妇，所以重民命也。调奸自尽，较徇夫之烈妇，犹有逊焉，而况予之旌，又抵其死，不教天下女子以轻生乎？"薛氏《读例存疑》云："《唐律》无威逼致死之法，《明律》定为满杖，除奸盗及有关服制外，虽因事用强殴打致成残废、笃疾，及死系一家三命或三命以上，亦只充军而止。非亲手杀人之事，故不科死罪也。后来条例日繁，死罪名目日益增多，如刁徒假差蠹役及和奸、调奸、强奸、轮奸等类，致令自尽并其亲属自尽者，不一而足。秋审且有入于情实者，较之亲手杀人之案，办理转严，不特刑章日烦，亦与律意不符矣。究而言之，律文未尽妥协，故例文亦诸多纷歧也。"据此二说，是此条律例未臻尽善。在纂定之初，原系惩劝之意，然可行于一时，未可著为常经也。

至欧洲各国刑法，其用意正与中律相反。英刑法，凡自杀者为重罪，杀犯与前应免者不同。盖自杀者原由人事艰苦，无力能堪，以致自戕生命，似勇而实怯。按诸希腊律应断手。英律，凡人命受之自天，非由天命，不得私自残害。故犯自杀者，当坐两重罪：一于教宗，则背上帝好生之德；一于国法，则违君上爱民之意，故为大罪。凡犯自杀者，应罚去身后所遗之财产及分内应得之光荣，以彰其罪。将其财产没官，不得用教宗礼式安葬，并限官为检验后二十四小时以内，夜九小时至十二小时将尸首瘗埋。俄刑法，凡素无疯疾、痰证起意自尽者，所有授其子女、生徒、仆役及关于财产之遗嘱，俱不准行。如自尽之人系基督教民者，并不准用教礼丧葬。一千四百七十二条。若忠荩过人，身临大节，百折不回，或严密军机，誓死不泄，因而杀身成仁者，免罪。妇人拒奸自尽，保全名节者亦同。一千四百七十四条。日本人《刑法论》曰：自杀之罪，自古各国无定于国法上者。耶苏教国虽有自杀之处罪，然其意则人身为天所授，无故自戕，是犯神之所恶，当屏诸教外，非关于法律上之规定也。日本古时神道家言，亦以自杀为不善，当处罚之。希腊斯托伊克氏之道德说，则谓人当困难之时，不欲为恶事而困难又不能解，则惟有死而已，死固无妨害于人，不当处罚。而现时道德说不从此论。故各国法律中虽未规定处罚，而学者则多以处罚为宜。但所谓法律不处罚者，为自杀者出自本心而自著手者耳。至若教唆他人自杀，帮助他人自杀者，则法律自无不处罚之理。统观英、俄刑法及日本人之说，盖西人以生命为重，自杀悬为厉禁，英、俄皆明载律内。虽以忠臣、烈妇，俄、法亦仅免罪而已。至自杀而科胁迫之者以罪，不独英、俄皆无此文，即德、法刑法亦皆不著。由于宗教不同，法律亦因之而异。日本采用西法，但有教唆自杀之罪，而无威逼致死之条。此皆与中律悬殊者也。然考之中国古来学说，初不以轻生为贵。孔子曰："岂若匹夫匹妇之为谅也，自经于沟渎而莫之知也。"《孟子》曰："可以死，可以无死，死伤勇。"寻绎圣贤语意，可以见宗旨之所在。《礼记·檀弓篇》："死而不吊者三：畏、厌、溺。"郑康成注："谓轻身忘孝也。" "畏"下郑《注》："人或时以非罪攻己，不能有以说之死之者。"陈澔《集注》："先儒言明理可以治惧。见理不明者，畏惧而不知所出，多自经于沟渎，此真为死于畏矣。"玩郑氏"非罪攻己"一语，所赅者广，不止威逼一端。在死者于礼既为不吊之人，则迫之死者于法当无可科之罪。陈氏"见理不明"一语，乃不吊之所以然也。英人似勇实怯之语，颇与《孟子》合，殆亦未可尽非欤。

综而论之，自杀之事根因种种不同。其为豪恶欺凌，凶徒讹诈，则必有捆缚、吊拷、关禁、勒索等项暴虐情形，死者撄难堪之侮辱，及多般之困苦，冤忿填胸，生不如死。究其致死之故，全系乎胁迫之人，而尚欲责死者以不应自杀而罪之，冤上加冤，情理何在？此死者可悯，而胁迫者之罪之不容宽者也。其为蠹役婪赃，假差吓诈，则必有藉端挟制、倚势作威及捏造签票、执持锁链等项吓逼情形，死者或乡愚寡识，或懦弱无能，视官如神，畏吏如虎，银钱窘迫，惧涉公庭，愁急自戕，不及再计。此在死者本不必死，而竟至于死者，官势迫之也。大约此等情事，官吏清明之世鲜见，而官吏庸暗之世为多。立宪之国鲜见，而专制之国为多。推究其故，乃法制之未善，而死者亦为可悯，则胁迫者之罪亦不容贷者也。以上各情节，实恐吓取财之事，较威逼为重。英、俄、法、德、美、日各国刑法，并有胁迫一门，即中律之恐吓。其轻重虽各不同，然既干此罪，自当各按其情状分别科断，不能因其人自杀而方得免罪。但不知西人之裁判如何耳？

至若口角微嫌，逞强殴打，不过寻常争闹，初无凶恶可言。及或失物，些微形迹有可疑之处，不过空言查问，亦乡里之恒情。又或钱债无偿，再三逼索，不过危词相怵，冀宿负之能归。凡此多端，事所常有，本无可死之道。乃或以被殴为辱，或以诬窃不甘，或以负逋难措，一时短见，不愿为人，正所谓自经沟渎者也。被殴可以控诉，诬窃可以理论，负逋可以情求，在胁迫之初心，岂曾料其轻死？此乃死者之愚，胁迫者不全任其咎也。又或茅檐妇女，强暴猝膺，受辱无颜，捐躯明志，则胁迫之罪，自无可宽。若只手足勾挑，语言调戏，少年佻达，尚无胁迫情形，既非羞辱之难堪，本无死法。乃变生意外，遂罪坐所由，法重情轻，未为允当。更有村野愚民，戏谑村辱，种种情节，一入妇女之耳，遽尔轻生。此不独无胁迫之状，并无猥亵之意。以此抵死，乌得为平？立一重法，而无数重法相因而至，古人之法，岂若是哉？此中法之可议者也。若西人自杀为重罪之说，在彼国之论者，已不以为然，如斯托伊克之说是也。而墨守宗教者，犹坚持此说。揆诸情理，实有未安。人必所受之苦难万不能堪，而出于死，此最可哀可矜之事。今不哀之矜之，而反加之以罪，仁人之心，必不出此。于礼不过不吊而已，不吊者而大辱之，此不合于人情者也。人之有罪，必其有害于世，不乐生而甘于死，于世乎何害？而必罪之，夺其财产、光荣而屏斥之，此不合于天理者也。且使死者而有知，饮恨黄泉，忍与终古。使死者而无知，即处重罪，乌足为戒？彼杀人之犯未论决而自杀，即无余罪之可科。自死之人本无罪，反较杀人者之责备为刻。中律故自伤残者有罪，如犯罪待对，杖一百。诈病死伤避事律。恐吓诈赖人，杖八十。同上。避征役，罪止杖一百，从征违期律。此等人若因伤残而致死，并无治罪之文。盖以其人已死，罪已无可加。夫以有罪之人而自杀，尚无罪之可加，乃以无罪之人而自死，反有罪之难免，岂情也哉？岂理也哉？此西法之可议者也。

　　然则中律威逼之法，于古既不合，调奸酿命之案，奖妇女之轻生，更有如袁氏所讥者，自应酌量变通，以归平允。西人宗教攸殊，不足取法。至俄刑法又有若父母、师保及抚孤等人，威逼凌虐致令子女自尽，证据明显者，有限公权量夺，监禁八月以上、一年零四月以下。如系基督教民，仍处本管教堂忏悔一条。此尤与中律之意相背，存而不论可矣。日本刑法于中、西二者皆未甄录，其殆有见于此欤？

　　　　　　　　（原见《寄簃文存》，修订法律馆，1907 年
　　　　　　　　排印本；现据《沈家本全集》，中国政法大
　　　　　　　　学出版社，2010）

书明《大诰》后

　　凡人之情多移于习，辄狃焉而不知革。苟欲革之而无术以化其习，则其移于习者既深，即慑之以威，而狃焉者如故。何则？习之成也，非一朝一夕之故，由积渐而然，不究其习之所由成而徒用其威，必终于威竭而不振也。昔者三代之民，其心安于为善，而耻于为不善，即间有一二不善之习，不足以移人。其时上初不以威为治，而以刑驱迫乎其后也，何其德化盛而风俗茂美如斯哉！迨乎学校衰废，世教凌夷，巧伪变诈无所不为之习，遂日渐渍焉而不可止。其在优柔之主，以苟安无事为幸，而不复思挽救之术，其习固日积而日深。其在刚戾之主，施不测之威，若风雨雷霆之震动，谓民必畏而不敢复犯也，乃习之已成，虽以盛威临之，而终不可革。司马迁曰：“法令者，治之具，而非致治清浊之源也。”善哉言乎！明太祖惩元治纵弛之习，欲用威以革之。《大诰》所列诸峻令，族诛、凌迟、枭令，以寻常过犯与叛逆、贼盗同科；刖足、斩趾、去膝、阉割，既用久废之肉刑；而断手、剁指、挑筋，更非古肉刑之所有。又或一身而兼数刑，或一事而株连数百人，皆出于常律之外。其威亦云竭矣，方谓天下震栗，必皆革其习而翻然改图。乃观于《大诰》所言，一则曰“弃市之尸未移，新犯大辟者即至”，再则曰“朝治而暮犯，暮治而晨亦如之”，尸未移而人为继踵，治愈重而犯愈多。其于伪钞条云：“句容杨馒头起意，县民合谋者数多，捕获到官，自京至于句容，其途九十里，所枭之尸相望。朕想决无复犯者，岂期不逾年，本县村民亦伪造宝钞甚焉。”此一事而先后犯者相踵，人人狃于习

也。刑余攒典盗粮条云:"龙江卫官攒人等,通同户部官盗卖食粮,墨面文身,挑筋去膝盖,仍留本仓守支。不逾半年,已刑之吏康名远偷出官筹转卖,与一般刑余攒典费佑盗支仓粮。鸣呼,当是官是吏受刑之时,朕谓斯刑酷矣,闻见者将以为戒,岂意康名远等肢残体坏,刑非命存,恶犹不已。此等凶顽之徒,其将何法以治之乎?"此一人而前后迭犯,狃于习而怙终者也。然则威既竭而习难革,其效可睹矣。太祖之谕杨靖也曰:"愚民犯法,如啖饮食,嗜之不知止。设法防之,犯益众,推恕行仁,或能感化。"其于陈宁进法重则人不轻犯之说,则折之曰:"古人制刑以防恶卫善,故唐虞画衣冠、异章服以为戮,而民不犯。秦有凿颠抽胁之刑,参夷之诛,而图圄成市,天下怨叛。未闻用商鞅之法可致尧舜之治也。"又尝谓刘惟谦曰:"仁义者,养民之膏粱也。刑罚者,惩恶之药石也。舍仁义而专用刑罚,是以药石养人,岂得为善治乎?"自《律诰》既成,而《大诰》所载诸峻令未尝轻用。其亦悟徒用其威者,威竭则不振,而欲以仁恕化其习也。夫自教养之道放失既久,民之鸥义奸宄,泯泯棼棼,方沉沦而不返。当夫民物康阜之时,伤秋荼,嗟夏日,已不胜其纷扰,矧雕敝之余而复以武健严酷继之,民将无所措手足而心亦离矣。民心离则大患将至,可不惧哉?乃世之议刑者,不问罪与刑之相比与否,辄曰是宜从重,抑知民之贪冒嗜利而无耻,非徒治其标,必当深究其本也。本之不求而惟标是治,譬诸医者之治病,其症结之所聚气血寒热,所因不同,其治各异。若不究其所因,而概以攻伐峻利之品施之,病未去而身先亏,即强壮之人亦将不支,况其为羸弱者哉?治民者何以异是,观于《大诰》而用威之不足言治也可知矣。余故三复斯编而书其后,以告世之议刑者。

(原见《寄簃文存》,修订法律馆,1907 年
排印本;现据《沈家本全集》,中国政法大
学出版社,2010)

军台议

军台之设,始于康熙。而官犯发军台,则始于乾隆六年。是年九月,奉上谕定例:"文武官员犯侵贪等罪者,于限内完赃,俱减等发落。近来侵贪之案渐多,照例减等便可结案。此辈既属贪官,除参款外,必

有未尽败露之赃私，完赃之后，仍得饱其囊橐，殊不足以示惩儆。著尚书讷亲、来保将乾隆元年以来侵贪各案人等，实系贪婪入己情罪较重者，秉公查明，分别奏闻，陆续发往军台效力，以为黩货营私者之戒。嗣后官员有犯侵贪等案者，亦照此办理。等因。钦此。"是军台之例，为惩戒贪墨而设，其犯别项罪名，原不在内。

又十四年五月，军机大臣具奏："嗣后坐台人员有情愿赎罪者，令其在部具呈，兵部奏明请旨。"又三十七年十月，奉上谕："嗣后凡遇坐台赎罪人员，著咨查户、刑、工等部，如有本名应行追赔未完银两，概不准其奏请赎免，著为令。"又乾隆八年，东抚奏："参革兖州府知府沈斯厚，侵欺库款银两在一年限内全数通完，呈请减等。沈斯厚生母冯氏，现年八十四岁，例应留养。将沈斯厚照免死减等再减一等例，拟杖一百、徒三年。再乾隆六年定例，嗣后官员有犯侵贪等案，凡拟斩绞于题结之后，有以限内完赃援例请减者，令刑部查明，如果系贪婪入己情罪较重之犯，即于题请减等本内，另将该犯贪婪情罪应发军台效力之处，声明加签请旨等语。查沈斯厚原系侵蚀库银、入己情罪较重之犯，相应照例将该犯加签请旨发往坐台。坐台人员，非徒可比，并无留养之例。疏内声明母老丁单，毋庸议。奉旨：沈斯厚著发往军台效力。等因。各在案。"是此项人员虽准赎罪，而追款未完，仍不准赎。沈斯厚案并声明坐台人员，非徒可比。凡此皆为黩货营私者戒，故特于律外加重。

又乾隆三十一年，刑部审拟段成功诈扰婪赃一案之江苏按察使朱奎扬、苏州府知府孔传炯，照听从上司主使出入人罪律拟斩监候，奉旨究系为从，从宽免其死罪，发往军台效力。又案内藩司文绶、知府刘墉，扶同徇隐，应拟斩，奉旨从宽免死，发往军台效力赎罪。此案各员，并系由斩免死发往，亦因正犯系属婪赃而加重，固与寻常官员之犯徒罪者大相悬殊也。其后官犯之发军台，有奉特旨发往者，亦有从重拟发者，不尽属侵贪案件。然论其情节，必实较寻常之犯为重，尚非不论情节，一概发往。迨相沿既久，凡系官员犯徒罪者，无不从重拟发。由是徒发军台，遂为官员犯罪一定之法。此实相承沿用之过，定例中初无明文也。

嘉庆十二年，又定例一条云："凡发往军台效力废员，三年期满，台费全数缴完者，由军台都统抄录获罪原案，具奏请旨。如不能完缴台费者，文职州县以上，武职都司以上，均由兵部行文各旗籍、任所查明。委系赤贫，具结到部，兵部知照军台都统。该都统即抄录获罪原案，并声明无力完缴，将该废员再行留台五年缘由具奏请旨。如能于留台五年限内完缴者，准该都统随时具奏请旨释回。倘有隐匿寄顿情弊，发往乌鲁木齐，永远充当苦差。其文职佐杂、武职守备以下各员弁不能完缴台费者，于期满之日，例应杖一百、徒三年。仍令该都统抄录获罪原案，声明不能完缴台费，例应改拟杖徒缘由具奏请旨。此内有仰邀特恩释回者，兵部行文该都统将其释回。其照例改为杖徒者，行文该都统将旗员解交刑部，照例办理；汉员解交各该原籍督抚，定驿充徒。"道光八年，复加修改。此例既行，知县以上三年期满，再留五年，共计在台八年，如本罪为徒一年，则加七年矣。佐杂以下三年期满，复实徒三年，如本罪为徒一年，则加二年，并坐台三年，共加五年矣。其中非无过误之犯及因人连累者。援情定罪，殊嫌太重。

查例载"凡文武官犯罪，若革职后另犯笞杖罪者，照律纳赎，徒流军遣，依例发配"，又"文武员弁犯徒及总徒四年、准徒五年，即在犯事地方定驿发配"各等语，此官员犯徒、犯军遣应依律发配，与民人并无歧异之明文也。后条系乾隆十年定例，在官员发往军台定例之后。前条系国初现行例，乾隆五年修改，道光四年改定。可以见道光年间，凡官员犯徒流军遣者，仍照此例办理，并非一概发往军台。今此二例尚载在条例之中，而积习相沿，竟置之不论不议之列，此不可解者也。

家本承乏西曹，前后几及四十年，所见官员犯徒者：一、湖南一武弁，在本地充徒，经刑部核准。一、刑部问拟李崇山一案，该犯虽有官职，因系书贾，发往天津充徒。此二案皆在光绪年间，并未发往军台。此外所见者鲜矣。官员犯军流之发新疆，与犯徒之发军台，虽同为例文所不载，第新疆地方办事需人，废员前往，有差可当，有力可效，非投闲置散之比。且有分别三年、十年奏请释回之例，以视军流之非遇恩赦不得减免者，转有早归田里之望，故此法尚不为苛。现行新章，军流皆收所习艺，官犯诸多窒碍。光绪十年，曾将官犯奏请由黑龙江改发新疆，即据此纂为定例，自属可行。军台之例，亟应规复乾隆旧制，庶不至流于枉滥。惟新章徒罪亦收所习艺，官犯办法之窒碍与军流同，自应酌量变通，以期推行无阻。兹拟嗣后官员犯徒罪者，除案关侵贪惨酷，仍追缴台费照例分别办理外，其余各犯按应徒年限，发往军台效力，年满即行释回，毋庸追缴台费，以示区别。似此变通办理，庶旧制藉可规复，而新章亦不至抵捂。

至台费名目，《会典》未言始于何年，因何事定此章程，无可考见。

惟据龚自珍《说张家口篇》云："张家口在宣化府万全县北境，察哈尔都统驻焉。凡效力军台赎罪者驻焉。效力者，效力军台也。何以驻张家口？近今五十年驻张家口也。昔之日称军台者何？仁皇帝亲北征，有事蒙古；纯皇帝命将西征，出入蒙古，故军台始于平噶尔丹时，密于追达瓦齐时，周匝密布于设定边左副将军时。军台起讫如何？以口外察哈尔为起，而北，而西北，而又西，以乌里雅苏台为止，凡四十八台。无军有台何也？通檄报也。察哈尔都统与定边左副将军遥声援，中间哲卜尊丹喇嘛、喀尔喀诸汗与理藩院往反之檄报，台员率驿丁奉之走。驿丁受雇，受此也。台员效力，效此也。驻张家口何？名曰戍张家口也。张家口乌用戍？旅焉而已。有财三年估，无财三年旅。问何所始也？始于台员有老病者，畏塞外之寒且劳，入资充公，白都统许之，以其资雇蒙古代之。势也，情也，非法也。亦无台费之名，亦不上闻。今台费上闻。台费行而台员除矣。兵部尚书青阳王公言近日事例如此。"自珍此文作于道光中年，而云"近今五十年"，当为乾隆季年。然乾隆四十年兵部有废员不缴台费请交刑部治罪之奏，见《会典》，则台费早有定章。特定例之初，本无此费。观十三年有记名欲行发往军台之废员，皆应在京守候，遇有应换台缺，令其前往更换之谕。是尔时坐台者，亦有缺额，有记名，并非尽数发往，其尚无台费可知。自来罚锾之制，既赎即免。若既责其效力，复责其缴费，按之刑律，实无此法。此事本隶兵部，或系当时兵部所定，故与刑律歧异。恐自珍所言，亦非无因也。此事关系今陆军部入款之一宗，查《会典》所载台费，第一台至第十台每月缴银四十三两，每年合计五百十六两，第十台以外每月缴银三十三两，每年合计三百九十六两。约计每年发往之人为数无多，其中尚有无力呈缴之人，统计入款，未必逾万，于该部之盈虚，亦尚无所关系。恐议者或以陆军部入款为辞，故附考之如此。

《东华录》："康熙三十一年三月，内大臣阿尔迪、理藩院尚书班迪等，奉差往边外蒙古地方五路设立驿站。"

"雍正元年五月，命八旗外任废官准于台站效力自赎，优者予议叙。"

按：雍正年间已有废员在台效力之事，但命意不同耳。

（原见《寄簃文存二编》，1911 年排印本；现据《沈家本全集》，中国政法大学出版社，2010）

与受同科议

《唐律》："诸监临主司受财而枉法者，一尺杖一百，一匹加一等，十五匹绞。不枉法者，一尺杖九十，二匹加一等，三十匹加役流。无禄者各减一等，枉法者二十匹绞，不枉法者四十匹加役流。""诸受人财而为请求者坐赃论，加二等；监临势要，准枉法论。与财者坐赃论，减三等。"《疏议》曰："受人财而为请受者，罪止流二千五百里。监临势要，罪止流三千里。与财者，罪止徒一年半。诸有事以财行求得枉法者，坐赃论，不枉法者，减二等。"《明律》官吏受财枉法，八十两绞。不枉法，一百二十两以上绞。无禄人枉法，一百二十两绞。不枉法，罪止满流。较《唐律》为加重，所以严责官吏也。其说事过钱者，即《唐律》之受人财而为请求者。有禄人减受钱人一等。无禄人减二等，罪止杖一百、徒二年。有赃者，计赃从重论。若赃重，从本律。旧说谓计其入己赃数，照枉法、不枉法，分有禄、无禄人科之，则有死罪矣。然有赃、无赃尚分别也。有事以财行求得枉法者，计所与财坐赃论，用《唐律》而不减等，已较《唐律》加重，而罪则仍止满徒也。今例凡有以财行求及说事过钱者，皆计所与之赃，与受财人同科。自定有此例，而死罪遂多，不独较《唐律》为重，较《明律》亦重。《明律》本严于《唐律》，而此则更严矣。

夫法者，官吏主之，法之枉不枉，官吏操之，则其罪亦官吏任之。不论所枉者何事，皆应以官吏当其重罪，此一定之法也。以执法之人而贪利曲断，戮法而法坏，故问罪加严，尚是整饬官常之至意。至说事过钱之人，其中有休戚相关、势难漠视者，有乡党交游、情面难却者，为之往来奔走，初非为图利起见，论其心，但欲为负罪者求解免耳，法之枉不枉，非所计也，亦不敢必也。且并不知如是则于法当有所枉者。此其情罪，视执法之人固有间矣，故律得减一等。倘此等人别有从中簸弄是非、藉端索诈等情，则自有架讼等法在，不虞其纵也。若以财行求之人，其中情事颇有区别，如系身自犯罪，希图苟免，行求以出己罪，或父兄子弟骨肉恩深为之营救，冀少宽贷，衡情亦尚有可原，故但以坐赃论。倘系素挟嫌仇，意图陷害，行求以入人罪，则自有诬告等法在，亦不虞其纵也。今乃一律同科，且但计所与之数，而不论入己之数，如有说事过钱而未受财，必至有罪止徒二年之本罪而加入死罪者，与本律不大相悬殊乎？情罪轻重，自有等差，乃轻重等差一概不论，古人立法，恐不如是之武断也。此条例文亟应修改，庶昭平允。

（原见《寄簃文存二编》，1911 年排印本；现据《沈家本全集》，中国政法大学出版社，2010）

《秋审比较条款附案》序

《秋审比较条款》初定于乾隆三十二年，其时因各司定拟实缓每不画一，改正较繁，酌定《比对条款》四十则，刊刻分交各司，颁发各省。迨四十九年，四川总督以秋审事件本无一定律例可以依据，惟就本案情罪参酌推敲，稍从其严则不免失入之弊，稍从其宽则不免失出之弊，奏请将秋审改案颁发各省奉为楷模等因，经本部以案情万变，或同事而异情，心迹介在纤微，轻重即判然迥别，此省之案不能遽符乎他省，今年之案不能预合乎来年，要在司谳者逐案推勘，精详核定，未可刻舟求剑，致滋似是而非之病。每年审案二千余起，只讲求于驳改之数十案仍不能纂括通晓，即就此数十案而论，亦必须详阅供招，细核尸格伤痕，始能辨别轻重，删存略节。今若止将略节刊刷，而全案供招、尸格无由查览，究不能得其所以改实改缓之故，将使稍涉拘牵者势必转致援引失当，纷滋辩论，不独挂漏无裨，亦与政体未协等因议驳，惟将三十二年所刊条款及三十二年以后续增各条汇总通行。查是年通行内定例拟入情实二十八款，即系三十二年《实缓比对条款》除笔内所举各款，计增者三，并者一，删者二，又酌量入实十三条，与三十二年部定款目不尽相符。阮吾山少司寇葵生《秋谳志稿》别有四十九年续增各条，亦与通行歧异，书阙有间，不可得而详矣。三十二年条款虽已颁行，外间传本甚希。《秋谳志稿》于三十二年条款增入按语甚为详尽，其书未经刊行，仅有传钞之本，讹脱在所不免。元和王白香有孚所辑《秋审指掌》将两次条款悉行载入，而无吾山少司寇按语，盖所据乃颁发之本也。道光初年来安戴兰江少司寇由比部郎升直枲时，会稽谢信斋诚钧在幕中襄理，得其手录《秋谳条款》奉为枕中秘。信斋复采取成案附于各条之后，编为两册，意在由条款而参考比案，由比案而折中条款，意至善也，欲付梓而未果。其女夫陈仲泉观察受其本而藏之，光绪四年始刻于吴中。其本盖编于嘉庆年间，而道光初传钞之本也。余家藏有先大夫手钞《秋审比案》，起道光中年讫二十九年，各门皆载有条款，与谢本微有不同，则道光末年本也。同治十一年蜀中刻本与道光末年本相同，所据当是旧本。至同治五年京师刻本颇有增修改订之处，与各本皆有异同，是为最后之本。然其中尚多应修而未修者，应并而未并者，应补而未补者，应删而未删者，历年因仍未改，或与新章有别，或与定例不符，自应考订详明，以免分歧而祛疑惑。至案情万变，初非条款所能赅，谢氏附比案于条款之中，非独互相印证，并可补《条款》所不及。考历来成案，雍正以前传者已鲜，乾隆档案稍存崖略，余尝分门采录编为二卷，尚可得其大凡。嘉庆以后讫乎道光中年有钞本八卷，道光二十二年至二十九年有钞本七卷，二十年以前之案亦稍存一二，同治十一年蜀桌刻本凡二十四卷，盖就道光七卷之本益以咸丰、同治两朝，讫于同治八年。光绪七年续编十六卷，则讫于光绪三年。安徽排印本则举咸丰、同治两朝，亦讫于光绪三年，而咸丰、同治之案较蜀本为多。光绪十年京师刻本，起光绪四年，讫九年戊子、己丑之间。余尝与叙雪同人汇集各本，撷其精要，薙其繁芜，复益以光绪九年以后之案，编成巨帙。癸巳出守津、沽，其书留存叙雪堂中，因循未及付梓，庚子之变散失不全，良可惜也，今仿谢氏之书，采比案于各条之后，要在会通繁赜，剖析毫芒，事不厌于推求，言必归于平恕，未始非司谳者之一助，而世轻世重之故亦可得而详焉。光绪癸卯十二月，归安沈家本序。

（原见《寄簃文存》，修订法律馆，1907 年排印本；现据《沈家本全集》，中国政法大学出版社，2010）

《读例存疑》序

商鞅改里悝之法为律，于是有律之名。自汉以来，律之外有令，有驳议，有故事，有科，有格，有式。隋则律、令、格、式并行。宋则律之外，敕、令、格、式四者皆备，而律所不备，一断以敕，初无所谓例也。晋于魏《刑名律》中分为《法例律》，亦但为律之篇目，而非于律之外别之为例。《王制》："必察大小之比以成之。"郑注："已行故事曰比。"《释文》："比，必利反。例也。"《后汉书·陈忠传》："父宠，上除汉法溢于《甫刑》者，未施行。忠奏上二十三条，为《决事比》。"注："比，例也。"此其为后世例之权舆欤？

明初有律有令，而律之未赅者，始有条例之名。弘治三年定《问刑条例》，嘉靖时重定为三百八十条，至万历时，复加裁定为三百八十二条。国朝因之，随时增修。同治九年修订之本，凡条例一千八百九十二条，视万历时增至数倍，可谓繁矣。其中或律重例轻，或律轻例重，大旨在于祛恶俗，挽颓风，即一事一人，以昭惩创，故改重者为多；其改从轻者，又所以明区别而示矜恤，意至善也。第其始，病律之疏也，而增一例，继则病例之仍疏也，而又增一例，因例生例，孳乳无穷，例固密矣。究之世情万变，非例所可赅。往往因一事而定一例，不能概之事事。因一人而定一例，不能概之人人。且此例改而彼例亦因之以改，轻重既未必得其平。此例改而彼例不改，轻重尤虞其偏倚。既有例即不用律，而例所未及，则同一事而仍不能不用律。盖例太密则转疏，而疑义亦比比皆是矣。国朝之讲求律学者，惟乾隆间海丰吴紫峰中丞坛《通考》一书，于例文之增删修改，甄核精详。其书迄于乾隆四十四年，自是以后，未有留心于斯事者。长安薛云阶大司寇，自官西曹，即研精律学，于历代之沿革，穷源竟委，观其会通，凡今律今例之可疑者，逐条为之考论，其彼此牴牾及先后歧异者，言之尤详，积成巨册百余。家本尝与编纂之役，爬罗剔抉，参订再三。司寇复以卷帙繁重，手自芟削，勒成定本，编为《汉律辑存》、《唐明律合刻》、《读例存疑》、《服制备考》各若干卷，洵律学之大成而读律者之圭臬也。同人醵资，（寿）[筹]诸枣梨，甫议鸠工，适值庚子之变，事遂中辍。辛丑春仲，家本述职长安，时司寇在里，复长秋官，询知所著书惟《汉律辑存》一种存亡未卜，余编无恙。迨銮舆将返，家本奉命先归，司寇初有乞休之意，故濒行谆谆以所著书为托。季秋遇于大梁，言将扈跸同行，约于京邸商榷此事。乃家本行至樊舆，遽得司寇骑箕之耗，京邸商榷之约竟不能偿矣。《唐明律合刻》诸稿，方坤吾太守连轸携往皖江，惟此《读例存疑》一编，同人携来京师，亟谋刊行。家本为之校雠一过，秋署同僚复议另缮清本，进呈御览，奉旨发交律例馆。今方奏明。修改律例，一笔一削将奉此编为准绳，庶几轻重密疏罔弗当，而向之牴牾而歧异者，咸颢若画一，无复有疑义之存，司谳者胥得所遵守焉，固不仅群玉册府之珍藏为足荣贵也已。今冬刻既竣，为述其大略如此。展卷披读，惜司寇之不获亲见此书之成也。光绪甲辰冬十月沈家本谨序。

（据《读例存疑》，北京琉璃厂翰茂斋，1905）

《薛大司寇遗稿》序

班孟坚言，法家者流，出于理官。故身任理官者，始推求法家之学，习使然也。《四库》书浩如烟海，（裨）［稗］官小说悉入搜罗，独法家之书所录者寥寥可数。岂世皆鄙弃斯学，竟无人讨论而著述欤？抑有讨论著述之书，世无人为之表章，遂湮没而不传欤？大司寇长安薛公，自释褐即为理官，讲求法家之学，生平精力，毕瘁此事。所著有《汉律辑存》、《唐明律合刻》、《服制备考》、《读例存疑》诸书。若是编，则仅有同官传钞之本，盖非公所甚注意者。甲辰岁，叙雪同人为公刊《读例存疑》，余实任编纂之役，已行于世。其时醵资之事，段少沧观察任之，校雠之事，许俊人金事任之，凡此诸人之不惜心力以董其成者，岂独有私于公哉？良以法家者言，非浅学所能道，世间传述之书既不多觏，如此鸿篇巨帙，其饷遗我后人者，固非独为一人一家之事，而实于政治大有关系者也。当此法治时代，若但征之今而不考之古，但推崇西法而不探讨中法，则法学不全，又安能会而通之以推行于世？然则今之刻公书也，固将使世之人群讲求法家之学，以有裨于政治，岂独有私于公哉？公所著《汉律辑存》，庚子逸于京师，传闻为某舍人所获，秘不肯出。《唐明律合刻》、《服制备考》二书，有力任校刊者，又在若存若亡之间。自来著述之传不传，若有数存乎其间。公之书若无人为之表章而剞劂之，则亦将不传。乃有人表章之，剞劂之，而公之可传者尚不能尽传。此固公之憾，亦讲求法家之学者之群以为憾。是编二卷，虽非公精意所存，然前卷乃宪牍之圭臬，后卷亦一代之典章所系也。余故序而刊之，庶余心之憾可以少释。崔伯渊有言："尝肉一脔，识镬中之味。"此亦一脔也。近时邵阳魏默深刺史之《元史新编》，其稿流落于仁和龚氏、独山莫氏者数十年，而终还归于魏氏，付刊行世。公书之流落人间者，安知不传于数十年之后，如元史之《新编》也乎？

（原见《寄簃文存》，修订法律馆，1907 年排印本；现据《沈家本全集》，中国政法大学出版社，2010）

禁革买卖人口变通旧例议

准刑部来片："据政务处咨称，由军机处钞出署两江总督周〔馥〕奏称买卖人口请旨禁革一折，奉朱批：'政务处会同各该部议奏，钦此。'查原奏所拟各条，为变通旧例，禁革积习起见。惟律例条目甚繁，更改动关全体，应由部知照修律大臣，参考中西拟定办法，声复过部，以便咨复政务处酌核会奏。等因。"

前来查阅原奏，内称："中国三代盛时，无买卖人口之事，惟罪人乃为奴隶。周衰，始有鬻身之说。秦、汉以后，变而加厉，以奴婢与财物同论，不以人类视之，生杀悉凭主命。我朝定例，逐渐从宽，自契所买奴婢，与雇工同论，奴婢有罪不告官司而殴杀者治罪。叠次推恩，有加无已。然仍准立契买卖。本源未塞，徒挽末流，补救终属有限。贫家子女一经卖入人手，虐使等于犬马，苛待甚于罪囚，呼吁无门，束手待毙，惨酷有不忍言者。泰西欧美各邦，近年治化日进，深知从前竞尚蓄奴为野蛮陋习。英国糜数千万金币，赎免全国之奴。美国则以释奴之令，兵事累岁，卒尽释放。义声所播，各国从风。我朝振兴政治，改订法律，百度维新，独买卖人口一端，既为古昔所本无，又为环球所不韪，拟请特沛殊恩，革除此习。嗣后无论满、汉官员、军民人等，永禁买卖人口。如违，买者、卖者均照违制律治罪。其使用奴婢，只准价雇，仍议定年限，以本人过二十五岁为限，限满听归本家。无家可归者，男子听其自立，女子由主家婚配，不得收受身价。纳妾只准媒说，务须两相情愿，不得抑勒。母家准其看视，仍当恪守妾媵名分，不许僭越。等因。"

查律载"略卖良人为奴婢者，杖一百、流三千里。和同卖良人为奴婢者，杖一百、徒三年。略卖子孙为奴婢者，杖八十；弟妹及侄、侄孙、外孙，若己之妾、子孙之妇，杖八十、徒二年；同堂弟妹、堂侄、侄孙，杖九十、徒二年半；和卖者减一等。卖妻为婢及卖大功以下亲为奴婢者，各从凡人和略法，买者知情与犯人同罪。又庶民之家存养奴婢者，杖一百，即放为良。又凡收留良人家迷失子女不送官因而卖为奴婢者，杖一百、徒三年。若收留在逃子女而卖为奴婢者，杖九十、徒二年半。其自收留为奴婢者，罪亦如之。若买者、卖者及牙保知情，减犯人罪一等。不知情者不坐。若冒认良人为奴婢者，杖一百、徒三年"各等语。是买卖人口久已悬为厉禁，微特凡人不准买卖，即父母卖其子女，尊长卖其卑幼，亦均分别治罪。定律本极严密，而庶民之家并不许存养奴婢，所以杜压良为贱之风，重视人类之意也。

考之《汉书》，建武七年诏曰："吏人遭饥乱及为〔青〕、〔徐〕贼所略为奴婢下妻，欲去留者，悉听之。敢拘执不还，以卖人法从事。"注曰："《盗律》：略卖人和卖人为奴婢者死。"又《唐律》诸略卖人为奴婢者绞，和卖者流二千里。略卖期亲以下卑幼为奴婢者，并同斗殴杀法。和卖减一等。卖余亲者，各从凡人和略法。知祖父母、父母卖子孙而买者，各加卖者一等。是汉、唐时此项罪名视今律更重。

至东西各国，德意志刑法，买卖奴隶使就外国军务或船舶之役者，处以惩役之刑。俄罗斯刑法，凡违禁贩卖非洲黑奴者，以行劫论。又将俄国及俄国保护之人民卖与异种人为奴者，无限公权全夺，罚作八年以上、十年以下苦工。其余各国刑法皆不列此项罪名，盖久已无奴婢名目，故法典中亦不著也。

乃今时厉禁虽悬，而买卖人口之风俗相沿未改。推原其故，大都遇荒歉之年，贫民糊口无资，鬻女卖男，藉图存活。始仅八旗官绅之家收养驱使，久之而庶民亦多效尤，凡有资财，皆得广置婢女。奸民藉以渔利，公然贩运买卖，若不知为大干例禁者。以致凌虐折磨，弊端百出。且律文虽有买卖奴婢之禁，而条例复准立契价买，法令已多参差。且官员打死奴婢，仅予罚俸；旗人故杀奴婢，仅予枷号，较之宰杀牛马，拟罪反轻，亦殊非重视人命之义。

本大臣奉命纂修新律，参酌中外，择善而从。现在欧美各国均无买卖人口之事，系用尊重人格之主义，其法实可采取。该督拟请永行禁止，系为革除旧习起见，自应如所奏办理。惟律例内条目繁多，诚如政务处所称，更改动关全体，自应通筹参考，核定办法。兹酌拟十条如左：

一、契买之例宜一律删除也。价买家人婢女例内，分别旗民，赴该管佐领及本地方官钤盖图记印信，其情愿用白契价买者，从其便。遇有相犯，以红契、白契分别科断。又买卖人口，不仅奴婢一项，亦有为妻妾、子孙者。今既以不准买卖为宗旨，自应一律禁止。拟请嗣后买卖人口，无论为妻妾、为子孙、为奴婢，概行永远禁止，违者治罪。旧时契买之例，一律作废。

一、买卖罪名宜酌定也。查略卖、和卖治罪，各律例已极周备。惟买者不知情，律不坐罪。因贫而卖子女及买者，律例内亦无科罪之文。今既禁止买卖人口，则此等情节虽轻，未便置诸勿论。拟请嗣后除略卖、和卖各律例于新律未颁以前昭旧遵行外，如有因贫而卖子女及买者，均科以一十五两以下之罚金，身价入官，人口交亲属领回。其略卖、和卖案内不知情之买者，亦照此办理。律内买者不知情不坐之文，先行删除。

一、奴婢罪名宜酌改也。律内奴婢干犯家长，罪名綦重。今既禁买奴婢，改为雇工，此后即永无奴婢名目，自不便沿用旧法。查康熙年间原有旗人白契所买之人以雇工论之例，准此定拟，尚非无所依据。拟请嗣后契雇贫民子女及从前旧有之奴婢，均以雇工人论。遇有相犯，即按雇工人本律本例科断。其与家长之亲属人等有犯，亦照此办理。

一、贫民子女准作雇工也。荒岁贫民乏食，无力养赡子女，势将流为饿莩，即寻常境遇艰窘者，亦有不能存活之时，若禁止买卖而不筹一善法，亦非两全之道。拟请嗣后贫民子女不能存活者，准其写立文券，议定雇钱年限，作为雇工年限，不问男女长幼，至多以二十五岁为断，限满听归亲属。无亲属可归者，男子听其自立，女子择配遣嫁。其女子有亲属而无力遣嫁者，许伊主为之择配，亲属不得藉端需索。

一、旗下家奴之例宜变通也。查八旗家奴，先年有赏给者，有投充者，有契买者，其名目不一，人亦众多。《户律》内则有放出为民之例，有赎身为民之例，原未尝令其世世为奴。惟未经赎放者，其子孙仍须在主家服役。偶犯军、流等罪，则发驻防为奴。若犯徒罪，徒满后仍归伊主，不能销除旗档。其或潜入民籍，即干例拟。此向来情形也。迨至近年以来，不独赏给一项例同虚设，即投充、契买之事，亦不复多见。惟从前未经赎放之人，以及庄头、看坟等项，其赖伊主养赡已非一世，与本身契买者不同。如果伊主情愿放出，或准其赎身，仍可照定例办理。若未经赎放，而必以二十五岁为限，限满听其自由，则此项人等，皆有经管田庐产业事宜，亦未必尽愿舍去，办理恐多窒碍。此项罪名，今既拟悉照雇工人科断，则奴仆之名已可永远蠲除，似不必再以年岁为限。拟请旗下家奴，概以雇工人论，不必限定年岁，伊主情愿赎放者听。若此项人等，恃有新章，或欺压伊主孤幼，或盗卖主家田产，仍各照旗下家奴本律本例定罪，不得宽贷，以惩凶诈。所有《户律》内各例，应修并简明，以资引用。

一、汉人世仆宜酌量开豁也。现在汉人之畜婢者，各省皆有，而畜奴者实已罕睹。从前安徽省世仆早于嘉庆十四年奏明开豁为良，第恐他省尚有昔年遗留之世仆未经开豁者，自应酌量办理。拟请嗣后汉人世仆所生之子孙已过三代者，概行开豁为良。如未及三代者，有犯仍照雇工办理。俟历三代后，亦一体开豁为良，旧主子孙不得刁难勒索。

一、旧时婢女限年婚配也。民间契买婢女，大抵经媒人之手，真正亲属无从查考。又或历年已久，或远道携归，若必责令交还亲属，匪特窒碍难行，恐亦徒滋纷扰。定例，婢女不行婚配，致令孤寡者，照不应重律拟杖。自应明定年限，勒令婚配。拟请嗣后旧时婢女年二十五岁以上，无至近亲属可归者，由主家婚配，不得收受身价，违者照例治罪。

一、纳妾只许媒说也。泰西各国，无论何人不准置妾。日本近从西例，亦无准令置妾明文。但中国风俗民情与东西各国不同，未便遽加禁止。惟向来习俗有凭媒说合者，有用钱价买者，自应明定办法，庶与此次宗旨相符。拟请嗣后凡纳妾者，应凭媒说合，只用财礼接取，由妾之母家写立为妾愿书，不得再以买卖字样立契。母家准令看视，以顺人情。至妾媵名分，仍当遵守，不许僭越。

一、发遣为奴之例宜酌改也。查国初流、徒人犯，多发往尚阳堡乌喇地方为奴。迨康熙二十一年，钦奉上谕："反叛案内应流人犯，仍发乌喇地方，令其当差，不必与新披甲之人为奴，以昭朕轸恤民隐，哀矜保全之至意。等因。"伏读圣祖遗训，虽案关反叛，亦不忍尽令为奴，盛德深仁，永堪法守。其后因事惩创，复行为奴之制。有发黑龙江者，有发新疆者，有发各省驻防及八旗兵丁者，渐增至百数十条。复因与烟瘴互相调剂，时而改遣为军，时而改军为遣。至同治九年，定例将应发新疆为奴人犯分别改发烟瘴、极边，应发黑龙江为奴人犯改发四省烟瘴。自此之后，发新疆者已无为奴人犯，发黑龙江者亦仅太监及旗下家奴两项。惟发各省驻防及八旗兵丁者，尚存三十余条。自应照新疆、黑龙江之例，一律改发，庶永绝为奴字样。拟请嗣后发遣驻防为奴人犯，不论旗民男妇，均改发极边足四千里安置。仍照新章，应发配者发配，监禁应收所习艺者，毋庸发配，收所习艺。按其情节轻重，分别办理。如系太监及旗下家奴，仍发黑龙江交该将军严加管束。

一、良贱为婚姻之律宜删除也。奴婢之于家长，名义至严，故有犯罪名独重。而与良人为婚姻，不能谓家长无责，故知情则亦坐罪。律内特设专条，预防流失，重在压良为贱，而冒贱为良与以良从贱次之。其于良贱之分，秩序判然，殆如泾渭之不可合流，东西之莫能易位，正始所以正名也。然定律虽严，而良贱为婚，仍各循其风气，人情所习惯，法亦莫得而加也。今既禁止买卖人口，则以后奴婢名目自当永远革除，同是齐氓，似不应再分上下之品。拟请将此律删除。凡雇工人与良人为婚，一概不加禁阻，并于主家无涉，庶与重视人类之意有合，人格乃日见增高矣。

一、买良为倡优之禁宜切实执行也。奴婢虽为贱役，尚得齿于人群。若降至倡优，托业愈卑，品类污下，荡然无复廉耻之萌。故例于买良家之女为娼，及买良家之子为优者，皆科以枷号满徒罪名，原是尊重人格主义，无如奉行既久，官吏视为具文。买良为娼之案，尚或偶然一见，买良为优，则终年不见一案，亦未闻有经官举发者。若不重申禁令，实力执行，恐奴婢之名目易除，倡优之根株难绝。流弊所至，将有不为奴婢，或转而为倡优者。拟请责成地方官，严密稽查，遇有买良为倡优案件，务须尽法惩治，勿事姑息。庶足以革浇风而回弊俗，似亦清源塞流之一道也。

以上各条，总期因革得体，勿使妨碍难行。至律例内关涉奴婢罪名者，统计不下数十余条，应俟奉旨允准后，再行逐条考核，分别应留、应删、应修，再行奏明办理。光绪三十二年闰四月二十一日，复刑部。

（原见《寄簃文存二编》，1911 年排印本；现据《沈家本全集》，中国政法大学出版社，2010）

设律博士议

《魏书·卫觊传》："觊奏曰：'九章之律，自古所传，断定刑罪，其意微妙。百里长吏，皆宜知律。刑法者，国家之所贵重，而私议之所轻贱。狱吏者，百姓之所县命，而选用之所卑下。王政之弊，未必不由此也。请置律博士，转相教授。'事遂施行。"《晋书·职官志》："廷尉，主刑法狱讼。属官有正、监、评，并有律博士员。"《宋书·百官志》："廷尉，律博士一人。"《南齐书》同。《隋书·百官志》："廷尉卿，梁国初建，曰大理。天监四年，置胄子律博士，位视员外郎。"陈承梁，皆循其制，胄子律博士。六百石。《魏书·官氏志》："律博士，第六品中。"《隋书·百官志》："后齐大理寺，律博士四人，明法掾二十四人。

隋律博士八人，明法二十人。”《唐六典》："国子监律学博士一人，从八品下。助教一人，从九品上。律学博士掌教文武官八品已下及庶人子之为生者，以律令为专业，格式法例亦兼习之。助教掌佐博士之职。"注："《晋·百官志》廷尉官属有律博士员。东晋、宋、齐并同。梁天监四年，廷尉官属置胄子律博士，位视员外郎，第三班。陈律博士秩六百石，品第八。后魏初律博士第六品，太和二十二年为第九品上。北齐大理寺官属有律博士四人，第九品上。隋大理寺官属有律博士八人，正九品上。皇朝省，置一人，移属国学。"《唐书·百官志》："武德初，隶国子监，寻废。贞观六年复置，显庆三年又废，以博士以下隶大理寺。龙朔二年复置，有学〔生〕二十人，典学二人。元和初，东都置学生五人。"《旧唐书·职官志》学生五十人。《宋史·（百）〔职〕官志》国子监律学博士二人，掌传授法律及校试之事。此历代律博士之官制也。其品秩、人数，多寡、高下虽不尽同，而上自曹魏，下迄赵宋，盖越千余年，此律学之所以不绝于世也。

尝考《周官·大司寇》："正月之吉，始和，布刑于邦国都鄙，乃县刑象之法于象魏，使万民观刑象，挟日而敛之。"夫县之象魏而纵民观，则平日之集众思而成此法，其几经讨论研究可知矣。又有州长以下诸官，属民读法。故其时未尝有律学之名，而人人知法。洎乎世道陵夷，不遵先王之法，而法亦日即于销亡，泯泯棼棼之习，遂无从而整齐之。于是法家者流，目击当世之情形，各就其所学而作为书，李悝《法经》，其最著者也。当是之时，学者颇众。自秦焚《诗》、《书》、百家之言，法令以吏为师，汉代承之，此制未改。士之不能低首下心于吏者，遂不屑为此学。然当时之法家者流，或父传其子，或师传其弟，习此学者，人尚不少。马、郑经学大儒，犹为律章句。其余诸家章句，各自为书，转相传授，学者遂多矣。董卓之乱，海内鼎沸，生民涂炭，人士凋零。卫觊于是有设律博士之请。自是之后，迄于赵宋，代有此官。虽历代当局之人，或视为重要，或视为具文，所见不同，难归一致。然赖有此一官，而律学一线之延遂绵绵不绝。宋神宗置律学，苏轼有"读书万卷不读律，致君尧舜终无术"之讽。苏氏于安石之新法，概以为非，故并此讥之，而究非通论也。自元代不设此官，而律学遂微。朝廷屡诏修律，迄于无成。明承于元，此官遂废。然《明律》有讲读律令之文，凡官民咸当服习，是明虽不设此官，律令固未尝不讲求也。

夫国家设一官以示天下，天下之士方知从事于此学，功令所垂，趋向随之。必上以为重，而后天下群以为重，未闻有上轻视之，而天下反重视之者。然则律博士一官，其所系甚重而不可无者也。法律为专门之学，非俗吏之所能通晓，必有专门之人，斯其析理也精而密，其创制也公而允。以至公至允之法律，而运以至精至密之心思，则法安有不善者？及其施行也，仍以至精至密之心思，用此至公至允之法律，则其论决又安有不善者？此设官之微意也。议官制者，其主持之。

（原见《寄簃文存二编》，1911 年排印本；现据《沈家本全集》，中国政法大学出版社，2010）

《新译法规大全》序

《管子》曰："立法以典民则祥，离法而治则不祥。"又曰："以法治国，则举错而已。"又曰："先王之治国也，使法择人，不自举也。使法量功，不自度也。"其言与今日西人之学说、流派颇相近，是法治主义，古人早有持此说者，特宗旨不同耳。将欲明西法之宗旨，必研究西人之学，尤必编译西人之书。说者谓西文"法"字，于中文有"理"、"礼"、"法"、"制"之异译，不专指刑法一端。则欲取欧美之法典而尽译之，无论译者之难其人，且其书汗牛充栋，亦译不胜译。日本则我同洲、同种、同文之国也，译和文又非若西文之难也，然鸿编巨帙，正非一手足之力所能竟厥功。日本旧时制度，唐法为多。明治以后，采用欧法，不数十年，遂为强国，是岂徒慕欧法之形式而能若是哉？其君臣上下，同心同德，发愤为雄，不惜财力以编译西人之书，以研究西人之学，弃其糟粕而撷其英华，举全国之精神，胥贯注于法律之内，故国势日张，非偶然也。

古来法制之书，莫详于《周官》。其后唐之《通典》，元之《至元条格》，明之《会典》，皆备载一朝之制作。我《大清会典》一编，尤为巨构。日本全国新制，萃于《法规大全》一书，即《周官》、《通典》、《会典》诸书之流亚也。卷帙繁重，编译为难。光绪辛丑，南洋公学曾译是书，稿垂成而未遑校定。今商务印书馆取其原稿，重加编纂，分门考定，为类二十有五，凡宪法、民法、刑法、裁判法、诉讼法、商法以及官制、官规、地方制度并警察、财政、军事、矿业、森林之法，本末洪纤，无不备举。后附《法规解字》一编，以备检查。任是事者，总理有人，分纂有人，讨论有人，时越二年，金费钜万，诚盛举也。书成，乞序于余。余向者曾得是书，以未习和文不能读，兹幸获睹是书之成，而彼国之日强，并得即此而考其故，益知法治之说为不诬矣。方今朝廷孜孜求治，锐意维新，不惮改弦而更张之，得是书为考镜之资，于变通尽利之方，良多裨助，以视编译西书，事半而功倍焉。夫法者，天下之程式，万事之仪表也。程式具矣，仪表立矣，而无真精神以运用之，则程式为虚文，而仪表亦外观也。古语曰："徒法不能以自行。"程子曰："必有关雎、麟趾之意，然后可以行《周官》之法度。"旨哉言乎！世之读是书者，当思其精神之所在，无徒于程式、仪表求之，庶不负编译之苦心也夫。

（原见《寄簃文存》，修订法律馆，1907 年排印本；现据《沈家本全集》，中国政法大学出版社，2010）

论附加刑

金大定十五年，济南尹梁肃上疏曰："刑罚世轻世重。自汉文除肉刑，罪至徒者带镣居作，岁满释之。家无兼丁者，加杖准徒。今取辽季之法，徒一年者杖一百，是一罪二刑也。刑罚之重，于斯为甚。今太平日久，当用中典，有司犹用重法，臣实痛之。自今徒罪之人，止居作，更不决杖。"不报。

按今东西各国附加刑之法，即梁肃所议之一罪二刑也。汉、魏以前有无一罪二刑之制，书缺有间，已无可考。六代宋时，劫窃黥颡断筋，徙付远州，不久旋废。梁武帝时，髡钳五岁刑、笞二百，劫身降死，黥面髡钳，补冶锁士。北齐刑罪，五等加鞭。后周徒流加鞭笞。隋文时三流加杖。此皆一罪而并用二、三刑者。唐除鞭刑，无一罪二、三刑之科，律文具在，最为可法。洎乎五季，刺配之法兴。宋初又定折杖之法，徒流无不加杖。于是窃盗等犯，既刺字，又加杖，又远配，一罪三刑，遂为永制。金因于辽，元、明又因于宋。至于国朝，相沿用之，将垂千年。盖习惯之法，未易除也。

近年既奏删刺字之法，徒流以上之加杖亦经奏删，所未除者，枷杖并用耳。近日又有奏删枷号之议，则梁肃所讥者，庶乎可以免矣。今修订新律，若仍行附加之法，是所谓一罪二刑者已除而仍复也，与近日轻刑之宗旨不能符合。东西各国学者方主张废除此制，又何必复蹈故辙哉？或曰唐之加役流，非于流之外又加役乎？不知唐时流罪皆居作一年，加役流不过多二年耳。且唐之加役流，在隋时原系绞罪，太宗特创此制，由死罪减降，乃一代仁政，其宗旨正不同也。

（原见《寄簃文存》，修订法律馆，1907 年排印本；现据《沈家本全集》，中国政法大学出版社，2010）

论没收

东西各国刑法，有主刑，有附加刑，犹之中律徒、流有加杖及刺字也。然必成其为一种刑，关系乎刑之轻重等差，而后可名之曰刑。若于轻重等差无所关系，不过为刑法上应有之事，即未得称之为刑，如附加刑之没收是也。没收即中律之没官，约有五项：一、彼此俱罪之赃。谓犯受财枉法、不枉法，计赃与、受同罪者。二、犯禁之物。谓如应禁兵器及禁书之类。凡法令所不应有，如私盐、私茶之类亦是。此二项并载在律文，本于《唐律》者也。三、犯罪所用之物。如贼盗器械、私铸作具、赌场赌具之类，即窝娼、窝赌之房屋亦是。四、犯罪孳生之物。如私铸所出钱文，盗窃马牛所生驹犊之类。五、遗失宿藏之物，应送官而不送官者。证以日本刑法，第一项之受财，因犯罪而得之物也，第二项法律禁制之物也，第三项供犯罪用之物也，第四项犯罪行为所生之物也。惟第五项日本刑法无没收之文。《唐律》宿藏物之异常者送官，阑遗者分还官、主，与今律亦不尽同。此入官，而与没官之律意微有不同者也。

综核以上各项，其没入之物，皆为其人所不当有之物。或故违禁令，或不应还主，或无主可还。其没入也，于其人应得之罪名毫无轻重之关系，则谓之为刑之一种，名实似不相符。此当平心讨论之者。至若奸党谋反、大逆、谋叛三律，并有财产入官之文。此等情节重大，非寻常之犯罪可比，尚存古来夷族之意，籍没亦非常刑。其他有亏欠官帑而查抄者，乃以私财抵完官款，非没官之比。又若客商匿税者，物货入官，所以示罚，此又民事上事，非刑事上事，与没收之宗旨正不同也。

由犯罪而得之物，官物还官，私物还主，不止没官一项，亦当分别言之。

《唐律》："若盗人所盗之物，倍赃亦没官。"《疏议》云："不可以赃资盗，故倍赃亦没官。"今律无此项。倍赃之事，亦久难行矣。

（原见《寄簃文存》，修订法律馆，1907 年排印本；现据《沈家本全集》，中国政法大学出版社，2010）

《裁判访问录》序

光绪乙巳九月，修订法律馆奏请派员赴日本调查裁判、监狱事宜，膺斯役者为郎中董绶金康、主事麦敬舆秩严。馆事殷繁，于次年四月始克东渡，员外郎熙惟周桢亦相偕前往。抵东京后，适员外郎王书衡仪通奉学部命在彼，相助为理。日本政府因吾国司法初与交涉，由司法省特简参事官斋藤十一郎、监狱局事务官小河滋次郎，导引诸人分历各处裁判所及监狱详细参观，并于司法省及监狱协会开会讲演。见闻所及，撮其大要，为裁判四章、监狱二十二章，缮具清单，进呈御览。董郎中复将辑译所得，编纂为书，先成《裁判访问录》。家本读竟而序之曰：

人不能无群，有群斯有争，有争斯有讼，争讼不已，人民将失其治安。裁判者，平争讼而保治安者也。顾古今中外风俗不尽同，裁判之事即不能尽同。不同者而必欲强之使同，其势必有所阂，由是阻力生焉。其在上古之世，风俗浑朴，科条简易。中古以降，风俗趋于浇漓，事日繁剧，若仍以简易之科条行之，能乎？是故自秦以来，裁判各自为法。汉有读鞫、乞鞫之律，而后世无文。《唐律》考囚不过三度，考满不承，取保放之，而今无此法。若是之类，非止一端。此古与今之不能同也。

西国司法独立，无论何人皆不能干涉裁判之事，虽以君主之命，总统之权，但有赦免，而无改正。中国则由州县而道府，而司，而督抚，而部，层层辖制，不能自由。从前刑部权力颇有独立之势，而大理稽察，言官纠劾，每为所牵制，而不免掣肘。西法无刑讯，而中法以考问为常。西法虽重法亦立而讯之，中法虽宗室亦一体长跪。此中与西之不能同也。

更有相同而仍不同者。古今无论矣，但即中西言之裁判所凭者，曰供，曰证。中法供、证兼重，有证无供，即难论决。《唐律》狱囚取服辩，今律承之。可见中法之重供，相沿已久。虽律有众证明白即同狱成，及老幼不拷讯，据众证定罪之文，特所犯在军流以下者，向来照此办理。至死罪人犯，出入甚巨，虽有此律，不常行用，盖慎之也。西法重证不重供，有证无供，虽死罪亦可论决。此又中西之同而不同也。

方今世之崇尚西法者，未必皆能深明其法之原，本不过藉以为炫世之具，几欲步亦步，趋亦趋。而墨守先型者，又鄙薄西人，以为事事不足取。抑知西法之中，固有与古法相同者乎？如刑之宣告，即周之读书用法，汉之读鞫及论，唐之宣告犯状也。狱之调查，即周之岁终计狱，弊讼登中于天府；宋之类次大辟，奏上朝廷也。至若大司徒所属之乡、遂大夫诸官，各掌乡、遂之政教禁令，而大司寇所属之乡士、遂士、县士分主国中、遂、县之狱，与乡、遂诸大夫分职而理，此为行政官与司法官各有攸司，不若今日州县官行政、司法混合为一，尤西法与古法相同之大者。

夫古法之不同于今而不行于今，非必古之不若今，或且古胜于今。而今之人习乎今之法，一言古而反以为泥古，并古胜于今者而亦议之。谓古法之皆可行于今，诚未必然。谓古法皆不可行于今，又岂其然？西之于中，亦犹是耳。值事穷则变之时，而仍有积重难返之势，不究其法之宗旨何如，经验何如，崇尚者或拘乎其墟，而鄙薄者终狃于其故。然则欲究其宗旨何如，经验何如，舍考察亦奚由哉？泰西裁判之制，英、美为一派，德、法为一派，大略相同而微有不同。日本多取诸德、法，然与德、法亦不尽相同。盖立法以典民，必视乎民以为法而后可以保民。即如陪审员，实创自英。英本以自治为国，故此职最重。法改民主之后，经人民要求，亦用此制，德亦仿行，然皆不若英之出于习惯之自然。故日本不用此制，而别设检事一官。此东与西之不同者。英、美无区裁判，而德有之，日本用德制也。此西与西之不同者。凡此不同之故，亦仍视乎其国之政教风俗，有不能强之使同者。因民以为治，无古今中外一也。中国今者方议改裁判之制，而礼教风俗不与欧美同。即日本为同洲之国，而亦不能尽同。若遽令法之悉同于彼，其有阻力也固宜然。我法之不善者当去之，当去而不去，是之为悖。彼法之善者当取之，当取而不取，是之为愚。夫必熟审乎政教风俗之故，而又能通乎法理之原，虚其心，达其聪，损益而会通焉，庶不为悖且愚乎。

日本斋藤参事所述裁判之制，颇称详备，凡所谓宗旨何如，经验何如，其大端已具于是。是在讲究斯法者，勿求之于形式，而求之于精神，勿淆群言，勿胶一是，化而裁之，推而行之，斯变通尽利，平争讼，保治安，阻力罔勿消，而势亦无所阂矣。古今中外之见，又何必存哉！

（原见《寄簃文存》，修订法律馆，1907 年排印本；现据《沈家本全集》，中国政法大学出版社，2010）

《监狱访问录》序

董君编裁判事宜毕，复将监狱事宜辑为二编，前编为总论，凡七章，后编为各论，凡十五章，颜之曰《监狱访问录》。展卷再四，因得一言以蔽之曰：监狱者，感化人而非苦人、辱人者也。应邵《风俗通》云："三王始有狱。夏曰夏台，言不害人，若游观之台。殷曰羑里，言不害人，若于闾里。周曰囹圄，囹令、圄举也，言令人幽闭思愆，改恶为善，因原之也。"寻绎此说，可以见古人设狱之宗旨，非以苦人、辱人，将以感化人也。自此义不明，而吏之武健严酷者，其惨毒之方，残刻之状，难以偻指。由是感化之地，变而为苦辱之场。其强者逾越逃亡，甚则劫囚反狱，防之每不胜其防。其弱者愁惨呻吟，强半填尸牢户。揆诸古人之宗旨，不大相径庭哉！

《小宛》之《诗》曰："哀我填寡，宜岸宜狱。"汉宣帝诏曰："今系者或以掠辜，若饥寒，瘐死狱中，何用心逆人道也！"言之可为痛切。汉时虽有以系囚课殿最之令，《晋令》亦有作任与衣，厚草蓐，给医药，种种优恤之政。乃千百年来，此弊迄未能尽革者，何欤？谓非规制之未能尽善欤？泰西监狱，初亦未得感化之宗旨，而惟以苦人、辱人为事。迨后有仁慈者出，目睹夫惨毒之方，残刻之状，同为人类，何独受此，于是倡为感化之说，播于欧洲。更有学人辈出，相与研究，定厥宗旨。举凡建筑之法，待遇之法，监督之法，莫不酌理准情，区划周至，而宗旨一以感化为归宿。考其政治，成效昭然。近今各国复立监狱协会，穷年矻矻，方进未已。日本制仿泰西，颇已改观，而彼都人士犹以为未臻尽善，仍刻意讲求。此其实事求是之心，又何可及哉！试举泰西之制而证之于古。囚人运动场，即古人游观之意也。衣食洁而居处安，即古人间里之意也。有教诲室以渐启其悔悟，更设假出狱之律，许其自新，又古人幽闭思愆，改善得原之意也。大凡事理必有当然之极，苟用其极，则古今中西初无二致，特患无人推究之耳。

小河滋次郎为日本监狱家之巨擘，本其生平所学，为我国忠告。我国之经营斯事者，诚即是编以考其得失，当恍然于苦辱之不足以为政，而深维乎教化之故。其得也者，可取以为资。其失也者，可引以为戒。无妄费，无怨囚，无旷职，事半功倍之效，愿馨香祝之也。或曰习染既深，洗涤非易，必谓监狱之内可大收感化之功，恐言似动听而行难获效也。顾蚩蚩者氓，自非下愚不移，讵有不可感化之理？纵不能尽人而感化之，第使十人而得六七人，或四五人，或二三人，则人之有害风俗、有害治安者，必日见其少。积渐既久，风俗自日进于良，而治安可以长保焉。所虑者但袭外观，不求内蕴，遂谓感化无期也。是果感化之不可期哉！

（原见《寄簃文存》，修订法律馆，1907 年排印本；现据《沈家本全集》，中国政法大学出版社，2010）

死刑惟一说

废止死刑之说，今喧腾于欧美各洲矣，而终未能一律实行者，政教之关系也。惟死刑止用一项，则东西各国所同。第译文简略，其理说未之能详。冈田博士之言则曰："各国之中，废止死刑者多矣。即不废死刑者，亦皆采用一种之执行方法。今中国欲改良刑法，而于死刑犹认斩、绞二种，以抗世界之大势。使他日刑法告成，外人读此律者，必以为依然野蛮未开之法，于利权收回、条约改正之事，生大阻碍也必矣。"又曰："主张斩重绞轻者，恒谓斩者身首异处，故重；绞者身首不异处，故轻。然斩与绞同为断人生命之具，身首异处何以重？身首不异处何以轻？要亦不外中国古来之陋习迷信耳，非有正当之理由也。德国斩刑，普通用斧执行，而于亚鲁沙斯、卢连二州皆用断头台。因二州前属法国，即用此制，归德国后仍存旧习，非有轻重之差也。"又曰："试问中国刑法之分别，于杀人罪曾有因犯人用斩用绞之故，以重轻其处分之规定乎？于犯人犯罪之手段，则不问其用斩用绞，皆作为同一价值，曾无轻重之分，独于官刑则斩重绞轻，是何理也？"

按：冈田之说如此。前一层论势，今日世界之情形固然。后二层论理，则未足折服学者之心也。斩、绞既有身首殊、不殊之分，其死状之感情实非毫无区别。略分轻重，与他事之迷信不同，遽斥谓非正当之理由，未可为定论也。刑法乃国家惩戒之具，非私人报复之端，若欲就犯罪之手段以分刑法之轻重，是不过私人报复之心，而绝非国家惩戒之意，自古无此法律，乃以此为对镜之喻，实非其比也。且立法宗旨，一定不得两歧，死刑既定为一种，则通国中不当再有他种之死刑。何以各国军律又有枪毙之法？德国又有用斧及断头台之异？同为一国之法，而军法可与常法殊；同为一国之领土，彼此可行其习惯之法，则独责中国死分斩、绞之非，中国岂首肯哉！

今以鄙意推之。唐虞三代，死刑并称大辟。《吕刑·正义》曰："辟，罪也。死是罪之大者，故谓死刑为大辟。"即孔氏之说而寻绎其义，既以此为罪之大者，自不能于其中再分等差。可见死刑止用一项，自古已然，不自近世也。周室死刑用斩，而《吕刑》言大辟疑赦，其罚千锾，与墨辟之百锾至宫辟之六百锾分为五等之轻重，而不复于千锾中再分轻重，尤可见死罪之列于常刑者止有一等，无二等也。公族之磬于甸人，下卿之绞缢以戮誓驭之，车辖乃特别之法，不在五刑之内，与今日东西各国死罪或绞或斩止用一种而仍有枪击之法，正可互相参证。夫刑至于死，生命断绝，亦至惨矣。若犹以为轻而更议其重，将必以一死为未足而淫刑以逞车裂、菹醢、炮烙、铁梳种种惨毒之为，有加无已，极其残忍之性，胡所底止？更不止于北齐之四等，北周之五等矣。不仁之政，孰阶之厉，谓非由于死刑之再分轻重哉？故古者五等常刑，死惟一等，明示限制，即不得再加。居今日而议行此法，乃复古，非徇今也。然则以死刑为无轻重者，于事未得其实，而死刑不可再分轻重，其理固大可研求矣。我朝开国之初，死刑用斩一项，最合古法。迨后采用明制，死刑遂多。自光绪三十一年，奏删凌迟、枭首、戮尸诸重刑，死刑中尚有斩、绞二项，当时论者颇虑刑之过轻，反逆、恶逆之犯，不足以昭惩创。近虽此说稍息，察之政治风俗，亦不因删除重刑之故，别有变端。然斩、绞二项中，再议删去一项，必至訾议蜂起，难遽实行。今拟定绞为死刑之主刑，斩为特别之刑，凡刑事内之情节重大者，酌立特别单行之法。其军中之刑，亦以斩行之，不用枪击。尝见一枪击者，凡发四十余枪而后气绝，其惨甚于凌迟，非仁政也。即使此种枪刑，必选择精于用枪者行之，可以一发即毙。然斩首者，首断而气即绝，其痛楚之时必短。枪击者，枪中而气未遽绝，其痛楚之时必长。以此相较，枪击不如斩首也。方今五洲交通，大非闭关自守之时，若与世界相抗，诚有如冈田之所虑者。然骤欲施行遍国中，先多阻滞，惟以渐进为主义，庶众论不至纷拏，而新法可以决定，亦事之次序本当如是，非依违也。

至律例内凌迟、斩枭改为斩决各条，分别酌定办法如左：

律例内凌迟改为斩决各条：

谋反及大逆，但共谋者。谋反大逆律。

按：此刑律中情节最重者，东西各国刑法亦无不处以死刑。事关内乱，已改斩决，不必再改。

纠众行劫狱囚，持械拒杀官弁，为首及为从杀官之犯。劫囚例。

罪囚结伙反狱，持械拒杀官弁，起意为首及为从杀官之犯。狱囚脱监及反狱在逃例。

按：此二条乃比依谋反大逆问拟凌迟者，前条定于雍正年间，乃一时之峻法。后条定于乾隆五十三年，乃因有此等案件，酌照前条问拟凌迟，遂纂入例文也。劫囚而杀官，情节固重，然究非谋反、大逆可比，凌迟、缘坐似乎太重。此等系属乱民，可以军法行之，已改斩决，不必再改。

已上三条乃关系反逆者。

谋杀祖父母、父母及期亲尊长、外祖父母、夫之祖父母、父母，已杀者。谋杀祖父母、父母律。

按：此伦常之变，罪大恶极，无过于是者。已改斩决，未便再改，当以特别法行之。

子孙殴祖父母、父母及妻妾殴夫之祖父母、父母，杀者。殴祖父母、父母律。

子孙发掘祖父母、父母坟冢，不分首从，开棺见尸并毁弃尸骸者。发冢例。

按：已上二条与前同旨。已改斩决，不必再改。

妻妾改嫁，谋杀故夫祖父母、父母，已杀者。谋杀故夫父母律。

妻妾夫亡改嫁，殴故夫之祖父母、父母，杀者。妻妾殴故夫父母律。

按：已上二条，与见奉舅姑究有不同，义未绝而情则殊矣。似可改为绞决。

愚民惑于风水，擅称洗筋、检筋名色，将已葬父母骸骨发掘检视，占验吉凶者。发冢例。

按：此条仅止检视，并非毁弃，而与毁弃同科。乾隆十一年初定此例，罪止斩候。今遽加至凌迟，似太悬绝。此等案向来少见，此条似可删除。

已上六条皆关系伦常者。

奴婢及雇工人谋杀家长及家长之期亲、外祖父母，已杀者。谋杀祖父母、父母律。

按：奴婢、雇工，尊卑名分攸关，律与子孙同科。近日议者多主张禁止买卖人口，如果实行，则奴婢一项，律内即应删除，良贱之名亦难因仍其旧。第官绅大户不能无服役之人，奴婢可去，而雇工不能去。此等佣雇之人，良贱之名可去，而尊卑之分不可去。遇有相犯，自难概以平等同论，而与亲属之谊究属有间。似可将此项人犯改为绞决。

奴婢殴杀家长者，若故杀家长之期亲及外祖父母者。奴婢殴家长律。

雇工人故杀家长及家长之期亲，若外祖父母者。同上。

按：前二条如买卖人口之例，实行禁止，则在应删之列。后一条亦可改为绞决，谋、故同也。

已上四条乃关系主仆名分者。

妻妾因奸同谋，杀死亲夫者。杀死奸夫律。

妻妾故杀夫。妻妾殴夫律。

按：谋杀夫，律本系凌迟，因奸情重，无可复加，故罪同也。夫为妻纲，乃三纲之一。然夫之与妻，与君父之于臣子微有不同。妻者齐也，有敌体之义。论情谊，初不若君父之尊严；论分际，亦不等君父之悬绝。西人男女平权之说，中国虽不可行，而衡情定罪，似应视君父略杀，庶为平允。此项似可改为绞决，故杀同。妾则非妻可比，已改斩决，不必再改。

亲属相奸，罪止杖徒，及律应监候，如奸夫与奸妇商通谋死本夫者，奸妇。杀死奸夫律。

因奸同谋杀死亲夫，本夫不知奸情，及虽知奸情而迫于奸夫之强悍，不能报复，并非有心纵容者，奸妇。同上。

按：此二条系用本律。总类另立为二条，似可不必，皆可删。

妾故杀正妻。妻妾殴夫律。

妾因奸商同奸夫谋杀正妻。杀死奸夫律。

按：并后匹嫡，为乱之本，故嫡庶之分，古人严之，峻其防也。然妾与妻同事一夫，其爱昵之情无别，太示悬绝，未得为平，似可改为绞决。

聘定未婚妻因奸起意杀死本夫。杀死奸夫例。

童养未婚妻因奸谋杀本夫。同上。

按：未婚之妻与已婚不同，此二条未免过重。因其已有名分而不与凡人同科，庶乎平允，似皆可改为绞决。

已上八条，乃关系夫妻及妻妾名分者。

弟妹故杀兄姊，若侄故杀伯叔父母、姑及外孙故杀外祖父母者。殴期亲尊长律。

有服卑幼图财谋杀尊长、尊属，罪应凌迟者，枭首。同上。

按：亲谊之隆杀，《大传》有上治祖祢，下治子孙，旁治昆弟之别。上治者，即日本刑法所谓直系血族也，旁治则稍杀矣。亲谊杀，则科罪亦当因之而杀，未便从同。弟妹之于兄姊，侄之于伯叔父母、姑，皆在旁治之列，若与干犯祖祢者无异，于隆杀之道尚未尽协。外祖父母乃外姻之最尊者，然究由父母而推，与本宗有间。似皆可改为绞决。

已上二条，乃关系期功服制者。

业儒弟子谋故杀受业师。殴受业师律。

按：弟子之于师，分谊尊而无服制，殴死者律已斩决，谋、故无可复加。若以并无服制之人而遽拟凌迟，究不甚妥，似可改为绞决，以符律意。

此一条比依服制者。

杀一家非死罪三人，及支解人为首者。杀一家三人律。

采生折割人，为首者。采生折割人律。

按：此三项皆在十恶不道之列，凶忍残贼，非寻常杀人者可比，应以特别法行之。已改斩决，不必再改。本欲支解其人，行凶时势力不遂，乃先杀讫，随又支解者。杀一家三人例。

按：此以支解论者，乃定罪之例，非别一条也。

为父报仇，因忿逞凶，临时连杀一家三命者。杀一家三人例。

按：为父报仇，情究可原，似不必与寻常杀一家三人者同论，可以改为绞决。

本宗及外姻尊长谋占财产，图袭官职，杀大功、小功、缌麻卑幼一家三人者。杀一家三人例。

按：以尊犯卑，竟拟凌迟，究未甚妥。此条例文中多窒碍，《读例存疑》论之详矣。似可改为绞决，庶乎平允。

发遣当差为奴之犯，杀死伊管主一家三人，并三人以上者。同上。

按：为奴各例，现有删除之议，将来如果实行，则此条自在删除之列。

以上七条，乃关系十恶不道者。

以上凡三十三条，皆现行律例。其中可以删除者七条，可改绞决者十五条，余十一条内，三条系反逆，五条系恶逆，三条系不道，并是十恶中之情节最重者。已改斩决，不必再改。

已删例二：

两犯凌迟重罪者，于处决时加割刀数。二罪俱发以重论例。

杀一家非死罪三四命以上者。杀一家三人例。

光绪三十一年奏删。

应删例三：

杀一家非死罪三人，及支解人，为首监故者，仍割碎死尸，枭示。杀一家三人例。

强奸本宗缌麻以上亲及缌麻以上亲之妻，未成，将奸妇杀死者，分别服制，罪应凌迟者，枭示。威逼人致死例。

子孙殴祖父母、父母，案件审明，奏请斩决后，如其祖父母、父母因伤身死，将该犯戮尸示众。殴祖父母、父母例。

按：枭首之法已奏准删除，则此三条并在应删之列。

律例斩枭改斩决各条：

豪强盐徒聚众至十人以上，撑驾大船，张挂旗号，擅用兵仗响器拒敌官兵，若杀人及伤三人以上，为首者。盐法例。

按：此条系比照强盗已行得财律、杀人斩枭强盗例也。伤三人以上亦拟斩枭，视强盗更重矣。杀人者已改斩决，不必再改。伤人者可改绞决，以示区别。

直省刁民假地方公事强行出头，哄堂塞署，逞凶殴官，为首者。激变良民例。

按：此等聚众殴官之事，由于官吏激变者半，由于莠民乘机生事者亦半。如果事由激变，即至逞凶殴官，其情亦必有可原之处，斩决亦嫌过重。若系莠民滋事，则乱民也。亦当分别观之。前一层可改绞候，后一层可改绞决。

强盗杀人，放火烧人房屋，奸污人妻女，打劫牢狱仓库及干系城池衙门，并积至百人以上者，不分曾否得财。

响马强盗。

江洋大盗。

粤东内河行劫伙众四十人以上，或虽不及四十人而有拜会结盟，拒伤事主，夺犯伤差，假冒职官，或行劫三次以上，或脱逃二三年后就获，各犯应行斩决者。

捕役及汛兵、营兵为盗，起意为首者，为从情节重大非寻常行劫可比者。

巡幸之处，匪徒偷窃拒捕杀死官弁兵丁者。

广东、广西二省盗犯行劫后因赃不满，欲将事主人等捉回勒赎者，为首之犯。

京城大、宛两县并五城所属地方盗案。以上并强盗例。

按：此八条皆强盗之情重者。寻常盗犯已改绞决，则此等改为斩决，尚不为重。俟将来强盗之律能否改轻，再议。

已删例五：

爬越入城行劫，罪应斩决者。

盗犯明知官帑，纠伙行劫，但经得财，为首及上盗者。

洋盗案内接赃瞭望之犯。

行劫漕船盗犯。

川省差役扫通之案，如有掳掠人口，烧毁房屋，并拒捕及杀伤人口情事。以上并强盗例。

光绪三十一年奏删。

章程一

强劫及窃盗临时行强，并结伙十人以上抢夺之案，但有一人执持鸟枪、洋枪在场者，不论曾否伤人，不分首从。

按：此条系光绪十三年新章。嗣逢恩诏，即改归旧例，不加枭示。并声明事犯在赦后者，仍照新章，俟数年后盗风稍息，再行归复旧制。是此系暂行章程，可以删除。

纠众行劫在狱罪囚，持械拒杀官弁，下手帮殴有伤者。

若拒伤官弁及杀死役卒，为首并预谋助殴之伙犯。劫囚例。

按：此二项较之拒杀官弁，为首及为从杀官者，情节为轻，可以改为绞决。

黔、楚红苗彼此仇忿抢夺，聚至百人以上，杀人为首者。白昼抢夺例。

苗人聚众至百人以上，烧村劫杀，抢掳妇女，造意首恶之人。同上。

按：聚众至百人以上即属乱民，已改斩决，不必再改。

大江洋海出哨官弁兵丁，遇商船遭风及著浅，尚不致覆溺，不为救护，及抢取财物，拆毁船只者，不分首从。凶恶之徒明知事犯重罪，在外洋无人处所，故将商人全杀灭口，图绝告发，但系同谋者。白昼抢夺例。

按：此用军法者。

已删例四：

台湾盗劫之案，罪应斩决者。他如聚众散札竖旗，妄布邪言云云等案内，造意为首罪应立决者。

川省匪徒云云，在场市抢劫，拒捕夺犯，杀伤兵役并事主及在场之人者，首犯。

川省匪徒云云，在野拦抢杀人，夺犯伤差，为首之犯。

奉天匪徒执持鸟枪抢夺者，不分首从。以上并白昼抢夺例。

光绪三十一年奏删。

广东省匪徒打单拒捕杀人者。

捉人勒赎之案，如有聚众拒杀兵役，本罪已至斩决者。以上并恐吓取财例。

按：此等可以乱民概之。

已删例一：

贵州及云南、四川地方有外来流棍勾通本地棍徒，将荒村居住民苗人户杀害人命，掳其妇人子女，计图贩卖，不分首从。略人略卖人例。

光绪三十一年奏删。

奴婢、雇工人发掘家长坟冢，开棺椁见尸，为首者。毁弃撒撇死尸者，不分首从。

发掘贝勒、贝子、公、夫人等，并历代帝王陵寝，及《会典》内有从祀名位之先贤、名臣，并前代分藩承袭亲王坟墓，开棺椁见尸，为首者。以上并发冢例。

按：本律仅止绞候，而条例加至斩枭，无乃过重。此二条改绞决可矣。

无籍之徒引贼劫掠，以复私仇，探报消息，致贼逃窜者。盗贼窝主例。

按：此可依强盗法。

职官窝藏窃盗、强盗，罪应斩决者。同上。

按：此等案件似可照窝藏通例，不必因职官而加重。此例可删。

谋杀幼孩，若系图财，或有因奸情事。谋杀人例。

按：此条本系律外加重，新章斩决改为绞决，已与寻常谋杀不同，似可不必再加此二层，竟可删去。

有服卑幼图财谋杀尊属尊长，罪应斩决者。同上。

按：不明罪止之义，于是律文之外纷纷议加，非法律也。此等例文竟可删去。

船户、店家图财害命，为首者。同上。

按：此可依强盗法。

已删例二：

苗人图财害命者。

台湾等处商船图财害命者。以上并谋杀人例。

光绪三十一年奏删。

奸夫起意商同奸妇谋杀本夫，复杀死奸妇期亲以上尊长者。奸夫听从奸妇并纠其子谋杀本夫，陷人母子均罹寸磔者，奸夫拟斩立决。若系奸夫起意，加拟枭示。

按：此例似亦可删，律外加重也。

杀一家非死罪二人，及杀三人而非一家，内二人仍系一家者。

杀死一家三命，分均卑幼，内有一人按服制应同凡论者。

谋、故杀缌麻尊长一家二命者。

误杀一家三命以上者。

杀死人命、罪干斩决之犯，如有将尸身支解、情节凶残者。以上并杀一家三人例。

按：杀一家三人，在十恶不道之列，专指凡人之非死罪者言，故定律独重。若不及三人及三人非一家，概行加重，岂律意哉？即卑幼一家三命，亦与凡人不同。杀指谋、故，误杀亦非其比。事后支解，亦与蓄意支解者有间。此五条似皆可删。第二项中多窒碍，《读例存疑》言之详矣。

广东等六省纠众械斗，四十人以上，致毙彼造十命以上；或不及四十人，而致毙彼造二十命以上，首犯。斗殴及故杀人例。

按：械斗之案，非寻常斗殴可比，然拟以绞决可矣。此等私斗之事，与强盗等项匪徒究不同也。

强奸已成，将本妇杀死者。威逼人致死例。

按：此条似可改为绞决。此等情节虽重，而究止关乎一人之生命。

强奸本宗缌麻以上亲及缌麻以上亲之妻，未成，将本妇杀死，分别服制，罪应斩决者。同上。

按：此例颇有窒碍，说详《读例存疑》。不如仍用本律，斩决照章改绞决，庶免参差。此项人犯强奸已成者，例无明文，若依罪止之义，亦无可加重也。

贼犯遗落火煤，或燃烧门板壁，或用火煤照亮，致火起延烧，不期烧毙事主一家三命以上者。同上。

按：此非出于有心，似可改为绞决，庶有区别。英、美刑法非出于有心者，无处死之法，中律尚难照办。

轮奸良人妇女已成，杀死本妇者，首犯。犯奸例。

按：此等匪犯恶于强盗，已改斩决，不必再改。

已删例一：

川省啯匪有犯轮奸杀死人命者。犯奸例。

光绪三十一年奏删。

故烧各边仓场系官钱粮草束者。放火故烧人房屋例。

按：此明代旧例，事关边防，故用军法。今各边并无此等草场，无关引用，可以删除。至别项关于边防之物甚多，既为旧例所未言，即可别定律文，不必比依旧法也。

挟仇放火，致死一家三命以上者，首犯。同上。

按：此指并非有心杀人者言，似可改为绞决。

图财放火杀伤人，有因焚压致死者，为首之人。同上。

按：图财放火，《唐律》所谓先强后盗也。既以强盗论，则概用强盗法可。

罪囚结伙反狱，拒杀官弁，下手帮殴有伤者。若拒伤官弁，杀死役卒，为首并预谋助殴为从者。狱囚脱监及反狱在逃例。

按：此条依劫囚例，即用劫囚法。

已删例一：

杀人盗犯及未杀人之首盗，与伤人之伙盗，原拟斩枭及斩决，若越狱脱逃被获者。若因越狱杀伤兵役者。其从部发遣，在途脱逃，杀伤兵役者。同上。

光绪三十一年奏删。

按：以上斩枭条例，除已经删除之十四条外，尚存四十三条，其中可以删除者十一条，可改绞者十条，又一项。余十八条姑仍其旧，仍以斩决行之。

三十一年奏请删除凌迟等项重法，原议斩枭各条亦改绞决，经枢廷以斩枭各条情节较重，与凌迟各条俱改斩决，奉旨遵行未及三年，不便遽生他议。故但就现在情形，酌定办法如右。将来修纂新律，仍应逐条酌定去留，一律改为绞决。惟大江洋海出哨官弁兵丁一条当用军法，应否列入律内，抑别入陆海军刑法之内，再酌。

（原见《寄簃文存》，修订法律馆，1907 年排印本；现据《沈家本全集》，中国政法大学出版社，2010）

变通行刑旧制议

窃维明刑弼教，贵有以通其意而不徒袭其名。其与斯民心性相关者，尤在杜其残忍之端，而导之于仁爱之路。考古者刑人于市，与众弃之。推原其意，诚以犯法者多，不肖之人为众所共恶，故其戮之也，亦必公之于众。孟子所谓"国人杀之"，其意正同。迨相沿日久，遂谓此乃示众以威，俾之怵目而警心，殊未得众弃之本旨。且稔恶之徒，愍不畏死，刀锯斧钺，视为故常，甚至临市之时，谩骂高歌，意态自若，转使莠民感于气类，愈长其凶暴之风。常人习于见闻，亦渐流为惨刻之行。此非独法久生玩，威渎不行，实与斯民心性相关，有妨于教育者也。又考古之立市，多在国中，乡、遂并不立市。《周礼》明梏适市之制，惟国中行之，乡、遂行刑，即在本狱之所。《唐六典》称古者决大辟罪于市，今无其刑，但存其文。是唐时行刑已不定在于市。古之市，有垣有门，周防甚密。今京师处决重囚，在菜市地方，为四达通衢，略无周防，与古制本不甚合。至各直省、府、厅、州、县，大都在城外空旷之地，与弃市之义更不相符。又自近年以来，都下每值决囚之际，不独民人任意喧呼拥挤，即外人亦诧为奇事，升屋聚观，偶语私讯，摄影而去。既属有乖政体，并恐别酿事端，此又周防不密，未可忽略者也。

查东西各国刑律，死刑有密行、公行之分，英、美、日、俄、德、意各国皆主密行。惟法兰西尚存公行旧制，近亦哑议改图。至其行刑之所，或在监狱一隅，或别择障围之地，其临场之人除裁判等官外，或官吏酌量许可，或止许犯人亲属，各国不尽相同。至其立法之意，一则防卫之严密，一则临刑惨苦情状不欲令人见闻，于教育、周防两端均有关系，其制颇可采择。第监内行刑，恐多窒碍，不若另构一区，较为妥善。酌拟嗣后京师处决重囚，别设刑场一所，筑屋数椽，缭以墙垣。除监视官吏、巡警、弁兵外，须由承审官许可，方准入场。其余无论何项人等，一概不准入视。至各直省、府、厅、州、县，向有行刑之地，应即就原处围造墙垣。规制不嫌简略，经费可从节省，总以不令平民闻见为宗旨。似此变通办理，则防卫既较严密，可免意外之虞，而斯民罕睹惨苦情状，足以养其仁爱之心，于教育之端，实大有裨益也。

（原见《寄簃文存》，修订法律馆，1907 年排印本；现据《沈家本全集》，中国政法大学出版社，2010）

重刻《明律》序

《易系传》曰："变通者，趣时者也。"《记》曰："礼，时为大。"刑与礼相表里。《书》曰："轻重诸罚有权，刑罚世轻世重。"惟其变之所适而权必因乎时，时之义大矣哉。明太祖平武昌，即议律令。吴元年，命左丞相李善长为律令总裁官，日具条目以上。十二月，书成，凡为令一百四十五条，律二百八十五条。洪武六年，又诏刑部尚书刘惟谦详定《大明律》。七年二月，书成，篇目一准于唐。采用已颁旧律二百八十八条，吴元年定律二百八十五条，而此多三条者，殆其后有所增也。续律百二十八条，旧令改律三十六条，因事制律三十一条，掇《唐律》以补遗一百二十三条，合六百有六，分为三十卷。九年，又厘正十三条。十六年，又定《诈伪律》条。二十二年，复命翰林官同刑部官取比年所增条例，以类附入。其篇目以《名例》冠首，而分《吏》、《户》、《礼》、《兵》、《刑》、《工》为六，自此始。考律书之篇目，自李悝造《法经》六篇，萧何增事律三篇，是为九章之律。魏、晋以下，篇目增多，而大纲不越乎此。北齐定为十二篇，隋《开皇律》稍变通之，唐、宋下迄明初，皆遵用其篇目。盖六部本属中书，故律书未尝以六部分。迨洪武十三年，惩胡惟庸乱政，罢中书省而政归六部，律目亦因之而改。千数百年之律书，至是而面目为之一大变者，实时为之也。律之外又有条例，洪武初即有之。三十年，又命刑官取《大诰》条目，撮要附载于律。弘治十三年，刑官言："法外遗奸，列圣因时推广之而有例，例以辅律，非以破律也。乃中外巧法吏或借便己私，律浸格不用。"于是下尚书白昂等会九卿议，增历年《问刑条例》经久可行者二百九十七条。嘉靖二十九、三十四等年，复重修续增。万历十三年，刑部尚书舒化等重定为三百八十二条，附于律文之后。此有明一代律例随时增损之大凡也。

太祖惩元之时法度纵弛，刑用重典，故《明律》往往重于唐，其《大诰》诸峻令尤出乎律之外。然其初李善长等论历代之律，以汉九章为宗，而唐集其成，佥谓今制宜遵唐旧，太祖从其言。洪武元年，又命儒臣六人同刑官讲《唐律》，日进二十篇。是《明律》大旨亦本于唐，特其中有因时变通者耳。至三十年后，《大诰》诸峻令未尝轻用，太孙尝改定律七十余条，太祖善之。复谕之曰："我治乱世，刑不得不重。汝治平世，刑自当轻。"又尝谕省臣鞫狱当平恕。尚书夏恕尝引汉法请著律，反者夷三族，却其奏不行。前之偏于重者因乎时，后之由重而渐轻者亦因乎时。惠帝谕刑官曰："《大明律》皇祖所亲定，命朕细阅，较前代往往加重，盖刑乱国之典，非百世通行之道也。朕前所改定，皇祖已命施行，然罪可矜疑者尚不止此。夫律设大法，礼顺人情，齐民以刑，不若以礼。其谕天下有司，务崇礼教，赦疑狱。"此盖其祖孙一堂讨论所及，至嗣位后为是言以诏天下，深得《易传》"趣时"之义。惜所谓罪可矜疑者，未详为何条。成祖务反惠帝之政，用刑惨毒，后之人亦遂无讨论及此者。世谓《明律》偏主乎重者，固非公论。而后之立法者尚以重为宗旨，岂得为知时者哉？

方今环球各国，刑法日趋于轻，废除死刑者已若干国，其死刑未除之国，科目亦无多。此其故出于讲学家之论说者半，出于刑官之经验者半，亦时为之也。今刑之重者，独中国耳。以一中国而与环球之国抗，其优绌之数，不待智者而知之矣。当此时而讲求刑法，其亦惟寻绎《易传》"趣时"之义乎？余谬承修律之命，开馆纂辑，复奏办法律学堂，方将与讲律诸君子，参考古今，博稽中外。既广译东西各国法律之书，复甄录我国旧文。若《唐律疏议》，余于庚寅岁曾覆孙氏元至正本，弆其版于馆中。于宋则《刑统》，访有天一阁藏本，远道传钞，甫至也。于元则重印《元史·刑法志》，并假武林丁氏所藏《元典章》钞本，酿资重刻之。《明律》所见，有嘉靖本、隆庆本、万历本，皆旧刊不易得，无以应讲学者之蒐讨也。此本为桐乡沈氏所藏，刻于万历三十八年，乃所见《明律》最后之本，假付手民，以公诸世。所愿诵是书者，寻绎乎变通趣时之义，而无惑乎偏重之说，斯可与知人论世矣。

（原见《寄簃文存》，修订法律馆，1907 年排印本；现据《沈家本全集》，中国政法大学出版社，2010）

《政法类典》序

昔邹衍之谈瀛海也，论者以为虚妄，盖惊于未见为怪也。今者五洲悬绝，梯航毕通，译寄象鞮，交错若织，列国政教之殊途，质文之异尚，使节所至，亦既见之，且往往能言之。此固天地气运日开，为前古未见之变局，人不得而诋为虚妄矣。惟是智力日出，方有进无已，天演物竞，强胜乎，弱胜乎，不待明者而决之。然则处今日之变，通列国之邮，规时势，度本末，幡然改计，发愤为雄，将必取人之长，以补吾之短。若者益，若者损，若者先，若者后，不深究其政治之得失，又乌乎取之？顾欲究各国之政治，必先考各国政治之书，非亲见之不能得其详，非亲见而精译之不能举其要。使节所至，见之矣，或不能译之，即能译之矣，而所译者不能举其要，则见与不见同，译与不译同。盖政治之要，非深于政治者不能知，译政治之书，非深于政治者不能通其义，则将欲取长以补短，又乌乎取之？且古治之盛也，政与学为一途，风教远暨，王泽下究。其时学者，多究心当世得失，立言类有师法。班固谓儒家者流出于司徒之官，道家者流出于史官，法家者流出于理官，名家者流出于礼官，农家者流出于农稷之官，墨家者流出于清庙之守，虽源流不同，大抵皆本一代之治以为学，即本一代之学以为治。降及后世，政与学分，所学非所用，所用非所学，治化不进，非无故也。泰西各国当中土周、秦之世，学术称盛，而希腊、罗马亦师儒相望，已为后世诸家专门之祖。十九世纪以来，科学大明，而研精政法者，复朋兴辈作，乃能有今日之强盛，岂偶然哉。方今中国，屡经变故，百事艰难，有志之士，当讨究治道之原，旁考各国制度，观其会通，庶几采撷精华，稍有补于当世。东西政治之书，近数十年来，著译甚夥，虽不乏善本，然或非出专门之手，或其言庞杂，学者无所折衷。若蒐讨众作，鉴别去取，门径秩然，诚未易见。章君宗祥、戢君翼翚，慨念及此，爰勾集同志，纂为是编，分历史、政治、法律、经济四部，其辑录宏富，议论纯正，文辞可观。循是以求于今日列国之政教得失，洞若观火，洵所谓通其义而举其要者矣。考各国之政治者，其将于是取之乎。

（原见《寄簃文存》，修订法律馆，1907 年排印本；现据《沈家本全集》，中国政法大学出版社，2010）

法学盛衰说

孔子言道政、齐刑而必进之以德礼，是制治之原，不偏重乎法，然亦不能废法而不用。虞廷尚有皋陶，周室尚有苏公，此古之法家，并是专门之学，故法学重焉。自商鞅以刻薄之资行其法，寡恩积怨而人心以离，李斯行督责之令而二世以亡，人或薄法学为不足尚。然此用法之过，而岂法之过哉？汉改秦苛法，萧何修律，虽以李悝之法为本，而秦法亦采之。然惠帝除夷族之法，文帝除诽谤妖言之法，除肉刑，景帝减笞法，其时人民安乐，几致刑措。用法而行之以仁恕之心，法何尝有弊？尝考法学之盛衰，而推求其故矣。

按法学者流，出于理官。自李悝著《法经》，其后则有商鞅、申不害、处子、慎到、韩非、游棣子诸人，并有著作，列在《汉志》法家。是战国之时，此学最盛。迨李斯相秦，议请史官非秦记皆烧之，非博士官所职，天下敢有藏《诗》、《书》、百家语者，悉诣守尉杂烧之，若欲学法令者，以吏为师。自是法令之书藏于官府，天下之士陷于闻见。斯时，朝（延）〔廷〕之上方以法为尚，而四海之内，必有不屑以吏为师者，而此学亦遂衰。

汉兴，虽弛秦厉禁，而积习已久，未能遂改，外郡之学律令者，必诣京师，又必于丞相府。《文翁传》："乃选郡县小吏开敏有材者张叔等十余人，亲自饬厉，遣诣京师，受业博士，或学律令。"《严延年传》："延年少学法律丞相府，归为郡吏。"此其证也。叔孙通秦时以文字征为博士，而在汉时益律所不及《傍章》十八篇；于定国学法于父，可以见汉人不皆以吏为师。《郑崇传》："为高密大族，父宾明法令，为御史。"

亦必非师于吏者。丙吉治律令，黄霸少学律令，莫能详其所从学。然当时此学之未尽歇绝，犹有李悝之流风余韵也。其后叔孙宣、郭令卿、马融、郑玄诸儒章句十有余家，家数十万言，合二万六千二百七十二条，七百七十三万二千二百余言。郑氏括囊大典，网罗众家，犹为此学，尤可见此学为当时所重。故弟子之传此学者，亦实繁有徒。法学之兴，于斯为盛。

其后晋之杜预与贾充等定律令，预为之注解，其奏语谓所注皆网罗法意。是其参取汉代诸家章句，而又不专主一家，故能撷其精要。同时张斐亦为之注，其《表》之所列，胥律义之要旨。自是杜、张二家律注遂行于世。下逮宋、梁、陈，南朝，言法律者王植、蔡法度之徒，咸遵守之。北朝法学源流莫考，观于北齐新令，采用魏、晋故事，则亦源于魏、晋。北齐河清中，法令明审，科条简要，又敕仕门子弟常讲习之，故齐人多晓法律。隋《开皇律》不承用周而参取齐。《唐律》本诸《开皇》，世咸以为得中，后之治律者咸宗之。溯自魏、晋以下，流派递衍，至是而集其成，此法学之所以盛也。宋承《唐律》，通法学者代有其人。盖自魏置律博士一官，下及唐、宋，或隶大理，或隶国学，虽员额多寡不同，而国家既设此一途，士之讲求法律者亦视为当学之务，传授不绝于世。迨元废此官，而法学自此衰矣。明设讲读律令之律，研究法学之书，世所知者约数十家，或传或不传，盖无人重视之故也。本朝讲究此学而为世所推重者，不过数人。国无专科，群相鄙弃，纪文达编纂《四库全书》，政书类法令之属仅收二部，存目仅收五部。其按语谓："刑为盛世所不能废，而亦盛世所不尚，所录略存梗概，不求备也。"夫《四库全书》乃奉命撰述之书，天下趋向之所属，今创此论于上，下之人从风而靡，此法学之所以日衰也。夫盛衰之故，非偶然矣。清明之世其法多平，陵夷之世其法多颇。则法学之盛衰与政之治忽，实息息相通。然当学之盛也，不能必政之皆盛，而当学之衰也，可决其政之必衰。试观七国之时，法学初盛之时也，乃约纵连横，兵连祸结，而并于秦。汉末之时，法学再盛之时也，桓、灵不德，阉寺肆虐，而篡于魏。北齐之时，法学亦盛，而齐祚不永。几疑法学之无裨于世。然而秦尚督责，法敝秦亡；隋逞淫威，法坏隋灭。世之自丧其法者，其成效又如是。然则有极善之法，仍在乎学之行、不行而已。学之行也，萧何造律而有文景之刑措，武德修律而有贞观之治。及其不行也，马、郑之学盛于下，而党锢之祸作于上；泰始之制颁于上，而八王之难作于下。有法而不守，有学而不用，则法为虚器，而学亦等于卮言。此固旷观百世，默验治乱之原，有足令人太息痛哭者矣。吾独不解执法之人往往即为定法之人。梁武诏定律令，缓权贵而急黎庶；隋文诏除惨刑，而猜忌任智，至于殿庭杀人。稽诸史册，不胜枚举。法立而不守，而辄曰法之不足尚，此固古今之大病也。自来势要寡识之人，大抵不知法学为何事，欲其守法，或反破坏之。此法之所以难行，而学之所以衰也。是在提唱宗风，俾法学由衰而盛，庶几天下之士，群知讨论，将人人有法学之思想，一法立而天下共守之，而世局亦随法学为转移。法学之盛，馨香祝之矣。

（原见《寄簃文存二编》，1911 年排印本；现据《沈家本全集》，中国政法大学出版社，2010）

论断罪无正条

断罪无正条，用比附加减之律，定于明而创于隋。国朝律法，承用前明，二百数十年来，此法遵行勿替。近来东西国刑法皆不用此文，而中国沿习既久，群以为便。一旦议欲废之，难者锋起，而未考古人之议此律者，正非一人也。今汇录众说，而附以管见如左：

《书·吕刑》："上下比罪，无僭乱辞。"《传》："上下比方其罪，无听僭乱之辞以自疑。"《疏》："罪条虽有多数，犯者未必当条。当取故事并之，上下比方其罪之轻重。上比重罪，下比轻罪，观其所犯，当与谁同。"蔡《传》："比，附也。罪无正律，则以上下刑而比附其罪也。"夏氏僎曰："上下比罪，谓于法无此条，则上比重罚，下比轻罚。上下相比，观其所犯，当与谁同，然后定其轻重之法，如今律无明文，则许用例也。"孙氏继有曰："罪而曰比，则廷评无一成之议，或有惑于人言而妄为比附者；爰书无一定之条，或有泥于古法而强为比附者，皆非用法之公。故戒其勿僭勿用，而以惟察审克者勉之。"

按：蔡氏、夏氏之说，谓上下比罪，即今"律无正条，比附定拟"也。然此句承上句"五刑之属三千"之下，初不见有罪无正律之意。若以经文有一"比"字，即谓系比附定罪，似非经旨。孔《疏》云"犯者未必当条"，较为得之。五刑之属三千，而一条之中，其刑罪亦不一。如谋杀人也，有已杀、已伤、已行之分，有造意、加功、不加功之别。

上比于已杀或造意，则为重罪；下比于已行或不加功，则为轻罪。各条之中，莫不皆然。必令刑当其罪，乃无失刑，此不可不上下比方其轻重也。

更考比字之义：次也，《周礼·世妇》注。校也，《周礼·大胥》注。例也，《礼记·王制》注。类也，《史记·天官书·正义》。比方也，《国语·齐语》注。类例也，《后汉书·桓谭传》注。以例相比况也，《汉书·刑法志》注。谓相比附也。《汉书·陈汤传》注。已行故事曰比。《礼记·月令疏》。韵书或分上、去二声，其义实相引伸而出。《史记·张苍传》："及以比定律令。"《集解》："瓒曰：'谓以比故取类，以定法律与条令也。'"《正义》："比音鼻，或音必履反，谓比方。"《汉书·苍传》注："如淳曰：'音比，比次之比。'"比方，比次，其义不殊。定律令者以比，与定罪者以比，其事亦不殊。《说文》："例，比也。"例与比相转注。孙奭《律音义》曰："统凡之谓例。例以统凡，而必以类相比而后成，故亦谓之类例。决事者必以例相比况、相比附，以比而成为故事，故决事之书曰决事比，皆已行之故事也。求之古义，固未有比附他律之说。然则此经仍当释以古义，岂得以一比字而强以今义附会之？"孙氏言比附之弊，颇为得之。盖妄为比附，则必至逞其私见而挟仇陷害，酷刑锻链之风作，罗钳吉网，受害者将无穷已。强为此附，则必至徇于众议，而文致周内之习成。五过之疵，惟官、惟反、惟内、惟货、惟来，何所不有？法令不一，冤滥滋多，可不慎欤！

《王制》："附从轻。"《注》："附，施行也。求出之使从轻。"《疏》："施刑之时，此人所犯之罪在轻重之间，可轻可重，则当求可轻之刑而附之，则罪疑惟轻是也。"郝氏敬曰："比例无正律曰附，从轻以防冤。"

按：郝氏之说，亦以今义释古经也。此句与下句"赦从重"相对待，自以郑说为是。陈氏澔《集说》亦用施刑之义，所谓"与其杀不辜，宁失不经"也。欧阳崇公曰"求其生而不得，则死者与我皆无恨也"，即此义。郝说未是。因一"附"字，遂以比例为说，《周礼·小司寇》"附于刑，用情讯之"，亦可以比例为说乎？

"疑狱，泛与众共之。众疑，赦之。必察小大之比以成之。"《注》："小大犹轻重，已行故事曰比。"《释文》："比，必利反，例也。"《疏》："此言虽疑而赦之，不可直尔而放，当必察按旧法轻重之例，以成于事。"《集说》："小者有小罪之比，大者有大罪之比。察而成之，无往非公也。"

按：比即决事比之比。小大必察，亦即上下比罪之意。

《周礼·秋官·大司寇》："正月之吉，始和布刑于邦国都鄙，乃县刑象之法于象魏，使万民观刑象，挟日而敛之。"《小司寇》："正岁，帅其属而观刑象，令以木铎，曰'不用法者，国有常刑'。令群士。乃宣布于四方，宪刑禁。"《注》："宣，遍也。宪，表也，谓县之也。刑禁，《士师》之五禁。""士师之职，掌国之五禁之法，以左右刑罚。一曰宫禁，二曰官禁，三曰国禁，四曰野禁，五曰军禁，皆以木铎徇之于朝，书而县于门闾。""布宪，掌宪邦之刑禁。正月之吉，执旌节以宣布于四方，而宪邦之刑禁，以诘四方邦国及其都鄙，达于四海。"《注》："宪，布也，谓县之也。司寇正月布刑于天下，正岁又县其书象魏。布宪于司寇，布刑则以旌节出，宣令之于司寇，县书则亦县之于门闾及都鄙邦国。刑者，王政所重，故屡丁宁焉。"

按：刑象县诸象魏，刑禁县于门闾，使万民观之，而又有士师木铎之徇，布宪旌节之宣，不惮反复申戒，务使万民共知之而共守之，其不得于所县、所观、所徇、所宣之外尚有施刑之法可知也。若律无正条而仍有刑，是不信于民也，古先王当不出此。

《左传》昭六年："三月，郑人铸刑书。叔向使贻子产书曰：'民知有辟，则不忌于上，并有争心，以征于书，而侥幸以成。'又曰：'民知争端矣，将弃礼而征于书。锥刀之末，将尽争之。'"

按：叔向之讥子产也，从源头说下，其陈议甚高，与《周礼》县象之制不合。第观其弃礼征书及争锥刀之末等语，是书之外不得更有刑也。可见春秋之时，尚无比附他律之事。

《汉书·刑法志》："高皇帝七年，制诏御史：'狱之疑者，吏或不敢决，有罪者久而不论，无罪者久系不决。自今以来，县道官狱疑者，各谳所属二千石官，二千石官以其罪名当报之。师古曰：当谓处断也。所不能决者，皆移廷尉，廷尉亦当报之。廷尉所不能决，谨具为奏，傅所当比律令以闻。'师古曰：傅读曰附。"

按：此诏虽未言律无正条，而既为疑狱，其中必有无正条而难以处断者。曰傅，曰比，比附律令之法实始见于此。孝景中五年诏曰："诸狱疑虽文致于法，而于人心不厌者辄谳之。"夫曰"文致于法"，其非律有明条而灼然无疑者，亦可见矣。第此法专为疑狱言，他未用耳。

"及至孝武即位，外事四夷之功，内盛耳目之好，征发烦数，百姓贫耗，穷民犯法，酷吏击断奸轨不胜。于是招进张汤、赵禹之属，条定法令，作见知故纵监临部主之法，缓深故之罪，急纵出之诛。其后奸猾巧法，转相比况，禁罔寖密。律令凡三百五十九章，大辟四百九条，千八百八十二事，死罪决事比万三千四百七十二事。师古曰：比，以例相比况也。文书盈于几阁，典者不能遍睹。是以郡国承用者驳，或罪同而论异。奸吏因缘为市，所欲活则傅生议，所欲陷则予死比。师古曰：傅读为附。议者咸冤伤之。"

按："奸猾巧法，转相比况"，此真以他律相比附矣。巧法出于奸猾，其律无明文可知。"罪同论异"等语，本于桓谭。其流弊如此，当时冤伤之，而后世尚奉为金科玉律，何也？

"至成帝河平中，复下诏曰：《甫刑》云'五刑之属三千，大辟之罚，其属二百'。今大辟之刑，千有余条，律令烦多，百有余万言，奇请它比，日以益滋，自明习者不知所由。欲以晓谕众庶，不亦难乎？于以罗元元之民，夭绝亡辜，岂不哀哉！"师古曰："奇请，谓常文之外，主者别有所请以定罪也。它比，谓引它类以比附之，稍增律条也。奇音居宜反。"

邱氏濬曰："奇请它比，分破律条，妄生端绪，舞弄文法，巧诋文致。意所欲生即援轻比，意欲其死即引重例。上不知其奸，下莫测其故，此民所以无所措手足，网密而奸不塞，刑繁而犯愈多也。"

按："奇请它比"，当时不独用以定罪，且用以增律条矣。故武帝时大辟四百九条，此时多至千有余条也。元元之民，夭绝亡辜，诏文方以为哀，而隋时竟纂为律，唐、宋相承迄于今。在定律者自具有深意，而流弊则不可殚述矣。

《后汉书·桓谭传》："陈时政所宜，曰：'又见法令决事，轻重不齐。或一事殊法，同罪异论，奸吏得因缘为市，所欲活则出生议，所欲陷则与死比，是为刑开二门也。今可令通义理、明习法律者，校定科比，注：科谓事条，比为类例。一其法度，班下郡国，蠲除故条。如此天下知方，而狱无怨滥矣。'书奏不省。"

按："同罪异论"等语，班氏采入《刑法志》中。"所欲活则出生议，所欲陷则与死比"，比附他律之弊，两语赅之矣。

《晋书·刑法志》："刘颂上疏曰：'上古议事以制，不为刑辟。夏、殷及周，书法象魏。三代之君齐圣，然咸弃曲当之妙鉴，而任征文之直准，非圣有殊，所遇异也。今论时敦弊不及中古，而执平者欲通情之所安，自托于议事以制。臣窃以为听言则美，论理则违。然天下至大，事务众杂，时有不得悉循文如令。故臣谓宜立格为限，使主者守文，死生以之，不敢错思于成制之外以差轻重，则法恒全。事无正据，名例不及，大臣论当以释不滞，则事无阂。至如非常之断，出法赏罚，若汉祖戮楚臣之私己，封赵氏之无功，唯人主专之，非奉职之臣所得拟议。然后情求傍请之迹绝，似是而非之奏塞，此盖齐法之大准也。'又云：'又律法断罪，皆当以法律令正文。若无正文，依附名例断之。其正文、名例所不及，皆勿论。法吏以上，所执不同，得为异议。如律之文，守法之官唯当奉用律令。至于法律之内，所见不同，乃得为异议也。今限法曹郎令史，意有不同为驳，唯得论释法律，以正所断，不得援求诸外，论随时之宜，以明法官守局之分。'诏下其事，侍中、太宰、汝南王亮奏以为：'周县象魏之书，汉咏画一之法，诚以法与时共，义不可二。宜如颂所启，为永久之制。'"

按：颂疏后段所言，今东西国之学说，正与之同，可见此理在古人早已言之，特法家之论说，无人参究，故称述之者少耳。至前段所言欲主者守文，大臣论当，为事无正据、名例不及者开一方便之门。然必大臣明于法律，方能释滞而事无阂。否则任情专断，安得皆公？仍不若大臣小吏各守其局，庶法可一也。

《隋书·刑法志》："后齐平秦王高归彦谋反，须有约罪，律无正条，于是遂有《别条权格》，与律并行。大理明法，上下比附，欲出则附依轻议，欲入则附从重法。奸吏因之，舞文出没。"

按：《志》所言，可见《北齐律》内初无上下比附之文，故特设《别条权格》，与律并行也。《志》言其弊如此，后世当知所从矣。

《周书·宣纪》："宣政元年八月。诏制九条，宣下州郡：一曰决狱科罪，皆准律文。"

按：科罪必准律，则律无文者，不得科罪，不待言矣。赵冬曦言，隋时奸臣著律，可见此条实始于隋。

《唐律》："诸断罪而无正条。其应出罪者，则举重以明轻；《疏议》曰：'断罪无正条'，一部律内，犯无罪名。'其应出罪者'，依《贼盗律》：'夜无故入人家，主人登时杀者，勿论。'假有折伤，灼然不坐。又条：'盗缌麻以上财物，节级减凡盗之罪。'若犯诈欺及坐赃之类，在律虽无减文，盗罪尚得减科，余犯明从减法。此并'举重明轻'之类。其应入罪者，则举轻以明重。《疏议》曰：案《贼盗律》：'谋杀期亲尊长，皆斩。'无已杀、已伤之文，如有杀、伤者，举始谋是轻，尚得死罪；杀及谋而已伤是重，明从皆斩之坐。又例云：'殴告大功尊长、小功尊属，不得以荫论。'若有殴告期亲尊长，举大功是轻，期亲是重，亦不得用荫。是'举轻明重'之类。"

按：《唐律》此文本于开皇，乃用律之例，而非为此附加减之用也。观《疏议》所言，其重其轻，皆于本门中举之，而非取他律以相比附，故或轻或重，仍不越乎本律之范围。其应出者，重者且然，轻者更无论矣；其应入者，轻者且然，重者更无论矣。其宗旨本极平恕，而赵冬曦犹讥之，矧《明律》之宗旨与《唐律》又不同哉。

又《擅兴门》"主将临阵先退"条："即违犯军令，军还以后，在律有条依律断，无条者勿论。"又《断狱门》"赦前断罪不当"条："即赦书定罪名，合从轻者，又不得引律比附入重。"

按：此二条唐律之明言不得比附者。是唐时虽有比附之法，未尝一概用之。

又《名例》"官户部曲"条："诸官户、部曲、官私奴婢有犯，本条无正文者，各准良人。"又《斗讼门》"部曲、奴婢、良人相殴"条："即部曲、奴婢相殴伤杀者，各依部曲与良人相殴伤杀法。小注，余条良人、部曲、奴婢私相犯，本条无正文者，并准此。"

按：唐律此二条明言无正文者，得准某法。则他条之不得任意比附，非无限制，此唐律之所以精密也。

《唐书·赵冬曦传》："神龙初，上书曰：'古律条目千余。隋时奸臣侮法，著律曰律无正条者，出罪举重以明轻，入罪举轻以明重。一辞而废条目数百。自是轻重沿爱憎，被罚者不知其然，使贾谊见之，恸哭必矣。夫法易知则下不敢犯而远机阱，文义深则吏乘便而朋附盛。律、令、格、式，谓宜刊定科条，直书其事。其以准加减、比附量情及举轻以明重、不应为之类，皆勿用。使愚夫愚妇相率而远罪犯者，虽贵必坐，律明则人信，法一则主尊。'当时称是。"

按：冬曦书中有"比附量情"之语，是《唐律》虽无此文，而当时实有此法，故有"轻重沿爱憎"之讥，诚至论也。至并以准加减而亦议之，则所见稍偏。以准加减，并有一定不移之差等，非可轻重随意也。

《金史·刑志》："大定九年，因御史台奏狱事。上曰：'近闻法官或各执所见，或观望宰执之意，自今制无正条者，皆以律文为准。'"

按：金代承用唐、宋刑法，而制无正条者，一以律文为准，其不得用他律比附，灼然无疑。是中国本有此法，晋刘颂议之于前，金世宗行之于后，初不始于今东西各国也。世宗为金源一代令主，大定之世，其国人有"小尧舜"之号，而特颁诰诫如此，岂非深悉其弊哉？

《明律》："凡律令该载不尽事理，若断罪而无正条者，引律比附，应加应减，定拟罪名，转达刑部议定奏闻。若辄断决，致罪有出入者，以故失论。"《琐言》曰："今问刑者于死罪比附，类皆奏闻，流徒以下比附，鲜有奏者，安得罪无出入也哉？虽无出入，犹当以事应奏不奏论罪，其不思也夫。"《笺释》曰："应加应减，如京城门锁钥，守门者失之，于律止有不下锁之文，是该载不尽。须知锁钥与印信、夜巡铜牌俱为关防之物，今既遗失，事与彼同，许其比附。"

按：引律比附，应加应减定拟，此明改《唐律》之文，与《唐律》之举重明轻、举轻明重，其宗旨遂不同矣。而又申之曰"议定奏闻。若辄断决，致罪有出入者，以故失论者"，亦明知比附之流弊滋多，故特著此文，以为补救之法。而孰知沿习既久，问刑者辄行断决，有如《琐言》之所言哉？观于《笺释》所言，事同者方许比附，未尝推及他律。自律内增一"他"字，而其弊益不可究诘矣。

《大清律例》："凡律令该载不尽事理，若断罪无正条者，援引他律比附，应加应减，定拟罪名，申详上司。议定奏闻。若辄断决，致罪有出入者，以故失论。"

按：此承《明律》。顺治三年添入小注，雍正三年删去"转达刑部"一句。姚范《援鹑堂笔记》："姚思仁，万历癸未进士，仕至工部尚书。尝以律文简而意晦，乃用小字释其下。国朝顺治初，颁行《大清律》，依其注本云。"据此，是顺治中所增小注，本于姚思仁也。其于律字上注一"他"字，实非原定此律之意。观于《笺释》"事同方许比附"之语，可知其非。自来引用，大多于本门律内上下比附，其引他律比附者，并不多见。盖既为他律，其事未必相类，其义即不相通。牵就依违，狱多周内，重轻任意，冤滥难伸。此一字之误，其流弊正有不可胜言者矣。因比附而罪有出入治罪之事，久已无闻，律文后半同虚设矣。

自国初以来，比附之不得其平者，莫如文字之狱。查律载："凡谋反不利于国，谓谋危社稷。及大逆不利于君，谓谋毁宗庙、山陵及宫阙。但共谋者，不分首从，已、未行。皆凌迟处死。"旧说反及于国，逆及于君，不取指斥，故注云云也。《唐律》云："有结谋真实，而不能为害者，传众惑人而无真状可验者，自从妖法。"是结谋真实，及已传众惑人者，尚不皆科以反逆也。《唐律》又云："诸口陈欲反之言，心无真实之计，而无状可寻者，流二千里。"《疏议》曰："有人实无谋危之计，口出欲反之言，勘无实状可寻，妄为狂悖之语者，流二千里。若有口陈欲逆、叛之言，勘无真实之状，律、令既无条制，各从'不应为重'。"是虽有谋反之言，而无谋反之事者，尚不遵科以谋反也。其有欲逆、叛之言者，仅止科不应重，则更轻矣。至若文字之中，语多狂悖，较之口陈欲反之言者，情节为轻。在秦法为诽谤，其罪重至于族。汉文除之。武、宣之际，虽有颜异、杨恽诸狱，然亦无族法。自唐已来，律无诽谤之条，用意至为深远。明仁宗时，曾以奸人诬人为诽谤，申明除诽谤禁，自是一朝善政。今律承于前明，故亦无诽谤之文。若以律无正条之犯，竟与真正大逆同科，情罪既不相当，诬捏亦所难免，将至儒林蹙额，乡里寒心，赴市者惨及贤才，遣戍者祸连妇孺。揆诸尧舜钦恤之宗旨，恐未尽符也。如康熙中戴名世《南山集》一案，以文字之故，竟成大狱，非出特恩，则死者众矣。查康熙五十一年正月刑部等衙门奏："察审戴名世所著《南山集》、《孑遗录》内有大逆等语，应即行凌迟。已故方孝标所著《滇黔纪闻》内亦有大逆等语，应锉其尸骸。戴名世、方孝标之祖父、子孙、兄弟及伯叔、兄弟之子，年十六岁以上者，俱查出解部，即行立斩。其母、女、妻妾、姊妹、子之妻妾，十五岁以下子孙，伯叔父、兄弟之子，亦俱查出，给功臣家为奴。方孝标归顺吴逆，身受伪官，迫其投诚，又蒙恩免罪，仍不改悖逆之心，书大逆之言。令该抚将方孝标同族人，不论服之已尽、未尽，逐一严查，有职衔者尽皆革退。除已嫁女外，子女一并即解到部，发与乌喇、宁古塔、白都讷等处安插。汪灏、方苞为戴名世悖逆书作序，俱应立斩。方正玉、尤云鹗闻拿自首，应将伊等妻子一并发宁古塔安插。编修刘岩虽不曾作序，然不将书出首，亦应革职，金妻流三千里。"奉上谕："九卿具奏。"四月，复奉上谕："汪灏在内廷行走年久，已经革职，著从宽免死，但令家口入旗。余另行启奏。"五十二年二月，上谕："戴名世从宽免凌迟，著即处斩。方登峰、方云旅、方世樵俱从宽免死，并伊妻子充发黑龙江。此案内干连人犯俱从宽免治罪，著入旗。"是狱也，得恩旨全活者三百余人。仰见圣祖宽大之德，不以刑官之比附从重为是，故特予从轻。乃当日刑官不能曲体皇仁，原情定罪，竟以极重之典，漫为比附，五上折本，固执不移，其为党祸牵连，可以想见。而比附之未足为法，即此一狱，可推而知矣。

曹一士《请宽妖言禁诬告疏》："窃闻古者，太史采诗以观民风，藉以知列邦政治之得失，俗尚之美恶，即《虞书》'在治忽，以出纳五言'之意，使下情之上达也。降及周季，郑之子产尚能不禁乡校之议。惟是行伪而坚、言伪而辩、学非而博、顺非而泽者，虽属闻人，圣人有两观之诛，诚恶其惑众也。至于造作语言，显有悖逆之迹，如戴名世、汪景祺等，圣祖仁皇帝暨世宗宪皇帝因其自蹈大逆而诛之，非得已也。若夫赋诗作文，语涉疑似，如陈鹏年任苏州知府，游虎丘作诗，有密奏其大逆不道者，圣祖仁皇帝明示九卿，以为诬陷善类，如神之哲，洞察隐微，可为万世法则。比年以来，闾巷细人，不识两朝所以诛殛大憝之故，往往挟睚眦之怨，借影响之词，攻讦私书，指摘字句，有司见事生风，多方穷鞫，或致波累师生，株连亲族，破家亡命，甚可悯也。臣愚以为井田封建，不过迂儒之常谈，不可以为生今反古；述怀咏史，不过词人之习态，不可以为援古刺今。即有序跋偶遗纪年，亦或草茅一时失检，非必果怀悖逆，敢于明布篇章。若此类悉此附妖言，罪当不赦，将使天下告讦不休，士子以文为戒，殊非国家义以正法、仁以包蒙之至意也。臣伏读皇上谕旨，凡奏疏制义中，从前避忌之事，一概扫除。仰见圣聪廓然大度，即古敷奏采风之盛事。窃谓大廷之章奏尚捐忌讳，则在野之笔札焉用吹求？伏请敕下直省大吏，查从前有无此等狱案，现在不准援赦者，条列上请，候旨钦定。嗣后凡有举首诗文、书札悖逆讥刺者，审无的确形迹，即以所告本人之罪，依律反坐，以为挟仇妄告者戒。庶文章之株累悉蠲，告讦之刁风可息，似于风俗人心，稍有裨益。"

按：本朝文字之祸，大多在乾隆以前，其中出于素挟仇怨者半，出于藉端诈索者半。匪独奸人群相告讦，即大臣之中，亦有因睚眦小隙，图快己私者。律例既无正条，遂不得不以他律比附。事本微细，动以大逆为言。给谏此疏，所言比附之害，可谓痛切。此疏系上于乾隆元年，经刑部纂入条例，告讦之风亦渐息矣。仁人之言，其造福为何如哉！

法律馆《刑律草案》原奏："一曰删除比附。考《周礼·大司寇》有县刑象于象魏之法。又《小司寇》之宪刑禁，《士师》之掌五禁，俱徇以木铎。又《布宪》执旌节以宣布刑禁。诚以法者，与民共信之物，故不惮反复申告，务使椎鲁互相警诫，实律无正条不处罚之明证。《汉书·刑法志》高帝诏：'狱疑者，廷尉不能决，谨具奏，附所当比律令以闻。'此为比附之始，然仅限之于疑狱而已。至隋著为定例，即《唐律》'出罪者举重以明轻，入罪者举轻以明重'是也。《明律》改为引律比附、加减定拟。现行律同。在唐神龙时，赵冬曦曾上书痛论其非，且曰'死生罔由于法律，轻重必因乎爱憎。受罚者不知其然，举事者不知其法'，诚为不刊之论。况定律之旨，与立宪尤为牴牾。立宪之国，立法、司法、行政之权鼎峙，若许司法者以类似之文致人于罚，是司法而兼立法矣，其弊一。人之严酷慈祥，各随禀赋而异，因律无正条而任其比附，轻重偏畸，转使审判不能统一，其弊又一。兹拟删除此律，而各刑酌定上下之限，凭审判官临时审定。并别设酌量减轻、宥恕减轻各例，以补其缺。虽无比附之条，而援引之时，亦不致为定例所缚束。论者谓人情万变，断非科条数百所能赅载。不知法律之用，简可驭繁。例如谋杀应处死刑，不必问其因奸、因盗。如一事一例，恐非立法家逆臆能尽之也。"

《草案》第十条："凡律例无正条者，不论何种行为，不得为罪。理由：本条所以示一切犯罪，须有正条乃为成立，即刑律不准比附援引之大原则也。凡刑律于正条之行为，若许比附、援引及类似之解释者，其弊有三：第一，司法之审判官，得以己意于律无正条之行为，比附类似之条文，致人于罚，是非司法官，直立法官矣。司法、立法混而为一，非立宪国之所宜有也。第二，法者，与民共信之物。律有明文，乃知应为与不应。若刑律之外，参以官吏之意见，则民将无所适从。以律无明文之事，忽援类似之罚，是何异以机阱杀人也？第三，人心不同，亦如其面。若许审判官得据类似之例，科人以刑，即可恣意出入人罪，刑事裁判难期统一也。因此三弊，故今惟英国，视习惯法与成文法为有同等效力，此外欧美及日本各国，无不以比附援引为例禁者。本案故采此主义，不复袭用旧例。"

《草案签注》："一曰谓比附易启意为轻重之弊，但由审判官临时判断，独不虞其意为轻重乎？引律比附尚有依据，临时判断实无限制。"

按：定律凡数百条，若不问情事之何如，而他律皆可比附，将意为轻重，所欲活则出生议，所欲陷则与死比，必有如桓谭所讥者。试以今事言，《南山集》案内原拟死罪之汪灏等，恭奉谕旨，或仅予革职，或仅令入旗，实为所欲陷则与死比之明证。充其所至，舞文弄法，何所不可，尚何限制之有？若《草案》所定本条之内，限以几等以上、几等以下，过此以往，即不得稍越范围，其所以限制审判官者为何如，乃反谓引律比附，尚有依据，临时判断实无限制，然乎？否乎？

"一曰律例所未载者不得为罪，则法不足以禁奸。罪多可以幸免，刁徒愈诪张为幻，有司之断狱亦穷。"

"一曰设有准情酌理、确为有罪之行为，只以律无正条，遽尔判为无罪，似亦难昭允协。"

"一曰民情万变，防不胜防。若例无正条，不论何种行为，不得为罪，则必本案三百八十七条，尽数赅括，毫无遗漏而后可。否则有犯无刑，国家可力存宽大，人民将不免怨咨。持是谓得情理之平，恐不然矣。"

按：以上三条，大意在律难赅括，犯罪可幸免也。夫人之情伪，变幻万端，谓此数百条律文即足以尽人之情伪，诚非立法者所敢自信。然谓无比附而人多幸免，似亦不必虑也。尝考自唐以来至于本朝，律文虽时有出入，而罪状则大略相同。其关于国事者，不外《卫禁》、《职制》、《厩库》、《擅兴》诸端；其关于人民者，《贼盗》、《斗讼》、《诈伪》足以赅之。即东西各国刑法，亦不甚悬殊也。惟近数十年来，五洲交通，不能无国际法。轮舶、气车及电矿之属，日新月异，为前古所无耳。鄙人自甲子岁，筮仕西曹，于今四十余年矣。所见案牍，难以万计，其案情之千奇百怪、出于情理之外者，往往有之，而罪状之出于律例之外，情轻者或亦时有，不过科以不应，情重者则未曾一睹。盖律文经千数百年，此千数百年风俗递有变迁，而罪状之可名者未见出乎律例之外，是皆由千数百年经验而来，非出于一二人之曲见。故历代虽多损益，亦不过轻重出入，而大段未尝改也。人之幸免者，殆亦绝无仅有矣。至近来于比附之法，引用亦极详慎。今试略举之：如绞犯在押，乘变逸出，比依在监乘变逸出之例；抢夺妇身，架至马上颠跑，致令堕胎身死，或将其拖拉致伤身死，并比依抢夺妇女、拒捕杀人之例；纠伙持械伤人未得财，比依强盗伤人未得财之例；略卖小功兄妻，将其致毙，比依略卖良人为妻、因而杀人之律；杀一家三命，二故一斗，比依杀三人而非一家、内二命仍系一家之例；奸夫故杀纵奸之姑，比依谋杀纵奸本夫之例；革役吓诈酿命，比依蠹役吓诈酿命之例。此皆近年之有案可稽者。即不用比附之法，亦各有本罪可科，何至逍遥法外？为有司者亦何至穷于断狱乎？至人民怨咨，固所难免，然使问官善于劝导，即不加惩戒，亦可解释争端。若充斯人报复之心，斗殴而欲科谋故矣，偷窃而欲科强劫矣。苟执法不挠，亦未必尽如人意。正未可以怨咨之故，立一法以涂饰耳目也。

"一曰迩来人心不古，犯罪者择律例无正条者，故意犯之，以难执法之人，俾执法者无所措施，其流弊亦不堪设想。且以一人之心思才力，对付千万人之心思才力，非以定法治之，不足以为治。苏文忠曰：'古人之用法，如医者之用药，盖法有定而罪无定，药有定而病无定也。后世人心巧诈，以致任意枉法，实非治法之过，乃不得治人之过也。'

此条不如仍遵旧条为妥。"

按：此段议论，不甚可解。既云"非以定法治之，不足以为治"，并引苏文忠言"法有定而罪无定"，是为治者必先有定法。正条者，定法也。无正条而可以比附他律，有定者仍无定矣，与持论之宗旨不自相矛盾乎？犯法以难执法，必奸民之尤。此等人平时当有以制之，彼自不敢轻于犯法。否则纵有千百正条，在彼方且巧以尝试，岂区区比附即能制其死命哉？

"一曰谓比附类似之文，致人于罚，则司法、立法混而为一，非立宪国所应有。不知无此法而定此例者，方为立法。若既有他律而比附定拟，则仍属司法，非立法也。如以比附为立法，则于本律酌量轻重者，又与立法何异？类似之例，不能援以罚人，而轻重之权衡，可操之问官，诚恐任意出入，将较比附为尤甚。"

"一曰引律比附，乃司法之事，即如审判官因律有临时审定之文，而审定罪名，上下不同，亦可谓之司法兼立法耶？窃谓定律果能简以驭繁，比附自属罕见。然法律中断不可无此条，以规定律令赅载不尽之事理。"

按：此二条大意相同。其谓定律能简以驭繁，比附自属罕见，洵平允之论。而所言司法、立法，尚未确当。既云无此法而定此例，方为立法，乃无此法而即用此例，是司法者自创为之矣，不且与立法相混乎？立一法自有此法一定之范围。有此范围，司法者即不能任意出入，故于本律酌量轻重，则仍在范围之内，可以听司法者操其权衡。若以他律相比附，则轶乎范围之外，司法者真可任意出入矣。孰得孰失，可不烦言而解。

"一曰法制有限，而人情变幻无穷，刁诈之徒择无专条者犯之，可任其幸逃法网乎？且查第五十四条，言同一犯罪，情节互异，予裁判官以特权，许其酌量犯人之心术与犯罪之事实，减三等。核与此条语意相反，而分则多无一定罪名，心术二字不可见，是罪名之轻重，皆定于审判官之口，流弊无穷。"

按：五十四条酌量减轻，即中律矜疑之法。如救亲毙命得减一等，殴死不孝之妻得减二等，此皆从心术上论者。乃旧法相与遵循，新法即干非议，是何为者？且凡减轻者，皆从本条中酌量行之，非于本条外有所比附。两条各明一义，亦未尝相背也。

"一曰审判官程度不及，援引失当，即难免罪有出入，恐亦不能无弊。"

按：此说乃当今实在情形。州县明晓律例者，百人中难得数人，而迂谬糊涂者所在皆是，良可浩叹。然不为国家培养人才，而但议新法之难行，犹七年之病，求三年之艾，及今畜之，庶几可及，不然病日深而艾终不可得，奈何！

《违警律》第二条："凡本律所未载者，不得比附援引。"

按：《违警律草案》经民政部会同法律馆于光绪三十三年八月十八日具奏，三十四年四月初十日经宪政编查馆核订奏准，于颁定文到之日三个月，所有各直省一律施行。《违警律》系与《刑律草案》互相衔接。《违警律》已奉旨施行，则《刑律草案》不便更有异义，致法典不能统一。

（载《法学会杂志》第 1 年第 1 期，宣统三年五月）

书《四库全书提要·政书类》后

《四库全书总目提要》，纪文达公所编纂也。于政书类法令之属，仅收《唐律疏议》及《大清律例》二部，存目亦仅收五部。其按语曰："刑为盛世所不能废，而亦盛世所不尚，所录略存梗概，不求备也。"

谨按此编纂之宗旨也，然窃有所未喻者焉。虞廷命官，士与司徒并重，恤刑施刑，反复丁宁，尤详哉。其言之文王，明德慎罚，罔敢知于庶狱。周公《立政》一书，与《无逸》相表里，尤惓惓于苏公之敬狱。孔子言道政齐刑，又言道德齐礼，乃谓政刑之当进之以德礼，方臻郅治耳，非谓政刑之竟可置为后图也。故又言礼乐不兴则刑罚不中，刑罚不中则民无所措手足。是刑罚之中不中，关于民者若斯之重要。《舜典》曰："明于五刑，以弼五教。"《吕刑》曰："士制百姓于刑之中，以教祗德。"是唐虞三代之隆，尚赖有刑以辅治，未能废刑而不用。乃谓"盛世所不尚"，持论非不高，其如非事实何？历代之典章，其存于今者鲜矣。《唐律》得中，为世所重。自唐以上法令之书，无一存者，学者思究其源委，考焉而弗能详，方引以为憾。宋以后之书，所存者无多，安可概摈而弗录？如存目中《永徽法经》、《至元条格》二书，皆自《永乐大典》中辑出，一可以考《金律》之异同，一可以考《元律》之大略。

在辑之时，固以为一朝之掌故不可遗也；迨编纂之时，则摈之于存目之中，而其书遂不传于世，岂不大可惜哉？《明律》传本最夥，而存目中仅留《永乐大典》本。此本乃洪武初年初纂之书，尚用《唐律》十二门之目。迨二十三年重修之本，方以六曹分编，明世实皆遵用之。乃一代遵用之书不录，但录其椎轮之初稿，此其故亦正不可解也。名公卿之言论，举世所宗仰，况为奉命撰述之编，其立言之宗旨，天下之士趋向从之，尤不当有所偏倚。乃云"所录但存梗概"，是直诏天下以法令为不必学。以一言树之鹄，于是历代之朝章政典悉在鄙夷之列。有志者无书可考，欲求其是非之真而不可得。浅见者奉斯言为楷式，一切屏弃而不知讲求。将举世无一明法之人，持法者但以卤莽灭裂从事，如是而欲政平讼理，能乎？否乎？此可为长太息者也。《隋书·经籍志》于前代法令，虽亡逸犹存其名，唐、宋《艺文》亦皆甄取。隋唐《天府书目》不传，所传者仅有宋《崇文总目》，其于历代法令录之甚详。惟《明史·艺文》始以秘书已亡，无凭记载，第就当代为断，实非古法。《总目》既以蒐罗秘笈为宗旨，自无取乎《明志》之例而又不用隋、唐、宋之例。且琐语稗编犹不以冗杂废之，而典章之大者多归屏黜。此又百思而不得其故者也。若夫周季刑名法术之学，刻薄寡恩，非帝王之道，诚为圣世所不取。然即其言以考其行事，正足以资鉴，诚设并灭其籍，则其言不著，而行事之是非亦无从定矣。况乎法令为政治得失之所系，使皆去其籍，则治忽又何从考见之哉？

（原见《寄簃文存二编》，1911 年排印本；现据《沈家本全集》，中国政法大学出版社，2010）

与戴尚书论监狱书

何君《监狱说》，细读一过，区划周备，杀费苦心，甚善甚善。然谓如此即可令远人心服，则未敢以为然。欧洲各国监狱为专门之学，设立万国协会，穷年研究，精益求精，方进未已。即日本之监狱，虽极意经营，尚不完美，彼都人士方以为憾。中国从未有人讲求此学，则际此更张之始，自应周咨博考，择其善者而从之。若仍墨守己见，不思改图，恐无以关国人之口，遑论远人哉？鄙见所及，已详于奏请改良一折及调查清单，兹不赘述。但就表面而论，尚有不可缓者数端，为我公陈之。

历次召对，慈训屡以监狱应改相诏，如仅敷衍了事，何以仰答宫廷殷殷求治之至意？此不可缓者一。法部设典狱司，为监狱改良之枢纽。今直省如天津，如保定，皆设有罪犯习艺所，可容数百人，民政部所设之习艺所，亦可容数百人，而法部转瞠乎其后，相形之下，无乃见绌。此不可缓者二。顺天州县与直隶各府州同为一省，今直隶各府州，军流以下人犯，皆已照章收所习艺，而京师及顺天所属州县之军流人犯，因无所可收，仍照旧发配，是同为一省之人而办罪两歧。此不可缓者三。此时建筑，必须以能容五百人者为度，其地非见方六七十丈，不敷各种房屋之布置。今北监地势，东西长而南北狭，不及二十丈。殊不合用。至参取西式，以扇面形、十字形为最善，天津及民政部已仿而营之。本部监狱当为天下之模范，岂可因陋就简？故弟有别购空地之议也。今日倘能请款五六万金，别购地一区，斟酌一极善图式，为天下监狱模范，此上策也。若以巨款一时难筹，先就北监旧屋，去其障蔽，添设工场，有三二千金即可兴办。俟筹有的款，再议大举。此中策也。倘不出此，而必举旧有之监房悉取而改筑之，需费必在一二万金，不中不西，势难完美。后之人或以为未善，又议别图，则此一二万金者，几同虚掷。此策之下者也。何君谓改法不善，不如不改，改而又改，为害滋多。数语洵是通论，惟我公熟思而审计之。此事不必太速，与其速而未尽善，不若迟回而有待也。高明以为然否？

（原见《寄簃文存二编》，1911 年排印本；现据《沈家本全集》，中国政法大学出版社，2010）

答戴尚书书

昨奉手教，询及《新刑律草案》一事，适有客在座，不及作答，仅将书二本藉呈，亮蒙澄察。李参议原奏未见，闻其大旨，欲将杀害祖父母、父母及期亲等项移置于前，作为第二章，自系从名教起见。惟此次法律馆所定律文次序，亦颇参以学说，原奏内业已叙明大意。若一改移，则次序凌乱，于全体甚不相宜。查《唐律》谋杀期亲尊长在第十七卷《贼盗门》内，而无谋杀祖父母、父母之文，盖已包于殴詈祖父母、父母一条之内。其殴詈祖父母、父母一条，则在第二十二卷《斗讼门》内，列于寻常斗殴之后。《大清律例》谋杀祖父母、父母系《刑律·人命门》第三条，亦列于谋杀人、谋杀制使及本管官二条之后。今分则内凡杀尊亲属者一条，列于通常杀人之后，实与《大清律例》宗旨相符。考之于古，证之于今，原定次序，并无悖谬。唐代赦款，叛逆可免，而恶逆多不免，其于恶逆，视叛逆尤重，而律文不列于前者，律有广狭二义，狭义多从广义推演而出，出故广义在前，而狭义居后，此自然之序也。辱承下问，故举法律之渊源，约略陈之。

（原见《寄簃文存二编》，1911 年排印本；现据《沈家本全集》，中国政法大学出版社，2010）

《刑案汇览三编》序

《刑案汇览前编》六十卷，《续编》十六卷，纂订者会稽祝松庵，刊行者歙县鲍季涵也。《前编》所集，有说帖、成案、通行、邸抄以及《所见集》、《平反节要》诸书，而以说帖为最多，约居四之二，成案居四之一。《续编》所集，惟说帖、成案、通行、邸抄而无他书，成案居四之三，说帖仅十之一。其中有道光十三、十四等年交馆之案，当时核复未具说帖者五十九件，此两编纂订之不同也。

从前刑部遇有疑似难决之案，各该司意主议驳，先详具说帖呈堂。如堂上官以司议为是，由司再拟稿尾，复外省之语曰稿尾。分别奏咨施行。若堂上官于司议犹有所疑，批交律例馆详核，馆员亦详具说帖呈堂。堂定后仍交本司办稿，亦有本司照复之稿。堂上官有所疑而交馆者，其或准或驳，多经再三商榷而后定，慎之至也。道光中，渐有馆员随时核复不具说帖之事，去繁就简，说帖遂少。光绪庚辰以后，凡各司疑难之案，一概交馆详核。于是各司员惮于烦也，遂不复具说帖。馆员亦不另具说帖，径代各司拟定稿尾，交司施行。自是馆事日繁，而各司多不讲求，因有人才牢落之叹。虽经堂上官谆谆告诫，而积习相沿，未之能改。故说帖亦寥寥罕觏，所可采者，惟成案矣。

余官西曹三十年，癸未秋，在奉天司主稿，凡议驳之案，必先具说帖，或拟定稿尾，再请交馆。奉天辖东三省，该省官吏多不知刑名事，每年应驳之稿，有多至百余件者。余固不敢惮烦，而同司僚友，亦互相讲求，颇获切磋之益。夫刑名关系重要，其事之蕃变，每千头万绪，其理之细密，如茧丝牛毛。使身膺斯责而不寻绎前人之成说，参考旧日之案情，但凭一己之心思，一时之见解，心矜则愎，气躁则浮，必至差以毫厘，谬以千里。往往一案之误，一例之差，而贻害无穷，岂不殆哉？《汇览》一书，固所以寻绎前人之成说以为要归，参考旧日之案情以为依据者也。晰疑辨似，回惑祛而游移定，故法家多取决焉。顾或者曰："今日法理之学，日有新发明，穷变通久，气运将至，此编虽详备，陈迹耳，故纸耳。"余谓理固有日新之机，然新理者，学士之论说也。若人之情伪，五洲攸殊，有非学士之所能尽发其覆者。故就前人之成说而推阐之，就旧日之案情而比附之，大可与新学说互相发明，正不必为新学说家左袒也。

鲍之《续编》说帖，讫于道光十七年冬季，成案讫于道光十四年，通行讫于道光十八年秋季，邸抄讫于道光十八年九月。自是以后，无人续纂，以接其绪。鄂省刻有一编，所采仅咸丰、同治两朝，亦未完备，与鲍书不能相接。余尝得抄本《驳案集成》一书，起道光十八年，讫三十年，凡三十二卷，系律例馆原本，不知为何人所编，实可以接鲍书之绪。又得抄本道光十八年以后之《馆稿》八册，可以补《集成》之未备。光绪戊子秋，余承乏律例馆，复得裒集咸丰、同治、光绪年事，如是者五年。癸巳秋，擢守天津，不复与馆事，尔后见闻遂寡。间采通行数件，他未及也。丁酉夏，调守保定，省中诸幕僚见此书，咸怂恿付梓。因复手自校订，除繁去复，排比成书，凡一百二十四卷，颜之曰《三编》，志与鲍书相接也。官事冗迫，暇晷难得，灯炧饭罢，搦管吮毫，辄自笑曰：何不惮烦也。光绪己亥秋日。

此编抄撮于京邸，编订于天津、保定两郡署，见者谓宜公诸世。余方筹剞劂之资，旋值庚子之变，事遂中辍，忽忽又八九年矣。今日修订法律之命，屡奉明诏。律例之删除变通者，已陆续施行。新定刑法草案，虽尚待考核，而事机相迫，施行恐亦不远。此编半属旧事，真所谓陈迹故纸也。芟薙之功，待诸来日。姑记其缘起于此。丁未仲冬。

（原见《寄簃文存》，修订法律馆，1907 年排印本；现据《沈家本全集》，中国政法大学出版社，2010）

《法学通论讲义》序

　　余恭膺简命，偕新会伍秩庸侍郎修订法律，并参用英美科条，开馆编纂。伍侍郎曰："法律成而无讲求法律之人，施行必多阻阂，非专设学堂培养人才不可。"余与馆中同人金匮其议，于是奏请拨款设立法律学堂，奉旨俞允。择地庀材，克日兴筑，而教习无其人，则讲学仍托空言也。乃赴东瀛，访求知名之士，群推冈田博士朝太郎为巨擘，重聘来华。松冈科长义正，司裁判者十五年，经验家也，亦应聘而至。于光绪三十二年九月开学，学员凡数百人，昕夕讲贯，胸经三学期矣。吾中国法律之学，其将由是而昌明乎？日本之讲求法律，著书立说者非一家，而冈田博士之书，最鸣于时。其所撰《法学通论讲义》，吾学堂诸君子亦既面聆之而研究之矣，同人复怂恿付梓，以广流传。博士因哀集稿本，删订成书，而问序于余。余维管子之言曰："不法法则事毋常，法不法则令不行。令而不行，则令不法也。法而不行，则修令者不审也。"又曰："不明于法而欲治民一众，犹左书而右息之。"是则法之修也，不可不审，不可不明。而欲法之审，法之明，不可不穷其理。而欲穷其理，舍讲学又奚由哉？顾知讲学矣，而于诸法之繁赜，不能絜其纲领，析其条目，俾秩然而有序，犹未审也。且于诸法之要归，不能抉其精微，辨其疑似，俾昭晰而无遗，犹未明也。则讲学亦岂易言哉？博士天资超迈，于五洲法律之书，博学而详说之，故能由博反约，提要钩玄。先之以众说为一卷，次则宪法、行政法、民法、商法、刑法、编制法、诉讼法、国际私法、国际公法各为一卷，条分缕析，何其审其明也。方今环球学说，月异日新，苟非会而通之，又乌能折衷而归一。是世之读是编者，其亦深思夫会通之故，而勿视为一家之言焉，庶法律之学日益昌明乎！松冈科长之讲义亦将编定而公之世，以先睹为快。光绪三十四年六月。

（原见《寄簃文存二编》，1911 年排印本；现据《沈家本全集》，中国政法大学出版社，2010）

《〈大清律例〉讲义》序

天下之学，必讲焉而后明，矧在专门，义博而科繁，安有不讲而能明者？讲读律令，旧载《吏律》。乾隆初，吏部以内外官员各有本任承办事例，律例款项繁多，难概责以通晓，奏请删除官员考校律例一条，上不允。诚以律例关系重要，非尽人所能通晓，讲读之功，不可废也。

乃今之说者，谓律例当使官吏尽谙，颛愚共喻。信斯言也，必使人人皆能通晓，无待于讲焉而后可，必深辞古义非讲不明者，概加芟剃焉而后可。不然，官吏尚未能尽谙，又安望颛愚之共喻哉？讲读之文，载在功令，乌可诬也？夫读者但记诵其辞，讲者必解说其意，举凡礼教之精微，事情之繁赜，一字一句，皆有至理存焉。是即讲之读之，尚恐有不能通晓者，属在官吏，职当尽谙，而官吏之谙之者已不多觏，若欲颛愚之人莫不喻之，能乎？否乎？

在昔汉律，各为章句，叔孙宣、郭令卿、马融、郑玄诸儒，十有余家，家数十万言。凡断罪所当由用者，合二万六千二百七十二条，七百七十三万二千二百余言。魏世诏用郑氏章句，不得杂用余家。夫以康成一代大儒，其所以讲之者，犹如是之详且尽也。其后《唐律》，则有《疏议》三十卷。在唐初，律学专家颇有其人，奉敕纂修《疏议》，其所以讲之者，又如是之详且尽也。洎乎有明，说律之书，不下数十家，《琐言》、《读法》、《纂注》、《笺释》诸书，世尚有传本。或自申己见，或汇集群言，其所以讲之者，又如是之详且尽也。使果人人皆能通晓，古之人何若是之不惮烦哉？《大清律例》承《明律》而损益之，雍正、乾隆以来，迭经修改，其条例视明代增千数百条，律文则因者多而革者少。顺治初，以律文有难明之义、未足之语，增入小注。雍正三年，又纂总注附于律后，并列圣垂训，命官撰集。岂非以礼教之精微，事情之繁赜，正有非官吏之所能尽谙，颛愚之所能共喻者乎？此其所以讲之者，又如是之详且尽也。然则《律例》一书，将欲考其沿革，穷其义例，辨其同异，权其重轻，是非讲不为功。

今试进司牧之自负能名，幕府之素称老手者，举律例而周咨焉。其阅历非不深也，其办案非不精核也，若夫历代之沿革，亦尝考订之乎？法经之义例，亦尝推阐之乎？律与律之同异，例与例之同异，律与例之同异，亦尝参稽而明辨之乎？律轻例重之故，律重例轻之故，古律与今律重轻之故，此律与彼律重轻之故，亦尝博综而审定之乎？皆将逊谢不遑曰未也。夫不明沿革，必至修一例而贻害无穷。不明义例，必至断一案而情法失当。不明同异，必至援引不衷，于是甲罪用乙例，乙罪用丙例。不明重轻，必至权衡不得其平，重者失之轻，轻者失之重。夫孰非不讲之为害哉？

独是律例为专门之学，人多惮其难，故虽著讲读之律，而世之从事斯学者实鲜。官西曹者，职守所关，尚多相与讨论。当光绪之初，有豫、陕两派，豫人以陈雅侬、田雨田为最著，陕则长安薛大司寇为一大家。余若故尚书赵公及张麟阁总厅丞，于《律例》一书，固皆读之、讲之而会通之。余尝周旋其间，自视弗如也。近年则豫派渐衰矣，陕则承其乡先达之流风遗韵，犹多精此学者。韩城吉石生郎中同钧，于《大清律例》一书讲之有素，考订乎沿革，推阐乎义例，其同异重轻之繁而难纪者，又尝参稽而明辨之，博综而审定之，余心折之久矣。迨偕顺德伍秩庸侍郎奏请专设法律学堂，于丙午九月开学，学堂科目特设有《大清律例》一门，即延石生主讲。于今已阅五学期，所编讲义积成六册。其于沿革之源流，义例之本末，同异之比较，重轻之等差，悉本其所学引伸而发明之，辞无弗达，义无弗宣，洵足启法家之秘钥而为初学之津梁矣。

余奉命修律，采用西法互证参稽，同异相半。然不深究夫中律之本原而考其得失，而遽以西法杂糅之，正如枘凿之不相入，安望其会通哉？夫中律讲读之功，仍不可废也。余嘉是编之成，幸斯学之未坠，而后来者有门径之可寻也，故乐为之序。宣统建元六月。

（原见《寄簃文存二编》，1911 年排印本；现据《沈家本全集》，中国政法大学出版社，2010）

删除奴婢律例议

光绪三十二年，前署两江总督周馥奏请禁革买卖人口一折，奉朱批："政务处会同各该部议奏。钦此。"准刑部来片："据政务处咨称，律例条目甚繁，更改动关全体，应由部知照修律大臣，参考中西，拟定办法，等因。经本馆酌拟办法十条，并声明俟奉旨允准，再将律例内奴婢罪名分别应留、应删、应修，奏明办理，等因。"咨复在案。兹据宪政编查馆咨称："前件未及会奏，政务处裁撤。本年正月，准军机处片，交钦奉谕旨：御史吴纬炳奏置买奴婢恶习请严行禁革一折，著宪政编查馆知道，钦此。查原奏请敕下宪政编查馆，会同修律大臣，连同周馥原奏一并核议施行，自应咨商修律大臣，连同先今奏案一并参考拟议。等因。"

查禁革买卖人口一事，论者多以为不便。前拟办法，久已置诸高阁。兹复据编查馆咨商，并抄录吴侍御原奏，声明律例内关涉奴婢各条均予删除，自应参考情形，再行妥议。窃谓此事应行禁革之缘因，周督原议、本馆复议及吴侍御原奏言之已详，不烦复述。本馆前所拟办法十条，大略似亦粗具。惟禁革不便之故，若不详加推究，终无以释众人之疑而碍难决定。今试综而论之，不便之故，约有数端：

一、谓诸王府中有不便也。查王府包衣人，向准考试出仕，既非寻常奴仆可比，又世居户下，亦非罪隶之徒，本与买卖人口之案无涉。惟奴婢律例若有变革，则王府属下人亦应一体遵办，所关系者此耳。在王府属下人，其中多有品官，初不若寻常奴仆之沦于贱役。按之《唐律》，其隶属之情事与部曲约略相似。《唐律》杀奴婢与殴部曲罪有差等，则此项属下人，本不当与奴婢同科。今若量予变通，法理自当如是。此未可拘牵旧制者也。

一、谓满、蒙官员之家有不便也。查国初旗下家奴，于赏给、投充之外，半由契买，故定例有分别红、白契之专条。近数十年来，赏给功臣之法早已停止，投充、契买亦久无闻。访问其故，大抵因为奴者易逃难育，相戒不用。其所驱使之人，亦多出于佣雇。即看坟一项，从前多写立文约，作为坟丁，近来亦多托付邻近相识之人，代为照应，不复沿用坟丁名目。惟世家大族，从先遗留家奴之子孙，尚不乏人。此辈非主家放出及本人赎身，不能脱离奴籍，遂至世世为奴矣。汉世免官奴婢为庶人，《本纪》屡书。唐代官奴婢年七十者免为良人，载在《六典》。古人良法，班班可考，初无世世为奴之理。即现行例内，亦有数辈勤劳，情愿听赎，及累代出力，放出为良诸条。以功令而论，亦未尝令其世世为奴也。此辈跟随主家，必皆数辈后之子孙，阅时一二百年，徒以未放未赎，世世被以奴名，其情亦殊可悯。倘朝廷大沛殊恩，仿照西国赎奴之法，普行放免，固为我国家一视同仁之盛举。即不然，不强之以放赎，而但变通其罪名，此亦修法者维持之苦心，举世所当共谅者也。

一、谓鬻婢之家有不便也。今买奴之风久熄，而鬻婢之家不独满、汉官员大族，即中人小康之户，莫不有之。盖以使用婢女，较之佣妇为便。此等习惯，势难禁断。若改买卖为价雇，恐此女恃系佣赁，不听指挥，或亲属人等常来看视，致有勾串逃盗等项情事。此固不可不虑。然只可于文约内预行议明，到主家后须谨守规矩，年限未满，亲属不准看视等情。或议明雇值一年一给，于给值时准亲属看视一次，以示限制。未可因一端而致碍全局也。自来鬻婢之家，在良善者相待既好，及年之后嫁人为妻妾，必得其所原，与使奴之恶俗迥殊。若遇残忍之人，或非法殴打，戕贼其生命，或衣食缺之，冻饿其体肤，种种凌虐，惨不可言。如改买卖为价雇，此风庶可少杀乎？且周督原议，因上海黎王氏一案而起。黎王氏者，粤东人，其夫系府经历，在蜀服官，病故，该氏扶枢回里，道出上海，因携有婢女十余名，为关吏所究诘，致涉讼庭。西人晤周督，颇以此为言，周督始有禁革之议。若禁奴而不及婢，殊非原议之本旨也。

以上数端，皆论者以为不便之故，今推究而释之如此。至于奴、雇相犯，其罪名悬殊，论者亦必排其议。在奴、雇于家长，奴重雇轻。第雇工殴家长死者绞决，谋故斩决，此据新修《现行刑律》。罪名已特重于凡人。当此减轻刑法之时，照此科罪，似亦不为宽纵。若家长于奴、雇，奴轻雇重。故杀奴婢不过徒一年，殴死雇工者已拟满徒，故杀者即拟绞抵。人或以此为诟病。不知奴亦人也，岂容任意残害？生命固应重，人格尤宜尊，正未可因仍故习，等人类于畜产也。溯康熙年间现行律，旗人故杀白契所买及典当之人，俱照故杀雇工人律拟绞。嘉庆间修改例文，以恩养年久、未久为罪名之攸判，而其照雇工问拟者，案牍亦颇可稽。可见杀伤奴婢，从前原有区分，并非概用本律。今若一律改照雇工，不过红契与白契不复分别而已，尚不至大相径庭。况此等杀伤之人，其为有罪也者，即故杀亦可酌量科断，不得拘于绞抵之文。乾隆年间有部驳广西省外拟绞候改拟杖徒案。其为无罪也者，则逞威惨杀，视人命若草菅，予以重比，未为严刻。近年罕见此类案件。如入秋审，亦归缓决，并不实抵。然则罪名之悬殊，正可毋庸过虑也。

方今朝廷颁行宪法，叠奉谕旨，不啻三令五申，凡与宪法有密切之关系者，尤不可不及时通变。买卖人口一事，久为西国所非笑。律例内奴婢各条，与买卖人口事实相因。此而不早图禁革，与颁行宪法之宗旨显相违背，自应由宪政编查馆速议施行。至于此事办法，则本馆前议具在，自可查照酌核办理。又律例内为奴各条，新修《现行刑律》业已一律酌改，现正奉旨交宪政编查馆复核，当可照准也。谨议。

（原见《寄簃文存二编》，1911 年排印本；现据《沈家本全集》，中国政法大学出版社，2010）

王穆伯佑新注《无冤录》序

宋理宗时，宋慈采《内恕录》诸书，撰《洗冤集录》，检验之事，始有专书。其后有《平冤》及《无冤录》，所谓检验三录也。《洗冤录》世多研稽，近来《〈洗冤录〉辨正》、《续辑》、《汇编》、《集证》、《集注》、《集说》、《附记》、《附考》、《摭遗》诸书，其名难偻指数。海昌许珊林太守槤之《详义》，世尤风行。盖《洗冤》一编，垂为令甲，凡职斯役者，莫不习之，非此书无以决难决之狱，是以群奉为圭臬焉。而《平冤》、《无冤》二录，传本甚稀。许珊林作《详义》，搜集二录。参互考订，颇采其说，是二录非竟不行于世也。余尝得前明崇祯中刻本《无冤录》，系与《洗冤录》合刻者，藏诸箧衍，未及校也。蕲州王穆伯游学东瀛，讲求法医学，于东京之上野藏书楼见有《无冤录》二卷，为朝鲜人崔致云等注释本，日人钞自朝鲜者。王君喜其与法医学足相发明，遂手录一通，加以考订。今夏归来，出以相示。余以崇祯本校之，乃知崇祯本仅为此书之上卷，所言皆官吏章程。其下卷辨别尸伤，采自宋《录》及《平冤录》者为多，而时有驳正之语，盖视二录益精审矣。

惟转展传抄，讹谬不少。王君校正之余，附以新说。如检尸法物条云：“各国验伤检尸器具，皆不假于人民，其器具多先消去毒物，不作他用，与此言暗合。”食气颡辨条云：“气系在前，食系在后，诚为确论。据英、奥学者巴尔铁列丙及骇眥格耳《解剖图说》、德国海满都《解剖图附录》、日本故今田束《实用解剖学》所言，皆谓气管在前，食管在后。可见此书所言，较《洗冤录》为确也。”检验文字条云：“此意正与各国检查规则之不准用概括的语意同。所谓概括语意者，如伤痕只记大如拳、长约尺余，不详记长阔几寸几分是也。”又如辨亲生血属条云："以近时科学所言之理推之，热血滴入骨肉，无论何人，即非亲属者。皆可沁入。因骨含有电气在内，经擦热而吸热血入内。若所滴非热血，且非将骨擦热，虽亲属亦不能滴入。可见滴血之法不足信。"按《〈洗冤录〉详义》云："骨经日久，须先刷白，用炭火微烘，再刺血滴上，看其沁入有红癍，方是与科学家所言颇合。余亲见一戚，乱后寻其母尸，血滴不入，是未知烘热之法也。"又妇人怀孕死尸条云："据生理学与胎产学所言，孕妇死无多时，而胎儿之所以不能出者，因母体已死而子宫收缩之机能已绝也。若经过半月或月余，其死胎落出于母之裈裤中者，因死胎已羸瘦枯缩故也。除此以外，卵膜之腐败破裂，羊水流出，即胎水。母体弛缓腐败，亦皆为死胎落出之原因。据此论之，则所谓因地水火风所致者不足信也。又据地质学家言，地壳外层四五尺之间甚冷，渐深则渐有温热。通常尸窖深不过三四尺，安有热度可言？据此，地水火风之说，又不足信也。"

按：据此《录》所载二案，死胎之出，不因地水火风，其论甚是。至谓尸窖不过三四尺，则未知中国北方之葬，大多深四五尺，或有至七八尺者，若南方之葬，皆极浅，稍深则遇水。已葬之棺，有移出数丈外者，有欹侧者，亦间有烧毁痕者，使地中无风火，则孰移之？孰欹侧之？孰烧毁之？地质学家言，恐尚是一隅之见也。以上诸条，其精者足以明旧说之难诬，余亦足以互相印证。总之，道理自在天壤，说到真确处，古今中外归一致，不必为左右袒也。向见为西学者，深诋《洗冤录》之无当于用，岂知《洗冤录》由数百年经验而成，《平冤录》及此《录》补其所未及。近人《详义》诸书，则更于旧录之固者通之，疑者析之，缺者补之，讹者正之，辨别疑似，剖析毫厘，并荟萃众说，参稽成牍，视故书为加详矣。大抵中说多出于经验，西学多本于学理。不明学理，则经验者无以会其通；不习经验，则学理亦无从证其是。经验与学理，正两相需也。所当保其所有而益其所无，庶斯事愈发明耳，乌可视为无当于用而置之高阁哉？王君独取此书，移写之，辨正之，其用力之勤，用心之深，为弗可及矣。此书原有小注，史传似此者不少，朝鲜人疑为古注，盖未识著书之体裁。崔致云官吏曹参议，奉其国王之命，与判承文院李世衡、艺文馆直提学卞孝文、承文院校理金滉注释音训，而集贤殿直提学柳义孙为之序。其注随文敷衍，鲜见发明，于元代制度未能考究，亦间有错误，似不足贵。义孙序称"正统三年"，朝鲜世奉中朝正朔，当为明英宗年号，是注释时在前明中叶。或疑明代遗臣携往海外者，未确也。宣统建元冬仲。

（原见《寄簃文存二编》，1911 年排印本；现据《沈家本全集》，中国政法大学出版社，2010）

删除同姓为婚律议

《礼记·曲礼》曰："取妻不取同姓，故买妾不知其姓，则卜之。"郑《注》："为其近禽兽也。"邵氏渊曰："所以重宗也。"《大传》曰："其庶姓别于上，而戚单于下，昏姻可以通乎？系之以姓而弗别，缀之以食而弗殊，虽百世而昏姻不通者，周道然也。"郑《注》："姓，正姓，始祖为正姓，高祖为庶姓。"《正义》曰："'其庶姓别于上'者，此作《记》之人，以殷人五世以后，可以通婚，故将殷法以问于周。"《左传》："男女同姓，其生不蕃。"杜《注》："蕃，息也。"孔《疏》："违礼而取，故其生子不能蕃息昌盛也。"又昭元年："内官不及同姓，其生不殖。美先尽矣，则相生疾。"杜《注》："殖，长也。同姓之相与先美矣，美极则尽，尽则生疾。"孔《疏》："同姓相与先美，今既为夫妻，又相宠爱美之至极，在先尽矣，乃相厌患而生疾病。非直美极恶生疾病而已。又美极骄宠，更生妒害也。"刘炫云："违礼而娶，则人神不佑，故所生不长也。晋文姬出而霸诸侯，同姓未必皆不殖。此以礼法为言，劝助人耳。"又云："人之本心，自然有爱，爱之所及，先及近亲。同姓是亲之近者，其爱之美必深，是同姓之先与自美矣。若使又为夫妻，则相爱之美尤极，极则美先尽矣。美尽必有恶生，故美尽则生疾。此以为防，推致此意耳。"《晋语》："异姓则异德，异德则异类，异类虽近，男女相及，以生民也。同姓则同德，同德则同心，同心则同志，同志虽远，男女不相及，畏黩敬也。黩则生怨，怨乱毓灾，灾毓灭性，是故取妻避其同姓，畏乱灾也。"此同姓不通婚之见于经传者，其说亦甚详矣。

《北史·魏文帝纪》诏曰："夏、殷不嫌一族之婚，周世始绝同姓之娶。斯皆教随时设，政因事改者也。"是殷之五世为限，其法亦承于夏。殆上古之禁令皆然。至周法始定为百世不通，视古为密，然亦指受姓之同出于一祖者而言。其非同出一祖者，自不在范围之内。《唐律》："诸同姓为婚者，各徒二年。"《疏议》曰："同宗共姓，皆不得为婚，违者各徒二年。然古者受姓命氏，因彰德功，邑居官爵，事非一绪。其有祖宗迁易，年代寖远，流源析本，罕能推详。至如鲁、卫，文王之昭；凡、蒋，周公之（允）［胤］。初虽同族，后各分封，并传国姓，以为宗本，若与姬姓为婚者，不在禁例。又如近代以来，或蒙赐姓，谱牒仍在，昭穆可知，今姓之与本枝，并不合共为婚媾。其有复姓之类，一字或同，受氏既殊，元非禁限。"是《唐律》之同姓，专指同宗共姓者而言。其姓同而宗不同者，即同出一源，亦所不禁。虽亦本之于周道，然视周稍宽。《明律》改为凡同姓为婚者，各杖六十，离异。而于娶亲属妻妾一条增其文曰："凡娶同宗无服之亲，各杖一百。"是区同宗与同姓为二，而同姓指同姓不宗者言。在古之时，凡同宗者无不同祖，同祖故同姓。既同姓，未有不出于一祖者。故但言同姓，其限制甚分明也。《明律》区同姓、同宗为二，于是不同祖者亦曰同姓，而同姓之义晦矣。

  窃考古之言姓者本于五帝，见于《春秋》者得二十有二，如妫、姒、子、姬、风、嬴、己、任之类是也。诸侯赐卿大夫以氏，公之子曰公子，公子之子曰公孙，公孙之子以王父字为氏。《左传》曰："天子建德，因生以赐姓，胙之土而命之氏。"是姓与氏有别也。战国以下，以氏为姓。司马迁《史记》姓与氏混而为一，自是之后，姓、氏不分。然同姓之义，说经者尚能辨之。《尔雅·释亲》："族晜弟之子相谓为亲同姓。"郭《注》："同姓之亲，无服属。"《白虎通》："姓者，一本之称也。"《诗·杕杜·传》："同姓，同祖也。"《礼记·大传·疏》："姓者，生也。以此为祖，令之相生，虽下及百世，而此姓不改。"可知称同姓未有不同出于一祖者。自姓、氏不分，于是有氏同而姓本不同者。如同一王氏也，琅邪、太原二望同出周灵王太子晋，京兆一望出魏信陵君，皆姬姓。王莽自云舜后，则为妫姓。同一孔氏也，孔子子姓，而郑孔叔姬姓，陈孔宁妫姓，卫孔达姞姓。同一颜氏也，邾颜之裔曹姓，而鲁之颜氏则为姬姓。后来金之完颜，去完为颜，则又非古之颜氏。凡此之类，其氏虽同，而其祖不同，谓之同姓，名实殊乖。新莽以姚、妫、陈、田、王五姓为宗室，且禁元城勿与四姓为婚，而己取王欣之女；魏东莱王基，为子纳太原王沈女，皆不以为嫌，盖知此也。且自元魏改代北之姓，凡三字、二字者并为一字，遂与中原古姓相乱。明洪武时禁用胡姓，呼延为呼，乞伏为乞，由是中国自有之复姓，如公孙、叔孙、士孙、王孙之类亦去一字而为孙，公羊、公沙、公乘之类亦去一字而为公，母邱、母将之类亦去一字而为母，司徒、司空之类亦去一字而为司，其本姓遂亡。此其中间尚有改之未尽者，如司徒，今尚有此姓。视其本宗转同异姓。氏族之紊，莫甚于此。他如奚之为嵇，郳之为倪，棘之为枣，以避仇难而改。庄之为严，庆之为贺，以避国讳而改。氏之为是，以避嘲而改。更有异姓为后，如魏陈矫本刘氏子，出嗣舅氏。吴朱然本姓施，以姊子为朱后。以及汉、唐之赐姓，五季之义儿。若此之类，所关者虽不过一人一家，而日久之后，氏族混淆，莫知其祖之所自出。其本非同出一祖者，而亦以同姓论，于法于理，实难允协。而同姓为婚之律，徒存此虚文，而无当于实事者也。

元魏帝室十姓，百世不通婚。其中如胡、周、奚、车等，与中原旧姓相同，而实非一本，并无明禁。此其立法尚合古制。唐人亦明乎同姓之义，故《疏议》以同宗共姓为限。《明律》亦承唐旧，乃区同宗于同姓之外，罪名则视唐为轻，范围则视唐为广大，非《唐律》之本意。此由未明乎同姓之义故也。夫同姓之义曰一本，曰同祖，其不通婚也曰重宗，曰畏乱灾，经传亦既详言之。其同姓而不同祖，既非一本，则与此义有合与否，亦不待智者而后明之。使不求其理之安否，法之当否，而存之于律之中，岂律之善者乎？

本朝承用《明律》，此条亦仍之未改，而二百年来罕见引用。读律者之旧说，或云同姓者重在同宗，如非同宗，当援情定罪，不必拘泥律文。或云同姓为婚，大江以南罕有犯者，他省即缙绅或不以为怪，是未可概绳以法也。或云穷乡僻壤娶同姓者，事所恒有，若尽绳之以律，离异归宗，转失妇人从一而终之义。乾隆五十四年，湖南唐化经娶同姓不宗之唐氏为妻将其殴伤身死一案，刑部议得："愚民不谙例禁，穷乡僻壤，婚娶同姓不宗妇女者往往有之，固不得因无知而犯，遽废违律之成规。尤不得因违律婚娶之轻罪，转置夫妇名分于不论。该抚略夫妻名分，依凡斗问拟，援引究觉失当。将唐化经改依殴妻致死律拟绞在案。"是此律之不能实行，旧说、旧案具有明文。旧例定有同姓为婚实系明媒正娶者，虽律应离异，有犯仍按服制定拟之条。是同姓为婚之律，已在存而不论之列。

夫律本应离，而例又不论，此法之两歧者也。法必定于一，而后人可遵之信之，未有两歧而可以为法者。则与其含糊两可，而法有两歧之患，何如推寻古义而折衷一是乎？以古义而论，当以同宗为断；而以《唐律》为范围，凡受氏殊者，并不在禁限。娶亲属妻妾律内既已有同宗无服之文，则同姓为婚一条，即在应删之列，正不必拘文牵义，游移两可也。

或者曰古人重宗法。《大传》云："别子为祖，继别为宗，继祢者为小宗。有百世不迁之宗，有五世则迁之宗。百世不迁者，别子之后也。宗其继别子者，百世不迁者也。宗其继高祖者，五世则迁者也。"是宗法有百世不迁、五世则迁之别。今以同宗为限，而宗法久亡，将以何者为依据？曰此无虑也。宗法虽亡，而郡望则习俗相沿，历久不改。凡郡望同者，不论其支派之远近，籍贯之同异，概以同宗论，则限制既不为宽，而官民亦易遵守。此仍是周人之法，而较之殷人五世通婚之制，固大相径庭矣。若《唐律疏议》所云"其有声同字别，音响不殊，男女辩姓，岂宜仇匹，若阳与杨之类，不合共为婚媾"，此则尔时之禁令，按之同姓之义，实不相蒙，可置勿论。又若近世之以异姓为后者，就所知者言，则有钱唐许氏，本系沈氏；山阴宗氏，为前明宗室后裔，本系朱氏。又有避难而改姓者，如归安王氏，为前明建文时谢贵之裔。如此之类，其与本宗仍不得为婚，更有世俗相沿，两姓同派不相通婚者，亦应仍其旧。此不在禁令而可从俗者也。

然今欲删除此律，则必有议其后者。谓男女礼之大司也，峻为之防，民犹逾之，而可先自坏其防哉？此其审微杜渐之心，不可谓不至，而未尝循名以责实也。使举前说以喻之，当必有涣然冰释者。窃谓法无虚设，而事在实行。日者曾询之一直隶人，云："同姓为婚，乡里不以为非。或以门户之难得相当，或以情好之难得素洽，凭媒作合，即成婚媾。此等风气，禁约有所不及。"直隶如此，则他省可知。则此律之不能实行，夫人而知之。既不能实行，而仍存之律中，则为具文。况同姓之义，考诸古说，本不相符，稽诸今说，亦多异议，旧例更有不论之条，此律已久同虚设。又娶亲属妻妾律，本有娶同宗无服之亲者治罪之语，纲常所系，蕃篱具在，未弛防闲，正无庸鳃鳃过虑也。

（原见《寄簃文存二编》，1911 年排印本；现据《沈家本全集》，中国政法大学出版社，2010）

书劳提学《新刑律草案说帖》后

干名犯义

此告诉之事，应于编纂《判决录》时，于诬告罪中详叙办法，不必另立专条。

犯罪存留养亲

古无罪人留养之法，北魏太和中始著之令格。《金史·世宗纪》："大定十三年，尚书省奏邓州民范三殴杀人当死，而亲老无侍，上曰：'在丑不争谓之孝，孝然后能养斯人。以一朝之忿忘其身，而有事亲之心乎？可论如法，其亲官与养济。'"是此法之未尽合理，前人有议之者矣。又嘉庆六年，上谕论承嗣、留养两条，有云"凶恶之徒，稔知律有明条，自恃身系单丁，有犯不死，竟至逞凶肆恶。是承嗣、留养非以施仁，实以长奸，转似诱人犯法"等语。是我朝祖训亦尝申言其弊，此所当敬谨寻绎者也。此法不编入草案，似尚无悖于礼教。

亲属相奸

《新草案》和奸有夫之妇处三等至五等有期徒刑，较原案又加一等者，原包亲属相奸在内，但未明言耳。此等行同禽兽，固大乖礼教，然究为个人之过恶，未害及于社会。旧律重至立决，未免过严究之。此等事何处无之，而从无人举发，法太重也。间有因他事牵连而发觉者，办案者亦多曲为声叙，由立决改监候。使非见为过重，何若是之不惮烦哉？大抵法太重则势难行，定律转同虚设。法稍轻则人可受，遇事尚可示惩。如有此等案件，处以三等有期徒刑，与旧法之流罪约略相等，似亦不为过宽。应于《判决录》详定等差，毋庸另立专条。

亲属相盗　亲属相殴

此两条并在酌量减轻之列，应于《判决录》内详定等差，毋庸另立专条。其关乎殴尊亲属者，《修正草案》内已定有明文矣。

故杀子孙

《公羊传》僖五年："晋侯杀其世子申生。曷为直称晋侯以杀？杀世子母弟，直称君者，甚之也。"何休《注》："甚之者，甚恶杀亲亲也。"又《疏》引《春秋》，说僖五年晋侯杀其世子申生，襄二十六年宋公杀其世子痤，残虐枉杀其子，是为父之道缺也。此可见故杀子孙，实悖《春秋》之义。《康诰》称于父不能字厥子，乃疾厥子，在刑兹无赦之列。古圣人于此等之人，未尝稍恕之也。《唐律》子孙违犯教令，而祖父母、父母殴杀者徒一年半，以刃杀者徒二年，故杀者各加一等。二年、二年半。即嫡继慈养杀者，又加一等。《明律》改一年半者为满杖，改二年及二年半者为一年，既失之太轻；其嫡继慈养之致失绝嗣者复加至绞，又失之过重。此本当损益者也。今试以《新草案》而论，凡杀人者处死刑、无期徒刑或一等有期徒刑。此专指谋、故言。如系故杀子孙，可处以一等有期徒刑，再以酌量减轻条犯罪之事实情轻减二等之法减之，可减为三等有期徒刑。而三等之中又可处以最轻之三年未满，则与《唐律》之轻重亦差相等矣。此亦可以明定于《判决录》内，毋庸另立专条。

杀有服卑幼

宋李绂言：风俗之薄，无甚于骨肉相残。是同宗自相杀伤，即尊长于卑幼，亦非风俗之善者。若必明定于律文之中，亦徒见其风俗之不良耳。且谋、故杀卑幼，旧律之应拟死罪者，于《新草案》同凡人论，尚无甚出入。其殴死及殴伤者，照《新草案》虽与凡人同论，而按之旧法亦无大出入。此等但当于《判决录》规定等差，不必多立专条。

妻殴夫　夫殴妻

《唐律》殴伤妻减凡人二等，死者以凡人论，以刃及故杀者亦同凡人论斩。妻殴夫徒一年，伤重者加凡人三等，死者斩，故杀亦止于斩也，与凡人罪名相去不远。《明律》殴妻非折伤勿论，折伤以上减凡人二等，死者绞，故杀亦绞。殴夫满杖，折伤以上加凡斗三等，笃疾绞决，死者斩，故杀者凌迟处死。夫则改轻，妻则改重，遂大相径庭矣。夫妻者，齐也，有敌体之义。乃罪名之轻重悬绝如此，实非妻齐之本旨。今酌拟办法，凡罪之至死者无论矣。其殴伤及殴死者，即照伤害人身体条，夫从轻比，妻从重比，与凡人稍示区别，似不至大乖乎礼教。亦于《判决录》内详细规定，不必另立专条。

发冢

《修正草案》已有此条，在第二十章，与此条所拟大略相等，不必再补。

犯奸

无夫之妇女犯奸，欧洲法律并无治罪之文。俄律污人名节门内有十四岁以上尚未及岁之女为师保人等及仆役诱奸一条，违禁嫁娶门有奸占无夫妇女一条。前条指师保人等言，后条指奸占言，非通常之和奸罪名也。近日学说家多主张不编入律内，此最为外人着眼之处，如必欲增入此层，恐此律必多指摘也。此事有关风化，当于教育上别筹办法，不必编入刑律之中。孔子曰齐之以刑，又曰齐之以礼，自是两事。齐礼中有许多设施，非空颁文告遂能收效也。后世教育之不讲，而惟刑是务，岂圣人之意哉！

子孙违犯教令

违犯教令出乎家庭，此全是教育上事，应别设感化院之类，以宏教育之方。此无关于刑事，不必规定于刑律中也。

（原见《寄簃文存二编》，1911 年排印本；
现据《沈家本全集》，中国政法大学出版社，
2010）

《法学名著》序

《管子》曰："不法法则事毋常，法不法则令不行。"此言国不可无法，有法而不善，与无法等。然则议法者欲明乎事理之当然，而究其精意之所在，法学之讲求，乌可缓乎？南齐孔稚珪《请置律学助教表》云："寻古之名流，多有法学。故释之、定国，声光汉台。元常、文惠，绩映魏阁。"尔时稚珪提唱宗风，始标法学之名，以树之的，复特引名流以为重，其惓惓于法学之讲求，意何殷也。夫自李悝著经，萧何造律，下及叔孙通、张汤、赵禹之俦，咸明于法，其法即其学也。迨后叔孙宣、郭令卿、马融、郑玄诸儒，各为章句，凡十有余家，家数十万言。凡断罪所当由用者，合二万八千二百七十二条，七百七十三万二千二百余言。法学之兴，于斯为盛。郑氏为一代儒宗，犹为此学，可以见此学为当时所重，其传授亦甚广。魏卫觊请置律博士，转相教授。自是之后，下迄唐、宋，代有此官，故通法学者不绝于世。洎乎元主中原，此官遂废，臣工修律之书，屡上于朝，迄未施行。明承元制，亦不复设此官。国无专科，人多蔑视，而法学衰矣。卫觊云："刑法者，国家之所贵重，而私议之所轻贱。"斯言若伤于过激。然纪文达编纂《四库全书》，法令之书，多遭摈弃，并以刑为盛世所不尚，所录略存梗概而已。夫以名公巨卿创此论于上，天下之士又孰肯用心于法学，其衰也宜也。近今泰西政事，纯以法治。三权分立，互相维持。其学说之嬗衍，推明法理，专而能精，流风余韵，东渐三岛，何其盛也。各国法学，各自为书，浩若烟海，译才难得，吾国中不能多见。日本之游学欧洲者，大多学成始往，又先已通其文字，故能诵其书册，穷其学说，辨其流派，会其渊源。迨至归国之后，出其所得者，转相教授，研究之力，不少懈怠。是以名流辈出，著述日富。大抵专门之学，非博观约取，其论说必

不能详，非极深研几，其精蕴必不能罄。此固非积数十寒暑之功候不能有所成就。若第浅尝而猎取之，遂欲折衷群言，推行一世，难矣。

今者法治之说，洋溢乎四表，方兴未艾，朝廷设馆，编纂法学诸书，将改弦而更张之矣。乃世之学者，新旧纷拏，各分门户，何哉？夫吾国旧学，自成法系，精微之处，仁至义尽，新学要旨，已在包涵之内，乌可弁髦等视，不复研求？新学往往从旧学推演而出，事变愈多，法理愈密，然大要总不外情理二字。无论旧学、新学，不能舍情理而别为法也，所贵融会而贯通之。保守经常，革除弊俗，旧不俱废，新亦当参，但期推行尽利，正未可持门户之见也。或者议曰，以法治者，其流弊必入于申、韩，学者不可不慎。抑知申、韩之学，以刻核为宗旨，恃威相劫，实专制之尤。泰西之学，以保护治安为宗旨，人人有自由之便利，仍人人不得稍越法律之范围。二者相衡，判然各别。则以申、韩议泰西，亦未究厥宗旨耳。此编网罗法学之书，精译印行，其中作者并日本近世知名之士，经数十载之研稽，著为论说，卓然成家，洵足饷遗当世。彼都人士，交相推重，非虚语也。方今宪政推行，新法令将次第颁布，得是书而讲求之，法学之起衰，庶于是乎！在窃愿拭目俟之。宣统三年夏五月。

（原见《寄簃文存二编》，1911 年排印本；现据《沈家本全集》，中国政法大学出版社，2010）

变通异姓为嗣说

唐《户令》："无子者，听养同宗于昭穆相当者。"《唐律》："即养异姓男者，徒一年；与者，笞五十。"《疏议》曰："异姓之男，本非族类，违法收养，故徒一年。违法与者，得笞五十。"《明律》："其乞养异姓义子，以乱宗族者，杖六十；若以子与异姓人为嗣者，罪同，其子归宗。"即本于《唐律》，而罪名稍改从轻。今律承之。此异姓乱宗之禁，自唐以来，并于律内著有明文。盖古人最重宗法，嗣异姓则宗法紊，是以必严其辨。今宗法久已不行，惟此乱宗之禁守之尚严，亦告朔饩羊之意也。

窃尝以意推之，同宗一族，血脉相连，即远至亲尽无服之人，亦皆祖宗一脉之所分注，相与嗣续，自无间然。若寻常异姓，族类既殊，听其嗣续，则血脉不能相属，而宗系绝矣。律之所以必严其禁也。设使为异姓亲属之人，情谊素来亲密，虽事由人合，与同宗一族之以天合者，似属有间，而血脉究亦相通，绝非寻常异姓之人可比。譬诸花木，同根一本，出于天然，其气脉自相贯注。若移花接木，有能生活者，有不能生活者，其所以移之、接之，而遂能生活，必其气脉之隐隐相类者也。然则寻常异姓，诚不可乱宗。若异姓而为至近之亲属，似亦不妨变通矣。《汉书·惠帝纪》："内外公孙。"《注》应劭曰："内外公孙，谓王侯内外孙也。内外孙有骨血属姓。师古曰姓音连。"此血脉相通之义，古人已言之。《魏志·武帝纪》："建安七年，令曰：吾起义兵为天下除暴乱，旧土人民，死丧略尽。国中终日行，不见所识，使吾凄怆伤怀。其举义兵已来，将士绝无后者，求其亲戚以后之，授土田，官给耕牛，置学师以教之，为存者立庙，使祀其先人，魂而有灵，吾百年之后何恨哉！"此古时亲戚为后见于教令者也。又魏陈矫，本刘氏子，出嗣舅氏。吴朱然本姓施，以姊子为朱后，见于史册，不以为非。本朝大臣中有陆费墀，近日史馆中有许邓起枢，并以二姓兼称。其他之以异姓亲属为嗣者，更难偻指数。此亦风俗之习惯不能遽禁者也。查《户部则例》户口继嗣门例载"族人无子者，许立同宗昭穆相当之侄承继，先尽同父周亲，次及大功、小功、缌麻。如俱无，方许择立远房同宗。如实无昭穆相当之人，准继异姓亲属，取具参佐及族长、族人生父列名画押印甘各结送部，准其承继。如有抱养民间子弟户下家奴子孙为嗣，或实有同宗而继异姓者，均按律治罪"等语。此条系乾隆五年户部奏准旗人专例，《中枢政考》亦有此条。其文与《户例》大致相符。是异姓亲属，旗人本有准其过继明文，但不得抱养民间子弟及以家奴子孙为嗣耳。刑部有旧例一条云："八旗有无嗣之人，请继立异姓亲属为嗣者，务令该旗取具两姓情愿甘结，并各该管官参佐领等及族长保结，送部存案，以杜占夺财产之端。如无两姓情愿甘结，不准继立。"系雍正十二年定例。后于乾隆三年删除。可见雍正以前，旗人立继之法甚宽。乾隆三年又定旗人义子继后之例。后于嘉庆六年删除。视雍正例尤宽。迨五年户部定例之后，刑部亦纂定一条云"凡八旗无嗣之人，如无同宗及远近族人昭穆相当可继为嗣者，除户下家奴、民间子弟虽与另户旗人分属至亲不准承继外，其有另户亲属情愿过继者，取具两姓族长人等并该参佐领印甘各结咨部，准其继立。倘实有同宗可继为嗣，捏称并无族人，朦混继立异姓者，仍按律治罪"等语。则亲属以另户为限，已较旧例为严。迨五十三年又定紊乱旗籍之例，而办法更严。然其例内前一节云："诈冒抱养民间子弟、户下家奴子孙为嗣，紊乱旗籍。"后一节云："若有冒支钱粮情事，毋论所继者系属异姓旗人、民间子弟、户下家奴，悉照冒支军粮律从重科断。"而异姓亲属一层，并未声明不准继立。故户、兵二部之例，至今尚存，与刑部之例并行不悖。盖异姓亲属，彼此均系旗人，所谓情谊亲密、血脉相通者也，不独与民间子弟、家奴子孙不同，并与旗人之异姓而非亲属者不同。论其服制，则或为母之兄弟、母之姊妹，皆小功也。或为己之姊妹，及同堂姊妹，在室期功，出嫁功缌也。或为妻兄弟之子，于妻则大功也，论其情谊，则或朝夕往来，或自幼团聚，视远房同宗之无服者为亲密也。现在编纂《嗣续法》，承继一事可否略为变通：凡异姓亲属之有服制者，准其承继为嗣；其无服制，仍不准承继，以示限制。证诸户、兵二部之《则例》，既有旧法可遵，即无虑悖乎中国之礼教，而推之民间风俗，其以亲属承继者，又为习惯之事，必不至窒碍难行也。薛氏《读例存疑》云："以民人而论，如有孤单零户，本宗及远房无人可以承继者，取外姓亲属之人承继，似亦可行。古来名人以异姓承继者，不知凡几，亦王道本乎人情之意也。"盖已有此说，今就其说而推衍之如此，以为共相讨论之助。

（载《法学会杂志》第1年第1期，宣统三年五月）

再醮妇主婚人说

　　孀妇再醮，例所不禁，而应由何人主婚，说者不一。居丧嫁娶例载"孀妇自愿改嫁，翁姑人等主婚，而母家统众抢夺，杖八十。夫家并无例应主婚之人，母家主婚改嫁，而夫家疏远亲属强抢者，罪亦如之"等语。此例定于乾隆初年。自此例行后，孀妇应由翁姑人等主婚，必夫家无例应主婚之人，方许母家主婚改嫁，遵循已久。惟夫家翁姑之外，何者为应主婚之人，何者为不应主婚之人，例无明文，引断殊鲜依据。说者颇议此例之未尽善也。

　　考《明律笺释》云："夫族无醮妇之义，故律不言。其有犯者，亦当坐非女之祖父母、父母强嫁之罪。若利其有而逼逐强嫁者，尤当从重论。"此谓夫家之人不应为孀妇主婚也。《辑注》："夫族无醮妇礼也，然例顺人情，以祖父母、父母得以专制子孙之妇，若必拘以夫族无醮妇之礼，恐启争竞之端，故居丧嫁娶条内，明立翁姑主婚之文。"此所以顺人情也。而夫族无醮妇之说，存而勿论可也。又《旧说》云："乡野愚民，惟利是视，往往有妇女夫亡，母家、夫家视为奇货，互相争夺改嫁者。然在母家于伊女出阁之时，业已受过财礼。迨既经出嫁，即为他家之妇。如遇夫亡改嫁，自应夫家主婚受财，而非母家所得复行主持矣。是以居丧嫁娶条例内，孀妇自愿改嫁，翁姑人等主婚受财，而女家统众强抢者，杖八十。视此则孀妇改嫁，应听夫家主婚受财，已有定例。且今各省府州县衙门，遇有孀妇改嫁呈控有案，几曾有断令母家主婚者。若谓夫族无醮妇之礼，则夫族岂肯甘心，势必致瞒背母家，私自许嫁，而母家又得藉为例应主婚，小则抢夺争殴，大则酿成人命，讼狱从此滋繁矣。古礼不行于今者甚多，此说断不可依从也。"此二说谓夫家可以主婚，而不必拘拘于夫族无醮妇之义也。《会典》康熙十二年题准："凡妇人夫亡之后，愿守节者听。欲改嫁者，母家给还财礼，准其领回。"《律例通考》云："孀妇改嫁，事所恒有。母家、夫家恒致争夺滋讼，自应补纂列为例款，以昭划一。"《读例存疑》谓《会典》此条，修例未经纂入，自系疏漏。此本《会典》为说，主婚应归母家，与《笺释》之说相合者也。

按再醮妇主婚人，夫家、母家说各不同，莫衷一是。窃谓空闺孤守，其事甚难。古人制礼，必本人情，万无拂人情而强以所难者。故再醮之事，北宋以前不独世家大族亦行之，即公主亦有再醮者。汉唐最多。宋秦国大长公主初适米福德，再适高怀德。荣德帝姬初适曹晟，再适习古国王，见于史册，不以为耻。《宋史·汝南王允让传》："为大宗正。奏：'宗妇年少丧夫，虽无子不许嫁，非人情，请除其例。'"范文正公之子妇，先嫁纯礼，后适王陶，其所立义庄有给孀妇改嫁之费。此孀妇改嫁，夫家主婚之明证。不独其时风俗如是，亦必夫家不醮妇之说尚无明文也。况其中更有子女皆无，青年可悯，衣食不给，冻馁堪虞者。翁姑人等于此，或情所不忍，或势所难全，往往有泣涕而遣嫁者焉，则又不尽关乎风俗矣。

试又略风俗而进推其理。妇人有三从之义，未嫁从父，既嫁则从夫、从子。夫即亡没，终属夫家之人。若夫家不愿嫁，母家势不能强之嫁也。是其权在夫家，不在母家也。《晋书·刑法志》："主簿程咸议缘坐之法，谓在室之女，从父母之诛；既醮之妇，从夫家之罚。"当时事获施行，后世纂入律内。夫罚从夫家，则其他之关涉，应从夫家，其义一也。是主婚之当归夫家，其理甚明。《辑注》等所言，但论及事势之利害而已，尚未深究及此也。然则今现行夫家主婚之例，岂可遽议其未善乎？

特天下事不可执一而论，此项主婚人亦有不能不由母家者。七出之条，所以全亲亲之谊，故古者出妻之事最多。今其事虽已绝无仅有，而出妻之律尚列在婚姻门内。此等去妇，必归母家，此当由母家主婚者一也。或者翁姑早没，夫又云亡，夫家并无至近亲属可以主婚；而母家则父母犹存，或有至近亲属，自不能不听之母家。此当由母家主婚者又其一也。更有妇在夫家，素为翁姑所不喜，亲属又多不睦，夫亡之后，形单影只，凌逼难堪，不得已而避居母家，夫家亦不复顾问。此等妇人若仍由夫家主婚，诸多阻碍，不若由母家主婚之为妥协。此以情势论之，而当由母家主婚者又其一也。《会典》所称由母家领回改嫁，当指此等妇女而言。然则《会典》与例文正当参酌而行之，未可偏废矣。

或曰：如夫家、母家俱无例应主婚人则奈何？曰：此律所谓身自嫁娶者也。夫家之翁姑、母家之父母，以及至近亲属，皆无其人，则身自改嫁者，亦事所常有。若在丧服已满之后，即为例所不禁。此所当别论者。至例内所称例应主婚人，别无明文，自当仍以律文为断。律云"凡嫁娶违律，若由男女之祖父母、父母、伯叔父母、姑兄姊及外祖父母主婚者，独坐主婚。男女不坐。余亲主婚者，余亲谓期亲卑幼及大功以下尊长卑幼主婚者。事由主婚，主婚为首，男女为从；事由男女，男女为首，主婚为从"等语。是律以有服、无服为判。有服者并无例应主婚之人，无服者即为疏远亲属，以此引断，尚非无所依据。若谓余亲，下及功缌卑幼，限断太宽，则律内余亲本与祖父母、父母等不同，可以量为区别。夫家如有祖父母、父母等，由夫家主婚；如无祖父母、父母等，而但有余亲，母家有祖父母、父母等，即由母家主婚；母家如亦无祖父母、父母等，而但有余亲，则仍由夫家。于彼此之间，稍示亲疏之别，似于律意尚不至抵牾。以夫家之余亲，与母家之祖父母、父母等相较，则此疏而彼亲也。

惟《会典》所称财礼一层，则宜加讨论。财礼云者，即六礼之纳采、纳币，乃聘女之物，非以贸女也。世俗不明此义，往往因争夺财礼致启衅端。此等恶俗猝难变革。《会典》云给还财礼，亦就风俗之习惯起见，律内亦有追还财礼之文。第追还财礼，乃指违律为婚者言，若夫亡改嫁，而必给还财礼，是直以财礼为贸女之物，殊与礼意不合。故论习俗，则此层万不可删；论学理，则此层万不可存。例文不言财礼之还否，盖已不用此旨。此固宜加讨论，而不可忽者也。

（载《法学会杂志》第 1 年第 2 期，宣统三年六月）

误与过失分别说

误与过失，古人每不分别。《大禹谟》："宥过无大。"孔《传》："过误所犯，虽大必宥。"以过、误并言，此不分别者也。《舜典》："眚灾肆赦。"孔《传》："眚，过。灾，害。肆，缓。过而有害，当缓赦之。"《疏》："《春秋》言肆眚者，皆谓缓纵过失之人。是肆为缓也，眚为过也。过而有害，虽据状合罪，而原心非故如此者，当缓赦之。小则恕之，大则宥之。"《康诰》："乃有大罪，非终，乃惟眚灾，适尔，既道极厥辜，时乃不可杀。"《疏》："若人乃有大罪，非终行之，乃惟过误为之，以此故，汝当尽断狱之道，以穷极其罪，是人所犯，乃不可以杀，当以罚宥论之，以误故也。"观《康诰》此节，亦即本于《舜典》及《大禹谟》之意，并专指过失而言。孔《疏》先言过误，后言误，则过与误未免混淆。《周礼·司刺》："一宥曰不识，再宥曰过失，三宥曰遗忘。"郑司农云："过失，若今律过失杀人不坐死。"玄谓："识，审也。不审，若今仇雠当报甲，见乙，诚以为甲而杀之者。过失，若举刃欲斫伐而轶中人者。"《疏》："假令兄甲是仇人，见弟乙，诚以为是兄甲，错杀之，是不审也。"康成此注将二者分而为二。《调人》："凡过而杀伤人者。"《注》："过，无本意也。"是康成以不审为误，非本意为过失，义各不同。张斐《律注表》："不意误犯谓之过失。"又云："过失似贼，戏似斗，斗而杀伤旁人，又似误。"其"不意"二字，即本诸康成之非本意，而又加以"误犯"二字，于是二者又混合难分。斗而杀伤旁人正是误，而以"似误"设为疑词，可见其误与过失不知分别。《晋律》中或亦无误杀伤专条也。

《唐律》："诸斗殴而误杀伤旁人者，以斗杀伤论，至死者减一等。"《疏议》曰："斗殴而误杀伤旁人者，假如甲共乙斗，甲用刃杖欲击之，误中于丙，或死或伤者，以斗杀伤论。不从过失者，以其元有害心，故各依斗法。至死者，减一等，流三千里。"又："诸过失杀伤人者，各依其状，以赎论。"律注谓："耳目所不及，思虑所不到，共举重物，力所不制，若乘高履危足跌及因击禽兽以致杀伤之属皆是。"《疏议》曰："假有投砖石及弹射，耳不闻人声，目不见人出，而致杀伤；其思虑所不到者，谓本是幽僻之所，其处不应有人，投瓦及石，误有杀伤；或共举重物，而力所不制；或共升高险，而足蹉跌，或因击禽兽，而误杀伤人者，如此之类，皆为过失。称'之属'者，谓若共捕盗贼，误杀伤旁人之类，皆是。"据《疏议》所言，于二者之分别最为分晓。一则元有害心，一则初无恶意，判然不同耳。"目所不及，思虑所不到"二语，亦即从"非本意"三字绅绎而出。汉人语简质，至唐则详明耳。自是之后，历代遵循，莫之或改。

今东西各国律文，有过失而无误，推其用意，盖亦以误杀者元有害心，故无论其所杀者系所欲杀之人，或非所欲杀之人，其害之事已成，难以末减。《唐律》以斗杀伤论，亦即此意。《唐律》至死得减一等，究以其所杀者非其本欲杀之人。东西律伤害人者本无死罪，与《唐律》亦不甚悬殊。审判官按其情节，亦可酌量减轻，此则在用律者之运用得宜矣。

（原载《法学会杂志》，第 2 卷第 7、8 号合刊，1914 年 12 月；现据《沈家本全集》，中国政法大学出版社，2010）

《法学会杂志》序

自李悝著《法经》，而法学兴。秦时以吏为师，天下之习法学者，群集于丞相之府。西汉因之。东汉不用秦法，士之习法学者，聚徒教授。如郭弘习《小杜律》，郭躬传其父业，讲授徒众，常数百人。吴雄三世为法名家。陈咸以律令传为家业，其后宠、忠皆典刑法。至为律章句者，凡十余家，郑康成以大儒，犹为此学。是时虽无法学会之名，而其传授不替，徒众颇广，固甚盛也。近世纪欧洲学者孟德斯鸠之伦，发明法理，立说著书，风行于世，一时学者递衍，流派各持其是。遂相与设立协会，讨论推寻，新理日出，得以改革其政治，保安其人民。流风所被，渐及东海，法学会称极盛焉。

独吾中国寂然无闻，举凡法家言，非名隶秋曹者，无人问津；名公巨卿，方且以为无足重轻之书，屏弃勿录，甚至有目为不祥之物，远而避之者，大可怪也。近今十年来，始有参用西法之议。余从事斯役，访集明达诸君，分司编辑，并延东方博士，相与讲求。复创设法律学堂，造就司法人才，为他日审判之预备。规模略具，中国法学，于焉萌芽。

庚戌之冬，法律学堂学员熊君熴、王君克忠诸君，勾合同志，筹设法学会，来质于余。余喜法学之甫萌芽者，渐见滋生也，极赞成斯议，并捐资为之助。于是冬仲月，竟克成立，会事属汪君子健总其成。子健热心毅力，定章程，筹经费，粗立形式。惟会甫成立，进行匪易，佥议设立短期法政研究所及月出杂志一编，以导其先。遂于辛亥之春，设研究所于财政学堂，子健约同冈田、志田二博士，各尽义务，分班讲说。并延名流数君，担认各种杂志，则自三月始月出一册。研究所于炎暑时暂停，杂志则已出五期。不意八月中，国事变迁，人情惶惑，事遂中辍，良可惜也。余老病侵夺，入春以后，键户静养，不复与政界相周旋。子健惜斯会之已成而中辍也，复与章仲和君重加整顿，并乞政府资助千金，斯会乃复成立。一时知名诸公无不莅止，冠裳跄济，盛于曩时。余虽以老病，不获亲至会所，一聆伟论，而窃喜已废之复举也。因述其缘起，题于杂志卷端。自后吾中国法学昌明，政治之改革，人民之治安，胥赖于是，必不让东西各国，竞诩文明也。实馨香祝之。七十三叟沈家本。

（原见《寄簃文存》，《沈寄簃先生遗书》，民国刻本；现据《沈家本全集》，中国政法大学出版社，2010）

《汉律摭遗》自序

自商鞅变法，相秦孝公而秦以强，秦人世守其法。是秦先世所用者，商鞅之法也。始皇并天下，专任刑法，以刻削毋仁恩和义为宗旨，而未尽变秦先世之法。是始皇之所用者，亦商鞅之法也。鞅之法受之李悝，悝之法撰次诸国，岂遂无三代先王之法存于其中者乎？鞅之变者，牧司连坐之法，二男分毕之法，末利怠贫、收孥之法，余仍悝法也。然则商鞅之法岂遂无三代先王之法存于其中者乎？迨李斯创焚书之议，敢偶语《诗》、《书》者弃市，是古非今者族，法之烦苛，莫此为甚。其后复行督责之令，民不堪命而秦以亡，非尽由商鞅之法。商鞅之法，故李悝之法也。汉兴，约法三章，蠲削烦苛，然不足以御奸，萧何于是捃摭秦法，取其宜于时者作律九章。其三章何所增，其六章即李悝之《法经》也。是汉法亦本于李悝而参之以秦法，非取秦法而全袭之也。

今试以《周官》考之：先请原于八议；决事本于八成；受狱即士师之受中；案比即司徒之大比；读鞫者，小司寇之读书也；乞鞫者，朝士之听治也；过失不坐，三宥之法也；年未满八岁、八十以上非手杀人不坐，三赦之法也。其他之合于周法者，难偻指数。先郑、后郑注《周官》，并举汉法以为比况，可见汉律正多古意，非犹为三代先王之法之留遗者乎？

历代之律存于今者唯《唐律》，而古今律之得其中者亦唯《唐律》，谓其尚得三代先王之遗意也。《唐律》之承用汉律者不可枚举，有轻重略相等者，有轻重不尽同者，试取相较，而得失之数可藉以证厥是非。是则求《唐律》之根源，更不可不研究夫汉律矣。惜汉律久亡，其散见于史传者百不存一。然使搜罗排比，分条比类，按律为篇，其大凡亦可得而考见焉。同治、光绪之间，长安薛大司寇曾纂《汉律辑存》一书，业经写定，将付手民。庚子之变，为某舍人所得，匿不肯出。百计图之，竟未珠还，良可惋惜。巴陵杜贵墀有《汉律辑证》六卷，颇称详备，然尚有阙遗。近富平张大令鹏一有《汉律类纂》一书，编次亦未分明。壬子之春，键户养疴，斗室枯坐，因取杜、张二书重为编次，以律为纲，逐条分入。目之可考者取诸《晋志》，事之可证者取诸《史记》及班、范二书，他书之可以相质者亦采附焉。诸书所引律令，往往相淆，盖由各律中本各有令，引之者遂不尽别白。如《金布律》见于《晋志》，而诸书所引则《金布令》为多。今于律令二者亦不能详为区别，若二郑注之所称，今时固难定其为律为令也。龄颓气苶，时须卧息，穷竟日之力，所获无多。自春徂夏，今又秋气初悲，甫克毕事，凡得二十二卷。虽未足遂为三代先王之法，世有稽古之士，其或有取于斯。壬子立秋后三日，七十三叟沈家本。

古人引书每有省文，此编所引以《周礼》、两《汉书》、《说文》为多。《周礼》但称某官，《汉书》但称某《纪》、某《表》、某《志》、某

《传》，《史记》必称《史记》，以别于班。《说文》以段玉裁、桂馥、王筠三家之说为多，但称段曰、桂曰、王曰，省文也。附记。

（原载《法学会杂志》，第 2 卷第 7、8 号合刊，1914 年 12 月；现据《沈家本全集》，中国政法大学出版社，2010）

奏折

保荐经济特科人员折

光绪二十八年十月初六日

刑部左侍郎臣沈家本跪奏，为保荐经济特科人员，恭折仰祈圣鉴事。

窃维政务处行知奏催各部院堂官及各省督抚、学政保荐经济特科等因，于三月初二日奉旨："依议。钦此。"伏思汉策贤良方正，宋举直言极谏，皆以待非常之才。我朝鸿、博两科所甄录者，多渊雅宏通之彦，得人为盛。今国家求贤若渴，诏开特科，固欲得智能之士而任使之，自非空疏浮薄者所能膺斯选也。臣交寡识暗，曾无鉴别之明，乌敢以占毕中材，遽塞明诏。爰就海内英贤为众誉所推重者再三考核。查有湖南附生分省补用知县邹代钧品端学粹，器识闳通，经史百家无书不读，尤长于舆地之学，曾充出洋随员，著有《西征纪程》四卷，凡所经历之地，皆援古证今，考证精密，尤能讨求险要、审知战守之宜，并通译《全球详细西图》，精印风行，当世称为绝学。其余著述亦富，屡经直省督抚保荐。浙江廪生罗振玉敦品励行，学术纯粹，博通经史，贯穿东西政治，尤长于学校农务，渊博切实，海内推为第一，湖北农务学堂、上海东文学堂皆该生所开办，现为监督，兼任江、鄂学务处顾问之事，所著有《经说文集》、《农学丛书》、《教育丛书》等数十种。湖北生员陈毅，学时坚正，志趣宏远，博通经史百家，尤精西史、教育学、政治学，湖北省议办学务多采其言，调署两江总督、湖广总督张之洞派赴日本游历，查阅陆军文部利弊沿革事宜，所著金、元地理，唐、宋史学考证书甚多。浙江生员直隶候补同知张美翊，勇于为义，肝胆过人，曾从前出使大臣薛副辰多年，传其外交之学，尤长于地理，刻有《东南海岛图经萃》西书数十种，为之精博绝伦，复考究西北地理，尚未成书。浙江举人王舟瑶，渊雅谨厚，邃于经史舆地之学，曾充书院山长，训导有方，经前任学臣文治附片密保，奉旨赏内阁中书衔，现充南洋公学特班教习。江苏举人、分省补用知县刘钟琳，器识宏达，究心经世之学，前办陕西荒政，为巡抚岑春煊所倚重，去就不苟，操复卓然。浙江举人李廷栋，经术湛深，文章尔雅，博涉群书，于时务悉心讲求，极为通晓。以上七员，臣皆素耳其名，初未与之熟识，惟核其品诣，洵能明体达用，不徒以词章记诵为长，复加博访周咨，舆论乡评，欣合无间，允足应经济特科之试。

　　谨据实胪陈以仰副侧席旁求之盛意，所有微臣保荐经济特科人员，理合缮折具奏，伏乞皇太后、皇上圣鉴。谨奏。

　　　　　　　（据《沈家本全集》，中国政法大学出版社，2010）

官吏不谙交涉贻害地方请旨饬查究办以消隐患而儆效尤折
光绪三十年六月二十三日

　　臣沈家本跪奏，为官吏不谙交涉，贻害地方，请旨饬查究办，以消隐患而儆效尤，恭折仰祈圣鉴事。

　　窃近来交涉日繁，全赖地方官体会公法，遵守约章，庶有途辙可循，不至漫无限制。若专以媚外为能，措置偶一失宜，便成案据，辗转援引，为害何可胜言？即如臣原籍湖州府地方擅卖学校公地一事，有可见其大凡者。臣接据在籍绅士函称，府学基址跨归安县属天宁、飞英两铺，光绪二十八年四月间，前属归安县知县朱懋清徇美教士翰明德之请，妄援苏省章程出示，勒限两月，逼民将坐落飞英铺之产卖入教堂，兼将府学内尊经阁、敬一亭暨载在祀典之唐颜真卿、宋曹孝子二祠基地十亩有奇，受教士产价洋四百圆，捏作无主荒地，于二十九年三月间朦详批准，一并卖给教士。当逼民出卖之时，归安县典史史悠斌、湖州团防守备柳寿春狼狈为奸，串出莠民倪姓、吴姓、俞姓等冒充地主立契盗卖，复因调换颜祠基地，书立笔据，该典史等且有签押作中情事。迨署知县丁变在任进，经职员钮承绎、诸生孙柯、举人章租申等先后赴府赴省呈控，由湖州府知府志觐札县，履勘援照府志，认明基址确切无疑。而该署县一味延宕，既不将会勘情形申详，又不将争讼原委向教士婉商。现在洋人将次兴筑，众情惶急，专待挽回等语。臣查此案阅二年，官经两任，始则勾结欺朦，继则回护延宕，按其示语禀词，一则曰苏省章程，再则曰无主荒地，岂知各省章程或因开辟口岸，或为建筑码头、自拓商场而设，原非内地所宜妄引。即使确有此章有碍国家利益，地方官方且驳正之不暇，乃反从而明揭之，援外人以口实，是诚何心？至于无主荒地之例，约章既无明文，即与教会租地无涉，更何得牵混影射，至启外人觊觎之心？又况学校祠宇明系公地，竟敢指为无主，是又何心？上年十月间，美教士又在湖州府城内证通、通济两铺间购买地基，署县丁燮为之出示，勒限逼卖，亦系援引苏省章程，经刑部主事朱方饴等联衔呈请外务部，咨行浙抚饬查该署县，复以照中国无主荒地例禀由抚臣咨复。是苏省章程与无主荒地之例，该署县久已视同成例，据以为勒民卖地之符。官相率而媚外，民益激而仇教，失利权伏祸根，其流弊何所终极。

臣愚以为湖州止一郡耳，学校祠宇止一区耳，似无关于大局。然使各国效尤，无主荒地例既可为美教士援引，即可为各国教士援引；苏省章程既可行之浙省，即可行之各直省，辗转贻害，更不知伊于胡底。臣上年奉命修改律例，编考各国法律，于外人买地之权无不禁止，诚恐渐次让卖，土地尽成外人产业，于国家之存立关系甚大。又考现行约章，于外人租地建屋，亦有勿许强租硬占，务须各出情愿，及内地永租房屋地基，俟地方官查明地契，妥当盖印后方能建造房屋。是此事本有限制，况公法于学校祠宇等公产，虽用兵之际犹应保护，不能强占，矧在教士，安有强买之理？设地方官明白开导，晓以利害，教士知系地方公产，亦何肯自损教名而结民怨？乃此案士绅怨愤，赴诉相续，而该地方官尚复不思理处，万一激成教案，咎将谁归？相应请旨，饬下浙江抚臣，一面迅派廉干大员驰往湖州，与湖州教士婉商，将此两案妥筹办结；一面将此次违约擅卖公地之地方官及干预地方公事之典史守备按律参办，以儆将来而杜民教相仇之渐。并请饬下江苏抚臣，将前项章程查明更正，咨部立案，并通行各直省遍谕官民，无使承讹袭谬，贻害无穷。

臣为维持权利、调和民教起见，且事关原籍学校，不忍坐视，冒昧上陈，伏乞皇太后、皇上圣鉴。谨奏。

光绪三十年六月二十三日

再，浙江州县率多谬劣之员，如前署归安县知县邵珩，与教士往还如属吏之见长官，备极足恭，途遇教士则下轿拱立候过，殊失观瞻，并为教士抑勒民人揹买产业。前署乌程县知县汪文炳，因商人与洋人钱债觺轕，领事派包探来县，该令竟与分庭抗礼，同坐会审，尤违体制。推原其故，皆由不习外情、不谙洋务所致。相应请旨，饬下该抚督率州县认真讲求，将约章成案发交课吏馆编为课程，悉心研究，庶临事不至竭蹶。

臣为整顿吏治、消弭教案起见，是否有当，谨附片具陈，伏乞圣鉴。谨奏。

（据《沈家本全集》，中国政法大学出版社，2010）

奏请专设法律学堂折

光绪三十一年三月二十日

　　窃臣等奉命《现行律例》，按照交涉情形，参酌各国法律，悉心考订。开馆以来与编译各员旦夕讨论，深虑新律既定，各省未预储用律之才，则徒法不能自行，终属无补。当此各国交通，情事万变，外人足迹遍于行省，民教龃龉，方其起衅之始，多因地方官不谙外国法律，以致办理失宜，酝酿成要案。将来铁轨四达，虽腹地奥区，无异通商口岸。一切新政，如路、矿、商标、税务等事，办法稍歧，诘难立至，无一不赖有法律以维持之。然则弥无形之患，伸自主之权，利害所关，匪细故也。

　　至于查照通商条约、议收治外法权，尤现在修律本意，亟应广储裁判人材，以备应用。查学务大臣□奏定《学堂章程》内，列有政法科大学，然须预备科及各省高等学堂毕业学生升入。现在预科甫设，计专科之成为期尚远，进士、仕学等馆，其取义在明彻中外大局，于各项政事皆能知其大要。法律仅属普通科学之一，断难深造出洋。游学毕业法科者，虽不乏人，而未谙中国情形，亦多扞格。伏思为学之道，贵具本原。各国法律之得失，既当研厥精微，互相比较，而于本国法制沿革以及风俗习惯，尤当融会贯通，心知其意。两汉经师，多娴律令，唐、宋取士，皆有明法一科。在古人，为援经饰治之征符；在今日，为内政外交之枢纽，将欲强国利民，推行无阻，非专设学堂、多出人材不可。日本变法之初，设速成司法学校，令官绅每日入校数时，专习欧、美司法、行政之学，昔年在校学员，现居显秩者颇不乏人。宜略仿其意，在京师设一法律学堂，考取各部属员，在堂肄习毕业后，派往各省，为佐理新政、分治地方之用。开办之始，暂由臣等经理，俟新律告竣，再行请旨派员，专司其事。不揣固陋，谨拟办法三端，为我皇太后、皇上陈之。

　　一曰定课程。查《大学堂章程》内，法律学门所列科目，其主课为法律原理学、《大清律例》要义、中国历代刑律、中国古今历代法制考、东西各国法制比较、各国宪法、各国民法及民事诉讼法、各国刑法及刑事诉讼法、各国商法、交涉法、泰西各国法，其补助课为各国行政机关学、全国人民财用学、国家财政学，颇为赅备，即照所定学科酌量损益，分延中外教习，逐日讲授。惟《大学堂章程》系四年毕业，拟多加授课钟点，改为三年毕业。另立速成科，习刑律、诉讼、裁判等法，限一年半毕业。

一曰筹经费。常年经费如堂舍租金、教习薪水暨购买书籍、器具、饮食、杂用等项，力求撙节，每年约需银四万两。值此库储支绌，不敢请拨部款，应由各省督抚分筹拨济，大省约解三千两，中小省约解二千两，便可集事。分之见少，在各省尚不甚难。此项毕业学员，日后专为各省办事，现在育才之费仰及群力，于义亦合。至开办经费约需银三万两，请归户部筹拨。

一曰广任用。近日仕途猥杂，各省候补人员，文理未通者指不胜屈。虽有课吏馆之设，而督抚事繁，未能躬亲督察，几至有名无实，遇有要政，本省无可用之人，不得不调诸他省。在平日已有乏才之患，将来新律颁行，需才更亟，非多得晓律意者，不能行之无弊。应将学律各员于毕业后，请简派大臣详加考验，分别等差，其列优等者交部带领引见，按照原官品级，以道、府、直隶州知州、知县等官，请旨录用。庶几学适于用，用其所学，于时政殊有裨益。

以上三端，仅举其大概。如蒙俞允，再由臣等详拟章程，恭候钦定。谨奏。

（本折与伍廷芳合奏。据《沈家本全集》，中国政法大学出版社，2010）

删除律例内重法折
光绪三十一年三月二十日

奏为遵旨考订法律，谨拟将现行律例内重法数端先行删除，以裨治理而彰仁政，恭折仰祈圣鉴事。

光绪二十八年四月初六日，奉上谕："现在通商交涉事益繁多，著派沈家本、伍廷芳将一切现行律例，按照交涉情形，参酌各国法律，悉心考订，妥为拟议，务期中外通行，有裨治理。等因。钦此。"仰见圣谟宏远，钦佩莫名。当经臣等酌拟大概办法，并遴选谙习中西律例司员分任纂辑，延聘东西各国精通法律之博士、律师以备顾问，复调取留学外国卒业生从事翻译，请拨专款以资办公，刊刻关防以昭信守各等因，先后奏明在案。计自光绪三十年四月初一日开馆以来，各国法律之译成者，德意志曰《刑法》，曰《裁判法》，俄罗斯曰《刑法》，日本曰《现行刑法》，曰《改正刑法》，曰《陆军刑法》，曰《海军刑法》，曰《刑事诉讼法》，曰《监狱法》，曰《裁判所构成法》，曰《刑法义解》；较正者曰《法兰西刑法》，至英、美各国刑法，臣廷芳从前游学英国，夙所研究，该二国刑法虽无专书，然散见他籍者不少，饬员依类辑译，不日亦可告成。复令该员等比较异同，分门列表，展卷瞭然，各国之法律已可得其大略。臣等以中国法律与各国参互考证，各国法律之精意固不能出中律之范围，第刑制不尽相同，罪名之等差亦异，综而论之，中重而西轻者为多。盖西国从前刑法，较中国尤为惨酷，近百数十年来，经律学家几经讨论，逐渐改而从轻，政治日臻美善。故中国之重法，西人每訾为不仁，其旅居中国者，皆藉口于此，不受中国之约束。夫西国首重法权，随一国之疆域为界限，甲国之人侨寓乙国，即受乙国之裁制，乃独于中国不受裁制，转予我以不仁之名，此亟当幡然变计者也。方今改订商约，英、美、日、葡四国均允中国修订法律，首先收回治外法权，实变法自强之枢纽。臣等奉命考订法律，恭绎谕旨，原以墨守旧章，授外人以口实，不如酌加甄采，可默收长驾远驭之效。现在各国法律既已得其大凡，即应分类编纂，以期克日成书，而该馆员等金谓宗旨不定，则编纂无从措手。臣等窃维治国之道，以仁政为先，自来议刑法者，亦莫不谓裁之以义而推之以仁，然则刑法之当改重为轻，固今日仁政之要务，而即修订之宗旨也。现行律例款目极繁，而最重之法亟应先议删除者，约有三事。

一曰凌迟、枭首、戮尸。查凌迟之刑，唐以前无此名目，始见于《辽史·刑法志》。辽时刑多惨毒，其重刑有车轘、炮掷诸名，而凌迟列于正刑之内。宋自熙宁以后，渐亦沿用，元、明至今，相仍未改。枭首在秦、汉时惟用诸夷族之诛，六朝、梁、陈、齐、周诸律始于斩之外别立枭名。至隋而删除其法，自唐迄元，皆无此名。今之斩枭，仍明制也。戮尸一事，惟秦时成蟜军反，其军吏皆斩戮尸，见于《始皇本纪》，此外无闻。历代《刑志》并无此法，《明律》亦无戮尸之文。至万历十六年始定此例，亦专指谋杀祖父母、父母者而言。国朝因之，后更推及于强盗案件，凡斩枭之犯，监故者无不戮尸矣。凡此酷重之刑，固所以惩戒凶恶。第刑至于斩，身首分离已为至惨，若命在顷忽，菹醢必令备尝，气久消亡，刀锯犹难幸免，揆诸仁人之心，当必惨然不乐。谓将以惩本犯，而被刑者魂魄何知？谓将以警戒众人，而习见习闻，转感召其残忍之性。故宋真宗时，御史台请脔剐杀人贼，帝曰："五刑自有常刑，何为惨毒也。"陆游常请除凌迟之刑，亦谓："肌肉已尽而气息未绝，肝心联络而视听犹存，感伤至和，亏损仁政，实非圣世所宜遵。"隋时颁律，诏云枭首义无所取，不益惩肃之理，徒表安忍之怀。洵皆仁人之言也。且刑律以唐为得中，而《唐律》并无凌迟、枭首、戮尸诸法。国初律令，重刑惟有斩刑，准以为式，尤非无征。拟请将凌迟、枭首、戮尸三项一概删除，死罪至斩决而止。凡律内凌迟、斩枭各条俱改斩决，斩决各条俱改绞决，绞决俱改监候，入于秋审情实，斩候俱改绞候，与绞决人犯仍入于秋审，分别实、缓。将来应否酌量变通，再由臣等妥议核定。或谓此等重法，所以处穷凶极恶之徒，一旦裁除，恐无以昭炯戒。顾有唐三百年不用此法，未闻当日之凶恶者独多。且贞观四年断死罪二十九，开元二十五年才五十八，其刑简如此。乃自用此法以来，凶恶者仍接踵于世，未见其少，则其效可睹矣。化民之道，固在政教，不在刑威也。

一曰缘坐。缘坐之制，起于秦之参夷及收司连坐。汉高后除三族令，文帝除收孥相坐律，当时以为盛德。惜夷族之诛犹间用之，故魏、晋以下仍有家属从坐之法。《唐律》惟反叛、恶逆、不道律有缘坐，他无有也。今律则奸党、交结近侍诸项俱缘坐矣，反狱、邪教诸项亦缘坐矣。一案株连，动辄数十人。夫以一人之故而波及全家，以无罪之人而科以重罪，汉文帝以为不正之法，反害于民。北魏崔挺尝曰："人有罪延及阖门，则司马牛受桓魋之罚，柳下惠膺盗跖之诛，不亦哀哉！"其言皆笃论也。罚弗及嗣，《虞书》所美。罪人以族，《周誓》所讥。今世各国咸主持刑罚止及一身之义，与罪人不孥之古训实相符合，洵仁政之所当先也。拟请将律例缘坐各条，除知情者仍治罪外，其不知情者悉予宽免，余条有科及家属者准此。

一曰刺字。刺字乃古墨刑，汉之黥也。文帝废肉刑而黥亦废。魏、晋、六朝虽有逃奴、劫盗之刺，旋行旋废。隋、唐皆无此法。至石晋天福间，始创刺配之制，相沿至今。其初不过窃盗、逃人，其后日加繁密，刺事由，刺地名，刺改发，有例文不著而相承刺字者，有例文已改而刺字未改者，其事极为纷糅。在立法之意，原欲使莠民知耻，庶几悔过而迁善。讵知习于为非者，适予以标识，助其凶横，而偶罹法网者，则黥刺一膺，终身僇辱。诚如《宋志》所谓"面目一坏，谁复顾籍？强民适长威力，有过无由自新"也。夫肉刑久废而此法独存，汉文所谓刻肌肤痛而不德者，正谓此也。未能收弼教之益而徒留此不德之名，岂仁政所宜出此？拟请将刺字款目概行删除。凡窃盗皆令收所习艺，按罪名轻重定以年限，俾一技能娴，得以糊口，自少再犯三犯之人。一切递解人犯，严令地方官认真金差押送，果能实力奉行，逃亡者自少也。

以上三事，皆中法之重者。参诸前人之论说，既多议其残苛，而考诸今日环球各国，又皆废而不用，且外人訾议中法之不仁者，亦惟此数端为最甚。此而不思变通，则欲彼之就我范围，不犹南辕而北辙乎？查各国修订法律，大率于新法未布，设单行法。或淘汰旧法之太甚者，或参考外国之可行者，先布告国中，以新耳目。是以略采其意，请将重法数端先行删除，以明示天下宗旨之所在。此外或因或革，端绪繁多，俟臣等随时厘订，陆续奏闻。惟更张之始，度必有议其后者。窃思法律之为用，宜随世运为转移，未可胶柱而鼓瑟。昔宋咸平时删太宗诏令，十存一二，史志称之。我朝雍正、乾隆年间修改律例，于康熙时现行条例删汰不知凡几。即臣等承诏之初，亦以祖宗成宪，未敢轻议更张，第环顾时局，默验将来，实不敢依违模棱，致令事机坐失。近日日本明治维新，亦以改律为基础，新律未颁，即将磔罪、枭首、籍没、墨刑先后废止，卒至民风不变，国势骎骎日盛，今且为亚东之强国矣。中、日两国政教同，文字同，风俗习尚同，借鉴而观，正可无庸疑虑也。伏惟我皇太后、皇上深念时艰，勤求上理，特诏考订法律，期于通行中外，法权渐可挽回，用敢择其至要者，披沥上闻。倘蒙俞允，并请明降谕旨，宣示中外，俾天下晓然于朝廷宗旨之所在，而咸钦仁政之施行，一洗从来武健严酷之习，即宇外之环伺而观听者，亦莫不悦服而景从。变法自强，实基于此。所有臣等酌拟变通刑法缘由，谨恭折具陈，伏乞皇太后、皇上圣鉴训示。谨奏。

三十一年三月二十日奏。内阁奉上谕："伍廷芳、沈家本等奏考订法律请先将律例内重刑变通酌改一折。我朝入关之初，死刑以斩罪为极重。顺治年间修订律例，诏用前明旧制，始有凌迟等极刑。虽以惩儆凶顽，究非国家法外施仁之本意。现在改订法律，嗣后凡死罪，至斩决而止，凌迟及枭首、戮尸三项，着即永远删除。所有现行律例内凌迟、斩枭各条，俱改为斩决，其斩决各条俱改为绞决，绞决各条俱改为绞监候，入于秋审情实，斩监候各条俱改为绞监候，与绞候人犯仍入于秋审，分别实、缓办理。至缘坐各条，除知情者仍治罪外，余著悉予宽免。其刺字等项，亦着概行革除。此外当因当革应行变通之处，均著该侍郎等悉心甄采，从速纂订，请旨颁行。务期酌法准情，折衷至当，用副朝廷明刑弼教之至意。将此通谕知之。钦此。"

（本折与伍廷芳合奏。原见《寄簃文存》，修订法律馆，1907 年排印本；现据《沈家本全集》，中国政法大学出版社，2010）

议复江督等会奏恤刑狱折
光绪三十一年三月二十日

据刑部咨称，光绪二十九年十二月间，准政务处咨原任两江总督刘坤一、湖广总督张之洞会奏变法第二折"恤刑狱"一条，现在修改刑律，足资考证，摘录原奏，咨行刑部。查照相应转咨修订法律大臣，酌核办理等因前来。

臣等查该督等原奏内称"狱为生民之大命，结民心，御强敌，其端皆基于此。我朝《大清律例》较之汉、隋、唐、明之律，其仁恕宽平，相去霄壤。徒以州县有司实心爱民者不多，于是滥刑株累之酷，囹圄凌虐之弊，往往而有。外国人来华者，亲入州县之监狱，旁观州县之问案，疾首蹙额，讥为贱视人类。驱民入教，职此之由"等语。系属实在情形。是欲固民心，非恤刑狱不可。

恤刑狱共分九条。除"禁讼累"一条，重在裁革书吏，业经钦奉谕旨通饬遵行；"教工艺"、"改罚锾"二条，前经刑部另行奏准通行各省；"恤相验"一条，应由刑部奏明办理；"省文法"一条，宽减处分，事隶吏部，应俟会同吏部酌核办理外，其"省刑责"、"重众证"、"修监羁"、"派专官"四条，臣等谨就该督等所奏，悉心核议。

查原奏省刑责条内，据称"敲扑呼号，血肉横飞，最为伤和害理，有悖民牧之义。夫民虽犯法，当存哀矜。供情未定，有罪与否尚不可知，理宜详慎。况轻罪一誊，日后仍望其勉为良民，更宜存其廉耻。拟请以后除盗案、命案证据已确而不可认供者，准刑吓外，凡初次讯供时及牵连人证，断不准轻加刑责。其笞杖等罪酌量改为羁禁，或数日，或数旬，不得凌虐久羁"等语。

臣等查笞杖仿于《虞书》，鞭扑不过以示薄惩，故律内杖罪至一百而止。其刑本轻，厥后变本加厉，问案率用刑讯，动辄盈千累百，血肉贱〔溅〕飞，诚如原奏所云"最为伤和害理"。居今日而欲求其弊，若仅宣言禁用刑讯，而笞杖之名因循不去，必至日久仍复弊生，断无实效。然遽如原奏改为羁禁数日数旬，立法过轻，又不足以示惩警。臣等公同酌议：拟请嗣后除罪犯应死，证据已确而不肯供认者，准其刑讯外，凡初次讯供时及徒流以下罪名，概不准刑讯，以免冤滥。其笞杖等罪，仿照外国罚金之法，凡律例内笞五十以下者，改为罚银五钱以上，二两五钱以下；杖六十者，改为罚五两，每一等加二两五钱，以次递加，至杖一百改为十五两而止。如无力完纳者，折为作工，应罚一两折作工四日，以次递加，至十五两折作工六十日而止。旗人有犯，照民人一律科断。至此项罚金折为作工之犯，嗣后即应按照新章收所习艺。

惟查刑部前经奏准通行各省设立习艺所，迄今时逾两年，除直隶、河南、山东、云南业经奏明办理外，其余各省皆未据奏报，实属不成事体，相应请旨饬下各省督抚、将军、都统，迅将罪犯习艺所一律办齐，毋任再延，致误要政。并请饬下顺天府五城一体设立习艺所，收拘轻罪人犯，以归划一。其开办详细章程，应由该衙门自行奏明办理。

又查原奏"重众证"条内，据称"外国问案专凭证人，众证既确，即无须本犯之供。然外国问案有专官，刑律少死罪，监狱不苦，故有确证者即不肯狡供。且警察之法最密，平日之良莠踪迹一一周知，故证据多。问案皆系列坐证人，从不管押，故证人易。中国州县事烦，素无警察。而刑罚较严，出入甚巨，旁人多不肯作证，本犯自必图幸免，此刑求拖累之所由来也。今惟有申明定例一法，可以稍救其弊。查律载：众证明白，即同狱成，不须对问。然照此断拟者，往往翻控，非诬问官受贿，即诋证人得赃。以故非有确供，不敢详办。于是反复刑求，则有拷掠之惨；多人拖累，则有瘐毙之冤。拟请以后断案，除死罪必须有输服供词外，其军、流以下罪名，若本犯狡供，拖延至半年以外者，果系众证确凿，若证人皆系公正可信，上司层递，亲提复讯，皆无疑义者，即按律定拟，奏咨立案。如再京控上控，均不准理"等语。

臣等查外国案以证定，中国案以供定，中外情形不同。近来各州县审案遇有狡供之犯，辄非刑拷掠，惨不忍闻。其或犯供忽认忽翻，案悬莫结，必至妨废多家之生业，牵连无数之旁人。迨犯供输服，而拖毙者已累累矣。况乎三木之下，何求不得，且恐有畏刑诬服者，供以刑求，流弊滋多。例内本有"实在刁健，坚不承招，如犯该杖罪以上，取具众证"明文。原奏所称"惟有申明定例，可以稍救其弊"等语，真为确切之论。

夫既非死罪，又有众证，兼有覆勘案情，断不至全行颠倒。倘再翻控，希图拖累，实为刁健之尤，诚不可不杜其渐。臣等公同酌议，应如该督等所奏，嗣后断案，除死罪必须取具输服供词外，其徒流以下罪名，若本犯狡供不认，果系众证确凿，其证人皆系公正可信，上司层递，亲提复讯，皆无疑义者，即按律定拟，奏咨立案。如再京控、上控，均不准理。似此则听讼不用刑讯，无辜免受拖累。

抑臣等更有请者，欲清讼源，非切实举行警察不可。警察行之如善，不特除奸禁暴，可以消患未萌。抑且平日之良莠若何，行踪若何，莫不周知。原奏谓外国警察之法最密，故证据多，诚非虚语。然必须实力奉行，方不至外貌徒袭。相应请旨饬下各省督抚，严饬所属，认真办理警察，以期渐推渐广，庶于地方大有裨益，而讼狱亦可日见稀少矣。

又查原奏"修监羁"条内，据称"州县监狱之外，又有羁所，狭隘污秽，凌虐多端，时疫传染，多致瘐毙。仁人不忍睹闻，等之于地狱；外人尤为痛诋，叱之以番蛮。夫监狱不能无，而酷虐不可有。宜令各省设法筹款，将臬司、府、厅、州、县各衙门内监、外监大加修改。地面务要宽敞，房屋务须整洁，优加口食及冬夏调理各费，禁卒凌虐，随时严惩。至羁所一项，所以管押窃贼、地痞及案情干涉甚重，而供情未确、罪名未定、保人未到者。定例虽无明文，而各省州县无处无之。盖此等案犯若取保，则十九潜逃，交差则勒虐更甚，其势不能不设羁所。盖即本雍正三年刑部尚书励廷仪所奏，外监以居见羁轻罪之意。拟请明定章程，各处羁所务须宽整洁净，不准虐待，亦不准多押。至待质者，归入候审所，各省多已设立。其余差带官店等事，务须禁绝。此事之实办与否，有房屋可验，不能掩饰"等语。

臣等查例内载明："牢狱禁系囚徒，锁铐常须洗涤，席荐常须铺置。冬设暖床，夏备凉浆。日给食米一升，冬给絮衣一件，病给医药。"定制之初，实属矜恤周至。无如府厅州县奉行不力，任令典守者恣情克扣，肆意凌虐，以致百弊丛生，莫可究诘。至监内房屋，类皆逼窄湫隘。夏则人多秽积，疫疠频生；冬则严寒裂肤，冻馁交迫。瘐毙相继，冤苦莫伸。又复私设班馆等项，拘押干连人证及轻罪人犯，其酷虐与牢狱如出一辙。该督等洞悉情形，故原奏于监狱之弊，抉摘无遗。自非改弦更张，切实整顿，不足以收实效。应如所奏，请旨饬下各省督抚、将军、都统、府尹，设法筹款，将臬司、府、厅、州、县各衙门内监、外监一律大加修改。地面务须宽敞，房屋务宜整洁，一洗从前积弊，并优加口食及冬夏调理各费，以示体恤。禁卒人等倘有凌虐情弊，即行从严惩治。

至羁所一项，既据该督等奏称各省州县无处无之，与其空悬例禁，致各省阳奉阴违，何如明定章程，尚可以随时考察。亦应如所奏，嗣后各处羁所务须宽整洁净，不准虐待，亦不准多押，违者比照凌虐罪囚及淹禁律，分别加等治罪。其臬司提案候审者，归入待质公所。此外如差带官店、仓铺、班馆等名，一律严行禁绝。再，各该省监羁修改完竣之后，应由各该督抚派委妥员分投查验确实。如有空言塞责或敷衍了事，即一面罚令该府厅州县改修，一面参处，并令将修改查验情形详细奏明，咨报刑部，以备稽考。庶此后监羁顿改旧观，而民命无虞淹毙矣。

又查原奏"派专官"条内，据称"监羁一事固须屋宇广洁，尤须随时体恤。禁绝凌虐，必有专官司之，方有实济。吏目典史卑于州县，不能考察。各府皆有同知通判，所司清军、盐捕、水利等事，久成具文，一无实事。按今之通判，宋亦名通判，或名签判，明名曰推官，皆兼管狱囚、诉讼。拟请著为定章，每府即派实缺同知，专司稽查各属监羁之事。同知不同城者，派同城通判，每两个月内遍赴所属外县稽察一次；同城兼有同通者，两员分往，一月稽查一次；同城县监十日稽察一次。如监狱未善、凌虐未禁者，准其据实禀明督抚臬司，比照滥刑例参处。稽查府监，责成本道司监，由督抚随时委员稽查"等语。

臣等查例载"府、厅、州、县有监狱之责者，除照向例设立循环簿，填注每日出入监犯姓名，申送上司查阅外，并令与专管监狱吏目、典史等官，各将监狱人犯填注案由、监禁年月，造具清册，按月申送该管守巡道查核，如有淹禁、滥禁情弊，即将有狱官随时参处。仍令该道因公巡历至府、厅、州、县之便，亲提点验，如有填注隐漏者，将有狱、管狱官一并参处。并令该道每年将清册汇送督抚、臬司查核。若府、厅、州、县有淹禁、滥禁情弊，该道未行揭报，经督抚查出，或别经发觉，将该道一并交部议处"等语。定例本极周密，无如府、厅、州、县奉行不力，日久视为具文。其有无淹禁、滥禁及凌虐情弊，该管巡道亦习而忘之，而大吏更无从知觉，无怪监狱之弊日积日深。至该道因公巡历，亲提点验，更属事不恒有，例成虚设。亟应酌量变通，特派专官以司考察，另设专条以资遵守。应如该督等所奏，嗣后每府即派实缺同知，专司稽察各属监狱之事。同知不同城者，派同城通判，每两个月内遍赴所属外县稽查一次；同城兼有同通者，两员分往，一月稽察一次；同城县监十日稽查一次。如有监羁未善、凌虐未禁者，准其据实禀明督抚、臬司，比照滥刑例参处。稽察府监，责成本道司监，由督抚随时委员稽察。惟立法期于详备，务须力求实际，方能日起有功，全在各该督抚、臬司认真经理，严饬所属各府同知、通判切实考察，以专责成。并令该同、通将每月每次稽察各县监羁，有无淹禁、滥押及凌虐情弊，逐一详细注明，按半年申报该督抚、臬司查核。倘该同通稽查不实及循隐不举者，即据实一并参处。上司各官不即奏参，照循庇例议处。仍令年终汇报刑部，以备稽察。似此则狱囚咸沾实惠，而积弊可期廓清矣。

以上四条，臣等按照原奏悉心核议，如蒙俞允，即通行各省，一体遵照办理。再，此次修订法律，头绪纷繁，所有诉讼、裁判、监狱诸法，如有未尽事宜，应随时参酌，奏明办理。合并声明。谨奏。

（本折与伍廷芳合奏。载《东方杂志》第2年第6期，光绪三十一年六月）

变通窃盗条款折
光绪三十一年四月初二日

窃臣等议复两江总督刘坤一等恤刑狱各条，于本年三月二十一日具奏。奉旨："依议。钦此。"复于二十一日恭读严谕，责令各督抚认真清理，实力奉行，仰见朝廷矜恤庶狱之至意，悚佩莫名。

窃维立政之本，纲纪不容或宽，而化民之方，教养尤难刻缓。是以《周官》圜土职事，施及罢民。汉代律章，输作独详。城旦于罪隶之中，犹加以陶育，冀其困悔。法至美，意至良也。查近年直省各案，以窃盗为最多。定律："窃盗赃四十两以下，科罚仅止杖笞，折责发落。"久等具文。犯者以身尝试，习知国法不足畏。释放之后，再犯、三犯者有之，积案迭窃者有之，结伙持械行劫者又有之。推原其故，半由于地方官不知教养，半由于定律过轻，难昭惩创。现在笞杖改折罚金，自系曲予矜全，启发其羞恶之心。第此等刑制，宜于轻罪人犯及无知犯罪者。独窃盗以攘取为事，犯罪之念，蓄于平日，论赃虽有多寡之殊，诛其心实无重轻之别。而此项人犯大率游荡无业，本难期罚金之可以照纳，况竭彼盗泉，充兹赃罚，揆之于理，尤未适也。罚金无力免缴，代以习艺，泰西各国名为换刑。换刑之习艺，与徒流之习艺，性质虽一，究有久暂之分。历时未久，既难望其旧染之被除，且恐仓遽之间，技艺亦未娴熟。刑期满后，难保不复蹈故辙。

考今世各国刑法，窃盗之罪，法兰西处惩役，德意志处禁锢或十年以下之惩役，比利时处一月以上、五年以下之禁锢，英吉利处五年以下之惩役或二年以下之禁锢，附加苦役及黑牢，日本处二月以上、四年以下重禁锢，其余各国大致相同。间有并科罚金者，非通例也。臣等公同商酌，拟请嗣后凡窃盗应拟笞罚者，改拟工作一月；杖六十者，改拟工作两月，杖七十至一百，每等递加两月。徒罪以上，仍照向章办理。此外，以窃盗论。准窃盗论及各项因盗问拟笞杖，并抢夺强盗案内拟杖者，俱准此。至各省习艺所如有尚未设立者，即将现犯照应得工作期限，暂予监禁。仍令通饬各属，一律从速举办。并将已立各所奏报，分咨刑部备查。似此量为变通，藉刑罚代教养，顽冥可收率化之功。以教养清盗源，草野可享乂安之乐。似于公安、私益，两有裨也。

再，各国刑法，窃盗从无问拟死刑者，即唐律不过加役流，明律亦罪止满流。赃重人犯应否酌减之处，容臣等于新律内酌量核定。合并声明，谨奏。

奉旨："依议。钦此。"

（本折与伍廷芳合奏。载《东方杂志》第2年第6期，光绪三十一年六月）

奏复御史刘彭年停止刑讯请加详慎折
光绪三十一年五月初七日

光绪三十一年四月初五日，准军机处钞交御史刘彭年奏禁止刑讯，有无窒碍，请再加详慎一折。奉旨："著伍廷芳、沈家本妥议具奏。钦此。"查原奏内称"刑讯为东西各国所窃笑，即中国政治法律家，久已心知其非而不敢议改者，诚以中国人心不古，一切治具又复疏节阔目，不能察及隐微，徒慕外国之不用刑讯，而不深求其所以不用刑讯，官吏不善奉行，诚恐有如上谕所云'阳奉阴违者'。与其严防于后，不如预筹于前。按外国不用刑讯者，以其有裁判、诉讼各法也。凡犯人未获之前，有警察、包探以侦之。犯人到案以后，有辩护人、陪审员以听之。自预审至公判，旁征于众证，不取供于犯人，供证确凿，罪名立定。今中国改定刑法，方有端倪，听讼之法，一切未备。有刑而不轻用，犯人虽狡，尚有畏刑之心。若骤然禁止刑讯，则无所畏惧，孰肯吐实情？问刑衙门穷于究诘，必致积压案件，经年不结，拖累羁留，转于矜恤庶狱之法有所窒碍。臣愚以为禁止刑讯，须俟裁判、诉讼各法俱备后，方可实见施行。抑臣更有请者，东西各国裁判所，原系民事、刑事分设，民事即户婚、田产、钱债等是也，刑事即人命、贼盗、斗殴等是也。中国民事、刑事不分，至有钱债细故、田产分争，亦复妄加刑吓。问刑之法似应酌核情节，以示区别。所有户婚、田产、钱债等事，立时不准刑讯，无待游移。至于人命、贼盗以及情节较重之案，似未便遽免刑讯，相应请旨饬下修律大臣体察时势，再加详慎，并饬于《刑事诉讼法》告成后，即将《民法》及《民事诉讼法》克期纂订，以成完备法律，则治外法权可以收回"等语。奏奉谕旨，著臣等妥议具奏。

臣等查该御史所奏，自系为慎重刑狱，恐有窒碍起见。惟泰西各国无论各法是否俱备，无论刑事、民事大小各案，均不用刑讯。此次修订法律，原为收回治外法权起见，故齐一法制，取彼之长，补我之短，实为开办第一要义。惟中外法制之最不相同者，莫如刑讯一端。是以臣等核议刘坤一等恤刑狱折内，于省刑责一条，议如所奏办理，然犹必限以徒流以下罪名不准刑讯，而于命盗死罪案件，未尝概行停止者，亦因此时小民教养未孚，问官程度未逮，出此补救目前之策，已属不得已之办法。

查定例载明："内、外问刑衙门审办案件，务得输服供词，其有刁健坚不承招者，如犯该徒罪以上，仍具众证情状，奏请定夺。"详释例意，犯供务期输服，既输服矣，则所供非由刑求而得可知。徒罪以上，仍具众证，有众证矣，则不得以刑逼取犯供更可知。臣等前奏，不过申明旧例略为变通，其实与西法无涉也。

原奏又谓骤然禁止刑讯，犯人无所畏惧，孰肯供吐实情，必致积压拖累等语。岂一用刑讯，便可免积压、免拖累耶？何以从前各省积压之案，有数年及十数年不结者，且有拖累无辜瘐毙多命者，其将何说以处此？

又如原奏一则曰刑讯为各国所窃笑，再则曰中国政治家久已心知其非。夫既为外人所窃笑矣，既心知其非矣，即应奋然禁绝，无待踌躇，乃又谓应俟裁判、诉讼各法俱备后，方可实见施行，是明知非义而不速改，不更为东西各国所窃笑乎？

查各国编纂法律，大率于新律未颁之前，设单行法，去其太甚，急所当先。况值百度维新之际，因革损益，难缓须臾，故练兵以强国。虽目前将备未储，而不得不先定官制、学堂以育才；现在专门无人，而不得不预设大学。明刑与练兵、兴学并重，必待各法备后，始去刑讯，旷日持久，收效何时？设将来裁判、诉讼诸法同时颁布，群情狃于习惯，仍以去刑讯为不便，将武健严酷之风，终无禁绝之一日。于此而欲收回治外法权，其可得哉？

夫今日中国刑讯之弊，非一端矣。原奏所谓中国民事、刑事不分，至有钱债细故、田产分争，亦复妄加刑吓，洵属历来之锢习。又其甚者，竟至波及案外无辜，横加敲扑，小民遇有讼事，无计避地方官之拷责，冤抑莫伸，遂铤而走险，渊鱼丛雀，驱之者谁？兴言及此，可为寒心。

原奏乃谓，有刑讯则犯人尚有畏刑之心，去刑讯则问官穷于究诘。徒责小民之无良，而不计问官之残酷。揆诸公理，已觉背驰。况自来懦怯者，往往畏刑自诬，凶暴者往往茹刑不吐。徒恃刑求，必不免有枉滥者。

至原奏谓中国人心不古，一切治具又复疏节阔目，不能察及隐微，亦未为笃论。臣廷芳遍历欧、美，深知彼中风俗，凡有血气，心理皆同。中外民情，无甚悬绝。虽政教稍异，而今日各国法制之完备，皆由逐渐改革而成，并非一蹴所能几及。所以臣等奏请教工艺、办警察、兴学堂，无非欲进之以渐。而于核议刘坤一等原折内复声明，诉讼、裁判诸法将来应仿照各国，另设专章。俟参酌妥当，再行奏明办理，并非谓一去刑讯，此外遂无余事也。更以臣廷芳身所亲历者证之。查香港一岛，内地商民侨居于此者，不下三十万人。昔年臣廷芳在该港任理刑事，维时规制未备，凡审判事宜，系用英法，专凭证佐，不事刑求，随讯随结，案件从无积压，实无鳃鳃过虑也。况尚德缓刑，为古今中外所共美。前者明降谕旨，宣示天下，各国公使以及商人咸祝颂我皇太后、皇上圣恩普被，迈越古今，其悦服之心，溢于言表。此举实为环球观瞻所系，内外问刑衙门务须实力奉行，仰体朝廷矜恤庶狱之意，历久习惯，自无所难。培国脉而固民心，其端皆基于此矣。

所有该御史奏请人命、贼盗及情罪较重之案，未便遽免刑讯之处，臣等原奏业已分叙明晰，应毋庸议。至该御史请于《刑法》及《刑事诉讼法》告成后，即将《民法》及《民事诉讼法》纂订，以成完备法律，洵属有条不紊。臣等拟俟《刑律》告竣后，即行分别编辑，陆续奏闻。

再，现在改章伊始，一切未能详备，必得诉讼法相辅而行，方能推行无阻。拟编辑《简明诉讼章程》，先行奏明办理，合并声明。谨奏。

奉朱批："政务处、刑部知道。钦此。"

（本折与伍廷芳合奏。据《沈家本全集》，中国政法大学出版社，2010）

上陈时务折（节选）
光绪三十一年六月初四日

一曰定官制。东三省为我朝龙兴之始，制度本与他省不同。天聪五年，始置六部，设承政。顺治十四年，置盛京户、礼、刑、工四部，设侍郎以下等官，已非天聪之旧。康熙三十年，增置兵部。又旧例奉天府尹以盛京将军兼摄，至乾隆时，乃于盛京五部侍郎内派出一员管理。列圣相承，代有损益。今之时势，又非如前。拟请仿前明辽蓟等处总督故事，合之日本治台湾之法，统三省之地，设一总督，授以全权，便宜行事，一切用人行政不拘内地成例。仿宋明及国初设立推官之法，专设问刑之官，任以终身。于府即以同知为之，于州县即以通判为之。其州县等亲民之官，则以行政为其专责，既酌前规，复合西制，大纲既立，则一切内治不难毕举矣。

一曰通民情。周礼，乡大夫各掌其乡之政，教禁令。其属有州长、党正、族师、闾胥、比长，岁终会政致事。又有询于众庶之文。按六官之数，约五万余人，而乡遂之官，多至三万七千八百有奇，宜乎民情上达而政无不举矣。拟请仿山西乡社章程，参以各国地方自治之制，于地方设立乡社，凡地方当兴当革之事，一切任民自为，而官为之监督。仿日本府县议会之法，任民间公举有资望者为社中董事，以辅地方官之所不及，而通闾阎之幽隐，使天下之人憬然，动君民一体休戚相关之感。其为自强之本，孰有愈于此者乎？

（载《东方杂志》第2年第12期，光绪三十一年十二月）

妇女犯罪收赎银太微不足以资警戒拟请酌量变通折

光绪三十一年九月初二日

奏为妇女犯罪收赎银数太微，不足以资警戒，拟请酌量变通，以昭划一，恭折仰祈圣鉴事。

窃维谳典昭重，范围全国，固不能因中外而殊科，亦不能因男女而异制。中外法律之最不相同者，以妇女收赎一条为最甚。考东西各国刑法，死刑之次为徒刑，与中国军、流名异而实同。妇女犯徒罪，惟英、法、日、俄、比五国，或留内地惩役场，或改拘监狱及制造所役使之刑。余国俱与男子同论。良由平素教育无间，男女不能因犯罪致生轩轾也。中国自《周官》司厉，男子入于罪隶，女子入于春槁，实为男女异罚之始。至汉则有女徒名曰雇山。《唐律》妇女犯徒与男子同，犯流决杖留住居作，三流俱役三年。此汉唐以来妇女犯流徒之大较，其时尚无所谓收赎也。

查收赎之法，始见《明律》，国朝因之。于权衡轻重之中，寓保全名节之意，洵系旷典。惟收赎诸图，泥于往古赎铜之制，其数甚微。现在笞杖改为罚金，满杖即应十五两，本属折中之数。而律图收赎，满流仅四钱五分，即纳赎亦不过一两三钱。相衡之下，轻重悬殊。虽例内有实发为奴十余条，大率妇女犯不孝、奸盗及刁健翻控等项，始得科以实发。且节经修改，有改为监禁者，有改为准其收赎一次者，援引之间，易滋牵辖。而妇女实发之案，累年不获一见，定例几等具文。至收赎旧例，不特与新章轻重背驰，抑且法轻易犯。揆以各国刑制，亦难收齐一之益。矧人情诡诈百出，习知妇女犯罪可邀轻典，往往与人涉讼，辄令妇女出头，贿买主使之弊，尤不可不杜渐防微。

臣等公同酌拟：拟请嗣后凡妇女犯罪，除笞杖照新章一律改为罚金外，如犯该遣、军、流、徒，系不孝及奸盗、诈伪等项，旧例应实发者，改为留于本地习艺所一体工作，十年为限；应监禁者，照原定年限，亦收入本地习艺所工作。其寻常各案准其赎罪，徒一年折银二十两，每五两为一等，五徒准此递加；由徒入流，每一等加十两，三流准此递加；遣、军照满流科断。如无力完缴，将应罚之数照新章按银数折算日时，改习工艺。其犯该枷号，不论日数多寡，俱酌加五两，以示区别。至老幼、废疾有犯流、徒等罪，势难使之工作，应仍照旧律旧例收赎银数科断。如蒙俞允，即通行内外问刑衙门，一体遵照办理。并请饬下各省督抚、将军、都统、府尹，将女犯习艺所作速推广，以昭划一。其尚未设立以前，所有女犯照应得工作期限暂予监禁。所有臣等拟请酌量变通妇女赎罪缘由，是否有当，伏乞皇太后、皇上圣鉴训示。谨奏。

光绪三十一年九月初二日，奉旨："依议。钦此。"

（据《沈家本未刻书集纂》，中国社会科学出版社，1996）

轻罪禁用刑讯笞杖改为罚金请申明新章折
光绪三十一年九月十七日

奏为轻罪禁用刑讯，笞杖改为罚金，各省奉行不力，谨再申明新章，请旨饬遵，以期政平讼理，恭折仰祈圣鉴事。

窃臣等奉命修订法律，本以收回治外法权为宗旨。开馆以来，综核东西各国刑制，悉心参酌，务期中外从同，俾收统驭之效。是以本年三月二十日议复前两江总督刘坤一等变法条奏，拟请变通笞杖办法，改为罚金，并请流徒以下不准刑讯等因。奉旨："依议。钦此。"又于二十一日复钦奉上谕："昨据伍廷芳、沈家本奏，议复恤刑狱各条，请饬禁止刑讯拖累，变通笞杖办法，并请查监狱羁所等条，业经降旨依议。惟立法期于尽善，而徒法不能自行。全在大小各官，任事实心，力除壅蔽，庶几政平讼理，积习可回。颇闻各省州县，或严酷任性，率用刑求；或一案动辄株连，传到不即审讯，任听丁差蒙蔽，择肥而噬。拖累羁押，凌虐百端，种种情形，实堪痛恨。此次奏定章程，全行照准，原以矜恤庶狱，务伸公道而通民情。用特重申诰诫：著该督抚等严饬各属认真清理，实力遵行，仍随时详加考查。倘有阳奉阴违，再蹈前项弊端者，即行从严参办，毋稍回护瞻徇。其勤求民瘼，尽心狱讼，用副朝廷恤下省刑之至意。将此通谕知之。钦此。"

伏维圣训煌煌，中外欣颂，朝廷设立刑章，凡属问刑衙门俱应遵守。乃以臣等所闻，各省州县实力奉行者固多，而阳奉阴违视为具文者仍属不少。即如上海会审公堂，时闻有刑求杖责之事。人言啧啧，并非无因。查上海自开辟商埠以来，华洋杂处，风气开通，同治年间设立会审公堂，专理租界内词讼。凡会审之员，于中外法律理应谙熟。此次议废身体之刑，合中外而相通，尤应切实推行以一政令。该公堂何以仍蹈从前积习，沿用严刑，腐败情形，于斯可见。臣等窃维立国之要领在乎法权，而法权之推暨在乎严守。夫上海，我国之版图也；公堂，我国之官吏也。以我国之官吏行我国之法令，揆诸公理，孰敢逾越。且将来新律告成，范围全国。凡领土之内，法权在所必行，正宜乘此时机，先于通商各口试行裁制诉讼之法，以为基础。乃上海为各埠之领袖，竟至首先梗阻，殊出情理之外。在该省大吏，谅不至有心视为具文，第恐所委之员，昧于交涉，狃于故常，任情敲扑，视宪典如弁髦，是非从严参办不足以肃纲纪。惟此项弊端，现在各省俱未能尽绝，不独上海一隅为然，未便严于此而宽于彼。若遽饬各省一律查参，势必借口省份远近不同，奉文先后各异，以为解脱，转致诸多窒碍。今欲严其将来，须先宽其既往。相应请旨饬下各省督抚，督同臬司，严饬所属州县，嗣后审理案件，凡罪在流徒以下者，照新章不准刑讯；旧例罪应笞杖者，照新章改为罚金。钦遵前次谕旨实力奉行，倘有阳奉阴违，仍率用刑求，妄行责打者，即令该管上司指名严参，毋许徇隐。并请饬下两江总督，会同江苏巡抚，将上海会审公堂一切审判事宜认真整顿。务须选择品望素著，兼通中外法律者，委充会审之员，方能胜任愉快。不得滥竽充数，以致弊窦丛生。上海通商最久，观望所系，总期行法得人，庶将来颁布新律可以推行无阻，而收回治外法权，其端实基于此矣。是否有当，谨恭折具陈。伏乞太后、皇上圣鉴训示。谨奏。

光绪三十一年九月十七日具奏。奉旨："该部知道。钦此。"

（此折与伍廷芳合奏。据《最新法部通行章程》，《沈家本未刻书集纂》，中国社会科学出版社，1996）

派员赴日本考察折

光绪三十一年九月十七日

臣等奉命修订法律，固以明定法权、推行无阻为指归，尤以参酌东西、择善而从为目的。是以自上年四月开馆以来，自德、法、日、俄各国刑律，均经陆续译齐，并以英、美两国向无刑法专书，大半散见他籍，亦经依次搜讨，编译成书。惟立邦之法制，虽知其大凡，而刑政之执行，尤资于试验。考查日本改律之始，屡遣人分赴法、英、德诸邦，采取西欧法界精理，输入东瀛，然后荟萃众长，编成全典。举凡诉讼之法，裁判之方，与夫监狱之规则、刑制，莫不灿然大备，用能使外国旅居之人，咸愿受其约束，而法权得以独伸。至推原致此之由，实得力于遣员调查居多。我国与日本相距甚近，同洲同文，取资尤易为力，亟应遴派专员前往调查，藉得与彼都人士接洽研求。至诉讼、裁判之法，必亲赴其法衙、狱舍，细心参考，方能穷其底蕴，将来新律告成，办理乃有把握。然非得有学有识、通达中外之员，不能胜任。

兹查有刑部候补郎中董康、刑部候补主事王守恂、麦秩严，通敏质实，平日娴习中律，兼及外国政法之书，均能确有心得，拟请派令该员等前赴日本，调查法制刑政，并分赴各裁判所，研究鞫审事宜，按月报告，以备采择。凡该国修订之沿革，颁布之次第，以及民事、刑事之所以分判，并他项规则之关于刑政为译书内所未赅载者，俱可得其要领。此外，监狱制度日本向分为六，其中建筑精审，劝惩得宜，久为泰西所称颂，非循历周防，绘图贴说，不能一目了然，尤应详细稽考。借助他山，事半功倍。庶内外交资，于刑政不无裨益。

得旨："如所议行。"

（与伍廷芳合奏。原见《光绪朝东华录》，第5册，中华书局，1958；现据《沈家本全集》，中国政法大学出版社，2010）

进呈诉讼法拟请先行试办折
光绪三十二年四月初二日

窃维法律一道，因时制宜，大致以刑法为体，以诉讼法为用。体不全无以标立法之宗旨，用不备无以收行法之实功，二者相因，不容偏废。是以上年臣等议复御史刘彭年停止刑讯折内，拟请先行编辑简明诉讼法等因，奏明在案。查中国诉讼、断狱，附见刑律，沿用唐、明旧制，用意重在简括。揆诸今日情形，亟应扩充，以期详备。泰西各国诉讼之法，均系另辑专书，复析为民事、刑事二项，凡关于钱债、房屋、地亩、契约及索取赔偿者，隶诸民事裁判；关于叛逆、伪造货币官印、谋杀、故杀、强劫、窃盗、诈欺、恐吓取财及他项应遵刑律定拟者，隶诸刑事裁判，以故断弊之制秩序井然，平理之功如执符契。日本旧行中律，维新而后踵武泰西，于明治二十三年间先后颁行民事、刑事诉讼等法，卒使各国侨民归其钤束，藉以挽回法权。推原其故，未始不由于裁判、诉讼咸得其宜。中国华洋讼案日益繁多，外人以我审判与彼不同，时存歧视，商民又不谙外国法制，往往疑为偏袒，积不能平，每因寻常争讼细故酿成交涉问题，比年以来更仆难数，若不变通诉讼之法，纵令事事规仿，极力追步，真体虽充，大用未妙，于法政仍无济也。中国旧制，刑部专理刑名，户部专理钱债田产，微有分析刑事、民事之意，若外省州县，俱系以一身兼行行政、司法之权。官制攸关，未能骤改，然民事、刑事性质各异，虽同一法庭，而办法要宜有区别。臣等从事编辑，悉心比絜，考欧、美之规制，款目繁多，于中国之情形未能尽合。谨就中国现时之程度，公同商定简明诉讼法，分别刑事、民事，探讨日久，始克告成。惟其中有为各国通例而我国亟应取法者，厥有二端：

一、宜设陪审员也，考《周礼·秋官》："司刺掌三刺之法，曰讯万民，万民必皆以为可杀，然后施上服下服之刑。"此法与孟子"国人杀之"之旨隐相吻合，实为陪审员之权舆。秦、汉以来不闻斯制，今东西各国行之，实与中国古法相近，诚以国家设立刑法，原欲保良善而警凶顽，然人情诪张为幻，司法者一人，知识有限，未易周知，宜赖众人为之听察，斯真伪易明。若不肖刑官或有贿纵曲庇、任情判断及舞文诬陷等弊，尤宜纠察其是非。拟请嗣后各省会并通商巨埠及会审公堂，应延访绅富商民人等，造具陪审员清册，遇有应行陪审案件，依本法临时分别试办。如地方僻小，尚无合格之人，准其暂缓，俟教育普被，一体举行。庶裁判悉秉公理，轻重胥协，舆评自无枉纵深故之虞矣。

一、宜用律师也，按律师一名"代言人"，日本谓之"辩护士"，盖人因讼对簿公庭，惶悚之下，言词每多失措，故用律师代理一切质问、对诘、覆问各事宜。各国俱以法律学堂毕业者，给予文凭，充补是职。若遇重大案件，则由国家拨予律师，贫民或由救助会派律师代伸权利，不取报酬，补助于公私之交，实非浅鲜。中国近来通商各埠，准外国律师辩案，甚至公署间亦引诸顾问之列。夫以华人讼案藉外人辩护，已觉扞格不通，即使遇有交涉事件，请其伸诉，亦断无助他人而抑同类之理，且领事治外之权，因之更形滋蔓，后患何堪设想。拟请嗣后凡各省法律学堂，俱培养律师人才，择其节操端严、法学渊深额定律师若干员，卒业后考验合格，给予文凭，然后分拨各省，以备办案之用。如各学堂骤难造就，即遴选各该省刑幕之合格者拨入学堂，专精斯业，俟考取后酌量录用，并给予官阶，以资鼓励。总之，国家多一公正之律师，即异日多一习练之承审官也。

以上二者，俱我法所未备，尤为挽回法权最要之端，是以一并纂入。综计全编，分为五章，凡二百六十条，敬护缮其清单，恭呈御览。如蒙谕允，并请明降谕旨，宣布中外，一体遵行。至刑法、民法等项，容俟陆续编纂成书，随时奏闻，合并声明。谨奏。

光绪三十二年四月初二日奉上谕："法律大臣沈家本、伍廷芳等奏刑事、民事诉讼各法拟请先行试办一折，法律关系重要，该大臣所纂各条，究竟于现在民情风俗能否通行，著该将军、督抚、都统等体察情形，悉心研究，其中有无扞格之处，即行缕晰条分，据实具奏。钦此。"

（此折与伍廷芳合奏。据《沈家本全集》，中国政法大学出版社，2010）

虚拟死罪改为流徒折
光绪三十二年四月初二日

奏为拟将现行律内虚拟死罪数端，分别改为流、徒，以省繁重，而归简易，恭折仰祈圣鉴事。

窃臣等奉命修订律例，参酌各国刑法，以冀收回治外法权，是以上年三月间奏请删除凌迟、枭示诸重刑，律例内凌迟、斩枭各条改为斩决，斩决改为绞决，绞决改为绞候，入于秋审情实，并声明寻常应入秋审各犯，将来应否变通，再行妥议等因，奉旨允准通行在案。计自新章颁布，已届一年，不惟各直省推行无阻，即外国使馆亦均同声推服，称颂文明。臣等复详加考核欧美、日本各国死刑，从前极为惨虐，近年则日从轻减，大约少者止数项，多亦不过二、三十项。中国刑法，周时大辟二百，至汉武帝时多至四百九条，当时颇有禁网渐密之议。元魏时大辟二百三十条，隋开皇中除死刑八十一条，唐贞观中又减大辟九十三条，比古死刑殆除其半，刑法号为得中。国朝之律，沿自前明。顺治时律例内真正死罪凡二百三十九条，又杂犯斩绞三十六条。迨后杂犯渐改为真犯，他项又随时增加，计现行律例内死罪凡八百四十余条，较之顺治年间增十之七、八，不惟为外人所骇闻，即中国数千年来，亦未有若斯之繁且重者也。窃维宽严之用，必因乎其时。在立法之初，原为整饬人心风俗起见，而世轻世重，未容墨守成规，惟法贵能得其通，而事须行之以渐。

臣等查现行律例内，其虚拟死罪而秋审例缓者，莫如戏杀、误杀、擅杀三项。戏杀初无害人之意，死出意外，情节最轻。误杀虽有害心，而死非互斗之人，亦初意之所不及。擅杀情节轻重不等，而死者究系有罪之人。故此数项罪犯，在各国仅处惩役、禁锢之刑。考之《唐律》戏杀、误杀，各按其当场情形，分别徒、流，并无死罪。擅杀分勿论及徒、流、绞四等，亦不概问死罪。中国现行律例不分戏、误、擅杀，皆照斗杀拟绞监候，秋审缓决一次，即准减流。其重者，缓决三次减流。盖虽名为绞罪，实与流罪无殊，不过虚拟死罪之名，多费秋审一番文牍而已。现当综核名实并省繁重之际，与其空拟以绞，徒事虚文，何如径改为流，俾归简易。

臣等公同商酌，拟请嗣后戏杀改为徒罪，因斗误杀旁人并擅杀各项罪人，现律应拟绞候者，一律改为流罪，均按照新章毋庸发配，归入习艺所，罚令作工。其现行例内，如误杀其人之父母、兄弟等项，并擅杀二命以上，及谋故、火器擅杀各项，不准一次减等者，酌加二年。如遇情有可原，或情节较重者，应俟临时酌量办理。其戏伤、误伤并擅杀按例罪不至死者，均于本罪上递减一等，以免窒碍。似此变通量减，不过去其虚拟死罪之名，仍于生死无关出入。以上三项减轻之后，如果行无窒碍，再将斗杀及各项死罪分别较量，择其情节轻者，奏请减等。总期由重就轻，与各国无大悬绝。如蒙俞允，当由刑部将本年秋审册内戏杀、误杀、擅杀三项人犯一律扣除，先行开单，改照新章，奏明办理。嗣后此三项人犯，即由各该省专咨报部，仍由刑部核议，按季汇奏一次，以昭慎重。所有臣等拟将律内虚拟死罪数端分别减为流徒缘由，谨恭折具陈，伏乞皇太后、皇上圣鉴。谨奏。

（此折与伍廷芳合奏。原见《寄簃文存》，修订法律馆，1907 年排印本；现据《沈家本全集》，中国政法大学出版社，2010）

伪造外国银币设立专条折

光绪三十二年四月初二日

　　奏为伪造外国银币，例无治罪明文，拟请设立专条，以资引用，恭折仰祈圣鉴事。

　　窃维银圆创自外洋西班牙、墨西哥诸国，中国近亦铸造，各省流畅通行。惟利益所在，诈伪因之而生，是以私造、变造之案层见迭出。上年财政处会同户部奏请严定私造银圆、铜圆、纸币治罪章程，经刑部议，以按照私铸制钱例从严治罪。凡私铸银圆、铜圆，伪造纸币，不论赃数、次数，但经铸成造就，为首及匠人均拟斩监候，照章改为绞监候，秋审入于情实；为从发遣新疆给官兵为奴，受雇及知情买使者杖一百徒三年。如铸造未成，畏罪中止者，为首及匠人发极边足四千里充军等因，奏准通行在案。是私造银铜圆、纸币已有定章可循。惟是此项新章系专指私造中国银铜圆、纸币而设，诚以银铜圆、纸币为我国家财政所系，故拟罪独从其重。至于外国银圆，中国虽一律通行，惟究与国宝不同，如有伪造，拟罪自应略分轻重，以示区别。

　　查各国法律私铸一项，均以本国、外国分别治罪。如法国刑法，凡伪造、改造金银货币，处无期徒刑；伪造改造外国货币，处有期徒刑。俄国刑法，凡私铸俄国钱币，无限公权全夺，罚作八年以上、十年以下苦工；私铸外国钱币，无限公权全夺，罚作四年以上、六年以下苦工。英国刑法，凡伪造货币，处终身徒刑；伪造外国货币，处五年至七年之徒刑，或二年以下之囚狱。《日本改正刑法》：以行使之目的将通用货币、纸币伪造变造者，处无期或五年以上之惩役，将国内流通之外国货币、纸币伪造变造者，处三年以下之惩役。是法、俄、英、日、各国治罪之轻重虽有不同，而私造外国货币均较本国处刑为轻。

　　现在中国银币盛行，而外国银圆流通内地并无歧视，以致伪造外国银圆人犯所在多有，现行律例并无治罪明文。与其就案斟酌，临事鲜有依据，何如定立专条，随时可资引用。臣等公同商酌，拟请嗣后凡伪造外国银圆行使，无论赃数、次数多寡，为首及匠人均于奏定私铸银币章程绞罪上减一等，拟以流三千里，其为从及铸造未成之犯，各于流罪上减一等问拟，所得流、徒罪名，仍照章收入习艺所工作。似此明定章程，庶立法宽严得中，而匪徒知所警戒矣。如蒙俞允，即由臣等通行内外问刑衙门，一体遵照。所有臣等拟请设立伪造外国银币治罪专条缘由，谨恭折具陈，伏乞皇太后、皇上圣鉴。谨奏。

（此折与伍廷芳合奏。原见《寄簃文存》，修订法律馆，1907 年排印本；现据《沈家本全集》，中国政法大学出版社，2010）

大理院奏审判权限厘定办法折
光绪三十二年十月二十七日

光绪三十二年（1906 年）九月二十日，内阁奉上谕："刑部著改为法部，专任司法。大理寺著改为大理院，专掌审判。等因。钦此。"臣等当于本月初四日，会同法部尚书戴鸿慈等奏明，大理院尚未成立，所有现审案件暂由法部照常办理，请俟三月后查看情形，再行交代等因，仰蒙俞允在案。

惟是审判权限、等级攸分，查阅总司核定官制王大臣奏定法部节略内开，各国审判之级，大都区之为三：第一审、第二审、第三审是也。第二审以待不服第一审之判断者，第三审又以待不服第二审之判断者。其裁判所之等级，大都分之为四。英、美、德、法诸国均取四级裁判所主义，日本裁判制度仿效德、法而亦分为四等，即区裁判所、地方裁判所、控诉院、大理院是也。区裁判所为最小之裁判所，只可承审轻罪案件。地方裁判所为第二级裁判，凡区裁判所不能承审之案件，皆得承审之，即为区裁判所之第二审。控诉院承审不服地方裁判所判断之案件，即为区裁判所之终审。大理院承审不服控诉院判断之案件，即为地方裁判所之终审。故轻罪案件为区裁判所所管辖者，诉止于控诉院。重罪案件为地方裁判所所管辖者，始得上控于大审院等语。

臣等详加寻绎，复证之各国法制。盖德意志及日本刑法，均分违警罪、轻罪、重罪为三项。犯违警罪者，警察厅得而惩治之。犯轻罪者，得于区裁判所赴讼，而不能越控于地方裁判所。犯重罪者，得于地方裁判所赴诉，而区裁判所不得受理。控诉院则承受不服地方裁判所之审判者，而并无始审之案。大审院则承受不服控诉院之审判者，而自理词讼以皇事官犯及国事犯为断。是故大审院不必俯侵控诉院之权，地方裁判所不能兼理区裁判之事。分之则各成独立，合之则层递相承，所谓分权定限、责有攸归者也。

中国行政、司法二权向合为一，今者仰承明诏，以臣院专司审判，与法部截然分离，自应将裁判之权限、等级区划分明，次第建设，方合各国宪政之制度。官制节略既变通日本成法，改区裁判所为乡谳局，改地方裁判所为地方审判厅，改控诉院为高等审判厅，而以大理院总其成。此固依仿四级裁判所主义毋庸拟议者也，惟每级各有界限，必须取中国旧制详加分析，庶日后办理事宜各有依据。

臣等公同商酌，大理院既为全国最高之裁判所，凡宗室、官犯及抗拒官府并特交案件，应归其专管，高等审判厅以下不得审理。其地方审判厅初审之案，又不服高等审判厅判断者，亦准上控至院为终审，即由院审结。至京外一切大辟重案，均分报法部及大理院，由大理院先行判定，再送法部复核，此大理院之权限也。高等审判厅则不收初审词讼，凡轻罪案犯，不服乡谳局并不服地方审判厅判断者，得控至该厅为终审。凡重罪案犯，不服地方审判厅之判断者，得控至该厅为第二审。其由该厅判审之案，内则分报法部及大理院，外则咨执法司以达法部，其死罪案件并分报大理院，此高等审判厅之权限也。地方审判厅则自徒、流以至死罪及民事讼案银价值二百两以上者，皆得收审，讯实后拟定罪名，徒、流案件在内则径达法部，并分报大理院，在外则详由执法司以达法部，死罪案件在内在外俱分报法部及大理院，此地方审判厅之权限也。乡谳局则笞杖罪名及无关人命之徒罪并民事讼案银价值二百两以下者，皆得收审，讯实以后径自拟结，按月造册报告，在内则分报法部及大理院，在外则详执法司，以备考核，此乡谳局之权限也。权限既定，则高等审判厅以下必须次第建设，方有专司。除各直省审判衙门应俟官制厘定，由法部咨商各督抚次第筹设外，其京师词讼，自以地方审判厅为重要，乡谳局次之。拟于内外城设立地方审判厅，凡刑事徒、流以上、民事二百两以上者，俱以该厅为始审，则重罪案件有所归宿矣。京师乡谳局拟正名为城谳局，循巡警分厅之旧，于内外城分设九所，凡刑事无关人命之徒罪以下、民事二百两以下者，俱以该局为始审，则轻罪案件有所归宿矣。至高等审判厅，外国俱与大审院相附丽，应俟臣院择定衙署后，再行斟酌定议，此设裁判所之次第也。

夫建置宜定规模，而施行必循次序。臣等承乏大理，极知为中外之观瞻，所系事关重大，夙夜绸缪，窃以为入手之初，非确定各审判官之事权，则责无所属；非预筹各审判所之区域，则事无所归。故于百端待理之中，谨择目前所急需筹办者，先行奏闻，恭俟命下，臣等即会同法部，将京师地方审判厅及城谳各局逐渐设法成立，庶三月以后，法部现审各案得所交代。至宗室案件应否会同宗人府审讯，法部复核死罪应否由臣院会衔，以及提督衙门应否只管缉捕、不理讼狱，民政之巡警厅与城谳局若何分别权限，并应设司法警察若干，高等审判厅以下应设员缺若干，统俟臣等熟商妥协后，再行会同各衙门，陆续请旨施行。谨奏。

光绪三十二年十月二十七日，奉旨："依议。钦此。"

（原见《大清光绪新法令》，商务印书馆，1910 年排印本；现据《大清新法令》点校本，商务印书馆，2010）

大理院奏拟审判章程折

光绪三十二年十一月二十七日①

奏为臣院拟编审判章程，请将前交民刑诉讼法饬催议复，以便参酌审定，恭折仰祈圣鉴事。

窃臣家本于本年三月间，与前修订法律大臣、刑部右侍郎臣伍廷芳奏陈刑事、民事诉讼法，奉旨着各省督抚议奏，当由军机处片交各省钦遵在案。臣等伏思诉讼事宜与审判互为表里，诉讼法者，关于起诉之事，为各案原被告而设者也。审判法者，关于承审之事，为各级审判官而设者也。故有诉讼法而无审判法，则官司之权限不清；有审判法而无诉讼法，则听断之机关不备，二者相对而立，实相须而成。此东西立宪国之所同，不容偏废者也。中国行政、司法向未分离，前者臣家本等奏陈民刑诉讼法时，立宪之诏未颁，故第斟酌旧日情形，尚非裁判独立之义。今者仰承谕旨，以臣院专司审判，则法权既属独立，自应将裁判各职司编为专章，方足以资遵守。惟裁判以诉讼为依据，诉讼以裁判为归宿，分之则两端，合之为一事。其各省人民之智愚，习俗之纯驳，皆与法制有息息相关之故。查民刑诉讼法自奉旨交议以后，除直隶、热河、江苏、四川、广西各督抚、都统业经先后陈奏外，其余各省尚未议复。

---

① 李贵连的《沈家本年谱长编》误将此奏时间定为"十二月二十七日"，现据一档馆修订法律馆第 7 号卷宗校正。

合无请旨催令迅速核议具奏，俾臣院考镜有资，而于审判章程得所参酌。即诉讼法亦可缘以核定，庶几条理贯通，推行无阻。

抑臣等更有请者。东西各国，动言法治。盖法者，划一天下之具，《书》所谓"惟齐非齐，有伦有要"是也。各国变法之初，岂必民智甚高，风俗尽美，而当君臣定议，决然毅然，上焉者下令如流水之源，下焉者奉令如从风之草，其始虽或有一二之不便，而积渐既久，寖成习俗，民亦相忘于不自知焉。此无他，法举其大纲，其几微之出入，固应随时损益变通，乃渐臻于美善也。今朝廷亦既锐意变法矣，人民之程度容有不齐，端赖地方广兴教育；风俗之习惯容有难强，惟在诸大吏善为转移。若以小有参差，微生同异，遂至举一切之法而放弃之，废弛之，则法亦安能行之一日乎？特是议制必取乎从同，程功必蕲乎渐及，亦事理之不得不然者。臣等惟于立法之始，参观博取，回翔审慎，以期可大可久，行之无弊，此则臣等区区之心也。

所有请将前交民刑诉讼法饬催议复，以便审定缘由，谨恭折具陈，伏乞皇太后、皇上圣鉴训示。谨奏。

奉旨："依议。钦此。"

（载《申报》，光绪三十二年十二月二十三日）

大理院创办伊始诸物艰难谨就司法权限酌加厘定折
光绪三十三年四月初九日

修订法律大臣、大理院正卿臣沈家本等跪奏，为臣院创办伊始，诸务艰难，谨就司法权限，酌加厘定，恭折仰祈圣鉴事。

准法部咨称：本部具奏司法权限一折，清单一件，于光绪三十三年四月初三日军机处交片，奉旨："依议。钦此。"遵即钞录原奏、清单，咨行前来。臣等伏查上年改变官制，钦奉懿旨：命法部专任司法，臣院专掌审判。恭绎谕旨，原以法部与臣院同为司法之机关，法部所任系司法中之行政，臣院所掌系司法中之审判，界限分明，可无疑义。司法独立，为异日宪政之始基，非谓从前刑部现审办理不善，故事更张也。臣等恭承简命，夙夜祇惧，以衙门初设，既无经费之可筹，而臣院承受之大理寺，夙称闲曹，又乏人才之可用。且中国积习，大都不愿为刑官，加之律例较繁，非平日极意讲求，临事亦不适于用，故自去年十月以来，仅就素所深知者，于法部及各衙门前后奏调七八十员，以为开办之基础，绸缪数月，粗有端倪。

臣等窃维审判分权，系属创举，内则树直省之准的，外则系各国之观瞻，其事极为重要。而其中最难分析者，则莫如司法权限。法部固以司法行政为职权，而臣院亦为司法之审判，其事皆有维系之故，即其权遂有互相出入之虞。宪法精理以裁判独立为要义，此东西各国之所同也。臣院为最高之裁判，环球具瞻，以征其信用。今死罪必须法部复核，秋、朝审必须法部核定，权限未清，揆诸专掌审判之本意，似未符合。然谓法部必一切解去，亦非事理之平，盖裁判人材未经预备，而外省刑政分析尚难预期，斯不得不斟酌情形，沿用旧制。此臣等所能谅于法部者也。

司法之行政事务为法部应有之权，此亦东西各国所同也。用人为行政之一端，臣等固所深悉，但各国法理昌明，学校林立，法律思想普及全国，其高等法学毕业之人，皆足备法官之登进，取才初不为难，故可由司法省大臣专任其事。其试验之法，虽由司法省主持，而大审院及控诉院判事，实兼充试验委员，非谓裁判人员遂不预闻用人之事也。今中国法学甫有萌芽，收效至速，亦在数年以后，势难悬事待人。臣等调用各部院人员，亦属不得已之举。刑名判决关系至重，若不亲加试验，难期得力，设有贻误，咎将谁归？如云用人之权应由法部，此应俟各学堂法律人才造就著有成效，各省审判官俱由法部任用之后，臣院用人之事，亦同归之法部，今兹尚非其时。此则法部所宜见谅于臣等者也。

自古创办之举，皆不能无所扞格，然必酌理准情，斯有济于公事，且官制清单，其职掌事宜，钦奉懿旨本有"核议妥筹"之语。诚以更张伊始，不厌求详，总期脉络贯通，方能推行无阻，是以各部奏定官制，均就本署实在情形，斟酌变通。臣院与法部各堂官往返晤商，欲将彼此权限酌量定拟，合词请旨遵行。乃商未就绪，而法部已自行具奏。查阅清单所开十二条，有与臣等已经商定者，有与臣等商而未定者，其中尚无窒碍各条，臣等自当钦遵办理。惟第一条臣院自定死刑之案及朝审册事宜，尚须稍加厘正。第五、第六两条，尚须添入臣院会同具奏。第九条臣院官制业经恭奉懿旨，仍著各该堂官自行核议，似未便再会法部。至臣院推丞、推事等官，必须得力人员，经臣等试验有素，而后量能任用，方足以鼓舞群材。若以他衙门之堂官而定此衙门之员缺，情形既未必周知，而以本衙门之庶僚，更听他衙门之任用鉴别，恐难于允当，似应仍由臣等请简奏补，以专责成。凡此四条，或与法权相关，或与事实不便，臣等再四筹维，必重加厘订，始无窒碍。谨就原开清单，加具案语，恭候钦定，请旨遵行。

所有司法权限酌加厘订缘由，谨恭折具陈，伏乞皇太后、皇上圣鉴训示。谨奏。

附清单

谨将法部原拟司法权限清单，加具案语，恭呈御览。

一、大理院自定死刑之案，咨送法部核定，将人犯送法部收监，仍由大理院主稿会同具奏。其秋后人犯于完案后，移送法部监禁，朝审册本由法部核议实缓，再由法部及钦派大臣复核，黄册专由法部进呈。谨案：各国裁判制度，皆以大审院为全国最高审判之地，定拟各案，惟死罪送交司法大臣执行，如情罪或有可原，则由司法大臣奏请减免，并无驳审之权。即厘订官制王大臣奏呈《法部节略》所称，法部只能监督、裁判、处理其司法上之行政事务，不能干涉其裁判权是也。若大理院自定死刑之案，犹须咨送法部核定，似与原定《官制节略》及各国办法均不相符，窃恐贻笑外人，而治外法权之收回，迄无效果。臣等现拟通融办法，凡臣院审定死罪之案，钞录红供奏底连折稿送由法部复核，会画以后，系立决人犯，即送交法部收监，以便执行处决；系秋后人犯，俟会奏后移送法部监禁。至朝审册，本系臣院自审及京师地方审判厅以上审理之案，查外省秋审人犯，必须各省自拟实缓，先行奏闻，则京师各审判衙门定拟秋后人犯，亦应由臣院审拟实缓，咨由法部核办，黄册则由法部进呈。

一、速议之件，外省奏请奉旨后，专由法部核复。如情罪不符者，咨交大理院，俟供勘到后，援律驳正，仍由法部具奏。谨案：外省重大案件，如奉朱批法部速议具奏者，自应由法部核议；若情罪不符，既咨交臣院驳正，则具奏之日，亦应会同臣院，以备圣明垂问。

一、汇案死罪之件，外省具奏奉旨交法部议奏者，应令各省将供勘分送部院，由大理院复核，限十日咨法部核定，即由法部具折复奏。如有情罪未协者，仍咨大理院驳正。谨案：汇奏之件，既由臣院复判，则检查例案及查核减等等项，恐需时日，拟于供勘到后，以二十日为限，咨送法部复奏。若由臣院驳正者，仍须会衔具奏。

一、大理院官制，因检察厅隶于法部，及请简、请补员缺，皆须会商，即应会同法部具奏。其推丞及总检察，由法部会商大理院请简，推事及检察，由法部会同大理院奏补。谨案：光绪三十二年九月二十日钦奉懿旨："大理寺著改为大理院，专掌审判，原拟各部院等衙门职掌事宜及员司各缺，仍著各该堂官自行核议，会同军机大臣奏明办理等因。钦此。"臣等数月以来，业经核议竣事，今谓应会同法部具奏，显与慈谕不符，似应仍遵原旨，由臣院会同军机大臣奏明办理。至检察总厅职掌，实与审判相关，盖各国之有检事官，藉以调查罪证，搜索案据。其宗旨在于护庇原告权利，与律师之为被告辩护者相对立，而监督裁判特其一端。该检事官厅，大都附设于裁判衙门，故大理院官制清单列入检察各官，职是故也。至推丞、推事等官，以今日开办伊始，应由臣院请简奏补，以一事权而免贻误。异日法学材多，《法院编制法》纂定颁行，自可部院会商，公同奏请。若检察厅丞及检察官，职任虽与审判相维系，而所司为行政事务，应俟官制奏定后，会同法部请简奏补。

（据《沈家本全集》，中国政法大学出版社，2010）

实行改良监狱以资模范而宏教育折

光绪三十三年四月十一日

修订法律大臣、大理院正卿臣沈家本跪奏，为请实行改良监狱，以资模范而宏教育，恭折仰祈圣鉴事。

窃刑罚与监狱相为表里，近世各国刑法，除罚金外，自由刑居其强半。所谓自由刑者，如惩役、禁锢之类，拘置监狱，缚束自由，俾不得与世交际。盖犯罪之人歉于教化者为多，严刑厉法可惩肃于既往，难望渐被于将来，故藉监狱之地，施教诲之方，亦即明刑弼教之本义也。考《周官·大司寇》云："以圜土聚教罢民，凡害人者，寘之圜土而施职事焉，以明刑耻之。"又《司圜》云："上罪三年而舍，中罪二年而舍，下罪一年而舍。"郑《注》："圜土，狱城也。"课以作劳，期以年岁，实为自由刑之权舆。汉之罚作，唐之居作，尚有《周官》之遗意。石晋而后，配役之例盛行，监狱之制寖废，虽有监狱，不过供待质、待决之用，领御之方虽备，困悔之旨缺焉。自光绪二十九年刑部议复升任山西巡抚赵尔巽条奏，凡军、流以下之罪，除常赦所不原外，俱酌改入习艺所工作，已采用自由刑之规制。当经通饬各省以次设立，乃因循至今，尚未一律实行。上年改革官制，预备立宪，并于法部设立典狱一司，以专责成，仰见圣朝钦恤之至意，瀛寰遥听，颂祷同声。伏查泰西立宪诸国，监狱与司法、立法鼎峙而三，纵有完备之法典与明允之法官，无适当之监狱以执行刑罚，则迁善感化，犹托空言。以故各国莫不从事于改良监狱，并设立万国监狱协会，分年于各都府开会，派遣委员各将其国改良监狱事件提出，互相讨论，几视为国际之竞争事业。方今力行新政，而监狱尤为内政外交最要之举，虽其中条目纷繁，骤难力臻美备，而缔构之初，宜注意者厥有四事，敬为我皇太后、皇上陈之。

一、改建新式监狱也。西儒有言曰：觇其国监狱之实况，可测其国程度之文野。欧、美改良监狱，多为此论所激发。近今构造之法，益形完备，有采分房制者，有采杂居制者，有采阶级制者，形式以扇面形、十字形为最宜。如法兰西之佛勒斯日监狱，比利时之珍极尔监狱，壮丽几埒宫阙。日本则以巢鸭村称为模范监狱，我国天津及京师各习艺所，俱仿其制。现在内地各监狱，同时改建，力有未逮，宜于各省之省会及通商口岸，先造模范监狱一所，以备拘禁、流、徒等罪。若财力稍裕之省，酌就罪质、年龄量设数所，试办数年，然后推暨于各州县。惟监狱与习艺所性质不同，并须厘定名称：凡拘置浮浪贫乏者，名习艺所，隶民政部监督拘置；自审判厅判定罪名者，名监狱，隶法部监督。名称既定，权限自分也。

一、养成监狱官吏也。监狱要务不外纪律、教育、卫生三项，而典狱一官统辖全监，非兼有法律、道德及军人之资格者，不能胜任。各国登用监狱官吏，必须熟习特别技能者，俱用特别任用令，先入监狱学校习刑法、刑事诉讼法及关于监狱诸规则，并会计大要。试验及格充看守，奉职年限内获有精勤证书，依级历升，可浔至典狱，为高等官也。半课之于专科学理，半试之于实地练习，其法至为美善。中国监狱责之典史、司狱等官，品秩卑下，何由铨擢真材？悍吏蠹胥，从而横据，持较泰西，仁暴悬如霄壤。今议改良监狱，亟应预储管理之材，宜于各省法律学堂，或已成之新监狱内，附设监狱学堂，采用特别任用法，以资造就，并改定狱官品级，登进严则贪墨之风自绝，待遇隆则狷洁之士自至矣。

一、颁布监狱规则也。纲纪一国必以法律，组织监狱亦然，上而官吏有服从之职务，下而囚徒有遵守之事项，大而惩罚赏誉，小而日用饮食，其间条理至为繁密。昔法兰西与日本，地方监狱常年经费悉由地方担任，各处自为风气，管理未能就一，学者诟病之。中国将来各州县监狱，是否由国帑支办，抑或筹用地方公款，尚难预知。宜先由法部博采各国最新规则，编定《监狱章程》，颁行各省，令不得越其范围，庶于管理不致蹈该两国之失策也。

一、编辑监狱统计也。国力之盈虚消长，非恃统计不能明，故近来各国以统计列为专门科学之一，监狱统计与刑事关系尤切，第刑事统计密，监狱统计略耳。其法分人员统计、行政统计二种。人员统计如犯罪原因、国籍、住址、年龄、身份、职业、教育，是藉以知其人入监前之经历也。行政统计如监狱之面积、官吏之程度、囚人之比较，以及惩罚、作业、会计、疾病之类，是藉以知监狱内事务之详简也。各国以统计著者，为英、法、意、比、奥、荷兰、瑞典、那威等国，次为德、俄、瑞士、西班牙、葡萄牙等国。今典狱既设专司，此制亟宜仿行，应由法部编定格式，颁发各省督抚，饬所属按式分年报告，仍由法部汇订成册，恭呈御览，以为累年比较之准则。凡关于刑事及监狱各事宜，不难按册而稽矣。

以上管见所及，是否有当，伏祈圣明详察训示遵行。

所有条陈实行改良监狱缘由，谨恭折具陈，伏乞皇太后、皇上圣鉴。谨奏。

（据《沈家本全集》，中国政法大学出版社，2010）

沥陈修订法律情形拟请归并法部大理院会同办理折

光绪三十三年五月十八日

修订法律大臣、法部右侍郎臣沈家本跪奏，为沥陈修订法律情形，拟请归并法部、大理院会同办理，恭折仰祈圣鉴事。

准法部咨称：本年五月初一日，军机处交出大理院正卿张仁黼奏请派部院大臣会订法律各折片，奉旨："所有修订法律，著法部、大理院会同详核妥拟具奏。钦此。"相应恭录谕旨，连原奏各折片，录送查照等因。查原奏所称，修订法律事体重大，拟请钦派部院大臣会订，而以法部、大理院专司其事，并选通晓中外法律人员充纂修、协修各官，将法律馆改为修订法律院，均属切要之言。臣前奉恩命，将一切现行律例，按照交涉情形，参酌各国法律，妥为拟议，计自开馆以来，殚竭愚悃，黾勉图成，而玩岁愒时，程功迟缓，每一循省，时切疚心，谨将历年办理情形，为我皇太后、皇上敬陈之。

参酌各国法律，首重翻译，而译书以法律为最难，语意之缓急轻重，纪述之详略偏全，抉择未精，舛讹立见。从前日本译述西洋各国法律，多尚意译，后因讹误，改归直译。中国名词未定，移译更不易言。臣深虞失实，务令译员力求信达，先后译成《法兰西刑法》、《德意志刑法》、《俄罗斯刑法》、《和兰刑法》、《意大利刑法》、《法兰西印刷律》、《德国民事诉讼法》、《日本刑法》、《日本改正刑法》、《日本海军刑法》、《日本陆军刑法》、《日本刑法论》、《普鲁士司法制度》、《日本裁判构成法》、《日本监狱访问录》、《日本新刑法草案》、《法典论》、《日本刑法义解》、《日本监狱法》、《监狱学》、《狱事谭》、《日本刑事诉讼法》、《日本裁判所编制立法论》，共二十六种。又已译未完者，《德意志民法》、《德意志旧民事诉讼法》、《比利时刑法论》、《比利时监狱则》、《比利时刑法》、《美国刑法》、《美国刑事诉讼法》、《瑞士刑法》、《芬兰刑法》、《刑法之私法观》，共十种。每成一种，臣与原译之员，逐句逐字，反复研究，务得其解，而限于财力，未能多聘通才，润色删订之功，犹有所待。此翻译之宜再讲求也。与译事并重者则为调查。近年留学外洋人数众多，辑译法政各书，层见叠出，虽有可采之处，而或守一家学说，或非现行法制，羼出其间，未可据为典要。臣上年奏派刑部候补郎中董康等，前赴日本考察法制，以经费未充，仅将裁判、监狱两项查明归国，而考察欧、美法制，力更未及。此调查之应筹推广也。

综翻译、调查之全者，则为编纂古律，叙次具有义例。"名例"本"刑名法例"之约词，与各国刑法总则无异，《北齐律》十二章，隐以国政、民事分编，与各国刑律目次颇合。臣与馆员参考古今，拟准《齐律》之目，兼采各国律意，析为《总则》、《分则》各编，令馆员依类编纂，臣司汇核。所有《总则》一编，由臣妥订后，拟即缮具清单，恭呈御览。此外《分则》各编，初稿已具，必须悉心推勘，方可成书。此编纂之尚待详核也。

以上各端，臣就才力所及，夙夜筹划，不敢习为敷衍，上负圣明。伏念修律事宜关系至巨，任其责者，必于古今中外法律本原，心知其意，始能融合群言，折衷一是。如提挈纲要不得其人，但令寻常定谳之才，与夫法政速成之选，轻率从事，恐枝节而为，顾此失彼，一知半解，扞格难通。臣学识浅薄，本未能胜此重任，加以近来精力日逊，每与馆员讨论过久，及削稿稍多，即觉心思涣散，不能凝聚，深惧审定未当，贻误匪轻。再四筹思，惟有仰恳天恩，开去臣修订法律差使，归并法部、大理院会同办理，广集众思，较有把握。如蒙俞允，臣即将编译各稿饬缮清本，并将动用款项开单奏销，限三个［月］内一并交代，出自逾格鸿慈。

所有沥陈修订法律情形，拟请归并法部、大理院会同办理各缘由，谨恭折具陈，伏乞皇太后、皇上圣鉴训示。谨奏。

（据《沈家本全集》，中国政法大学出版社，2010）

酌拟《法院编制法》谨缮清单折

光绪三十三年八月初二日

修订法律大臣、法部右侍郎臣沈家本跪奏，为酌拟《法院编制法》，谨缮清单，恭折具陈，仰祈圣鉴事。

窃维东西各国宪政之萌芽，俱本于司法之独立，而司法之独立，实赖法律为之维持，息息贯通，捷于形影，对待之机，固不容偏废也。恭读本年五月二十七日上谕："改按察使为提法使，分设审判厅，增易佐治员，著由东三省先行试办。此外直隶、江苏两省，择地先为试办，其余各省，统限十五年一律通行等因。钦此。"为宪政之预备，奠自强之初基，睿谟宏远，钦佩莫名。

伏查我朝官制等书，会典至详，然以行政而兼司法，揆诸今制，稍有未符。至如《吏部处分则例》，以六曹分职，审断虽立专门，而旨在惩戒，于治事之规程，权界之斠划，盖缺如也。臣曩膺简命，修订法律，上年在大理院正卿任内，适值构缔伊始，深以审判官制诸多未备，非特辑专例，不足统一事权。乃饬馆员考古今之沿革，订中外之异同，分门纂辑，并令法律学堂日本教习法学博士冈田朝太郎，帮同审查。该教习学识宏富，于泰西法制靡不洞彻，随时考证，足资甄择，逐条由臣折衷刊定，阅八月始克属稿。兹奉明诏，涣布中外，复据法部、大理院，暨考察政治王大臣各官制清单，详加对勘，剥肤存贞，厘定十五章，共一百四十条。凡机体之设备，审级之制度，官吏之职掌，监督之权限，一一赅载，名曰《法院编制法》。惟其中有为各国之通则，而于今日之实际及中国之风习未宜因袭者，厥有数事。

一曰定额。查各国审判制度，分初级审判、地方审判、高等审判、最高审判为四级。初级审判以判事一人专任，名"单独制"；地方审判为三人，高等审判为五人，最高审判为七人，名"合议制"。最新学说，颇主倡高等宜三人，最高宜五人，盖一则可节省经费，一则可精选谳员。况开庭事宜，向责之审判长一人，定额过多，非惟邻于尸位，复恐群议纷如，意见各执，于裁判反致阻滞。兹拟采用其说，于初级审判应用单独制，地方审判厅用折衷制。其事系初审者，仍用推事一人，若经预审或再审，增为三人。高等审判厅以上俱用合议制，惟每级按照各国酌减二人，以杜滥竽。此征于今日实际，未宜因袭者也。

一曰巡审。即巡回裁判，日本用之于区裁判之出张所，临时遣员裁判其事，大致与明之巡按御史及遣官审录之制相似。中国现在审判人材尚未储备，凡供帐之繁苛，胥吏之娄索，在所不免，利弊倚伏，无资补救。兹拟地方审判厅以上多设分厅，以分其责，必不得已，或于大理院临时酌量派遣，但仍以特别事件且关系重要者为限，高等审判厅以下不得援用也。

一曰休假。约在中历自八月迨十月之间，其制仿于德国，于此时间适值收刈小麦、葡萄，故停止裁判，以免召集人证，日本因之，与中国农忙旧制同，本为恤农而设。然吾国农忙之制，未能实行，且休假之时仍须组立休假部，审理款项、财产，登记建筑及其他急迫不容稍缓者，屡事更张，徒形周折，日本近亦拟废其制矣。此二者揆诸吾国之风俗，未宜因袭者也。

再，大理本古官，于东汉时为廷尉，凡郡国疑谳，皆处当以报，所谓廷尉天下之平是也。逮后厥名互更，要皆专司决劾奏狱，与今日东西各国大审院、帝国裁判所、最高法院等之审理终审事件者，阶级相等。顾名思义，乃全国唯一之最高法庭，宜设于京师首善之地，斯崇体制。惟各省幅员广袤，什倍外国，如事事责令来京上告，川陆修阻，交通不便，适形拖累。查德国乃联邦集合而成，各联邦自为风气，习惯所囿，至今未能刊改。帝国裁判所设立于沙格逊国之拉布基地方，今各联邦之高等裁判所，均有代表帝国裁判所之权。若法律问题关涉联邦者，即于联邦中之高等裁判所定之，关涉全国者，始于帝国裁判所定之。如巴维利亚之民事诉讼，不于帝国裁判所裁判，即其例也。兹拟折衷德制，凡距京较远等省，即于高等审判厅内附设大理分院，视事之繁简，酌分庭数。各庭推事强半之数，由大理院遴派，余由该厅推事兼充。一切审判制度，俱准大理院办理，既免迁延时日，且可省小民跋涉之劳。此又限于我国今日特别情形，而未可以各国普通之例例之也。

编辑之旨，即本以上数端，量予变通，虽期循各国通行之轨途，仍不暌历世相沿之政习，谨缮清单，恭呈御览。

查宪政编查馆奏定章程，凡各项法律，均归该馆考核，以收统一法制之效。伏乞饬下宪政编查馆，照章考核，请旨颁行，以垂永制，而严职守。

所有酌拟《法院编制法》缘由，谨恭折具陈，伏乞皇太后、皇上圣鉴。谨奏。

（据《沈家本全集》，中国政法大学出版社，2010）

旗人遣军流徒各罪照民人实行发配折

光绪三十三年八月初二日

奏为遵旨妥议化除满、汉畛域切实办法，拟请将旗人犯遣、军、流、徒各罪，照民人实行发配，现行律例折枷各条概行删除，恭折具陈仰祈圣鉴事。

本年七月初二日，内阁奉上谕："朕钦奉慈禧端佑康颐昭豫庄诚寿恭钦献崇熙皇太后懿旨，我朝以仁厚开基，迄今二百余年，满、汉臣民从无歧视。近来任用大小臣工，即将军、都统，亦不分满、汉，均已量材器使。朝廷一秉大公，当为天下所共信。际兹时事多艰，凡我臣民，方宜各切忧危，同心挽救，岂可犹存成见，自相纷扰，不思联为一气，共保安全？现在满、汉畛域，究应如何全行化除，著内外各衙门各抒所见，将切实办法妥议具奏，即予施行。钦此。"伏读之下，仰见我皇太后、皇上一视同仁、惩前毖后之至意，曷胜钦佩。

窃维为政之道，首在立法以典民。法不一，则民志疑，斯一切素隐行怪之徒，皆得乘瑕而蹈隙。故欲安民和众，必立法之先统于一。法一则民志自靖，举凡一切奇邪之说，自不足以惑人心。《书》曰："无偏无党，王道荡荡；无党无偏，王道平平。"正谓此也。查律载"凡旗人犯罪，笞杖各照数鞭责。军、流、徒免发遣，分别枷号。徒一年者枷号二十日，每等递加五日，总徒、准徒亦递加五日。流二千里者枷号五十日，每等亦递加五日。充军附近者枷号七十日，近边者七十五日，边远、沿海、边外者八十日，极边、烟瘴者九十日"等语。此乃犯罪免发遣律文，系因《明律》军官、军人免徒、流一条仿照编纂。考明代军官军人隶于各卫，以充什伍，各卫所差务亦极殷繁，故犯流、徒者仍发各卫充军。当差旗人犯罪折枷，与此意实相符合。方我朝入关之初，八旗生齿未臻繁盛，军伍有空虚之虑，差务有延误之虞，故凡八旗之人犯军、流、徒者，特设此折枷之制，免其发配，原为供差务、实军伍起见，初非区满人与汉人而歧视之。其时盛京所招之民，有犯徒、流、军者，亦照旗下分别枷号。此凡满、汉并无歧视之明证也。迨乾隆二十一年，始定有旗人殴死有服卑幼，情节惨甚者，不准枷责完结之例。三十二年，又有旗人罪名实系寡廉鲜耻，有玷旗籍，削去户籍，依律发遣之例。三十七年，又有庄头、鹰户、海户人等，如犯军、遣、流、徒等罪，照民人定拟，不得折枷完结之例。四十二年，又有庄屯旗人并驻防无差使者，军、遣、流、徒照民人一例办理之例。道光五年，又定有旗人窝窃、窝娼、窝赌及诬告、讹诈、行同无赖、不顾行止等项，销除本身旗档，分别发配，不准折枷之例。自以上各例通行以后，旗人犯罪照民人一体定拟者日见其多，并不一例折枷矣。本年三月二十七日，法部议复前顺天府府尹孙宝琦请将枷号人犯比照笞杖赎金折罚折内，声明旗人折枷，仍循其旧在案。此在变法伊始，不得不加以慎重。现既钦奉明诏，化除满、汉畛域，若旧日两歧之法，仍因循不改，何以昭大信而释群疑。伏思今日八旗丁口日益蕃昌，与昔日情形迥异，若将旗人犯罪应发配者概与民人一体办理，亦无虑军伍差务之乏人。如谓新章之监禁期长，旧律之折枷期短，重轻悬绝，不甚相宜，抑知畛域之未能化除，正在此等重轻悬绝之处。尽人在覆帱之内，而一轻一重，此成见之所以未能尽融。似未可拘泥旧规，致法权不能统一。

臣默觇世运，慨念时艰，欲筹挽救之方，不得不变通办理。拟请嗣后旗人犯遣、军、流、徒各罪，照民人一体同科，实行发配，现行律例折枷各条，概行删除，以昭统一而化畛域。请旨饬下廷臣，会议施行，天下幸甚。所有化除满、汉畛域实筹办法缘由，谨恭折具陈，伏乞皇太后、皇上圣鉴。谨奏。

（据《沈家本全集》，中国政法大学出版社，2010）

《刑律草案》告成分期缮具清单恭呈御览并敬陈修订大旨折
光绪三十三年八月二十六日

修订法律大臣、法部右侍郎臣沈家本跪奏，为《刑律草案》告成，分期缮具清单，恭呈御览，并敬陈修订大旨，恭折仰祈圣鉴事。

窃臣恭膺简命，修订法律，材疏任重，深惧弗胜，本年五月奏请将法律馆归并，请限三个月清理交代等因。仰蒙俞允，钦遵在案。伏查臣自开馆以来，三阅寒暑，初则专力翻译，继则派员调查，而各法之中，尤以刑法为切要，乃先从事编辑。上年九月间，法律学堂开课，延聘日本法学博士冈田朝太郎主讲刑法，并令该教习兼充调查员帮同考订，易稿数四，前后编定《总则》十七章，《分则》三十六章，共三百八十七条。考泰西十九世纪，学者称为"法典革新时代"，创之者为法兰西，继之者为希腊、奥大利。近如比利时、德意志、意大利、荷兰、瑞士，尤声价之卓著者。君相协谋于上，国民讨论于下，学列专科，人耽撰述。统计法系约分法、德、英为三派。若日本则又折衷法国与唐、明律暨我朝刑律，一进而为模范德意志者也。风气所趋，几视为国际之竞争事业。而我中国介于列强之间，迫于交通之势，盖有万难守旧者，敬为我皇太后、皇上缕析陈之。

国家既有独立体统，即有独立法权，法权向随领地以为范围。各国通例，惟君主大统领，公使之家属、从官，及经承认之军队、军舰有治外法权，其余侨居本国之人民，悉遵本国法律之管辖，所谓属地主义是也。独对于我国藉口司法制度未能完善，予领事以裁判之权，英规于前，德踵于后，日本更大开法院于祖宗发祥之地，主权日削，后患方长。此悬于时局不能不改也。

方今各国政治日跻于大同，如平和会、赤十字会、监狱协会等，俱以万国之名组织成之。近年我国亦有遣使入会之举。传闻此次海牙之会，以我国法律不同之故，抑居三等，敦槃减色，大体攸关。此鉴于国际不能不改者也。

景教流行，始于唐代，有大秦、摩尼、祆神之别，言西教者喜为依托。自前明以至国初，利玛窦、熊三拔、汤若望、南怀仁之流，藉其数学传教中国，虽信从者众，而与现在情形迥异。教案为祸之烈，至今而极。神甫、牧师势等督抚，入教愚贱，气凌长官，凡遇民教讼案，地方暗于交涉，绌于因应，审判既失其平，民教之相仇益亟。盖自开海禁以来，因闹教而上贻君父之忧者，言之滋痛。推原其故，无非因内外国刑律之轻重失宜，有以酿之。此又惩于教案而不得不改者也。

职是数者，修订之难什倍曩时，臣审察现时之民俗，默验大局之将来，综核同异，絜校短长，窃以为旧律之宜变通者，厥有五端：

一曰更定刑名。自隋开皇定律，以笞、杖、徒、流、死为五刑，历唐至今因之。即泰西各国初亦未能逾此范围，迄今交通日便，流刑渐失其效，仅俄、法二国行之，至笞、杖亦惟英、丹留为惩戒儿童之具。故各国刑法，死刑之次，自由刑及罚金居其多数。自由刑之名称，大致为惩役、禁锢、拘留三种。中国三流外，有充军、外遣二项。近数十年以来，此等人犯逃亡者，十居七八，安置既毫无生计，隐匿复虑滋事端。历来议者，百计图维，迄无良策。事穷则变，亦情势之自然。光绪二十九年刑部奏请删除充军名目，奉旨允准。只以新律未经修定，至今仍沿用旧例。是年刑部又议准升任山西巡抚赵尔巽条奏，军、遣、流、徒酌改工艺。三十一年复经臣与伍廷芳议复前两江总督刘坤一等条奏，改笞、杖为罚金，均经通行在案。是已与各国办法无异。兹拟改刑名为死刑、徒刑、拘留、罚金四种，其中徒刑分为无期、有期。无期徒刑惩役终身，以当旧律遣、军。有期徒刑三等以上者，以当旧律三流，四等及五等以当旧律五徒。拘留专科轻微之犯，以当旧律笞、杖。罚金性质之轻重，介在有期徒刑与拘留之间，实亦仍用赎金旧制也。

一曰酌减死罪。死罪之增损，代有不同。唐沿隋制，太宗时简绞刑之属五十，改加役流，史志称之。宋用《刑统》，而历朝编敕丽于大辟之属者，更仆难数，颇伤繁细。元之刑政废弛，问拟死罪者，大率永系狱中。《明律》斩、绞始分立决、监候，死刑阶级，自兹益密。欧、美刑法，备极单简，除意大利、荷兰、瑞士等国废止死刑外，其余若法、德、英、比等国，死刑仅限于大逆、内乱、外患、谋杀、放火等项。日本承用中国刑法最久，亦止二十余条。中国死刑条目较繁，然以实际论之，历年实决人犯以命盗为最多，况秋审制度详核实缓，倍形慎重，每年实予勾决者，十不逮一，有死罪之名，而无死罪之实，持较东西各国，亦累黍之差尔。兹拟准《唐律》及国初并各国通例，酌减死罪，其有因囿于中国之风俗，一时难予骤减者，如强盗、抢夺、发冢之类，别辑暂行章程，以存其旧。视人民程途进步，一体改从新律。顾或有谓罪重法轻，适足召乱者，不知刑罚与教育互为消长，格免之判，基于道齐。有虞画象，亦足致垂拱之治。秦法诛及偶语，何能禁胜、广之徒起于草泽。明洪武时所颁《大诰》，至为峻酷，乃弃市之尸未移，新犯大辟者即至。征诸载藉，历历不爽。况举行警察为之防范，并设监狱为之教养，此弊可无顾虑也。

一曰死刑惟一。旧律死刑以斩、绞分重轻。斩则有断脰之惨，故重；绞则身首相属，故轻。然二者俱属绝人生命之极刑，谓有重轻者，乃据炯戒之意义言之尔。查各国刑法，德、法、瑞典用斩，奥大利、匈牙利、西班牙、英、俄、美用绞，俱系一种。惟德之斩刑通常用斧，亚鲁沙斯、卢连二州用机械，盖二州前属于法，而割畀德国者，犹存旧习也。惟军律所科死刑俱用铳杀，然其取义不同，亦非谓有轻重之别。兹拟死刑仅用绞刑一种，仍于特定之行刑场所密行之。如谋反、大逆及谋杀祖父母、父母等条，俱属罪大恶极，仍用斩刑，则别辑专例通行。至开战之地颁布戒严之命令，亦可听临时处分，但此均属例外也。

一曰删除比附。考《周礼·大司寇》有县刑象于象魏之法，又《小司寇》之宪刑禁，士师之掌五禁，俱徇以木铎。又布宪执旌节，以宣布刑禁，诚以法者与民共信之物，故不惮反复申告，务使椎鲁互相警诫，实律无正条不处罚之明证。《汉书·刑法志》高帝诏：狱疑者廷尉不能决，谨具奏附所当比律令以闻。此为比附之始。然仅限之于疑狱而已。至隋著为定例，即《唐律》"出罪者举重以明轻，入罪者举轻以明重"是也。《明律》改为引律比附，加减定拟，现行律同。在唐神龙时，赵冬曦曾上书痛论其非，且曰"死生罔由于法律，轻重必因乎爱憎，受罚者不知其然，举事者不知其法"，诚为不刊之论。况定例之旨，与立宪尤为牴牾。立宪之国，立法、司法、行政三权鼎峙，若许署法者以类似之文致人于罚，是司法而兼立法矣，其弊一。人之严酷慈祥，各随禀赋而异，因律无正条而任其比附，轻重偏畸，转使审判不能统一，其弊又一。兹拟删除此律，而各刑酌定上下之限，凭审判官临时审定，并别设酌量减轻、宥恕减轻各例，以补其缺。虽无比附之条，而援引之时亦不致为定例所缚束。论者谓人情万变，断非科条数百所能赅载者，不知法律之用，简可驭繁。例如谋杀应处死刑，不必问其因奸因盗，如一事一例，恐非立法家逆臆能尽之也。

一曰惩治教育。犯罪之有无责任，俱以年龄为衡。各国刑事丁年，自十四以迄二十二不等，各随其习俗而定。中国幼年犯罪，向分七岁、十岁、十五岁为三等，则刑事丁年为十六岁以上可知。夫刑罚为最后之制裁，丁年以内乃教育之主体，非刑罚之主体。如因犯罪而拘置于监狱，熏染囚人恶习，将来矫正匪易；如责付家族，恐生性桀骜，有非父兄所能教育，且有家本贫窭、无力教育者，则惩治教育为不可缓也。按惩治教育始行于德国，管理之法略同监狱，实参以公同学校之名义，一名强迫教育，各国仿之，而英尤励行不懈，颇著成绩。兹拟采用其法，通饬各直省设立惩治场，凡幼年犯罪改用惩治处分，拘置场中，视情节之重轻，定年限之长短，以冀渐收感化之效，明刑弼教，盖不外是矣。

编辑蒇事，复命馆员逐条详考沿革，诠述大要，并著引用之法，以析疑义。除《分则》续行呈进外，谨将《总则》一编，先行缮具清单，恭呈御览。伏乞饬下宪政编查馆照章考核，请旨施行。

抑臣更有请者，作事艰于谋始，徒法不能自行。修订法律，就时局而论，至为密切，而殊不便于畏难苟安之州县、蹈常袭故之刑幕。将欲实行新律，必先造就人材。近年各省遵旨设立法政学堂，叠见奏报，拟请明谕各督抚认真考核，力筹推广，务使阖省官绅均有法律知识，则一切新政可期推行无弊，实与预备立宪大有关系，此尤臣一得之愚，旦夕企望者也。

所有进呈刑律草案并陈明编辑宗旨缘由，谨恭折具陈，伏乞皇太后、皇上圣鉴。谨奏。

（据《沈家本全集》，中国政法大学出版社，2010）

修订法律大臣奏拟修订法律大概办法折
光绪三十三年十月初二日

光绪三十三年九月初五日，内阁奉上谕："宪政编查馆奏请派修订法律大员一折，著沈家本、俞廉三、英瑞充修订法律大臣，参考各国成法，体查中国礼教民情，会同参酌，妥慎修订，奏明办理。钦此。"仰见朝廷慎重立法、变通宜民之至意，曷胜钦服。

查原奏内称"编纂法典，事务浩繁，不能不专一办理。除刑法一门，业由现在修订法律大臣沈家本奏明草案，不日告成，应以编纂民法、商法、民事诉讼法、刑事诉讼法诸法典及附属法为主。以三年为限，所有上列各项草案一律告成"等语。窃维法治主义，为立宪各国之所同，编纂法典，实预备立宪之要著。臣等自审懵昧，重任忝应，仰窥宵旰之忧勤，环顾国民之殷望，夙夜祗惧，莫可名言。受命以来，逐日公同商酌，谨拟大概办法，为我皇太后、皇上敬呈之。

一、参考各国成法，必先调查也。日本变法之初，调查编订阅十五年之久而后施行。就我国今日情势言之，较诸日本，益形迫切，而事关立法，又何敢稍涉粗疏？拟一面广购各国最新法典及参考各书，多致译材，分任翻译；一面派员确查各国现行法制，并不惜重赀，延订外国法律专家，随时咨问。调查明澈，再体察中国情形，斟酌编辑，方能融会贯通，一无扞格，此为至当不易之法。

一、任用编纂各员，宜专责成也。宪政编查馆原奏内称"分派提调、纂修各员，及延聘东西法律名家各节，应俟开馆后由该大臣等拟具章程，奏明办理"等语。臣等悉心酌核，拟设提调二员，由臣等督饬筹办全馆事宜，一俟慎选得人，开单请旨简派，以昭郑重。此外，纂修、协修各员，容臣等甄择通才，奏调到馆。任用之方，以明定课程、优给薪水为主。总期有专责成而无冗员，庶收指臂之助。聘用外国法学专家，未可轻率，自当妥订合同，以防流弊。至体查中国礼教民情，所包者广，断非臣等之孤陋所能自信，拟略仿《礼学馆章程》，分省延请谘议官，待以宾师之礼，用资受教。

一、馆中需用经费，宜先筹订也。开办用款，如建设馆舍，添购书籍、印字机器等项，核实估计约需银二万两；常年用款，如提调、翻译薪水，纸张、印工、饭食等项，约计每年需银十万两。库储支绌，臣等固所深知，但使可从简略，讵敢稍涉铺张。惟是立法事宜，关系全国，既非一手足之烈，亦非一朝夕之功，所有需用经费，均系再三确核，力求撙节，无可再减。拟恳天恩饬下度支部照数拨给，俾臣等有所藉手，用竣后开单奏销，咨部备案。

以上三端皆切要之事，如蒙俞允，臣等自当殚竭心力，以冀有成。俟开馆后，拟具章程，奏明办理。

得旨："如所议行。"

（据《沈家本全集》，中国政法大学出版社，2010）

《刑律分则草案》告成缮具清单折
光绪三十三年十一月二十六日

修订法律大臣、法部右侍郎臣沈家本跪奏，为《刑律分则草案》告成，缮具清单，恭折仰祈圣鉴事。

窃臣于本年八月间进呈《刑律草案总则》清单，请旨饬交宪政编查馆考核，并附片陈请展限一月将《分则》续行呈进等因，均仰蒙俞允，钦遵在案。

嗣臣恭膺简命，复领斯职，乃分饬馆员，一面部署新馆事宜，一面仍将《分则》所昕夕校录，以竟前绪。查《刑律总则》为全编之纲领，《分则》为各项之事例。夷考中国刑书之目次，以李悝《法经》为最古，所谓《盗》、《贼》、《囚》、《捕》、《杂》、《具》六篇是也。汉萧何益为九章。叔孙通益为十八章，复得马融、郑康成诸儒为之章句，资于诵习，功侔《六经》。虽其书散亡，而分析之源流，具详《晋书·刑法志》。即汉律之佚文，剩义犹散见经疏、史注，尚可褒集成帙。历魏、晋以迄南北朝，世有增损。唐贞观时，诏长孙无忌等循武德之旧撰《唐律》，分《名例》、《卫禁》、《职制》、《户婚》、《厩库》、《擅兴》、《贼盗》、《斗讼》、《诈伪》、《杂律》、《捕亡》、《断狱》十二篇，文例加密。其后《大中统类》，宋之《建隆刑统》，元之《圣政典章》，明之《明律》及《问刑条例》等，卒莫能轶其绳墨之外，此古今沿革之大较也。

窃维法律之损益，随乎世运之递迁。往昔律书体裁虽专属刑事，而军事、民事、商事以及诉讼等项错综其间。现在兵制既改，则军律已属陆军部之专责，民、商及诉讼等律钦遵明谕特别编纂，则刑律之大凡自应专注于刑事之一部。推诸穷通久变之理，实今昔不宜相袭也。是编修订大旨，折衷各国大同之良规，兼采近世最新之学说，而仍不戾于我国历世相沿之礼教民情，集类为章，略为序次。《春秋》之义，首重尊王，故以关于帝室之罪，弁冕简端。内政、外交为国家治安之基本，而选举尤立宪国之通例也，故以内乱、国交、外患、泄漏机务、渎职、妨害公务、选举次之。为维持社会之交际，宜注重于公益，故以骚扰、囚捕、伪证、诬告、水火、危险物品、交通秩序、货币、官私文书、度量衡、祀典、鸦片又次之。文明进步端于风俗，验于生计，故次以赌博、奸非、水道、水源、卫生。而国民之私益应沐法典保护者，莫如生命、身体、财产，故以杀伤、堕胎、遗弃、逮捕、监禁、略诱、和诱、名誉、信用、安全、秘密、窃盗、强盗、诈欺、侵占、赃物、毁弃、损坏缀其后焉。事增于前，文省于旧，合诸《总则》凡五十三章，三百八十七条。顾或有以国民与审判官之程度未足者，窃以为颛蒙之品汇不齐，而作育大权实操自上，化从之效如草偃风，陶铸之功犹泉受范，奚得执一时之风习而制限将来之途辙，此不足虑者一。各省法政学堂依次推广，审判人才渐已储备，即使骤乏良选，正可因试行新法之故而尽力于培养之方，不宜惩羹止沸，遂咎新法之难期实行，此不足虑者又一。况列强竞峙，非藉法律保障不足以均一权势而杜觊觎。本年荷兰海牙保和会提议公断员一事，各国以我国法律不同，抑居三等，幸经外务部暨专使陆征祥等往复抗办，悬而未决。然来届会期为时甚速，虽贻亡羊之悔，宜为蓄艾之谋，此尤臣所鳃鳃过计者也。编辑既竣，仍依《总则》体例，分沿革、理由、注意三项逐条诠识。敬谨缮具清单，恭呈御览，伏祈饬下宪政编查馆归入前案，一律照章考核，请旨施行。

所有进呈《刑律分则草案》缘由，谨恭折具陈，伏乞皇太后、皇上圣鉴。谨奏。

光绪三十三年十一月二十六日具奏。奉旨："宪政编查馆知道，单并发。钦此。"

（据《沈家本全集》，中国政法大学出版社，2010）

变通旗民交产旧制折
光绪三十三年十二月初七日

奏为旗民交产旧制亟宜变通，请旨饬部核议施行，以便民生而化畛域，恭折具陈仰祈圣鉴事。

窃维万物之生机，必周流而始能便利，未有生机阻阂而人民能受益者也。下民之生计，贵能自养，未有生计窘迫而上能遍给者也。是故闾阎资产，或此赢彼绌，或此有彼无，其中消息甚微，不能一致，全赖赢绌可以相济，有无可以相通。若相济相通之机关滞而不灵，将绌者无者既困守而益即于穷，赢者有者亦束缚而难以持久，斯贫富胥受其病。有如一地也，富者不自种而佣人为之种，贫者若不能自种而又无佣人之资本，则日就荒芜。又如一房也，富者随时修葺，破坏无虞；贫者无力经营，一遇破坏，即日就颓废。苟不使之相济相通，其病固如是。即使之相济相通，而限制太严，其机关之滞而不灵者，仍如故也。此理势之所必至，无可疑者。况乎养民之道，在乎因势利导，必使人人能自为养，而后可以无不养。若不为之筹自养之路，而但作苟且之图，则立达无方，博济亦徒存虚愿而已。

伏查例载"一、旗地、旗房概不准民人典买，如有设法借名私行典买者，业主、售主俱照违制律治罪，地亩、房间、价银一并撤追入官，失察该管官俱交部严加议处。至旗人典买有州县印契跟随之民地、民房，或辗转典卖与民人，仍从其便。一、凡八旗人员置买产业于各省者，令该员据实首报，交与该督抚，按其产业之多寡，勒限变价归旗。如有隐匿不首及首报不实者，该督抚访查题参，将所置产业入官。其隐匿不首者，照侵占田宅律治罪。首报不实者，按不实之数，亦照侵占律治罪。如地方官扶同徇隐，别经发觉者，照例议处。其未经查出之知府并督抚、司道，均照例分别议处。至于查禁以后，仍有违禁置产、私相授受者，照将他人田产朦胧投献官豪势要律，与者、受者各杖一百、徒三年，产业入官。其托民人出名，诡名寄户者，受托之民人照里长知情隐瞒入官家产计所隐，赃重者坐赃治罪，受财者以枉法从重论，地方官失于查察者，照例议处"各等语。此二条载在《大清律例・户律・典买田宅门》内。

又例载"顺天直隶所属旗地，无论京旗屯居、老圈自置，俱准旗户民人互相买卖，照例税契升科。其同治三年例前置买诡寄旗产者，准令呈明更正，除酌定赋额外，业主、售主概免治罪，并免从前花利。如例后匿不首报，一经查出，地亩概追入官，仍照隐匿科罪。一、民人置买旗房一二间至五间，连走道、院落统计，所占地基不得过一亩。六间至十间不得过二亩。十间至四十间不得过三亩。五十间至百余间不得过五亩。或原买房间本少，续行添建者，核其房间，不得过酌定地数，均准投税，纳契执业。如多占地基，即照上等地则征租报部"各等语。此二条载在《户部则例・旗民交产门》内。

户、刑两部例文彼此互相歧异。考第一条例文纂于嘉庆十九年，本系照《户部则例》添纂，系从前旧制。迨咸丰年间，旗民准其交产。同治年间户部修改《则例》，遂添纂旗民交产各条。而当时刑部条例未及修改，故彼此参差。嗣于光绪十五年，户部复规复旗民不准交产旧制，奏准通行，而《则例》未经修改，故又不相符。此旗民交产前后不同之原委也。至第二条，纂于雍正十二年，《户部则例》大致相同。盖旧日约束旗人最为严肃，虑其倚势滋事，故私自出京亦干例禁，置买产业，尤恐与民人交结，致启争端。此又当日严定此例之情形也。

臣等伏思，我朝入关之初，八旗丁口不多，房地颇称丰厚。迨其后生齿繁衍，在京之房，近京之地，止有此数，人滋生而产不加增，则前人之产万不能敷后人之养赡。在乾隆初年，已因八旗生计窘迫，二年有借给饷银之议，三年有八旗空闲处所建造房屋分给居住之议。并议令卖与民人地亩，许旗人出价赎回。所以为八旗区画者，委曲备至。而其时上谕云："贫乏兵丁，食饷有限，无从措价，势必至尽归富户。富户或肯周济亲族，亦岂能多为分给？则赎地一事，恐未必于贫乏旗人有益。等因。钦此。"可见旗人房地必拘定仍归旗人，未为长策，圣训早虑及此。三年二月，又有公产旗地准民人置买之令。此盖尔时变通办法，实为旗民交产之权舆。惟旗人旧有之官给房地，仍禁私售，以示限制。顾例禁虽严，而私相典卖，难于稽察。往往一产而旗契、民契参杂其间，不可究诘。年久缪辖，狱讼繁兴。房屋之倾颓者，木植砖瓦零星拆卖。更有善良之士，株守敝庐，坐困而又一筹莫展者。盖当情势急迫之时，厉禁愈严，生机愈蹙。故咸丰中遂弛其禁，亦知禁之之无益而又害之也。光绪十五年，又规复旧制，不准旗民交产，固为惠爱旗民起见。然民间之私相授受者仍多，终属有名无实，且刁滑之徒，转得藉例禁为勒掯之地，贫乏者急不能择，更受其挟制而亏损弥多，实于八旗生计初无裨益。至八旗汉军，于乾隆年间准其出旗为民，在外省居住；驻防汉军，准其散处营生；驻防兵丁，准其在外置立产业。道光五年，并满洲、蒙古亦准出外营生，改入民籍。凡此区画，皆为八旗筹自养之路，与从前情形迥不相同。况既准其在外居住营生，而不准置买产业，则生计全无，乌能自养？揆诸事理，未得其宜。此殆雍正旧例，修例时未及删改，致有抵捂耳。本年恭奉谕旨，化除满、汉畛域，共保安全，礼制、刑律之歧异者，特谕妥议办法，将次第见之施行，以彰圣代同风之治。旗民不准交产，亦显分畛域之一端，自应及时变通，未可拘牵旧制。况究夫生理之源，于相济相通之机关多阻阂而少便利，则于八旗生计似亦无庸顾虑及此。

臣等默窥世变，熟计时宜，拟请嗣后旗人房地准与民人互相买卖，悉照咸丰年间成案办理。所有《户部则例·旗民交产门》内各条，仍一律遵用。至旗人之出外居住营生者，准其在各省随便置买产业，毋庸禁止。旧时刑部例文二条，即应删除。惟关系田赋事隶度支部，相应请旨饬下度支部核议施行。庶旗民之赢绌有无可以相济相通，而各有自养之路，便民生而化畛域，洵共保安全之一策也。所有拟请变通旗民交产旧制缘由，谨恭折具陈，伏乞皇太后、皇上圣鉴。谨奏。

（此折与俞廉三合奏。原见《寄簃文存二编》，修订法律馆，1911 年排印本；现据《沈家本全集》，中国政法大学出版社，2010）

修订法律大臣奏遵议满汉通行刑律折（附片二）
光绪三十三年十二月初七日

九月初三日奉上谕："朕奉慈禧端佑康颐昭豫庄诚寿恭钦献崇熙皇太后懿旨，礼教为风化所关，刑律为纪纲所系，满、汉沿袭旧俗，如服官守制以及刑罚轻重，间有参差，殊不足以昭划一。除宗室本有定制外，著礼部暨修订法律大臣议定满、汉通行礼制、刑律，请旨施行。俾率土臣民咸知遵守，用彰划一同风之治。钦此。"跪聆之下，仰见皇太后、皇上，复载无偏，一视同仁之至意，钦佩莫名。

除通行礼制应由礼部议定具奏外，窃维"率土之滨，莫非王臣"，自来帝王御宇未有歧视臣民者。我朝入关之初，八旗刑制视汉人有不同者。原以入八旗户口未臻蕃盛，丁壮俱隶军籍，若犯罪概照民人实发军伍，即虞缺额，差务亦因之稽延。故将前明军人犯罪免徒、流之律，改为旗人犯罪免发遣之条。凡满洲、蒙古、汉军犯该徒、流、军、遣，分别改折枷号，不与汉人一例实发。其时盛京所招民人有犯徒、流等罪，亦照旗下分别枷号，可见折枷之制，全为军伍差务起见，初非歧视旗民也。且当时约束旗人，较民人尤为严肃。一赌博也，而旗人独拟绞候。一秋审也，而旗人概拟情实。嘉庆以后，始将此等例文删除，与民人一体办理。然未删之例，如吃酒行凶，即行送部发遣，金刃伤人，即永不准食粮。如此之类，皆旗人治罪之重于民人者。更可见旗人治罪旧律，世俗以为优侍旗人者，皆未识定律之本意也。乾隆年间，叠次纂定旗人不准折枷各例。道光五年，复分别情节轻重，凡不在寡廉鲜耻之列者，准其折枷。如系不顾行止有玷旗籍者，俱照民人一体实发，纂为通例。盖凡身隶旗籍者，人人有军人之责任，即人人当有军人之资格，一经有玷旗籍即销除旗档，永远不准挑差。在东西各国之剥夺公权，有军籍资格一项，颇与此例之意隐相符合。自此例颁行以后，旗人犯罪之与民人一体办理者，日见其多，与从前情形已不相同。此由生齿日繁，人类即难一致，法令与人情、风俗互为消息，自不得墨守成规。况乾隆十二年有八旗、汉军准改民籍之例，道光五年又有八旗、满洲、蒙古准改民籍之例。是化除畛域，早示端倪。方今中外交通，法律思想日趋新异，倘仍执旧律划分满、汉之界，不惟启外人轻视之心，尤与立宪前途诸多阻碍。臣等于现行律例详加查考，其满、汉歧异之处：同一决责用刑，而民人用笞用杖，旗人独用鞭责；同一发遣定地，而民人应发云贵、两广、新疆者，旗人则发黑龙江、宁古塔等处。其他旗人犯罪，或较民人为轻，或较民人为重者，相歧之处尚多。诚如圣谕，不足以昭画一。虽定例之初，原各有因时制宜之道，但纲纪所系，若仍彼此殊异，不足以化畛域而示大公。臣等公同商酌，凡律例之有关罪名者，固应改归一律，即无关罪名而办法不同者，亦应量为变通，除笞、杖已改罚金，旗人鞭责业经一体办理外，拟请嗣后旗人犯罪，俱照民人各本律、本例科断，概归各级审判厅审理。所有现行律例中旗人折枷各制，并满、汉罪名畸轻畸重及办法殊异之处，应删除者删除，应移改者移改，应修改者修改，应修并者修并，共计五十条，开列清单，恭呈御览。如蒙俞允，即由臣等通行内外问刑衙门一体遵行，庶法权归于统一，足以彰圣主同仁之治，而宪政立有根基，亦可奠万年不拔之业矣。

再，在外蒙古案件，应按《蒙古例》问拟者，事隶理藩部。此时未便遽议更张，应仍照旧章办理。合并声明，谨奏。

光绪三十三年十二月初七日，奉旨："依议。钦此。"

再，查例载"一、凡旗人谋、故、斗杀等案，仍照例令地方官会同理事同知审拟外，其自尽人命等案，即令地方官审理，如果情罪已明，供证已确，免其解犯，仍由同知衙门核转。倘恃旗狡赖，不吐实供，将案内无辜牵连人等先行摘释，只将要犯解赴同知衙门审明。如该同知事外苛驳，借应质名色滥差提扰，该上司立即题参。一、各省理事厅员，除旗人犯命盗重案，仍照例会同州县审理外，其一切田土、户婚、债负细事赴本州县呈控审理。曲在民人，照常发落，曲在旗人，录供加看，将案内要犯审解该厅发落。至控告在官人犯，不论原被经州县两次拘传，别无他故抗不到案者，将情虚逃避之犯严挐治罪。一、各处理事同知遇有逃人案件，并旗人与民人争角等事，俱行审理，不必与旗员会审"各等语。此三条在《刑律》军民约会词讼门内。前二条均系旗人案件归理事同知会同地方官审拟之例，后一条系理事同知自行审理之例。又例载"一、各省驻防旗人犯该斩、绞者，毋庸解部，即在理事同知衙门收禁。如有应入秋审人犯，令将军、都统等悉心确核，分别情实、缓决、可矜造册，题达刑部、九卿会核具题。至勾到时，某省驻防即另册同各省应勾人犯一体办理"等语。此条在有司决囚等第门内，系旗人犯死罪，秋审专归将军、都统之例。此办理旗人案件与民人之不同者也。查奉天省旗人词讼，向俱归州县审理，并不由旗员会审，遵行已久，并无窒碍。现在新定官制，京师及各直省设立各级审判厅，一切词讼俱归审判厅审理，旗民自毋庸区别。至秋审案件，皆系驻防旗人，今驻防规制正议变通，则此项秋审事宜自应统归督抚办理，以免歧异。拟请嗣后旗人词讼案件，统归各州县审理，毋庸再由理事、同知、通判等官会审。至各省理事、同知、通判等员缺可否裁撤，应请由各该督抚酌量情形，奏明办理。至驻防旗人应入秋审人犯，亦请改归各督抚，汇入民人秋审册内一体办理，毋庸再由各将军、都统核审，以昭划一而免歧异。谨奏。

光绪三十三年十二月初七日，奉旨："依议。钦此。"

再，旗下家奴各条例，亦多与民人办法不同。上年据前署两江总督周馥奏请禁革买卖人口一折，由政务处知照法律馆参考办法，当经议定办法。咨复去后，嗣因政务处裁撤一切案卷，辗转移交宪政编查馆经理，尚未复奏。所有旗下家奴各条例，应俟议复周馥一折定议奏准之后再议去留。理合附片具陈。谨奏。

光绪三十三年十二月初七日，奉旨："知道了。钦此。"

谨将律例内旗人专条分别删除、移改、修改、修并四款，共计五十条，逐条加具按语，恭呈御览。清单略。

（据《沈家本全集》，中国政法大学出版社，2010）

江浙缉匪不宜操切折
光绪三十三年十二月二十一日

沈家本奏：臣迭接家乡电信，据称嘉、湖一带枭匪蔓延，势甚猖獗。湖州如石冢、重潮、新市等处，嘉兴如桐乡、石门、海盐等处，白昼抢劫，掳人勒赎，甚至拒捕戕官、打毁教堂、学堂，种种不法，指不胜屈。近闻朝廷特派重兵前往坐镇，诚以乱萌一日不靖，即闾阎一日不安。圣主眷念东南，江、浙人民实深庆幸。

臣查此项匪徒，与大股匪党揭竿起事者情形不同，盖其中半为昔年裁勇，半为盐枭，有红帮、青帮各种名目，其籍贯以皖省之焦湖人为最多，两湖人次之，温、台人亦杂出其间，平日以包赌、贩私为事业，遇便则抢劫讹诈，无所不为。恃太湖为出没之所，沿湖各府州县，踪迹无常，一闻官兵搜捕，往往四散逃匿，或竟持械抗拒，官兵反致失利，如是者已数十年，办理总未得手。推原其故，一由于嘉、湖等府，港汊纷歧，官兵初到，情形扞格，而匪类游息日久，熟悉地形，兵至则散而为民，兵退则聚而为盗，往来飘忽，未易痛惩。一由于民匪杂居，并无标异，啸聚则生抢劫之案，散处即为游手好闲之徒，难以辨别。又初无一定巢穴，可以悉力进攻。有此两故，所以一时不能歼灭也。

近来匪势日炽，居民不能安业，间亦为所胁从，然究与成股匪徒设立头目、筑寨负隅者迥异。故前年江、浙两省有合办兜剿之议，卒难奏效。臣愚以为宜酌用清乡之法。匪多外籍，口音易辨，藏匿之所，亦易跟寻。苟得熟于情事之统领，善为操纵，不使良莠混淆；南方偏重水师，倘多备炮船，扼要屯扎，以编查清匪之源，以抚辑散匪之势，宽以时日，事必有济。

伏乞饬下江、浙督抚臣，于原有缉捕营办法酌量变通，各派大员协同妥议清理之法，不动声色，威惠兼施，并令严查保甲，举办团防，庶匪踪易绝而匪势自孤，较之以兵力痛剿，似为有益。

上谕："军机大臣等，侍郎沈家本奏江、浙缉匪不宜操切一折，著端方、陈启泰、冯汝骙按照所陈各节，体察情形，会同妥筹办理，原折著钞给阅看。"

（原见《德宗实录》，卷585；现据《沈家本全集》，中国政法大学出版社，2010）

拟请编定《现行刑律》以立推行新律基础折
光绪三十四年正月二十九日

修订法律大臣、法部右侍郎臣沈家本、修订法律大臣、头品顶戴、侍郎臣俞廉三，跪奏为拟请编定《现行刑律》，以立推行新律基础，恭折仰祈圣鉴事。

窃维新政之要，不外因、革两端，然二者相衡，革难而因易，诚以惯习本自传遗，损益宜分次第，初非旦夕所能责望也。方今瀛海交通，俨同比伍，权力稍有参差，强弱因之立判，职是之故，举凡政令、学术、兵制、商务，几有日趋于同一之势，是以臣家本上年进呈《刑律》，专以折冲樽俎、模范列强为宗旨。惟是刑罚与教育互为盈朒，如教育未能普及，骤行轻典，似难收弼教之功，且审判之人才，警察之规程，监狱之制度，在在与刑法相维系，虽经渐次培养设立，究未悉臻完善。论遭递之理，新律固为后日所必行，而实施之期，殊非急迫可以从事。考日本未行新刑法以前，折衷我国刑律，颁行《新律纲领》，一洗幕府武健严酷之风，继复酌采欧制，颁行《改定律例》三百余条，以补《纲领》所未备，维持于新旧之间，成效昭著。故臣等《陈奏开馆办事章程折》内，拟请设编案处，删订旧有律例及编纂各项章程，并额设总纂、纂修、协修等职，分司其事等因。均仰蒙俞允，钦遵在案。伏查乾隆年间定章，修例年限，五年小修一次，又五年大修一次，大致分修改、修并、续纂、删除四项，依此编订。自同治九年而后未能依限纂修。光绪二十九年，臣家本在刑部左侍郎任内，奏请删订，嗣于三十一年先将删除一项，综计三百四十五条，分期缮单进呈。其修改、修并、续纂三项，未及属稿，适值更改官制，从前提调、总纂各员，有擢升外任者，有调赴他部者，暂行中止。现在新律之颁布，尚须时日，则旧律之删订，万难再缓，臣等公同商酌，拟请踵续其事，以竟前功，并酌拟办法四则，敬为我皇太后、皇上陈之。

一、总目宜删除也。刑律承明之旧，以六曹分职，盖沿用元《圣政典章》及《经世大典》诸书，揆诸名义，本嫌未安，现今官制或已改名，或经归并，与前迥异，自难仍绳旧式，兹拟将《吏》、《户》、《礼》、《兵》、《刑》、《工》诸目一律删除，以昭划一。

一、刑名宜厘正也。律以笞、杖、徒、流、死为五等，而例则于流之外，复增外遣、充军二项。自光绪二十九年刑部奏请删除充军名目，改为安置，是年刑部又于议复升任山西巡抚赵尔巽条奏，军、流、徒酌改工艺。三十一年臣家本与伍廷芳议复前两江总督刘坤一等条奏，改笞、杖为罚金。三十二年奏请将秋审可矜人犯随案改流。三十三年臣等遵旨议定满、汉同一刑制，是年法部覆奏请将例缓人犯，免入秋审等因各在案。叠届变通，渐趋宽减，质言之，即死刑、安置、工作、罚金四项而已，而定案时因律例未改，仍复详加援引，偶一疏忽，舛迕因之，似非循名核实之义。兹拟将律例内各项罪名，概从新章厘定，以免纷歧。

一、新章宜节取也。新章本为未纂定之例文，惟自同治九年以来垂四十年，通行章程，不下百有余条，阅时既久，未必尽合于今。兹拟分别去留，其为旧例所无，如毁坏电杆、私铸银圆之类，择出纂为定例，若系申明旧例，或无关议拟罪名，或所定罪名复经加减者，无庸编辑。

一、例文宜简易也。律文垂一定之制，例则因一时权宜量加增损，故列代文法之名，唐于律之外有令及格式，宋有编敕，自明以《大诰》、《会典》、《问刑条例》附入律后，律例始合而为一。历年增辑，寝而至今，几及二千条以下，科条既失之浩繁，研索自艰于日力，虽经节次删除，尚不逮十之二三。其中与现今情势未符者，或另定新章，例文已成虚设者，或系从前专例无关引用者，或彼此互见，小有出入者，不胜缕举。凡此之类，拟请酌加删并，务归简易。

以上四者系就大体言之，其余应行改之处，临时酌核办理。如蒙俞允，即定其名曰《现行刑律》，由该总纂等，按照修改、修并、续纂、删除四项，逐加案语，分门编录，并责令克期告成，分别缮具清单，恭候钦定。一俟新律颁布之日，此项《刑律》再行作废，持之以恒，行之以渐，则他日推暨新律，不致有扞格之虞矣。

所有拟请编订《现行刑律》缘由，谨恭折具陈，伏乞皇太后、皇上圣鉴。谨奏。

修订法律大臣、法部右侍郎臣沈家本
修订法律大臣、头品顶戴、仓场侍郎臣俞廉三

光绪三十四年正月二十九日具奏。奉旨："宪政编查馆会同法部议奏。钦此。"

（据《沈家本全集》，中国政法大学出版社，2010）

遵旨议复朱福铣奏慎重私法编别选聘起草客员折

光绪三十四年十月初四日

修订法律大臣、法部右侍郎臣沈家本等跪奏，为遵旨议奏，恭折仰祈圣鉴事。

光绪三十三年十一月二十二日，军机处片交翰林院侍讲学士朱福铣奏请慎重私法编别，选聘起草客员一折，奉旨："修订法律大臣议奏。钦此。"并将原奏钞交前来，原奏内称"亚洲民族程度，去英、美稍远而于德、法为近。中国居亚洲上腴，较其层级与同洲之日本正复类似。日本明治二十九年始敕法学博士梅谦次郎等修正民法，三十一年复修正商法，次第颁行，法典内容皆尚德、法而绌英、美，此中国所最宜取法"等语。臣等伏查欧洲法学统系，约分法、德、英为三派，日本初尚法

派，近则模范德派，心慕力追。原奏所陈确有见地，臣等自当择善而从，酌量编订。总之，无论采用何国学说，均应节短取长，慎防流失。

原奏又称"日本修正民、商法时，梅谦次郎曾拟提议合编，以改约期近，急欲颁行而不果。中国编纂法典之期后于各国，而所采主义学说不妨集各国之大成，为民、商法之合编"等语。查自法国于民法外特编商法法典，各国从而效之，均别商法于民法，各自为编，诚以民法系关于私法之原则，一切人民均可适用；商法系关于商事之特例，惟商人始能适用。民法所不列者如公司、保险、汇票、运送、海商等类，则特于商法中规定之。即民法所有而对于商人有须特别施行者，如商事、保证、契约、利息等类，亦于商法中另行规定。凡所以保护商人之信用而补助商业之发达，皆非民法之所能从同。合编之说，似未可行。

原奏又称"请聘日本法学博士梅谦次郎为民商起草员，而以中国法学生参议"等语。查延聘外国法律名家一节，上年宪政编查馆于请派修订法律大员折内声明，应俟开馆后由该大臣奏明办理，旋经臣等奏陈，俟聘定后另行具奏等情，奉旨："知道了。钦此。"钦遵在案。臣等一再斟酌，以聘用外人至有关系，不得不加意慎重，遂于今年三月馆事粗定后，派令臣馆提调、大理院推事董康前赴日本详细访察。该员在日本将及半载，深悉梅谦次郎为该国政府随时顾问必不可少之人，断非能轻易聘用。访有日本法学博士志田钾太郎为商法专家，名誉甚著，禀经臣等公同商酌，聘充臣馆调查员，电请出使日本国大臣胡惟德妥定合同，约其来京。此外另订旧在京师之日本法学博士冈田朝太郎、小河滋次郎、法学士松冈义正分任刑法、民法、刑民诉讼法调查事件，以备参考。臣等仍督同编纂各员限定课程，分类起草，一面派员调查各省民商习惯，随时报告，总以酌采各国成法而不戾中国之礼教民情为宗旨。此臣等日与编纂各员所兢兢致慎者也。

所有遵旨议奏缘由，理合恭折具陈，伏乞皇太后、皇上圣鉴。再，此折因派员访察致稽时日，是以复奏稍迟，合并陈明。谨奏。

修订法律大臣、法部右侍郎臣沈家本

修订法律大臣、头品顶戴、侍郎臣俞廉三

（此折与俞廉三合奏。据《沈家本全集》，中国政法大学出版社，2010）

编订《现行刑律》告竣谨缮具黄册恭候钦定折

宣统元年八月二十九日

　　修订法律大臣、法部右侍郎臣沈家本等跪奏，为编订《现行刑律》告竣，谨缮具黄册，恭候钦定事。

　　窃臣等于光绪三十四年正月二十九日奏请编定《现行刑律》，酌拟办理法则四则，一曰删除总目，二曰厘正刑名，三曰节取新章，四曰删并例文，并声明其余应行刊改之处临时酌核办理等因。经宪政编查馆会同法部议准复奏，钦奉谕旨，俞允在案。查纂修律例向章，五年奏请开馆一次，惟自同治九年以来，部臣因绌于经费，迄未举行。至今垂四十年，章程叠出端绪，殊涉纷庞，轻重失宜，义例未能一贯。岁月寖久，既较每届修辑为难，而备推行新律基础，尤宜于新陈递嬗之交，为今昔折衷之制。揆厥本旨，亦与寻常编订微有不同。臣等奉命之下，督饬提调、纂修等官，按照前后奏定各节克期从事，仍依《大清律》篇目，自《名例》至《河防》凡三十门，悉心参考，分修改、修并、移并、续纂、删除各名目，开列本条之首，每条加具案语疏明其义，并将编订义例条举撮录，别为一篇，缀列简端，以便省览。臣等随时勘核，详加审订。

　　谨将缮写黄册装潢成册，敬呈御览，恭候钦定。俟命下之日，再由臣馆将本届修订律文、条例遵照向章，另缮黄册进呈，请旨后颁行，以资遵守。再，此次编订体例，虽隐寓循序渐进之义，仍严遵旧日之范围，如为筹备宪政、模范列强，实非博采东西大同之良法难收其效。

　　臣等更当督饬在事各员将前奏《刑律草案》酌加修正，克期会奏，合并声明。所有编订《现行刑律》缘由，谨恭折具陈，伏乞皇上圣鉴训示。谨奏。

修订法律大臣、法部右侍郎臣沈家本

修订法律大臣、头品顶戴、仓场侍郎臣俞廉三

　　宣统元年八月二十九日军机大臣钦奉谕旨："沈家本等奏编订《现行刑律》告竣，缮具黄册恭候钦定一折，著宪政编查馆核议具奏。钦此。"

　　再，查《秋审条款》一书，系乾隆三十二年及四十九年刑部两次纂定，原与刑律相辅而行，盖据律例以定罪名，即因罪名以定矜缓情实，法至善也。特历时既久，例文叠经修改，条款仍沿用至今，其原订子目

四十条大半不能概括，况此次修订《现行刑律》，一切罪名等次较从前多有轻重之分，则将来核办秋谳事宜，自非明示遵循，不足免纷歧而袪疑误。臣等公同商酌，拟请将《秋审条款》按照《现行刑律》逐加厘正，藉为亭比之资，似于法政不无裨益。如蒙俞允，臣等仍知照法部会同妥慎办理。

所有编辑《秋审条款》缘由，理合附片具奏请旨。

宣统元年八月二十九日军机大臣钦奉谕旨："沈家本等奏编辑《秋审条款》一片，著依议。钦此。"

（此折片与俞廉三合奏。据《沈家本全集》，中国政法大学出版社，2010）

《修正刑律草案》告成敬缮具清单折
宣统元年十二月二十三日

法部尚书臣廷杰等跪奏，为《修正刑律草案》告成敬缮具清单，恭折会陈仰祈圣鉴事。

窃本年正月二十六日臣等会奏请旨饬催京外各衙门签注新订《刑律草案》，从速咨送，以凭核订等因。奉上谕："法律为宪政始基，亟应修改以备颁布，所有新订《刑律草案》著京外各衙门照章签注，分别咨送，毋稍延缓，以凭核订而昭划一。钦此。"复于是月二十七日内阁奉上谕："前据修订法律大臣奏呈《刑律草案》，当经宪政编查馆分咨内外各衙门讨论参考，以期至当。嗣据学部及直隶、两广、安徽各督抚先后奏请将中国旧律与新律详慎互校，再行妥订，以维伦纪而保治安。复经谕令修订法律大臣会同法部，详慎斟酌、修改、删并，奏明办理。上年所颁立宪筹备事宜，新刑律限本年核定，来年颁布，事关宪政，不容稍事缓图，著修订法律大臣会同法部迅遵前旨修改、删并，克日进呈，以期不误核定颁布之限。惟是刑法之源，本乎礼教，中外各国礼教不同，故刑法亦因之而异。中国素重纲常，故于'干犯名义'之条立法特为严重，良以三纲五品阐自唐虞，圣帝明王兢兢保守，实为数千年相传之国粹，立国之大本。今寰海大通，国际每多交涉，固不宜墨守故常，致失通变宜民之意。但可采彼所长补我所短，凡我旧律义关伦常诸条，不可率行变革，庶以维天理民彝于不敝。该大臣等务本此意以为修改宗旨，是为至要。等因。钦此。"仰见我皇上明刑弼教之至意，钦佩莫名。

臣等一面分咨京外各衙门催取签注，一面派员彼此协商以专责成。八月间，臣馆先将修辑《现行刑律》赶缮黄册进呈，维时京外各签注陆续到齐，其中如农工商部、奉天、山东、两江、热河均在赞成之列，其余可否参半，亦间有持论稍偏，未尽允协者。窃维法律之用，与时消息。昔唐太宗改旧令绞刑之属五十为断右趾，继改加役流。宋咸平时删太宗诏令，十存一二。即我朝雍、乾之际修改律例，亦于康熙旧例多所删汰。此在平时，尚应通其圮滞，而处今日，不宜墨守旧日之范围者，更有数端：

海禁大开，商埠林立，各国商民、牧师侨居内地者，实繁有徒。"治外法权"之说，初本限于君主、公使、军舰、军队等项，因法律不同之故，推而齐民亦享其利，并改其名曰"领事裁判权"。同居率土之中，而法权则互分彼我；同列讼庭之上，而惩戒则显判重轻，损失国威，莫此为甚。今幸续订商约，英、美、日、葡等国均允于改良刑律之后，侨民悉归我审判，歃血未寒，时机讵容坐失？此鉴于国际条约之必应变通者一也。

立宪之国，专以保护臣民权利为主。《现行刑律》中于阶级之间，如品官、制使、良贱、奴仆区判最深，殊不知富贵贫贱，品类不能强之使齐。第同隶帡幪，权由天畀，于法律实不应有厚薄之殊。又伏读《钦定宪法大纲》："臣民非法律所定，不加以逮捕、监禁、处罚。"煌煌诏诰，中外同钦，而《现行律例》比附之制，实与抵触。凡此之类，均应按照立宪国成规逐加厘正，以植宪政始基。此关系筹备事宜之必应变通者一也。

三典之职创自《周官》，即所谓重典、中典、轻典是也。良以理乱不同，宜循时尚，初非制定法轨，即悬为一成不变之策也。教育与刑罚本有消长对待之机，绎鲁论"耻格"之良箴，益可见"导齐"之至理。昔秦法峻密，乃揭竿窃窃之徒并未能禁；汉兴扫除烦苛，几于刑厝，移风易俗，并非全凭刑禁。即从前各国刑法咸从武健严酷而来，迨后改从轻刑，专事教育，颛蒙知识日臻进步，中国人民同此禀赋，不应独异。况《草案》施行尚需时日，届时教育普及，犯罪自少，尤不宜以目前之情形永远限制其将来。此推诸国民之程度必应变通者又一也。

臣等督饬派出各员汇集中外签注，分类编辑，折衷甄采，并懔遵谕旨，将关于伦常各款加重一等，其余文词亦酌加修改，务归雅驯，以期明晰。仍厘为《总则》、《分则》二编，共五十三章，凡四百零九条。惟中外礼教不同，为收回治外法权起见，自应采取各国通行常例，其有施之外国，不能再为加严，致背修订本旨，然揆诸中国名教，必宜永远奉行勿替者，亦不宜因此致令纲纪荡然，均拟别辑单行法，藉示保存，是以增入《附则》五条，庶几沟通新旧，彼此遵守，不致有扞格之虞也。每条仍加具按语，而于各签注质疑之处分别答复。

再，法部查此次修律大臣所改《草案》，既据折内声明"中国名教必宜永远奉行勿替者，不宜因此致令纲纪荡然"等语，臣部权衡法律，只期与礼教无违。该大臣等所拟，尚与臣部意见相同，至前经奉旨并交礼部核议，自系专为礼教起见，应俟奉旨后由臣部知照礼部钦遵办理。理合缮具清单，恭呈御览，伏祈饬下宪政编查馆照章考核，请旨施行。

又，此折系法律馆主稿，会同法部办理，合并声明。

所有进呈修正《刑律草案》缘由，谨恭折合陈，伏祈皇上圣鉴。谨奏。

法部尚书臣廷杰

花翎、头品顶戴、左侍郎臣觉罗绍昌

署右侍郎、内阁学士臣王垿

修订法律大臣、法部右侍郎臣沈家本

（原见《钦定大清刑律·奏疏》，宣统三年刻本；现据《沈家本全集》，中国政法大学出版社，2010）

变通秋审复核旧制折

宣统二年二月二十八日

修订法律大臣、法部右侍郎臣沈家本等跪奏，为变通秋审复核旧制，以巩法权而昭划一，恭折仰祈圣鉴事。

宣统元年十二月二十八日，准宪政编查馆咨称本馆核议《现行刑律》告竣缮册呈览一折，又请饬考核中外制度，另订现行律一片，于本月二十三日具奏。二十四日钦奉谕旨："均著依议。钦此。"

将原奏折片等件并高等检察厅检察长徐谦原奏一件，咨送前来。臣等检阅原片内称该检察长所奏大端有五：一、分别民刑；一、重罪减轻，轻罪加重；一、停止赎刑；一、妇女有犯，与男子同罚；一、次第停止秋审。洵属新旧经过不可少之制作，拟请饬下修订法律大臣，按照所奏诸端，再行考核，另编重订现行律一编等因。复检阅该检察长原奏，其前四端应俟编辑之时，再行参酌甄择，惟"停止秋审"一节，关系审判制度，亟应先事提议。

据原奏内称"复核之制，原属矜慎用刑，然以行政之人而有复核之权，即属干预审判，于宪法显觉相违。况复核者仅凭一纸空文，于案情之真伪虚实，毫无所见，极秋审之能事，不过挑剔字句，舞文弄墨。其实实、缓、矜、疑皆可随案而定，乃必故事迟回，而狱囚半皆瘐死。情实者莫正典刑，缓决者空羁桎梏，显戮久稽，无辜淹禁，莫甚于此。现在京师审判制度业已完成，外省审判厅正在筹办。司法独立之义，已属确凿不移。一狱之成，循审级而穷审序，固无虞其枉纵。以旧律言之，立决之案，亦无待于秋审；以新律言之，审判之法与秋审尤不能两存。将来各省审判厅一律成立，秋审既在所必废，则审判厅业经成立之处，可先行停止"等语。

考《尚书大传》："天子以秋决狱讼，断刑罚，以顺天道，以佐秋杀。"《淮南子·时则训》："少皞、蓐收之所司者，万二千里。其令曰：'审用法，诛必辜。'"《唐律疏议》引《狱官令》云："从立春至秋分，不得奏决死刑。若犯恶逆以上及奴婢、部曲杀主者，不拘此令。"乘时行戮，自古而然。然明初定有会官审录之例。《明会典》朝审条："霜降以后提请日期，将法司见监重囚引赴承天门外，三法司会同五府、九卿衙门、锦衣卫、堂上官及科道逐一审录，名曰'朝审'。"此为朝审之始。厥后洪武三十年、永乐七年、洪熙九年踵行之。天顺二年著为令。又永乐十七年，令在外死罪重囚悉送京师会官审录，此为后来秋审之权舆。然惟永乐中偶一行之。国初用明制，朝审于天安门外，会同九卿、詹事、科道官审录，分别情实、矜、疑三项，各省死罪人犯归巡按会同巡抚及布、按二司审录，尚无九卿会审之事。顺治十八年停止巡按审录，止准该抚照例举行。康熙十六年以后，始仿照朝审之例，九卿会议定拟，至今承之。此秋、朝审沿袭之大略也。

窃维政治遭递，不外因革。旧制之良者，固宜永远遵行。旧制之敝者，亦应随时废止。原奏谓"秋审之能事，不过挑剔字句，舞文弄墨"，因之而停止秋审，则未尽然。查秋审本为监候人犯而设。人之犯罪，情节不同，亭比之分，宜穷毫末。现行律例死罪固多，全恃秋审之时为之调剂宽严。至于秋、朝审节略，其中遣词、叙事夙秉前型，一字增损，动关生死，断非率尔操觚所能从事，更未可以寻常公牍文字薄之。东西保存死罪各国，凡宣告死罪确定之后，申送司法省，仍由该大臣详查案情，上奏减免。即情重人犯，非再阅时日，经检事之请求，始发省令，并非爰书甫定，遂予执行，其用意略与秋审相同。即我国将来颁行新定刑律，死刑较少，第放火及杀人诸条仍系旧律监候之罪，似不能骤改立决，致伤溪刻。此秋审不宜遽行停止之明证。至谓与审判不能两存，此得诸想象之词，而未即其内蕴深加推究也。所请次第停止秋审之处，应请毋庸置议。

惟复核之制，诚有如该检察长所奏亟应酌量变通者。推原会审定例之初意，本为严杜构、陷锻练之弊，自《法院编制法》既行，法官之资格均由慎选而来，并设三审之阶，广通呼吁，行合议之制，博采舆情。此外如律师之辩护、鞫问之公开，凡为被告人谋利益者，无微不至。详慎至此，实无深故之虞。此揆诸今制之必应变通者一也。

国家政令不宜首尾两端，斯历级递升可以渐致一贯。上年十二月二十八日钦奉谕旨："划分司法权限，令行政各官不准违法干涉。等因。钦此。"钦遵在案。虑囚大典如仍因袭会审具文，是与违法干涉何异？此推诸明谕之必应变通者一也。秋审事例虽不逮现行律例之繁，而为虑囚最后之成规，推勘尤宜入细。同一情实也，有予勾者，有夹签声叙者；同一缓决也，有年例减等者，有三次后始行查办减等者，以及阵亡之忠裔、老疾之单丁，种种款目必研习有年，斯无贻误。今以司法之重，寄而分任素未涉猎之人，已非循名核实之意。且秋、朝审上班为时甚促，罄一年之积牍，而取决于寸晷之中，此唐太宗所谓"虽立五审，一日即了，未暇审思，五审何益"是也。此狃于虚文之必应变通者又一也。

臣等公同商酌，拟请嗣后秋审人犯，外省径由按察司或提法司审勘，缮具招册后尾，咨呈法部核议。其督抚、布政司会审之制，即行停止。朝审人犯概由法部核议，无须奏派复核大臣，其秋、朝审会同九卿审录之制，亦即停止。至法部议定之后，刊刻招册、进呈黄册等事，仍照旧办理。事关变通旧制，讨论不厌求详，仍祈饬下宪政编查馆会同政务处核议具奏，请旨施行。

所有变通秋审复核缘由，谨恭折具陈，伏乞皇上圣鉴。谨奏。

宣统二年二月二十八日

修订法律大臣、法部右侍郎臣沈家本

修订法律大臣、头品顶戴、仓场侍郎臣俞廉三

（据《沈家本全集》，中国政法大学出版社，

2010；校订据《宣统政纪》，中华书局，1987）

编辑《秋审条款》告成缮具清单敬呈御览折

宣统二年七月十三日

法部尚书臣廷杰等跪奏，为编辑《秋审条款》告成，缮具清单，敬呈御览，恭折会陈仰祈圣鉴事。

宣统元年八月二十九日，臣家本等奏进《现行刑律》黄册附片声明，会同法部将《秋审条款》按照《现行刑律》厘正等因，军机大臣钦奉谕旨："沈家本奏编辑《秋审条款》一片，著依议。钦此。"钦遵咨行法部。去后一面督饬馆员分类编辑。

窃惟一定者法，不定者情，权衡于情法之间，惟秋审旧制最足以剂其平。查《秋审条款》初定于乾隆三十二年，尔时因各司定拟实缓，每不划一，酌定比对条款四十则，刊刻分交各司，并颁行各省以为勘拟之用。四十九年，复加增辑。厥后，原任刑部侍郎阮葵生辑有《秋谳志稿》，仅有传抄，其刊行者有江苏书局本、蜀臬本、京师活字本，俱附成案于后，以备互相印证。各本小有同异，俱分职官、服制、人命奸盗、抢窃杂犯、矜缓比较五门，都凡一百八十五条。其书本与律例相辅而行，律例既改，如条款仍旧，恐纷歧滋甚，亭比无从。此次条正，大旨约分为三：

一曰删约旧文。《条款》不过备拟勘之程，并非官撰，以故词旨繁冗，与律例不同，历久未修，有列为专条而案不经见者，有迭奉新章，原例罪名改定者，有《现行刑律》业经节并或删除者，亦间有前后歧出者，凡此均依据新制更正，以其一贯。

一曰纂集新事。秋审之范围专以监候为主，近年有因变通刑制改为监候者，如盗砍红椿以内树株是；有因定章减科改为监候者，如供获首伙各盗是；其例有明文而条款漏未辑订、历年凭成案核拟实缓者，如诈

伪制书、诈传诏旨、擅入御在所等类，更不遑缕述。凡此俱逐一酌定实缓，藉昭赅备而资援引。

一曰折衷平恕。刑为范世之具，惟颛一良规，斯能推诸久远。《条款》于职官犯罪，不问情节如何，概拟情实，他若回民、僧人等项亦绞，常人加严。以人之品类，强为轩轾，殊乖协中之意，而于立宪国保护权利之说，尤属背驰。凡此咸加校正，一以平恕为主，亦可为将来沟通新旧之实。此外，律例内著明实缓，既垂永制，可备遵循。

又，常年例实案内，有情节可原，于黄册内出语声叙者，然应否勾决，出自圣裁，似不宜预为擅定，均请照定例定章办理，无庸列入。惟服制人犯虽列情实，向俱邀恩免勾，以其情轻之故而原之也。自光绪三十一年奉旨删除重刑，绞决递减绞候，入实服制之案，因是而获量减者，不乏其例。秋谳衡情，因不能滥厕情实常犯册内，置尊卑名分于不顾。如列服制册内，一律同沐宽典。又与原情量减者有霄壤之别。自以特定从严声叙一条，以杜轻纵。辑录既竣，仍仿刑律，加具案语，略释要旨。先由臣家本等逐条详核，复咨交臣部细加推勘，往复签商，剖析毫芒，期归至当，共订为一百六十五条。谨缮具清单，恭呈御览，伏祈钦定颁行，以资遵守。

所有进呈编辑《秋审条款》缘由，谨恭折会陈，伏乞皇上圣鉴。再，此折系法律馆主稿，会同法部办理，合并声明，谨奏。

宣统二年七月十三日

法部尚书臣廷杰

花翎、头品顶戴、法部左侍郎臣觉罗绍昌

署法部右侍郎、内阁学士臣王垿

修订法律大臣、法部右侍郎臣沈家本

修订法律大臣、头品顶戴、仓场侍郎臣俞廉三

（据《沈家本全集》，中国政法大学出版社，2010）

沈家本年谱简编①

道光二十年（1840 年），出生

七月二十二日（1840 年 8 月 19 日），出生于浙江湖州郡城南门编吉巷口。

家世：祖父沈镜源，嘉庆三年（1798 年）中举，会试屡次不第，后应大挑，选授庆元县（今浙江龙泉县）教谕。父沈麟书为镜源第三子，十五岁夭折。本生父沈丙莹，道光十二年（1832 年）举人，二十五年（1845 年）进士。历任刑部广东司主事、广西司员外郎、江苏司郎中、律例馆提调、山西道监察御史。京察一等，调贵州安顺府知府，历署贵州铜仁、贵阳知府，以军功随带加二级，加道员衔。本生母俞氏，嘉庆庚辰科进士俞焜之次女。

道光二十五年（1845 年），五岁

是年，沈丙莹中进士，补官刑部，为广东司主事，开始官宦之途。沈家本或稍后随父在京读书，居于宣南坊，受业师有闵莲庄等人。

咸丰九年（1859 年），十九岁

完成《〈周官〉书名考古偶纂》，纠正明代郎兆玉《〈周官〉古文奇字》之失。然其自谓："自成童后专力举业，六书之学未获穷流溯源。兼以家鲜藏书，末由检校，纰缪知不免矣。姑录出以备案头考究云尔。"②《清史稿》本传则赞其"少读书，好深湛之思，于《周官》多所创获"③。

---

① 本编未注出处者，多参自李贵连的《沈家本年谱长编》（山东人民出版社，2010）。
② 《沈家本未刻书集纂》下册，1293 页，北京，中国社会科学出版社，1996。
③ 《清史稿》，第 41 册，12447 页，北京，中华书局，1997。

是年沈丙莹外放贵州安顺府知府，沈家本并未随行，本准备南归浙江乡里，可能为了完婚，然因太平天国之乱，不能成行，暂居京师浙江会馆。

咸丰十年（1860 年），二十岁

滞留在都。七、八月间曾两次出都，避英法联军占领京师之乱。

咸丰十一年（1861 年），二十一岁

三月出京，前往贵州铜仁沈丙莹任所。沿古驿道，经由保定、邯郸、襄城、叶县、新野、襄阳、沙市、安乡、沅陵到达铜仁。十二月离开铜仁，原拟回浙江，然因战乱，寓居长沙。

同治元年（1862 年），二十二岁

是年寓居长沙，交游稀少，专心读书。自作诗云："促膝漫谈天下事，放怀且读古人书。"沈氏后在《借书记》之序中，回忆了在长沙的读书生活："余喜书，暇辄手一编。然健忘，掩卷不能举一字，可矧也。家素藏书不多。既攻举业，又无暇多读书。十年之恨，与吾家攸之同矣。洎入楚来，以道远且阻，书多置不携。惟向人借观，颇有荆州之难。因叹有书者，不可不多读，尤不可不急读。'姑待'二字误人不少，慎无招笑于青蟬也。"①

同治二年（1863 年），二十三岁

四月，由长沙重入贵州。此次入黔，乃因沈丙莹得代理贵阳知府之任，然丙莹终为云贵总督劳崇光所扼，始终不得志。

同治三年（1864 年），二十四岁

是年，沈丙莹被劾去官，离黔返浙。沈家本则经贵州大定，过赤水河，登磨盘山，经四川泸州、重庆，顺江而下，抵长沙。取得书籍行李后，沿长江，经上海，从海路进京。

十月，到刑部任。据《清代官员履历档案全编》："由监生报捐郎中，签分刑部。同治三年十月到部。"

---

① 沈家本：《借书记》，《沈家本未刻书集纂》下册，1765 页。

同治四年（1865 年），二十五岁

是年，浙江补行辛酉、壬戌科乡试。六月，沈家本告假回籍，参加乡试。虽带病入场，仍然中式，为本年浙江乡试第六十二名举人。

同治五年（1866 年），二十六岁

二月，参加礼部会试，未中。

四月，销假回署。

八月，移居日南坊。

同治七年（1868 年），二十八岁

二月，再次参加礼部会试，结果仅"挑取誊录第一名"，仍然未中。

七月，刑部学习期满，奏留。

同治九年（1870 年），三十岁

十月，沈丙莹卒。沈家本回乡持丧。

同治十一年（1872 年），三十二岁

到杭州，重访外祖父俞焜故宅，祭拜其墓，并赋诗纪念。

光绪五年（1879 年），三十九岁

是年，潘祖荫由工部尚书调任刑部尚书，对沈家本特加赏识。《吴兴沈公子惇墓志铭》云："时吴县潘文勤为尚书，公尝为同舍郎某拟稿进。文勤诧其不类平日所为，诘之，某以实对。文勤叹曰：吾固知非沈君不办此也。"自是开始，"以律鸣于时"。然沈家本在刑部十多年间，屡考会试而不第，仕途难有大进之望。

光绪八年（1882 年），四十二岁

三月，派充陕西司主稿。

光绪九年（1883 年），四十三岁

二月，参加癸未科会试，名列第二百零三名。四月，参加殿试，李鸿藻、徐桐、薛允升、张佩纶等为阅卷官，名列二甲第一百名进士。朝考引见，奉旨以本部郎中即用。沈家本在 1907 年刊刻的《寄簃文存》

中曾记述自己的科举之路："余性钝拙，少攻举子业，进步极迟。乙丑举于乡，复困于礼部试，癸未始脱举籍。此数十年中，为八比所苦，不遑他学，间或从事经史考证之书。若古文词，未之学也。"本年考取进士之后，"遂专心法律之学"。

七月，调充奉天司主稿，兼秋审处坐办。

光绪十二年（1886年），四十六岁

是年，与郭安仁（存甫）合作，成书《刺字集》，并出版刊行，是为沈家本第一部公开印行的学术著作。刑部侍郎薛允升为之作序："其考据之详明，固不待言。予尤叹其用意之深厚。使读是书者知若者应刺，若者不应刺，若者旧俱应刺而今可不必刺，不致一误再误，则仁人君子之用心，其裨益岂浅鲜哉！"

光绪十三年（1887年），四十七岁

三月，补福建司郎中。

四月，兼减等处，核办恩赦减等事件。

十一月，充秋审处坐办。

十二月，参加京察。

光绪十四年（1888年），四十八岁

八月，派充律例馆帮办提调。

光绪十五年（1889年），四十九岁

编成《压线编》，搜集自己代同僚所拟之奏牍，共十二篇。另有《驳稿汇存》一卷，是为光绪八年至十五年间，他在刑部起草的对各省上报案件的批驳，共三十案。

光绪十六年（1890年），五十岁

二月，试俸期满，题请实授。

九月，充会典馆帮纂修。

光绪十七年（1891年），五十一岁

京察一等，吏部带领引见。奉旨准其一等，加一级。充会典馆纂修。

八月，充律例馆协理提调。

光绪十八年（1892 年），五十二岁

正月，充律例馆管理提调，兼管理汉档房。

闰六月二十四日，俸满截取，经刑部堂官保送，堪胜繁缺知府。吏部带领引见，奉旨照例用。

光绪十九年（1893 年），五十三岁

八月十九日，奉旨补授直隶天津府知府。

十一月初六日，到天津知府任。

光绪二十年（1894 年），五十四岁

甲午中日战事起，因为参与后勤补给工作，奉旨以道员在任候补。

在天津知府任上，"治尚宽大，奸民易之，聚众哄于市，即擒斩四人，无敢复犯者"①。

光绪二十一年（1895 年），五十五岁

因在甲午战争中筹办海运事宜，奉旨加三品衔。

光绪二十二年（1896 年），五十六岁

因海运出力，奉旨：俟离知府任，归道班后，加二品衔。

在天津知府任内，主持续修《天津府志》。

光绪二十三年（1897 年），五十七岁

五月，调补保定府知府。

九月，主持保定郡试，并赋诗批评科举制度缺失。中云："持此以用世，所用非所能。"②

光绪二十四年（1898 年），五十八岁

处理董福祥甘军烧毁保定外国教堂事件，守正不阿，力持正议。

---

① 《清史稿》，第 41 册，12447 页。

② 沈家本：《枕碧楼偶存稿》，《沈家本全集》，第 7 卷，142 页，北京，中国政法大学出版社，2010。

光绪二十五年（1899 年），五十九岁

三月，直隶总督裕禄请旨录用贤能，举及沈氏。于九月经吏部带领引见，奉旨仍在任，以道员尽先即补。

十月，吏部以俸满卓异，带领引见。奉旨著回任，准其卓异加一级，仍注册候升。回任后，大病一场。

是年，《刑案汇览三编》成书，原拟刊刻付印，旋因庚子事变而辍。全书一百二十四卷，末附中外交涉案件（不分卷），稿本现藏中国国家图书馆，未刊。

光绪二十六年（1900 年），六十岁

二月，由京师返回保定之任所。力主重惩义和团，然保定英、美各教堂已相继被毁。

六月，奉旨补授直隶通永兵备道。

七月，署理直隶按察使。

闰八月，奉旨补授山西按察使，具折谢恩，吁恳陛见。奉朱批："知道了"。

临行之际，联军进踞保定。法国教士向联军诬告沈氏附和义和团，故被关押于保定北街教堂。

九月，太后向李鸿章等人发出电谕，要求与联军交涉放人。经过交涉，沈氏由拘留改为监视居住，但直到十二月，才得以恢复自由。

十二月二十六日，离开保定，前往西安行在。

光绪二十七年（1901 年），六十一岁

从正月始，经顺德府、邯郸、汤阴、开封、郑州、郾师等地，途中游历岳飞故里、子产祠和武虚谷墓，于二月下旬抵达西安。

三月，奉旨开去山西按察使，以三四品京堂候补。

五月，任为光禄寺卿，同时命其先行返京。

十月，刑部尚书薛允升殁于开封途次，加以赵舒翘因拳乱被赐死，刑部亟须律学专家主持其事，沈氏故有刑部右侍郎之任，是为"当家堂官"。

光绪二十八年（1902 年），六十二岁

正月，升任刑部左侍郎。

二月初二日，上谕要求袁世凯、刘坤一、张之洞"慎选熟悉中西律例者，保送数员来京，听候简派，开馆编辑"。二十三日，三督抚联衔上奏，以沈氏"久在秋曹，刑名精熟"，伍廷芳"练习洋务，西律专家"，向朝廷举荐。二十九日，准军机处知会，奉旨留中。①

四月初六日，获委修律重任。上谕云："现在通商交涉事益繁多，著派沈家本、伍廷芳将一切现行律例，按照交涉情形，参酌各国法律，悉心考订，妥为拟议，务期中外通行，有裨治理。俟修完呈览，候旨颁行。"② 谕后不久，刑部亦奏请修例，以则例年久失修，拟先删定完善，再与各国法律互相参酌，准奏。③

六月初二日，正式上任，暂时以刑部原有的律例馆为修律之所。④

光绪二十九年（1903 年），六十三岁

十二月初七日，与伍廷芳联名奏请，效仿西方的法律精神，改"刻酷"为"仁慈"，废除重刑和笞杖罪名，并以日为师，延聘外国法律专家，招揽留学生翻译西法，请求朝廷每年拨银三万两，作为修律各项经费。⑤ 得旨下户部知之。

光绪三十年（1904 年），六十四岁

四月初一日，修订法律馆开馆办事。

六月二十三日，奏劾官吏不谙交涉，贻害地方，请饬浙江巡抚聂缉规赶紧确查，妥筹议结；另因前署归安县知县邵珩、前署乌程县知县汪文炳与教士、洋商往还，有违礼制，请令浙抚严加训饬。奉旨原折片抄给阅看，将此谕令知之。是为沈氏力争湖州海岛，免落教士韩明德之手。

七月十三日，给事中潘庆澜参劾刑部实有主持部务之"当家堂官"，司员奔走其门，一人自诩专家，其余五人随同划诺，必有精力不及、智

---

① 李细珠对此有详论，参其《张之洞与清末新政研究》，261~264 页。
② 《光绪宣统两朝上谕档》，第 28 册，95 页。
③ 参见《德宗景皇帝实录》，第 7 册，586 页。
④ 伍、沈奏陈修律事宜时称："刑部旧有律例馆房屋尚属敷用，毋庸另行购造。"见《伍廷芳沈家本遵旨参酌各国法律大概办法并请饬部拨款折》，一档馆军机处录副奏折，档案号 03-7227-057。
⑤ 参见《伍廷芳沈家本遵旨参酌各国法律大概办法并请饬部拨款折》（光绪二十九年十二月初七日），一档馆军机处录副奏折，档案号 03-7227-057。

虑难遍之时。请饬部臣和衷共济，知无不言，不存意见。稍后刑部六堂官联衔密奏，否定沈氏为"当家堂官"之说，司员亦无伺候奔走之风，并指潘氏为会审赓谷氏一案而泄私愤。

光绪三十一年（1905 年），六十五岁

三月十三日，沈氏主事的刑部上奏，请先将《大清律例》内应删各条分次开单进呈。因为"若必拘泥旧章，俟全书告成始行缮写进呈，不特卷帙繁多，编次有需时日；且删增并列，眉目转觉不清"。共删除三百四十四条。奉旨："依议。钦此。"①

三月二十日，与伍廷芳联衔奏上《删除律例内重法折》，确定"刑法之当改重为轻"，即为"修订之宗旨"，并请先行删除凌迟、枭首、戮尸、缘坐、刺字等严刑酷法，以新天下耳目。主张效法日本改律，变法自强，以收治外法权。奉旨："我朝入关之初，立刑以斩罪为极重。顺治年间修订刑律，沿用前明旧制，始有凌迟等极刑。虽以惩儆凶顽，究非国家法外施仁之本意。现在改订法律，嗣后凡死罪，至斩决而止，凌迟及枭首、戮尸三项，著即永远删除。所有现行律例内，凌迟、斩枭各条俱改为斩决，其斩决各条俱改为绞决，绞决各条俱改为绞监候，入于秋审情实，斩监候各条俱改为绞监候，与绞候人犯仍入于秋审，分别实缓办理。至缘坐各条，除知情者仍治罪外，余著悉予宽免。其刺字等项，亦著概行革除。此外当因当革应行变通之处，均著该侍郎等悉心甄采，从速纂定，请旨颁行，务期酌法准情，折衷至当，用副朝廷明刑弼教之至意。"②

同日，与伍廷芳联衔奏上《议复江督等会奏恤刑狱折》，为答复刘坤一、张之洞《江楚会奏三折》中的"恤刑狱"之条而作。该奏请饬革免刑讯（除罪犯应死，证据已确而不肯供认者），除死罪外不必套取犯人输服供词，另外笞杖改罚金，认真办理警察事宜，清查监狱羁所。朝廷依议，上谕并要求各省认真执行："立法期于尽善，而徒法不能自行，全在大小各官任事实心，力除壅蔽，庶几政平讼理，积习可回。颇闻各省州县，或严酷任性，率用刑求；或一案动辄株连，传到不即审讯，任听丁差蒙蔽，择肥而噬，拖累羁押，凌虐百端。种种情形，实堪痛恨。

---

① 《奏请先将律例内应删各条分次开单进呈折》，《沈家本未刻书集纂》上册，383 页。
② 《删除律例内重法折》，《沈家本未刻书集纂》上册，501 页。

此次奏定章程全行照准，原以矜恤庶狱，务伸公道而通民情。用特重申诰诫，著该督抚等严饬各属，认真清理，实力遵行，仍随时详加考察。倘有阳奉阴违，再蹈前项弊端者，即行从严参办，毋稍回护瞻徇。其各勤求民瘼，尽心狱讼，用副朝廷恤下省刑之至意。"①

同日，会同伍廷芳奏请设立法律学堂，培养新律人才，拟定课程、筹经费、广任用等三办法。此为效法日本变法之初，设速成司法学堂之举。在京师设法律学堂，考取各部属员在堂肄习，毕业后派往各省，为佐理新政，分治地方之用。另附片奏请各省课吏馆添设仕学速成科。奉旨学部议奏。学部复奏表示赞同。

四月初二日，会同伍廷芳上《变通窃盗条款折》，奏请凡窃盗人犯应拟笞杖者，不能以罚金换刑，改拟工作两月为止；并令各省通饬各属，一律举办习艺所。奉旨依议。

四月十七日，联同伍廷芳上奏，请旨免除徒、流罪犯到配所后的杖责，以及对强、窃盗犯父兄的杖责。奉旨依议。

五月初七日，会同伍廷芳复奏御史刘彭年奏请部分恢复刑讯之议。据理驳议，指出革除刑讯不过申明旧例，略为变通，其实与西法无涉；而刑讯残暴，且无益于审讯。并请编辑简明诉讼章程，以备应用。

六月初四日，奏陈时务二事，一为厘定东三省官制，统设一总督，授以全权，便宜行事，一切用人行政，不拘内地成例，并专设问刑之官，任以终身。二为请仿山西乡社章程，参以各国地方自治之制，于地方设乡社，凡地方兴革之事，一切任民自为，而官为之监督。政务处议复，除总督权限另议外，余事由直隶总督袁世凯先行试办，以为各省之倡。

九月初二日，会同伍廷芳奏请变通妇女犯罪收赎银数，较前增加银数，如无力完缴，折算时日，收入习艺所工作。奉旨依议。

九月十七日，会同伍廷芳奏参上海会审公堂执行新章不力，请旨严饬各州县，凡罪在流、徒以下者，照新章不准刑讯；旧例罪应笞杖者，照新章改为罚金。奉旨该部知道。

同日，与伍廷芳联衔奏请派员赴日本考察。请旨奏派刑部司员董康、王守恂、麦秩严前赴日本，调查法制刑政，并分赴各裁判所，研究

---

① 《议复江督等会奏恤刑狱折》，《沈家本未刻书集纂》上册，505 页。

审判事宜，按月报告，以备采择。

光绪三十二年（1906年），六十六岁

四月初二日，会同伍廷芳奏上《虚拟死罪改为流徒折》，旨在删减死罪条目，将《大清律例》列为死罪，但实际并不执行死刑的罪名，改为流、徒罪名，不用死刑之目，以省繁重。奉旨著刑部、都察院议奏。复奏主张分别犯罪情节，部分接受原议。湖广总督张之洞复有异议，提出从服饰及附带文字上加以区别，并加苦工刑期。朝廷交法部核议。法部仅同意前者（略有变通），得旨如所议行。

同日，会同伍廷芳奏请为伪造外国银币治罪订立专条，依奏定私铸银币章程的相应罪名，减一等问拟。奉旨依议。

同日，会同伍廷芳进呈《民事刑事诉讼法草案》（共五章二百六十条）。该法案实由伍廷芳主持，将诉讼程序分别为刑事、民事，并效仿外国建立陪审员和律师制度，以逐步收回治外法权。得旨交各省督抚、将军、都统细心研究，据实具奏。各省普遍认为难以实施，其中张之洞反对尤烈，该草案最后未能通过。

同日，会同伍廷芳和商部，上奏《商律·破产律》。此由商部主稿，奏上得朝廷允准。

四月十九日，伍廷芳请假回籍修墓。此后沈氏独力主持修律事宜。

闰四月二十一日，撰《禁革买卖人口变通旧例议》回复刑部，力主从法律上废除奴隶制度。却被束之高阁，直到宣统元年，才旧事重提。

七月，制定京师法律学堂章程，"以造就已仕人员，研精中外法律，各具政治智识，足资应用为宗旨"，三年毕业，另附设一年半学制的速成科。九月，京师法律学堂开学，沈氏被任命为管理京师法律学堂事务大臣。

九月二十日，朝廷降谕明定预备立宪时期的中央官制，"刑部著改为法部，专任司法；大理寺著改为大理院，专掌审判"。次日，沈氏补授大理院正卿二品之职。

十月初四日，就筹创大理院事宜奏报朝廷，强调"大理院之设，诚为改良裁判、收回治外法权之要政"，请拨开办经费二万两。得旨如所议行。

十月二十七日，奏请厘定大理院审判权限：大理院既为全国最高审判所，凡宗室、官犯及抗拒官府并特交案件，应归其专管，高等审判厅以下不得审理。其地方审判厅初审之案，有不服高等审判厅判断者，亦

准上控至院为终审，即由院审结。至京外一切大辟重案均分报法部及大理院，由大理院先行判定，再送法部复核。另划定京师各级裁判所之区域。得旨如所议行。不久《大理院审判编制法》出台，是为大理院和京师各级审判厅局的编制法。

十一月十七日，奏请裁并大理寺应办事宜暨停支常年经费。得旨如所议行。

十一月二十七日，奏为大理院拟编审判章程，请将前交《民事刑事诉讼法草案》饬催议复，以便参酌审定，并预先声明变法之始或有不便之处，然持之以恒，方可移风易俗，渐臻美善。

十二月十八日，法部奏请厘定本部职守权限，并广行调查，汇订法律等事宜。此奏引起翌年法部与大理院权限之争。

光绪三十三年（1907年），六十七岁

正月初十日，奏请为待质人证特设看守所，招募所丁若干名，选其年力较强、略识文字者，于京师法律学堂另开一班，饬选讲员，演说监狱大义，毕业后分派看守。

四月初三日，法部尚书戴鸿慈、右侍郎张仁黼在部院司法权限未达成一致意见之时，便将法部意见单独上奏，要求囊括司法权和行政权，将大理院视作最高裁判之一部分。此举引起沈氏不满，于初九日上奏驳正法部方案，提出四点修改意见，尽力维持大理院的最高审判权和人事任命权。奉旨："著与法部会同妥议，和衷协商，不准各执意见。"为此，法部和大理院撤回原奏，重新协调。

四月十一日，向朝廷奏陈《实行改良监狱以资模范而宏教育折》。奏中提出改建新式监狱、养成监狱官吏、颁布监狱规则、编辑监狱统计等建议。奉旨下部议。法部复奏，大体同意，奉旨依议。沈氏另有《与戴尚书论监狱书》，论及改造法部监狱的必要性，建议别购空地，斟酌一极善图式，建成为天下监狱之模范。

四月十二日，因部院司法权限之争，沈氏调任法部右侍郎，张仁黼转为大理院正卿。对此，陶湘给盛宣怀的密报指出："大理院与法部因争权限事，屡烦两宫之劳顾。昨忽以沈、张对调，乃请君入瓮之意。事固高妙，而臣下之办法愈难，政治终无起色。"[1]

---

① 《辛亥革命前后》，55页，上海，上海人民出版社，1979。

四月二十日，沈、张对调后，法部和大理院会奏厘定部院司法权限。奉旨依议。

五月初一日，张仁黼奏请重新组织立法机关，修订各种法律。奉旨著法部、大理院会同详核，妥议具奏。为此，沈氏于五月十八日奏请免去修订法律的差缺，归并法部、大理院共同办理，并总结了过去的修律工作。奉旨依议。同日另片奏请将京师法律学堂归并学部管理。奉旨依议，然学部仍然奏请责成沈氏照旧管理，得旨如所议行。

六月初九日，法部、大理院会奏陈述修订法律办法，拟设修订法律馆，负责制定全国所有法律，派钦定王大臣为总裁，延聘东西法学名家。沈氏附议。朝廷命下考察政治馆核议。

八月初二日，呈进由冈田朝太郎起草的《法院编制法》，凡十五章一百四十条，就定额、巡审、休假等问题作出详细规定。奉旨下宪政编查馆知之，后经改定后，于宣统元年十二月颁布。

同日，根据七月初二日朝廷化除满汉畛域之旨，奏请旗人遣、军、流、徒各罪照民人实行发配，现行律例折枷各条概行删除。奉旨下会议政务处议。

八月十八日，会同民政部将拟定的《违警律》上奏。此由民政部主稿。

八月二十六日，进呈由冈田朝太郎起草的新《刑律草案》（总则），共十七章八十七条，除正式条文外，还附有理由、沿革和注意等内容。在奏折中，沈氏指出旧律应行变通之处五大端：一、更定刑名，由笞、杖、徒、流、死的五刑制度，改为死刑、徒刑、拘留、罚金四种。二、酌减死罪，去除秋审中的虚拟死罪，同时针对囿于中国风俗而一时难以骤减者，如强盗、抢夺、发冢之类，别辑暂行章程。三、死刑唯一，定为绞刑，且密行之。如谋反、大逆等罪大恶极者，仍用斩刑。四、删除比附，而各刑酌定上下之限，凭审判官临时审定，并另设酌量减轻、宥恕减轻各例，以补其缺。五、针对未满十六岁的少年犯，实施惩治教育。奉旨交宪政编查馆核议。

九月初五日，庆亲王奕劻等人汇集总议，确定修律办法：遴选明通法律之大员二三人，成立独立的修订法律馆，所订法律草案交各督抚将军签注，由宪政编查馆汇总修正，提交资政院集议，取决后再移交宪政编查馆核定，请旨颁布。是日，奉上谕：著派沈家本、俞廉三、英瑞（请假未到任）充修订法律大臣，"参考各国成法，体察中国礼教、民情，会通参酌，妥慎修订，奏明办理"①。

十月初二日，奏陈修订法律办法。提出调查各国成法，馆员宜有专责，先筹开馆和常年经费等事。奉旨允准。

十月二十日，根据沈氏的提名，朝廷任命法部右参议王世琪、法部候补郎中董康为修订法律馆提调。②

十月二十七日，新的修订法律馆开馆办事。

十一月十四日，奏请按照从前修订修订法律馆数目，每年拨给三万两经费，较此前要求的十万两大幅削减。奉旨如所请行。

同日，奏陈《修订法律馆办事章程》十四条，并请饬各省将通志及官刻书籍、私家著作，凡关于典章制度，礼教民情，搜集到馆，以资考证。

十一月二十六日，呈进新《刑律分则草案》三十六章三百条，提出修律宗旨为"折衷各国大同之良规，兼采近世最新之学说，而仍不戾于我国历世相沿之礼教民情"。

十一月，手订个人文集《寄簃文存》，交付刊刻。"因取近日论说，及向日参考之所及者，益以自治奏牍数篇，都为八卷。"全书由修订法律馆印刷。

十二月初七日，奏陈《变通旗民交产旧制折》，准许旗人房地与民人相互买卖，而旗人之出外居住营生者，准其在各省随便置买产业。奉旨下部议，度支部核准，朝廷依议而行。

同日，会同俞廉三奏上遵议满汉通行刑律折，拟请以后旗人犯罪，俱照民人各本律本例科断，概归各级审判厅审理。

十二月二十一日，奏请朝廷酌用清乡之法，严查保甲，举办团防，剿灭嘉、湖一带的枭匪。奉旨"著端方、陈启泰、冯汝骙按照所陈各节，体察情形，会同妥筹办理"。结果匪徒敛迹。

本年，赴日考察回国的董康编成《裁判访问录》和《监狱访问录》二书，沈氏亲为作序。前序强调融化古今中外之见，法制必适应政教风俗；后序则认为西方监狱之制同于三代，寓感化犯人之旨，可仿照实行。两序均收入《寄簃文存》。

---

① 《德宗景皇帝实录》，第8册，661页。
② 参见《修订法律大臣沈家本等奏选保法律馆提调人员折（并单）》，载《政治官报》第42号，光绪三十三年十一月初二日，7页。

光绪三十四年（1908年），六十八岁

正月二十九日，奏请删改《大清律例》以立推行新律基础，提出应从下面四方面着手：删除总目、厘正刑名、节取新章、简易例文。奉旨交宪政编查馆和法部议复，最后获其同意。

五月初七日，学部复奏新《刑律草案》有碍礼教，定刑过轻，奉旨"著修订法律大臣会同法部按照所陈各节，再行详慎斟酌，修改删并，奏明办理"。此奏出自张之洞的授意。

五月二十五日，奏进《修订法律馆咨议调查章程》，拟以各省现任提法使、按察使兼充该馆之咨议官。得旨如所议行。

六月十八日，会同法部议复江苏巡抚陈启泰之奏请，酌订制造、施打和贩卖吗啡治罪专条。奉旨依议。

十月初四日，议复翰林院侍讲学士朱福铣奏请慎重私法编别、选聘起草客员一折，同意其修律宜法日本，尚德、法而绌英、美的主张，但却主张民法、商法仍应分立，而梅谦次郎无法聘得，拟聘志田钾太郎任调查员。①

宣统元年（1909年），六十九岁

正月二十六日，奏报开办修订法律馆一年多以来所办事宜，包括修订现行刑律，拟订民律、民事诉讼律、刑事诉讼律、国籍条例等法律草案，以及翻译了数十种外国法律书籍。

同日，朝廷明发谕旨，催促各省呈送新《刑律草案》的签注意见。

正月二十七日，朝廷明发谕旨，要求修订法律大臣"凡我旧律义关伦常诸条，不可率行变革"，并将修订新《刑律草案》和编订《现行刑律》两事从速进行。

二月十八日，会同外务部，进呈《国籍法草案》，共二十八条，另有《施行法》四条。奉旨交宪政编查馆核议，后改名《国籍条例》颁布。

同日，奏销京师法律学堂收支款目，并请续拨经费。

三月，奏派朱汝珍赴各省调查商事习惯。后考察所得，多至数十万言。

① 参见《修订法律大臣沈家本等奏议复朱福铣奏慎重私法编别选聘起草客员折》，一档馆会议政务处全宗第299号。

四月初三日，派充宪政编查馆一等咨议官。

八月二十九日，会同俞廉三奏进《现行刑律（草案）》，仍守旧律之范围，不过稍为变通；附片建议按照《现行刑律》修改《秋审条款》。奉旨交宪政编查馆核议。十二月二十四日，核议完毕。

八月，为《浙江留京同学录》作序，提出治学融会中西新旧，以行道而非利禄为依归。

是年秋，著作《历代刑官考》交付修订法律馆刊刻，吴廷燮作序，沈氏有自序。

是年秋，撰作《删除奴婢律例议》，咨交宪政编查馆，主张取消奴婢名目，严禁买卖人口。十二月，宪政编查馆奏请禁革买卖人口，删除律内关于奴婢各条，奉旨依议。

十一月二十五日，奏报修订法律馆已办筹备立宪清单所开事宜。

十二月二十三日，奏进《修正刑律草案》，共五十三章，四百零九条，按照各省签注略作修改，并依法部吉同钧意见，增入附则五条，关于礼教伦常之犯罪例外加重执行。①

是年，编辑完成《沈氏家集》，该书汇辑沈家本祖父辈和两弟的诗文。

宣统二年（1910年），七十岁

正月二十一日，奏请派馆员许同莘等人分赴各地调查考察民事习惯。奉旨依议。

正月二十八日，遵旨奏复御史崇芳同姓为婚未可弛禁之折，继又写有《删除同姓为婚律议》。沈氏认为，同姓为婚之律徒存虚文，又有娶亲属妻妾律为礼教藩篱，正无可虑。

二月二十日，进呈同乡刘锦藻所纂《皇朝续文献通考》。奉旨交南书房阅看后再请旨。后刘氏获赏内阁侍读学士衔。

二月二十八日，奏陈《变通秋审复核旧制折》，停止九卿审录和各省督抚、布政使会审之制。奉旨交宪政编查馆核议，获得允准。

四月初七日，修订法律大臣和宪政编查馆联合奏进《现行刑律》黄册定本，获朝廷肯定，相关大臣和馆员亦获嘉奖。

六月十四日，奏销法律学堂附设监狱专修科收支款项，并奏报专修

---

① 参见李欣荣：《吉同钧与清末修律》，载《社会科学战线》，2009（6）。

科毕业学员使用办法。

同日，以法律学堂监狱专修科教习小河滋次郎教授期满，为其奏请赏给宝星。

六月，宪政编查馆参议劳乃宣提出《修正刑律草案说帖》，论述中国修律不必以模仿外律、收回治外法权为目标，并要求将伦常礼教数条增入正文。沈氏随后作文《书劳提学〈新刑律草案说帖〉后》，加以回应。劳氏续有答辩、修正，仍有"无夫奸"和"子孙违犯教令"两条无法妥协。

七月十三日，由修订法律馆主稿，会同法部奏陈《秋审条款》修改告成，以删约旧文、纂集新事、折衷平恕为宗旨。奉旨允准。

八月十二日，派充资政院副总裁。

八月二十五日，会同总裁溥伦奏报资政院即将成立情形，暨九月初一日为开会日期。

九月初二日，修订法律馆主稿，会同宪政编查馆奏报《大清现行刑律》刊印装册完成，强调以此次刊印之本为准，并禁止引用坊间私印本。奉旨作为钦定本颁发各省。

九月二十七日，奏报京师法律学堂添招新班，酌改办法。奉旨依议。

十一月初八日，就湖州绅士沈跃勋捐款筹建工艺学堂图书馆事，奏请朝廷予以立案。奉旨允行。

十一月，北京法学会成立，被推举为会长。该会由京师法律学堂学员发起，汪有龄总其事，沈氏极力赞成，并捐资为助。

十二月二十四日，会同俞廉三呈进《大清刑事诉讼律（草案）》。奉旨交宪政编查馆复核。未及颁行，清帝已逊位。

同日，就京师法律学堂乙班学员的任用，请旨优予宽待。奉旨下学部议，却没有获得通过。

十二月二十五日，宪政编查馆会同资政院将《大清新刑律总则（审议案）》上奏朝廷，其中有两处请旨裁夺。奉旨颁行，裁夺按资政院意见。

同日，宪政编查馆将《大清新刑律分则（修正案）》呈进，请旨不待资政院第二年会期议决，先将分则和暂行章程颁布，以备实行。奉旨依议。

十二月二十七日，会同俞廉三奏进《大清民事诉讼律（草案）》。奉旨交宪政编查馆议。核议未竟，清朝已被推翻。

十二月二十八日，升任法部左侍郎，以现在出差，朝命左丞曾鉴署理其职。

宣统三年（1911 年），七十一岁

二月二十二日，奉旨去职资政院副总裁和修订法律大臣，回任法部左侍郎。

九月二十六日，袁世凯责任内阁成立，充任司法大臣。

十二月二十五日，清廷颁布退位诏书，沈氏在场见证。

是年冬，手订付印《寄簃文存二编》。

民国元年（1912 年），七十二岁

五、六月间，政府中人劝其出任司法总长，以老病，终不允。

六月，完成最后一部著作《汉律摭遗》二十二卷。

民国二年（1913 年），七十三岁

三月，《枕碧楼丛书》整理编订完毕，收录珍稀古籍十二种，交付刊印。

六月初九日，溘然长逝。临时大总统袁世凯颁令抚恤，派员致祭。次年归葬于浙江吴兴县之渡善桥。

七月十三日，京师司法界召开追悼会，约二百人云集湖广会馆，参加悼念仪式。

中国近代思想家文库

方东树、唐鉴卷	黄爱平、吴杰　编
包世臣卷	刘平、郑大华　主编
林则徐卷	杨国桢　编
姚莹卷	施立业　编
龚自珍卷	樊克政　编
魏源卷	夏剑钦　编
冯桂芬卷	熊月之　编
曾国藩卷	董丛林　编
左宗棠卷	杨东梁　编
洪秀全、洪仁玕卷	夏春涛　编
郭嵩焘卷	熊月之　编
李鸿章卷	翁飞　编
王韬卷	海青　编
张之洞卷	吴剑杰　编
杨仁山卷	何建明　编
薛福成卷	马忠文、任青　编
经元善卷	朱浒　编
沈家本卷	李欣荣　编
马相伯卷	李天纲　编
王先谦、叶德辉卷	王维江　编
郑观应卷	任智勇、戴圆　编
马建忠、邵作舟、陈虬卷	薛玉琴、徐子超、陆烨　编
黄遵宪卷	陈铮　编
皮锡瑞卷	吴仰湘　编
廖平卷	蒙默、蒙怀敬　编
严复卷	黄克武　编
夏震武卷	王波　编
陈炽卷	张登德　编

汤寿潜卷	汪林茂 编
辜鸿铭卷	黄兴涛 编
康有为卷	张荣华 编
宋育仁卷	王东杰 编
汪康年卷	汪林茂 编
宋恕卷	邱涛 编
夏曾佑卷	杨琥 编
谭嗣同卷	汤仁泽 编
吴稚晖卷	金以林、马思宇 编
孙中山卷	张磊、张苹 编
蔡元培卷	欧阳哲生 编
章太炎卷	姜义华 编
吴雷川卷	何建明 编
金天翮、吕碧城、秋瑾、何震卷	夏晓虹 编
欧阳竟无卷	何建明 编
杨毓麟、陈天华、邹容卷	严昌洪、何广 编
梁启超卷	汤志钧 编
杜亚泉卷	周月峰 编
吴虞卷	罗志田、赵妍杰 编
张尔田、柳诒徵卷	孙文阁、张笑川 编
杨度卷	左玉河 编
王国维卷	彭林 编
邓实卷	王波 编
黄炎培卷	余子侠 编
胡汉民卷	陈红民、方勇 编
陈独秀卷	萧延中 编
陈撄宁卷	郭武 编
鲁迅卷	孙郁 编
章士钊卷	郭双林 编
宋教仁卷	郭汉民 编
蒋百里、杨杰卷	皮明勇、侯昂妤 编
江亢虎卷	汪佩伟 编
马一浮卷	吴光 编

师复卷　　　　　　　　　　　　　唐仕春　编

刘师培卷　　　　　　　　　　　　　李帆　编

朱执信卷　　　　　　　　　　　　谷小水　编

周作人卷　　　　　　　　　　　　　孙郁　编

高一涵卷　　　　　　　　郭双林、高波　编

熊十力卷　　　　　　　　　　　　郭齐勇　编

任鸿隽卷　　　　　樊洪业、潘涛、王勇忠　编

蒋梦麟卷　　　　　　　　马勇、黄令坦　编

张东荪卷　　　　　　　　　　　　左玉河　编

丁文江卷　　　　　　　　　　　　宋广波　编

钱玄同卷　　　　　　　　　　　　张荣华　编

张君劢卷　　　　　　　　　　　　翁贺凯　编

赵紫宸卷　　　　　　　　　　　　赵晓阳　编

李大钊卷　　　　　　　　　　　　　杨琥　编

太虚卷　　　　　　　　　　　　　何建明　编

李达卷　　　　　　　　　　宋俭、宋镜明　编

张慰慈卷　　　　　　　　黄兴涛、李源　编

晏阳初卷　　　　　　　　　　　　宋恩荣　编

陶行知卷　　　　　　　　　　　　余子侠　编

戴季陶卷　　　　　　　　桑兵、朱凤林　编

胡适卷　　　　　　　　　　　　　耿云志　编

郭沫若卷　　　　谢保成、魏红珊、潘素龙　编

卢作孚卷　　　　　　　　　　　　　王果　编

汤用彤卷　　　　　　　　　　　　汤一介　编

吴耀宗卷　　　　　　　　　　　　赵晓阳　编

顾颉刚卷　　　　　　　　　　　　　顾潮　编

张申府卷　　　　　　　　　　　　　雷颐　编

梁漱溟卷　　　　　　　　梁培宽、王宗昱　编

恽代英卷　　　　　　　　　　　　　刘辉　编

金岳霖卷　　　　　　　　　　　　王中江　编

冯友兰卷　　　　　　　　　　　　李中华　编

刘咸炘卷　　　　　　　　　　　　罗志田　编

傅斯年卷　　　　　　　　　　　欧阳哲生　编

罗家伦卷　　　　　　　　　　　　　　张晓京　编

萧公权卷　　　　　　　　　　　　　　张允起　编

常乃惪卷　　　　　　　　　　　　　　查晓英　编

余家菊卷　　　　　　　　　　　　余子侠、郑刚　编

瞿秋白卷　　　　　　　　　　　　　　陈铁健　编

潘光旦卷　　　　　　　　　　　　　　吕文浩　编

朱谦之卷　　　　　　　　　　　　　　黄夏年　编

陶希圣卷　　　　　　　　　　　　　　陈峰　编

钱端升卷　　　　　　　　　　　　　　孙宏云　编

王亚南卷　　　　　　　　　　　夏明方、杨双利　编

黄文山卷　　　　　　　　　　　　　　赵立彬　编

雷海宗、林同济卷　　　　　　　　江沛、刘忠良　编

贺麟卷　　　　　　　　　　　　　　　高全喜　编

陈序经卷　　　　　　　　　　　　　　田彤　编

徐复观卷　　　　　　　　　　　　　　干春松　编

巨赞卷　　　　　　　　　　　　　　　黄夏年　编

唐君毅卷　　　　　　　　　　　　　　单波　编

牟宗三卷　　　　　　　　　　　　　　王兴国　编

费孝通卷　　　　　　　　　　　　　　吕文浩　编

图书在版编目（CIP）数据

中国近代思想家文库. 沈家本卷/李欣荣编. —北京：中国人民大学出版社，2014.6
ISBN 978-7-300-18780-8

Ⅰ. ①中… Ⅱ. ①李… Ⅲ. ①思想史-研究-中国-近代②沈家本（1840—1913）-思想评论 Ⅳ. ①B250.5

中国版本图书馆 CIP 数据核字（2014）第 014076 号

中国近代思想家文库

沈家本卷

李欣荣　编

Shen Jiaben Juan

出版发行	中国人民大学出版社	
社　　址	北京中关村大街 31 号	**邮政编码**　100080
电　　话	010 - 62511242（总编室）	010 - 62511770（质管部）
	010 - 82501766（邮购部）	010 - 62514148（门市部）
	010 - 62515195（发行公司）	010 - 62515275（盗版举报）
网　　址	http://www.crup.com.cn	
经　　销	新华书店	
印　　刷	唐山玺诚印务有限公司	
开　　本	720 mm×1000 mm　1/16	**版　　次**　2015 年 1 月第 1 版
印　　张	33.75 插页 1	**印　　次**　2024 年 7 月第 3 次印刷
字　　数	538 000	**定　　价**　115.00 元